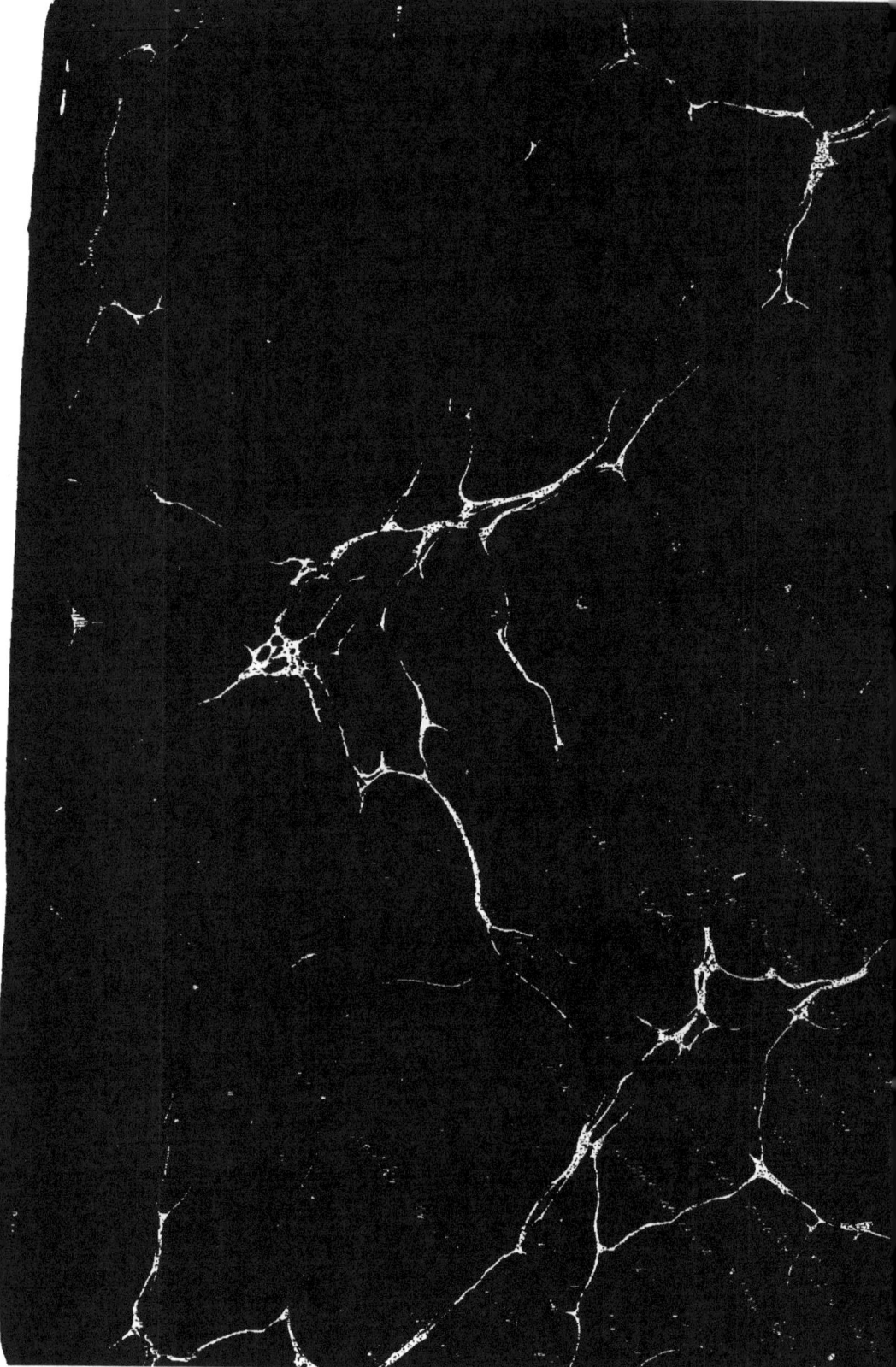

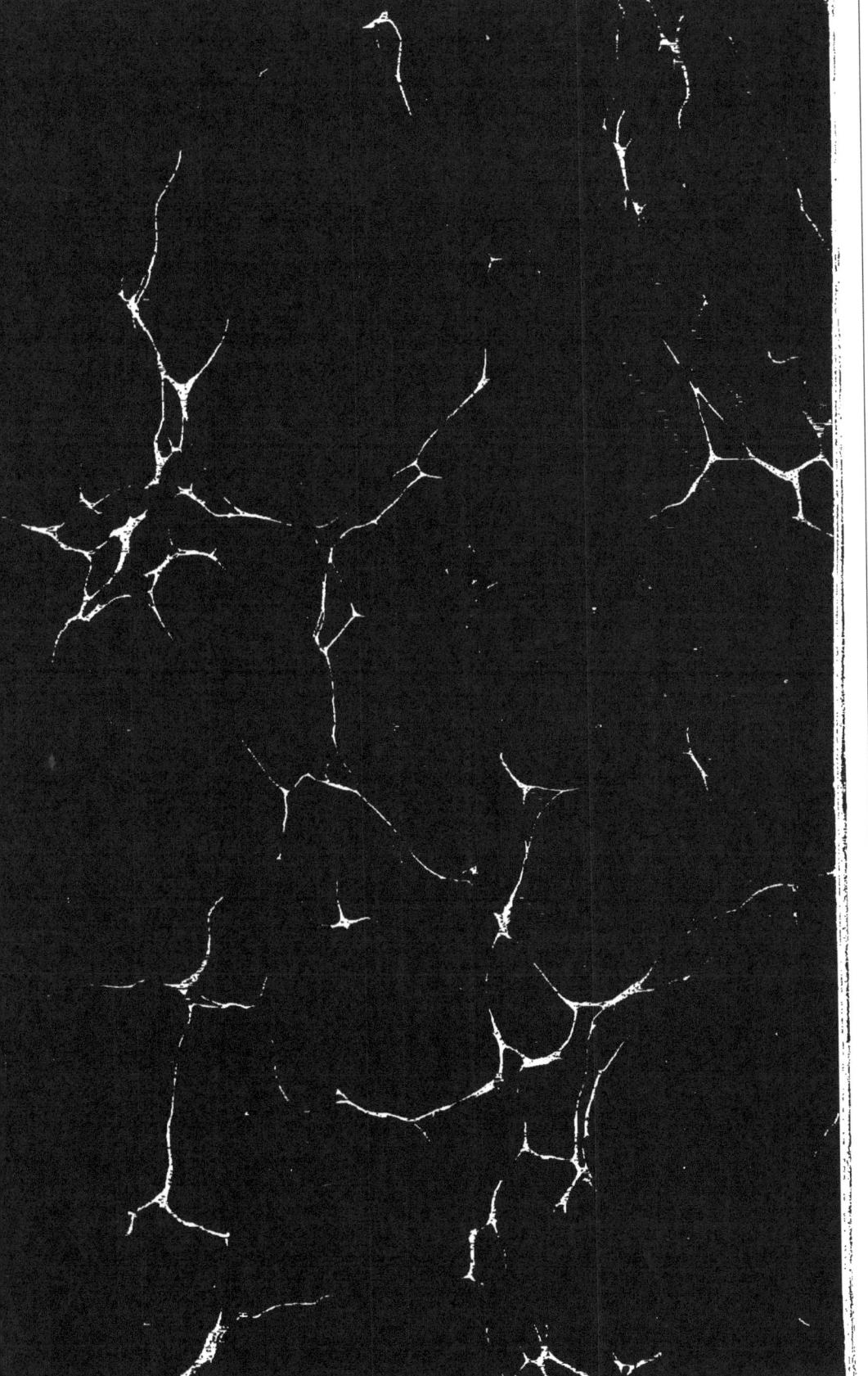

HISTOIRE

DE LA

RESTAURATION

VIII

Paris. — Imp. Viéville et Capiomont, 6, rue des Poitevins.

HISTOIRE

DE LA

RESTAURATION

PAR

M. ALFRED NETTEMENT

TOME HUITIÈME

RÈGNE DE CHARLES X.

MINISTÈRE DE M. DE MARTIGNAC : JANVIER 1828 — 9 AOUT 1829.
MINISTÈRE DE M. DE POLIGNAC : 9 AOUT 1829 — 29 JUILLET 1830.
RÉVOLUTION DE JUILLET.

PARIS

LIBRAIRIE JACQUES LECOFFRE

Ancienne Maison Périsse frères de Paris

LECOFFRE FILS ET CIE, SUCCESSEURS

90, RUE BONAPARTE, 90

1872

AU LECTEUR

Au moment de la mort de M. Alfred Nettement, son *Histoire de la Restauration* était inachevée ; le huitième volume n'avait pas été terminé. Le plan de l'ouvrage était tracé, les matériaux classés avec soin, les jugements d'ensemble exprimés dans des notes. L'éminent historien avait préparé son terrain, tracé ses sillons, ensemencé le champ de ses études ; mais la mort était venue trop tôt pour lui, et un autre devait se servir des trésors que son travail avait rassemblés. Il tombait épuisé avant l'âge sur le champ de bataille de l'intelligence, champ de bataille qui a ses blessés qu'on regrette et ses morts qu'on ne remplace pas.

L'*Histoire de la Restauration* ne pouvait pas rester incomplète ; un ouvrage de cette importance qui demeure inachevé serait semblable à un magnifique édifice auquel la toiture manque. Pénétré du sentiment de notre insuffisance littéraire, c'est en tremblant que nous nous sommes mis à l'œuvre ; nous avons été soutenu dans notre travail par l'espérance que la lecture du huitième volume de l'*Histoire de la Restauration* éclairerait les esprits droits qui cherchent dans l'étude approfondie du passé des enseignements pour l'avenir; contribuer à étendre le règne de la vérité, n'est-ce pas l'idéal de l'intelligence humaine? Une tâche s'offrait à nous; elle nous est apparue comme un devoir à remplir, c'est pour cela que nous l'avons acceptée.

Dans ce travail, nous nous sommes imposé une règle : celle de nous annihiler en quelque sorte, en nous servant exclusivement des notes et des documents précieux laissés à notre disposition. Nous avons agi comme un ouvrier qui, possédant un plan enfanté par l'intelligence d'un grand artiste, l'exécute avec des matériaux de choix, en se gardant bien de céder au désir orgueilleux d'attacher son nom à une œuvre dont tout l'honneur ne lui appartient pas.

Puisse ce volume, en rappelant l'admirable situation de la France avant la révolution de 1830, apporter sa pierre à l'édifice de la justification de la Restauration! C'était la seule récompense que M. Alfred Nettement ambitionnât; c'est la seule que nous revendiquions.

Juin 1872.

HISTOIRE
DE LA
RESTAURATION

LIVRE VINGTIÈME

MINISTÈRE MARTIGNAC

I

PREMIERS ACTES DU MINISTÈRE. — EFFORTS TENTÉS POUR TROUVER UNE AUTRE COMBINAISON MINISTÉRIELLE. — ACCUEIL FAIT PAR LA PRESSE AU NOUVEAU MINISTÈRE. — OUVERTURE DE LA SESSION, DISCOURS DU ROI. — ADRESSE DE LA CHAMBRE DES PAIRS EN RÉPONSE AU DISCOURS ROYAL.

Le ministère Villèle avait joué au pouvoir la partie de la droite; la contre-opposition de droite, la gauche et le centre gauche s'étaient réunis, dans une opposition commune, pour le renverser. Mais, si des hommes d'opinions si diverses s'étaient entendus dans l'opposition, parce qu'ils avaient les mêmes rancunes et les mêmes haines, il était facile de prévoir que leur accord cesserait lorsqu'ils se rencontreraient dans la conduite des affaires. Les esprits raisonnables auraient dû comprendre que le ministère de droite devenait constitutionnellement impossible, du moment où le ministère de M. de

Villèle, qui répondait à la nuance de la droite la plus nombreuse, la plus pratique et la plus rapprochée du centre droit, avait échoué. Le ministère Martignac qui lui succéda, et qui fut désigné dans l'histoire sous le nom de ministère du centre droit, devait, en arrivant au pouvoir, être assailli des mêmes difficultés que le ministère précédent, et sa force de résistance était amoindrie, puisqu'il s'appuyait sur un noyau moins considérable de royalistes. On lui reprocha, dès son origine, ses affinités avec l'ancien ministère ; on comptait, en effet, parmi ses membres, plusieurs personnages qui avaient joué un rôle sous la précédente administration. Le chef du nouveau ministère, M. de Martignac, que son talent d'orateur plaçait naturellement à la tête de ses collègues, avait soutenu de son éloquence, aussi bien que de son vote à la chambre des députés, la plupart des mesures administratives de M. de Villèle. On n'a pas oublié la belle harangue qu'il prononça dans les débats qui suivirent l'expédition d'Espagne. Ce n'était pas un homme d'action politique comme M. de Peyronnet ; mais son dévouement à la monarchie était sincère, et il était doué d'une éloquence à la fois persuasive et lumineuse. Sa renommée de royaliste avait commencé à Bordeaux, dans les jours difficiles où Madame la Dauphine avait fait preuve d'un si grand caractère ; ce souvenir des Cent-Jours plaisait à la droite. M. de Villèle rendait justice à la valeur personnelle de M. de Martignac ; il estimait son talent d'orateur qui savait défendre, avec un tact rare, les causes qui lui étaient confiées. Mais cette éloquence de sirène serait-elle assez forte pour dominer une situation ministérielle presque inextricable ?

Il était difficile de l'espérer.

Le nouveau ministre du commerce, M. de Saint-Cricq, avait, lui aussi, appuyé de son vote à la chambre des députés les lois présentées par le ministère Villèle ; M. le vicomte de Caux, nommé secrétaire d'État du ministère de la guerre, dont on

détachait le personnel et la présentation aux emplois pour les
confier à M. le Dauphin, était plutôt un administrateur qu'un
homme politique ; M. de la Ferronays, rappelé de l'ambassade de Rome et placé aux affaires étrangères, appartenait à
la droite et était admis à l'intimité royale. MM. de Chabrol et
Frayssinous avaient fait partie de l'ancienne administration. Deux des membres du nouveau cabinet répondaient
aux opinions des autres nuances de la chambre : c'étaient
MM. Roy et Portalis. Le ministère de M. Roy avait laissé d'honorables souvenirs dans l'administration des finances, et ses
lumineux discours à la chambre des pairs avaient souvent
fait jaillir des clartés nouvelles sur les questions à la fois com-
plexes et obscures de l'administration. M. Portalis était en
faveur dans le parti libéral, qui n'oubliait pas son rapport à la
haute Cour sur la pétition Montlosier. Mgr Frayssinous
restait ministre des cultes, il est vrai, mais l'instruction
publique, détachée du ministère des affaires ecclésiastiques,
fut confiée, par une ordonnance du 10 février, à M. de Vatimesnil, dont les souvenirs, comme secrétaire général du ministère de la justice, promettaient à la droite un appui qu'elle
ne rencontra pas dans le grand maître de l'Université.

Les journaux libéraux, le *Courrier français* en tête, re-
prochèrent bientôt au gouvernement l'amoindrissement du
ministère de la guerre ; le ministère satisfit à cette réclamation par l'ordonnance du 17 janvier, qui rendit à M. de Caux
le titre de ministre de la guerre. On plaça à la tête du personnel M. de Champagny, aide de camp du Dauphin ; de cette
façon, le prince conservait une grande influence sur les mu-
tations de l'armée.

L'opinion libérale attendait avec impatience les satisfactions
que le nouveau ministère, qui était lui-même une concession
du Roi, ne pouvait manquer de donner. Elle lui imposa,
comme don de joyeux avénement, la suppression de la

direction de la police générale, à la tête de laquelle se trouvait M. Franchet, et le remplacement de M. Delavau, préfet de police; ces deux fonctionnaires passaient pour deux des membres les plus influents de la Congrégation. Le Roi choisit comme préfet de police M. de Belleyme, procureur près le tribunal de première instance.

« Vous avez su que Lavaux et Franchet ont été déplacés, écrivait le Roi à M. de Villèle à la date du 20 janvier; je m'y attendais, c'est moi qui ai voulu M. de Belleyme.

« Jusqu'ici, on doit me proposer contre les jésuites seulement ce qui se trouvait d'accord avec votre opinion et celle de l'évêque, c'est-à-dire la réunion à l'instruction publique des élèves qui surpasseraient le nombre de 200 dans chaque petit séminaire. C'est déjà beaucoup, et je tiendrais bien à ne pas aller plus loin [1]. »

Dès le 5 janvier, les ministres déclarèrent au Roi qu'ils ne comptaient pas s'appuyer sur le côté gauche, mais que, pour neutraliser l'hostilité de M. de Chateaubriand, qu'ils regardaient comme l'adversaire le plus dangereux, ils désiraient être autorisés à se rapprocher de lui. Le gouvernement s'assurait ainsi le concours du *Journal des Débats*, dont l'illustre écrivain continuait à être le patron. Dès son début, le nouveau ministère avait conscience de sa faiblesse, et cherchait une combinaison qui, en lui apportant un appui dans les chambres, l'aiderait à former une majorité capable de lui assurer quelques garanties de durée. On ne pouvait lui demander de songer à l'avenir du gouvernement royal, et il lui était bien difficile de penser au lendemain, quand de toutes parts on ne lui promettait qu'une vie éphémère. Dans cette première combinaison ministérielle, les sceaux devaient être confiés à M. Portal.

Le Roi n'avait pas oublié l'injuste opposition que M. de Chateaubriand avait faite au précédent ministère; il aurait vu

---

1. Papiers politiques de M. de Villèle. (*Documents inédits.*)

avec une extrême répugnance sa rentrée aux affaires [1]. Quant à la nomination de M. Portal, il s'y opposa fortement [2].

---

[1]. Je trouve, dans les papiers politiques et inédits de M. de Guernon-Ranville, des détails intéressants sur une visite faite au Roi par M. Bertin de Vaux, peu de temps après la formation du ministère Martignac. Ces détails sont authentiques, puisque c'est Charles X lui-même qui les a donnés au conseil des ministres du dernier cabinet de la monarchie.

« Lorsque le ministère Martignac fut appelé à remplacer le ministère Villèle, dit le Roi au conseil des ministres, le 26 juin 1830, Bertin de Vaux vint me voir et me dit dans la conversation : « Ce ministère, c'est moi qui l'ai « fait ; qu'il se conduise bien avec moi, sans quoi je pourrais bien le défaire « comme l'autre. » Que peut-on attendre de gens qui se vendent à qui veut les acheter ? continua Charles X. Le ministère Richelieu donnait à ce journal 12,000 fr. par mois; Villèle et Corbière ne voulurent lui rien donner. Quand Martignac arriva, il rétablit la subvention ; mais Bertin de Vaux et les autres exigèrent qu'on leur payât ce qu'ils appelaient l'arriéré, c'est-à-dire le temps pendant lequel ils avaient fait une guerre si violente à Villèle, et ils reçurent 500,000 fr. dont 300,000 pour Bertin le jeune et 200,000 pour Chateaubriand. »

« Charles X se trompait sur quelques points, ajoute M. de Guernon-Ranville. Le *Journal des Débats* avait été hostile au ministère Richelieu ; il fut acheté 12,000 fr. par mois par Villèle. A la chute de Chateaubriand, son patron, Bertin renonça à la subvention et déclara une guerre à mort.

« Il n'y avait pas de fonds pour les 500,000 fr. accordés par M. de Martignac. Le Roi fit sur sa cassette une avance de 100,000 écus qui devait lui être remboursée plus tard par le ministère. Le remboursement n'a jamais eu lieu. »
(*Journal de M. de Guernon-Ranville. — Documents inédits.*)

[2]. Une lettre du Roi, datée du 7 janvier 1828 et adressée à M. de Villèle, donne les détails suivants sur ce projet de remaniement du nouveau cabinet : « Les ministres se sont assemblés hier au soir, écrit Charles X. Ils se croient trop faibles et voudraient des adjonctions ! Ils m'ont envoyé l'évêque d'Hermopolis et Chabrol ; aucun d'eux ne veut du côté gauche ni même de Royer-Collard, mais ils désireraient que je pusse les autoriser à des démarches auprès de Chateaubriand, qu'ils regardent comme l'ennemi le plus dangereux et le plus nécessaire à neutraliser. Ils pensent que Portal leur serait fort utile en lui donnant la présidence de la Banque et l'entrée au conseil. Chateaubriand me répugne plus qu'un autre, je le leur ai bien dit. Je ne me soucie guère plus de Portal, mais je ne l'ai pas repoussé autant que l'autre. J'ai annoncé que j'avais beaucoup moins d'objections contre la Bourdonnaye et Lalot. J'ai consenti à pardonner à Hyde de Neuville et à Michaud à cause de leur conduite antécédente. Le pardon de Michaud a entraîné celui de Villemain et de Lacretelle. Je ne me reproche point ces actes de bonté. »

Une seconde lettre du Roi renferme d'autres détails sur la négociation tentée près de M. de Chateaubriand.

« Rien n'est encore terminé avec personne, mon cher Villèle, écrit le Roi à la date du 17 janvier. Hier, j'ai demandé à ces messieurs ce qu'ils avaient

Pendant la période qui suivit immédiatement sa disparition de la scène politique, M. de Villèle garda la première place dans la confiance royale. Charles X continuait à consulter l'ancien président du conseil sur la conduite des affaires; il lui demandait son avis sur les actes de ses successeurs au ministère. La retraite du premier ministre avait été un véritable sacrifice pour le Roi. Nous avons vu quelle estime il portait à ce caractère intègre, à cet esprit élevé, « cette grande lumière qui brillait à si peu de frais, » comme l'avait caractérisé George Canning. Les idées du président du conseil étaient celles du Roi, qui avait senti la vérité de cette parole de Madame la Dauphine, en apprenant la retraite du ministre : « Vous sacrifiez M. de Villèle; c'est la première marche de votre trône que vous descendez. »

Pendant le mois de janvier 1828, la correspondance du Roi avec M. de Villèle était presque journalière[1]. L'ancien mi-

---

fait. Un d'eux, prenant la parole, m'a dit qu'ils avaient examiné avec grand soin les noms et les qualités de tous les députés, et qu'ils ne pouvaient compter sur la majorité si je ne consentais à permettre qu'il fût fait en mon nom une ouverture à Chateaubriand. Les huit ministres ont parlé de même. Celui qui a le plus insisté est l'évêque, disant que Chateaubriand tenait les meilleurs propos, qu'il était honteux de sa position et déclarait, à qui voulait l'entendre, qu'il n'avait pris aucune part aux mauvais articles des *Débats*. Cela, il me l'a fait dire par deux ou trois personnes.

« J'ai vu que mon fils, qui était aussi éloigné que moi de l'admission de Chateaubriand, était frappé des motifs mis en avant et surtout de la chaleur avec laquelle l'évêque avait parlé. J'ai vu aussi que, si je me refusais entièrement à cette proposition unanime, les ministres, soit par caractère, soit par faiblesse, donneraient leur démission. J'ai rappelé pour lors qu'on disait Chateaubriand engagé avec Royer-Collard à ne rien accepter qu'en commun. Ils se sont écriés à la fois, et M. Roy plus fort que les autres, qu'ils ne consentiraient jamais à une pareille proposition, mais qu'elle ne serait pas faite.

« J'ai cru qu'il était de mon devoir de consentir à ce qu'un de ces Messieurs fît une ouverture à Chateaubriand.

« J'ai refusé absolument Portal.

« Dites-moi ce que vous en pensez, mon cher Villèle.

« Charles. »

Une démarche fut tentée auprès de M. de Chateaubriand; elle échoua.

1. « Le Roi, qui me conservait toute sa confiance dans ces premiers moments,

nistre conseillait au Roi de ne faire arriver que des royalistes aux affaires, « dût-on en venir à la nuance de M. de la Bourdonnaye et de Lalot. » On ne pouvait donner au pilote l'avis de tendre sa voile et de diriger son gouvernail du côté où l'orage qui devait emporter le navire tout entier apparaissait déjà. Ces rapports du Roi avec l'ancien président du conseil furent soupçonnés par le public et nuisirent au nouveau ministère, qui fut dès lors considéré par l'opposition comme l'éditeur responsable de mesures qui se concertaient entre le Roi et M. de Villèle.

L'opinion n'accorda au ministère que quelques jours de trêve. Les journaux qui célébraient la chute de M. de Villèle comme une délivrance publique commencèrent bientôt à se prononcer, chacun d'une façon différente, sur la modification ministérielle.

La *Quotidienne* regrettait de ne pas voir entrer aux affaires quelques grandes notabilités royalistes.

« Il était d'ailleurs évident, ajoutait cet organe de la droite, qu'un tel ministère ne pouvait aborder la session avec l'espoir d'une majorité suffisante.

« Il fallait donc qu'il se fortifiât, et il ne pouvait le faire qu'en appelant à lui les grands talents, les nobles caractères, les réputations consacrées par le temps. Ce n'était pas des individus qu'il devait chercher à conquérir, mais une opinion tout entière. »

Le *Journal des Débats*, fidèle à M. de Chateaubriand, ne prenait pas la peine de dissimuler le désappointement qu'il éprouvait à la suite de cette nouvelle combinaison, qui excluait l'illustre écrivain de la scène politique.

écrit M. de Villèle sur son Carnet, m'avait demandé un petit travail sur les limites où devaient s'arrêter ses concessions pour les hommes et les choses. Il m'avait indiqué Vaulchier, directeur général des postes, qui avait le travail direct avec lui, comme l'intermédiaire le plus sûr. » (*Papiers politiques de M. de Villèle. — Documents inédits.*)

« On se refuse à juger le ministère une combinaison durable, s'écriait-il. On n'y voit qu'une mêlée de traînards de l'administration vaincue et des têtes de colonne de l'opinion victorieuse. La majorité de l'ancienne chambre des pairs et celle de l'ancienne chambre des députés sont représentées dans le ministère, non la majorité de la chambre nouvelle. Et pourtant il était bien facile de constituer un conseil définitif riche de talents comme d'avenir, et de rendre à Charles X les douces pompes de l'avénement. Il est des noms contre lesquels c'est une faute de prétendre lutter, quand ce n'est pas une calamité nécessaire. »

De son côté, le *Constitutionnel* prédisait une courte existence au nouveau ministère, dans lequel il cherchait en vain de ces grandes personnalités que leur mérite prédestine à conduire les destinées de leur pays.

« L'autorité de la vertu, du talent, du caractère est une nécessité du gouvernement représentatif où nous entrons, disait-il; c'est par là qu'on règne dans la tribune et dans le conseil; c'est par là qu'un Chatam se lève au milieu des orages; qu'il repousse loin de lui les ambitions importunes; que les flots des passions expirent à ses pieds; qu'il entraîne tout par son éloquence, par l'ascendant du patriotisme, et qu'il relève les prospérités du pays. Nous avons cherché un tel homme dans le conseil, et nous ne l'avons pas trouvé. »

Puis, descendant bientôt de ces considérations ambitieuses, le *Constitutionnel* exprimait son jugement sur le ministère en disant que c'était la même comédie que le ministère Villèle, mais que cette comédie était jouée par les doublures. « Le personnage principal, ajoutait-il, n'a quitté la scène que pour se réfugier dans le trou du souffleur. »

Quant à M. de la Mennais, il ne voyait dans ce changement qu'un replâtrage, dont la durée ne devait pas se prolonger au delà d'une année.

« Eh bien! mon cher ami, écrivait-il à M. Berryer à la date du 9 janvier 1828, M. de Villèle nous a donné sa monnaie et la monarchie s'en contente. Je doute qu'il en soit ainsi des chambres. »

Et, quelques lignes plus bas, il reparle du changement ministériel, en se servant d'expressions dont la trivialité touche au cynisme[1].

Il devait être difficile à un ministère, recevant un pareil accueil de l'opinion qui le proclamait mort-né, de satisfaire aux exigences contradictoires de la droite, du parti libéral, et du parti religieux dont M. de la Mennais était la personnification extrême. Chacune des concessions du ministère était jugée insuffisante par les libéraux, tandis que les royalistes, les yeux tournés vers le passé, se rappelaient toujours où la voie des concessions avait conduit l'infortuné Louis XVI. Les nuances de l'opposition étaient divisées entre elles; chacune aurait voulu garder à elle seule les dépouilles de M. de Villèle et arriver au pouvoir, ce point de mire de bien des hommes d'opposition dont les idées changent, quand ils ont avec l'autorité, une part de responsabilité dans la conduite des affaires de leur pays.

Dès son arrivée au gouvernement, le nouveau ministère s'efforça d'entrer dans cette voie libérale que depuis si longtemps on montrait, du haut de la tribune et dans la presse, comme la terre promise du gouvernement représentatif. Il rendit les pensions et les faveurs aux gens de lettres et aux savants qui avaient encouru la disgrâce du précédent ministère. Il obtint du roi la rentrée en grâce de MM. Villemain et Lacretelle; M. Michaud fut réintégré dans sa place de lecteur; enfin, le 22 janvier, le *Moniteur* publia une ordonnance qui nommait une commission « chargée d'examiner les mesures que pouvait nécessiter l'exécution des lois du royaume

---

[1]. « J'aime ce qui finit, s'écriait M. de la Mennais : *Quod facis fac citius.* Notre pauvre chevalier disait un jour à Madame de T. : « Madame la marquise, « savez-vous ce que sera le règne de X ? Ce sera de la boue. — Monsieur le che- « valier, ce sera de la m...., parce qu'il me semble qu'on doit s'en lasser plus « vite. » (*Correspondance de la Mennais*, tome II, p. 40).

dans l'enseignement des écoles ecclésiastiques secondaires[1]. »

L'importance de cette mesure avait grandi, depuis l'aveu échappé à Mgr Frayssinous, qui avait déclaré à la tribune que sept des petits séminaires existants étaient dirigés par des ecclésiastiques faisant partie de la société de Jésus, congrégation dont la présence était seulement tolérée en France. Les discussions qui allaient s'ouvrir devaient fournir à l'opposition un prétexte pour évoquer de nouveau à la tribune ce spectre noir des jésuites que les libéraux aimaient à faire apparaître de temps à autre dans leurs discours. On arracha cette mesure au roi, en lui persuadant qu'il s'agissait seulement de fixer à deux cents le nombre des élèves dans chaque petit séminaire[2].

L'ordonnance du 22 janvier fut jugée différemment par les partis contraires; les libéraux déclaraient que ce projet était insuffisant, puisqu'on comptait parmi les membres de la commission des hommes favorables à la compagnie de Jésus. M. de la Mennais s'écriait de son côté que l'Église universelle était atteinte par cette mesure, et l'extrême droite déplorait le «commencement d'une persécution méditée contre l'Église et ses ministres.»

L'unanimité de l'opposition se rencontrait sur un seul point: c'était quand il s'agissait de célébrer la chute de M. de Villèle, saluée par ces faux amis de la liberté comme une délivrance. On eût dit que l'ancien président du conseil avait absorbé à lui seul l'air vital de toute une génération; on le rendait responsable de tout le mal qui s'était fait; on le proclamait l'obstacle à tout le bien qu'on aurait pu faire. Dans les naufrages, il y a toujours un homme qui porte la res-

---

1. Les membres de cette commission étaient MM. l'archevêque de Paris, le vicomte Lainé, le baron Séguier, le baron Mounier, pairs de France, Mgr Feutrier, évêque de Beauvais, MM. le comte Alexis de Noailles, de la Bourdonnaye, Dupin aîné, député, et de Courville, membre de l'Université de France.
2. Carnet de M. de Villèle.

ponsabilité de la perte du navire ; dans le naufrage de la droite, l'homme auquel l'opposition donnait ce rôle, c'était M. de Villèle, et l'on voyait alors sur les vitres des marchands du Palais-Royal l'annonce d'un ouvrage intitulé : *Villèle aux enfers*. C'était là la récompense des grands services que le président du conseil avait rendus pendant six années à son pays. On disait qu'il voulait rentrer à tout prix au ministère, lorsque son désir le plus vif était d'aller oublier à Morville l'injustice des hommes, et que, seuls, les bruits de l'accusation dont on le menaçait le retenaient à Paris.

« Les journaux ont recommencé une guerre furibonde contre moi, écrivait-il à son fils à la date du 27 janvier. Je crains que cette manœuvre, concertée entre le ministère et la faction, ne soit plus faite pour agir sur le Roi que sur moi. Ils sentent que, quoique relégué aux pairs, je conserve assez d'importance, et ils voudraient ne me retrouver nulle part. Alors, au lieu de me faire attaquer, ils auraient dû chercher à me faire oublier, et je les aurais secondés en partant pour Morville. Ils me clouent ici avec leurs menaces d'accusation[1]. »

Tandis que les journaux faisaient ainsi les honneurs de sa personne, M. de Villèle recevait à la fois des demandes de concours des défectionnaires, de MM. de la Bourdonnaye, de Lalot et de Polignac. M. de la Bourdonnaye le pria même de lui accorder une entrevue, dans laquelle il exprima le désir de voir tous les royalistes réunis, et la crainte des difficultés qu'on éprouverait à former une majorité dans la chambre. « Il insista beaucoup, dit M. de Villèle, pour savoir si le Roi éprouvait un véritable attachement pour M. de Chabrol et s'il lui accordait une grande confiance. Il m'a semblé que c'était surtout pour éclaircir ce dernier point qu'il avait demandé cette conférence[2]. » L'influence que M. de Villèle conservait sur le

1. Papiers politiques de M. de Villèle. (*Documents inédits.*)
2. M. de Villèle raconte ainsi son entrevue avec M. de la Bourdonnaye. «L'entrevue s'est fort bien passée. Dès l'abord, nous nous sommes mis l'un et

Roi était gênante pour les ministres. On songea à l'éloigner en lui donnant une ambassade.

« Quoique je me plaise à conseiller aux royalistes qui me consultent de rester unis pour pouvoir résister plus fortement aux révolutionnaires, écrivait M. de Villèle à son fils, imagine-toi que les ministres, pour se débarrasser de moi, songent à me faire envoyer par le Roi à Londres ou à Pétersbourg.

« D'autres pensent à me faire donner l'ordre de partir pour Toulouse. Pour cela, je ne me ferai pas prier : cette action contre moi vient de ce qu'on voudrait entraîner le Roi vers la gauche, et de ce qu'on ne doute pas qu'il puise dans mes conseils sa fermeté à suivre la voie opposée [1]. »

Malgré les attaques des journaux, le Roi continuait sa correspondance avec M. de Villèle. Il lui exposait les divers projets du nouveau ministère en lui demandant conseil sur la politique à suivre. Une de ces lettres du Roi, à la date du 24 janvier 1828, contient des détails curieux sur les débuts du ministère Martignac. Le Roi, en continuant cette correspondance quasi ministérielle avec M. de Villèle, oubliait tout à fait son rôle de roi constitutionnel.

« Je vous sais faible et fatigué, j'ai donc besoin, mon cher Villèle, que vous me donniez de vos nouvelles, écrit Charles X. J'ai à vous parler de plusieurs choses :

« 1° Vous avez vu la commission que j'ai nommée pour les petits séminaires. J'ai adopté les noms que l'on m'a présentés ; je n'ai refusé que Pasquier et j'ai mis Mounier à sa place, parce que je le crois un

l'autre dans des termes convenables, sans aucune explication pénible sur le passé. Il a montré le plus vif désir de voir tous les royalistes réunis. Il croit indispensable de faire quelque chose sur les petits séminaires, mais il craint l'effet sur les royalistes religieux. Il est surtout inquiet sur la majorité dans la chambre des pairs. Il ne veut pas qu'on porte Bourdeau mais Ravez à la présidence. J'ai retrouvé l'homme tel que je l'avais connu : personnel, négatif, sans plan, sans cesse tourmenté d'ambition. Nous nous sommes quittés sans ouvertures, mais dans de bons termes en général. »

1. *Documents inédits.*

peu plus dans ma dépendance. Vous pensiez comme moi qu'il y avait quelque chose à faire sur cet objet si difficile.

« 2° Le ministère reste ce qu'il est. Il n'y a plus de négociation avec personne. Nous verrons à l'ouverture de la session ; si je penche, ce sera à droite.

« 3° On voudrait établir un conseil de la guerre.

« 4° Roy a annoncé hier que la dette flottante s'élevait à 200 millions, y compris la dette d'Espagne, et que, d'après la diminution des produits, il sera nécessaire de réduire les différents services de 24 millions, sans comprendre les dépenses extraordinaires de la guerre et de la marine. Qu'en pensez-vous ?

« 5° Je joins ici le projet de discours que Martignac m'a remis hier. Je le trouve un peu faible. Mettez sur une feuille séparée vos réflexions et vos idées sur ce sujet si important.

« Je ne travaillerai définitivement qu'après avoir connu vos opinions. Amitié et confiance. »

« J'ai répondu que ce discours manquait de force et de dignité, écrit M. de Villèle sur son Carnet..... Mais comment, dans la position donnée, pouvoir changer le fond du discours[1] ? »

En effet, la situation du nouveau ministère était inextricable ; au moment où il rédigeait le plan du discours d'ouverture, il ne pouvait s'appuyer à la chambre sur aucun parti.

Tandis que le mouvement libéral prenait en France une grande extension avec l'avénement du ministère Martignac, un mouvement opposé avait lieu en Angleterre. Au moment de la mort de M. Canning, un ministère mixte s'était formé : lord Goderich était le chef de ce ministère. Les whigs et les tories ne purent s'entendre longtemps ensemble, et, à peine né, le ministère fut une première fois au moment de se dissoudre ; les discussions se ranimèrent quand l'ouverture de la session approcha. MM. Tierney et Huskisson désiraient placer lord Althorp, fils aîné de lord Spencer, à la tête du comité des finances ; M. Herries, chancelier de l'Échiquier, refusait d'adhérer à ce choix. Lord Goderich, voulant garder la neutralité, donna sa démission, et lord Wellington fut chargé

---

1. *Documents inédits.*

par le Roi de former un cabinet. Les whigs du cabinet précédent, lord Landsdown, lord Calisle, M. Tierney, s'éloignèrent alors de la scène publique, tandis que les tories, contraires au ministère de George Canning, MM. Peel, Goulburn, lord Bathurst, y rentraient; lord Dudley, M. Grant, lord Palmerston et M. Huskisson, qui avaient partagé les idées de M. Canning, se réservèrent une place dans le cabinet ainsi modifié. Le premier acte du ministre anglais fut le rappel des troupes d'occupation du Portugal.

A l'autre extrémité de l'Europe, la question d'Orient semblait au moment de se ranimer. L'ambassadeur de Russie quittait Constantinople en donnant l'assurance que, si la Porte respectait le traité d'Ackerman dans toute son étendue, sans compromettre le protectorat de la Russie sur les Principautés, celle-ci exécuterait fidèlement le traité du 6 juillet. La Russie signait également la paix avec la Perse, en acquérant la province d'Érivan et les défilés qui mettent la Perse dans sa dépendance militaire.

C'est au milieu de ces événements européens que s'ouvrit en France la session de 1828. Le discours du Roi était impatiemment attendu : selon les uns, il devait inaugurer l'ère d'une politique nouvelle; selon les autres, proclamer, au contraire, que le changement ministériel n'avait atteint que les personnes, et que la politique du gouvernement restait la même. Ces deux prévisions extrêmes ne devaient pas être réalisées par les paroles de Charles X.

Le 5 février 1828, les deux chambres se réunirent au Louvre sous la présidence du Roi. Au moment de l'entrée de Charles X dans la salle, des cris de *Vive le Roi!* retentirent de toutes parts. Le monarque, salué avec enthousiasme, aurait pu se croire reporté aux beaux jours de sa popularité s'il n'avait pas su que ce que l'on acclamait surtout, c'était la retraite de M. de Villèle, sacrifice qui lui avait été si pénible.

Le Roi commença son discours en exposant la situation de la France vis-à-vis des autres puissances. Cette situation était rassurante. Un seul point noir restait à l'horizon : ce point noir, c'était la question d'Orient ; mais, aidé de ses alliés, le Roi espérait encore délier le nœud sans le trancher, c'est-à-dire triompher, sans le secours de la force, des résistances de la Porte ottomane.

Il annonçait que, prochainement, l'occupation d'Espagne pourrait cesser, et s'exprimait ainsi au sujet du combat de Navarin : « Le combat imprévu de Navarin a été à la fois une occasion de gloire pour nos armes et le gage le plus éclatant de l'union des trois pavillons. »

Ce n'était pas ainsi que l'Angleterre avait salué la bataille de Navarin, lorsqu'à l'ouverture du Parlement anglais, le 28 janvier 1828, lord Wellington l'avait qualifiée d'événement malencontreux (untoward event). Aussi, des applaudissements éclatèrent-ils à ce paragraphe du discours du Roi, qui répondait si bien au sentiment français.

Charles X, continuant son exposé de la politique extérieure de la France, parlait du blocus d'Alger, dont il fixait le terme au jour où le pavillon français aurait reçu la satisfaction qui lui était due. Puis, jetant un regard tranquille sur l'état intérieur du royaume, le Roi ajoutait :

« Vous verrez, par les documents qui seront mis sous vos yeux, que si les produits des contributions diverses ont subi quelque diminution, les sources de la richesse publique n'ont éprouvé aucune altération durable. »

Venait ensuite l'annonce de la création d'un ministère du commerce ; après avoir rappelé la séparation du ministère de l'instruction publique d'avec le ministère des affaires ecclésiastiques, Charles X arrivait enfin aux deux paragraphes si impatiemment attendus par les libéraux.

« Voulant affermir de plus en plus dans mes États la charte qui fut octroyée par le Roi mon frère, et que j'ai juré de maintenir, je veillerai à ce qu'on travaille avec sagesse et maturité à mettre notre législation en harmonie avec elle.

« Quelques hautes questions d'administration publique ont été signalées à ma sollicitude. Convaincu que la véritable force du trône est, après la protection divine, dans l'observation des lois, j'ai ordonné que ces questions fussent approfondies et que leur discussion fît briller la vérité, premier besoin des princes et des peuples.

« Messieurs, le bonheur de la France est l'objet de tous mes vœux et de toutes mes pensées. Pour l'assurer, je saurai conserver l'autorité forte et tutélaire qui appartient à ma couronne. Je compte aussi, Messieurs, je compte beaucoup sur le concours de vos lumières et sur l'accord de vos sentiments. La parole de votre Roi, appelant l'union des hommes de bien, ne peut trouver que des cœurs bien disposés à l'entendre et à lui répondre. »

La gauche accueillit avec transport le discours du Roi; le *Constitutionnel*, le *Courrier*, le *Journal des Débats*, se réunirent pour chanter en chœur ses louanges et célébrer ce « discours riche de promesses et d'espérances. Il appartenait aux ministres de réaliser ce que les paroles royales renfermaient implicitement. » La droite saluait le discours royal avec moins d'enthousiasme, et, en sortant de la séance, M. de Villèle traçait ces lignes prophétiques sur son Carnet :

« Le discours que je viens d'entendre nous jette dans une voie de concessions et de révolutions qui mènera loin si l'on y reste; et comment en sortir avec ce qui est? »

Dans les premiers jours du mois de février, le conseil des ministres songea à une nouvelle combinaison qui aurait fait arriver MM. de Lalot et de la Bourdonnaye aux affaires. Le Roi rendit compte à M. de Villèle de ces oscillations du ministère qui, semblable à un navire au moment de prendre la mer, penchait tantôt à droite, tantôt à gauche, sans qu'un vent favorable vînt enfler sa voile et diriger ses mouvements.

« 6 *Février* 1828. — « Il y a un siècle que je ne vous ai écrit, mon cher Villèle, et la raison en est bien simple, écrit le Roi, c'est que si j'avais voulu vous consulter sur tout, il aurait fallu vous écrire trois ou quatre fois par jour. Cela aurait pu avoir des inconvénients pour vous. J'ai mieux aimé me souvenir de ce que vous m'avez dit et m'en rapporter à mon bon sens. Je ne vois, jusqu'ici, rien de mauvais dans mes ministres, mais le caractère n'est pas leur fort.

« Depuis sept jours seulement, ils ont tous voulu donner leur démission, à l'exception d'Hermopolis. Ils ont autorisé et fait des démarches auprès de la Bourdonnaye. Celui-ci a été très-bien, du moins en apparence, car il a consenti à tout ce qu'on a voulu. Alors la peur a pris à Portalis, à Roy, à la Ferronays, et ils ont voulu quitter. J'en ai senti le danger et j'ai exigé qu'ils restassent tous en mettant Vatimesnil à l'instruction publique. Je crois ce dernier bon, parce que les papiers crient beaucoup contre lui. Que pensez-vous du discours? J'ai fait de mon mieux, mais comme il a du succès auprès de gens à opinion douteuse, j'ai peur qu'il ne vaille pas grand'chose. Tout me paraît si embrouillé, que je ne sais sur quoi compter. L'avantage, avec mes ministres actuels, c'est qu'ils cèdent assez facilement à ma volonté; mais je ne dois l'employer qu'avec beaucoup de mesure. Les éloges des *Débats* et du *Constitutionnel* me font craindre d'avoir dit des sottises. J'espère cependant que non, et je continuerai à arrêter avec fermeté ce qui pourrait amener des concessions dangereuses[1].

« Charles. »

Avant d'aborder la discussion de la chambre sur la vérification des pouvoirs, nous rappellerons trois nominations secondaires qui appelèrent trois hommes influents, que leurs opinions rattachaient au centre droit, à la tête de grandes administrations publiques.

Une ordonnance du 13 février plaça M. Bacot de Romans à la direction des contributions indirectes, en remplacement de M. Benoît, qui fut nommé ministre d'État et membre du conseil privé; M. le baron de Villeneuve, préfet de Saône-et-Loire, à la direction générale des douanes, en remplacement de M. de Castelbajac, appelé à la chambre des pairs; M. Bour-

---

1. Papiers politiques de M. de Villèle. (*Documents inédits.*)

deau, à la direction de l'enregistrement et des domaines. Cette position était vacante depuis la nomination de M. de Martignac au ministère de l'intérieur.

Le 6 février, la chambre haute se constitua avant l'admission des nouveaux pairs. Cette dérogation à l'usage accoutumé priva ces derniers pairs du droit de prendre part à la nomination des secrétaires pour la session de 1828. C'est par suite de cette abstention des nouveaux pairs que le premier tour de scrutin donna 120 voix royalistes et 130 voix en opposition à un ministère de droite. MM. le duc de Luxembourg, le duc de Fitz-James, le baron Portal, furent élus secrétaires. On remarqua que la majorité de la commission d'adresse, dont M. le baron Lainé fut nommé rapporteur, était formée d'hommes ayant souvent été en opposition avec le précédent ministère [1]. Les nouveaux pairs furent admis sans contestation, et la haute chambre procéda à la discussion de l'adresse en réponse au discours de la Couronne.

Dans le cours de la discussion, M. de la Ferronays vint exposer à la tribune la situation extérieure du gouvernement. Le ministre des affaires étrangères annonça que les relations de la France avec la Porte étaient suspendues sans être pour cela rompues; il fit espérer le rappel prochain des troupes d'Espagne, promit que le pavillon français obtiendrait, à Alger, la réparation qui lui était due, et montra l'intérêt que la France avait à garder la neutralité entre l'Espagne et les anciennes colonies espagnoles, qui, dans l'Amérique, avaient proclamé leur indépendance. A la suite de ce discours, le projet d'adresse fut adopté, après quelques légères modifications, à la majorité de 192 voix contre 15.

« Cette adresse, faible et médiocre, a été adoptée crainte de pis, » écrit M. de Villèle sur son Carnet.

---

1. La commission de l'adresse était composée de MM. Lainé, de Doudeauville, Pasquier, de Brissac, de Lévis, de Mortemart et Mollien.

II

VÉRIFICATION DES POUVOIRS. — ÉLECTION DU PRÉSIDENT ET DES VICE-PRÉSIDENTS DE LA CHAMBRE. — M. ROYER-COLLARD EST CHOISI PAR LE ROI POUR PRÉSIDER LA SESSION. — LE *JOURNAL DES DÉBATS* DEMANDE LA MISE EN ACCUSATION DE M. DE VILLÈLE. — DÉMISSION DE MM. DE CHABROL ET FRAYSSINOUS. — ILS SONT REMPLACÉS PAR MM. HYDE DE NEUVILLE ET FEUTRIER. — M. DE CHATEAUBRIAND EST NOMMÉ AMBASSADEUR A ROME. — L'ADRESSE AU ROI. — ELLE DÉSIGNE LE MINISTÈRE VILLÈLE SOUS LE NOM DE *SYSTÈME DÉPLORABLE*. — DISCUSSION DE L'ADRESSE. — L'ADRESSE EST ADOPTÉE. — RÉPONSE DU ROI A LA DÉPUTATION CHARGÉE DE LUI PRÉSENTER CETTE ADRESSE.

Le 7 février 1828, la chambre se réunit pour composer ses bureaux : trois de ces bureaux se formèrent avec une majorité de gauche, trois se constituèrent avec une majorité défectionniste, trois avec une majorité royaliste.

Dès le lendemain commença la vérification des pouvoirs. Elle était impatiemment attendue, car les accusations portées par l'opposition sur la conduite du précédent ministère, pendant les dernières élections, devaient être graves et nombreuses.

Un grand nombre de pétitions signalaient les abus de force des agents du pouvoir dans la formation des listes électorales, et dénonçaient aux chambres des fraudes commises dans les élections des députés de la majorité. Il faut rappeler ici que, dans les vérifications de pouvoirs, il y a d'ordinaire deux opinions extrêmes qui se produisent : selon l'une, toutes les élections ont été viciées par l'arbitraire et la corruption ; selon l'autre, toutes les opérations de l'administration ont été marquées par le respect des droits et la plus irréprochable impartialité. En général, ces deux assertions sont également éloignées de la vérité.

En 1828, les ministres qui étaient responsables des dernières élections ne se trouvaient pas à la chambre pour expliquer les actes de leurs agents, et le nouveau ministère devait défendre plus faiblement des manœuvres électorales dont la responsabilité ne pesait pas sur lui.

C'est seulement en théorie qu'on peut interdire au gouvernement de se servir à son profit des institutions administratives que la centralisation met entre ses mains, et les hommes d'opposition qui attaquent les abus du pouvoir dans les élections, s'ils parviennent aux affaires, ne se souviennent des abus qu'ils ont signalés que pour les imiter.

Dès le 9 février, la discussion devint très-vive, et après quelques débats sur une question relative à la possession annale, M. Casimir Périer s'écria : « La France a soif d'ordre légal et de justice administrative, surtout dans les élections. » Dans toutes les élections attaquées revenaient les mêmes accusations. On reprochait à l'administration les incapacités électorales à l'aide desquelles elle avait réuni la majorité, le défaut de publicité des listes, la violation du secret des votes, et l'on dénonçait l'influence ministérielle qui avait, au dire de l'opposition, employé tous les moyens pour anéantir les volontés individuelles.

Nous nous contenterons de résumer les traits principaux de cette longue discussion de principes, parsemée de déclamations presque toujours stériles, puisque la chambre admettait généralement les députés dont l'élection avait été dénoncée comme frauduleuse.

La première élection qui passionna le débat fut celle de M. de Quélen, élu dans les Côtes-du-Nord. Une pétition de trente électeurs signalait à la chambre, entre autres prétendus abus, une circulaire du préfet à ses agents, dans laquelle on remarquait le passage suivant :

« Rappelez-vous que nous sommes arrivés au temps où la première condition des gouvernements représentatifs est assez connue pour que tous les fonctionnaires et agents publics, à quelque branche de service qu'ils appartiennent, sachent qu'ils doivent au gouvernement, non-seulement leurs voix, mais leurs démarches, mais leur influence. Que s'ils sont libres de leurs suffrages comme individus, ils ne peuvent lui refuser leur coopération dans l'acte qui importe le plus à sa conservation, sans se séparer de lui ou sans le mettre *dans la nécessité de se séparer d'eux.* »

M. le général Sébastiani se révolta à la pensée qu'une telle alternative fût donnée aux fonctionnaires. Certes, il est pénible d'acquérir à ce prix une majorité dans les chambres, puisqu'arrivée à ce point la politique du gouvernement a perdu la majorité morale du pays, et qu'il n'obtient les suffrages qu'à l'aide d'une pression ; mais il a le droit de demander aux fonctionnaires qui tiennent leur position du pouvoir et font partie de l'administration leur concours dans les élections ; il y aurait même quelque chose de peu délicat à accepter son pain quotidien d'un gouvernement qu'on attaquerait en sous-main. En Angleterre, le pays du gouvernement parlementaire par excellence, le premier acte d'un homme qui veut entrer dans l'opposition est de donner sa démission, s'il occupe un emploi, afin de recouvrer toute son indépendance.

L'élection de M. de Quélen fut validée par la chambre. L'élection de M. Calemard-la-Fayette, dans la Haute-Loire, fournit à M. Benjamin Constant l'occasion d'attaquer la précédente administration. Il réclamait l'ajournement de l'admission et motivait sa demande en disant : « Le total des votes est de 300 voix, la majorité nécessaire de 171 ; M. Calemard, n'ayant obtenu que 176 voix, dont il faut déduire

10 faux électeurs dénoncés, n'a plus pour lui la majorité. »

M. Pardessus répondit avec raison « qu'on ne pouvait regarder comme de faux électeurs ceux qu'on dénonçait comme tels, avant que les tribunaux compétents eussent prononcé sur leur capacité. »

Dans le camp opposé, M. le Pelletier d'Aulnay soutint la doctrine contraire, en disant que si la juridiction des questions électorales n'appartenait pas à la chambre, l'assemblée pouvait au moins prononcer, comme un jury, si l'élection était ou n'était pas frauduleuse. M. de Saint-Aulaire alla plus loin : « Avec le système de M. Pardessus, s'écria-t-il, ce seraient les préfets qui nommeraient les électeurs, et comme les préfets agissent sous l'influence des ministres, ce seraient en définitive les ministres qui nommeraient les députés. »

M. de la Bourdonnaye défendit la prérogative royale qu'on diminuait en proclamant la souveraineté de la chambre dans la validation des élections. C'était une nouveauté de voir l'honorable député défendre à la tribune les droits du pouvoir royal, et ses collègues furent frappés d'étonnement en l'entendant protester contre l'empiétement de l'assemblée sur les prérogatives du monarque. La situation de M. de la Bourdonnaye avait changé avec l'avénement du ministère Martignac, et son opposition n'avait plus de raison d'être depuis la chute de M. de Villèle.

Le ministre de l'intérieur prit à son tour la parole. Le commencement de cette harangue, qui explique les sentiments du nouveau ministère sur la question si grave des élections, doit trouver ici sa place. Le voici :

« Messieurs, je n'ai pas besoin de dire que je ne viens pas vous demander protection pour la fraude, si la fraude a existé, ni préparer pour l'avenir des moyens d'exercer la fraude pour notre bénéfice personnel. Nous sommes autant qu'aucun de vous ennemis de la fraude et du mensonge ; nous les repousserons, nous les combattrons, sous quelque couleur qu'ils se montrent. C'est un parti auquel nous sommes irrévocablement arrêtés.

« Nous pensons que le gouvernement doit conserver sur les élections une action puissante. Quelque légal, quelque modéré que puisse être un gouvernement tel que le nôtre, il a et ne peut manquer d'avoir toujours une opposition puissante, populaire, active, dont l'influence se fait sentir avec une force nouvelle au moment décisif où les élections se préparent. Ce n'est pas même, dans nos mœurs actuelles, un travail secret, obscur ; c'est une lutte franche, ouverte, déclarée, que nos institutions admettent. Il ne faut pas penser à arrêter cette lutte, cela est impossible.

« Mais il faut aussi reconnaître que le gouvernement doit, pour sa propre sûreté, opposer à cette invasion, à cette tentative qui va le détruire, une action et une influence éminemment conservatrices. Cette action, telle que je la conçois, ne peut être ni frauduleuse, ni tyrannique, ni inquisitoriale. Les lois doivent être exécutées régulièrement, telles qu'elles ont été promulguées, avec franchise et loyauté. On doit appeler à exercer les droits électoraux tous ceux auxquels la loi assure ce droit.

« Il faut repousser avec un soin égal tous ceux qui ne justifient pas qu'ils remplissent les conditions exigées par la loi. »

Certes, c'était là une franche déclaration de principes ; elle aurait dû satisfaire l'opposition, car les plus exigeants ne peuvent demander au gouvernement que la scrupuleuse observation des lois en matière électorale. M. de Martignac repoussa ensuite la doctrine qui attribuait d'une manière absolue à la chambre la révision des listes électorales et l'examen de la validité des inscriptions. Il conclut en déclarant que, s'il survenait des cas graves où il fût clairement démontré que l'administration avait abusé de son pouvoir, la chambre avait le droit d'exiger des renseignements nouveaux et d'ajourner la réception du député jusqu'à l'examen des preuves à l'appui ; le devoir du gouvernement était alors de dénoncer la fraude aux tribunaux compétents. Dans les cas ordinaires, il était sage de s'en tenir aux dispositions de la loi.

Sans attaquer le fait en lui-même, M. Royer-Collard resta dans la question du droit en général. Après des déclamations sur les faux électeurs qui font les faux députés, il déclara qu'une législation restreignant la puissance de la chambre en matière de vérification électorale était impossible. Une phrase de cette harangue produisit un grand effet sur l'auditoire :

« Que le faux député demande s'il veut des gendarmes pour entrer à la chambre, s'écria M. Royer-Collard; mais qu'il ne demande pas mon consentement, il ne l'aura jamais. »

Puis l'orateur chercha quelle était la législation existante qui interdisait à la chambre d'attaquer une inscription dont l'illégalité n'avait pas été signalée au préfet avant la clôture des listes; la loi de 1817, qui réglait les attributions des préfets, ne parlait pas des réclamations présentées à l'assemblée.

« Il n'y a pas de jour où ce qui était faux soit devenu vrai, poursuivit-il; voilà, certes, ce qu'aucun député n'osera jamais proposer à une chambre, parce que les doctrines honteuses sont bien plus difficiles à défendre que les mauvaises actions. »

M. Ravez fit remarquer que, sur une simple dénonciation sans preuves, on ne pouvait suspendre un droit acquis et peut-être assuré. Cet homme de bien, déclarant qu'il ne prenait pour règle de son droit que son devoir, refusa son assentiment aux principes émis à la tribune.

M. Dupin aîné termina le débat en résumant les concessions faites par le ministre de l'intérieur. Après un discours dans lequel M. Agier se rallia à l'avis de ceux qui réclamaient le droit d'examen pour la chambre lorsqu'il s'agissait de la validation des élections, M. Calemard-la-Fayette fut admis à l'unanimité.

C'étaient bien des paroles stérilement prononcées pour en arriver à ce résultat!

Les débats se ranimèrent à l'occasion de l'élection de

M. Lorimier, nommé dans la Manche à la majorité d'une voix. On accusait le préfet de s'être inscrit sur la liste électorale après la clôture. M. de Vatimesnil fit observer à cette occasion que, d'après la loi de 1817, le domicile public suivait de droit le domicile réel. Le bureau proposait l'ajournement jusqu'à la vérification du droit de six électeurs, qu'on disait indûment inscrits. M. Gaëtan de la Rochefoucauld, répondant à M. de Vatimesnil, s'engagea dans une dissertation obscure sur la distinction à établir entre la souveraineté royale et la souveraineté de la chambre.

M. Portalis rappela que la loi de 1817 conservait à l'électeur inscrit sur la liste, et qui en est rayé, par le seul fait de sa réclamation, le droit de voter jusqu'après la décision définitive. Faudrait-il donc annuler une élection parce qu'un électeur, qui de fait était un faux électeur, mais qui de droit avait la possession légale, y aurait pris part?

Il y avait là quelque chose de difficile à admettre.

Puis l'orateur, parlant de la souveraineté de la chambre, établit que dans la loi seule, devant laquelle toute tête doit s'incliner, réside la toute-puissance.

Après quelques débats, la chambre prononça à une forte majorité, composée de la gauche, du centre gauche et d'une partie de la droite, l'ajournement de l'élection de M. Lorimier.

M. Kératry présenta ensuite une pétition au nom de plusieurs habitants de Bourbon-Vendée; les accusations accoutumées se reproduisirent à la tribune, et M. Kératry ne manqua pas une si belle occasion d'attaquer violemment l'ancien ministère. A entendre cet adversaire impitoyable du gouvernement royal, on aurait dit que les dernières élections avaient toutes été entachées d'abus de pouvoir, et que tous les hommes qui se rattachaient à l'administration s'étaient laissé gagner par la corruption. La passion politique, qui, comme les autres passions, aveugle ceux qui s'y livrent, faussait le jugement de M. Kératry, et les rumeurs de la droite couvrirent la voix de l'orateur quand il s'écria que, « si la Révolution avait eu des moments d'oppression, de violence et de délire, elle était au moins pure d'un système combiné de fraude et d'astuce. » Il termina son impétueuse harangue en adjurant le député de ne pas se présenter à la chambre « sous le manteau du conseil d'État; car, s'il en était ainsi, le système du gouvernement serait de fait aboli pour faire place à la faction impériale dont la Restauration avait dédaigné le mensonge. »

M. de Curzay défendit l'administration déchue, qui, injustement attaquée, n'était pas là pour réclamer contre les accusations sous le poids desquelles on l'accablait. Il développa la thèse diamétralement opposée à celle de M. Kératry. « Sans doute, disait-il, les élections n'ont pas été libres; elles ont été accomplies sous l'influence d'un comité directeur établi à Paris. On en veut à l'administration du Roi, et, pour affaiblir son influence salutaire, on cherche par tous les moyens possibles à lui enlever une majorité disposée à la soutenir. » L'orateur de la droite conclut en demandant qu'on fît justice à la fois des fonctionnaires qui n'avaient pas rempli leur devoir et des calomniateurs.

M. Augustin de Leyval, dans une remarquable improvisation, appela tous les esprits à l'union et à la concorde, dont l'opposition ne veut jamais, car elle puise sa vie dans la guerre. « Une voix va s'élever jusqu'au trône, s'écria-t-il; qu'elle dise au prince que, s'il a deux peuples, ils se sont donné le signe de paix, et qu'il lui appartient de combler l'abîme qui les a si longtemps séparés..... Où donc est cette Révolution dont on parle? la charte a tué le monstre, et ce n'est qu'en tuant la charte qu'on peut le faire revivre..... Le royalisme est devenu libéral, et le libéralisme est devenu monarchique. Maintenant que quelques-uns par conviction ou par convenance penchent encore vers le républicanisme, que d'autres rêvent les tranquilles douceurs du pouvoir absolu, telles, par exemple, qu'on les goûte en Espagne (*on rit*), y a-t-il là de quoi s'alarmer si fort? » Après ce discours, dont l'honnête optimisme était exagéré, les députés de la Vendée furent admis; mais, en revanche, l'admission de M. Dufougerais, nommé à Saint-Malo, fut ajournée. Ce député avait été élu à une majorité de six voix, et l'on signalait sept faux électeurs parmi ceux qui l'avaient porté.

C'est ainsi qu'on arriva à la vérification des pouvoirs des députés du Lot, MM. de Formont et Syrieys de Marinhac. De toutes les élections, c'était dans celles-ci que l'ancienne administration avait donné le plus de prise aux attaques. On signalait les circulaires du préfet enjoignant aux fonctionnaires, sous peine de destitution, de voter et de faire voter pour le candidat du gouvernement. Avant l'ouverture du débat, M. de Formont, élu à une faible majorité, donna sa démission; il ne restait donc à discuter que l'élection de M. Syrieys de Marinhac, député de Figeac. Les pétitionnaires prétendaient que quarante faux électeurs avaient été introduits sur les listes; mais, en retranchant même les quarante voix illégales, la majorité demeurait à M. Syrieys de Marinhac qui avait obtenu 111 voix sur 150 votants. Le rapporteur de la commission, M. Fallatieu, tout en condamnant la conduite des agents du pouvoir, demandait l'admission du député. Le débat fut vif : MM. Dupin et Bessières s'élevèrent avec force contre les conclusions du rapporteur. M. Dupin aîné déclara que le principe de déduction des faux électeurs était erroné, et qu'on en faisait dans le cas présent une application trop indulgente. « Le principe des déductions, dit-il, peut s'appliquer, quand il n'est question que de deux ou trois faux électeurs sur un grand nombre; non quand il y en a une masse. C'est ainsi qu'en matière de monnaie on admet l'alliage dans certaines proportions, ce qui n'empêche pas la monnaie d'être bonne; mais avec une plus forte dose, c'est de la fausse monnaie. Vous ne comptez que pour sa voix un faux électeur, mais faites attention aux voix qu'il peut entraîner. »

M. Syrieys de Marinhac fit, preuves en main, justice des allégations qui dénonçaient de faux électeurs parmi ceux qui l'avaient nommé. Il demanda que, s'il s'en trouvait *à son insu*, on les fît rechercher et punir. Alors M. Benjamin Constant vint lire à la tribune une circulaire du préfet menaçant de destitution les fonctionnaires hostiles à l'administration. A cette lecture, l'agitation fut grande dans la chambre. M. Mauguin cita une circulaire du procureur du roi, qui menaçait de poursuites et d'arrestation ceux qui chercheraient à influencer le vote des électeurs dans un sens favorable à l'opposition. Quand l'ajournement fut mis aux voix, la gauche, le centre gauche et quelques membres du centre droit votèrent affirmativement; le reste de la chambre se prononça d'une façon contraire, et, après deux épreuves douteuses, M. Syrieys de Marinhac fut admis à une faible majorité.

L'admission de M. le baron de Jankowitz, nommé à la majorité d'une voix par le troisième arrondissement de la Meuse, fut ensuite ajournée: un électeur qui déclarait avoir perdu son droit électoral se trouvait sur la liste. L'ajournement ne fut prononcé qu'à la majorité de six voix, majorité formée de toute la gauche et de la défection de droite.

On discuta ensuite l'élection de MM. de Chollet et Desbassyns de Richemont, députés de la Meuse. M. Desbassyns de Richemont était le beau-frère de M. de Villèle. Les deux députés avaient été élus, le premier à sept voix, le second à trois voix de majorité. On dénonçait des électeurs rayés de la liste, et d'autres dont l'inscription avait été illégale. Mais le bureau, constatant que de part et d'autre la bonne foi avait été complète, proposait l'admission. MM. Thouvenel et de Saint-Aulaire combattirent ces conclusions, et M. Thouvenel, se laissant aller à de regrettables violences de langage, reprocha à la chambre de violer la charte, en admettant dans son sein les créatures de l'ancienne administration, « des hommes traîtreusement élus, des enfants de la fraude, des bâtards ministériels qui ne pouvaient sans rougir s'asseoir à côté de leurs collègues. » M. de Saint-Aulaire accusa le préfet de la Meuse d'avoir fait preuve d'une partialité scandaleuse et violé plusieurs fois la loi, soit dans les refus d'inscription, soit dans les radiations d'électeurs. M. de Saint-Aulaire avait personnellement désigné dans son discours M. de la Bourdonnaye qui se défendit d'avoir jamais attaqué l'administration par en bas. L'ancien chef de la contre-opposition de droite voyait bien le but de toutes les accusations portées contre l'ancien ministère; il déclara qu'on le verrait toujours défendre les libertés publiques menacées. « Mais, ajouta-t-il, ce ne sont pas les libertés publiques qui sont menacées, c'est la royauté que nous avons à défendre. » M. Casimir Périer s'empara de cette parole et en tira un argument contre M. de la Bourdonnaye : « Nous ne faisons pas la guerre aux hommes, mais aux choses, dit-il; les hommes sont tombés, mais les choses restent. Et prenez-y garde, si, quand les hommes sont renversés, vous vous taisez sur les choses, on dira, sans doute contre votre intention, que vous n'avez vu avec joie tomber les hommes que pour vous enrichir de leurs dépouilles, et que vous ne vous taisez sur le système que parce que vous voulez en profiter. »

Le silence devenait impossible pour M. de Martignac. Sa position était difficile; il se trouvait placé entre les membres de l'ancien ministère, qui se plaignaient d'être sacrifiés par la nouvelle administration, et les exigences de la chambre, qui demandait leur accusation.

« Vous connaissez vos devoirs et vous comprenez les miens, dit-il.

Savez-vous qu'il n'y a rien de plus funeste, après une agression violente, qu'une justification insuffisante et incomplète? Savez-vous que je ne puis défendre ce qui ne m'est pas démontré innocent et qui n'est pas justifié, ou ce qui peut paraître coupable? Que dois-je faire? Ce que vous avez fait vous-mêmes : proposer des ajournements quand votre conscience n'est pas suffisamment éclairée. Eh bien! j'ajourne mon avis sur les fonctionnaires; je remplirai mon devoir tout entier, et je proposerai au Roi, quand la vérité me sera bien connue, de rendre justice. »

M. de Martignac, en promettant d'assimiler sa conduite à celle de la chambre, avait su prendre le seul parti capable de tirer le ministère du pas difficile où il était engagé. Après quelques débats pleins d'aigreur et de violence, M. Desbassyns de Richemont fut admis. Les anciens ministres trouvèrent la défense faible et incomplète; mais, dans la situation donnée, pouvait-on s'attendre à autre chose?

Les élections des Vosges et celles de la Corse restaient à examiner. Dans le département des Vosges, la loi du 20 juin 1820 avait été violée; cette loi décidait que, dans les départements où il n'y avait pas plus de 400 électeurs, il n'y aurait qu'un seul collège. Une pétition signalait à la chambre la conduite du préfet des Vosges, M. de Meulan; il avait fait porter à 404 le nombre des électeurs, et 11 de ces électeurs avaient été indûment inscrits. Le préfet lui-même reconnaissait que, sur sa liste, se trouvaient plus de 40 électeurs qui ne possédaient pas la capacité électorale; leur radiation n'avait pas eu lieu à temps parce qu'on était obligé d'attendre, pour opérer cette radiation, les délais voulus qui expiraient au 17 novembre, jour de la convocation des colléges électoraux[1].

Le rapporteur du bureau conclut à l'annulation de l'élection; il cita plusieurs circulaires fâcheuses du préfet. M. Ben-

---

[1]. Les députés élus dans les Vosges étaient MM. Cuny, le général Bucquet, Royer-Collard, Fallatieu et Champy; les trois premiers avaient été nommés par les colléges d'arrondissement, les autres par le collége du département.

jamin Constant attaqua violemment la conduite de ce fonctionnaire et demanda qu'on en fît justice. M. de Meulan était allé trop loin; selon ce mot resté célèbre, il avait fait du zèle: personne ne le défendit. On déclara que les cinq élections des Vosges avaient été accomplies par un dédoublement abusif du collége électoral, et l'assemblée les annula à l'unanimité.

Ce fut sur le débat soulevé au sujet de l'élection de MM. de Rivarola et de Vatismesnil, en Corse, que se termina la discussion sur la vérification des pouvoirs. La loi de 1827, relative à l'organisation du jury, n'était pas alors observée en Corse. Il s'agissait de savoir si les listes électorales devaient être dressées, dans ce pays, conformément aux lois du 5 février 1817 et du 29 juin 1820, ou selon la nouvelle législation. De plus, sur une liste de trente-sept votants, on dénonçait à la chambre l'inscription de sept fonctionnaires et du préfet, dont l'influence avait dû diriger l'élection. Le bureau conclut à l'admission de M. de Rivarola, en faisant observer qu'en retranchant les sept voix contestables, le candidat réunissait encore la majorité des suffrages (19 voix sur 30). M. Dupin aîné combattit les conclusions du bureau en disant que la nouvelle législation, ne contenant aucune exception, devait être exécutée dans toutes les parties du royaume; en conséquence il demandait l'annulation de l'élection faite en vertu des lois abrogées de 1817 et de 1820. M. Sébastiani réclama à cette occasion le changement de l'administration légale de la Corse, puis il attaqua l'ancien ministère en disant que « son procès venait d'être instruit par les débats qui avaient eu lieu. » Un député de Paris, M. Jacques Lefèvre, parla dans le même sens en désignant l'administration tombée sous le nom « d'échafaudage de fraudes. » L'élection de M. de Rivarola fut mise aux voix et validée par une majorité formée d'une partie du centre gauche, du centre et de la droite, tandis que l'élection de M. de Vatismesnil, qui n'avait pas atteint l'âge requis, fut annulée.

La vérification des pouvoirs fit comprendre au ministère dans quelle situation il allait se trouver en face de la nouvelle chambre. La haine contre la précédente administration était vive et profonde, on en avait eu la preuve dans ces premiers débats, où les accusations les plus injurieuses lui furent prodiguées. Mais, après avoir attaqué une élection avec violence, le député était généralement admis par la chambre, ce qui tendrait à prouver que le résultat auquel on voulait arriver avant tout était de rendre le retour du ministère de droite impossible : si les élections avaient été le fruit exclusif de la fraude et de l'astuce, ainsi qu'on l'avait prétendu à la tribune, comment l'élection de députés, qui avaient obtenu leur mandat en surprenant la bonne foi publique, eût-elle été validée par la majorité de la chambre ?

Mais, si l'accord s'était fait dans la droite quand il s'agissait de renverser, les divisions devaient se reproduire dès la première épreuve à laquelle on soumit l'assemblée ; cette première épreuve fut l'élection du président. D'après les calculs du *Moniteur*, au moment des élections de 1827, le gouvernement avait cru pouvoir compter dans la nouvelle chambre, en réunissant ensemble toutes les voix royalistes sans distinction de nuances, sur 240 voix contre 147 appartenant à la gauche ou au centre gauche. Mais cette fusion entre des hommes qui s'étaient haïs pendant des années était impossible. Puis on arrivait à ce chiffre en réunissant les cent trente membres, qui appartenaient à l'ancienne réunion Piet, à cinquante voix prises parmi les fonctionnaires ; venait ensuite la défection qui se composait d'environ trente députés qui avaient formé la réunion Agier et la contre-opposition de droite qu'on peut évaluer à un nombre à peu près égal. Si toutes ces nuances diverses avaient pu se fondre en une seule, la droite serait arrivée à former une majorité; mais, pour atteindre à ce résultat, il aurait fallu oublier des haines de six années et n'avoir plus qu'un but : le bien de son pays.

La première pensée de la plupart des membres de la droite avait été de faire arriver M. Ravez à la présidence; mais la défection, dont les voix décidaient la majorité, déclara qu'elle voterait contre lui [1].

« Nos amis s'occupent de la nomination de M. Ravez, écrivait M. de Villèle sur son Carnet; on n'y peut compter, à ce que m'a dit la Bourdonnaye. La défection votera contre lui, dans la crainte de donner au Roi assez de confiance pour espérer encore et ne pas admettre au ministère les défectionnaires qui y comptent. »

L'entente ne put s'établir entre les fractions de la droite. Le premier tour de scrutin donna les résultats suivants : M. de la Bourdonnaye réunit cent soixante-dix-huit voix; M. Gautier, cent soixante-quatorze; M. Royer-Collard, cent soixante-huit; M. Ravez, cent soixante-deux; M. Casimir Périer, cent cinquante-six; M. de Sainte-Aulaire, cent trente-neuf; M. Sébastiani, cent vingt-neuf; M. de Berbis, cent seize; M. de Lalot, quatre-vingt-trois; M. Hyde de Neuville, quatre-vingt-deux. Pas un de ces candidats ne réunissait la majorité absolue; il fallut recourir à un second tour de scrutin. Les négociations recommencèrent entre les fractions dominantes de la chambre et la défection, et on arriva à cette solution : la réunion Agier apporterait l'appoint de ses voix à trois des candidats présentés par le cercle de la rue Grange-Batelière, tandis que les députés qui formaient le cercle de la rue Grange-Batelière porteraient la candidature de deux membres de la réunion Agier [2].

---

1. La majorité absolue était de 143 suffrages.
2. « Il paraît certain que Ravez et la Bourdonnaye se sont bien conduits dans le vote de la présidence, écrit encore M. de Villèle. Ce dernier déclare hautement

Le second tour de scrutin des candidats à la présidence donna des résultats bien différents du scrutin de la veille : sur trois cent cinquante-huit votants, M. de Lalot réunit deux cent douze suffrages; M. Hyde de Neuville, deux cent six; M. Royer-Collard, cent quatre-vingt-neuf; M. Gautier, de la Gironde, cent quatre-vingt-sept; M. Casimir Périer, cent quatre-vingts. Le nombre de voix données à M. de la Bourdonnaye était réduit à cent cinquante-quatre, tandis que M. Ravez en obtenait cent soixante-sept. On le voyait clairement : si la majorité de la chambre était encore royaliste, elle se trouvait divisée en deux tronçons qui ne pouvaient se rapprocher sans se combattre, et qui ne formaient ainsi que deux minorités. Le Roi choisit pour présider la nouvelle chambre M. Royer-Collard; il ne venait que le troisième sur la liste des candidats, mais il avait été porté à la députation dans sept colléges, et cette circonstance le désignait assez au choix du Roi. La nomination de M. Royer-Collard fut accueillie par l'assemblée aux cris de *Vive le Roi!* Les journaux libéraux, le *Journal des Débats*, le *Constitutionnel*, le *Courrier*, célébrèrent cet acte comme « un hommage rendu à l'opinion publique, un événement décisif qui promettait au pays le plus heureux avenir, » tandis que la *Gazette*, organe de l'ancien ministère, faisait remarquer que « le Roi ne pouvait pas encourager la défection sans porter atteinte à son autorité. » Cette réflexion n'était pas dénuée de fondement; mais la *Gazette* oubliait que le Roi avait tenté pendant six années de s'appuyer sur la droite, et que les divisions qui séparaient les diverses nuances des royalistes avaient rendu l'existence du ministère précédent impossible.

---

qu'il n'a pu entraîner avec lui les défectionnaires. Le Roi, bien conseillé, ferait entrer Ravez et la Bourdonnaye dans le ministère; il choisirait, non Royer Collard, mais Périer, pour la présidence. N'étant pas consulté, je n'ai pas d'avis à donner. » (Papiers politiques de M. de Villèle. *Documents inédits.*)

FORMATION DES BUREAUX.

La chambre compléta son bureau par la nomination des vice-présidents et des questeurs. On choisit la plupart de ces dignitaires parmi les dissidents de la droite. Les vice-présidents élus furent MM. de Cambon, Agier, Bertin de Vaux et de Berbis; les secrétaires, MM. de Lur-Saluces, de Valon, Rouillé de Fontaine et Dumeylet; les candidats pour la questure, MM. Lainé de Ville-Lévêque, de Preissac, Dubruel, de Saint-Aignan, Dubourg. Le Roi choisit comme questeurs M. Lainé de Ville-Lévêque, membre de la gauche, et M. Dubruel, qui faisait partie de l'extrême droite, comme pour indiquer l'alliance de la droite avec le côté gauche de l'assemblée. Puis M. Royer-Collard prit possession du fauteuil de la présidence en prononçant un discours empreint de cette grave éloquence que les assemblées goûtent toujours. Il commença en ces termes :

« Messieurs, appelé par vos suffrages et par le choix de Sa Majesté au poste que je viens remplir en ce moment, s'il m'était permis de me considérer moi-même, la conscience de ma faiblesse, de mon insuffisance me ferait décliner sans hésitation de si périlleuses fonctions. J'en serais détourné aussi par les habitudes peut-être invincibles de toute ma vie.

« Je regretterais la liberté de ces bancs où je me suis si longtemps assis, et cette tribune où j'ai quelquefois élevé la voix dans de graves intérêts. Mais j'ai devant moi de grands devoirs auxquels m'attache la reconnaissance; je m'y dévoue et je m'appliquerai, selon mes forces, à remplir la tâche qui m'est imposée. J'y apporte du moins un vif sentiment de la justice, seule conciliatrice des opinions et des intérêts divers; ce sera mon titre à votre confiance. J'en ai besoin, Messieurs, et je tâcherai de la mériter[1]. »

Le 28 février, la nomination de la commission chargée de la rédaction de l'adresse au Roi eut lieu. Ses membres furent recrutés dans toutes les nuances de l'assemblée; MM. de Lalot,

---

[1]. Voir cette harangue dans la *Vie politique de Royer-Collard*, tome II, page 363.

de la Peyrade, de la Bourdonnaye, Hyde de Neuville, de Chantelauze, Ravez, Alexis de Noailles, s'y rencontraient avec MM. Dupont de l'Eure et Bignon, tous deux membres de l'ancienne opposition libérale. La majorité de la commission de l'adresse était contraire au précédent ministère. Dès les premiers moments de la formation de cette commission, le *Journal des Débats* recommença à menacer M. de Villèle d'une mise en accusation; il laissait au gouvernement ces deux alternatives : « Ou bien le nouveau ministère changerait, disait-il, ou plutôt s'amenderait selon les vœux du pays, selon l'esprit du discours de la Couronne et du choix de M. Royer-Collard, ou bien M. de Villèle serait mis en accusation, c'est-à-dire, en un mot, la France aurait ou satisfaction ou justice [1]. »

Le *Journal des Débats*, développant le lendemain l'idée de la mise en accusation contenue en germe dans son article de la veille, exposait avec une verve éloquente, qui laissait deviner un illustre auteur, les motifs de l'accusation de l'ancien ministère. Ces phrases déclamatoires et injustes qui, lues à près d'un demi-siècle de distance, font un peu l'effet d'une lave de volcan refroidie, produisirent une vive impression au moment où elles furent publiées : « Cette accusation est-elle juste? s'écriait l'écrivain des *Débats* en terminant sa violente diatribe contre M. de Villèle. Juste! En vérité, nous ne sommes pas dignes de la liberté, si nous ne pensons pas qu'il est juste de punir celui qui cherchait à nous voler la charte, le corrupteur des élections, le dévastateur de la chambre des pairs, le *destructeur de la garde nationale, le servile soutien du jésuitisme*. Juste! Et pourquoi donc la France, d'une voix una-

---

[1] « Les *Débats*, organe du nouveau ministère, contiennent une grande provocation et une menace d'accusation contre l'ancienne administration, écrit M. de Villèle sur son Carnet. Cette manœuvre a pour but d'effrayer le Roi, et de jeter le désordre parmi les bons pairs et les bons députés. » (*Documents inédits*.)

nime, a-t-elle fait les élections accusatrices de 1827... Juste!
Bon Dieu! Chaque député se demandera si une pareille accusation est politique, si elle est opportune, si elle est sage, si elle est utile, mille choses enfin; mais, quand il n'aura plus qu'à se demander si elle est juste, c'en sera fait de M. de Villèle. »

Fort de sa conscience et des longs services qu'il avait rendus à son pays, l'ancien président du conseil ne redoutait pas la mise en accusation. On parlait, dès le 1ᵉʳ mars, de faire entrer dans le projet d'adresse une phrase offensante pour l'ancien ministère; cette note de blâme, jetée à l'administration qui, pendant six années, avait eu la confiance de deux rois, atteignait aussi bien Charles X que M. de Villèle : attaquer le ministère de droite, c'était attaquer le Roi. M. de Villèle attendait de pied ferme sa mise en accusation, et, le 1ᵉʳ mars, il écrivait à son fils, qui s'inquiétait de bruits alarmants pour la sûreté de son père : « Garde-toi de te tourmenter des dispositions hostiles contre moi dont tu trouveras l'indication dans les journaux. Loin de redouter l'accusation, je la provoquerais de tout mon pouvoir. Mais tout ceci n'est qu'une tactique pour lancer la chambre dans une voie de violence, et forcer le Roi à des concessions fatales pour lui et le pays. Les royalistes sont fous, et les libéraux profitent de leurs folies [1]. »

Il devenait impossible à MM. de Chabrol et Frayssinous, membres de l'ancien ministère, de continuer à faire partie de l'administration sous laquelle un blâme direct allait être infligé à la politique du ministère auquel ils avaient appartenu. Aussi, le 3 mars, avant le commencement des débats de l'adresse, offrirent-ils leur démission au Roi qui l'accepta, et les nomma ministres d'État et membres du Conseil privé. Il fallut pourvoir à leur remplacement. Le Roi pensa d'abord à mettre

---

1. Papiers politiques de M. de Villèle. (*Documents inédits.*)

M. de la Bourdonnaye à la place de M. de Chabrol; les prétentions de l'ancien chef de la contre-opposition de droite étaient plus hautes. Le Roi consentit à ce que le ministère de la marine fût offert à M. de Chateaubriand; celui-ci le refusa, comme il avait déjà refusé le ministère de l'instruction publique. Cette position secondaire ne pouvait contenter la haute ambition de l'illustre écrivain. Le gouvernement, qui le craignait, chercha à le satisfaire en l'éloignant; on lui offrit l'ambassade de Rome qu'il accepta quelques mois après. Il a dit à ce sujet dans ses Mémoires : « Le mot de Rome a sur moi un effet magique. Je me sentis saisi du désir de finir mes jours, de l'envie de disparaître, même par un calcul de renommée, dans la ville de funérailles au moment de mon triomphe politique. » Cette fantaisie de solitude paraît étrange, placée comme elle l'est dans l'esprit de l'auteur de la *Monarchie selon la Charte*. Mais M. de Chateaubriand ambitionnait plus l'éclat du pouvoir que le pouvoir lui-même, et, une fois sa passion satisfaite, il se dégoûtait vite avec cette légèreté et cette espèce de scepticisme dédaigneux qui lui ont fait tant de tort dans ses Mémoires, où il a laissé paraître ce côté défectueux de son caractère. Sa correspondance de Rome, comme ambassadeur, ne fut guère plus grave et plus édifiante sous le gouvernement de Charles X qu'elle ne l'avait été à l'époque où il était secrétaire d'ambassade du cardinal Fesch sous le Consulat, et, lorsqu'on lit ses dépêches, on sent que ce n'est pas dans ce style que l'auteur du *Génie du Christianisme* aurait dû écrire au Roi très-chrétien.

C'était donc par une porte extérieure et presque dérobée que M. de Chateaubriand rentrait aux affaires. Il acceptait un armistice avec le gouvernement royal, et pendant un an allait suspendre une opposition de quatre années, qu'une question d'amour-propre froissé, la rivalité du grand écrivain avec M. de Villèle avait fait naître. En effet, M. de Chateaubriand n'avait pu se résigner à voir M. de Villèle occuper la place de premier ministre ; il ne voulait pas se rappeler que pour être un illustre écrivain on n'est pas toujours un politique habile.

M. de Chateaubriand désigna au choix du Roi M. Hyde de Neuville pour occuper le ministère de la marine. Ce dernier était revenu de son ambassade aux États-Unis, tout imprégné de cet air de libéralisme qu'on respire à pleins poumons en Amérique, et il avait été un des provocateurs les plus actifs de la défection. Une ordonnance du 4 mars nomma M. Hyde de Neuville au ministère de la marine, et Mgr Feutrier, évêque de Beauvais, au ministère des affaires ecclésiastiques. Cette modification était une concession du Roi au parti de la défection, car les deux nouveaux ministres avaient tous deux appartenu à la réunion Agier. L'évêque de Beauvais était un homme du monde, d'un caractère doux et facile; la droite avait blâmé sa conduite dans la présidence de son collége électoral, et l'on ne trouvait pas dans ce caractère indécis les qualités indispensables à un ministre des affaires ecclésiastiques, dans les circonstances difficiles où l'on se trouvait.

A la suite de la modification ministérielle, l'ordonnance du 4 mars annonçait la mise à la retraite de quatre préfets, parmi lesquels on remarquait le préfet des Vosges, et M. de Saint-Félix, préfet du Lot. Puis l'ordonnance publiait une longue liste indiquant des changements dans le personnel des préfectures. Le même jour, M. Cornet-d'Incourt donnait assez tardivement sa démission de directeur général des contributions indirectes.

La presse libérale trouva ces concessions du ministère insuffisantes, tandis que la presse de droite voyait dans ces sacrifices un aveu de faiblesse de la nouvelle administration. Les journaux de gauche critiquèrent également la composition d'une commission formée à la suite d'un rapport de M. de Martignac, et chargée de préparer un projet de loi sur l'organisation communale et départementale. Cependant la commission se composait de pairs, de députés et de conseillers d'État dont l'autorité en ces matières paraissait incontestable [1].

Le projet d'adresse fut terminé le 4 mars. Par un étrange hasard, M. de Lalot, qui déjà avait été chargé de la rédaction de l'adresse, à la suite de laquelle le ministère Richelieu était tombé, fut cette fois encore chargé de la rédaction. Le 5 mars, la chambre se forma en comité secret pour examiner le projet d'adresse, puis la discussion publique s'ouvrit. Le premier paragraphe avait rapport à la Grèce. La position des puissances chrétiennes, en face de la Turquie, avait changé depuis le discours pacifique de M. de la Ferronays à la chambre des pairs. La Porte avait levé le masque en lançant un manifeste furieux contre la chrétienté et en publiant une liste de proscription qui atteignait quinze cents sujets français, anglais et russes habitant la Turquie. Cette nouvelle avait jeté la consternation parmi les habitants de Smyrne et de Constantinople; les sujets français, anglais et russes étaient invités à quitter Constantinople dans le plus bref délai. La Porte appelait tous les croyants aux armes et déclarait que, si les trois cours persistaient à demander l'émancipation des Grecs, elle était décidée à faire une guerre nationale et religieuse à tous les « infidèles. » C'était un grave événement, et le ministre des affaires étrangères fut appelé à donner des explications sur les intentions du gouvernement en face de ce nouvel état de choses. Il déclara que les trois cours se concertaient en ce moment sur les déterminations à prendre à l'égard de la Turquie; il fit observer que les espérances de paix qu'il avait exprimées naguère à la tribune n'étaient pas empreintes d'un optimisme exagéré, puisque les ministres du roi d'Angleterre les manifestaient à Londres, au

---

[1]. C'étaient MM. Portal, le duc de Brissac, le baron Mounier, le comte de Breteuil, le comte de Tocqueville, le baron d'Ardeuil, de Chabrol, de Valori et de Salvandy.

moment même où M. de la Ferronnays les proclamait à Paris.

Les intentions de la Porte avaient été tardivement connues par les politiques des trois cabinets, parce que leurs ambassadeurs avaient quitté Constantinople après le 8 décembre.

Les paragraphes de l'adresse qui avaient rapport à la politique extérieure furent adoptés après des débats sans importance. Ce n'était pas là le véritable terrain de la discussion; on attendait avec impatience qu'on arrivât au paragraphe qui devait jeter une note de blâme sur l'ancienne administration. Le président lut l'adresse. M. de Montbel défendit avec force l'ancien ministère injustement accusé; il déclara que, si le ministère précédent avait commis des fautes, la chambre, « par respect pour la prérogative royale, devait garder sur ses torts un religieux silence et se borner à remercier le roi de sa gracieuse communication. » Ce langage, d'un royaliste convaincu, ne pouvait convenir à la majorité, et M. Agier répondit à M. de Montbel en établissant le droit qu'avaient les députés de la France, de blâmer un ministère dont le Roi venait lui-même de faire justice. « La révolution, continuait M. Agier, c'était l'ancien ministère qui y conduisait la France ; car, en frappant la chambre des pairs, il avait frappé l'aristocratie. » C'est ainsi qu'à la tribune on évoquait des fantômes, au lieu de signaler l'ennemi véritable qui menaçait la monarchie française. M. Syrieys de Marinhac défendit le ministère Villèle, tout en reconnaissant ses fautes; mais la violence de son langage compromit ceux qu'il voulait protéger. Il finit par provoquer l'hilarité de la chambre en déclarant « que si l'on attaquait l'ancien ministère, c'est que la majorité avait changé depuis l'année précédente. » C'était là une vérité incontestable.

La vraie discussion s'engagea au sujet du paragraphe conçu en ces termes :

« Quelques parties de l'administration publique ont soulevé de graves ressentiments; nous le voyons avec douleur, et pour fermer une plaie si profonde, Votre Majesté, dans sa prévoyance, a devancé l'expression de nos vœux; les commissions formées par ses ordres se hâteront d'en préparer l'accomplissement, nous aimons à le penser. »

M. Donatien de Sesmaisons combattit ce paragraphe en disant à la chambre que, pour être forte, elle devait être juste : « Tout est calme en France, ajouta-t-il, il y a union dans les chambres ; on y entend professer de toutes parts l'union de la charte et du Roi; et ces déclarations sont toujours bonnes, parce que, si elles n'engagent pas, elles déshonorent.»

M. Dupin attaqua l'ancien président du conseil en l'accusant de s'être fait un jeu de l'acte le plus sérieux, le plus national, en l'appelant la *partie des élections*. Le côté le plus fort de son argumentation fut celui où il s'autorisa de l'acte royal qui avait changé le ministère, « sans doute parce que le Roi trouvait de justes sujets de plainte dans sa conduite » pour condamner l'ancienne administration. C'était là un argument qui pouvait être juste en théorie : en effet, quand on rejette un système, c'est généralement parce qu'on le trouve mauvais. Mais ce raisonnement n'était pas de nature à convaincre les députés qui connaissaient l'attachement du Roi pour la politique de M. de Villèle.

M. Dupin termina son discours par les paroles suivantes:

« Si le Roi eût trouvé bon le système suivi par ses ministres, il ne les eût pas renvoyés, et, dans ce cas, notre devoir serait encore d'avertir le trône des dangers qu'ils ont fait courir à la monarchie; mais heureusement le Roi nous en a délivrés. Le choix populaire de la nation est devenu celui de Sa Majesté. Nous n'avons plus qu'un vœu, c'est de ne plus revoir le *déplorable système* que votre commission vous propose de condamner. »

Après un second discours de M. Syrieys de Marinhac, favorable à l'ancien ministère, et une violente déclamation de

M. Benjamin Constant contre la politique d'une administration « qu'il accusa de vouloir reconstruire l'inégalité et les priviléges, de comploter l'anéantissement de toutes les lois constitutionnelles en espérant se maintenir au milieu des ruines, » le paragraphe fut adopté.

Avant la discussion de la dernière partie de l'adresse, deux autres paragraphes provoquèrent un assez vif débat. Le premier était celui qui demandait « une organisation définitive de l'instruction publique, capable de concilier dans leurs rapports l'exercice de l'autorité civile avec celui du pouvoir spirituel, de maintenir la bonne intelligence de leur concours, selon les maximes héréditaires de l'Église gallicane, et d'assurer l'égale protection promise aux autres cultes. »

Ce passage de l'adresse remettait en présence les deux camps religieux des gallicans et des ultramontains, et M. Duplessis de Grénédan demanda avec sa véhémence accoutumée que l'enseignement fût placé sous la main de l'Église. L'honorable député oubliait que cette organisation exclusive de l'instruction publique aurait porté une atteinte grave à la liberté du père de famille, qui doit pouvoir choisir pour ses enfants le système d'éducation qui lui convient. D'ailleurs ce n'est pas par des lois absolues qu'on fait entrer la religion dans les cœurs ; c'est seulement quand elle règne sur les âmes qu'elle peut porter son divin rayonnement jusque sur les lois. L'Église gallicane fut défendue par MM. de Lalot et Alexandre Delaborde. MM. de Puymaurin, Bizien du Lézard, s'unirent au contraire à M. Duplessis de Grénédan ; à la suite d'une vive discussion, le paragraphe fut adopté.

L'avant-dernier paragraphe de l'adresse, qui réclamait la « restitution des institutions municipales, monument des anciennes franchises de la France, » souleva un débat animé. MM. de la Bourdonnaye, de la Boulaye, Pardessus, demandaient la suppression du paragraphe ; ce passage de l'adresse réclamait clairement une loi; il leur paraissait attentatoire à l'autorité royale.

MM. Dupin, Bourdeau, Alexis de Noailles, soutinrent l'opinion contraire, et le paragraphe fut maintenu.

On arriva enfin à la discussion du dernier paragraphe, qui blâmait directement l'ancien ministère. Il débutait ainsi : « La vérité, longtemps captive, parviendra enfin aux pieds du trône. » M. Portalis demanda la suppression de cette phrase, en disant qu'elle pourrait affliger le cœur d'un prince qui avait toujours aimé et appelé la vérité. Le garde des sceaux s'efforça de tout son pouvoir de séparer la cause du Roi de celle de l'ancien ministère. MM. Agier, Sébastiani, Benjamin Constant, insistèrent pour réclamer le maintien de la phrase primitive. La gauche s'éleva contre l'intervention du garde des sceaux dans le débat, et déclara qu'un ministre qui n'était pas député n'avait pas le droit de proposer une modification dans l'adresse. La phrase fut changée; on se contenta de proclamer que « la vérité était le premier besoin des princes et des peuples » sans ajouter « qu'elle avait été longtemps captive. »

Mais le paragraphe principal allait apparaître et l'attention de la chambre fut grande à la lecture de cette phrase :

« Les vœux de la France ne demandent aux dépositaires de votre pouvoir que la vérité de vos bienfaits. Ses plaintes n'accusent que le *système déplorable* qui les rendit trop souvent illusoires. »

La discussion s'engagea. M. Sosthènes de la Rochefoucauld, dans un discours qui semblait appeler la pitié de la chambre, supplia les députés de ne pas affliger le cœur paternel du Roi, en lui disant que des ministres qu'il avait maintenus pendant plusieurs années aux affaires avaient suivi un système déplorable; M. Eugène d'Harcourt attaqua le système de M. de Villèle, qui, « toujours vivant, consistait à faire de l'aristocratie avec de la servilité et de la religion avec des moines. » Cette vague accusation n'avait rien de neuf.

Alors M. de Montbel alla défendre une seconde fois à la tribune M. de Villèle ; il parla avec un accent de conviction indignée de la haine qui entourait l'ancien ministre, et rappela que la prospérité publique avait grandi sous l'administration précédente. Après avoir énuméré les grands résultats du ministère de M. de Villèle, se laissant aller à l'admiration qu'il éprouvait pour l'administrateur habile qui était en même temps son ami, il déclara que, comme Scipion, le président du conseil pourrait dire : *Allons au Capitole remercier les dieux.* Le dévouement absolu est presque toujours un peu naïf. M. de Montbel put trouver une preuve de cette vérité dans les éclats de rire qui saluèrent le parallèle qu'il établissait entre Scipion et M. de Villèle, parallèle qui, sans manquer d'une certaine justesse, n'avait certainement pas le mérite de l'à-propos.

A cet hymne entonné à la louange de M. de Villèle, M. Agier opposa une satire ; il représenta les résultats désastreux de son ministère, « propageant un système de calomnies dont la tendance était de représenter la France comme toujours prête à entrer en révolution, quand elle réclamait seulement l'ordre et le maintien de ses institutions. » Les événements qui suivirent montrèrent la vérité de ces prétendues aspirations de la France vers le calme et le repos absolu. Tandis que M. Agier réclamait le maintien du mot *déplorable*, M. de la Boessière déclarait que l'adresse était la seule chose à déplorer ; ce député signalait la liberté absolue donnée à la presse comme la seule faute imputable à l'administration précédente. Puis le débat continua ses violentes diatribes contre M. de Villèle. MM. Dupin aîné, Casimir Périer et Charles Dupin défendirent le paragraphe contre lequel protestaient MM. Syrieys de Marinhac, de Lastic et de la Bourdonnaye. M. de Martignac dut enfin exprimer à la tribune les sentiments des membres du ministère sur cette partie de l'adresse. Sa défense fut faible. Il ne s'efforça point de disculper ses prédécesseurs et resta dans le vague, sans prendre parti pour ou contre l'ancien ministère, cherchant surtout à rejeter toute responsabilité. « Sous le ministère précédent, dit-il, j'exerçais des fonctions spéciales qui me rendaient étranger à tous les actes politiques. Je ne veux donc être ni l'accusateur ni le défenseur de l'administration tombée. L'accuser serait de ma part une lâcheté; mais je ne dois pas prendre sous ma responsabilité des actes auxquels je n'ai pas participé [1]. »

L'instant du vote, qui devait décider la suppression ou le maintien de l'épithète injurieuse pour le ministère Villèle, arriva. Les deux premières épreuves parurent douteuses, on ouvrit un scrutin secret : sur trois cent soixante votants, cent soixante-treize voix se prononcèrent pour la suppression; cent quatre-vingt-sept en faveur du maintien du paragraphe offensant pour l'ancien ministère. Le vote général fut remis au lendemain. Cette seconde séance fut calme; on procéda au vote de l'ensemble de l'adresse qui fut adoptée, le 8 mars, à une majorité de trente-quatre voix : cent quatre-vingt-dix-huit boules blanches contre cent soixante-quatre noires. On tira au sort les noms des députés chargés d'aller présenter l'adresse au Roi; le nom de M. Syrieys de Marinhac, qui avait combattu l'adresse de tout son pouvoir, sortit le premier de l'urne.

La douleur de Charles X fut grande à la nouvelle de ce vote de la chambre des députés; ce système qu'on proclamait déplorable, deux rois l'avaient appuyé pendant six années. Char-

---

1. « Martignac s'est distingué par sa faiblesse, sa facilité irrésistible aux concessions, écrit M. de Villèle sur son Carnet. Le ministère, ne comptant ni sur le Roi ni sur la chambre des pairs, dont la partie supportable a été renforcée, veut prendre son point d'appui dans des cajoleries aux députés. » (*Documents inédits.*)

les X allait être obligé de recevoir la commission chargée de lui présenter l'adresse, d'entendre la lecture de ce paragraphe qui, en attaquant de fidèles serviteurs de la royauté, atteignait la personne du monarque ; enfin il lui fallait répondre à l'ensemble de l'adresse. Le Roi ne reçut la députation que le 9 mars au soir ; on répandit dans Paris le bruit qu'il refusait de la recevoir. L'événement démentit ces rumeurs. Charles X reçut la députation, et, dans sa réponse à l'adresse, sa douleur et son indignation ne se trahirent pas :

« Messieurs, dit-il, en vous faisant connaître ma volonté d'affermir nos institutions et en vous appelant à travailler avec moi au bonheur de la France, j'ai compté sur l'accord de vos sentiments comme sur le concours de vos lumières. Mes paroles avaient été adressées à la chambre tout entière ; il m'aurait été bien doux que sa réponse pût être unanime. Vous n'oublierez pas, j'en suis sûr, que vous êtes les gardiens naturels de la majesté du trône, la première et la plus noble de vos garanties. Vos travaux prouveront à la France votre profond respect pour la mémoire du souverain qui nous octroya la charte et votre juste confiance dans celui que vous appelez le digne fils d'Henri IV et de Louis XIV. »

M. de Peyronnet proposa à M. de Villèle de se plaindre à la chambre des députés de ce que l'adresse contenait d'injurieux pour le ministère de droite. L'ancien président du conseil rejeta bien loin cette proposition.

La réponse du Roi fut diversement interprétée : la droite la trouva faible et incolore ; le *Journal des Débats* la publia sans réflexion, tandis que le *Constitutionnel* et le *Courrier* affectaient d'y trouver un blâme indirect jeté à la conduite des cent soixante-quatre membres de la chambre qui avaient voté contre l'adresse. Mais cette tactique ne trompa personne.

M. de Villèle, en jugeant le discours royal, dont la forme et le fonds étaient si dignes d'un roi constitutionnel, ne put dissimuler une certaine amertume ; cette amertume s'explique :

dans la réponse de Charles X il ne se trouvait pas un mot de consolation pour l'ancien président du conseil.

« J'ai eu un monde fou le soir, comme pour protester contre l'adresse, écrivait-il le lendemain à son fils. La réponse du Roi est trop faible pour me permettre l'espoir d'être de quelque utilité en prolongeant mon séjour ici, et trop oublieuse des services passés pour ne pas me laisser une complète liberté d'action personnelle. Je suis malade du mauvais sang que m'a causé cette adresse pendant sa longue discussion.

« Le véritable auteur de cette réponse est M. de Martignac, auquel nulle lâcheté ne paraît coûter pour prolonger sa vie ministérielle [1]. »

Pendant cette première partie de la session, on multipliait les fêtes au château. Le Roi s'attachait à traiter avec une égale bienveillance les pairs et les députés de toutes les opinions. C'est dans le même temps qu'il reçut M. de Chateaubriand en audience particulière. Il ne l'avait pas vu depuis son expulsion du ministère ; les bruits de sa rentrée aux affaires circulèrent alors dans les salons politiques. Ces bruits étaient dénués de fondement.

III

PROPOSITIONS PRÉSENTÉES AUX CHAMBRES PAR MM. BACOT DE ROMANS, BENJAMIN CONSTANT, DE CONNY.— RÉUNION DU SALON DE MARS. — ARRÊT DE LA COUR ROYALE SUR LES TROUBLES DE NOVEMBRE 1827. — ÉLECTIONS DE PARIS. — QUESTIONS DE PORTUGAL ET DE RUSSIE.

Avant d'aborder l'examen des lois présentées aux chambres pendant la session de 1828, il importe de rappeler plusieurs propositions faites à l'assemblée au début même de cette session. L'auteur de la première proposition, M. Bacot

---

1. Papiers politiques de M. de Villèle. (*Documents inédits.*)

de Romans, réclamait la suppression de la commission la Boessière. On se souvient que, le 24 avril 1827, la chambre, à la suite d'un remarquable discours de M. de la Boessière, avait institué une commission chargée de surveiller les infidélités que contenaient souvent les comptes rendus des séances de la chambre publiés par les journaux, de relever les inexactitudes volontaires et de les signaler à l'assemblée. Ce remède était, dès son début, frappé d'impuissance; M. de la Boessière le reconnut lui-même, tout en restant convaincu de la gravité du mal qu'il avait signalé. La chambre, à l'unanimité, prononça l'annulation de la proposition faite le 24 avril 1827.

Une seconde proposition, présentée par M. Benjamin Constant, demandait le retrait de la censure facultative des journaux; le même député exprima le vœu que le ministère renonçât au droit, qu'on lui avait attribué, de retirer à son gré les brevets des imprimeurs et des libraires. M. de Martignac, sans repousser la proposition de M. Benjamin Constant, ajourna la décision du ministère à l'époque où une loi sur la presse serait discutée par la chambre; cette loi pourrait renfermer le retrait de la censure. La chambre adopta à une grande majorité la prise en considération de cette proposition, qui se trouva contenue dans le projet de loi sur la presse.

M. de Conny présenta la troisième proposition; elle était conçue en ces termes : « Tout député auquel il sera confié une place rétribuée cessera, par le seul fait de son acceptation, de faire partie de la chambre, mais il pourra être réélu. Seront exceptés de cette disposition : 1° les députés qui seraient élevés aux fonctions de secrétaires d'État; 2° les députés qui, appartenant à l'armée de terre ou de mer, recevraient de nouveaux grades. »

Cette proposition avait déjà été faite aux dernières sessions par MM. de Jankowitz et Boucher. Elle prenait sa raison d'être dans les reproches adressés aux députés fonctionnaires qu'on accusait de vendre leurs votes au pouvoir afin d'obtenir de l'avancement. On reprochait également aux députés de l'opposition de s'être détachés du gouvernement par dépit d'un refus qu'ils avaient éprouvé du ministère. La proposition de M. de Conny détruisait le prétexte même de ces attaques. M. de Chantelauze, rapporteur de la commission chargée de l'examen de cette proposition, conclut à son adoption. Il fit remarquer qu'elle faisait intervenir le jugement du pays lorsque la position d'un député avait été changée après l'élection. « Si le jugement lui est favorable, ajouta M. de Chantelauze, la chambre n'a rien perdu dans la personne d'un de ses membres de son caractère d'indépendance et de sa force morale ; si le jugement a été contraire, c'est une preuve non équivoque que ce caractère d'indépendance et cette force morale auraient commencé à subir quelque altération. » MM. de la Bourdonnaye, Syrieys de Marinhac et de la Boessière, combattirent la proposition Conny en la signalant comme une injure au pouvoir royal ; elle soumettait, en effet, les choix du Roi au *veto* de la chambre qui devrait décider si un député, appelé par le gouvernement à des fonctions rétribuées et faisant ainsi partie de l'administration, cessait, par ce seul motif, de mériter la confiance des électeurs. Un amendement, présenté par M. Kératry, proposait de soumettre seulement à la réélection les députés appelés à des fonctions révocables et de proroger leur réélection à la fin de la session pendant laquelle ils auraient été appelés à des fonctions publiques. La proposition, combattue par M. Duplessis de Grénédan, qui l'accusa de tendre à augmenter la puissance de la chambre élective aux dépens de la royauté, fut adoptée à une majorité de 11 voix (144 contre 133).

Cette proposition devint l'objet d'un vif débat lorsque, deux mois plus tard, elle fut portée à la chambre des pairs. M. le baron Pasquier en fit le sujet d'un long rapport, dans lequel il établit qu'une telle mesure ruinerait le gouvernement représentatif, en menant au mandat direct. Il s'agissait de savoir si le droit des électeurs n'était pas épuisé à compter du moment où ils avaient nommé le député dont le choix leur était confié, et si ce droit pouvait se renouveler sous quelque prétexte que ce fût. La réélection du député promu à des fonctions élevées lui paraissait chanceuse dans un pays où l'appât des places lucratives avait été si longtemps le mobile dominant. « Qui oserait dire, continuait M. Pasquier, que le sentiment d'une jalousie peu généreuse ne serait pas le premier que ferait éclater la faveur obtenue par le citoyen qui viendrait réclamer les suffrages de ses concitoyens? Qui pourrait répondre que dans plus d'un arrondissement on ne se dirait pas fort bien : « Celui-ci est heureux, il a atteint le but d'une juste ambition ; « ouvrons maintenant la même route à un autre ami de nos « amis, qui obtiendra peut-être le même avantage, et qui le « mérite tout autant. » Cette proposition soumettait les choix du Roi à la révision des colléges électoraux ; elle interdisait au Roi de prendre des fonctionnaires dans la chambre des députés. M. Pasquier concluait au rejet de l'amendement de M. Kératry en s'appuyant sur ce que cet amendement pris en lui-même détruisait tout l'effet de la proposition ; en effet, le ministère, en conservant pendant une session le député dont il aurait capté le suffrage par une faveur, serait mis à même de recevoir de sa créature l'appui qu'il aurait illégalement acheté.

La proposition fut attaquée dans son ensemble ; on l'accusa d'être inutile dans son objet et contraire à la charte, puisqu'elle établissait des incompatibilités. MM. le comte de Tournon, de Tocqueville, le marquis de Malleville et le comte d'Argout parlèrent dans le même sens, tandis que MM. le marquis de Catelau et le comte de Boissy-d'Anglas la défendirent en déclarant que, si on la repoussait, on laissait échapper le seul moyen d'assurer l'indépendance de la chambre élective. Le duc de Broglie fit observer, à cette occasion, qu'en consultant les listes de la chambre on trouvait que, sur 1400 députés, plus de 1200 avaient été promus à des emplois divers pendant le cours de leur députation. On invoquait beaucoup l'exemple de l'Angleterre où la réélection est en usage; mais le baron Pasquier remarqua que la réélection est toujours certaine dans ce pays, où elle s'opère à l'aide des bourgs pourris, et prend ainsi le caractère d'une simple formalité. En résumé, la chambre des Pairs rejeta l'ensemble de la mesure le 28 mai 1828; sur 210 votants, elle ne réunit que 46 voix en sa faveur. Ce vote fut le premier par lequel la chambre des pairs exprima la dissidence de ses vues avec celles de la chambre des députés.

Une commission d'enquête avait été formée dans le but d'examiner les pétitions relatives aux opérations électorales dénoncées comme frauduleusement accomplies; elle était composée de trois membres du conseil d'État et de trois magistrats faisant partie de l'ordre judiciaire. Elle déclara, après un examen approfondi, « que les plaintes portées, sans être dénuées de tout fondement, étaient entachées d'exagération; que toutes les irrégularités commises par les préfets avaient eu lieu contre leur volonté, puisqu'on devait les attribuer à des documents erronés, produits dans la précipitation qui avait accompagné les opérations électorales. »

La chambre examina ensuite les élections ajournées pendant le cours de la vérification des pouvoirs. Le 15 mars, elle annula l'élection de M. Garnier-Dufougerais, de Saint-Malo, élu à une majorité de 6 voix, affirmant ainsi la supériorité du jugement de la chambre, en matière électorale, sur les tribunaux et le conseil d'État, supériorité qui lui fut contestée par MM. de Martignac, Séguy et de Formont. Le 17 mars, elle valida l'élection de MM. de Jankowitz, Lorimier et d'Alzon, en s'appuyant sur la bonne foi qui avait présidé à l'élection. Si des irrégularités avaient été constatées, elles n'étaient pas volontaires de la part des électeurs.

Un grave incident qui se rattache aux opérations électorales doit trouver ici sa place. Une ordonnance du 6 mars convoquait les colléges électoraux le 21 avril pour procéder au remplacement des députés qui, nommés dans plusieurs colléges à la fois, avaient opté en faveur de l'un d'eux. Par suite de ces options, six sections de Paris restaient libres, et de nombreux candidats briguaient l'honneur de la députation. Chacun publiait sa profession de foi; des réunions, formées dans le but de donner à ces professions de foi le caractère de déclarations publiques et de faire connaître les candidats aux électeurs, s'organisèrent. Tant que ces réunions eurent lieu dans des maisons particulières, l'administration n'eut pas à intervenir; mais, le 30 mars, une de ces réunions électorales prit le caractère d'une véritable manifestation. En effet, les électeurs du premier arrondissement se réunirent au nombre de mille à douze cents dans un café des Champs-Élysées, connu sous le nom de *Salon de Mars*. Là, chaque candidat interpellé par les électeurs dut faire une déclaration de principes; cette assemblée nomma un bureau, elle discuta les titres des candidats, puis, s'aventurant sur ce terrain brûlant, elle en vint à examiner les actes les plus graves du gouvernement et des chambres. Les orateurs attaquèrent les dernières assemblées et protestèrent contre l'expulsion de Manuel [1].

Le lendemain, les journaux publièrent un procès-verbal de cette séance, qui avait de l'analogie avec les anciennes réunions des clubs. Il n'existait pas alors de loi interdisant les réunions publiques; si l'on voulait trouver l'origine de la réunion du *Salon de Mars*, il fallait remonter aux comités électoraux tenus

---

1. Parmi les candidats de Paris se trouvaient le général Clausel, Mathieu Dumas et M. de Lavallette, dont nous avons raconté l'émouvant procès.

en 1827, et à la Société *Aide-toi, le Ciel t'aidera*. Le gouvernement annonça qu'il ne tolérerait pas des assemblées tenues dans un lieu public, et qu'il s'opposerait à la réunion qui devait avoir lieu le 4 avril. C'était déclarer implicitement qu'il n'interdisait pas les réunions électorales dans les maisons particulières. Lorsque ces réunions n'ont d'autre but que de rapprocher les candidats des électeurs, elles sont licites ; mais lorsqu'elles prennent le caractère de manifestations, lorsque les clubs s'organisent et contrôlent les actes du pouvoir, en s'arrogeant une autorité souveraine, absolue, le gouvernement doit les interdire : l'histoire des révolutions qui se sont succédé à la suite de ces sortes d'assemblées a démontré suffisamment l'influence dangereuse qu'elles exercent. Les appréhensions des journaux de droite étaient donc fondées quand ils conseillaient au gouvernement de ne pas tolérer l'assemblée du *Salon de Mars*, en rappelant que des réunions du même genre avaient préludé aux journées les plus malheureuses de la Révolution [1].

Les feuilles de l'opposition célébrèrent les avantages de ces assemblées, affectant de les considérer comme de simples réunions électorales, sans vouloir reconnaître leur portée politique. « Les réunions électorales, s'écriait le *Journal des Débats*, sont la conséquence naturelle du gouvernement représentatif. Dès lors, qu'importe qu'on se réunisse dans un salon ou sur les banquettes d'un café ? » Le droit de réunion n'était pas contesté par le gouvernement royal ; mais, en tolérant l'usage, il n'entendait pas encourager l'abus.

---

1. « Les journaux ont publié le procès-verbal de la séance du *Salon de Mars*, écrivait M. de Villèle sur son Carnet. Il est digne des plus mauvais temps de la Révolution. On a trouvé bonne l'action inconstitutionnelle et perturbatrice exercée contre l'administration par les comités électoraux et la Société *Aide-toi, le Ciel t'aidera*, on a admis leurs pétitions, leurs calomnies, comme actes méritoires et légaux. On récolte ce qu'on a semé. » (*Documents inédits.*)

Ce fut trois jours après la réunion du *Salon de Mars* que la cour royale rendit son arrêt sur l'affaire des troubles de novembre 1827. Elle ordonna la mise en liberté de toutes les personnes prises ou arrêtées sur les barricades, l'instruction n'ayant produit aucune preuve ni aucun indice contre elles. Quant à MM. Franchet et Delavau, la cour, « considérant qu'il n'existait rien au procès qui pût indiquer que les mesures administratives prises par ces fonctionnaires eussent été adoptées dans une intention criminelle, seul cas où elle pût s'en occuper, » déclarait qu'elle ne pouvait ni ne devait donner aucune suite à ces dénonciations aussi bien qu'à celles portées contre les agents subalternes. L'exposé qui précédait cet arrêt était hostile à l'ancienne administration, et le *Journal des Débats*, en le faisant remarquer, ajouta : « L'arrêt absout, mais l'exposé condamne. Il fallait un combat. » Des accusations analogues, dirigées contre la police, se sont reproduites à l'occasion de toutes les émeutes qui ont éclaté ; l'opposition prétend toujours que la police est la seule coupable ; elle provoque les désordres pour motiver la répression. L'histoire des dernières convulsions politiques démontre suffisamment la fausseté de ces dénonciations. Mais on pouvait attribuer cette fois la malveillance de l'exposé des motifs de la cour à l'antipathie qu'éprouvait la magistrature pour le ministère de M. de Villèle[1].

Les pétitions relatives aux opérations électorales avaient été renvoyées au ministre de l'intérieur, au ministre de la justice et à la commission de la loi électorale. La discussion fut vive à ce propos entre les députés de droite et ceux de gauche. Les

---

1. « La faiblesse dans le gouvernement augmente, écrivait, à ce sujet, l'ancien président du conseil, l'esprit d'opposition s'accrédite dans toutes les branches de l'administration et de la justice. On marche à une révolution. Il ne manque au jugement de la cour royale que la condamnation des troupes qui ont forcé les barricades. » (*Documents inédits.*)

amis de l'ancien ministère, qui fut violemment attaqué, le défendirent fortement, et opposèrent les menées des comités directeurs qui avaient cherché à imposer leurs choix par tous les moyens à l'action de l'administration dans les dernières élections. A cette occasion, M. Benjamin Constant s'écria que « les comités directeurs avaient sauvé la France et méritaient la reconnaissance publique. » M. de Conny répondit en dénonçant les associations qui, « se disant constitutionnelles, usurpaient un pouvoir qu'elles n'avaient pas reçu des lois et se constituaient spontanément au milieu de la capitale. » L'orateur voyait dans ces réunions illégales un véritable péril pour la monarchie :

« L'ordre, dit-il, est le premier besoin de la société, et c'est dans de telles associations qu'est le principe de l'anarchie. C'est sur les tombeaux de nos pères que nous avons juré d'être fidèles aux Bourbons.
« Si, ce qu'à Dieu ne plaise, de nouvelles tempêtes venaient troubler le repos de la patrie, nous serions sous les armes pour défendre la légitimité, nous ferions alors des bourres de fusil des pages que nous écrivons aujourd'hui : sans doute, la victoire serait à la royauté ; mais dussions-nous être vaincus, les échafauds de nos pères ne se relèveraient plus pour leurs enfants, nous mourrions du moins les armes à la main ! »

MM. Delaborde et Benjamin Constant déclarèrent ces craintes chimériques et soutinrent les réunions illégales tenues aux Champs-Élysées. Les véritables révolutionnaires étaient, selon M. Benjamin Constant, ceux qui, « dans leur désespoir d'être déchus du pouvoir, excitaient les citoyens à la révolte. » M. de Puymaurin blâma fortement les comités directeurs dont l'action « menait à une révolution. » La discussion continua longtemps entre ceux qui accusaient les préfets et la centralisation administrative et ceux qui dénonçaient les comités de la coalition. On entendit dans le premier camp MM. Sébastiani,

Casimir Périer, Bignon, Augustin Périer, Bérenger ; les défenseurs de l'administration déchue furent MM. de Puymaurin, de Montbel, Pina. Les élections du Lot eurent leur place dans la discussion. M. Syrieys de Marinhac fut solennellement rappelé à l'ordre pour s'être écrié qu'il ne partageait pas l'opinion d'un membre de la chambre qui venait de soutenir que le Roi n'avait pas d'ennemis. « Comme bon prince, avait dit M. Syrieys de Marinhac, le Roi n'a pas d'ennemis, mais comme roi il en a beaucoup. » « Ils s'en sont vantés plus tard, » écrit tristement M. de Villèle sur son Carnet. On cria à l'insulte, à la calomnie, et M. Dupin loua le président d'avoir rappelé l'orateur à l'ordre, parce que, dit-il, « rien n'est plus blessant pour nous que de nous entendre sans cesse accuser d'être les ennemis de ce qui est chéri, adoré, béni. »

A la suite de cette discussion, vint la démission d'un député de la Haute-Vienne, M. Mousnier-Buisson, dans l'élection duquel une pétition avait signalé de graves irrégularités ; le collége ayant été convoqué de nouveau, M. Mousnier-Buisson fut réélu à la majorité d'une voix.

Nous devons rappeler ici une autre démission, celle de M. de Pradt, député du Puy-de-Dôme, qui, mécontent de n'avoir pas un rôle important à jouer dans la nouvelle chambre, préféra quitter la partie. Une lettre qu'il adressa le 17 avril au *Courrier français* donna l'explication de cet acte.

« Il me semblait, écrivit-il, que le moment était arrivé de terminer une lutte de quarante années ; de décider enfin, au profit de la France, la question de la réformation sociale dont elle a donné le mouvement au monde. Le mouvement d'un grand peuple ne me paraissait pas devoir aboutir seulement à l'effacement de quelques difformités dans son Code, ni dans sa police ; à mes yeux, la session de 1828 devait être au régime importé depuis 1814 ce que l'Assemblée constituante avait été pour l'ancien régime... Il faut que j'aie eu tort, puisque je suis resté seul... »

Les journaux de l'opposition prodiguèrent leurs sarcasmes à M. de Pradt, le *Globe* surtout se montra impitoyable envers lui. Sa démission était une perte pour la gauche ; mais les élections, qui suivirent de près la démission de M. de Pradt, la firent bientôt oublier. Tous les députés de l'opposition passèrent à Paris : MM. le général Mathieu Dumas, le général Demarçay, de Salverte, Charlet et Bavoux furent élus. La faction était devenue maîtresse sans contestations des élections de la capitale. Les élections des départements ne furent pas beaucoup plus disputées. Lunéville nomma M. le comte Lobau ; Brest, M. Daunou ; Mamers, M. le marquis de Marmier ; M. Jacqueminot fut élu dans les Vosges, M. Viennet à Béziers. En 1824, les mêmes collèges électoraux nommaient partout des royalistes. Les causes de ce changement complet dans l'opinion sont de deux ordres. Il faut l'attribuer, en premier lieu, aux fautes et aux divisions de la droite, puis à la restriction du monopole électoral, à la permanence des collèges et à l'imperfection des institutions qui mettaient le gouvernement à la discrétion des individus au lieu des agrégations, des opinions à la place des intérêts.

Une pétition qui signalait à la chambre des abus dans l'administration des postes amena M. de Vaulchier à la tribune pour défendre l'administration dont il était directeur. A cette occasion, M. Petou, évoquant le spectre du cabinet noir, donna des détails sur sa composition et ses attributions. Le directeur des postes répliqua qu'il ne connaissait de cabinet d'aucune couleur. M. Roy déclara que le cabinet noir n'existait pas. « Il n'existe plus, s'écria-t-on à gauche, vous l'avez supprimé, et nous vous en remercions. » Sous tous les gouvernements le cabinet noir, c'est-à-dire la surveillance de l'État s'étendant aux correspondances privées que la police lui signale, existe plus ou moins ; mais c'est un déplorable abus, car le pouvoir, en s'immisçant ainsi dans le secret des correspondances particulières, fait d'un délit puni par le Code pénal un moyen à l'usage des puissants.

La chambre eut à examiner, pendant le mois de mars, plusieurs pétitions relatives aux passe-ports, à l'administration municipale et départementale, au traitement arriéré des membres de la Légion d'honneur, aux abus de la loterie, des maisons de jeu et du mont-de-piété. Nous ne nous arrêterons pas sur ces pétitions renvoyées aux ministres presque sans discussion. Nous nous transporterons à la haute chambre, où la nomination de deux pairs de nationalité étrangère souleva un vif débat. Les lettres de grande naturalisation des deux nouveaux pairs, MM. d'Aremberg et de Hohenlohe, n'avaient pas été soumises aux chambres avant leur nomination, et, quoique leurs titres à la pairie fussent réels, leur qualité d'étrangers ne permettait pas de les admettre avant l'examen de ces titres. M. le prince de Hohenlohe, d'origine germanique, avait donné asile, en 1792, dans ses États, à l'un des corps militaires qui formèrent depuis l'armée de Condé; il avait joint à ce service l'équipement complet de deux régiments qui avaient grossi le noyau de cette armée et partagé tous ses travaux. Appelé en France en 1814, il commanda le troisième corps expéditionnaire en Espagne et obtint le grade de maréchal de France.

Le prince d'Aremberg faisait valoir des titres d'un autre genre. Il était né en France, d'une Française de la maison de Brancas-Lauraguais; élevé à l'École militaire, il avait servi sous le drapeau français; son domicile politique était placé dans le Jura; longtemps il avait exercé les droits de citoyen français, et ses aïeux, le maréchal d'Issenghem et le comte de la Mark, par les services qu'ils avaient rendus à la monarchie, laissaient à leur descendant un héritage de gloire toute française à recueillir.

La chambre des pairs, après avoir entendu M. de Saint-Roman, qui ne reconnaissait pas à l'assemblée le droit de mettre aux voix l'admission des pairs, « parce que ce droit entraînerait avec lui le pouvoir de prononcer à son gré leur rejet, » déclara les lettres vérifiées; M. de Hohenlohe obtint cent soixante-douze suffrages sur cent quatre-vingt-deux votants, et M. d'Aremberg cent cinquante-cinq voix sur cent soixante-seize.

On présenta ensuite ces lettres de naturalisation à la chambre des députés. La discussion fut vive : M. Girod (de l'Ain), nommé rapporteur, conclut à l'admission. M. Dupin aîné s'efforça de démontrer que les services des deux nouveaux pairs n'avaient rien d'assez éclatant pour mériter l'honneur qui leur était accordé. Il cita les lettres patentes données au maréchal de Saxe, en ajoutant que M. de Hohenlohe était plus favorisé que le héros de Fontenoy. Il ne laissa pas échapper l'occasion de railler l'ancien ministère et la promotion des pairs de 1827.

« En examinant le matériel des lettres dans leurs formes, dit-il, j'y ai trouvé une chose qui m'a paru étrange et qui fait supposer qu'on peut être pair de France avant d'être Français; ainsi on verrait l'effet avant la cause, l'attribut avant le sujet, la grâce avant la capacité. C'est, il faut bien le dire, une inadvertance de l'ancienne administration; elle faisait tant de pairs à la fois qu'elle ne s'est pas aperçue qu'il y avait deux étrangers dans le nombre. Donc, les lettres de naturalisation sont nulles.

« D'après ce système, il y aurait deux espèces de pairs : ceux qui seraient appelés à siéger et ceux qui ne le pourraient pas, espèces de pairs *in partibus* qui auraient le titre sans le pouvoir effectif. »

Puis M. Dupin, parlant des titres de M. d'Aremberg, qui se bornaient, selon lui, à des services personnels, déclara que dix mille officiers de l'armée française en avaient d'aussi glorieux à faire valoir. M. Portalis, tout en admettant les principes posés par M. Dupin, insista sur l'importance des titres des deux nouveaux pairs. Il rappela que l'ordonnannce de 1814 se bornait à établir qu'un étranger ne pouvait siéger dans l'une des deux chambres avant d'avoir obtenu des lettres de grande naturalisation, mais qu'il y avait une distinction à établir entre siéger et être nommé.

Cet argument manquait de solidité.

M. Dupin répliqua, sans que le garde des sceaux lui répondît. Les lettres de naturalisation furent ensuite validées par la chambre : sur 287 votants, 200 se prononcèrent en faveur de la validation des lettres de naturalisation du prince de Hohenlohe; sur 239 votants, le prince d'Aremberg obtint 161 voix.

Pendant les préliminaires de la session, le duc de Rivière, gouverneur du duc de Bordeaux, vint à mourir. Cet homme de bien avait été, avec le duc Mathieu de Montmorency et le prince de Polignac, à la tête des associations religieuses et politiques établies en France, lors de la captivité du Pape. Il s'agissait de lui choisir un successeur. Les préférences du ministère indiquaient M. de Cheverus ou M. de la Ferronays; le roi nomma le baron de Damas à ce poste important, puisqu'il s'agissait de former l'esprit et le cœur de l'héritier présomptif du trône.

L'opinion se montra peu satisfaite du choix royal : le baron de Damas était un chrétien fervent et un vrai gentilhomme, mais on ne trouvait pas en lui les hautes capacités intellectuelles qu'aurait exigées sa nouvelle position : quand on remontait le cours de l'histoire de France, on se rappelait que Bossuet et Fénelon avaient porté le titre de précepteurs du Dauphin. En outre, le baron de Damas faisait partie de la Congrégation, et c'était là un tort que les libéraux ne purent oublier. On fit courir le bruit que le ministère, irrité de cette nomination, avait offert au Roi sa démission, et que le Roi, effrayé, avait promis la réorganisation de la garde nationale de Paris. Les familles de cour, qui, chacune, avaient espéré ce poste de confiance pour un de leurs membres, étaient au comble de la fureur, et allèrent jusqu'à faire courir le bruit que le baron de Damas tombait du haut mal.

Sa nomination fut mal accueillie à la cour et parmi les libéraux ; les journaux de gauche firent observer, en rappelant l'exemple de l'Angleterre, « que les fils de rois n'appartenaient pas aux rois seuls. »

A la même époque, de graves événements prenaient place dans l'histoire du Portugal. Le 22 avril, dom Miguel débarquait à Lisbonne, après avoir fait un séjour de quelques semaines en Angleterre. Le lendemain de son arrivée, il prêtait serment devant les Cortès et jurait de garder les droits de dona Maria, sa nièce. Mais, en même temps, il nommait un ministère absolutiste et était salué sur son passage des cris de *Vive dom Miguel! Vive le Roi absolu!* Le dimanche 1ᵉʳ mars, une insurrection éclata à Lisbonne, sous les fenêtres mêmes du palais d'Ajuda. La foule entra jusque dans le palais, en répétant les cris de : *Vive le Roi absolu! Vive dom Miguel! A bas la Constitution! Meurent les libéraux!*

Le comte de Villaflor, le comte de Cunha, le général Caula, commandant général de la province, le comte de Villaréal, ministre de la guerre, et le prince de Schwarzenberg, ministre d'Autriche, furent injuriés par la populace. Le général Caula alla porter ses plaintes au régent. Dom Miguel lui retira son commandement.

Les mêmes scènes se renouvelèrent à Lisbonne, le 11 mars, dans plusieurs provinces du Portugal, et notamment à Evora ; elles se reproduisirent également à Coïmbre et à Porto.

Quelques jours après ces événements, M. Lamb, ambassadeur d'Angleterre, arriva en Portugal. Au nom du gouvernement britannique, il reprocha au prince régent l'appui qu'il semblait donner aux factieux. Le ministre anglais apportait avec lui un somme considérable, 50,000 livres sterling, faisant partie d'un emprunt contracté par la maison Rothschild, au compte du Portugal, avec la garantie de l'Angleterre, et il déclara qu'il ne remettrait cet argent que dans le cas où les conditions stipulées dans l'arrangement pris avec son gouvernement seraient exécutées. Cette déclaration de M. Lamb ralentit les efforts du parti absolutiste ; mais rien n'empêcha dom Miguel de dissoudre la chambre des députés le 14 mars. Dans la soirée de ce jour, les troubles se renouvelèrent, les mêmes cris séditieux furent proférés ; on y mêla ceux de « Vive le marquis de Chaves ! Périssent les francs-maçons ! » et les absolutistes firent circuler des écrits remplis de menaces et d'outrages contre les constitutionnels.

Le 17 mars, les hommes les plus éminents du parti constitutionnel furent brûlés en effigie, et on enterra au champ Sainte-Anne un mannequin qui figurait la Constitution. C'est à la suite de ces troubles que l'armée anglaise reçut du duc de Wellington l'ordre d'évacuer le territoire portugais.

Dans le même temps, une guerre, dont les proportions pouvaient devenir menaçantes pour toute l'Europe, se préparait. L'empereur de Russie venait de répondre à la proclamation émanée de la Porte le 20 décembre par une déclaration de guerre. Après avoir notifié cette déclaration aux cabinets européens, il ordonna une levée de deux hommes sur cinq cents dans toute l'étendue de l'empire russe, et publia un ordre du jour dans lequel il disait que « les démarches hostiles du gouvernement turc avaient épuisé la généreuse longanimité de l'empereur Alexandre. »

Au moment où cette notification parvint aux cabinets européens, ils ne prenaient pas encore au sérieux la menace de passer le Pruth, et déjà cependant tout était disposé pour le passage de ce fleuve.

Les libéraux français se révoltaient de la conduite de dom Miguel et accusaient les Anglais de complicité avec les absolutistes, tandis que les royalistes saluaient dans le prince-régent le roi absolu, triomphant de la coalition, et espéraient que l'aurore d'un régime semblable se lèverait sur notre pays.

Rappelons une grave mesure prise à ce moment en Angleterre par la chambre des communes. Sir John Russell venait de proposer le rapport de la loi qui faisait de la profession de foi de l'anglicanisme une condition *sine quâ non* pour les hommes remplissant des fonctions publiques. Cette proposition, combattue par M. Peel, fut votée par 237 voix contre 193.

Avant d'examiner les projets de lois adoptés par les chambres pendant le cours de la session de 1828, nous mentionnerons l'ordonnance publiée par le nouveau ministre de l'instruction publique, M. de Vatimesnil : elle avait rapport à la direction et à la surveillance de l'instruction primaire. Cette ordonnance retirait au clergé le monopole de l'instruction primaire : c'était donc une concession à l'esprit libéral. Le ministre de l'instruction publique s'efforça d'atténuer le préjudice qu'il causait au clergé en lui assurant la majorité dans les comités de surveillance créés pour les écoles, et en faisant aux instituteurs une condition obligatoire d'être pourvus d'un certificat d'instruction religieuse. Ainsi le ministère semblait rendre d'une main ce qu'il ôtait de l'autre.

IV

DISCUSSION DE LA LOI SUR LA RÉVISION DES LISTES ÉLECTORALES. — ADOPTION DE LA LOI. — LOI SUR LES QUATRE MILLIONS DE RENTES. — QUESTION DU SOI-DISANT DÉFICIT TROUVÉ DANS LES FINANCES A LA FIN DU MINISTÈRE VILLÈLE. — DÉBAT ENTRE MM. DE VILLÈLE ET ROY. — LA LOI SUR LES QUATRE MILLIONS DE RENTES EST VOTÉE.

Le 25 mars, M. de Martignac avait déposé sur le bureau de la chambre un projet de loi sur la révision des listes électorales et du jury. C'était la révision de la loi du 2 mars 1827 qu'on préparait. Indiquons brièvement l'économie de cette loi. Elle prescrivait la permanence des listes; une révision annuelle serait opérée dans un seul but, celui d'ajouter ou d'exclure les électeurs qui auraient acquis ou perdu leur droit électoral pendant l'année. A côté du nom de chaque électeur, on devrait inscrire le nom de l'arrondissement et des localités dans lesquelles l'électeur payait des contributions, ainsi que la somme à laquelle ces contributions s'élevaient dans chaque commune. La publication de ces listes servirait de notification aux électeurs maintenus dans leur droit; les décisions indiquant la radiation devraient être notifiées dans les dix jours qui suivraient la publication des listes.

La loi rendait aux conseils de préfecture l'attribution du jugement dans les questions relatives à la formation du jury. Les secrétaires généraux des préfectures seraient tenus de recevoir toutes les réclamations des électeurs. Le projet de loi consacrait l'intervention des tiers dans la formation des listes électorales: il accordait aux personnes inscrites sur la liste le droit de réclamer pour des tiers l'inscription ou la radiation;

il attribuait au conseil d'État la régularité des rôles ; la répartition et l'assiette des contributions étaient réservées à la compétence des cours royales. Afin de donner aux réclamations présentées au moment des élections le temps d'être examinées, la loi demandait que, dans le cas où la date de la convocation des colléges serait de plus de vingt jours postérieure à la publication de la liste révisée, il s'écoulât un mois entre la réception de l'ordonnance de convocation et l'ouverture du collége.

Un article obligeait les percepteurs des contributions directes à accorder à tout citoyen inscrit les extraits du rôle et les certificats négatifs qu'il réclamerait.

Un second article, décidant la question de domicile des fonctionnaires, déclarait que nul fonctionnaire révocable ne pourrait être porté sur la première partie de la liste du département auquel il appartenait, que six mois après la double déclaration prescrite par la loi du 5 février 1817.

Chargé d'exposer devant l'assemblée les avantages de la nouvelle loi, M. de Martignac terminait son rapport par ces paroles, honorables pour le gouvernement royal, dont les intentions étaient alors si indignement calomniées :

« Nous dirons aux principaux fonctionnaires des départements : Administrez selon les lois ; veillez avec fermeté et impartialité aux intérêts qui vous sont confiés ; réprimez les abus avec courage, de quelque part qu'ils viennent et sous quelque appui qu'ils se présentent ; faites respecter l'autorité royale, mais faites-la bénir en la maintenant partout ce qu'elle est réellement.

« Malgré vos efforts, vous trouverez des détracteurs ; vous n'échapperez pas à la calomnie, vos intentions seront méconnues, vos paroles dénaturées ; ne vous découragez pas, répondez à tout par des actes de justice et de sagesse, et laissez faire au temps et à la vérité. Ne cédez jamais aux menaces, mais ne repoussez jamais les avis salutaires ; ne reculez pas devant les factions si elles se présentent à vous, mais ôtez-leur toute leur force en ne leur laissant aucun sujet de plainte légitime. »

Le projet de loi fut bien accueilli par la majorité de la Chambre ; le libéralisme célébrait cette mesure comme « un gage de la franchise constitutionnelle du ministère, et le commencement des actes réparateurs promis à l'ouverture de la session. » La droite, au contraire, la signalait comme une concession aux factions et un moyen qu'on leur accordait pour intervenir dans les élections et les influencer[1].

La commission chargée par la chambre d'examiner le projet de loi termina son travail le 22 avril, et M. Favard de l'Anglade, nommé rapporteur, présenta ses conclusions sous la forme d'un rapport dans la séance de ce même jour.

Il commença par louer les dispositions du projet de loi, sûr moyen de prévenir les fraudes funestes, dont les récents débats de la chambre avaient révélé l'existence. La commission déclarait ensuite que la permanence des listes n'était pas prescrite d'une manière assez explicite dans le projet de loi primitif, et demandait qu'on plaçât en tête de la loi un article ainsi conçu :

« Les listes faites en vertu de la loi du 2 mai 1827 sont permanentes, sauf les radiations et inscriptions qui peuvent avoir lieu lors de la révision prescrite par la présente loi. »

La commission proposait plusieurs autres amendements au projet. Afin d'éviter les soustractions ou les transpositions frauduleuses, elle demandait que le registre des réclamations fût parafé par le préfet ; les réclamations devraient être inscrites dans leur ordre de présentation ; le réclamant ou son fondé de pouvoir serait tenu de les signer ; le récépissé du secrétaire général mentionnerait la date et le numéro de l'enregistrement de la réclamation. Le rapport demandait que la

---

1. Carnet de M. de Villèle.

clôture de la liste électorale fût portée au 16 octobre, au lieu du 12. Il insistait pour que la date de clôture des réclamations fût reculée au 20 octobre. L'article du projet, qui déférait les questions électorales au tribunal et au conseil d'État, paraissait exiger des modifications. Le rapporteur proposait de soumettre les percepteurs au même traitement que les dépositaires du Code civil, et de leur infliger une amende qui ne pourrait s'élever au-dessus de 100 francs pour chaque infraction à la loi.

Dans le sein de la commission, on avait soulevé la question de savoir si l'on devait prononcer des peines, ou contre les faux électeurs, ou contre le préfet qui les aurait inscrits.

La commission se prononçait pour la négative, en se fondant sur l'économie de la nouvelle loi qui contenait des précautions si multipliées, que la fraude cessait d'être présumable. Les travaux préparatoires pour la révision des listes, la publication des listes revisées, les recours ouverts à tous les citoyens, la faculté accordée à tout électeur inscrit d'attaquer la personne qui, à sa connaissance, ne posséderait pas la capacité électorale, toutes ces mesures étaient autant de garanties contre l'introduction abusive d'électeurs simulés.

« On peut comparer aujourd'hui les fonctions électorales à celles du jury, puisque ces deux institutions sont régies par les mêmes principes, disait le rapporteur. Eh bien ! qu'un juré porté sur la liste du préfet n'obéisse point à l'autorité, il sera condamné à une amende de 500 francs, quand même il ne se trouverait pas dans la catégorie de ceux que la loi appelle à remplir cette obligation politique. Qu'au contraire, un citoyen inscrit sur la liste électorale se présente au collége, vous le puniriez de son obéissance. Ainsi, dans un cas, l'électeur inscrit subirait une peine pour n'avoir pas déféré à l'invitation de l'autorité, et dans l'autre pour y avoir déféré. »

Il y avait dans le rapprochement de ces deux dispositions une contradiction difficile à admettre. Le rapporteur proposait d'exiger de l'électeur, au moment du vote, le serment qu'il possédait la capacité électorale. Il écartait l'idée de peines à imposer aux préfets, en faisant observer que le serment imposé à l'électeur ôterait au préfet la tentation de faire une inscription illégale.

« Quel est le préfet, ajoutait M. Favard de l'Anglade, qui ne redouterait pas de voir contester, au milieu d'une assemblée composée de l'élite de ses administrés, la capacité qu'il aurait voulu conférer frauduleusement à un citoyen? Croire à la possibilité d'une inscription contraire à la loi, avec la nécessité du serment, ne serait-ce pas supposer une espèce de solidarité de honte et de déshonneur entre le préfet et ceux dont il tenterait de faire des électeurs? »

La commission réclamait enfin de nouvelles dispositions réglementaires concernant la formation du bureau provisoire, le secret des votes et la tenue des assemblées électorales.

Le 28 avril, la discussion s'ouvrit à la Chambre des députés; MM. Jars et Cunin-Gridaine parlèrent les premiers et déplorèrent tous les deux l'absence de pénalité qu'on remarquait dans le projet de loi.

« Tant qu'une loi ne force pas à l'obéissance, dit M. Cunin-Gridaine, tant qu'elle ne renferme pas sa sanction en elle-même, elle n'est pas loi; c'est un avis, une invitation, une instruction, un règlement, tout ce qu'on voudra, excepté une loi.

« La majesté du pouvoir législatif dérogerait à discuter autre chose que des lois. C'est à ce pouvoir qu'il appartient de prononcer des peines; ce sont les peines seules qui classent les crimes et les délits, et quand il s'agit de protéger le droit le plus important des citoyens, celui de recourir à la formation de la loi, il ne faut pas que notre parole, que nos commandements puissent être méconnus. »

MM. de Caqueraye et de la Boulaye attaquaient le projet en se plaçant à un point de vue opposé : la loi n'atteignait pas les comités directeurs, les réunions délibérantes qui tendaient à bouleverser le système électoral. Ces deux membres de la droite votèrent le rejet ou l'ajournement. Le côté gauche de la chambre proclamait l'insuffisance du projet tout en constatant sa supériorité sur la loi précédente. M. Pataille, en demandant que les élections fussent placées tout à fait en « dehors de l'influence de l'administration, » termina son discours en répudiant le don de la septennalité, qui lui paraissait « contraire à l'esprit de la charte, si souvent violée par la précédente administration. »

M. de Martignac défendit le projet ministériel. Il s'arrêta à l'observation principale présentée par M. Favard de l'Anglade. La Commission blâmait surtout, dans le projet, l'absence de pénalité. Les trois lois d'élections existantes, fit observer le ministre de l'intérieur, n'infligeaient aucune peine de ce genre et jamais on n'en avait réclamé. La loi, en établissant que le préfet dresserait les listes électorales, qu'il les afficherait et devrait les communiquer à tous ceux qui désireraient en prendre connaissance, plaçait le préfet sous la surveillance des citoyens ; dans cette situation, il serait exposé aux injustices de tous : chacun pourrait lui dire qu'il avait inscrit telle ou telle personne indûment et repoussé telle autre. Les précautions contenues dans le projet étaient si multipliées, qu'on ne pouvait songer à prévoir le cas où un préfet violerait la loi. M. de Martignac ajouta :

« Il résulterait de cette disposition qu'à la requête d'un électeur, par la suite d'un mouvement de mauvaise humeur et sur l'allégation la plus fausse, un préfet pourrait être traduit devant un tribunal correctionnel.

« Il devra subir ainsi vingt, trente attaques, et employer à se défendre le temps qui serait bien mieux employé à son administration ; et d'ailleurs, que s'agira-t-il de savoir ? si l'inscription a été fausse. Alors, le tribunal devra sommer le préfet de porter son registre, et décider s'il a été bien ou mal tenu. Ainsi, l'administration du préfet sera soumise à la surveillance du procureur du Roi et à la censure du tribunal correctionnel.

« Cela n'est pas admissible. »

Puis M. de Martignac fit observer que la confection des listes était le seul but de la loi; quant au secret des votes, la loi du 4 mai 1817 le prescrivait formellement. On avait reproché au projet de ne pas prévenir les intrigues et les manœuvres de l'administration; M. de Martignac répondit, en faisant allusion aux comités directeurs et aux réunions électorales, qu'il était une autre influence illégale, tyrannique, qu'on avait réellement employée dans les dernières élections.

« Je ne comprends pas, dit-il, que des hommes professant l'amour de la véritable liberté, le respect et l'indépendance électorale, n'aient pas senti combien ces manœuvres sont contraires à cette indépendance.

« On a exprimé le désir que la législation actuelle pût arrêter de pareils abus; mais il était à craindre que la liberté même des élections n'en souffrît, car ici la limite était très-difficile à trouver. »

Le général de la Fayette attaqua l'administration, critiqua le projet de loi et réclama la pénalité, condition nécessaire d'une loi, en signalant la hiérarchie administrative comme l'obstacle qui rendait le projet de loi inexécutable; il exprima le doute qu'on rencontrât chez des fonctionnaires, créatures du pouvoir et révocables à son gré, un « atome d'indépendance. » Il défendit les comités directeurs, et termina son discours en félicitant les « jeunes citoyens dont l'intervention, au moment des dernières élections, avait tant contribué à faire passer les candidats libéraux. » La droite écouta M. de la Fayette avec impatience, et M. de Conny apporta à la tribune l'expression de la pensée de ce côté de l'assemblée. Si M. de la Fayette était porté à un optimisme que la gravité des circonstances ne justifiait point, M. de Conny ne prévoyait dans l'avenir que révolutions et calamités politiques. M. de la Fayette exaltait les comités libéraux qui, à ses yeux, devaient sauver la France. M. de Conny, expression de la droite, les condamnait comme les sources de l'anarchie.

« Nous le dirons avec la franchise qui est dans notre caractère, dit-il; si des associations ou des comités électoraux délibéraient à l'avance; si, constitués comme des corps légalement établis, ils choisissaient leurs candidats et faisaient promulguer leurs décisions dans les journaux, les élections ne seraient plus, Messieurs, qu'une vaine dérision, l'unité du pouvoir serait brisée, deux puissances existeraient dans l'État et l'anarchie serait à nos portes. »

La chambre entendit ensuite M. Delaborde, qui exprima la crainte de voir revenir l'ancienne administration; cette crainte, selon lui, existerait tant que l'influence qui l'avait créée se manifesterait par des actes publics et serait assez puissante pour empêcher la réparation des maux causés par elle. Puis M. Cuvier, commissaire du Roi, défendit le projet contre les amendements qu'on proposait. Il rappela que l'absence de sanction pénale qu'on remarquait dans le projet était suffisamment remplacée par les dispositions de la loi, qui prévoyait les délits commis pas les faux électeurs et les collusions entre l'administrateur et l'administré; il fit remarquer la convenance de déférer aux conseils de préfecture l'examen de questions qu'ils devaient avoir étudiées. « Sans cette précaution, dit-il, les vainqueurs attaqueraient les tribunaux de première instance qui les auraient condamnés; la dignité de la magistrature serait compromise si on appelait ce corps imposant à décider les questions qui avaient rapport à des actes de parti et à des passions politiques. »

M. Dupont (de l'Eure) attaqua violemment l'ancien ministère, et dénonça ses agents encore répandus sur toute la surface de la France; il s'éleva avec amertume contre les faveurs accordées aux précédents ministres, « dotés de riches pensions et de hautes récompenses qui ne devraient être accordées qu'aux hommes de bien qui ont rendu d'éminents services au pays[1]. »

M. Étienne demanda que, si la pénalité contre l'administration effrayait les esprits timides, on renfermât sa compétence dans de plus étroites limites.

« Substituez le tribunal civil au conseil de préfecture, dit-il, la cour royale au conseil d'État, la loi nouvelle sera en harmonie avec elle-même; vous assurerez sur des bases solides et stables les droits des citoyens qui sont aussi une propriété sacrée et qui, pour être respectés, trouveront un abri plus sûr sous l'égide invariable de la justice que sous la main vacillante d'une administration qui, par sa nature même, est mobile et trop souvent passionnée. »

M. Étienne suppliait le pays de ne pas se laisser aller à de vaines et ridicules terreurs.

« On craint l'influence des électeurs, dit-il; mais la multitude électorale de la France n'est pas bien nombreuse, et, comme les députés libéraux, les électeurs n'aspirent qu'à la gloire de la monarchie constitutionnelle et à l'alliance indestructible du trône et des libertés publiques.

« Si un sentiment d'inquiétude agite encore les esprits, c'est qu'on menace imprudemment l'avenir des calamités du passé, c'est que cette France, si calme et si dévouée, est dénoncée avec audace comme un foyer de désordre, c'est qu'on évoque des fantômes menaçants, pour faire croire à des troubles qui ne seraient profitables qu'à ceux qui semblent s'en épouvanter, et qui, après avoir adopté tous les genres d'hypocrisie, se sont réfugiés dans l'hypocrisie de la peur! »

---

[1]. La haute récompense à laquelle l'orateur faisait allusion était une pension de 12,000 fr. accordée à M. de Villèle qui, pendant six années, avait été placé à la tête des affaires du pays.

Si M. Étienne avait voulu examiner le pays, il aurait vu que le calme absolu dont il célébrait le règne en France n'existait que dans son esprit optimiste à ses heures.

M. Favard de l'Anglade résuma dans un rapport les six objections présentées contre le projet de loi. La droite avait attaqué la permanence des listes qui créait une puissance démocratique dangereuse pour la royauté et les libertés publiques. Le rapporteur fit observer que les droits électoraux étaient exercés en vertu d'une ordonnance du Roi, et que ces droits, restés dans les mains des électeurs en temps ordinaire à l'état de lettre morte, ne retrouvaient leur puissance vitale qu'au moment de l'élection.

Une seconde objection avait été élevée contre l'article de la loi qui confiait aux préfets la révision des listes. Le rapporteur rappela que l'administration était mieux placée que les tribunaux pour faire le dénombrement des électeurs; conférer un tel pouvoir aux tribunaux, ce serait les immiscer dans les matières administratives. L'intervention des tiers avait été violemment attaquée. Les tiers étaient autorisés à présenter seulement des réclamations que le conseil de préfecture jugerait, dit M. Favard de l'Anglade, et le projet renfermait les précautions nécessaires pour que cette mesure n'eût aucune suite fâcheuse.

Le rapporteur répondit ensuite à ceux qui critiquaient l'ordre des juridictions en accusant le projet de restreindre la compétence administrative pour étendre la juridiction des tribunaux.

On avait accusé les dispositions du titre IV de la loi de mettre de la précipitation dans les opérations électorales. M. Favard de l'Anglade remarqua qu'il s'agissait seulement, dans ce cas, d'une rectification à faire sur la liste. Il écarta également l'idée de la pénalité en rappelant que la loi nouvelle ne laissait aucune voie pour favoriser la radiation des électeurs véritables ou l'inscription de faux électeurs. En conséquence, la commission persistait dans ses conclusions.

Plusieurs amendements furent ensuite présentés; un de ces amendements proposé par M. Dumeylet, et demandant qu'il fût spécifié dans le texte de la loi que l'affiche électorale revisée serait déposée, le 15 août, au chef-lieu de chaque commune pour être communiquée à toutes les personnes qui le requerraient, fut adopté. La chambre accueillit également un amendement de M. Ricard : il spécifiait que le préfet, en conseil de préfecture, pourrait seul faire des changements sur la liste rectifiée.

M. de Martignac vint proposer une grave modification au projet de loi. La chambre avait voulu que la décision suprême en matière électorale fût attribuée au préfet en conseil de préfecture, elle avait ainsi supprimé les juges du contentieux administratif. Il n'était guère possible d'en appeler à la cour royale d'une décision prise par le préfet en conseil de préfecture. Néanmoins, le ministre proposait d'indiquer dans la loi la possibilité d'une action intentée devant la cour royale à l'occasion d'une décision prise par le préfet.

L'article 16 était conçu en ces termes : « Il ne pourra plus être fait de changements à la liste qu'en vertu de décisions des autorités supérieures qui auraient infirmé celles du conseil de préfecture; on modifia cet article ainsi qu'il suit :

« Il ne pourra plus être fait de changements à la liste qu'en vertu d'arrêts rendus dans la forme déterminée au titre suivant; article 17 : toute partie dont les réclamations auraient été rejetées par le préfet en conseil de préfecture pourra porter son action devant la cour royale du ressort. L'exploit d'introduction d'instance devra, sous peine de nullité, être notifié dans les huit jours, tant au préfet qu'aux parties intéressées.

« Dans le cas où la décision prise par le préfet en conseil de préfecture aurait rejeté une demande d'inscription formée par un tiers, l'action ne pourra être intentée que par l'individu dont l'inscription était réclamée. »

La gauche accueillit avec empressement cette modification qui satisfaisait aux réclamations élevées contre l'intervention du conseil d'État dans les questions de révision des listes électorales. La chambre rejeta, au contraire, un article additionnel qui proposait de soumettre les percepteurs à une amende de 100 francs au maximum, dans le cas où ils refuseraient de livrer l'extrait des rôles ou les certificats demandés.

La Commission retira d'elle-même un article dont elle avait pris l'initiative et qui proposait d'exiger de chaque électeur, au moment de l'élection, le serment qu'il possédait les capacités requises.

Une disposition présentée par M. de Tracy, et ayant pour objet d'autoriser les imprimeurs à publier les listes annuelles et les tableaux de rectification, fut adoptée. Les députés votèrent enfin sur l'ensemble de la loi ; après treize jours de discussion, elle fut adoptée à une majorité de cent cinquante-deux voix : deux cent cinquante-sept voix contre cent cinq. Les hommes de la droite proprement dite déplorèrent son adoption. « La chambre a adopté le projet de loi le plus destructif des garanties du gouvernement et de celles des électeurs paisibles et indépendants, » écrivait M. de Villèle.

Le 17 mai, le projet de loi fut porté à la chambre des pairs. M. de Villèle jugeait avec une partialité défavorable le projet de loi présenté sous les auspices de M. de Martignac.

« Dans notre chambre, on commence la discussion de la loi des listes électorales ; mais il n'y a aucun espoir, même de l'amender, écrivait-il sur son Carnet. Il y a un tel découragement parmi les nouveaux pairs, qu'une vingtaine d'entre eux se sont absentés. Tous les mauvais sont à leur poste. »

« Il paraît, par quelques indications qui me sont parvenues, qu'on s'abandonne aussi déplorablement en haut lieu. Les ministres ne savent ce qu'ils font [1]. »

M. de Martignac exposa devant la haute chambre les dispositions du projet de loi dont les trois résultats principaux étaient : la permanence des listes, l'intervention des tiers dans les élections, et la juridiction exclusive attribuée aux cours royales dans les questions relatives au droit électoral.

« Ce projet tend à assurer la régularité des listes, à prévenir les erreurs, à garantir les droits réels, à écarter les prétentions mal fondées, dit le ministre de l'intérieur; il tend à dégager l'administration de ces soupçons qui l'humilient, de ces attaques désordonnées qui la fatiguent et la blessent; à lui rendre, avec la confiance à laquelle elle a des droits, l'influence juste et légitime dont le gouvernement a besoin; il tend à mettre les élections opérées à l'abri des dénonciations et des plaintes, et à éviter enfin le retour des tristes et pénibles débats qui ont marqué l'ouverture de cette session législative. »

Le 3 juin, M. Lainé, rapporteur de la commission chargée d'examiner le projet de loi, présenta ses conclusions; elles étaient favorables au projet, et dans un exposé lumineux le rapporteur analysait ainsi ses principales dispositions :

« La loi proposée n'est pas une nouvelle loi sur les élections; elle n'est relative qu'à la forme de procéder à la révision des listes déjà permanentes.

« Elle conserve libre et entière toute l'action administrative des préfets; elle ne crée pas la réclamation des tiers, elle la règle pour laisser la décision au préfet en conseil de préfecture, dont elle maintient intacte toute la juridiction; soumise aux lois antérieures, la loi proposée n'attribue de plus aux cours royales que la faculté de juger l'influence ou l'effet des contributions. »

La discussion commença le 16 juin. M. Forbin des Issarts,

1. Carnet de M. de Villèle. (*Documents inédits.*)

un des nouveaux pairs, débuta par une attaque violente contre la loi, il établit qu'elle mettait l'administration en suspicion devant le pays, qu'elle nuisait à la liberté des élections et atteignait jusqu'à la prérogative royale. Se servant des paroles du ministre de l'intérieur, signalant les manœuvres employées pour effrayer les électeurs paisibles et imposer à la majorité les choix de la minorité, il s'écria :

« On peut être convaincu que les mêmes causes produiront partout et toujours les mêmes effets : avec les droits que l'on crée, une minorité ardente ne cessera d'opprimer une majorité paisible et consciencieuse. On veut des élections vraies et libres : on aura la vérité et la liberté des élections de la minorité comme en 1793, comme dans les Cent-Jours et en 1828. »

M. de Martignac protesta contre l'abus que l'orateur s'était permis de faire de ses propres paroles pour envelopper dans une même flétrissure les colléges électoraux et les résultats de leurs récentes réunions. M. le vicomte de Castelbajac contesta à la loi le mérite de l'opportunité : l'opinion libérale se montrait partout menaçante ; fortifiée par les divisions de ses adversaires, l'opposition était parvenue à imposer un grand nombre de ses candidats ; afin d'empêcher que l'on attaquât ses actes, elle avait attaqué la première dans les colléges où elle n'avait pas réussi. M. de Castelbajac votait le rejet de la loi, qui lui paraissait inopportune. Après deux discours, l'un de M. le baron Mounier, qui défendait le projet de loi, l'autre de M. le comte Saint-Roman, qui l'attaquait, M. de Martignac s'efforça de détruire les accusations portées contre la loi ; il essaya de démontrer que le projet n'était ni funeste, ni impolitique, ni dangereux, en se servant des arguments développés par M. Lainé dans son rapport. L'assemblée entendit encore M. de Frénilly, qui motiva son vote contre la loi en déclarant qu'elle « faisait passer l'influence électorale du gouvernement à un autre gouvernement, qu'elle corrigeait un scandale par une guerre civile, un abus par une usurpation; » MM. de Choiseul et de Tocqueville, favorables au projet; MM. le marquis de Villefranche, le comte de Marcellus, le vicomte du Bouchage, qui la considéraient comme une concession faite aux exigences d'un parti; MM. Decazes et le comte Tascher, qui la défendirent avec éloquence. Puis la clôture de la discussion générale fut prononcée, et M. le baron Lainé résuma les traits principaux du débat. On avait dit que la loi nouvelle descendait directement de la loi de 1817, promulguée sous le ministère de M. Lainé, qu'elle serait aussi funeste que la loi de 1817 : M. Lainé ne put laisser passer cette accusation, qui, par son caractère de personnalité même, exigeait une réponse.

« Jusqu'à présent, dit-il, on n'avait vivement attaqué que la loi du 5 février, qui se croyait amnistiée par la loi du 29 juin 1820, et vous vous attendiez peut-être à entendre le rapporteur de votre commission se justifier d'anciens reproches renouvelés après dix ans par deux nobles adversaires : mais le respect de votre dignité ne lui permet qu'un mot dont la noble origine excuse la familiarité : *ils sont encore fâchés*[1].

M. Lainé travailla à détruire les objections présentées contre le projet ministériel et termina son résumé en envisageant la loi sous deux points de vue nouveaux.

« Les passions des partis, pour asservir leurs adversaires, s'enchaînent souvent elles-mêmes, dit-il. Il y en a de fréquents exemples dans l'histoire. On en trouve depuis la Restauration. Que d'actes proposés par les partis ou par l'administration ont tourné contre leurs auteurs! S'il était vrai que les passions eussent proposé des mesures pour contenir d'autres passions, il était sage que la loi y consentît pour les enchaîner toutes.

---

1. Ce mot est de Louis XVIII.

« Ce n'est pas toujours une concession de la faiblesse d'adopter ce que les partis proposent. N'est-il pas sage de leur emprunter des armes, lorsqu'elles sont bonnes, pour les combattre et pour les vaincre? Les partis, comme les sectes, ne se soutiennent pas longtemps sans avoir quelque bonne doctrine politique ou morale. L'habileté consiste à leur enlever ce qu'ils ont de bon pour mieux les dissiper. Tel sera l'effet de la loi contre leur tactique dans les élections...

« Elle en aura un plus salutaire encore. Dans la vérification des pouvoirs, la Chambre élective, incertaine sur les droits de l'autorité publique et sur son propre pouvoir, désirait que la qualité des électeurs, moins précaire, fût définitivement réglée. Afin de n'avoir à prononcer que sur l'élection des députés, elle s'est prononcée pour que la qualité des électeurs fût jugée et par l'administration et par les cours royales. C'est avoir reconnu que le droit électoral se réglait par un autre pouvoir que le sien.

« On trouve dans son vote le dessein d'écarter des discussions affligeantes, nées de l'incertitude du droit et de l'embarras des juridictions.

« Consacrée par votre suffrage et son vote, la loi assure à la France un bienfait qui, fût-il seul, conseillerait l'adoption que votre commission vous a déjà proposée. »

La discussion des articles dura encore quatre jours. Un grand nombre d'orateurs, parmi lesquels nous citerons MM. de Castelbajac, de Kergorlay, de Barante, Pasquier, le duc de Sabran, occupèrent la tribune; l'intervention des tiers fut vivement combattue. Dans cette discussion, deux des anciens ministres, MM. de Peyronnet et de Villèle, se firent entendre. « M. de Peyronnet s'est imprudemment commis dans un discours, et s'est fait relever et fort maltraiter par la chambre, » écrit M. de Villèle sur son Carnet, à la date du 24 juin. L'ancien président du conseil soutint un amendement qui, proposé par M. de Sesmaisons, demandait que le préfet communiquât lui-même les réclamations à la partie intéressée, et fixât le délai de cette communication et celui dans lequel les décisions seraient rendues. Cet amendement ne fut rejeté qu'à une majorité de trois voix.

Enfin la chambre haute soumit l'ensemble de la loi à l'épreuve du scrutin. Sur deux cent quarante-deux votants, la loi réunit cent cinquante-neuf suffrages contre une minorité de quatre-vingt-trois voix. Cette minorité était formée des partisans de l'ancien ministère [1].

Loi des quatre millions. — Le 14 avril 1828, le ministre des finances présenta à la chambre une loi demandant l'autorisation de créer et de négocier par voie d'emprunt quatre millions de rentes cinq pour cent, afin de faire face aux éventualités d'armements que les affaires de l'Orient rendaient nécessaires. Plusieurs puissances de l'Europe étaient armées, la conflagration pouvait d'un instant à l'autre devenir générale; dans cet état de choses, le gouvernement pensait qu'il était de son devoir de mettre sur un pied imposant les forces de terre et de mer du royaume. « Les intérêts privés, dit M. Roy en motivant l'opportunité de l'emprunt, ne peuvent concevoir aucune alarme de cette mesure ; ils y trouveront plutôt de nouveaux motifs de confiance et de sécurité dans le soin que le gouvernement prend de sa dignité, première garantie du repos du pays et de sa tranquillité. »

Le rapport de M. le général Sébastiani, parlant au nom de la commission, était favorable au projet d'emprunt. « Pour assurer la paix, la rendre durable, disait-il, il faut que les forces des divers États restent en équilibre. Il faut que la justice, que la modération règnent, que tout agrandissement devienne un

---

[1]. Je trouve, dans une lettre adressée le 24 juin par M. de Villèle à son fils, des détails sur les circonstances de ce vote. Ils prouveront qu'à cette époque les rapports du Roi avec l'ancien président du conseil avaient cessé : « Tu verras, par le vote d'hier aux pairs, que nous sommes très-faibles là aussi, écrit-il. Ce qui t'étonnera, c'est que j'ai vu beaucoup de personnes de la cour envoyées évidemment pour voter contre nous, et d'autres qu'on savait devoir voter avec nous, comme Labouillerie et autres, évidemment retenus dans un but contraire. Est-ce faiblesse, est-ce erreur ? Je l'ignore, car je n'ai plus aucune relation de ce côté.... » (Papiers politiques de M. de Villèle. — *Documents inédits*.)

danger; que d'antiques nations ne soient plus la proie de voisins avides, et ne disparaissent plus dans des partages provoqués par une force inique et brutale. »

La discussion générale s'ouvrit à la chambre le 14 mai. Le même jour, le *Moniteur* publiait le manifeste de l'empereur de Russie contre la Porte ottomane. Les circonstances avaient changé depuis la présentation du projet de loi; les puissances de l'Europe attendaient les événements et se préparaient par des armements à y pourvoir.

M. Charles Dupin attaqua le projet d'emprunt, qui lui semblait « le résultat de la politique suivie depuis sept ans, politique contraire aux intérêts de tous les peuples entourant la France comme à ceux de la France elle-même. »

Après avoir examiné l'état de la société en Europe et indiqué les remèdes à opposer aux maux qu'il déplorait, l'orateur s'écria : « J'aimerais mieux cent fois que les drapeaux de la Russie flottassent au sommet des tours de Vienne que de voir succomber par de viles intrigues, au sein de Paris, la moindre des libertés françaises. Il importe avant tout de consolider les bases de la liberté intérieure? »

M. Charles Dupin signalait-il le véritable péril qui menaçait la France en montrant la liberté au moment de disparaître en 1828 ? Il eût été plus exact de dire que le faux libéralisme menaçait l'existence même de la monarchie.

M. de la Ferronays expliqua l'importance et les avantages de la nouvelle loi. Il rappela les événements qui motivaient l'emprunt : les troupes russes franchissaient la frontière, l'empereur lui-même était en route; encore quelques jours, et il serait à la tête de son armée. La situation respective des puissances à l'égard de la Turquie exigeait entre elles quelques explications sur le mode d'exécution d'un traité qui leur était commun; les alliés du Roi déclaraient vouloir, comme lui, tenir leurs engagements et atteindre le but indiqué par le traité du

6 juillet. Il était impossible de contester à la Russie le droit d'exiger par la force l'exécution de ses traités avec la Porte.

« La France, pour sa part, et jusqu'à ce que l'intervention commune pût être combinée avec l'action isolée d'une des puissances contractantes du traité du 6 juillet, dit M. de la Ferronays, ne saurait contempler avec indifférence les malheurs des Grecs, auxquels cette intervention de trois grandes puissances a donné le droit d'espérer un meilleur avenir. La sollicitude du Roi, d'accord avec les vœux si souvent et si fortement exprimés dans les deux chambres, veille à ce que des mesures soient prises pour soulager au moins tant de misères. Sous ce rapport, nous espérons que l'humanité n'aura jamais de reproche à faire à la politique de la France, et nous sommes certains d'avance, Messieurs, que les secours et l'appui, quelle qu'en soit la nature, prêtés par le gouvernement à ces infortunés, ne seront jamais comptés par vous au nombre des sacrifices qui pourraient mériter vos reproches ou vous laisser des regrets. »

La chambre avait écouté M. de la Ferronays avec intérêt et approbation; un discours de M. Bignon changea cette impression.

Il combattit le projet d'emprunt; cette mesure, à ses yeux, était aussi inopportune qu'inutile. Rappelant le protocole du 4 août 1826, il accusa le ministère de M. de Villèle d'avoir laissé accomplir ce traité humiliant pour la France; il feignit d'oublier les réclamations adressées à cette époque, par le premier ministre, à la Russie et à l'Angleterre. M. Bignon ne voyait dans les événements d'Orient aucune menace pour la politique française. Seul, le traité du 6 juillet intéressait le cabinet des Tuileries. Pourquoi la France irait-elle chercher un rôle à jouer au milieu des divergences de cabinets, qui tous pouvaient avoir et avaient en effet des intérêts si différents des Turcs? Les succès de la Russie seraient-ils inquiétants pour la France? Sa position lui permettait de rester immobile au milieu d'une conflagration d'ailleurs générale. La France était-elle désarmée avec un budget d'un milliard? Fidèle à son système d'hostilité contre M. de Villèle, M. Bignon ajouta :

« J'en demande pardon au ministère ; mais il a succédé à des administrations descendues si bas que, malgré ses meilleurs sentiments, il tombe sur lui un triste reflet de la conduite de ses prédécesseurs.

« A la nouvelle de l'emprunt proposé, le premier mouvement de beaucoup de personnes a été de s'enquérir quelle influence subissait en cette occasion le cabinet. Le vent qui souffle vient-il des bords de la Néwa ou des bords de la Tamise. Le soupçon est offensant, injuste ; mais c'est un legs que le dernier ministère a laissé à l'administration nouvelle... Si quelque cabinet audacieux prétendait nous entraîner de force avec lui, ce serait alors qu'à la voix du monarque la France se lèverait tout entière et aurait bientôt prouvé à l'Europe que son Roi n'est pas un vassal fait pour obéir à l'ordre d'un suzerain. »

L'orateur termina son discours en montrant dans la péninsule espagnole et portugaise d'autres sujets de crainte pour l'avenir :

« Qui sait si l'Angleterre ne consentira pas à reconnaître dom Miguel moyennant le renouvellement des traités expirés, la concession de quelques priviléges de plus et l'abandon de droits que le Portugal constitutionnel paraissait vouloir défendre ou ressaisir ? Qui peut du moins douter que cette puissance, peu scrupuleuse, ne soit également capable de faire, selon les circonstances, tourner à son bénéfice seul soit l'autorité de dom Pédro, soit l'affermissement du pouvoir usurpé à dom Miguel. »

M. Bignon concluait à l'ajournement de la loi jusqu'à la discussion du budget.

M. Hyde de Neuville répondit sans succès à M. Bignon. Il affirmait que la France voulait la paix, mais que, pour la vouloir d'une manière vraiment utile au monde, elle devait toujours rester dans la situation où Dieu et la nature l'avaient placée. « Le ministère a tout vu, tout examiné, tout prévu, autant que la raison humaine éclairée par la bonne foi peut prévoir, ajouta le ministre de la marine. On vous a demandé si le vent venait des bords de la Néwa ou de la Tamise. Le vent ne vient ni des bords de la Néwa ni de ceux de la Tamise ; il viendra toujours pour nous des bords de la Seine. La France ne sera jamais sous l'nfluence d'aucune puissance ;... jamais le roi de France ne recevra d'injonctions d'aucune puissance. Le panache blanc ne se laisse pas conduire; mais on est sûr qu'il conduit toujours à l'honneur. »

Les phrases de M. Hyde de Neuville ne répondaient pas au discours dé fond de M. Bignon.

On entendit ensuite M. Ternaux ; il attaqua violemment l'ancien ministère et le parti prêtre qui lui semblait dominer la nouvelle administration. Il proposait la mise en accusation des anciens ministres, « coupables des crimes de lèse-majesté et de lèse-nation, » et déclarait que, « tant que les violations de la charte ne seraient pas réparées, il ne voterait aucun impôt. » Le rapport de la loi de la septennalité lui paraissait la condition préalable du vote des impôts. « Il ne s'éleva pas une voix dans la chambre pour flétrir ces déclamations, » écrit M. de Villèle sur son Carnet.

M. Roux voyait dans l'indépendance de la Grèce le gage de l'anéantissement et de la ruine de notre commerce avec le Levant. M. Bessières soutint le projet d'emprunt comme un moyen de pourvoir aux besoins des différents services, aux dépenses que pourrait exiger l'exécution du traité du 6 juillet. M. Bessières ne trouvait rien de menaçant pour la politique française dans les envahissements de la Russie. « De quelque manière que j'envisage le débordement des Russes sur le sol en friche de la Turquie, dit-il, je crois que le fleuve s'affaiblira en s'étendant. Les riverains peuvent craindre les inondations ; l'Autriche, avec des possessions mal affermies, dont quelques-unes sympathisent avec les Turcs, peut avoir des inquiétudes ; mais pourquoi la France ? »

M. Laffitte, tout en exprimant son admiration pour le peuple grec, déplora dans un long discours le système suivi par la France; il blâma fortement le dernier ministère d'avoir confisqué l'amortissement par l'allocation du milliard affecté à l'indemnité des émigrés, et proposa de négocier l'emprunt en 3 p. 100 au lieu de 5. Il votait cependant un crédit de 80 millions en proposant qu'on se contentât d'abord d'une émission de bons royaux proportionnée aux besoins de l'État, et motiva son vote par les paroles suivantes : « Je vote le crédit de 80 millions, parce que l'état de l'Europe doit éveiller la sollicitude de toutes les puissances ; parce que, si la France n'a matériellement rien à craindre des événements qui se passent à des centaines de lieues de ses frontières, elle ne doit pas laisser partager les empires sans son assentiment, et que, même en restant neutre, sa neutralité doit être une neutralité armée. » Ces paroles si justes et si dignes montrent clairement que, sous la Restauration, la France était disposée à ne laisser aucune question s'ouvrir en Europe sans se déclarer prête à intervenir au nom de l'équité et du droit.

Le ministre des finances se félicita de l'appui que la loi trouvait dans M. Laffitte ; il repoussa l'idée de la création de bons royaux, dont le remboursement pourrait être réclamé à la fois, au milieu de circonstances difficiles, par les porteurs des nouveaux bons et par les porteurs des bons royaux actuels. En outre, en adoptant la proposition de M. Laffitte, le gouvernement se retirerait, entre deux sessions, le moyen d'user de l'émission de bons royaux pour satisfaire aux crédits devenus soudainement nécessaires.

A la suite du discours du ministre des finances, M. Benjamin Constant attaqua la précédente administration :

« Avec un milliard d'impôts, s'écria-t-il, a-t-on besoin, seulement pour rétablir l'état de paix, de faire des sacrifices nouveaux ? Il y a déficit dans les services : comment ce déficit existe-t-il? Qui peut l'avoir amené? Quels sont les délapidateurs? La France veut savoir à qui elle a affaire ; elle veut savoir si ses destinées sont arrachées aux anciens ministres qui lui ont fait tant de mal, et si on a le dessein de réparer le mal qu'ils ont fait, ou simplement de leur garder des places qu'ils reprendraient au jour opportun. Les vrais ennemis du ministère sont les partisans des anciens ministres. Ces hommes abusent de la presse qu'ils déclaraient naguère licencieuse, calomnient la nation, insultent le trône, applaudissent chez nos voisins à l'usurpation, couvrent notre sol de congrégations que la France abhorre et que les lois proscrivent... Qu'on nous dévoile les causes du déficit qui motive la demande extraordinaire de 80 millions; qu'on nous dise par qui et pour quel emploi les fonds votés pour la guerre ont été détournés. Jusqu'alors mon vote est négatif, ma confiance dans les ministres ne s'étend pas à leurs successeurs, et je ne donnerai pas 80 millions aux Agraviados[1] et aux jésuites. »

Cette évocation du spectre menaçant des jésuites, qui devint périodique à la tribune, tirait sa raison d'être d'une fausse nouvelle répandue dans la chambre : on disait que la commission chargée d'examiner la légalité des petits séminaires venait de se prononcer, à la majorité d'une voix, en faveur du maintien de ces établissements dans l'état existant.

M. Petou s'éleva avec violence contre la décision de la commission ; il jugeait prématurément un arrêt qui ne devait pas être prononcé, et, à l'aide de cette chimère, M. Petou attaqua l'ordonnance du 21 avril, « qui livrait l'éducation de la jeunesse à la merci du clergé, » et proposa, comme un moyen de nature à éviter les dépenses de la neutralité armée, le rétablissement de la garde nationale de Paris.

M. Viennet renouvela les attaques dont M. Benjamin Constant s'était montré si prodigue envers l'ancienne admi-

1. Les Agraviados formaient une classe de seigneurs espagnols auxquels les trois premiers rois de la maison de Bourbon ne voulurent pas accorder la grandesse parce qu'on les accusait de conserver une partialité favorable à la maison d'Autriche. Les Agraviados furent ensuite les nobles les plus privilégiés de l'Espagne.

nistration. Il dénonça la congrégation qui, « d'un souffle, » pouvait renverser le ministère, réclama les garanties constitutionnelles qu'on attendait seulement des libertés publiques. « Je demande que la responsabilité ne soit plus un bienfait illusoire, dit-il. J'insiste pour que des successeurs trop faciles ne donnent pas à des ministres prévaricateurs ou parjures des dignités, des pensions, des gages d'impunité avant que les chambres les aient absous des accusations de l'opinion publique. Je désire que la presse jouisse de cette sage liberté que la charte lui confère. »

Le nouveau député de l'Hérault croyait de son devoir de signaler au Roi les deux plus grands fléaux du royaume, qui étaient, selon lui, « les jésuites et la congrégation. » Puis il parla avec un mépris souverain des cabinets étrangers et de leur politique. M. de la Ferronnays fut obligé de protester contre les expressions de M. Viennet en exprimant l'opinion que la liberté des députés ne pouvait aller « jusqu'à traduire à la barre les souverains étrangers, leurs ministres et leurs cabinets. » La discussion générale fut ensuite terminée et M. le général Sébastiani en fit le résumé [1].

La politique de la France devait s'efforcer de confiner la guerre en Orient, l'empêcher de surgir en Europe, arrêter surtout des accroissements de puissance qui rompraient l'équilibre européen, cette garantie de l'indépendance des nations. M. Sébastiani partageait la haine que ressentait la gauche contre le ministère Villèle; il craignait son retour, qui mettrait la

---

1. M. de Villèle portait le jugement suivant sur la discussion : « On ferme la discussion générale de la loi sur les quatre millions de rentes, écrit-il à la date du 16 mai. De l'ensemble incohérent de cette discussion incohérente, il résulte que le plan des habiles du parti révolutionnaire est d'attaquer le ministère présent en lui faisant peur de l'entente du Roi avec les ministres précédents. Syrieys, Monthel et quelques autres ont fait noblement leur devoir; mais, divisé, le parti des gens de bien n'a suivi aucun plan et montré aucun ensemble dans cette discussion. » (*Documents inédits.*)

monarchie en danger. Le ministère actuel lui semblait ami des institutions, mais ami timide et incertain qui « espère du temps, sans s'apercevoir que le temps est contre lui. » Il accusait la précédente administration d'avoir employé les fonds du budget de la guerre « à élever des bâtiments inutiles, à fabriquer des fusils imparfaits, à une foule de dépenses parasites ; » mais il motivait le vote des 80 millions, en représentant « le colosse oriental prêt à se lancer sur le monde avec toute l'impétuosité de la barbarie et toutes les ressources de la civilisation, » et en rappelant l'obligation qu'avait la France de concourir à l'exécution du traité du 6 juillet, conçu en raison de la sympathie qu'inspirait l'héroïque nation grecque combattant pour sa liberté.

La chambre repoussa l'amendement de M. Charles Dupin, amendement qui tendait à réduire le crédit à trente millions, puis la proposition de M. Laffitte qui demandait d'ouvrir seulement un crédit de quatre-vingts millions en bons du trésor.

Un député de la droite, M. Dubourg, voulut défendre la religion attaquée, pendant le cours de la discussion, dans la personne de ses ministres. Ce discours maladroit, dicté cependant par des sentiments honorables, ramena mal à propos la question du vote de la commission chargée d'examiner l'état légal des petits séminaires existants, et provoqua des explications de deux membres de cette commission, MM. Dupin et Alexis de Noailles. Ce dernier donna un démenti solennel à « toutes les choses qui avaient été débitées si ridiculement dans les papiers publics au sujet des travaux de la commission. » La commission ne s'était pas encore prononcée. Rien n'était terminé. M. de Noailles s'étonnait à juste titre que dans la chambre on se fût servi de ces mots : « On a l'audace d'avoir l'opinion, » et il demandait pour lui et chacun des membres de la commission le droit de voir selon sa conscience. Après ce débat regrettable, la loi fut adoptée à une majorité de deux cent vingt-deux voix : deux cent quatre-vingt-sept contre soixante-cinq; la plupart des députés qui avaient présenté des objections contre la loi se rallièrent à l'avis de la majorité.

Le projet de loi fut présenté à la chambre des pairs le 27 mai. M. Mollien, rapporteur de la commission, conclut à l'adoption. Son rapport était rempli d'attaques contre l'ancienne administration des finances.

La discussion s'ouvrit le 11 juin. M. le duc de Dalmatie blâma l'ancien ministère d'avoir abandonné le système de réserve, créé par la loi de 1818.

M. de la Ferronays donna à la tribune des explications sur la conduite que le gouvernement français comptait tenir pendant la campagne d'Orient qui s'ouvrait. Si la force des événements et l'obstination de ses adversaires contraignaient la Russie elle-même à franchir les bornes de la modération qu'elle s'était imposée, les termes du traité du 6 juillet indiqueraient à la France ce qu'elle avait à faire, quand bien même l'intérêt et l'honneur ne lui auraient pas rappelé des devoirs antérieurs à tous les traités.

Au début même de la session, M. Roy, en présentant aux députés le règlement des exercices 1826 et 1827, avait fait prévoir un déficit de 200 millions après le règlement de l'exercice de 1828. Cette probabilité d'un déficit dans les finances de l'État, coïncidant avec la sortie de M. de Villèle, avait été accueillie avec transport par l'opposition, qui répétait dans tous ses journaux que l'ancien ministre des finances avait été un dilapidateur des deniers publics.

M. Roy, voulant flatter la gauche, avait appuyé à la tribune sur le mot *déficit*; cette partie de l'assemblée lui avait crié : *Très-bien! Dites ce qui est!* Il n'expliqua pas que ce déficit existait pour 67 millions depuis 1814 sous le nom de passif des caisses. L'excédant de ce passif pouvait être ainsi réparti : 89,600,000 francs avancés pour l'occupation d'Espagne et reconnus comme dette par cette puissance; 6,366,000 francs de restitutions et de cautionnements dus à l'étranger, et pour lesquels les chambres n'avaient pas fait de fonds; 32,200,000 fr. d'excédant de dépenses sur l'évaluation des recettes de 1827 : total 198,500,000 francs[1], relatifs à des avances faites à l'Espagne avec l'assentiment des chambres, ou à des évaluations de produits examinées par les chambres et votées par elles. Mais les passions politiques demandaient qu'on effrayât le pays sur les effets que pourrait amener le retour de la précédente administration afin de rendre à l'avenir le ministère de M. de Villèle impossible.

Cette accusation mensongère ne pouvait être accueillie par des financiers sérieux, et M. Laffitte avait répondu de prime abord que ce prétendu déficit était la dette flottante qui, par son exiguïté même, ne devait inspirer aucune inquiétude.

Mais le débat ne se termina pas en une fois. Il devait être donné à M. de Villèle d'exposer lui-même à la chambre des pairs la nature et l'origine de ce prétendu déficit. On discutait la loi des quatre millions de rentes; M. de Villèle était attaqué dans la même séance par M. Mollien et par M. de la Ferronays, qui avait cité à la tribune une phrase faussement attribuée au président du conseil par les libéraux. Ces derniers accusaient M. de Villèle d'avoir dit, lors du comité secret de 1823 sur l'adresse au Roi, que « si la France ne faisait pas la guerre du côté des Pyrénées, elle serait obligée de la soutenir sur le Rhin. » Cette phrase, tirée d'un compte rendu infidèle, était à la fois flétrissante et mensongère pour les plénipotentiaires de Vérone. M. de la Ferronays sentit, à quatre années de distance, ce qu'elle avait d'injurieux pour ses collègues de Vérone et pour lui, et il s'en plaignit avec amertume.

---

1. Ces chiffres sont empruntés au Carnet de M. de Villèle.

L'ancien président du conseil réfuta en ces termes l'accusation portée contre lui par M. de la Ferronays :

« Qu'il me soit permis de remercier le ministre qui, en rappelant des faits qu'il m'oblige à expliquer, a eu du moins la loyauté de me précéder à la tribune, afin de me mettre à même de donner immédiatement cette explication. Pour lui prouver ma reconnaissance, j'exprime ici le vœu bien sincère de ne voir jamais les partis s'emparer de ses paroles pour en dénaturer le sens et en calomnier les intentions.

« Celles qu'on vient encore de rappeler s'adressaient aux orateurs qui, au lieu d'attaquer la révolution en Espagne, auraient voulu s'unir à elle et former contre les États du Nord ce qu'ils appelaient la coalition des gouvernements constitutionnels du Midi...

« Certes, Messieurs, si ces paroles eussent comporté un sens qui pût compromettre l'honneur des plénipotentiaires du Roi, la réclamation que vous venez d'entendre n'eût pas mis quatre ans à se produire. »

M. de Villèle lut ensuite son opinion sur la loi relative à l'emprunt des quatre millions de rentes ; il contesta l'opportunité de l'émission des rentes qu'elle autorisait, fit remarquer que l'insuffisance de la quotité de ces rentes nuirait à leur négociation et blâma la modification qu'elle apportait au système d'amortissement. Elle avait en outre le grave inconvénient de laisser le ministre libre de choisir les valeurs dans lesquelles l'emprunt devait être traité. La valeur la plus avantageuse, au jugement de l'ancien président du conseil, était le trois pour cent. L'attention de la Chambre était grande pendant le discours de l'éminent homme d'État dont la compétence, en matière de finance, était si universellement reconnue.

« Tant qu'a duré ma lecture, on aurait entendu voler une mouche dans la chambre, écrit M. de Villèle sur son Carnet. Lorsqu'elle a été terminée, l'impression, demandée de toutes parts, a été votée à l'unanimité. Une foule de membres ont quitté leurs places et sont venus me complimenter à la mienne. »

M. Roy voulut répondre à M. de Villèle; il ne réussit pas à effacer l'impression produite par le discours de son prédécesseur. A ce moment le débat qui s'était déjà élevé à l'occasion du déficit de 200 millions, que le nouveau ministre des finances imputait à l'ancien président du conseil, se renouvela. M. de Villèle réclama seulement le droit de faire de sa place deux questions à M. Roy. Il lui demanda si, des 200 millions de dette flottante qu'il disait exister, il reconnaissait que devait être réduit l'actif du trésor, qu'il avait indiqué, et qui abaissait la dette flottante de 206,736,743 fr. à 166,270,803 fr.

M. Roy répondit que c'était juste, mais qu'il avait ajouté les 40 millions qu'il allait dépenser en 1828. M. de Villèle fit alors observer que les dépenses que M. Roy avait le projet de faire ne le regardaient pas et que, s'il s'en était occupé, c'est que le rapport de la commission l'y avait forcé en comprenant cette dépense dans la dette flottante pour arriver au chiffre désiré de 200 millions. M. Roy déclara que c'était une erreur du rapporteur; et, moyennant ces deux explications catégoriques, M. de Villèle se déclara satisfait.

Le lendemain, M. Roy eut de la peine à se maintenir dans les termes des aveux que la force du raisonnement lui avait arrachés la veille, et dont une journée de réflexion lui avait fait sentir la portée.

Cette grave question du déficit fut ainsi résolue à l'honneur de M. de Villèle, dont la mise en accusation était demandée chaque jour par les journaux [1].

M. Mollien essaya de repousser le reproche d'inexactitude que M. de Villèle avait adressé à son successeur avec justesse, puisqu'à la suite de la discussion de l'article 4 de la loi

---

1. « Il paraît que le Roi refuse de donner sa signature aux ordonnances contre les jésuites, écrit M. de Villèle sur son Carnet. Pour l'y obliger on ne trouve pas de meilleur moyen que de m'attaquer directement par une mise en accusation que le *Journal des Débats* provoque par un article injurieux ! » (*Documents inédits*.)

M. Roy déclara que le total des sommes non couvertes au 31 décembre 1827 s'élevait seulement à la somme de 166 millions. En résumé, la loi sur les quatre millions de rente réunit à la haute chambre cent quatre-vingt-dix-neuf voix sur deux cent deux votants.

Pendant la discussion de la loi des quatre millions de rentes, l'insurrection portugaise faisait des progrès. Le 10 mai, la dépêche suivante, datée de Bayonne, arriva à Paris : « Dom Miguel a été proclamé roi à Coïmbre, Selubal, Villafranca et autres villes. Lisbonne est tranquille et Porto calme. » Le *Moniteur* ajouta à la dépêche cette simple réflexion en forme de commentaire : « Nous croyons être sûrs que, dans le cas où l'infant se ferait en effet proclamer roi, le ministre du Roi accrédité près du prince régent cesserait immédiatement ses fonctions. »

Dom Miguel, sentant que le moment favorable à son avénement n'était pas encore venu, répondit à une sorte d'acclamation publique qui le saluait du nom de roi absolu « qu'on ne pouvait traiter tumultueusement une chose aussi grave qu'un changement de constitution, et qu'il demandait aux Portugais de s'en reposer sur lui pour faire ce qui devrait être fait. »

La teneur même de cette réponse laissait pressentir que le moment de la proclamation de dom Miguel comme roi absolu approchait.

V

LOI SUR LA PRESSE. — EXPOSÉ DE LA LOI. DISCOURS DE M. DE MARTIGNAC. LA LOI EST ADOPTÉE. DISCOURS DE M. DE CHATEAUBRIAND A LA CHAMBRE DES PAIRS A L'OCCASION DE LA DISCUSSION DE LA LOI DE PRESSE. CETTE LOI EST ADOPTÉE. — PROJET SUR L'INTERPRÉTATION DES LOIS. — RÉSULTAT DES DÉLIBÉRATIONS DE LA COMMISSION CHARGÉE D'EXAMINER L'ÉTAT DES PETITS SÉMINAIRES. ORDONNANCES DU 16 JUIN. EFFETS PRODUITS PAR CES ORDONNANCES.

M. Benjamin Constant avait déposé à la chambre une proposition réclamant le retrait de la censure facultative. La chambre l'avait prise en considération à une majorité imposante, et le ministre de l'intérieur avait déclaré que l'opportunité de cette proposition serait discutée en même temps que le projet de loi sur la presse, alors en préparation. Il s'agissait en effet de retoucher et de refondre la loi sur la presse, loi qualifiée si malheureusement l'année précédente de loi de justice et d'amour, et que M. de Villèle avait caractérisée en deux mots : « Elle est à la fois rigoureuse et inefficace. » Cette loi, on s'en souvient, avait été profondément modifiée à la chambre des pairs, et à l'occasion du retrait du projet ministériel des illuminations avaient célébré cette décision à Paris.

Le 14 avril, le garde des sceaux présenta le nouveau projet de loi. Il affranchissait la presse du monopole et de la censure, supprimait l'autorisation préalable pour la fondation des journaux, et abolissait les procès de tendance. Il est superflu de dire que, par ces nouvelles dispositions, la loi du 17 mars 1822 était abrogée. Un article contenu dans le *Moniteur* du

17 avril, en annonçant ce projet de loi si libéral, ajoutait : « La liberté de la presse était dans les conditions du système représentatif, elle a passé des intérêts dans les opinions; elle est dans les mœurs, elle devait prendre place dans les lois. »

C'est ainsi qu'on motivait la suppression des seules barrières qui restassent pour restreindre la licence de la presse.

M. Portalis constata, dans son rapport à la chambre des députés, que la publication des journaux était un besoin social qu'il importait de satisfaire. « La publicité, dit-il, est l'âme du gouvernement que nous devons à la généreuse sagesse, à la bonté éclairée de nos rois, et les journaux sont les instruments nécessaires de cette publicité; mais, pour qu'elle soit efficace, il importe que ses organes soient sincères. Le privilége ou la dépendance les vicie; ils doivent être préservés de l'un par la concurrence et affranchis de l'autre par l'abolition de tout examen préalable; c'est le double but que l'on s'est proposé d'atteindre dans le nouveau projet de loi. »

Le garde des sceaux motivait ensuite l'établissement du cautionnement; la nouvelle loi l'étendait aux journaux littéraires : « Ces publications renouvellent journellement le scandale de ces personnalités satiriques que la démocratie athénienne ne permettait à son théâtre que deux ou trois fois chaque année, dit-il. Le cautionnement n'est pas une peine imposée, mais une garantie exigée au nom de ceux que les journaux attaquent chaque jour sans pitié. Le projet de loi attache le cautionnement à la périodicité, qui est un caractère facile à constater. » La quotité du cautionnement pour toutes les feuilles politiques paraissant plus d'une fois par semaine restait fixée à 200,000 francs. Le Roi se réservait le droit de dispenser, sur la demande d'une des académies, tout journal scientifique et littéraire de fournir le cautionnement exigé. Le garde des sceaux appuya sur l'inconvénient de la loi de 1819, qui avait créé les éditeurs responsables; la nouvelle loi proposait de substituer, à cette institution toute fictive, de véritables gérants responsables, choisis parmi les propriétaires ou actionnaires du journal. Ces gérants auraient la signature et exerceraient une surveillance active sur la rédaction qu'ils dirigeraient. Ils seraient tenus d'avoir une part de propriété dans l'entreprise et de posséder au moins le quart du cautionnement.

La publication de tout écrit périodique devrait être précédée d'une déclaration indiquant la nature et l'objet de la nouvelle feuille. Si l'on parvenait à prouver que cette déclaration était fausse, le journal serait supprimé et condamné à subir une amende égale à la valeur du cautionnement. Le gérant responsable devrait signer chaque numéro du journal; en cas de poursuites, il pourrait être traduit devant les tribunaux sans préjudice des poursuites qui atteindraient l'auteur de l'article répréhensible.

Trois mois étaient accordés aux journaux existants pour se pourvoir d'un gérant réunissant les conditions requises. Si le gérant choisi ne possédait pas le quart du cautionnement, il devrait justifier de la possession d'immeubles payant au moins 500 francs d'impôts.

En cas de récidive, la loi aggravait les peines portées contre les gérants : « Il importe d'empêcher un délit de dégénérer en habitude; il faut donc intéresser les gérants et les propriétaires eux-mêmes à l'innocence de leurs feuilles, » dit M. Portalis. Lorsque, par deux fois, un gérant aurait encouru une condamnation, le tribunal devrait prononcer l'incapacité de ce gérant et lui interdire à l'avenir de s'immiscer dans la gestion d'aucun journal; le tribunal pourrait en outre ordonner la suspension de la feuille pendant un espace de temps d'un mois à trois mois.

Ces nouvelles garanties paraissaient de nature à remplacer avec avantage la censure facultative. La censure est un instrument usé, désormais inutile pour la défense, et propre seulement à blesser les imprudentes mains qui s'en serviraient, ajouta M. Portalis, une précaution dangereuse qui compromettrait l'autorité si l'on y recourait dans des circonstances sans gravité; cette précaution deviendrait superflue si des circonstances véritablement graves se présentaient, « puisqu'au jour de l'invasion ou de la révolte, lorsqu'on aurait reconnu l'impuissance du droit commun, la royauté serait toujours assez forte, en vertu du droit inhérent à la nation, avec le concours des chambres et celui des hommes de bien, pour sauver l'État et les lois elles-mêmes. »

Dans les premiers moments, la presque unanimité des éloges de la presse de Paris accueillit le projet de loi. L'exposé des motifs du garde des sceaux fut plus favorablement reçu par la gauche que par la droite de la chambre. Tous les journaux de gauche célébraient avec joie le retrait de la censure, tandis que la *Gazette*, organe de l'ancien ministère, déplorait l'abandon que faisait la royauté d'une de ses armes les plus utiles[1]. La joie du *Journal des Débats* était évidente. « Les vœux de la France ont été entendus, disait-il; la loi nouvelle est le gage le plus tranquillisant de l'heureuse union du Roi et de la Charte. Digne frère de Louis XVIII, permettez à notre amour de vous faire hommage de votre justice et de vos bienfaits. » Le *Courrier français* seul ajournait son opinion sur la loi, « de peur que son langage ne fût trop vif et se ressentît de la véhémence qui avait éveillé l'attention de la France sur la loi Peyronnet. » Il semblait préférer la législation précédente, déclarant « qu'avec es Villèle et les Peyronnet on savait d'avance à quoi s'en te-

---

1. M. de Villèle caractérisait ainsi la nouvelle loi sur la presse : « Ce projet de loi abolit la censure facultative et ôte au gouvernement la dernière arme qui lui restait dans les circonstances exceptionnelles où l'on se trouvait, et place le pouvoir entre les mains des tribunaux si faibles et si partiaux. » (*Documents inédits*.)

nir. Ils faisaient la guerre à la publicité, ajoutait le *Courrier français*. Quoique l'hypocrisie fût à la mode, ils ne prétendaient pas à passer pour les protecteurs de la presse. »

Le projet de loi trouva un défenseur inattendu dans M. Benjamin Constant; son opinion devait changer pendant le cours de la discussion, mais il reconnut dès l'abord que la suppression des procès de tendance, l'abolition de la censure facultative, la liberté d'établir des journaux sans autorisation, étaient des bienfaits très-réels. « Comparer ce projet à l'abominable loi de l'année dernière, ajoutait l'éminent écrivain, me paraît d'une injustice extrême. »

M. Séguy, rapporteur, présenta, le 19 mai, à la chambre, les conclusions de la commission chargée de l'examen de la loi de la presse. Le projet primitif était conçu dans un esprit très-libéral; le rapport atténuait encore les précautions que la loi renfermait contre la licence de la presse; il réduisait d'un quart le cautionnement des journaux paraissant moins de deux fois par semaine et diminuait également le cautionnement des journaux de province; il accordait la faculté d'augmenter le nombre des gérants responsables, réduisait le taux des amendes infligeables pour fausses déclarations, en fixant leur minimum au dixième du cautionnement; le maximum des amendes ne devait pas excéder la moitié du cautionnement. La commission supprimait enfin la clause portant qu'en cas de récidive le tribunal pourrait prononcer l'incapacité d'un gérant et lui interdire la gestion d'un autre journal.

La loi sur la presse, déjà conçue dans un sens libéral, avait reçu dans le sein de la commission préparatoire des modifications qui la rendaient plus libérale encore. On prévoyait pourtant que le projet rencontrerait une opposition formidable dans la chambre. Le jour même de la présentation du rapport, vingt-quatre membres s'inscrivirent en faveur du projet, tandis que dix-neuf se déclarèrent hostiles à la nouvelle loi. On comptait parmi les premiers : MM. de Conny, Devaux, de Lameth, Méchin, de Schonen, de Lalot, de Sesmaisons ; dans le camp contraire : MM. Kératry, de Corcelles, Bignon, Eusèbe de Salverte, de Montbel, Duplessis de Grénédan, Daunou, de Tracy.

Le rapprochement des noms de ces hommes d'opinions si différentes annonçait que les deux opinions extrêmes allaient se réunir contre le projet de loi. En effet, l'extrême gauche réclamait contre l'insuffisance libérale de cette mesure, tandis que les partisans de l'ancien ministère se déclaraient contraires à la nouvelle concession obtenue par le ministère Martignac ; des raisons contradictoires réunissaient ainsi dans une opposition commune des hommes venus des points extrêmes de l'horizon politique.

M. Kératry parla le premier contre le projet. Il reconnut d'abord que la loi qui abolissait le privilége, la censure et les procès de tendance marquait un progrès dans la législation ; mais il trouvait dans les nouvelles dispositions des précautions contraires aux intérêts de la presse. Il énuméra les abus qui émaneraient de cette nouvelle loi. Selon l'orateur, elle était destinée « à corrompre les journaux par le privilége ou la dépendance ; elle rendait la concurrence impossible et remplaçait durement la censure par la déclaration et l'examen préalable. » M. Kératry s'étonnait qu'on accusât le journalisme de semer l'agitation dans les esprits : le journalisme s'était borné à proclamer le mécontentement, il ne l'avait point causé. Il célébrait, au contraire, les bienfaits que la France devait à la liberté de la presse. « Sans la presse, dit-il, le ministère précédent et la chambre précédente continueraient à braver l'indignation publique en se jouant de tous les droits acquis ; sans elle, les députés actuels ne couvriraient pas les bancs de la chambre en donnant au peuple la garantie d'un vote libre. »

A ses yeux, l'énormité du cautionnement exigé constituait le privilége exclusif de la richesse.

« Est-ce là, s'écria-t-il, ce que nous promettait l'exposé des motifs qui, bien apprécié, ne vous semblera plus, comme à moi, que le magnifique péristyle de Sainte-Geneviève transporté devant la Force ou Sainte-Pélagie, pour en masquer le dégoûtant intérieur... Les ministres n'ont pas vu tout ce que le projet renfermait de déceptions, de ruses, d'impossibilités matérielles et de contradictions ; ils refuseront à un tel projet, non modifié, un patronage indigne de l'initiative royale. Non, ce n'est pas dans une salle du palais de nos Rois que ce projet a pu être enfanté ; tout au plus y aurait-il été apporté en germe par les ennemis de nos institutions et de la monarchie, et la pensée publique les nommerait sans peine... Les ministres ne peuvent avoir pris l'engagement de soutenir dans son intégralité cette œuvre monstrueuse ; s'il en était autrement, s'ils offraient à ce prix la paix ou la guerre, eh bien ! quoi qu'il nous en coûte de le dire, nous accepterions la guerre et nous aurions avec nous dans cette chambre tous ceux qui ne veulent pas être parjures envers les libertés publiques. »

C'est par ces violentes diatribes que l'opposition accueillait les efforts que faisait le ministère pour donner à la France une liberté sagement mesurée.

Un député de la droite, M. de Conny, en reconnaissant que la lecture des journaux était devenue un des besoins de l'époque, établit que la liberté de la presse ne pouvait naître qu'à l'ombre de la monarchie légitime : « Légitimité et liberté, usurpation et servitude, ces mots sont inséparables, dit-il. Un seul homme pouvait rendre la liberté à la presse ; cet homme, c'est le roi de France. » L'orateur disait vrai ; les gouvernements dont l'origine est discutable ne sauraient, sans renoncer à l'existence, concéder la liberté de la presse, arme toujours redoutable dont on se sert pour renverser les pouvoirs nouveaux en rappelant leur vice originel.

M. de Conny regrettait la suppression de l'autorisation préalable exigée jusqu'alors pour la création des journaux. Cette suppression détruisait un droit inhérent à l'autorité royale : elle faciliterait la fondation des journaux à bon marché, qui se répandraient dans les classes inférieures de la société.

M. Cunin-Gridaine attaqua le projet de loi en se plaçant à un point diamétralement opposé à celui de M. de Conny : il le déclarait contraire à la Charte et tendant à l'anéantissement de toute publicité. M. Méchin parla dans le même sens. Il acceptait seulement comme des restitutions, et non comme des concessions du pouvoir, l'abolition de la censure et du monopole des journaux, et trouvait que ces dispositions étaient trop chèrement achetées par les conditions du projet. M. de Corcelles blâma, à son tour, le projet de loi qui maintenait le privilége en l'étendant à toutes les sciences, à toutes les littératures. M. de Corcelles fit observer que quelques idées plus ou moins hardies ne pouvaient jeter le pays en émoi. « Les masses, ajouta-t-il, n'ont pas tant de susceptibilités intellectuelles, et quand les intérêts reposent, les passions politiques ne sont jamais convulsives. » Selon M. de Corcelles, la tyrannie des opinions était à craindre ailleurs que dans la philosophie ; il dénonça alors l'influence ténébreuse du jésuitisme redoutable. « Le jésuitisme, comme faction, ajouta-t-il, tenant chaire d'enseignement quotidien, peut pour le moment n'être que dangereux ; il deviendra redoutable le jour où le gouvernement aura eu le malheur de subir son influence... Je n'invoque pas contre le jésuitisme la rigueur des lois, poursuivit l'orateur : je préférerai toujours à ce moyen extrême la liberté de la presse, celle de l'éducation, c'est-à-dire le droit commun et la liberté de la pensée sous toutes les formes, car il est plus équitable et plus sage d'affranchir la raison humaine que d'écraser ses ennemis avec des armes qu'en d'autres temps ils tourneraient contre elle. »

Cette attaque, dirigée contre le jésuitisme, fut relevée.

Mgr Feutrier, ministre des affaires ecclésiastiques, en admettant la liberté de la presse comme une nécessité, demanda qu'elle fût contenue dans de justes bornes; une législatio répressive devait atteindre le vrai coupable, venger les individus comme la société, et les protéger contre d'injustes attaques. La religion était chaque jour outragée dans les journaux, ses ministres grossièrement insultés; et cependant à nulle autre époque le clergé n'avait été plus respectable et plus respecté par ceux qui étaient témoins de ses vertus, de son zèle. Ces qualités incontestables ne le mettent pas à l'abri des traits acérés de la critique, ajouta le respectable prélat. Quel est donc le crime qui dénonce ainsi le prêtre à l'indignation publique? Une parole imprudente, une saillie d'un zèle inconsidéré, un mot échappé à la rapidité de la composition, doivent-ils faire perdre le souvenir d'une carrière de vertus et de dévouement, et exposer des évêques ou des prêtres à des outrages quotidiens ou à de durs reproches?

« Ce n'est pas tout, continua l'évêque de Beauvais; on a établi, au moyen d'un vocabulaire nouveau, qui s'étend de jour en jour, un système de dénigrement universel. On avait d'abord compris dans la dénomination de jésuites des hommes étrangers à toute congrégation religieuse; puis on en est venu à l'expression plus directe, mais non moins odieuse, de parti prêtre. Ces attaques injustes finiront par décréditer le clergé. On a représenté le jésuitisme comme un réseau étendu sur toute la France et exerçant son empire irrésistible sur le ministère lui-même. Je n'ai jamais été atteint par ce fantôme qui répand de si vives terreurs, les jésuites ne sont pas venus à ma rencontre quand j'ai pris l'administration des affaires ecclésiastiques. On les a peints sous de fausses et injustes couleurs; *comme individus*, ils ont droit à l'estime publique, et je me plais à rendre justice à leurs vertus, à leur probité, à leur désintéressement...

« Destiné peut-être à exprimer prochainement mon opinion sur leur cause dans le conseil du Roi, je n'aurais pas osé m'asseoir parmi ceux qui seront les juges de leur situation sociale si j'avais gardé le silence, dans une circonstance où il m'était permis de les justifier à vos yeux d'odieuses inculpations. C'est un devoir d'exécuter les lois du royaume, mais c'est un devoir aussi de ne pas laisser flétrir des hommes recommandables. Il n'est pas vrai que les évêques soient dominés par les jésuites. Ces prélats les estiment sans doute et peuvent les regarder comme *d'utiles auxiliaires;* mais ils se maintiennent dans toute leur indépendance, et ils attendent les ordres du Roi pour s'y conformer. »

Le discours de Mgr Feutrier, approuvé seulement par la droite, souleva les rumeurs de l'autre côté de la chambre. Ces paroles vagues ne contentaient complétement personne ; à gauche, on accusa le ministère de soutenir les jésuites tandis qu'on lui reprocha à droite de les flatter un instant pour amortir le coup qui allait les frapper. Les passions étaient si vivement surexcitées, à cette époque, contre la compagnie de Jésus, qu'il devenait difficile de protéger les jésuites à la tribune. Cependant la bonne foi se révoltait à la pensée de les voir sans cesse injustement attaqués sans jamais les défendre. Le ministère, dans la position si difficile où il était placé, se trouva bientôt forcé de sacrifier les jésuites à la faction libérale.

M. Benjamin Constant occupa la tribune après le ministre des affaires ecclésiastiques. Son opinion sur la loi avait bien changé depuis le dépôt du rapport, puisqu'il venait proposer le rejet du projet de loi qu'il avait défendu d'abord. Il motiva son premier avis en redisant que la loi contenait des améliorations : c'étaient l'abrogation de la censure, la suppression des procès de tendance et l'abolition de l'autorisation préalable, « ces dispositions qui faisaient des journaux le monopole du pouvoir même, contre lequel leur mission était de lutter. »

« De plus, ajouta M. Benjamin Constant, j'aimais à entourer d'une confiance anticipée le ministère naissant. Sa faiblesse et l'incertitude même de ses premiers pas, les regards qu'il promenait sur une chambre inconnue, toutes ces choses me touchaient, m'intéressaient. J'ai eu si rarement le bonheur de me réunir aux dépositaires de l'autorité, que je me laisse entraîner aux séductions d'une sensation nouvelle... Plusieurs phrases de l'exposé des motifs avaient exercé sur M. B. Constant une grande influence. En outre il avait espéré que la commission apporterait des améliorations au projet de loi. Cette attente avait été trompée ; les conclusions de la commission avaient aggravé, au contraire, les vices du projet. M. Benjamin Constant se résignait donc à se replacer dans l'opposition. L'abolition de la censure lui paraissait bien amoindrie par les dispositions de la commission.

« Si le ministère est constitutionnel, dit-il, il ne peut rétablir la censure qui ne renaîtra que sur le tombeau de la charte. La censure est insuffisante pour déclarer une guerre d'oppression à une nation grande et éclairée. »

Puis, lançant une de ces phrases retentissantes qui enlèvent un auditoire, M. Benjamin Constant s'écria : « Veut-on ravir aux hommes leurs droits, il ne faut rien faire à demi ; ce qu'on leur laisse leur sert, grâce au ciel, à reconquérir ce qu'on leur enlève. La main qui reste libre dégage l'autre des fers. »

M. Benjamin Constant soupçonnait que les articles additionnels avaient été inspirés par les jésuites, tandis qu'il reconnaissait dans l'exposé des motifs « cet esprit de sagesse et de lumières, héritage d'un père illustre. » Enfin, il motiva le rejet de chacun des articles de la loi. Il fallait la repousser sans crainte d'irriter les ministres ou de les affaiblir par un refus. « Nos adversaires, dit-il, ont moins ménagé que nous MM. les ministres, et MM. les ministres nous combattent et les flattent. Le ministère se conduisait comme un ministère hostile : il conservait dans des fonctions importantes les candidats d'une corporation occulte, âme ou foyer de la conspiration contre les libertés publiques, il s'entourait d'hommes affidés, choisis parmi les agents les plus zélés de ses projets contre-révolutionnaires. On voyait ses comités composés de presque tous les chefs de la faction. »

M. Benjamin Constant présentait donc une série d'amendements de nature à améliorer le projet dans le sens libéral. Il reconnut en terminant que les délits de presse devaient être réprimés, mais il déclara qu'il fallait laisser la presse et les journaux, malgré quelques abus, répandre la lumière et servir d'organe au faible contre le fort [1].

Si l'on avait pu limiter l'action de la presse et la faire servir seulement à répandre la lumière et à devenir la voix du faible et de l'opprimé, l'orateur eût été dans le vrai. Mais la presse périodique exerce une action plus dangereuse, dont les gouvernements sont obligés de se garantir. Comme l'électricité, elle parcourt toute la surface du territoire, et va semant des idées antisociales qui, sur leur passage, réveillent des ambitions mal définies, auxquelles les journaux prétendent indiquer leur voie pratique, et qui, fatiguées de leur long séjour dans le monde des idées, n'attendent qu'une occasion pour se produire dans celui des faits.

M. Portalis, répondant au discours de M. Benjamin Constant, exprima le regret de voir le projet de loi, d'abord accueilli favorablement par la chambre, critiqué maintenant dans son ensemble et dans chacun de ses articles. Tous l'attaquaient, les prétendus défenseurs du ministère comme ses contradicteurs avoués, tandis que le tour des véritables défenseurs de la loi semblait ne devoir jamais venir.

M. Portalis établit que l'on pouvait, sans violer pour cela la charte, imposer des restrictions à la liberté de la presse ; la nouvelle loi abolissait les mesures préventives proscrites par la charte ; ces mesures étaient celles qui soumettaient la pensée, avant sa publication, à l'examen préalable de l'au-

---

[1]. « Les libéraux sont très-violents aux députés contre la loi de répression de la presse, écrit M. de Villèle sur son Carnet ; aussi nos royalistes vont-ils la voter de tout leur cœur.... Nous sommes entraînés par la fatalité et la domination tyrannique de la presse. » (*Doc. inédits.*)

torité publique. Mais la charte ne réprouvait pas également toutes les mesures préventives ; les lois de police et les lois de répression étaient au nombre des mesures préventives, conciliables avec l'esprit de la charte... Quand il s'agissait de fonder une société de commerce, d'établir une maison d'éducation, le gouvernement exigeait de ceux qui fondaient l'entreprise des garanties sérieuses. Pourquoi donc dispenserait-on l'établissement d'un journal, c'est-à-dire l'établissement d'une entreprise particulière dont l'influence sur l'opinion pouvait être si grande, des garanties préalables qu'on réclamait pour toute grande fondation commerciale ou industrielle ?

M. Portalis parla ensuite du revirement qui s'était opéré dans l'opinion de M. Benjamin Constant :

« Nous devons regretter, dit-il, que l'orateur qui descend de cette tribune ait déserté la cause qu'il avait d'abord embrassée. Il assure que c'est notre faute. Il me semble que nous n'avons rien changé au projet de loi. Les vices d'aujourd'hui étaient les mêmes au 16 avril, et cependant l'honorable orateur y trouvait les bienfaits les plus réels. Il jugeait que, dans son ensemble, il présentait une amélioration notable à notre législation. Apparemment, la faction dont il prétend qu'il est l'ouvrage ne l'a pas retouché depuis. »

On entendit encore MM. de Salverte, Thouvenel et Agier ; enfin M. de Martignac se dirigea vers la tribune. La position du ministre de l'intérieur était difficile ; il s'agissait d'expliquer la conduite du ministère et d'arriver à rallier autour de lui les royalistes, dont les rangs étaient divisés en fractions très-diverses, puisqu'une partie de la droite se réunissait à la gauche dans une hostilité commune contre le projet de loi. M. de Martignac parla d'abord de l'impérieuse nécessité de rassurer la couronne et la société contre les dangers de la licence de la presse. Pour atteindre ce résultat, le ministère avait eu recours au travail préparé l'année précédente à la chambre des pairs. C'était à cette circonstance qu'on avait fait sans doute allusion, en disant que le projet de loi n'était pas l'ouvrage du ministère.

« Portée à cette chambre, continua M. de Martignac, la loi y fut écoutée avec faveur par ceux qui se montrent les plus jaloux partisans des libertés publiques.

« Un journaliste l'ayant attaquée avec vivacité, un honorable député, qui ne suivait en cela que le mouvement de sa conscience, que l'impulsion de sa conviction personnelle, se constitua d'office son défenseur et plaida sa cause avec l'habileté dont il a donné tant de preuves diverses...

« Ces dispositions favorables, survenues au premier examen, les journaux combattirent le projet; mais un grand nombre de membres de la chambre siégeant du même côté que notre avocat demeurèrent fidèles à la cause qu'il avait défendue.

« Au jour du dépôt du rapport, cette fidélité à la loi existait encore, l'inscription des noms des orateurs qui se présentaient pour défendre la loi proposée en est une preuve suffisante. Au moment de la discussion, tout a changé, et en entendant les attaques qui ont été prodiguées au projet et à ses auteurs, on a cherché vainement à distinguer les alliés des adversaires du ministère... Parmi ceux qui se sont fait remarquer par le talent, par l'ironie sanglante et amère qui l'accompagnait, par la vivacité de l'attaque, vous avez peut-être remarqué avec quelque surprise notre premier défenseur, et vous vous êtes demandé les causes de ce brusque changement. »

M. de Martignac constata ensuite l'influence des journaux, influence qui, aux yeux de l'opposition, ne devenait jamais dangereuse; il déclara toutefois que les journaux étaient un de besoins de notre temps. « Leur intérêt est contraire à l'intérêt général, dit-il, il est dans l'agitation qui peut seule entretenir la curiosité publique. L'ordre et la paix sont mortels pour eux. L'action des journaux est puissante, leur influence est active, constante, continue.... La sagesse veut donc que la société ait des barrières qui la protégent contre les excès de la licence de la presse. »

En terminant son discours, M. de Martignac exposa la politique qui avait été suivie depuis son entrée au ministère. Il se défendit de l'accusation de timidité portée par M. Benjamin Constant. Cette timidité ne saurait être attribuée, disaient ses adversaires, qu'à la crainte de quitter le banc ministériel.

« Être honoré de la confiance du Roi et de la bienveillance de la chambre sont des biens inestimables, dit-il, mais ces biens eux-mêmes ne peuvent compenser les tourments de toute espèce qui s'attachent à ces tristes honneurs...

« Non, messieurs, nous ne sommes ni faibles ni irrésolus, et si l'on voulait examiner sans prévention notre marche, on se convaincrait qu'on suit une ligne droite et nettement tracée... C'est aux choses et non aux hommes que l'administration demandait la majorité. Le ministère n'avait pas sollicité la confiance anticipée de l'orateur, qui se reprochait naguère de la lui avoir accordée ; il n'avait cherché ni à l'intéresser ni à l'émouvoir, et quand M. Benjamin Constant avait repris, dans l'opposition, la place qu'il s'étonnait d'avoir quittée, et que nous nous étonnions aussi de lui avoir vu quitter, il nous a fallu moins de temps qu'à lui pour nous résigner à le compter parmi nos adversaires. »

M. de Martignac répondit au reproche qu'on lui adressait, d'avoir conservé des fonctions publiques à des agents de l'ancienne administration, en faisant remarquer que la retraite des chefs de l'administration n'entraînait pas nécessairement la chute des agents secondaires ; il fallait que la lumière se fît avant de frapper des fonctionnaires dans leur honneur et dans leur existence. On répétait que le ministère était responsable des actes accomplis sous son administration ; en présence des élections nombreuses qui venaient d'être faites, il ne déclinait pas cette responsabilité.

« Poursuivis, dit-il en terminant, par des accusations contraires, nous répondons par des actes... Nous nous présentons à vous le front découvert ; nous vous regardons sans timidité, parce que notre conscience est tranquille et que vous êtes justes. La déclaration de guerre qui vient de nous être adressée ne sera signée, nous l'espérons, que par un petit nombre d'ennemis.

« Nous ne l'avons pas provoquée, mais nous ne la redoutons pas parce que nous avons pour juges du combat, vous, messieurs, et la France. »

Il importait de s'arrêter quelques instants sur ce discours qui produisit un grand effet à l'époque où il fut prononcé, puisqu'il opéra la dissolution de l'ancien parti ministériel qui, jusque-là, restait séparé des autres nuances à la chambre. Les amis de M. de Villèle trouvèrent trop d'apparat et de pompe déclamatoire dans l'éloquence de M. de Martignac; néanmoins ce discours, si digne et si mesuré, réunit l'entière adhésion de l'assemblée [1].

M. Benjamin Constant répondit faiblement à M. de Martignac en essayant de motiver son changement d'opinion. Il blâma la conduite du ministère qui n'avait rien fait pour rassurer la France constitutionnelle, et critiqua l'évêque de Beauvais qui avait appelé les jésuites *utiles auxiliaires* de l'épiscopat français. Cette réponse était bien insignifiante, puisqu'elle se bornait à la répétition de reproches déjà anciens. M. Charles Dupin renouvela les accusations déjà prodiguées au parti prêtre; il signala les dangers qu'il faisait courir à la France. « Dans les régiments, dit-il, il est plus puissant que le colonel, il ne reconnaît pas le Roi comme suzerain. A ses yeux,

---

1. « Figurez-vous que la désorganisation est telle parmi nos amis de la chambre, écrivait M. de Villèle, à la date du 4 juin, que je viens d'en voir plusieurs disposés à dissuader Montbel de combattre les concessions dangereuses faites dans la loi de la presse. Le parti royaliste, à la chambre des députés, a été dissous par le discours de Martignac contre Benjamin Constant, et il ne restera pas vingt voix pour combattre les concessions les plus dangereuses de la loi sur la presse. Martignac, qui se pose en héros depuis son fameux discours, veut se faire un parti soi-disant royaliste, M. Roy un parti centre gauche. On s'abandonne déplorablement en haut lieu. » (Papiers politiques de M. de Villèle. — *Documents inédits*.)

notre pays est simplement la province de France; il veut éteindre les lumières pour régner, comme l'ange du mal, par les ténèbres... Il était donc urgent que tous les journaux futurs fissent connaître les méfaits de cette hypocrisie condamnable. »

M. de Montbel, membre de l'extrême droite, proposait, au contraire, le rétablissement de la censure préalable. M. Bourdeau critiqua vivement cette demande; M. Bacot de Romans défendit la loi; MM. de Caqueray et de Laborde indiquèrent des améliorations à introduire dans le projet, et M. Viennet termina la discussion par un discours émaillé d'épigrammes. On le voit, il était impossible de satisfaire à la fois des prétentions si contradictoires. Le 4 juin, M. Séguy résuma la discussion; il démontra la nécessité des garanties exigées et rappela que les conclusions de la commission avaient amoindri la sévérité des mesures contenues dans le projet primitif. La discussion sur les articles s'ouvrit ensuite. M. de Montbel demanda que la disposition de la loi de 1822, en vertu de laquelle un journal ne pouvait paraître qu'avec l'autorisation du Roi, fût maintenue. MM. de Brigode et Dupin soutinrent la doctrine contraire, et l'article 1er fut adopté à une grande majorité.

La discussion relative au cautionnement fut plus longue et plus vive. M. Devaux réclama pour les journaux non politiques l'exemption du cautionnement. Le ministre de l'instruction publique combattit cet amendement en objectant qu'il serait fort difficile aux tribunaux de discerner les matières politiques de celles qui ne porteraient pas ce caractère; d'ailleurs, ajouta-t-il, de graves délits pouvaient être commis par des journaux non politiques; supprimer leur cautionnement, c'était retirer toute garantie aux personnes offensées dans ces feuilles.

M. Portalis fit observer que le cautionnement ne représentait pas seulement le gage des amendes, mais devenaît une garantie morale et politique ; si l'on établissait une distinction entre les journaux et les feuilles littéraires, l'inconvénient naguère reproché aux procès de tendance apparaîtrait de nouveau : ce serait seulement à la suite de plusieurs articles qu'on pourrait distinguer si un journal s'occupait de matières politiques ou traitait seulement des questions religieuses et philosophiques. M. Benjamin Constant, se fondant sur les paroles du ministre de l'instruction publique, qui avait parlé de la difficulté que rencontreraient les tribunaux à discerner les matières philosophiques et littéraires des questions politiques, rappela l'autorité du jury dans ces causes délicates. La séance se termina au milieu d'un trouble indicible, et la discussion reprit le lendemain avec la même vivacité.

Le 4 juin, M. de la Boulaye, après un discours dans lequel il constata que la chambre ne voulait pas de l'absolutisme, qui n'était ni dans les mœurs ni dans la charte, mais voulait arriver à l'unité du pouvoir, s'écria, en parlant du ministère Villèle, qu'on avait accusé d'être le seul obstacle à la prospérité de la France :

« Il y a six mois, huit mois, un an, tous les journaux répétaient : Otez M. de Villèle, nous allons entrer dans une ère de bonheur et de joie ; et l'on parlait ainsi avec un tel accent de bonheur, que moi-même, comme le loup de la fable, je me forgeais une félicité qui me faisait pleurer de bonheur.

« Eh bien ! ce ministère est tombé, et les journaux continuent de se plaindre. »

C'était le cas de répéter : « Le mieux est l'ennemi du bien. »

MM. Dupin et de Chastellier avaient proposé un amendement tendant à réduire à 120,000 francs le cautionnement des journaux quotidiens.

En dépit des efforts réunis de MM. Bourdeau et Mestadier,

cet amendement fut adopté, et la loi de 1819, qui avait fixé le taux du cautionnement des journaux quotidiens à 200,000 fr., se trouva ainsi gravement modifiée [1].

Un second amendement, demandant la réduction du cautionnement des journaux quotidiens paraissant en province, fut également adopté.

La Chambre, sur la proposition de M. Thénard, exempta du cautionnement les journaux consacrés exclusivement aux sciences et aux lettres, et paraissant seulement deux fois par semaine.

Un amendement de M. Sébastiani, réclamant le droit de substituer au gérant responsable un ou plusieurs rédacteurs, fut au contraire repoussé, ainsi qu'une proposition de M. Terrier de Santans, interdisant à tout pair et à tout député d'être propriétaire, gérant ou collaborateur d'un journal. On discuta longuement, pour savoir si la signature du gérant serait placée en tête ou seulement à la fin du journal. En plaçant cette signature à la dernière page du journal, disait-on à gauche, on semblait rendre le gérant responsable de tous les articles contenus dans le journal. Après une vive discussion, la chambre décida que la signature devrait être placée à la fin de la quatrième page du journal, sous peine d'une amende de 500 francs, imputable à l'imprimeur pour chaque infraction à cette règle, sans que la révocation du brevet pût s'ensuivre.

On dispensa les gérants responsables de justifier de la possession annale des immeubles dont ils devaient être propriétaires.

M. de Corcelles proposa un amendement tendant à attribuer au jury le jugement des délits de presse. M. de Montbel s'éleva

---

[1]. « Tout va à la diable aux députés, écrit M. de Villèle sur son Carnet ; ils en sont à démolir la loi de 1819 sur la presse. Hier, ils ont réduit à 120,000 fr. les cautionnements de 200,000 fr. Tout ce qui viendra aux pairs, avec l'assentiment libre ou forcé du Roi, passera facilement. On agit beaucoup sur les anciens pairs en les effrayant sur leurs dotations, et par la crainte du rejet du budget aux députés. » (*Documents inédits*)

contre cette proposition au nom des écrivains qui, « par ce changement de juridiction, seraient forcés de s'asseoir sur des bancs où chaque jour on voyait des faussaires, des malfaiteurs livrés à la flétrissure. »

M. Devaux résuma ensuite tous les arguments favorables à la compétence du jury. Mais l'amendement de M. de Corcelles n'en fut pas moins rejeté à la suite d'un discours du garde des sceaux qui rappela que, la loi étant spécialement relative à la presse périodique, il était impossible d'y introduire une disposition conçue dans un sens plus général et qui pourrait apporter de la confusion dans les Codes.

On procéda enfin au vote dans la séance du 19 juin ; après une longue discussion de trois semaines, la loi réunit une majorité de 150 voix en sa faveur (266 voix contre 116). Ces 116 voix d'opposition au projet appartenaient en partie à l'extrême gauche et en partie à la droite.

Pendant le cours de la discussion dont la violence fut extrême, un incident provoqué par M. Dupin égaya ces débats arides.

On était au 7 juin, au moment de la Fête-Dieu, et un reposoir avait été dressé dans la cour de la chambre des députés ; on discutait une pétition relative aux marchands de gravures. M. Dupin aîné, dont l'imagination croyait apercevoir partout le spectre menaçant des jésuites, monta à la tribune pour dénoncer à l'indignation publique le monogramme de la compagnie de Jésus, qu'il croyait avoir découvert dans le reposoir élevé devant la chambre.

Les députés sortirent en foule pour vérifier l'exactitude de la dénonciation.

Le monogramme du Christ, J. H. S. *Jesus hominum salvator*, qui dans toutes les églises domine les autels élevés en l'honneur du Rédempteur, se trouvait seulement sur le reposoir. À cette découverte, l'indignation fit place à l'hilarité, qui devint générale dans la chambre et se répandit le soir dans tous les salons de Paris.

L'accueil favorable que les journaux avaient d'abord fait à la loi sur la presse s'était gravement modifié pendant le cours de la discussion; accueillie d'abord avec faveur par les feuilles de gauche, elle fut bientôt violemment attaquée par ces mêmes feuilles.

Le *Courrier français* la trouvait « détestable, monstrueuse, et déplorait la funeste obstination de M. de Martignac et l'aveuglement de Mgr Feutrier, plus partisan des jésuites que Mgr Frayssinous. »

Le *Constitutionnel* voyait dans le projet de loi « une combinaison de ruses et de fiscalité, qui aurait pour effet certain d'étouffer la liberté de la presse sous les formalités les plus subtiles de la chicane. »

L'opinion du *Journal des Débats* varia plusieurs fois; mais, à compter de la nomination de M. de Chateaubriand à l'ambassade de Rome, il défendit vivement le projet de loi. Le *Globe* s'unit au *Journal des Débats* dans cette défense. Les deux journaux de droite commencèrent entre eux une longue polémique au sujet de la loi, en reconnaissant tous les deux qu'elle enlevait à la royauté des armes nécessaires. Les deux journaux s'unissaient pour accuser M. de Martignac de faiblesse et de concessions regrettables, et se reprochaient l'un à l'autre d'avoir ouvert les portes à l'ennemi de la monarchie : le libéralisme.

Tout avait contribué aux progrès de ce mouvement libéral, les hommes et les événements; la partie de la droite au pouvoir avait été jouée et perdue, à compter du moment de la chute de M. de Villèle, et le Roi ne pouvait plus se maintenir sur le trône qu'à l'aide de concessions toujours proclamées insuffisantes par l'opposition à outrance.

Le projet de loi fut apporté à la chambre des pairs le 25 juin.

Le garde des sceaux, qui présenta le projet à la haute chambre, expliqua les modifications qu'il avait subies à la chambre des députés.

M. Siméon, nommé rapporteur de la commission, s'efforça de démontrer les inconvénients qu'entraînaient pour le pouvoir la censure, l'autorisation préalable et les procès de tendance. La commission, à l'unanimité, avait conclu à l'adoption de la loi.

La discussion s'ouvrit le 9 juillet. M. de Saint-Roman combattit le projet; à ses yeux, « il dépouillait la royauté de ses moyens de résister à l'ennemi. » M. Molé se montra plus favorable à la loi : il invita avec raison les amis de la liberté de la presse à craindre par-dessus tout ses excès, qui amèneraient une réaction inévitable; il fallait chercher à perpétuer l'usage de la presse en la garantissant du mal rongeur de l'abus.

M. Dambray réclama l'introduction de mesures préventives dans la loi; selon son avis, ces mesures pouvaient seules réprimer la licence des journaux. Le loyal vicomte Dambray oubliait que la licence de la presse n'était qu'une cause seconde : la manifestation extérieure des sentiments violents qui remplissaient alors les intelligences. La censure pouvait un instant masquer la flamme du volcan, mais son feu intérieur n'en était pas moins ardent; la flamme, quand on ne lui laisse pas d'issue, parvient à s'en creuser une. Si vous mettez un frein à la parole humaine par la censure imposée à la presse, elle deviendra plus forte et plus menaçante à la tribune.

MM. de la Bourdonnaye, Dubouchage et de Castelbajac attaquèrent tour à tour la loi; en rappelant les abus de la liberté de la presse, ils exprimèrent la crainte de voir arriver le règne de la licence.

Le garde des sceaux leur répondit que « si les journaux propageaient l'erreur, ils pouvaient aussi faire connaître la vérité; la presse est à la fois la puissance du bien et du mal, puisqu'elle est l'expression de la parole humaine, capable de rendre les sentiments les plus opposés.

Le garde des sceaux fit remarquer que ce n'est point le nombre des journaux qui accroît leur action ; « cette action décroît, au contraire, à mesure que leur nombre augmente, dit-il. La censure temporaire a pour effet d'accroître la puissance et l'action de la presse le jour où la liberté lui est rendue ; et, semblable à ce trait enchanté dont parlent les romanciers, la censure est destinée à revenir frapper l'imprudent qui serait tenté de s'en servir. »

M. Portalis termina son discours par une profession de foi cherchant à justifier les actes et les projets du ministère.

M. de Chateaubriand, au moment de partir pour l'ambassade de Rome, monta à la tribune pour défendre à son tour la loi sur la presse. Apportant son puissant appui au nouveau ministère, il ne laissa pas échapper l'occasion de critiquer la politique de M. de Villèle, la promotion de pairs et le rétablissement de la censure.

« Le 18 juin 1827, dit-il, je parus à cette tribune, dernier orateur de la session expirante ; je fus même un peu maltraité par un noble pair qui siége de ce côté de la Chambre[1]. Que pense aujourd'hui mon éloquent adversaire de mes prévisions? Je parlais d'une censure probable; j'annonçais que nous aurions le bonheur de nous voir associer une soixantaine de collègues : le chiffre n'était pas tout à fait exact. »

M. de Chateaubriand rappela qu'il avait prédit que, dans le cas où la promotion de pairs s'effectuerait, le gouvernement n'obtiendrait pas pour cela la majorité qu'il aurait voulu obtenir à l'aide de la violence ; l'événement avait justifié sa prédiction.

Il défendit ensuite la liberté de la presse « qu'on accusait

---

1. M. de Lally.

injustement de tous les fléaux dont la France était atteinte, puisque, depuis la découverte de l'imprimerie, elle n'avait été établie que pendant douze années. » On reprochait au clergé d'être l'ennemi des libertés publiques. M. de Chateaubriand protesta contre cette accusation injuste.

« N'était-ce pas, au contraire, au sein de ces libertés souvent protégées par le clergé, qu'il avait jadis retrouvé son pouvoir? Qu'y a-t-il de plus beau que la parole de Dieu réclamant la liberté de la parole humaine?

« Il existe un monument précieux de la raison de la France: ce sont les cahiers des députés des trois ordres aux états généraux, ajouta l'illustre écrivain. Là se trouvent consignés, avec une connaissance profonde des choses, tous les besoins de la France; de sorte que, si l'on avait suivi les instructions des cahiers, on aurait obtenu ce que nous avons acquis par la Révolution, les crimes exceptés...

« Cependant, à l'époque où le clergé montrait tant d'indépendance et de générosité, il avait été insulté, calomnié pendant cinquante années. Et l'on voudrait dire aujourd'hui que le clergé demande l'anéantissement de cette liberté qu'il avait au contraire défendue et réclamée? »

Après avoir réfuté cette calomnie, M. de Chateaubriand, se laissant aller à un de ces mouvements oratoires que son éloquence ne ménageait pas, ajouta :

« Pardonnez-moi, messieurs, si j'abuse des moments de la Chambre; j'avais peut-être autant de droit à parler de la religion que ceux qui s'en font les apologistes.

« Je défendis les prêtres lorsque les temples étaient déserts. Ils sont remplis aujourd'hui, ces temples, et c'est pour cela qu'il y a tant d'apôtres sans mission, tant de martyrs sans échafauds. »

M. de Chateaubriand exprima le regret que le nouveau projet n'attribuât pas le jugement des délits de presse à la compétence du jury. Il termina son discours par un hymne à la louange du nouveau ministère devant lequel « tous les obstacles devaient s'aplanir et toute opposition devait disparaître. » Ces paroles, que les événements ne justifièrent pas, et qui, rapprochées de la situation de la France à cette époque, semblent étranges quand on se rappelle qu'elles sortaient de la bouche de M. de Chateaubriand, doivent être conservées ici :

« J'ai prédit, il y a déjà longtemps, dit-il, que si un ministère se résignait à marcher franchement dans le sens de la charte, il serait étonné de la facilité qu'il trouverait à conduire les affaires. Les obstacles, disais-je, s'aplaniront devant lui comme par enchantement, et toute opposition, du moins toute opposition raisonnable, disparaîtra. Le nouveau ministère en fait l'épreuve aujourd'hui. La raison de cela, c'est que la majorité des Français veut le repos, veut ce qui existe. Admirable gouvernement représentatif ! Les événements les plus compliqués s'y dénouent sans effort ; ce qui, dans une monarchie absolue, ne s'arrangerait que par des violences populaires, ne demande dans la monarchie constitutionnelle que quelques bulletins dans l'urne électorale ou législative[1]. »

M. de Lally, interpellé précédemment par M. de Chateaubriand, lui répondit que la chambre des pairs avait toujours été favorable à la liberté de la presse. Il rappela le résumé

---

1. « Chateaubriand, écrivait M. de Villèle sur son Carnet, a fait hier un grand discours en faveur de la liberté de la presse. Il a blâmé la nomination des pairs ; il a dit que la censure n'avait été justifiée par rien, c'est-à-dire qu'il a fourni à l'accusation les moyens les plus perfides. Je n'étais pas à la séance à ce moment ; à 4 heures je m'en vais, car j'y suis au supplice. Je n'en suis pas fâché, car j'aurais répondu, et peut-être n'aurais-je fait qu'aigrir les esprits... Il me faut entendre chaque jour Molé, Pasquier, Decazes, vanter les douceurs de la liberté de la presse quand ils ne sont pas ministres, et Chateaubriand triompher de tout le mal qu'il a fait au moyen de cet instrument de dommage et en rejeter tout le mal sur nous. Cette chambre est devenue exécrable. Aux Pairs, nous aurons encore moins de voix contre la loi de la presse que contre celle des listes électorales. On s'abandonne en haut, et cela gagne partout. Nous tombons dans l'anarchie ! » (Papiers politiques de M. de Villèle. — *Documents inédits.*)

des commissions de 1818 et de 1819, dont il avait été nommé rapporteur, et qui toutes deux avaient conclu en faveur « de la pleine liberté de la presse et des journaux, à la compétence du jury pour prononcer dans les délits de presse, à la liberté garantie dans sa jouissance, mais réprimée dans ses abus. »

M. de Lally exprima le regret que le jugement des délits de presse fût conservé aux tribunaux sans l'intervention du jury. Malgré cette restriction, l'orateur votait en faveur de la loi qui était à ses yeux « la plus parfaite qui eût encore été proposée sur la précieuse mais délicate liberté des journaux. »

M. Siméon résuma la discussion; il représenta la censure, défendue par quelques pairs, comme une mesure extraordinaire que de graves circonstances pouvaient rendre nécessaire, mais qui devait cesser avec ces circonstances elles-mêmes. Puis, dans un péril imminent pour la société, ajouta-t-il, le Roi et son gouvernement pouvaient recourir à la dictature; mais ces remèdes extraordinaires ne doivent être donnés par la loi que pour un cas spécial qu'elle détermine; il ne faut pas que les ministres aient constamment en main un pouvoir extra-légal dont ils menacent la liberté. »

Le rapporteur blâma les procès de tendance dont il signala ainsi les inconvénients. « Le lecteur peut apprécier l'intention dans laquelle un journal est écrit, il n'y a là nul inconvénient le lecteur ne punit pas : mais que l'on donne une intention à juger à des tribunaux; qu'ils puissent la condamner sans qu'un fait matériel la leur démontre, c'est ce qui, jusqu'à la loi du 17 mars, était inouï! »

La discussion des articles s'ouvrit : MM. de Rougé et Saint-Roman attaquèrent le premier article en disant que la garantie d'un cautionnement leur paraissait illusoire. Cette garantie n'était pas de nature à rassurer la société que la licence mettait en péril.

A la suite de plusieurs amendements présentés par MM.

Rougé, Dubouchage et de Narbonne, et rejetés par la chambre, on procéda au vote sur l'ensemble de la loi qui réunit en sa faveur une majorité de soixante-huit suffrages, cent trente-neuf voix contre soixante et onze. Ce vote décisif montra combien le parti de M. de Villèle avait perdu à la chambre des pairs. Les soixante et onze suffrages d'opposition à la loi représentaient l'ancien parti ministériel tout entier.

Après avoir rencontré tant d'opposition, la loi sur la presse, conçue dans un sens vraiment libéral, passa à une forte majorité; ce n'était pas la loi elle-même que l'on voulait attaquer, c'était le gouvernement royal dont les concessions ne parvenaient jamais à satisfaire les libéraux. Ils ne voulaient pas comprendre que le plus grand ennemi de la véritable liberté, c'est la licence. Travailler pour la licence, c'est travailler pour le pouvoir absolu; l'histoire s'est chargée de démontrer la vérité de cette affirmation.

Avant l'ouverture de la discussion de la loi sur la presse, M. Gaétan de la Rochefoucauld avait présenté à la chambre des députés une proposition dans le but de faire fixer d'une manière précise les attributions du conseil d'État, de régler sa compétence déclarée irrégulière lorsqu'il s'agissait de matières contentieuses ou du jugement des conflits. La prise en considération de cette proposition fut adoptée à une infime majorité.

Un projet sur l'interprétation des lois, présenté à la chambre par M. Portalis, fut discuté à la suite de la proposition tendant à régler les attributions du conseil d'État. D'après la loi du 16 septembre 1807, encore observée en 1828, lorsque la cour de cassation, en vertu d'un second arrêt, annulait un second jugement, intervenu dans la même affaire entre les mêmes parties et attaqué par les mêmes moyens, l'interprétation de la loi, sa sanction finale, était réservée au conseil d'État. Au Roi appartenait donc le droit d'interpréter la loi, puisque lui seul avait l'initiative de la loi à interpréter. Mais l'interprétation de la loi émanait seulement d'une ordonnance royale renouvelable à chaque nouveau cas et n'avait rien de permanent. C'était là un inconvénient qu'il importait de faire disparaître de la législation; la question de compétence du conseil d'État et des tribunaux se retrouvait tout entière dans l'examen de ce projet de loi.

M. Calemard la Fayette, rapporteur de la commission, conclut en faveur de la compétence suprême des cours royales.

Après quelques jours de discussion, pendant lesquels la droite attaqua le projet de loi parce qu'il concédait aux cours royales le pouvoir d'interpréter la loi, qui jusque-là était réservé au monarque, tandis que la gauche soutint le projet qui attribuait aux tribunaux inamovibles une part de l'autorité réservée au Roi, ce projet fut adopté par une grande majorité, deux cent douze voix sur deux cent quarante-trois votants.

Lorsque ce projet fut porté à la haute chambre, M. le comte Molé, rapporteur de la commission, conclut à l'adoption de la loi, en faisant remarquer qu'elle confiait aux trois branches du pouvoir législatif l'interprétation et la modification des lois, leur ouvrage. M. de Kergorlay repoussait le projet en disant « qu'il anéantissait l'autorité des cours de cassation au profit des cours royales. » MM. de Frénilly, Cornudet, de Barante, reconnurent, au contraire, que l'attribution conférée aux cours royales était la seule solution possible du problème difficile de l'interprétation suprême de la loi. M. le baron Pasquier, tout en défendant le conseil d'État violemment attaqué à la chambre des députés, déclara que, si la charte émettait en principe que toute justice émanait du Roi, elle ajoutait aussi que la justice devait être exercée par des juges inamovibles : l'inamovibilité n'étant pas attribuée au conseil d'État, cette circonstance suffisait pour lui enlever, aux yeux de M. Pasquier, avec l'indépendance absolue, le droit de jugement. Après quelques débats, et à la suite de plusieurs amendements proposés et rejetés, le projet de loi qui attribuait aux cours royales l'interprétation définitive de la loi fut adopté à la haute chambre par cent onze voix contre quarante-deux.

Les travaux de la commission, chargée d'examiner l'état des petits séminaires et d'assurer l'exécution des lois du royaume dans ces établissements, étant terminés, la commission exprima son jugement sur cette grave question. On sait que l'initiative première de cette mesure avait été arrachée au Roi en lui persuadant qu'il s'agissait seulement de réunir à l'instruction publique les élèves des petits séminaires excédant le nombre de 20,000 [1].

Le 28 mai, le rapport de la commission parut; il était impatiemment attendu, et les jugements les plus contradictoires avaient précédé son apparition.

La commission décidait à l'unanimité qu'il « importait de ne permettre dans les petits séminaires que les études compatibles avec l'état ecclésiastique, de faire revêtir aux élèves, après deux années d'études, l'habit ecclésiastique, de restreindre le nombre des élèves aux besoins du sacerdoce, et d'interdire l'externat dans les petits séminaires. » Elle concluait enfin à la nécessité de favoriser les établissements religieux à l'aide de secours. La commission, unanime sur ce point, s'était divisée sur la seconde question : la légalité de huit établissements dirigés par des jésuites ou des prêtres vivant dans leur maison en suivant la règle de saint Ignace. Il s'agissait de décider si les évêques, qui, librement, avaient choisi ces

---

1. On se souvient que le Roi écrivait à M. de Villèle, à la date du 20 janvier 1828 : « On me propose de prendre une mesure contre les jésuites. J'accepte ce qui est d'accord avec notre opinion et celle de l'évêque (Mgr Frayssinous), c'est-à-dire la réunion à l'instruction publique des écoliers qui surpasseraient le nombre de 20,000 dans les petits séminaires. C'est déjà beaucoup, et je tiendrais bien à ne pas aller plus loin. » (Papiers politiques de M. de Villèle, *Doc. inédits.*)

ecclésiastiques pour les mettre à la tête de leurs petits séminaires, s'étaient placés, par ce seul fait, en contravention avec les lois du royaume. Question difficile à résoudre, car si la présence des jésuites en tant que congrégation était contraire à la loi, leur présence individuelle ne pouvait être condamnée par la législation française.

La commission se composait de neuf membres. Quatre d'entre eux déclarèrent que, « d'après la loi existante, une association de prêtres, fondée en France et suivant la règle de saint Ignace, constituait une congrégation formée sans autorisation régulière : confier la direction et l'enseignement d'écoles ecclésiastiques à des membres de cette congrégation, c'était commettre un délit; l'autorisation accordée par les évêques ne suffisait pas pour relever les jésuites de l'irrégularité de leur situation.

Les cinq autres membres admirent, au contraire, que les évêques, en vertu de l'ordonnance du 5 mars 1814, étaient les chefs naturels des petits séminaires, qu'ils étaient libres de choisir les directeurs et les professeurs de ces établissements. Ces ecclésiastiques, étant soumis à la juridiction épiscopale, étaient révocables; ils dépendaient des évêques qui les appelaient dans leurs diocèses; le fait de leur présence à la tête de séminaires ne suffisait pas pour dénoncer légalement l'existence d'une congrégation religieuse non autorisée.

En conséquence, la majorité de la commission déclara que les écoles secondaires ecclésiastiques confiées par les archevêques de Bordeaux et d'Aix, les évêques d'Amiens, de Clermont, de Vannes, de Saint-Claude, de Digne et de Poitiers, à des prêtres soumis à leur autorité temporelle et spirituelle, et suivant dans l'intérieur de leurs maisons la règle de saint Ignace, ne se trouvaient pas placées en contradiction avec les lois du royaume.

Les conclusions de la commission furent mal accueillies par

public, auquel on représentait depuis si longtemps la Compagnie de Jésus enveloppant la France dans un vaste réseau et menaçant de dominer le gouvernement.

Mais ces fureurs s'apaisèrent bientôt devant les ordonnances du 16 juin, et les plaintes de la droite succédèrent aux imprécations des libéraux. La première de ces ordonnances, signée par le Roi et contresignée par le comte Portalis, décidait qu'à partir du 1er octobre 1828 les établissements connus sous le nom d'écoles secondaires ecclésiastiques, dirigés par des personnes appartenant à une congrégation religieuse non autorisée et existant à Aire, Bellay, Bordeaux, Dôle, Forcalquier, Montmorillon, Saint-Acheul et Sainte-Anne-d'Auray, seraient soumis au régime de l'Université. A l'avenir, pour demeurer ou devenir chargés, soit de la direction, soit de l'enseignement dans une des maisons d'éducation qui dépendaient de l'Université ou dans une école secondaire ecclésiastique, les candidats devraient affirmer par écrit qu'ils n'appartenaient à aucune congrégation religieuse illégalement établie en France.

La seconde ordonnance, contresignée par l'évêque de Beauvais, était conçue dans le même sens que la première : elle limitait à vingt mille le nombre des élèves qui pourraient être placés dans les séminaires; la fondation de ces établissements était réservée au Roi sur la demande des évêques, et d'après la proposition du ministre des affaires ecclésiastiques. Il était défendu d'y recevoir des externes, et les élèves, après deux années d'études dans la maison, seraient tenus de porter le vêtement ecclésiastique ; à l'avenir, le diplôme de bachelier ès lettres ne serait plus conféré dans les séminaires qu'aux élèves irrévocablement engagés dans les ordres. Enfin le Roi créait dans les séminaires huit cents demi-bourses de 500 francs chacune, mesure qui grevait de 1,200,000 francs le budget des affaires ecclésiastiques.

Le parti religieux se souleva tout entier à la publication de ces ordonnances, et s'étonna de voir la signature du Roi très-chrétien sanctionner de tels actes; le clergé déclara bientôt que cet acte de faiblesse de Charles X ouvrirait l'époque d'une nouvelle persécution religieuse. La première des ordonnances était contresignée par le ministre de la justice; cet acte irrégulier fut remarqué et fit supposer que l'évêque de Beauvais avait craint d'engager sa conscience en signant. C'était contre son gré que Charles X avait consenti à la publication des ordonnances du 16 juin, et longtemps il avait opposé un ferme refus à leur publication. Sa conscience royale se révoltait à la pensée de concourir à un acte qu'il réprouvait. Il consulta les théologiens les plus autorisés; ceux-ci répondirent que l'Église demandait seulement aux rois de la servir dans la mesure du possible. La présence des jésuites à la tête d'établissements d'éducation était sans cesse reprochée au gouvernement royal; les libéraux attribuaient à cette présence tous les maux du pays; il fallait ôter à ces calomnies l'ombre d'un prétexte. Le Roi signa, et de tous côtés on l'accusa de faiblesse [1].

Les ordonnances du 16 juin ne furent point un fait accidentel, mais le fâcheux résultat de toute la polémique religieuse de la Restauration. Il faut en chercher la cause dans les luttes qui s'étaient engagées entre les deux opinions contradictoires qui divisaient l'école catholique; dans les intempé-

[1]. «Les ordonnances contre les jésuites sont aujourd'hui au *Moniteur*, écrit M. de Villèle sur son Carnet, à la date du 17 juin. Elles sont blessantes pour les évêques par les 1,200,000 fr. qu'elles leur donnent en bourses comme payement de l'atteinte portée à leurs droits épiscopaux. Elles contristent tous les hommes d'ordre et de sens par la violence qu'on a faite au Roi qui les a longtemps refusées..... Les nouvelles qui nous viennent des départements sur l'effet des ordonnances sont de plus en plus tristes. Les bons sont atterrés par cet acte de faiblesse, les méchants triomphants. Puisqu'on a vaincu la conscience du Roi, il n'est plus possible d'espérer de lui de résistance. Voici la persuasion générale.» (*Documents inédits*.)

rances d'idées et de langage de M. de la Mennais, exploitées par l'école du dix-huitième siècle, et qui, jetant dans un excès contraire la nuance d'idées à la tête de laquelle marchait Mgr Frayssinous, l'avaient poussé plus avant sur le terrain de la déclaration de 1682, et avaient en même temps entraîné le gouvernement, effrayé du mouvement de l'opinion, à envisager cette déclaration comme une loi de l'État toujours en vigueur, dont il ne crut pas pouvoir refuser l'application pour rassurer les esprits et ôter à l'opposition un de ses principaux griefs.

La division des idées dans l'école religieuse, comme dans l'école monarchique, concourant avec les efforts de l'école révolutionnaire et philosophique, avait eu en effet son contre-coup dans l'ordre des faits. Le ministère, qui avait cheminé au milieu de ces difficultés en cherchant à maintenir le principe d'autorité, avait succombé devant les élections de 1827; un ministère nouveau, venu pour chercher sa majorité dans des concessions, lui avait succédé. On se rappelle qu'un des premiers actes de la nouvelle administration avait été le rapport adressé au roi par le nouveau garde des sceaux [1] à la date du 20 janvier 1828, et ordonnant la nomination d'une commission destinée à rechercher les mesures propres « à assurer l'exécution des lois du royaume dans les écoles ecclésiastiques secondaires. »

Mgr Frayssinous, peu de temps après avoir transmis aux évêques les questions formulées par cette commission, quitta le ministère des affaires ecclésiastiques comme il avait quitté, à l'avénement du nouveau cabinet, le portefeuille de l'instruction publique, et le cabinet se trouva complétement renouvelé. On a vu que les ordonnances du 16 juin avaient deux objets : limiter aux besoins du sacerdoce le nombre des élèves

---

1. M. Portalis.

que les petits séminaires pourraient réunir, et par conséquent supprimer la concurrence qu'ils faisaient dans l'enseignement à l'Université ; expulser les jésuites, maîtres habiles qui étaient l'âme de cette concurrence, car les séminaires qu'ils dirigeaient étaient devenus de véritables colléges. Il y avait donc, au point de vue des idées religieuses, trois conséquences fâcheuses dans les ordonnances du 16 juin : on ôtait à l'enseignement religieux une ressource ; on mettait en quelque sorte l'épiscopat en prévention, en matière d'éducation, par les précautions qu'on prenait contre lui ; on accréditait dans l'esprit du vulgaire toutes les calomnies accumulées contre un ordre religieux respectable en proclamant la nécessité de l'éloigner, et les masses, qui confondent tout, ne séparaient point le clergé ordinaire des jésuites et étendaient au sacerdoce tout entier cette note de blâme. Au point de vue politique, les inconvénients n'étaient pas moins graves : le gouvernement s'accusait dans le passé, en cherchant à se justifier dans le présent ; il donnait raison, devant les esprits prévenus, à cette opposition passionnée et injuste qui l'avait accusé de vouloir éteindre le flambeau des lumières pour appesantir le joug sur la France ; il apprenait à tous le moyen de lui arracher des concessions, et l'opposition, à laquelle il avait cru donner satisfaction, se sentit seulement encouragée à exiger davantage. Aussi les esprits les plus modérés virent-ils avec une profonde douleur les ordonnances du 16 juin 1828. Mgr Frayssinous, sans dénier au Roi le droit de les promulguer, s'il croyait que le salut de l'État y était attaché, déclara, quand il fut consulté, que « la mesure lui paraissait fâcheuse, conçue dans un esprit de défiance et de haine contre l'épiscopat et la religion catholique, propre à désoler le clergé, à contrister les amis de la légitimité, à provoquer de la part des révolutionnaires de nouvelles exigences, à affaiblir les sentiments de dévouement dans ceux qui en étaient les plus pénétrés. » Il terminait en déclarant que, pour rien au monde, il ne voudrait contre-signer de pareilles ordonnances ; mais il ajoutait cependant que « si le Roi, qui était juge de la position politique de son gouvernement, croyait, pour des motifs puisés dans un ordre supérieur, devoir prendre cette mesure, il n'oserait prononcer qu'elle était condamnable [1]. »

L'école religieuse qui avait trouvé sa plus haute expression dans les écrits de Mgr Frayssinous adoptait en 1828 une attitude douloureuse, mais soumise, sans beaucoup d'espoir, mais sans opposition. Elle avait échoué dans la tâche qu'elle avait entreprise, de faire marcher l'autorité politique et le clergé français sur l'ancien terrain des principes de la déclaration de 1682, c'est-à-dire dans une situation d'alliance offensive et défensive d'une étroite solidarité. Ce système aboutissait à ce résultat fâcheux, que l'autorité politique se trouvait presque fatalement entraînée, sous la pression d'un mouvement d'opinion parlementaire, par les droits embarrassants que lui attribuait la déclaration de 1682 et les devoirs légaux, plus fâcheux encore, qu'elle lui créait, à prendre une mesure pleine d'inconvénients pour la religion, pour le clergé, pour le gouvernement lui-même.

Quant à la nuance qui avait trouvé son expression la plus éclatante dans les écrits de M. de la Mennais, elle avait été, par ses prétentions excessives, l'âpreté de sa polémique, la hauteur inopportune de ses exigences, la pierre d'achoppement de la situation. Elle avait fourni des prétextes à l'école du philosophisme et de la révolution; elle l'avait armée des arguments à l'aide desquels cette école avait forcé la main aux directeurs de l'autre nuance de l'école religieuse, et elle avait ainsi poussé à des résultats diamétralement opposés à ceux que M. de la Mennais avait en vue.

---

1. Notes manuscrites laissées par M. Frayssinous sous ce titre : *Récit abrégé de ce que j'ai dit et fait au sujet des ordonnances du 16 juin.*

Les journaux de droite oublièrent leurs divisions et se réunirent pour blâmer les ordonnances du 16 juin. La *Gazette de France* déplora le triomphe de la Révolution en déclarant qu'on ne pouvait plus accuser les ministres de manquer de courage, mais que leur triste courage était tourné contre la monarchie et la religion. « Il ne leur reste plus, ajoutait la *Gazette*, qu'à prendre des mesures, comme en 1793, contre les prêtres réfractaires. » La *Quotidienne* parlait d'un ton de lyrisme indigné : « Applaudissez, race d'impies et de sacriléges, écrivains factieux, applaudissez, s'écriait M. Laurentie, voici un prêtre qui vous livre le sanctuaire, voici un magistrat qui vous livre le pouvoir. Vous vouliez que l'épiscopat fût enchaîné, on l'immole ; on fait plus encore, on le méprise assez pour lui offrir quelques pièces de monnaie et pour lui payer d'avance le prix d'une bassesse sur laquelle on n'a pas craint de compter. »

Ces reproches de la droite qui, dans son exagération, comparait Charles X à Néron et à Dioclétien, et annonçait le retour de l'inquisition, en disant que le clergé français braverait les échafauds élevés seulement dans l'imagination surexcitée des jeunes écrivains de la *Quotidienne*, étaient répétés par l'épiscopat français tout entier. Un grand nombre d'évêques de France, sous la direction de MM. de Quélen et de Clermont-Tonnerre [1], protestèrent contre les ordonnances et invoquèrent,

---

1. Voici les dernières lignes de cette déclaration : « Les évêques ont examiné dans le secret du sanctuaire, en présence du souverain juge, ce qu'ils devaient à César comme ce qu'ils devaient à Dieu. Leur conscience leur a répondu qu'il valait mieux obéir à Dieu qu'aux hommes. Ils ne résistent point ; ils ne profèrent pas tumultueusement des paroles hardies..... Ils se contentent de dire avec respect, comme les apôtres : *Non possumus*. Nous ne pouvons pas. » Ce mémoire était ainsi signé : Les cardinaux, archevêques et évêques de France, A.-J., cardinal de Clermont-Tonnerre, archevêque de Toulouse, doyen des évêques de France, au nom de l'épiscopat français.

Mgr de Clermont-Tonnerre notifia, par la lettre suivante, à l'évêque de

dans une déclaration collective, la liberté civile et religieuse garantie par la charte.

De son côté, M. de la Mennais prévoyait que prochainement « il aurait de grands devoirs à remplir. » Il surpassait les violences de langage de la droite :

« Feutrier, abandonné des honnêtes gens, n'a autour de lui que des hommes perdus, écrivait-il. Immédiatement après cette espèce de Cranmer viennent les archevêques d'Albi et de Bordeaux, puis le duc de Rohan, le cardinal Isoard et quelques autres.

« L'archevêque de Paris n'est rien moins que sûr. Presque tout l'épiscopat français a rompu avec Feutrier ; il n'est entouré que de prêtres déshonorés dans l'opinion et de quelques jacobins qui mangent ses dîners et vont ensuite se moquer de lui aux cafés du Palais-Royal[1]. »

Le déchaînement de l'opinion de droite et du clergé, à l'occasion des ordonnances du 16 juin, donna des scrupules au Roi. Il résolut de prendre l'avis du Pape à ce sujet, afin de s'y conformer. M. Lasagny, d'origine romaine, ancien condisciple du cardinal Bernetti, conseiller à la cour de cassation, ancien auditeur de Rote, fut envoyé à Rome, chargé d'une mission confidentielle pour le Pape. Léon XII déclara que le texte des ordonnances ne violait pas les droits épiscopaux. Le Pape voulait maintenir ces droits quant à l'enseignement des séminaires, mais il n'entrait pas dans ses intentions d'imposer

---

Beauvais, son refus de faire exécuter dans son diocèse les ordonnances du 16 juin. Cette lettre, chef-d'œuvre de style lacédémonien, était aussi brève que dédaigneuse :

« Monseigneur, la devise de ma famille, qui lui a été donnée par Calixte XI en 1120, est celle-ci : *Etiamsi omnes, ego non.*

« C'est aussi celle de ma conscience.

« J'ai l'honneur d'être, avec la respectueuse considération qui est due au ministre du Roi,

« A.-J., cardinal archevêque de Toulouse. »

1. Correspondance de la Mennais. Tome I, p. 4.

au gouvernement français les congrégations repoussées par la législation française. Mgr de Latil, archevêque de Reims, fut chargé d'avertir les évêques de France, au nom du Pape, que « Sa Sainteté, persuadée du dévouement sans réserve des évêques de France envers Sa Majesté, ainsi que de l'amour pour la paix et tous les autres véritables intérêts de la religion, » avait fait répondre que « les évêques devaient se confier en la haute piété et la sagesse du Roi pour l'exécution des ordonnances et marcher d'accord avec le trône. »

Cette lettre mit fin aux bulletins de la guerre soulevée par la publication des ordonnances; l'épiscopat se soumit au jugement exprimé par le pape, et l'administration procéda avec modération à l'exécution des ordonnances : on se souvient que le Roi les avait signées dans le but de sauver l'existence des petits séminaires [1].

M. de la Mennais continua seul son système d'imprécation; ces invectives étaient cette fois dirigées contre Rome qu'il accusait de faiblesse et de lâcheté, et cet esprit superbe, qui prétendait substituer sa propre autorité à la grande autorité de l'Église, ne craignait pas dès lors d'en appeler du jugement du Pape à son propre jugement [2].

---

1. « Le Roi dit à madame de Sesmaisons qu'il avait signé les ordonnances pour sauver les séminaires. » (Carnet de M. de Villèle.)

2. « Je ne crois pas que, depuis des siècles, un aussi grand scandale ait été donné, écrivait M. de la Mennais, et combien les suites peuvent en être funestes. Rome! Rome! où es-tu donc? Qu'est devenue cette voix qui soutenait les faibles, réveillait les endormis, cette parole qui parcourait le monde, pour donner à tous, dans les grands dangers, la force de combattre ou celle de mourir? A présent, on ne sait que dire : Cédez. Aussi déjà plusieurs évêques, qui n'avaient pas osé se séparer des autres, s'empressent-ils de faire agréer leur obéissance. » (*Correspondance de la Mennais*, t. I, p. 474.)

VI

M. LABBEY DE POMPIÈRES PROPOSE A LA CHAMBRE LA MISE EN ACCUSATION DU MINISTÈRE VILLÈLE. — UNE COMMISSION EST CHARGÉE D'EXAMINER L'OPPORTUNITÉ DE CETTE MESURE. — RAPPORT DE M. GIROD (DE L'AIN). — L'EXAMEN DE LA PROPOSITION EST RENVOYÉ APRÈS LA DISCUSSION DU BUDGET. — PÉTITIONS RELATIVES A L'EXPULSION DES JÉSUITES ET AU RÉTABLISSEMENT DE LA GARDE NATIONALE.

Un événement d'une grande importance coïncida avec la publication des ordonnances du 16 juin : nous voulons parler de la proposition de mise en accusation du ministère Villèle [1]. Déjà, au mois d'avril, une pétition remplie d'injures, réclamant hautement la mise en accusation de M. de Villèle, était parvenue à la chambre, et la commission avait proposé de faire déposer cette pétition au bureau des renseignements. Les ministres ne s'étaient pas montrés contraires au dépôt de la pétition. Ils savaient que le Roi conservait sa confiance et son estime à l'ancien président du conseil; ils n'oubliaient pas que la combinaison ministérielle qui les avait fait arriver au pouvoir avait été imposée au Roi par les libéraux, et

---

[1]. « L'accusation des ministres fut le moteur dont on se servit pour arracher les ordonnances de juin au malheureux Roi, écrit M. de Villèle sur son Carnet, comme, dès le principe, les discussions violentes sur les élections avaient pour objet de lui faire abandonner d'intention son ancien ministère, comme il l'avait abandonné de fait. Jusqu'à quel point les ministres furent-ils dupes de cette combinaison révolutionnaire ? Il ne m'appartient pas de le dire. » (Papiers politiques de M. de Villèle. — *Documents inédits.*)

que, sans les conditions impérieuses du régime constitutionnel, qui fait de l'accord entre le ministère et la majorité de la chambre une condition indispensable du gouvernement, Charles X aurait préféré M. de Villèle à tout autre ministre.

Une menace d'accusation rendait le retour de M. de Villèle impossible : c'était l'épée de Damoclès toujours suspendue sur sa tête.

M. de Montbel avait fait, le 12 avril, un discours contre le renvoi de cette pétition au bureau des renseignements ; les royalistes ne l'appuyèrent pas, et le renvoi fut ordonné [1]. Les 150 députés qui appartenaient à l'ancienne chambre ne réclamèrent pas l'ordre du jour demandé par M. de Montbel ; ils s'abstinrent : on leur avait persuadé qu'en laissant voter le renvoi, ils sauveraient M. de Villèle.

De nombreuses dénonciations contre M. de Villèle parvinrent, dans le courant de juin, à la commission du budget. La première, venue de Reims, l'accusait d'avoir restitué à l'archevêché des bois non vendus pendant la Révolution ; ces bois avaient été rendus à la fabrique de la métropole, conformément à l'avis de l'administration des forêts, de celle des domaines et du conseil d'État. La seconde dénonciation accusait M. de Villèle d'avoir confié la garde d'un bois aux religieux de la Meilleraie, en leur abandonnant pour prix de ce service le droit de ramasser du bois dans cette futaie. Matériellement parlant, l'État avait plutôt gagné à cet arrangement par la suppression des gardes que nécessitait la conservation du bois, et les religieux avaient aussi gagné à cette combinaison, qui

---

1. « Ainsi, écrit M. de Villèle sur son Carnet, 150 députés anciens et nous ayant toujours soutenus, que le pétitionnaire nous accusait d'avoir corrompus, et qui siégent encore dans la Chambre, ont laissé déposer froidement, comme une relique, cette flétrissante accusation contre nous. Il n'y a d'égal à l'audace des méchants que la lâcheté des bons ! » (*Documents inédits*).

éloignait de leur voisinage des étrangers dont la présence troublait leur profonde retraite.

On arriva ainsi au 14 juin. M. Labbey de Pompières, à la suite d'une attaque violente contre le précédent ministère, proposa la mise en accusation des anciens ministres.

Voici le libellé de cette proposition, dont la forme était aussi violente que le fond :

« Je propose à la chambre d'accuser les précédents ministres de trahison envers le Roi, qu'ils ont isolé du peuple, et de trahison envers le peuple, qu'ils ont isolé de la confiance du Roi ; je les accuse d'avoir attenté à la Constitution du pays et aux droits des citoyens ; je les accuse d'avoir perçu des taxes non votées et dissipé les deniers de l'État. »

M. Labbey de Pompières résumait ainsi les principaux motifs de l'accusation qu'il réclamait :

« L'introduction des ennemis de l'État dans tous les offices, la haine des institutions existantes, la suspension et l'inexécution des lois, l'intolérance religieuse, la restriction des libertés, les destitutions arbitraires, la colère envers les corps indociles, et jusqu'au mépris des chambres. »

L'orateur motiva chacune de ces accusations qui étaient à la fois vagues et accablantes ; il voyait « l'indice d'une haine profonde des institutions dans la corruption des colléges électoraux, la septennalité et les tentatives du ministère pour rétablir le droit d'aînesse et anéantir la liberté de la presse. Ne trouvait-on pas une preuve de l'inexécution des lois et de l'intolérance religieuse de M. de Villèle, en se rappelant qu'il avait supporté la présence des jésuites, dont les établissements étaient florissants, et qu'il avait assuré la suprématie du culte dominant, auquel tous les autres cultes étaient sacrifiés par lui. Sa colère envers les corps indépendants « avait éclaté par de honteuses vengeances et de coupables outrages. » Elle était manifeste « dans ces destitutions arbitraires qui avaient frappé l'Académie et dans la radiation de 300 généraux des cadres de l'armée. » M. de Villèle avait « fait preuve d'un profond mépris pour la chambre en laissant ignorer aux représentants de la France les événements qu'il leur importait le plus de connaître [1]. »

Le ministre de l'intérieur s'opposa à la prise en considération de la proposition, en se fondant sur ce que les deux premiers paragraphes engageaient la présence du Roi dans le débat. Les députés s'élevèrent alors contre l'inconvenance du libellé, et la demande de repousser la proposition par la question préalable fut posée.

On demanda ensuite la division des griefs. M. de Montbel,

---

1. Je trouve, dans la correspondance de M. de Villèle avec madame de Villèle, quelques passages ayant rapport à sa mise en accusation. La première lettre adressée à madame de Villèle est datée du 14 juin. La voici :

« Je t'écris, pour que, dans cette crise, vous n'ayez pas sur mon compte d'inquiétudes mal fondées. La séance des députés a été honteuse de violence dans les discours comme dans les actes. Pompières n'est qu'un fou. Il n'a pas su même ce qu'il voulait, car il a été obligé de changer le libellé. La gauche n'a pas su ce qu'elle faisait ; mais, une fois lancée, n'a plus voulu reculer. La défection, qui décide de la majorité, a cédé à sa vieille passion contre nous, croyant rejeter sur d'autres l'accusation, qu'elle a si bien méritée, d'avoir jeté la France et la royauté dans cette impasse. La droite, qui a montré plus d'ensemble que de coutume, n'a pu faire que ce qu'elle a fait : montrer qu'elle ne redoutait pas ce dont on la menaçait sous notre nom. Ce n'en est pas moins de la révolution toute pure qu'on a fait. Tout le monde le sait. Ce n'est pas pour nous qu'il faut craindre, mais pour la France et le Roi. Il n'y a rien absolument à faire en ce moment, ni pour moi ni par moi, que de supporter avec dignité l'injustice avec laquelle on me traite.. .. 17 *juin*. Les *pointus*, couverts du mépris de tous les partis, sont les plus enragés contre nous. Ce que je trouve de plus dur dans ma position, c'est de ne pas savoir quand je pourrai vous rejoindre. Ils vont faire traîner cette accusation tant qu'ils pourront, ils ne s'en cachent pas. Après tant d'injustice et un tel abandon, après les services que je me suis efforcé de rendre, je n'aurai pas l'intention de revenir ici l'année prochaine, je te l'avoue. J'ai suffisamment payé ma dette. Ces chagrins, ces travaux, minent ma santé et abrègent ma vie. » (Papiers politiques de M. de Villèle. *Documents inédits.*)

appuya lui-même cette demande et vota pour que « les bureaux reçussent un nouveau libellé présenté par l'accusation, afin que « justice fût faite par la chambre aux accusés[1]. » Ce nouveau libellé était réduit à ces termes :

« La chambre des députés accuse les membres de l'ancien ministère de trahison et de concussion. »

Une commission chargée d'examiner la proposition de mise en accusation de l'ancien ministère fut formée. Elle était composée de quatre membres du côté gauche, de deux membres ayant appartenu à la contre-opposition de droite, et de trois députés faisant partie du centre droit[2]. Le lendemain de la prise

1 « La commission sur la proposition Pompières est nommée, écrivait M. de Villèle à sa femme à la date du 20 juin ; elle est très-mal composée, et je craindrais que tu n'eusses de l'inquiétude si je ne t'expliquais pas cela. Les libéraux et les *pointus* se sont réunis pour ne pas avoir le démenti de leur premier acte. La Bourdonnaye, Ravez, Jacquinot de Pampelune, qui auraient pu être nommés, ont voulu se ménager et ont fait porter leurs voix sur d'autres en moins bonne position pour être nommés. La commission a passé telle qu'elle est. J'ai là deux ennemis mortels, Lalot et Agier ; deux amis bien dévoués, Montbel et Lamezan. Dutertre est aussi fort bien et plein de courage. On dit que M. Raudot, que Jacquinot a fait nommer pour ne pas être nommé lui-même, va beaucoup mieux depuis quelque temps. Girod est un enragé libéral, mais il s'est toujours exprimé sur moi en très-bons termes. Il me sera fort utile d'avoir là Montbel et Lamezan, je leur favoriserai les moyens de répondre aux faits, si on veut bien en produire. N'allez pas vous tourmenter, au nom de Dieu ! C'est la seule chose que je redoute. » (Papiers politiques de M. de Villèle.)

2. Les neuf députés qui formaient la commission étaient MM. Mauguin, Girod (de l'Ain), de Montbel, Raudot, Dutertre, Benjamin Constant, de Lalot, de Lamezan et Agier.

« La commission Pompières s'est réunie pour la seconde fois le 23 juin, écrit M. de Villèle à sa femme. Il s'y est manifesté peu de capacité. De la part de Lalot, de la méchanceté ; de la part de Benjamin Constant, Mauguin, Agier, de mauvaises intentions. Plus de rectitude et de moyen chez Girod. De bonnes intentions et dispositions chez les autres. On n'a rien fait que divaguer sur le premier grief d'accusation, celui des jésuites. Les uns prétendent que les lois du royaume ont été violées, les autres que non. Ils en ont pour un an s'ils vont de ce pas. C'est, je crois, ce qu'ils veulent, du moins jusqu'à présent. Cette accusation est une arme contre le Roi. S'ils ont peur qu'il change le ministère après les chambres, ils feront prononcer l'accusation dans la commission et la

en considération de la proposition Pompières, les ordonnances du 16 juin furent signées, et bien des esprits virent dans l'accusation des ministres le moteur dont on se servit pour arracher au Roi cette concession.

M. Girod (de l'Ain) fut nommé rapporteur de la commission.

A compter du 14 juin, les rapports du Roi avec M. de Villèle cessèrent complétement, tandis que le Palais-Royal prodiguait à l'ancien ministre les avances et les marques de sympathie [1].

L'examen des prétendus délits politiques de l'ancien ministre dura plus d'un mois. Chaque jour, les accusations les plus incroyables et parfois les plus folles étaient mises sur le compte de M. de Villèle. Un jour, on prétendait qu'il avait donné des ordres écrits pour qu'on ne fît pas payer le port de la *Gazette* et qu'on l'exemptât du timbre [2]; le lendemain, on espérait prouver

---

chambre où ils sont en majorité; s'ils sont rassurés sur ce point, ils laisseront tomber la chose. Voilà le dessous des cartes. C'est une intrigue. La justice, les griefs, la passion contre nous, n'y sont pour rien. L'utilité du ministère et de la faction décidera seule ce qu'il en sera. » (*Documents inédits*.)

1. Je trouve, dans les papiers politiques de M. de Villèle, une note curieuse à ce sujet. La voici : « Dès ma sortie du ministère, la gauche allait assez directement au renversement de la branche aînée, pour que quelques-uns de ceux qui assistaient à ses séances secrètes, sans être aussi forcenés que les autres, aient cru devoir me faire parvenir des indications à mon logement de la rue de Monsieur, vers la fin de janvier. Là, j'ai reçu des visites des généraux marquants du centre gauche, évidemment liés d'intérêts et d'intentions avec le Palais-Royal, venus pour sonder mes plans et s'assurer si l'abandon fait de moi par la branche aînée ne me porterait pas à presser sa chute et à me ménager avec la cadette. Un dernier fait que je rapporterai relatif à une marque de courtoisie signalée, de la duchesse d'Orléans pour ma femme, au plus fort des menaces de mon accusation, et quand le Roi et la famille royale semblaient craindre de me donner le moindre signe de vie et laissaient leurs ministres suivre une marche hostile plutôt que protectrice pour moi, peut servir à apprécier la situation à cette époque. » (*Documents inédits*.)

2. « Voici le fait, écrit M. de Villèle sur son Carnet; on n'a pas toujours exactement compté les feuilles de la *Gazette*, parce que son départ était très-pressé; mais, de temps en temps, on la vérifiait, et le compte trouvé servait jusqu'à nouvelle vérification. Je n'ai jamais rien écrit à cet égard. Quant au timbre, on ne lui a jamais remis que celui des feuilles maculées, comme aux autres journaux, et celui des suppléments pour donner des pièces officielles. » (*Documents inédits*.)

que le ministre intègre avait eu un compte ouvert chez Rothschild et qu'il avait reçu cinq millions pour sa part dans des bénéfices qu'il procurait au grand financier. Il y avait une intention évidente de prolonger les débats par des incidents, des enquêtes successives, afin de gagner ainsi la fin de la session. Dans le sein de la commission, les divisions qui s'étaient manifestées à la chambre se renouvelèrent. Il fallut d'abord démêler et réduire à quelques points principaux les innombrables griefs sous le poids desquels on voulait écraser la réputation de M. de Villèle.

La commission examina successivement les accusations reatives aux opérations électorales, au rétablissement de la censure, aux plaintes des Protestants, aux destitutions arbitraires. Elle étendit ses investigations sur la création des pairs, la conduite de l'administration dans les troubles de novembre 1827, la déportation de plusieurs habitants de la Martinique, l'arrestation du colonel Caron, enfin la dissolution de la garde nationale de Paris.

Le premier grief examiné fut la présence des jésuites; plusieurs membres de la commission déclarèrent que les lois du royaume avaient été violées par le seul fait de la présence de quelques jésuites; les autres prétendirent que non [1]. La com-

---

[1]. « L'ennemi a changé de marche, écrit M. de Villèle à madame de Villèle, à la date du 25 juin. Il paraît maintenant désireux d'arriver à un prompt résultat. On a coulé à fond l'affaire des jésuites. La majorité a décidé que nous les avions tolérés, quoiqu'il fût de notre devoir de les réprimer, que même nous les avions protégés. La minorité a demandé des faits à l'appui de cette déclaration. La majorité a prétendu qu'on rechercherait les faits après. On a mis ensuite de côté les déclamations de Pompières, en disant que c'étaient des absurdités. Est venu le grief des élections. Ils ont prétendu vouloir attaquer comme frauduleuses celles de 1824 et celles de 1827. On a demandé la spécification des griefs. Ils ont répondu que cela viendrait après et que, pour les connaître, il fallait que la commission demandât aux ministres les ordres et les circulaires du dernier ministère à l'égard des élections. Le plan qui s'annonce consiste à faire un rapport favorable à l'accusation à la hâte, afin qu'il puisse arriver avant la séparation des chambres, enfin à restreindre le cadre de l'accusation. » (*Documents inédits*.)

mission, afin de pouvoir examiner les élections de 1824 et 1827, demanda la communication des ordres et des circulaires de l'ancienne administration [1]. M. Portalis répondit avec dignité, au nom de ses collègues, que le ministère avait examiné s'il pouvait être de son devoir de communiquer ces documents; mais, « remarquant l'état où en était actuellement l'affaire, il pensait qu'il n'y avait pas lieu à l'examen et à la solution de cette grave question. En conséquence, il refusait de transmettre les pièces demandées. »

Les pétitionnaires et le *Journal des Débats* émettaient l'avis de réduire l'accusation à trois griefs : la censure, les élections et la nomination de pairs ; c'eût été une tactique plus habile, mais les libéraux tenaient à étendre l'accusation à toutes les questions sur lesquelles ils avaient été vaincus par l'administration. Les hommes du centre gauche disaient qu'ils ne voulaient pas d'accusation, et qu'ils désiraient même qu'on ne fît pas de rapport sur les résultats de la commission. Chaque jour on faisait à la chambre l'énumération d'une douzaine de griefs. M. de Villèle était attaqué violemment par ses ennemis, défendu chaleureusement par ses amis, et les travaux d'enquête n'avançaient pas. Le souvenir de l'arrestation du colonel Caron souleva un vif débat au sein de la commission.

Les ennemis du ministère Villèle prétendirent qu'on avait lâchement assassiné le colonel Caron, après l'avoir entraîné dans un piège tendu par des agents provocateurs ; qu'un de

---

[1]. « Les ministres leur remettront-ils ces circulaires, écrit M. de Villèle sur son Carnet? S'ils le font, ils manqueront à leurs devoirs envers le Roi et envers nous. Qu'ils le fassent! J'ai gardé copie de ces circulaires. Il n'y en a pas une qui ne recommande la rigoureuse observation des lois, de la justice, de l'impartialité, en ordonnant l'action nécessaire à la défense du gouvernement contre les factions qui lui sont opposées... Il paraît que c'est toujours pour empêcher le Roi de me prendre pour ministre qu'on m'accuse ainsi. On a bien de la bonté. Il le voudrait en vain. Je n'y consentirais pas, et d'ailleurs, il n'y pense pas plus que moi ; car, dans ma situation, je n'ai reçu ni directement ni indirectement le plus petit mot de consolation de sa part. » (*Doc. inédits*).

ces agents avait été fait lieutenant-colonel, l'autre officier supérieur, de lieutenant qu'il était. M. Benjamin Constant affirma que des détachements avaient parcouru les campagnes aux cris de : *Vive l'empereur !* afin « d'essayer de compromettre la population libérale du Haut-Rhin [1]. » Le licenciement de la garde nationale fut violemment attaqué. L'opposition, qui ne voit dans les émeutes qu'une manœuvre du gouvernement, prétendit, selon sa tactique accoutumée, que les ministres avaient fait promettre au Roi de passer la revue, qu'ils avaient payé de faux gardes nationaux pour crier : *A bas les ministres !* et qu'une bande soldée par eux avait accompagné le Roi et les princesses avec des cris injurieux.

Le Roi, ajoutait l'opposition, paraissait d'abord fort satisfait de la revue et avait chargé le duc de Reggio de faire un ordre du jour pour témoigner sa satisfaction; mais M. de Villèle était venu, les princesses avaient excité le Roi à manifester de l'irritation, et ses bonnes dispositions avaient été remplacées par le licenciement.

Le général Excelmans, les chefs de légion Laperrière de Sambucy et Villot, mandés par la commission, se rendirent à son appel : leur déposition fut insignifiante ; ils essayèrent de prouver que les cris injurieux n'avaient pas été proférés par des gardes nationaux, mais par des gamins de Paris. On passa ensuite à l'ordre du jour. On prétendit également, dans l'examen de l'affaire des troubles de la rue Saint-Denis, que « la police avait provoqué le tumulte pour motiver une sanglante répression. »

Les amis de M. de Villèle répondirent victorieusement que

---

[1]. « Je regrette que mes amis n'aient pu répondre sur cette affaire ce que j'ai su plus tard, écrit M. de Villèle. Caron était non-seulement un conspirateur, mais l'agent direct de M. de la Fayette et des autres. Celui-ci arriva à Belfort au moment où le coup venait d'être réprimé. De crainte qu'il ne fût reconnu sur la route, ses frères et amis le cachèrent pendant le premier moment de danger, dépecèrent et brûlèrent sa voiture, de crainte qu'elle ne trahît sa présence. » (Papiers politiques de M. de Villèle. *Documents inédits*.)

le seul acte de provocation fourni dans ce cas par la procédure était la visite de M. Laffitte aux perturbateurs de l'ordre.

La commission avançait lentement dans la classification des griefs; d'ordinaire, elle défaisait le lendemain son ouvrage de la veille. La gauche, la défection et le centre droit se réunissaient dans une commune opposition contre M. de Villèle; mais, avant même le rapport de M. Girod (de l'Ain), on prévoyait que l'accusation suspendue au-dessus de la tête de l'ancien ministre serait une menace sans résultat effectif. La sérénité d'âme de M. de Villèle ne se démentait pas un instant : en butte à d'injustes poursuites, il était calme, car il pouvait se rendre le témoignage d'avoir toujours rempli son devoir.

« Malgré tous les désagréments que j'éprouve, écrivait-il à sa fille, je suis heureux d'avoir été placé pendant six années à la tête d'une administration qui se sera honorée aux yeux des gens de bien en maintenant la religion, la royauté, le bonheur et la prospérité de la France, au milieu de tant d'obstacles et d'éléments de destruction. »

La tâche de l'ancien président du conseil était rude : il lui fallait soutenir et diriger ses amis de la chambre, dont les forces s'épuisaient dans ce long et stérile débat. Il écrivait à ce sujet à madame de Villèle :

« Tu n'as pas d'idée de l'état de démoralisation dans lequel mes amis sont, quand ils viennent, le soir, me conter ce qui s'est passé à leur séance, et leur embarras, le matin, quand ils viennent prendre des renseignements pour la suivante.

« Je les plains de tout mon cœur de l'insigne corvée qu'ils ont pour moi; mais j'en ai bien ma part.

« La débâcle commence à se mettre dans les chambres. Tout le monde est rendu de fatigue et de dégoût. On ne retrouve quelque ardeur que pour notre accusation. »

On ne savait quand une solution viendrait terminer le

débat. M. de Villèle désignait ainsi d'avance les résultats probables de la commission :

« Lalot et Benjamin Constant voteront pour ce qu'il y a de plus mauvais. Mauguin voudrait arriver aux formes juridiques; Agier et Raudot ne savent ce qu'ils veulent. Les autres pensent et voient comme eux. »

Seuls, en effet, MM. de Lalot et Benjamin Constant votaient de parti pris pour l'accusation. Dans toutes ces discussions, une seule voix décidait la majorité. Lorsqu'à la chambre, on attaquait le ministère Martignac, la voix de M. Agier virant de bord faisait incliner la commission dans le sens de l'accusation, afin de rendre le retour de M. de Villèle impossible. Ce jeu de bascule pouvait durer longtemps. En examinant les diverses nuances de la chambre, on arrivait à se convaincre que la majorité était animée de sentiments d'hostilité prononcée contre l'ancien président du conseil; on pouvait donc craindre que l'accusation fût prononcée, si les ennemis de M. de Villèle jugeaient qu'ils ne pourraient éviter qu'à ce prix son retour au ministère. Les dénonciations arrivaient en foule à la commission.

« On m'accusait d'avoir occasionné des pertes à l'État, en faisant acheter du 3 au lieu du 5 pour l'amortissement, écrivait M. de Villèle à sa femme; on me blâmait d'avoir donné une garantie, sur les fonds venus d'Haïti, aux fournisseurs des 24 millions prêtés à cette république pour payer l'indemnité.

« J'ai su que les faits contenus dans la dernière pétition avaient été fournis par M. Roy. Tout cela flétrit le cœur, et il est impossible que le corps ne s'en ressente pas... Ne vous affligez pas de ce que vous lisez dans les journaux que je vous envoie. Vous savez qu'il ne faut jamais prendre au pied de la lettre ce qu'ils disent. Ils exagèrent tout, même leurs prétentions. Ainsi, quand ils ont l'air de vouloir nous faire pendre, ils s'estimeraient fort heureux de nous faire blâmer par la chambre. »

La santé de l'ancien président du conseil était affaiblie par suite des émotions et des fatigues qu'il endurait depuis le commencement de cette longue discussion. Il était obligé à la fois de tracer à ses amis de la commission la ligne de conduite qu'ils auraient à suivre, de préparer sa défense pour le cas où l'accusation aboutirait, et de diriger la *Gazette de France*, restée son organe dans la presse. Ce *leading-man* conduisait toujours son parti. Ces occupations multipliées brisaient son corps, mais n'abattaient pas son âme si fortement trempée. Le sentiment qui domine dans sa correspondance, pendant le cours de la discussion relative à sa mise en accusation, est le regret d'être séparé de sa famille et de ne pas recevoir un mot de sympathie du Roi, au service duquel il avait usé ses forces.

Une circonstance contribuait à lui faire trouver ce silence du Roi plus pénible : il recevait des témoignages de l'estime des cours étrangères, nous avons dit que le Palais-Royal lui prodiguait les avances, tandis que pas un mot, pas une marque de sympathie ne lui venait des Tuileries [1].

Les hommes politiques prévoyaient que la menace d'accusation du ministère Villèle ne pourrait aboutir. M. Royer-Collard dit à M. de Montbel à cette occasion : « Ils veulent faire un libellé, mais ils ne peuvent aller au delà ; car dans la chambre ils n'auraient la majorité ni pour mettre en accusation, ni pour faire proroger des pouvoirs à la commission. » De son côté, le Roi disait à M. de Bouthilliers : « Il n'y a rien à craindre, l'accusation sera repoussée à une grande majorité. »

Le 21 juillet, jour où la chambre devait entendre le rapport

---

[1]. « Sir Charles Stuart est venu me voir hier, écrit M. de Villèle sur son Carnet, et il a eu la galanterie de me dire que, s'il me faisait ainsi sa première visite, c'était comme chargé par son roi lui-même et par le duc de Wellington de me donner ce témoignage de haute considération. » (*Documents inédits.*)

de la commission, se leva enfin. Dès le matin, une affluence extraordinaire se préparait à envahir les tribunes. Le duc de Chartres occupait la tribune du duc de Bourbon ; les places réservées aux pairs étaient remplies. Quarante-six membres de la gauche s'étaient fait inscrire pour soutenir la proposition ; seize députés de la droite devaient parler contre[1]. Tous les ministres étaient à leur banc. Le rapporteur, M. Girod (de l'Ain), conclut, au nom de la commission, « qu'il y avait lieu à instruire sur l'accusation de trahison et de concussion contre les membres de l'ancien ministère. » En conséquence, le président proposa de préciser la date de la discussion. M. de Montbel demanda que la discussion fût ouverte immédiatement.

« Cette proposition est, par sa nature, d'une haute importance et pour les droits et pour la dignité de la chambre, dit-il. Elle se rattache en même temps aux plus graves intérêts. En remettre la discussion après le budget, ce serait, d'après l'expérience de toutes les sessions, exposer évidemment la chambre à délibérer sur cette affaire en l'absence d'un très-grand nombre de ses membres. Elle est trop équitable, elle a trop de loyauté, elle tient trop à la régularité de ses opérations pour admettre ce renvoi, qui pourrait faire naître la crainte d'une surprise ou d'un déni de justice. Je demande formellement que la discussion ait lieu immédiatement après le texte de la loi qui nous occupe. » (*Vive approbation à droite.*)

La proposition de M. de Montbel fut mise aux voix ; toute la droite se leva pour, et, à la contre-épreuve, la gauche et les centres se levèrent contre ; la proposition fut rejetée et la discussion renvoyée après l'examen du budget, « c'est-à-dire aux calendes grecques, » écrit M. de Villèle sur son Carnet.

1. C'étaient MM. de Montbel, de Lamezan, Dutertre, Desbassyns de Richemont, de Roquette, Raudot, Duplessis de Grénédan, de Bois-Bertrand, Strafodella, de la Boulaye, Syrieys de Marinhac, Dubourg, Pardessus, Daunou, Ravez, Jankowitz.

« Cette affaire finit de la manière la moins dommageable pour nous, dans un temps et dans un pays comme les nôtres, ajoute-t-il. Le rapport a été trouvé faible et ridicule par tout le monde. On y voit écrit à chaque page : — Nous voudrions bien, mais nous ne pouvons ! — M. de Montbel a mis beaucoup de force à réclamer la discussion en temps utile, et quoique M. de la Bourdonnaye et une foule de royalistes aient fait auprès de lui tout ce qu'ils ont pu pour l'empêcher de parler, son discours a enlevé toute la droite, et c'est la gauche et la défection qui ont été condamnées à refuser le combat et à renoncer lâchement à soutenir une accusation dont ils n'avaient cessé de nous menacer depuis le commencement de la session. »

Tout le monde fut satisfait du résultat obtenu. La droite vit avec bonheur la fin d'un scandale qu'on avait arrêté à dessein pour rendre le retour de M. de Villèle aux affaires impossible, et la gauche et les centres se déclarèrent également satisfaits d'un dénoûment qui ne se terminait pas par une complète réhabilitation de l'administration précédente[1].

---

1. Je trouve, dans les Papiers politiques de M. de Villèle, une note tout à fait à l'honneur de M. Royer-Collard, qui revendiqua le premier l'honneur de défendre l'ancien ministre, si injustement accusé; voici cette note : « Lorsque M. de Montbel se faisait inscrire pour la défense du ministère, M. Royer-Collard l'appela près de lui au fauteuil de la présidence et lui dit : « Non, Mon« sieur, vous ne parlerez pas le premier pour défendre M. de Villèle. Je lui « dois la conservation de ma fortune; il l'a oublié lui, sans doute, mais moi, je « m'en souviens. » « Cherchant ce qu'il pouvait vouloir indiquer, écrit M. de Villèle, je me rappelai qu'après le rejet de la loi des rentes il m'avait en effet demandé une audience et exposé qu'ayant toute sa fortune en 5 pour 100, il s'était fait peur de ma réduction et avait vendu ses rentes; que, depuis, il avait voulu les racheter et avait chargé de cet achat un agent de change qu'on déclarait, ce jour-là même, en faillite. Cet agent de change avait dit la veille à M. Royer-Collard avoir acheté de la rente pour lui. M. Royer-Collard lui en avait mis en main le prix : cette somme était toute sa fortune. Mais l'agent de change n'avait pas encore remis l'inscription de rentes, disant que le transfert n'était pas encore fait. M. Royer-Collard venait donc me prier de faire opérer ce transfert s'il n'avait pas été fait, et, dans tous les cas, de donner ordre qu'on lui trouvât une inscription de rentes qui constituerait toute la fortune de sa famille, que je pouvais lui conserver ou lui faire perdre. Je lui expliquai que tout consistait à savoir si le transfert avait eu lieu ou non, ce que nous allions vérifier dans l'instant. Je sonnai pour faire appeler le directeur de la dette inscrite, en lui demandant la note des transferts opérés la veille. Dans

M. de Villèle, que la menace de son accusation retenait à Paris, songea à retourner à Morville dès que cette grave question fut résolue. Le Roi témoigna le désir de le voir avant son départ pour le midi. Charles X avait fait un véritable sacrifice en abandonnant aux yeux de tous son ancien ministre dans un moment de persécution, et il voulait lui donner un témoignage extérieur de l'affectueuse estime qu'il lui avait toujours gardée dans le fond de son âme.

« Il faut, écrivait M. de Villèle à sa femme, saisir ces bonnes dispositions pour s'en aller et ne plus revenir si l'on peut. Dieu donne au Roi des serviteurs plus habiles et plus heureux ! nous pouvons prétendre à ce qu'il n'en ait jamais de plus sincèrement dévoués et de plus probes. »

Aussitôt que la menace d'accusation qui planait sur la tête de M. de Villèle fut écartée, les députés de droite reçurent à Saint-Cloud l'accueil le plus bienveillant. Le Roi leur répéta qu'ils avaient servi une bonne cause qui, noblement défendue, avait fini d'une manière honorable pour eux, honteuse pour les autres. Un des adversaires de l'ancien ministère, M. Mauguin, avouait de son côté que l'accusation n'avait eu qu'un but, celui d'obtenir une extension de pouvoir pour la chambre, le droit d'instruction et d'enquête. « Il entrait si peu dans mon esprit d'en faire un sujet d'attaque contre M. de Villèle, ajoutait un peu tardivement ce député, que j'aurais moi-même couvert de boue ceux qui auraient tenté de l'accuser. » Ainsi l'opposition reconnaissait elle-même que

---

le temps qu'on mit à faire cette commission, j'expliquai à M. Royer-Collard l'impossibilité de suppléer à cette formalité décisive et servant de garantie à une foule de créanciers du failli. Mais le directeur arriva bientôt avec la bonne nouvelle que le transfert avait eu lieu la veille. Je lui donnai l'ordre de remettre incontinent son inscription à M. Royer-Collard, à qui je ne fis que justice, ainsi qu'on le voit. » (Papiers politiques de M. de Villèle. — *Documents inédits*.)

l'accusation de M. de Villèle n'avait été qu'un prétexte pour obtenir du Roi des concessions nouvelles. Le Roi, craignant sans doute de fournir un thème aux attaques de l'opposition en recevant M. de Villèle, se contenta de lui écrire [1].

Cette lettre, adressée par Charles X à M. de Villèle, montre que la suspension de rapports entre le Roi et l'ancien président du conseil avait été imposée au monarque, sans que sa confiance en M. de Villèle ait été altérée. Voici cette lettre :

« Accoutumé depuis longtemps, mon cher Villèle, à écouter des conseils dictés par un sincère attachement, j'ai renoncé à mon désir de vous voir et de causer avec vous avant votre départ. Vous devez me savoir gré de ce sacrifice.

« M. de Montbel a pu vous dire que je lui ai témoigné hautement ma satisfaction de la conduite sage et noble qu'il a tenue dans la sale affaire de la prétendue accusation.

« Elle s'est terminée aussi convenablement qu'on pouvait l'attendre, et je suis convaincu que personne n'osera y revenir. Je ne vous dirai rien sur ce que vous savez aussi bien que moi. Voilà la session finie, et, si l'on s'y prend bien, je crois que l'on pourra tirer parti de la chambre l'année prochaine.

« Partez en paix, mon cher Villèle; je sais que vous ne vous tourmentez jamais inutilement. Aussi je suis tranquille pour vous, et j'espère que le repos de la campagne consolidera bien votre santé.

« Dites mille choses de ma part à Mme de Villèle. Je veux que son âme soit en paix comme la vôtre. Comptez pour la vie sur tous mes sentiments d'estime, d'affection et de confiance [2]. »

---

1. L'ancien ministre quitta Paris, soulagé d'un grand poids, en voyant que le souverain qu'il avait servi avec autant d'intelligence que de dévouement lui gardait son affection.

« Je pars le cœur un peu moins flétri depuis que j'ai la preuve qu'en certain lieu on veut bien se souvenir des efforts que je n'ai cessé de faire pour bien servir. J'étais vivement affligé de l'oubli dans lequel les apparences ont semblé quelque temps avoir placé mes bonnes intentions et mon dévouement. Je suis heureux du souvenir que je viens de recevoir en opposition avec ces apparences, et je pars content. » (Carnet de M. de Villèle, Documents inédits.)

2. La lettre du Roi est datée du 2 août 1828. (Papiers politiques de M. de Villèle.)

M. de Villèle, en répondant à Charles X, le remerciait d'abord de sa lettre, puis il continuait ainsi :

« Je m'honore et me glorifie de la haine des méchants. Aussi n'ai-je ressenti de l'accusation tentée contre moi que les peines qu'elle pouvait causer au Roi et aux membres dispersés de ma famille.

« Je vais partir en paix, puisque j'emporte un témoignage de l'intérêt qu'a bien voulu me conserver Votre Majesté. Cet intérêt est tout pour moi.

« Je n'ai pu servir Votre Majesté qu'avec les lumières et le caractère que Dieu m'a donnés. Il m'eût été, il me serait impossible de croire qu'on puisse maintenir l'autorité par les concessions, et en s'appuyant sur ceux qui veulent la renverser. »

Ce fut M. de Vaulchier, directeur des postes, qui fut envoyé par le Roi pour prendre la réponse de M. de Villèle.

Deux jours après cet échange de lettres entre le Roi et l'ancien président du conseil, ce dernier partait pour Toulouse : il allait chercher dans le repos de la campagne et les joies de la famille l'oubli de l'ingratitude et de l'injustice des hommes, récompense ordinaire des sacrifices faits à la chose publique.

VII

PÉTITIONS RELATIVES : 1° A L'EXPULSION DES JÉSUITES; 2° AU RÉTABLISSEMENT DE LA GARDE NATIONALE. — LOIS DE FINANCES : COMPTES DE 1826, CRÉDITS DE 1827, BUDGET DE 1829.

Avant d'aborder l'examen des lois de finances, dont la discussion termina la session de 1828, rappelons une pétition contre les jésuites, présentée à la chambre le 21 juin, cinq jours après la publication des fameuses ordonnances. La proposition de mise en accusation du ministère Villèle avait fait oublier pour un instant les querelles du parti religieux. La pétition présentée par l'abbé Martial de la Roche-Arnaud vint mal à propos ranimer cette question. L'abbé de la Roche-Arnaud avait appartenu à l'ordre des jésuites; il faisait dans sa pétition des révélations curieuses et indiscrètes sur la discipline intérieure de leurs maisons; il s'attachait à prouver leur existence en France et énumérait les établissements d'éducation secondaire qu'ils y dirigeaient. M. de Sade, rapporteur, déclara que les mesures récemment prises par le gouvernement contre les jésuites avaient paru suffisantes à la commission, et proposa le renvoi de la pétition au garde des sceaux et au ministre de l'instruction publique. La droite que les ordonnances de juin avaient révoltée, et qui ne voyait plus dans les jésuites que les victimes innocentes d'une injuste persécution, saisit l'occasion de défendre leur ordre. M. de Conny revendiqua le premier l'honneur de cette défense.

« Lorsque tant de cris accusateurs se font entendre, dit-il, les droits de la défense sont sacrés. Vous ne repousserez pas ma voix, lorsque, d'accord avec vous (montrant le côté gauche), le pouvoir vient de vous donner la victoire; vous ne voudrez pas qu'un jour l'histoire puisse dire de vous : Les vainqueurs ont refusé d'écouter les vaincus. »

L'orateur de la droite représenta l'expulsion des jésuites comme une mesure d'intolérance et une violation manifeste de la charte.

« Si jamais le pouvoir concevait la pensée d'affliger des milliers de familles françaises, en supprimant les établissements tenus par les disciples de saint Ignace, dit-il, qu'on nomme une commission nombreuse prise exclusivement parmi les ennemis des jésuites, et qu'on la charge d'examiner leurs colléges; qu'ils visitent leurs maisons, qu'ils interrogent leurs élèves, ils apprendront la vérité tout entière. »

Un ministre, M. Hyde de Neuville, répondit en ces termes à M. de Conny :

« L'orateur a dit, en se tournant vers un des côtés de cette chambre :
« Le pouvoir vous a donné la victoire. » Le pouvoir n'a entendu donner
la victoire qu'à la raison et à la justice... Les ministres se sont bornés
à remplir l'engagement que le Roi avait pris devant la France entière ;
ils sont rentrés dans l'ordre légal, et ils ont voulu que toutes les classes
de citoyens fussent soumises à l'ordre légal.

« Le gouvernement ne souffrira pas plus que, sous prétexte de religion de l'État, on se mette au-dessus de la loi que les tribunaux qui s'associent au gouvernement ne souffriraient que, sous prétexte des lois, on se mît au-dessus de la religion.

« L'orateur a dit que nous violons les lois ; si nous violons les lois, accusez-nous !

« Nous n'avons pas violé les lois, nous n'avons fait que rentrer dans la loi. »

Cette déclaration du ministre de la marine fut saluée des applaudissements de la gauche. MM. de Sainte-Marie et de Montbel posèrent à la chambre une question : ils demandèrent si les lois du royaume avaient été violées par la présence des jésuites qui, d'après la loi, ne pouvaient former une corporation, mais étaient libres individuellement de vivre en France, en suivant la règle qui leur plaisait.

M. de Sainte-Marie soutint que les arrêts du parlement n'avaient plus force de loi, et que, par conséquent, la législation existante ne condamnait en rien l'existence des jésuites en France.

MM. de Montbel et de Sainte-Marie votèrent en terminant contre le monopole de l'éducation, qui leur paraissait le plus intolérable de tous les monopoles. Ce revirement subit dans l'opinion des membres de la droite, qui jusque-là avaient réclamé le monopole de l'éducation en faveur des ordres religieux, excita une hilarité et une approbation moqueuse sur les bancs de la gauche.

Un violent discours de M. Dupin termina la discussion. A ses yeux, la droite exagérait toutes choses. « On parle, dit-il, de persécution lorsqu'il s'agit de prononcer une incapacité.

Puis, adressant une véritable apostrophe aux jésuites, l'orateur s'écria :

« Voulez-vous vous renfermer dans vos fonctions ecclésiastiques : confessez, distribuez les sacrements au peuple, vous serez les auxiliaires du clergé; mais voulez-vous sortir du temple et entrer dans l'ordre civil, tout homme qui vous rencontrera a le droit de vous demander de par qui vous vous mêlez du temporel... »

M. Dupin, se laissant entraîner par sa haine contre les jésuites, les accusa d'avoir remplacé l'ordre légal par l'artifice à l'aide duquel ils accomplissaient « à la sourdine » ce qu'il leur était interdit de faire ouvertement.

« L'institut d'Ignace, dit-il, est incompatible avec le régime constitutionnel. On a parlé des Stuarts, les jésuites ont perdu les Stuarts! Empêchons les jésuites de compromettre les Bourbons! »

C'est à la suite de cette espèce de malédiction lancée contre la Compagnie de Jésus que la chambre rejeta l'ordre du jour proposé par M. de Conny et adopta le renvoi demandé par la commission. On voit que la question religieuse, qui divisait la chambre en deux camps, passionnait toujours le débat. Nous la retrouverons encore excitant les mêmes colères, évoquant les mêmes haines dans la discussion du budget des affaires ecclésiastiques. Le vote du 21 juin, salué avec acclamation par la presse de gauche, fut fortement blâmé par la presse de droite, qui regarda ce vote comme une nouvelle concession accordée à l'esprit antireligieux.

Une seconde pétition présentée à la chambre réclamait le rétablissement de la garde nationale de Paris et la réorganisation des gardes nationales du royaume. Plusieurs fois déjà, pendant le cours de la session, on avait répandu la nouvelle que le Roi, menacé de la démission du ministère, consentait au rétablissement de la garde nationale de Paris. Ce bruit, sans fondement sérieux, alarmait justement ceux qui croyaient encore entendre les clameurs menaçantes de la revue du 30 avril 1827, et qui prévoyaient que la majorité des Parisiens une fois armés seraient toujours, en cas d'émeute, les auxiliaires de la révolte.

M. le général Andréossy, rapporteur de la commission, conclut au renvoi de la pétition aux ministres de la guerre et de l'intérieur.

M. de Martignac combattit cette conclusion, qui lui semblait porter atteinte à la prérogative royale. En effet, c'était par une ordonnance royale que la dissolution de la garde nationale de Paris avait eu lieu. Il demandait le renvoi au ministre pour ce qui avait rapport à la réorganisation des gardes nationales, et réclamait l'ordre du jour pour ce qui concernait directement la garde nationale de Paris, en laissant percer une légère pointe de blâme sur la mesure de la dissolution, dont l'honneur appartenait au Roi, comme l'avait dit M. de Villèle, et la responsabilité aux ministres.

« A Dieu ne plaise, dit M. de Martignac, que je révoque en doute les nombreux et immenses services que dans les temps les plus difficiles la garde nationale de Paris a rendus à la patrie ! Je n'ai pas à m'occuper de la question de savoir si les conseillers de la couronne ont donné au Roi un conseil salutaire en demandant le licenciement de la garde nationale de Paris. Je n'examinerai pas s'il existait ou non d'autres moyens de donner à la majesté royale, un instant blessée, une autre réparation. Mais le Roi a usé de son droit, le monarque a agi dans la plénitude de son autorité souveraine, et je ne crois pas qu'il puisse venir ici dans l'esprit de personne d'en appeler à l'opinion publique contre un acte de cette autorité.

« Ce serait en appeler à l'anarchie, et personne ici ne pourrait avoir cette pensée. »

L'agitation de l'assemblée fut grande à la suite de ce discours : à droite on demandait la clôture, à gauche on s'écriait qu'on voulait étouffer la discussion sans rien entendre. M. Benjamin Constant éleva la voix contre la clôture. Le président consulta la chambre ; en dépit des clameurs de la gauche, couvertes par les acclamations de la droite, la discussion fut fermée. L'ordre du jour fut prononcé au milieu du tumulte, pendant lequel on entendit M. Dupin s'écrier que ce vote était une insulte faite à la garde nationale de Paris.

Le même incident se reproduisit peu de temps après, au sujet d'une proposition de M. Eusèbe de Salverte, qui demandait au Roi le rétablissement de la garde nationale de Paris. Le 14 juillet, ce député développa sa proposition, en rappelant les services rendus par la garde nationale parisienne ; il essaya de prouver qu'elle était innocente du délit dont on l'accusait ; puis, voulant mettre la prérogative royale en dehors de la question, il déclara que « si le Roi ne pouvait et ne devait faire le mal, il n'en était pas de même de ses ministres, responsables des actes de leur administration. »

M. de la Bourdonnaye répondit à M. Eusèbe de Salverte par un excellent discours. « Il ne s'agit pas seulement en ce moment du licenciement de la garde nationale de Paris, mais du pouvoir du chef suprême de l'État sur la force publique, dit-il. Oter à la discipline militaire la sanction des lois, ôter à l'autorité sa force morale ou seulement affaiblir l'une et l'autre par une critique ou un blâme public, c'est désarmer la couronne et donner aux chambres le pouvoir de constituer l'anarchie sur les ruines du gouvernement représentatif. » L'orateur fit un rapprochement de dates qui frappa son auditoire ; on était au 14 juillet, anniversaire du jour de la prise de la Bastille :

« Souvenez-vous, messieurs, s'écria-t-il, que c'est aujourd'hui le 14 juillet, et comparez ce qu'il faut d'efforts pour renverser une monarchie de quatorze siècles, et ce qu'il en faudrait pour renverser une monarchie de quatorze ans! »

M. de la Bourdonnaye eut les honneurs de la séance. On entendit ensuite M. Agier, ancien colonel de la garde nationale; il rappela à l'assemblée que la question en litige était un des griefs les plus graves de l'accusation portée contre l'ancien ministère, en conséquence il n'appartenait pas à la chambre de trancher la question. M. Agier en proposait l'ajournement. Une majorité considérable se prononça pour la clôture de la discussion, et la question préalable fut adoptée aux cris de *Vive le Roi!* proférés par la droite.

Les journaux de droite accueillirent favorablement ce vote, tandis que le *Constitutionnel* et le *Courrier* déclarèrent que, du moment où l'accord entre la gauche et le ministère cessait, l'opposition de gauche reprendrait à l'avenir son rôle accoutumé. Le *Journal des Débats*, voulant épargner la prérogative royale, accusa seulement la responsabilité ministérielle.

« Ne croyez pas, disait-il, que jamais l'exercice de la prérogative royale puisse être pernicieux à la liberté. Car qui conseille la prérogative royale?
« La chambre des députés.
« Qui fait la chambre des députés?
« Les élections.
« Et qui fait les élections?
« La France.
« L'ordre du jour a frappé seulement la demande de révocation de l'ordonnance; l'acte d'accusation frappera le ministre qui conseilla le licenciement. »

L'étude des lois de finances occupa la chambre après l'examen des pétitions.

Le 12 mars, M. Roy avait présenté à l'assemblée trois projets de lois relatifs aux comptes définitifs de 1826, aux crédits supplémentaires de 1827 et au budget de 1829.

Trois rapports furent faits à ce sujet : M. Augustin Périer fit le rapport relatif aux comptes de 1826; M. Lepelletier d'Aulnay fut chargé de l'examen des crédits supplémentaires de 1827; M. Gautier, de l'étude du budget de 1829. Le premier des rapporteurs, M. Augustin Périer, déclara que la commission approuvait l'ordonnance royale du 30 mars. D'après cette ordonnance, les produits du sceau des titres devaient être soumis à la cour des comptes; la commission demandait qu'à l'avenir aucune perception légale n'échappât à une double vérification, qui aurait lieu successivement à la cour des comptes et au ministère dont la perception dépendait. La commission exprimait enfin le désir que les spécialités de fonds, qui ne résultaient pas de dotations particulières, cessassent et fussent comprises à l'avenir dans le budget.

La discussion s'ouvrit le 20 juin; les premiers discours furent empreints d'une sévérité exagérée pour les dépenses des divers chapitres. C'est là le défaut ordinaire des chambres qui, nouvellement élues, ne sont pas encore entrées sur le terrain de la pratique. Elles discutent théoriquement les budgets sur les dépenses desquels il leur paraît facile d'opérer de larges réductions; les nouveaux députés s'imaginent toujours que leurs prédécesseurs étaient des prodigues, et qu'il leur suffira d'élever la voix pour arriver à d'importantes économies et à des réformes jusque-là irréalisables.

Cédant à ce mirage, M. Charles Dupin proposait tout d'abord: « 1° de réduire la perception par un meilleur système; 2° de réduire la dette, d'une part, en laissant agir l'amortissement, de l'autre, en s'abstenant de prodiguer de folles dépenses; 3° de réduire les pensions de toute espèce en laissant agir l'effet si rapide des extinctions naturelles et en apportant une juste sévérité pour empêcher qu'on ne continuât à être prodigue de pensions nouvelles. » On voit que l'orateur avait conçu de vastes prétentions économiques. MM. de Laborde et Labbey de Pompières parlèrent dans le même sens. Ce dernier orateur, qui avait provoqué la mise en accusation du précédent ministère, l'attaqua impitoyablement; M. Bignon s'unit à M. Labbey de Pompières pour accuser le ministère Villèle. Il déclara que, « dans le doute de pouvoir exercer aucun recours contre un ministère inhabile et pervers, il constaterait par une boule noire sa réprobation pour les actes de ce fatal ministère. » M. Syrieys de Marinhac, fidèle à son rôle accoutumé, défendit le ministère Villèle et blâma vivement les ordonnances du 16 juin. Cette critique d'un acte de l'administration paraissait mal placée sur les lèvres du directeur général de l'agriculture et des haras; elle fut relevée par M. Hyde de Neuville, qui reprocha à l'orateur d'avoir parlé comme administrateur sur des ordonnances signées par le Roi, sans s'être contenté d'exprimer son opinion personnelle; cette façon d'agir pouvait faire croire à une division regrettable parmi les premiers agents du pouvoir, qui tous avaient approuvé la publication des ordonnances du 16 juin.

M. Étienne voulut indiquer au ministère le rôle qu'il était appelé à jouer et que l'orateur résumait ainsi : « Soulager les peuples du fardeau des dépenses publiques et les délivrer de l'arbitraire, remettre en honneur le patriotisme local et diminuer la centralisation, qui fait de la capitale un foyer d'intrigues et d'ambitions tracassières, guérir la nation de cette manie de places et d'emplois salariés qui est sa véritable plaie. » C'est ainsi que les députés de l'opposition donnaient pour mission au ministère Martignac de rendre à la France les beaux jours de l'âge d'or.

M. de la Fayette réclama des changements importants dans la législation; les nouvelles lois contenaient de véritables améliorations, mais de ces progrès M. de la Fayette tirait la conclusion suivante, dont l'énoncé semble contenir un contresens : « Plus les nations avancent, plus les gouvernements tendent à rétrograder. » Il demanda l'abolition de la peine de mort, le rétablissement de la garde nationale, la reconnaissance des États de l'Amérique, et qualifia l'expédition d'Espagne de coupable et de malheureuse.

Un seul des articles additionnels du projet de loi relatif aux comptes de 1826 souleva un vif débat. Il était proposé par M. Bignon, et conçu en ces termes :

« A l'avenir, les comptes distribués aux chambres seront accompagnés des cahiers d'observations que les articles 21 et 22 de la loi du 16 septembre 1807 ont prescrits à la cour des comptes de rédiger chaque année, sur les recettes et dépenses déférées à ses jugements. »

Cet amendement fut repoussé sur une observation du rapporteur; il fit remarquer que la communication aux commissions était suffisante, et qu'une publicité plus absolue aurait de graves inconvénients. La loi passa à une forte majorité: 230 voix contre 36.

La discussion des crédits supplémentaires pour 1827 commença ensuite. Le débat fut animé; on accusa l'ancien ministère de n'avoir rien fait pour assurer la restitution de la dette d'Espagne, et M. Duvergier de Hauranne adressa le même reproche au nouveau ministère. M. Duvergier de Hauranne voulut faire ajouter au projet de loi relatif aux crédits de 1827 une disposition portant que la situation était régularisée entre la France et l'Espagne, sans préjudice de la responsabilité des ministres de la guerre et des finances. Cette proposition fut rejetée. La chambre adopta le projet de loi relatif aux suppléments de crédits des ministres de la marine et des finances, après avoir rejeté un second amendement de M. Duvergier de Hauranne, tendant à retrancher des crédits les frais nécessaires à la liquidation de l'indemnité des émigrés. Cette liquidation s'élevait au 1er mai 1828 à 613,506,812 francs en capital et à 20,205,413 francs en rentes.

Les deux projets de loi furent portés le 5 juillet à la chambre des pairs; M. le comte Daru, rapporteur de la commission, attaqua violemment l'administration de M. de Villèle en 1826. Il alla jusqu'à prétendre qu'on devrait faire aux anciens ministres un procès en tendance de dissimulation. Il fonda ces accusations d'une manière étrange, en disant que M. de Villèle aurait dû prévoir que les produits des impôts augmenteraient et les remises avec eux, et que les primes s'élèveraient au delà des prévisions du ministère. M. de Villèle répondit avec ce calme et cette modération qui déroutaient toujours ses adversaires, et rappela que l'augmentation des primes devait être attribuée aux changements importants intervenus dans le système des douanes. La haute chambre vota ensuite sur l'ensemble de la loi, qui fut adoptée à une grande majorité.

La discussion sur le budget de 1829 s'ouvrit le 27 juin à la chambre des députés. Le budget était présenté sous une nouvelle forme; le budget des dépenses et celui des recettes formaient deux projets de loi séparés. Tous les membres de la chambre se récrièrent dès l'abord sur l'énormité des dépenses, en réclamant de fortes économies qui de loin paraissaient très-faciles à opérer. M. Gautier, rapporteur de la commission, proposa des réductions s'élevant à 6,890,113 francs sur les divers ministères; mais ces diminutions se trouvaient atténuées par l'accroissement de dépenses diverses, de sorte que l'économie effective n'était plus que de 1,815,193 francs: quand on veut passer de la sphère de la théorie au monde de la pratique, on est ainsi presque toujours forcé de descendre. M. Labbey de Pompières s'écria qu'il ne voterait pas le budget s'il n'était diminué d'un dixième; M. Charles Dupin demanda « la suppression d'un million d'employés qui retourneraient à des travaux productifs au pays. »

M. Benjamin Constant, fidèle à sa tactique d'opposition, ne voyait dans le travail de la commission que des tentatives restreintes et des vœux stériles. On n'a pas oublié que plusieurs membres de la droite avaient attaqué le monopole universitaire; M. Benjamin Constant ramena la question à l'ordre du jour; avec cette spirituelle ironie qui caractérisait son talent, il fit remarquer ces conversions inespérées.

« Je devais parler du monopole universitaire que j'ai souvent désapprouvé, dit-il; mais d'inattendus auxiliaires rendent mes paroles superflues.

« De toutes parts, on proclame des doctrines qu'on écoutait naguère avec défaveur; on proclame la liberté illimitée de l'enseignement, le droit imprescriptible des pères de donner à leurs enfants des maîtres de leur choix.

« Quelle est donc la force de la vérité, qu'elle renverse subitement, à jour fixe, les convictions les plus obstinées? Ce n'est pas comme tactique, sans doute, que des principes si justes sont mis en avant; ce n'est pas en désespoir de cause qu'on veut la liberté pour tous, depuis qu'on désespère de prêter à un seul l'arme du monopole; non, les conversions qui nous étonnent sont, j'aime à le croire, aussi sincères qu'elles ont été rapides. »

La discussion du budget du ministère de la justice fut vive: M. Dupin attaqua l'existence des juges auditeurs du conseil d'État; leur amovibilité au milieu de juges inamovibles lui semblait un obstacle à leur indépendance. Il s'éleva aussi contre l'énormité de la dépense occasionnée par le conseil d'État, qui coûtait 900,000 francs, tandis que les dépenses de la chambre des députés ne s'élevaient qu'à 600,000 francs. Il demanda qu'on attribuât aux cours royales la compétence dans les affaires d'appels comme d'abus.

M. Labbey de Pompières attaqua l'existence même du conseil d'État.

« Cette institution est une violation organisée de la justice civile, dit-il; dans aucun cas on ne doit placer les droits des citoyens en dehors de la justice ordinaire pour les livrer à la juridiction administrative. »

La route était ouverte à M. Gaétan de la Rochefoucauld, qui renouvela plus directement cette fois ses accusations contre le conseil d'État, qui, aux yeux de l'orateur, était un instrument commode dans les mains des ministres, au gré desquels il statuait toujours. M. Cuvier, commissaire du gouvernement, demanda à M. de la Rochefoucauld si jamais le conseil d'État avait interverti le cours de la justice ou prononcé sciemment contre les lois. La discussion se prolongea entre M. Pardessus qui défendait la légalité de l'institution du conseil d'État, M. de Salverte qui l'attaquait, et le garde des sceaux qui représentait le conseil d'État comme un contrôle salutaire placé à côté des bureaux des ministères et profitant à l'État. M. de la Rochefoucauld revint sur les observations qu'il avait présentées au sujet du conseil d'État, M. de Martignac lui répondit alors que, comme tous les tribunaux, le conseil d'État était sujet à l'erreur. « Mais s'il se trompe, ajouta le ministre de l'intérieur, c'est une conscience qui s'abuse ; ce n'est jamais une conscience qui se tait. »

MM. de Formont et de Cormenin parlèrent après M. de Martignac : le premier défendit le conseil d'État en votant contre la réduction proposée par la commission ; le second signala les vices de son institution, le vague de ses attributions, l'amovibilité des membres du comité du contentieux, et le secret qui entourait les délibérations du conseil d'État comme les véritables points défectueux et sujets à des réformes. En résumé, la réduction de 300,000 fr. proposée sur les dépenses du conseil d'État par M. Labbey de Pompières fut rejetée, et la chambre adopta la réduction de 119,000 fr. proposée par la commission. Le traitement du ministre de la justice fut également réduit à 120,000 fr.

On passa ensuite à l'examen du budget des affaires étrangères ; un discours de M. Bignon sur les relations extérieures de la France avec les autres puissances amena des explications de M. de la Ferronays. M. Bignon répéta les paroles attribuées tant de fois à M. de Villèle qui aurait dit, lors des comités secrets de 1823 sur l'adresse au Roi : « Que si la France ne faisait pas la guerre du côté des Pyrénées, elle aurait à la soutenir sur le Rhin. » M. de la Ferronays était d'autant plus autorisé à réfuter cette fausse assertion, que, quelques semaines auparavant, M. de Villèle, interpellé par lui à ce sujet, avait donné à la tribune toutes les explications désirables. M. Bignon s'écria que le ministre d'alors s'était vanté d'un outrage qu'il n'avait pas reçu; « il était plus que lâche, ajouta-t-il, il était fanfaron de lâcheté ! » M. de la Ferronays répondit que jamais à Vérone on n'avait placé le gouvernement français dans cette alternative ; on avait abusé contre l'ancien président du conseil de quelques paroles qui manquaient peut-être de clarté. M. de la Ferronays donna ensuite des explications sur la politique extérieure de la France : le gouvernement s'occupait de régler les intérêts des colons de Saint-Domingue, prenait des mesures pour amener la régence d'Alger à donner une satisfaction complète à la France, et pour arriver à la pacification de l'Orient et de la Grèce. On travaillait également au recouvrement de la dette d'Espagne. La déclaration des intentions de la France vis-à-vis de la nouvelle politique suivie en Portugal fut vivement approuvée par la chambre :

« Quelques mots vous feront apprécier la situation d'un autre royaume de la Péninsule, qui attire en ce moment l'attention de l'Europe, dit le ministre. Le corps diplomatique, à Lisbonne, est accrédité près de l'Infant dom Miguel, régent au nom de S. M. dom Pédro; tout changement dans cette situation ferait expirer les pouvoirs de notre ambassadeur. »

Ainsi se termina la discussion du budget des affaires étrangères ; la réduction de 300,000 fr. proposée par la commission fut adoptée. On arriva enfin à la discussion du budget des affaires ecclésiastiques, discussion impatiemment attendue par les libéraux aussi bien que par le parti religieux, car les passions et les opinions contradictoires saisissent toutes les occasions favorables au combat. La discussion s'ouvrit par un discours de l'évêque de Beauvais. Il déplora l'exagération des deux partis extrêmes ; les libéraux s'épouvantaient de l'influence du parti prêtre, tandis que les catholiques exaltés, révoltés de la publication des ordonnances du 16 juin, voyaient déjà les autels écroulés, le fer de la persécution levé et la religion abolie. Il fallait se placer dans un sage juste milieu ; les terreurs de ces deux opinions extrêmes étant également fausses. L'évêque de Beauvais parla des services rendus par le clergé ; ces services devraient faire pardonner quelques légers abus, s'il s'en trouvait dans sa conduite. On accusait le clergé de ne pas comprendre les avantages que lui assuraient les institutions qui gouvernaient la France et en secret d'être opposé à ces institutions :

« Je ne partage pas cette opinion, dit Mgr Feutrier, le clergé n'ignore pas que la puissance qui lui est donnée est toute spirituelle, qu'il est appelé à diriger les consciences et non les empires ; la seule mission essentielle du prêtre, c'est d'éclairer, de bénir et de consoler ; il ne lui appartient pas de rien exiger au delà... Si la religion est le plus solide fondement d'une véritable législation et le plus fort lien des institutions, l'intérêt le plus pressant du clergé est de s'appuyer sur la charte, comme sur la colonne inébranlable de tous les droits politiques, et de ne jamais croire les autels en péril tant qu'ils seront placés sous le sceptre tutélaire d'un monarque qui est digne par ses vertus et ses bienfaits du titre glorieux de Roi très-chrétien. »

Le discours du ministre des affaires ecclésiastiques fut très-applaudi ; la modération qui l'avait inspiré rendait impossible toute réponse de la nuance religieuse dont l'abbé de la Mennais était le chef. M. Dupin aîné défendit les ordonnances du 16 juin et répondit aux catholiques qui déploraient par avance la chute des autels du Christ, et prédisaient que l'ère de la persécution religieuse approchait. La discussion du budget des affaires ecclésiastiques fut ensuite terminée. Mais la question principale, celle des résultats des ordonnances du 16 juin, avait été en quelque sorte réservée; elle se ranima tout entière à l'occasion de l'examen du budget de l'instruction publique. Un député de la droite, M. Leclerc de Beaulieu, ouvrit le feu, en demandant au nom de la charte et de la liberté légale la suppression du monopole universitaire. Il attaqua les ordonnances de juin, parce « qu'elles introduisaient l'inquisition dans l'enseignement public et ôtaient aux pères de famille le droit de choisir les instituteurs de leurs enfants. L'Université ne pouvait avoir la confiance de tous; à côté d'elle, le gouvernement devait tolérer l'existence d'autres établissements d'enseignement secondaire; sans cela les pères de famille pourraient dire au gouvernement : Si vous avez pris vos précautions pour que mon fils ne soit pas élevé par un jésuite, quelle garantie me donnez-vous pour qu'il ne soit pas élevé par un maçon et un illuminé? »

M. de Vatimesnil répondit à ce discours, expression des sentiments de la droite modérée, en expliquant la portée véritable des ordonnances du 16 juin :

« Les ecclésiastiques, entrant dans le domaine de l'instruction publique, ne sont plus seulement justiciables de la loi ecclésiastique, dit-il; ils deviennent justiciables de la loi civile, parce que l'enseignement est nécessairement du ressort de la loi civile et doit être maintenu sous la surveillance de l'autorité civile.

« La condition nécessaire pour être admis à enseigner, c'est de n'appartenir qu'à l'ordre dans lequel on s'engage pour se vouer à l'enseignement.

« On a parlé d'inquisition, mais on ne demande qu'une déclaration : Appartenez-vous ou n'appartenez-vous pas à telle association? Faire partie d'une association, c'est là un fait extérieur; on a des supérieurs auxquels on doit une obéissance passive; la loi civile, en imposant des obligations, a le droit de s'enquérir si l'on est dans la possibilité de les remplir. »

Le parti ultra-religieux ne s'avoua pas vaincu par le ministère, et M. de Lépine, empruntant aux libéraux la métaphore dont ils se servaient pour désigner l'action des jésuites, montra l'Université, « cette fille d'un despote, couvrant la France de son vaste filet et enveloppant tous les enfants qu'elle évaluait à tant par tête. » L'orateur se fit l'interprète « de la douleur de 3,000 pères de famille qui mettaient au-dessus de tout la nécessité de donner à leurs enfants des principes religieux. » Il peignit la division que les ordonnances causaient dans les familles et le découragement qu'elles jetaient parmi les élèves qui se destinaient au sacerdoce.

A cette apologie de l'enseignement religieux, M. Viennet opposa une satire violente dirigée contre les jésuites et les ignorantins, il accusa l'ancien ministère de les avoir protégés; il déclara qu'il aimait cependant la liberté et qu'il s'unirait aux ennemis de l'Université si « elle n'avait pas le mérite de s'emparer des générations récentes pour en faire une conscription nationale contre le fanatisme, l'ignorance et l'ancien régime. »

A la suite du discours de M. Viennet, le président donna la parole à M. de la Bourdonnaye; toute la chambre devint attentive pour écouter l'ancien chef de la contre-opposition de droite. L'orateur critiqua les ordonnances de juin, en se plaçant au point de vue opposé aux principes émis par M. Viennet; il reprocha aux ordonnances de limiter le nombre des élèves des petits séminaires, et d'imposer aux instituteurs ecclésiastiques l'obligation de déclarer qu'ils n'appartenaient à aucune congrégation contraire aux lois de l'État.

« C'est mal à propos qu'on prétend appliquer les lettres patentes de 1760 à des jésuites qui ne l'étaient pas alors, dit-il. Quand une fois un régime exceptionnel s'établit par des ordonnances, où s'arrêtera-t-on?

« Aujourd'hui, le garde des sceaux ne prononce d'incapacités que pour l'instruction et contre les congrégations. Demain, il viendra une autre ordonnance qui proscrira les jansénistes et les protestants. »

M. de Vatimesnil répondit à M. de la Bourdonnaye, qui reprochait au ministère les concessions qu'il avait faites aux libéraux, en énumérant les diverses lois proposées par le ministère et sanctionnées par la chambre ; il demanda si ces lois devaient être qualifiées de concessions. Il expliqua ainsi les motifs légaux qui avaient déterminé le Roi à consentir à la publication des ordonnances du 16 juin : « Les congrégations ne pouvaient exister qu'en vertu d'une loi ; ceux qui appartenaient à des congrégations non autorisées étaient placés par ce seul fait en contravention avec la loi et ne pouvaient occuper des fonctions civiles. »

La réponse était faible, car la cause était mauvaise. On passa ensuite à la délibération des articles, puis la chambre adopta le budget des affaires ecclésiastiques. La lutte n'avait pas dit son dernier mot. Elle se renouvela lorsqu'on vint à examiner le budget du ministère de l'intérieur.

M. de Martignac rappela, dès le début de la discussion sur les dépenses secrètes, tout ce que le Roi avait fait pour la religion ; il blâma les esprits exaltés qui représentaient toujours les autels écroulés et prétendaient que la persécution devenait menaçante :

« Je sais, dit-il, qu'il est des hommes qui cherchent à semer dans les esprits et jusque dans les cœurs de funestes pressentiments et de sinistres alarmes; qui, après avoir combattu longtemps avec courage chez les autres l'oubli des devoirs, les maximes de révolte et d'insubordination, se laissent égarer aujourd'hui par des violences dont l'excès devrait détruire le danger. »

Le tableau des bienfaits du Roi envers le clergé trouvait ici sa place; M. de Martignac termina son discours par une défense du ministère, auquel les partis n'avaient accordé que quelques jours de trêve, lors de son avènement :

« C'est vainement, dit-il, qu'on se plaît à nous considérer comme des hommes entraînés qui se laissent emporter par un torrent contre lequel ils ne peuvent se débattre.

« Il n'en est rien. Nous saurons bien, si l'occasion se présente, faire entendre à tous si nous savons repousser les prétentions illégitimes et faire respecter l'autorité sacrée dont nous sommes les dépositaires. Il est facile de préparer contre ceux qu'on attaque des phrases amères et injurieuses. Mais, grâce au ciel, au temps où nous sommes, l'honneur des hommes ne se flétrit pas par des injures, et lorsque les événements se développent, chacun reprend la place qui lui appartient. »

M. Benjamin Constant proposa une réduction de 80,000 fr. sur le crédit alloué aux encouragements aux sciences et aux lettres. Il redoutait pour les lettres la protection du pouvoir, il craignait que les dons du gouvernement ne fussent prodigués à « ces feuilles impures dont les ministres n'avaient eu que bien passagèrement la gloire de mériter les attaques et dont ils avaient déjà le triste bonheur d'obtenir les éloges; ces feuilles à la fois serviles et anarchiques, ajouta l'orateur, crient à la persécution, parce qu'elles craignent que ceux qui méditent des persécutions ne triomphent pas; elles crient au martyre, parce que les assassinats qu'elles provoquent sont menacés de quelque obstacle; à la révolution, parce qu'elles ne peuvent organiser la guerre civile. Je vote contre l'allocation demandée, parce que je crains que les encouragements aux lettres ne tournent au profit des commentateurs mercenaires de quelque théorie destructive de toute responsabilité et par conséquent de toute garantie. »

L'attaque ne prenait pas cette fois la peine de se dissimuler; la réponse était difficile, M. de Martignac s'en chargea. Sa réplique fut vive; il déclara qu'en toute circonstance il s'était laissé guider par sa conscience.

« En ce qui touche la responsabilité ministérielle, ajouta-t-il, j'ai dit que la chambre s'était ôté à elle-même la possibilité de statuer sur ce point, avant d'avoir reçu les éclaircissements qu'elle avait demandés, et que, dans cet état de choses, la question allait, non pas à l'ancien ministère, mais à celui dont le seing se trouve sous les ordonnances. »

M. de Martignac annonça qu'une commission, composée de membres pris dans les quatre classes de l'Institut, était chargée de surveiller la distribution des fonds destinés aux encouragements aux sciences et aux lettres; à la suite de cette déclaration, M. Benjamin Constant retira sa proposition.

Les budgets de la guerre et du commerce furent ensuite examinés; le ministre de la guerre déplora l'insuffisance des traitements militaires dans les grades inférieurs. La question relative aux troupes suisses se rouvrit à l'occasion du budget de la guerre. Le général Demarçay et le colonel Jacqueminot proposèrent de remplacer les troupes suisses par des troupes françaises, en déclarant que cette mesure épargnerait chaque année un million et donnerait le moyen de procurer du service à cinq cents officiers français restés sans emploi.

« Les Suisses sont braves, dévoués, dit le colonel Jacqueminot. Braves, qui le conteste? Ce n'est pas nous, officiers de l'ancienne armée, qui les vîmes pendant dix ans combattre à nos côtés sous les bannières de l'empire.

« Mais la valeur nationale a-t-elle perdu ses droits? Ils sont dévoués! Les Français ne le sont-ils plus? Ne saurait-on mettre un terme à ces éloges exagérés de la fidélité helvétique, qui servent comme de texte à certaines personnes pour incriminer la France nouvelle? »

M. de Salvandy, commissaire du gouvernement, répondit au colonel Jacqueminot : que le recrutement, toujours considéré comme un impôt onéreux, était avantageusement remplacé par les douze mille Suisses qui représentaient un nombre égal de remplaçants. Si on repoussait leurs services, ne pourrait-on pas craindre de les avoir pour ennemis, au lieu de les conserver pour auxiliaires. M. de Martignac fit observer à ceux qui demandaient le remplacement des troupes suisses par des troupes françaises, que l'intérêt politique de la France s'opposait à l'adoption d'une semblable résolution.

« Serait-il politique, dit-il, de laisser dix à douze lieues de frontières ouvertes à une puissance ennemie, sans aucune place forte ?

M. Dupin répondit que si le souvenir du dévouement des Suisses devait être conservé par la France, un seul régiment suisse, servant dans les armées royales, suffirait à perpétuer ce souvenir. A la suite de ce débat, M. Jacqueminot retira sa motion.

Une proposition de M. Moyne, tendant à opérer une diminution de 219,000 fr. sur les traitements des maréchaux de France, fut au contraire adoptée, après un spirituel discours de M. Dupin.

« On parle de la gloire des maréchaux, dit-il; qui la nie ? Messieurs, personne ne l'admire plus que moi. Mais cette gloire a été achetée avec du fer et non avec de l'or; je ne crois pas que la réduction de leur traitement puisse en rien toucher à leur gloire. Je ne vois pas comment l'honneur des maréchaux serait blessé, si on leur imposait un maximum d'appointements en cas de cumul, 100,000 francs, par exemple.

« Certes, nous ne demanderons pas de diminution sur la solde du soldat. On nous a dit, il est vrai, que les cinq sous du soldat étaient la même chose que les 160,000 fr. de tel ou tel maréchal; que ces traitements étaient la propriété de toute l'armée. Messieurs, je ne pense pas qu'il y ait un seul soldat qui refuse de voir réduire à 100,000 fr. ces appointements éventuels de maréchal de France. »

La discussion du budget du ministère de la marine fut courte. Le ministre de la marine se loua des services rendus par le conseil d'amirauté, annonça la promulgation d'un nouveau code maritime, déclara qu'il s'occupait d'améliorer le service des colonies et d'adoucir le sort des esclaves. MM. Eusèbe de Salverte et Sébastiani s'élevèrent contre la traite des noirs, en réclamant la liberté légale pour les hommes de couleur affranchis; puis les réductions proposées par la commission furent adoptées.

On arriva enfin à la discussion du budget des finances. La chambre, fatiguée de ce long débat, examina rapidement les diverses branches des finances.

M. Duvergier de Hauranne présenta un amendement réclamant la suppression d'un crédit de 300,000 fr. destiné à la construction de la manufacture des tabacs à Paris, les constructions ayant été commencées sans l'autorisation législative. Cet amendement fut adopté, malgré les réclamations de M. Bacot de Romans, qui fit observer que les bâtiments resteraient inachevés si le crédit nécessaire n'était pas alloué. Diverses réductions secondaires, proposées par la commission, furent également approuvées, et la chambre, ayant été appelée à voter sur l'ensemble du budget des dépenses, l'adopta à la majorité de deux cent quatre-vingt-dix-neuf voix contre vingt-huit.

Pendant la discussion du budget des finances, un incident amena un vif débat au sein du comité chargé de régler les dépenses de la chambre. Cet incident fut la pétition de M. Gleizal, ex-conventionnel, qui réclamait la restitution d'une pension de 4,000 fr. qui lui avait été servie jusqu'en 1823, comme ancien secrétaire du corps législatif. Sa demande était appuyée par M. de Sainte-Aulaire. M. Syrieys de Marinhac, révolté à la pensée de cette réclamation d'un conventionnel régicide, prit le *Moniteur*, et s'élançait à la tribune pour lire à l'assemblée le vote de M. Gleizal dans le procès de l'infortuné Louis XVI, lorsque M. Duvergier de Hauranne s'opposa à ce que ce vote fût rappelé en disant que cette lecture constituerait une violation de la charte. La droite éclata en murmures, tandis que la gauche criait à M. Syrieys de Marinhac : « Vous n'avez pas le droit de lire. » Le président déclara que la chambre ne voulait ni ne pouvait entendre la lecture demandée, un article de la charte défendant la recherche des opinions et des votes antérieurs à la Restauration. M. Hyde de Neuville termina l'incident par des paroles de conciliation. Il promit que, si la pension était due, elle serait payée; si le ministère n'approuvait pas l'allocation comme un article du budget, il en parlerait au Roi comme d'un secours direct de sa munificence.

Le budget des dépenses, porté à la chambre des pairs le 1ᵉʳ août, n'y rencontra pas d'opposition, et fut voté par 117 voix sur 119; on arrivait au terme d'une longue session, et un grand nombre de pairs n'avaient pas attendu la fin des délibérations de la haute chambre pour aller se reposer des fatigues qui suivent toujours une session si laborieuse.

Le crédit extraordinaire de 1,200,000 fr. affecté aux écoles ecclésiastiques, en vertu de l'ordonnance du 16 juin, restait à voter; la discussion de ce projet de loi prit place entre l'examen du budget des dépenses et du budget des recettes pour 1829.

Une dernière fois avant la clôture de la session de 1828, la question religieuse apparaissait frémissante à la tribune. M. Béranger, rapporteur de la commission, fit observer que puisque l'exécution des lois du royaume soulevait une vive opposition, il importait de favoriser les intentions bienveillantes du gouvernement envers le sacerdoce en votant le crédit demandé.

La commission avait constaté que, sur 179 établissements d'enseignement secondaire ecclésiastique, il y en avait 53 dont l'existence était en dehors de la légalité; afin de laisser au pouvoir le temps de préparer une loi sur la légalité de l'existence des petits séminaires, elle proposait de rédiger la loi proposée en un article unique, conçu ainsi qu'il suit :

« Il est accordé au ministre des affaires ecclésiastiques, sur les fonds de l'exercice 1829, un crédit extraordinaire de 1,200,000 fr., spécialement affecté à l'instruction ecclésiastique secondaire. »

M. de Corcelles combattit cette conclusion de la commission. Il ne pensaît pas que le crédit demandé fût indispensable pour assurer l'existence des écoles ecclésiastiques et la perpétuité du sacerdoce; cette dépense, affectée seulement à soutenir des établissements auxquels tous les contribuables ne tenaient pas également, lui semblait consacrer la suprématie exclusive de la religion de l'État. Il demandait, cependant, l'abrogation des lois contre les congrégations religieuses. « Ces lois violent deux droits imprescriptibles, dit-il, celui de toute association morale dont les actes n'offensent pas les lois, et celui de propager ses pensées par l'enseignement comme par tout autre moyen. » M. de Caqueray critiqua les dispositions des ordonnances de juin, parce qu'elles limitaient d'une part la faculté qu'avait l'Église catholique de régler seule son enseignement, tandis que de l'autre elles enlevaient aux Français le droit de faire élever leurs enfants par des instituteurs de leur choix.

Le ministre des affaires ecclésiastiques répondit à ces deux discours en s'efforçant de faire tomber une à une les objections nombreuses qui étaient dirigées contre les ordonnances de juin.

L'évêque de Beauvais fit remarquer que la limitation du nombre des élèves dans les petits séminaires était une mesure indispensable. Cette mesure aiderait à prévenir un abus en évitant que les écoles ecclésiastiques ne s'écartassent du but véritable de leur institution. Les ordonnances du 16 juin s'étaient bornées à appliquer la loi existante en établissant qu'à l'avenir un diplôme de bachelier ès lettres spécial, et pouvant servir seulement pour obtenir les grades de théologie, serait donné aux séminaristes. La plupart des dispositions adoptées avaient été, du reste, indiquées par la commission chargée d'examiner l'état des écoles ecclésiastiques et d'y faire observer la loi.

M. Duplessis de Grénédan, plus ardent encore que ses amis,

motiva par une violente harangue un vote opposé à la loi qui sanctionnait les ordonnances de juin; la première ordonnance n'avait qu'un but aux yeux du fougueux député : « Expulser les jésuites que, par une sorte de pudeur, on n'avait pas osé nommer. Cette ordonnance viole la Charte en établissant des incapacités arbitraires pour l'admission aux emplois publics, s'écria-t-il; elle porte atteinte à la liberté de conscience en ne permettant pas aux citoyens d'appartenir à une congrégation religieuse, sans encourir une exclusion; elle est injuste, coupable, inhumaine; elle rend l'autorité barbare et capricieuse, bannissant aujourd'hui ceux qu'elle tolérait hier, quoique rien n'ait changé; elle porte la désolation au sein de trois mille familles et les sacrifie sans pitié à la clameur d'un parti, faisant servir ainsi la puissance publique à disperser des prêtres et des enfants... Ce qu'on nomma le vandalisme révolutionnaire n'avait rien qui fût comparable à ceci; car ce n'était, après tout, que des statues et d'autres productions des arts qu'on détruisait. Ce sont ici des établissements merveilleux, sources de vertus, de talents, de savoir, gages de paix et de prospérité publique. »

L'exagération des expressions de M. Duplessis de Grénédan, qui trouvait le vandalisme révolutionnaire préférable aux ordonnances édictées par un Roi très-chrétien, fut relevée à la tribune. M. Dupin critiqua le premier les violences de langage de M. de Grénédan.

« Je pourrais dire d'une ordonnance qu'elle est illégale, si je la croyais telle, observa-t-il; mais jamais je ne dirais en termes d'insulte qu'une ordonnance du Roi, à qui j'ai juré fidélité et respect, dépasse tout ce qu'a pu produire le vandalisme révolutionnaire. »

M. Dupin exprima le vœu que le programme des études fût plus étendu dans les grands séminaires.

« Je voudrais, dit-il, qu'on y enseignât un peu de physique, ne fût-ce qu'afin de faire savoir aux prêtres que, quand on sonne la cloche dans un temps d'orage, on attire la foudre sur le clocher. Cela est vrai au moral comme au physique. »

M. Duplessis de Grénédan soutint que la suppression des établissements d'éducation ecclésiastique était un acte digne des Vandales ; enfin M. de Martignac prit la parole. Il ne ressentait aucune surprise de voir une mesure importante qui, par sa nature, touchait à des intérêts très-délicats, exciter une vraie controverse. Seule, l'exagération violente des conséquences qu'on voulait en tirer n'était ni juste ni excusable.

« Il n'est pas d'efforts qu'on n'ait tentés pour semer le trouble et l'inquiétude dans les consciences, dit-il. On a parlé de persécution, on a bégayé le nom de martyrs et d'échafauds ; on s'est plu à peindre la révolution encore sanglante et toujours menaçante, toujours armée et prête à fondre sur nous.

« L'acte tout de piété et de bienfaisance, qui occupe aujourd'hui l'attention de la chambre, a été présenté tantôt comme une injure faite au sacerdoce, tantôt comme un moyen de lui nuire. On a dit que c'était un prix décerné à la lâcheté et que l'honneur ne permettait pas d'accepter de pareils présents.

« On ne peut pas rendre le sacerdoce français responsable de clameurs irréfléchies jetées sans son aveu par des amis imprudents. On ne peut croire l'épiscopat français capable d'oublier ses devoirs, de méconnaître la soumission qu'il doit aux lois et au souverain légitime. Pour le juger ainsi, il faudrait oublier toute son histoire. »

A la suite du discours de M. de Martignac, discours favorablement accueilli par la majorité de l'assemblée, le crédit supplémentaire accordé aux écoles ecclésiastiques fut adopté par 264 voix contre 56. La chambre des pairs l'accepta sans discussion.

L'examen du budget des recettes de 1829, séparé cette année du budget des dépenses, devait terminer la session. M. de la Bourdonnaye avait été chargé du rapport de la commission, et dans ce rapport il établit clairement que le prétendu déficit, attribué à l'administration précédente, n'existait que dans l'esprit des ennemis de M. de Villèle. Déjà M. Laffite avait dit à la tribune que ce prétendu déficit n'était que la dette flottante. Le rapporteur prouva la vérité de cette affirmation. Le déficit réel qui résultait des comptes provisoires de 1827 ne s'élevait, selon M. de la Bourdonnaye, déduction faite des dépenses extraordinaires, qu'à 21,500,000 fr. Il déclara que la situation des finances n'avait rien d'alarmant. « Ce n'est pas, dit-il, au moment où toutes les branches de la fortune publique se ravivent à la fois et nous offrent dans les recettes des cinq premiers mois de 1828 la perspective d'un accroissement de 40 millions sur les mêmes impôts indirects, qui l'année dernière avaient fléchi de 13 millions, qu'on peut concevoir aucune sollicitude pour notre avenir financier [1]. »

La commission des recettes proposait de porter l'ensemble des recettes présumées pour 1829 à 975,008,957 fr.; l'aperçu du gouvernement l'avait fait monter à 986,156,821 fr.

Pendant le cours de la discussion, on examina successivement les impôts sur le sel, sur les boissons; on demanda des réductions sur les droits de l'enregistrement, sur le timbre imposé aux journaux paraissant dans les départements

---

[1] « J'ai eu une consolation en lisant hier le rapport de la Bourdonnaye pour la commission du budget, écrit M. de Villèle sur son Carnet. Il y dit tout net que l'affaire du déficit est une invention et une fable absurde. Il reconnaît la magnifique position des finances. Il a fait en tout un excellent rapport, après lequel il n'est plus possible de donner cours aux calomnies dirigées contre moi sous le rapport des finances. C'est honorable pour M. de la Bourdonnaye. Dès hier au soir, j'ai fait mettre une carte chez lui pour lui apprendre que je savais apprécier le mal et l'injustice dont on s'abstenait envers moi.

« Le déficit de 21 millions dont il parle pour 1827 est la différence entre les dépenses ordinaires de cette année et les recettes ordinaires. Il s'est trompé sur la somme, mais cela ne veut rien dire; car j'avais payé 31 millions pour l'occupation d'Espagne, qui couvraient, et au delà, le prétendu déficit. Mais personne n'a voulu rectifier cette première erreur de M. Roy, qui a compté la dette d'Espagne pour 58 millions quand elle était de 89,600,000 fr. Le public est fait pour être trompé; il s'y plaît, tant pis pour lui. » (Papiers politiques de M. de Villèle. *Documents inédits.*)

qui n'étaient pas limitrophes du département de la Seine. Ces diverses propositions furent rejetées.

Un seul point de la discussion amena un assez vif débat; il éclata au sujet des évaluations des recettes. Le ministre des finances voulait régler l'exercice de 1829 d'après les évaluations de 1827, tandis que la commission prenait pour base l'évaluation de 1826. La chambre se rangea à l'opinion de M. Roy; le ministre des finances avait fait remarquer que la commission prétendait, en se réglant sur les évaluations de 1826, revenir à l'usage de prendre pour base, dans des cas analogues, le compte de l'avant-dernier exercice; or, relativement à 1829, 1827 était l'avant-dernier exercice.

Un article additionnel proposé par M. Dumeilet fut adopté: il demandait que les budgets réglant l'emploi de tous les centimes additionnels affectés au payement des dépenses départementales, ainsi que les comptes de leurs recettes et dépenses, fussent publiés annuellement. M. de Martignac exprima, à cette occasion, le regret de voir l'introduction dans la loi d'un amendement qui n'avait pas été communiqué au ministère. Cet amendement libéral obligeait à consulter les conseils généraux avant de mettre à leur charge une dépense que tous pouvaient ne pas approuver. La chambre vota sur l'ensemble de la loi; elle réunit en sa faveur une majorité de 256 voix, 294 contre 34. Ce vote fut le dernier acte de la session de 1828.

L'évaluation des recettes de 1829 ne se prolongea pas longtemps à la chambre des pairs. M. Mollien, nommé rapporteur de la commission, présenta ses conclusions le 9 août. Personne ne s'était fait inscrire pour combattre le rapport. L'article additionnel adopté par la chambre des députés, sur la proposition de M. Dumeilet, suspendit un instant le vote de la haute chambre; on reprochait à cet article d'introduire dans une loi de finances une disposition étrangère: en conséquence, quelques pairs proposaient son rejet. Mais la haute chambre, après les observations présentées par MM. de Lally-Tollendal et de Martignac se détermina à voter l'article qui faisait l'objet d'un litige. A la suite de ce vote, la session de 1828 fut déclarée close ; il ne restait dans la salle des séances que 60 pairs, qui se séparèrent aux cris de *vive le Roi !*

Avant d'aborder le récit des événements politiques qui prirent place après la clôture de la session, jetons un rapide coup d'œil sur la position du ministère Martignac au mois d'août 1828. Les six premiers mois de son existence étaient écoulés : quels avaient été ses gains et ses pertes pendant ce laps de temps?

Tous les partis souriaient à son avénement; mais, dès qu'il lui avait fallu agir, l'opposition, cette compagne inséparable du pouvoir, s'était dressée à son côté, l'obstacle lui était apparu. Il avait eu à lutter de prime abord contre l'influence de M. de Villèle sur le Roi. Le nouveau ministère, qui avait été imposé à Charles X, ne possédait pas la confiance royale. Il avait dû faire ses premiers pas à tâtons à la recherche d'une majorité incertaine qu'il essaya de trouver dans les centres et jusque sur les bancs de la gauche, car les divisions de la droite s'étaient encore accrues depuis la chute de M. de Villèle. Le ministère s'efforçait de donner des satisfactions aux opinions contradictoires de l'extrême droite, du parti libéral et du parti religieux, dont les exigences égalaient celles des libéraux. Son rôle politique était de contenir et de diriger à la fois les aspirations trop vives, de les satisfaire dans une juste mesure et de travailler à rattacher le parti de la défection à la politique ministérielle.

Pendant le cours de cette longue et importante session, le ministère n'avait eu qu'un objet en vue : gagner la confiance de la chambre, conquérir une majorité animée contre lui de sentiments de défiance. Pour arriver à ce résultat, il avait présenté les projets de loi les plus libéraux; chacun d'eux renfermait d'importantes concessions, toutes accordées à la prérogative parlementaire aux dépens de la prérogative royale. Au nombre de ces concessions, nous citerons la nouvelle législation électorale, l'abolition de la censure, la suppression du monopole et des procès de tendance, l'interprétation des lois confiée à la puissance législative. Enfin les plus importantes de ces concessions avaient été les ordonnances du 16 juin, arrachées à la conscience du Roi, et la proposition de mise en accusation de M. de Villèle, ce ministre éminent dont la politique avait été pendant six années l'expression de la pensée royale.

Il semble qu'à la suite de cette longue énumération d'abandons de pouvoirs faits par la royauté, nous devrions pouvoir ajouter qu'au prix de ces sacrifices l'administration nouvelle avait acquis une majorité puissante dans l'assemblée. Cette conséquence, qui paraît logique, n'était cependant pas réelle. Si la majorité de la chambre s'était ralliée sur un point, quand s'agissait, par exemple, de l'accusation de M. de Villèle, elle se divisait sur une autre question : elle combinait ses diverses nuances pour arriver à un vote, mais son accord n'était pas complet; elle se subdivisait en plusieurs fractions qui ne formaient plus que des minorités. Souvent, pendant le cours de la session, l'extrême gauche avait voté en faveur des projets ministériels ; mais elle ne s'était pas ralliée franchement à la politique du ministère, et elle n'acceptait ses bienfaits qu'avec défiance. De son côté, la droite n'accueillait qu'avec regret chacune des concessions qui dépouillaient la royauté de ses prérogatives.

Ainsi, en cherchant à concilier les exigences de tous les partis, le ministère n'était parvenu à en satisfaire aucun. Il continuait sa marche incertaine à la recherche d'une majorité vraiment introuvable, majorité qu'il espérait toujours pouvoir réunir par la fusion de la gauche et du centre droit. Cette fusion ne pouvait s'accomplir; une fraction de l'opposition, l'extrême gauche, rendait toute conciliation impossible par son impatience d'atteindre un but qu'elle poursuivait depuis longtemps. Cet idéal de l'opposition à outrance était le renversement de la maison de Bourbon branche aînée; elle trouvait que la pente des concessions obtenues par les parlementaires ne menait pas assez directement à une révolution : or, l'extrême gauche voulait marcher, marcher vite; la droite, mécontente à juste titre du départ de M. de Villèle, déplorait hautement les résultats de la politique du nouveau ministère. Elle publia par la voix de la *Gazette de France*, organe de l'ancien parti ministériel, un résumé de la session dans lequel la politique nouvelle était violemment accusée : la *Gazette* déclarait qu'il ne restait plus au ministère qu'à consommer l'avénement de la république et l'érection des autels à la déesse de la Raison [1]. Les exagérations de langage de la *Gazette* étaient arrivées à un tel degré, que l'administration pensa qu'il était de son devoir de poursuivre la feuille de droite. Les tribunaux l'acquittèrent.

La chambre avait oublié ses divisions dans un seul cas :

1. Voici les passages de l'article incriminé; il résumait ainsi les actes de la session :

« Les ministres du Roi, remplacés par les ministres de l'opinion, c'est-à-dire de l'opinion pervertie par le journalisme; le discours de la couronne, ouvrage du ministère provoquant des lois avec lesquelles l'autorité royale serait anéantie; l'adresse de la chambre qualifiant de *déplorable* un système que deux rois avaient maintenu pendant six ans; l'administration du Roi, accusée de fraude et d'arbitraire, et abandonnée par ceux dont le devoir était de la défendre; les abus de majorité excluant les députés royalistes; le choix du président de la chambre enlevé au Roi par la combinaison du choix des candidats à la présidence; le ministère proposant de convertir en loi la domination du comité-directeur de la révolution, anéantissant l'influence de l'administration du Roi sur les élections; le principe monarchique de l'autorisation royale effacé de la loi de la presse; la licence de la presse consacrée par la législation; l'interprétation des lois enlevée à la royauté pour être attribuée aux chambres; des ordonnances d'intolérance et de persécution contre la religion de l'État arrachées au Roi par l'accusation des ministres de son choix; 80 millions d'ex--

lorsqu'il s'agissait de blâmer la marche suivie par le ministère Villèle, dont les libéraux aussi bien que les défectionnaires redoutaient le retour aux affaires.

M. de Martignac et ses collègues défendaient faiblement M. de Villèle. Ils ne pouvaient oublier que son influence auprès de Charles X s'était dressée, comme un obstacle, entre le Roi et le nouveau ministère. Quelquefois même on les avait vus, quand il s'agissait de justifier les actes de leurs prédécesseurs, quitter le banc de la défense pour passer dans le camp de l'attaque. Le ministère centre droit était condamné à poursuivre son chemin dans la même voie ; arrivé sur la pente des concessions, il ne pouvait s'arrêter, il devait fatalement, ou glisser jusqu'au bas de la pente, ou renoncer à se maintenir dans une position intenable.

A la haute chambre même, l'esprit d'indépendance avait grandi. En dépit de la promotion de pairs, la majorité était restée la même. Le projet de loi sur la presse périodique présenté par le ministère y avait soulevé une violente opposition. La forme ardente du débat s'affaiblit avec le temps, mais le fond d'indépendance ne changea pas.

Ainsi le ministère et la monarchie n'avaient rien gagné depuis l'avénement du ministère Martignac. Seule l'opposition gagnait ce que la royauté perdait.

Jetons un regard sur la situation de l'Europe à la fin de la session de 1828. En Portugal, dom Miguel avait accepté le 17 juin le titre de roi légitime à l'exclusion des droits de sa nièce dona Maria. A la nouvelle de cet événement, l'ambassadeur de France avait quitté Lisbonne. A l'autre extrémité

traordinaire imposés aux contribuables pour commencer une expédition dans l'intérêt de la révolution ; pour peu que le ministère persiste dans la même voie, il reste peu de chose à faire dans la prochaine session pour consommer le rétablissement de la république et l'érection des autels à la déesse de la Raison, si mieux n'aime la faction substituer tout de suite à la légitimité l'usurpation, et la religion réformée à la religion de l'État. »

de l'Europe, l'armée russe, réalisant ses menaces, franchissait le Danube, en rouvrant ainsi la question d'Orient.

En même temps un changement de ministère, qui rendait le pouvoir aux torys, avait lieu en Angleterre. MM. Huskisson lord Dudley, lord Palmerston et M. Grant, abandonnaient la conduite des affaires. Autre événement politique d'une haute importance : le catholique O'Connell était envoyé au parlement par le comté de Clare, malgré la loi anglaise qui fermait aux catholiques l'entrée du premier corps de l'État. Ainsi le catholicisme exilé du parlement d'Angleterre depuis près de trois siècles devait y rentrer dans la personne de l'illustre O'Connell. A Toulon, tout se préparait pour une expédition française entreprise dans le but de délivrer la Morée de l'occupation turque. Il nous reste à apprécier les causes et les résultats de cette expédition.

VIII

EXPÉDITION DE MORÉE. — CETTE EXPÉDITION EXCITE LE MÉCONTENTEMENT DE L'ANGLETERRE. — CONSÉQUENCES DE L'EXPÉDITION POUR LA FRANCE. — GUERRE ENTRE LA RUSSIE ET LA TURQUIE. — LA FRANCE DEVENUE EN 1828 L'ARBITRE DE LA QUESTION D'ORIENT. — VOYAGES DU ROI ET DE LA DUCHESSE DE BERRY. — ORDONNANCE DU 3 NOVEMBRE RELATIVE AU CONSEIL D'ÉTAT. — MÉMOIRE PRÉSENTÉ AU ROI PAR LES MINISTRES.

Toutes les puissances intéressées à ce que la Russie n'abusât pas de sa supériorité sur la Porte, dans les affaires d'Orient, pour renverser l'empire ottoman et peut-être s'en approprier les principaux débris, n'intervenaient depuis plus d'un an dans l'affaire grecque qu'afin d'ôter à l'empereur Nicolas le prétexte plausible de faire la guerre aux Turcs pour défendre ses coreligionnaires.

Des sujets de la Russie avaient été faits esclaves, déportés en Egypte ou massacrés, au vu et au su de la population et de l'armée russe qui s'en indigna à un tel point, que la sûreté autant que la dignité de l'empereur de Russie lui imposèrent la nécessité de déclarer la guerre à la Porte. Les succès des Russes dans les Principautés étaient alarmants pour les puissances. Elles les toléraient à cause de la promesse que continuait à faire l'empereur Nicolas, qu'il s'arrêterait à cet égard dans les limites posées par ses traités antérieurs avec la Porte. Le massacre des sujets de l'empereur de Russie en Morée, l'obstination des Turcs qui refusaient satisfaction aux légitimes griefs de la Russie, autorisaient les Russes à continuer la guerre contre la Porte, guerre si dangereuse pour la paix générale, et à cesser les hostilités sans l'intervention des puissances dont l'ambition ou la bonne foi pouvait être suspecte, comme l'Autriche ou comme l'Angleterre. Préférer l'intervention de la France devenait un moyen sage que toutes les puissances approuvaient. D'un autre côté, le roi de France devait saisir avec empressement l'occasion d'une opération militaire qui permettait de faire diversion aux embarras intérieurs de son gouvernement, et pouvait honorer son règne. Le ministère accepta sans peine cette occasion de contenter le libéralisme par le choix du chef et des principaux employés de cette expédition : le commandement fut confié au général Maison.

Les trois puissances signataires du traité du 6 juillet n'avaient point réussi à terminer l'affaire de l'affranchissement de la Grèce par la destruction de la flotte ottomane. Un conflit entre les Turcs et les Grecs était devenu impossible sur la mer; mais Ibrahim, fils du vice-roi d'Égypte Méhémet-Ali, était encore en Morée à la tête d'une armée, et pour que les clauses du traité du 6 juillet reçussent leur exécution, il fallait le contraindre à évacuer le territoire grec.

Ici une question difficile à résoudre se présentait :

parmi les puissances signataires du traité du 6 juillet, quelle serait celle qui enverrait en Morée une armée destinée à déterminer par la force le départ d'Ibrahim? L'Angleterre excluait la Russie, la Russie excluait l'Angleterre; la France s'offrit. Depuis l'expédition d'Espagne, elle avait le poids d'une armée à jeter dans la balance. La Russie appuya avec chaleur l'intervention de la France. Une fois encore, nous trouvâmes le cabinet de Saint-Pétersbourg favorable à nos intérêts, et le cabinet de Saint-James contraire à tout ce qui pouvait nous être avantageux. La France et la Russie se réunirent pour faire remarquer à l'Angleterre que, désintéressés dans la question, et nous trouvant plus éloignés que les deux autres puissances du territoire grec, nous avions des titres incontestables à être les exécuteurs du traité du 6 juillet.

L'Angleterre opposa une longue résistance, et combattit la proposition de la France par des prétextes à défaut de raisons[1]; elle ne donna même qu'un demi-consentement subordonné à des éventualités qu'elle espérait ne pas voir se réali-

1. Nous trouvons des preuves évidentes de la visible contrariété qu'éprouva l'Angleterre à la nouvelle de notre expédition de Morée dans la correspondance échangée, à cette époque, entre M. de Rayneval, chargé de l'intérim du ministère des affaires étrangères, M. de la Ferronays, ministre des affaires étrangères, et M. de Polignac, ambassadeur à Londres. Cette correspondance inédite nous a été communiquée par les héritiers de la famille de Montmorency; nous en extrayons les principaux passages. La première de ces lettres, adressée par M. de Rayneval au prince de Polignac, est datée du 14 août 1828. M. de Rayneval s'efforce de calmer, par de nouvelles assurances, les défiances de l'Angleterre. M. de Polignac est chargé de répéter au duc de Wellington et, s'il en trouve l'occasion, au roi lui-même, que le seul but que la France cherche à atteindre, c'est la pacification de la Grèce et l'accomplissement du traité du 6 juillet; qu'il persiste à croire que ce n'est qu'en déployant une force militaire agressive, au nom de l'Angleterre, comme au nom de la France et de la Russie, qu'on ouvrira les yeux au Divan et qu'on l'amènera à adhérer aux conditions qui peuvent seules rétablir la paix en Orient. Aussitôt la Morée délivrée du joug ottoman, l'armée française quittera le pays. La fidélité à ses promesses est la première gloire que le Roi ambitionne, et la France, d'accord avec lui, ne cherche, dans l'expédition qui se prépare, que l'honneur de rendre l'existence à un peuple que de plus longs malheurs pourraient entièrement anéantir.

ser¹. Cependant le cabinet des Tuileries avait commencé ses préparatifs, et il les poussait avec une activité qui provoqua les observations du cabinet de Saint-James et rendit son attitude plus malveillante encore. Un jour que le ministre de la marine avait travaillé avec Charles X et qu'il avait été ques-

---

1, *5 septembre* 1828. Rayneval à Polignac. « Je reçois des nouvelles de M. de Mortemart, arrivé à Odessa le 11 août. L'ambassadeur d'Angleterre, lord Heytenbury, lui a parlé de toutes les affaires avec une franchise dont il a été fort touché. Il paraît approuver complètement la marche que les cabinets de Paris et de Londres ont adoptée. Tout le monde, à commencer par l'empereur, désire que le dénoûment soit prompt, et cette disposition des esprits fait accueillir avec une faveur extrême notre expédition de Morée. La garde russe a passé le Danube. Dès que les renforts qu'on a cru nécessaire d'attendre seront venus, les opérations qui sont comme suspendues, depuis les premières attaques contre Schumla et Varna, reprendront avec une nouvelle activité. On ne doute pas que la campagne se termine par de brillants succès, mais on ne paraît plus si certain qu'elle mette fin à la guerre. »

12 *septembre*. Rayneval à Polignac. « La nouvelle proposition de la Russie nous étonne ; elle peut offrir quelques avantages, mais nous craignons la méfiance qu'elle peut éveiller dans l'esprit des ministres anglais, qui déjà n'y sont que trop portés. Cette séparation de l'escadre russe, pour bloquer les Dardanelles au moment où l'on venait d'être informé des résolutions prises à Londres, au nom des trois puissances, n'est pas conforme à la déclaration de neutralité à laquelle avait adhéré le prince de Lieven. Il ne faudrait pas que l'Angleterre prît prétexte du rôle séparé que veut jouer la Russie dans l'Archipel pour se donner la liberté d'agir aussi de son côté comme elle l'entendrait. Cela dissoudrait immanquablement l'alliance, et les conséquences seraient trop graves pour que nous ne fassions pas les derniers efforts pour les prévenir. Comme tant de fois déjà, vous devez servir de médiateur. Pour ne pas encourager l'Angleterre, il ne faut pas abonder dans son sens, mais dire que nous n'avons pas encore d'idée arrêtée. Dans les conversations particulières, expliquer avec les ministres anglais les intentions de la Russie dans le sens le plus favorable, et si décidément ils refusaient leur assentiment à la mesure qu'elle propose, engager l'ambassadeur russe à ne point montrer un mécontentement trop vif et surtout à ne pas en rendre compte à sa cour, de manière à ce qu'elle puisse être blessée. » D'un autre côté, M. de Rayneval écrivait à M. de Mortemart pour l'engager à représenter à l'empereur les dangers des conséquences que pourrait amener sa proposition de blocus. « Cette prétention aurait pu être acceptée s'il eût remporté une victoire décisive, mais était inacceptable du moment où il se trouvait arrêté par des obstacles qu'il aurait dû prévoir. »

Dans une lettre datée du 6 novembre 1828, M. de la Ferronays, de retour au ministère, donne à M. de Polignac de nouvelles explications nécessitées par de nouvelles craintes de l'Angleterre, au sujet de la prolongation lion de l'expédition qu'on préparait pour la Grèce, le ministre ne dissimula pas au Roi les défiances que lui inspirait l'Angleterre, en ajoutant en même temps qu'elles ne devaient pas faire hésiter, encore moins reculer la France :

« Vous avez raison, dit Charles X ; la France, quand il s'agit d'un noble dessein, d'un grand service à rendre à un peuple lâchement, cruellement opprimé, ne prend conseil que d'elle-même. Ainsi, que l'Angleterre veuille ou ne veuille pas, nous délivrerons la Grèce. Allez, continuez avec la même activité les armements. Je ne m'arrêterai pas dans une voie d'hu-

de notre séjour en Morée : « Nous avons la volonté de sortir, sans autre profit qu'un peu d'honneur, d'une affaire entreprise dans un intérêt commun et tout pacifique, écrit-il. Nous sommes prêts à proclamer les vues et les principes qui nous ont dirigés. Je désire, pour l'honneur des cabinets, que tous soient disposés comme le nôtre à laisser voir au public tous les ressorts qui les font mouvoir. Toute notre force est dans notre loyauté et dans notre franchise.

« Quitter la Morée immédiatement sans en avoir assuré provisoirement la frontière militaire, la laisser sans garantie contre le retour des troupes turques et égyptiennes, ce serait non-seulement avoir fait une expédition inutile, mais ce serait avoir dépensé beaucoup d'argent pour rendre pire la situation de la nation que nous avons prétendu affranchir, car les Turcs ne manqueront pas de rentrer en Morée. Il faut de toute nécessité donner au gouvernement grec le temps d'organiser quelques troupes auxquelles nous puissions remettre le pays que nous venons d'affranchir et les places qui sont en notre pouvoir. Nous lui en donnerons les moyens. Nos alliés comprendront la nécessité de leur en laisser le temps. Vouloir s'appuyer aujourd'hui, et dans l'état où est la Grèce, sur la lettre rigoureuse du traité du 19 juillet, serait montrer une méfiance injuste et outrageante. On comprendra aussi la convenance et même l'indispensable nécessité de comprendre l'Attique dans ce que nous reconnaîtrons provisoirement pour frontières militaires de la Grèce. La Morée seule, sans cette adjonction, serait sans moyen de résistance, et sans cesse exposée à l'invasion des garnisons turques qu'on laissera dans les places de l'Attique.

« Il te sera facile de faire comprendre aux ministres anglais combien il nous importe à tous de rester parfaitement d'accord sur cette question qui mène à d'autres sur lesquelles il n'est pas moins important de nous entendre. Il ne faut pas vouloir nous placer sans motif dans une situation fausse, que d'ailleurs nous n'accepterions pas. Nous avons évacué Cadix, nous évacuerons plus volontiers encore la Morée, mais quand nous y aurons établi quelque chose qui aura le sens commun. » (*Documents communiqués par les héritiers de la famille de Montmorency.*)

manité et d'honneur; oui, je délivrerai la Grèce [1]. » Quand le cabinet de Londres vit les préparatifs de la France s'avancer avec tant de célérité, et qu'il comprit, en lisant les réponses provoquées par ses communications diplomatiques, qu'il y avait dans les conseils du cabinet des Tuileries un dessein arrêté de délivrer les Hellènes, il montra, en tentant un dernier effort, quel prix il attachait à prévenir l'intervention française en Grèce. L'amiral Codrington reçut l'ordre de se porter immédiatement sur Alexandrie avec une escadre, pour contraindre le vice-roi Méhémet, au moyen d'un blocus qui ruinait son pays, à rappeler son fils Ibrahim de Morée. Le pacha se soumit et signa la convention d'Alexandrie. Mais la promptitude avec laquelle la Restauration avait fait ses préparatifs déjoua les calculs de l'Angleterre. Au moment où la convention d'Alexandrie se signait, une escadre française, portant neuf régiments qui formaient ensemble un effectif de douze mille hommes, placés sous le commandement en chef du général Maison, appareillait pour la Grèce; nous allions montrer dans les lieux consacrés par la gloire antique nos drapeaux qui venaient de se déployer de l'autre côté des Pyrénées. L'escadre qui portait notre armée de débarquement en Grèce n'apprit la convention d'Alexandrie qu'à la hauteur de Navarin; elle continua à cingler et débarqua à Pétalidi, dans le golfe de Coron. On vit bientôt que, malgré les promesses de Méhémet, l'action militaire était indispensable pour déterminer l'embarquement des troupes d'Ibrahim. Ce ne fut qu'en présence des démonstrations militaires de l'armée française que l'armée égyptienne, qui avait opposé mille difficultés à l'intervention diplomatique, se décida enfin à s'embarquer sur les vaisseaux que l'on mit à sa disposition.

---

1. Ces paroles nous ont été communiquées par M. le baron Hyde de Neuville, à qui le Roi les adressa, et qui en prit note en sortant du conseil; ainsi elles sont textuellement exactes.

Les garnisons turques occupaient un assez grand nombre de forteresses ; les Français les en chassèrent l'épée à la main, et l'amiral de Rigny, les recevant sur ses vaisseaux, les transporta à Smyrne. L'embarquement des troupes égyptiennes commença le 9 septembre ; pendant ce temps, le général Maison fit des efforts afin que les bienfaits de l'expédition française ne fussent pas perdus pour la Grèce. Il passait des revues et faisait exécuter des manœuvres, en présence des chefs grecs et d'Ibrahim, émerveillés de la discipline et de la science pratique de l'armée française. Les officiers français n'étaient pas moins surpris de la bonne grâce d'Ibrahim et des remarques pleines de justesse qu'il adressait au général en chef de l'expédition. Les deux chefs adversaires multipliaient entre eux les politesses et les avances. Le général Maison prêta à Ibrahim un cheval pour assister à une revue ; de son côté, Ibrahim complimenta les colonels sur la belle tenue de leurs régiments, et déclara qu'avec de pareilles troupes il serait enchanté de devenir général d'infanterie. Il demanda à M. de Faudoas, colonel du 3ᵉ régiment de chasseurs, un modèle de son uniforme, pour créer en Égypte un régiment semblable. Le colonel de Faudoas satisfit ce désir. Le lendemain, Ibrahim, dînant avec le général Maison, détacha son sabre et le pria de l'offrir au colonel de Faudoas, puis le passant autour du corps du général en chef, il lui dit : « Portez-le un instant, mon général, il en aura plus de prix à nos yeux. »

On ne s'attendait pas à trouver chez un homme regardé comme un barbare les manières d'un homme du monde. Cette découverte excitait dans l'armée un vif étonnement.

L'armée française devait prendre possession des places réservées et occupées en exécutant ainsi la convention d'Alexandrie. Le 10 octobre, Ibrahim, rappelé par son père Méhémet-Ali, arrivait devant Alexandrie. Le 6 octobre, le vice-amiral de Rigny, sur le refus du commandant de Navarin de rendre la place, donna l'ordre de marcher sur la forteresse; les sapeurs du général Higonet pénétrèrent dans la ville par une ancienne brèche et se rendirent maîtres de la citadelle sans rencontrer de résistance. La garnison se composait de 520 hommes, qu'on embarqua pour l'Égypte. Les pavillons des trois puissances furent aussitôt arborés sur le sommet d'une des tours de la citadelle. En même temps, le général Durieu était envoyé à Modon; Achmet-Bey, commandant des Égyptiens, et Hassan-Pacha, commandant des Turcs, refusèrent de capituler. Les Français se disposaient à faire sauter les portes de la place, lorsque les chefs demandèrent à parlementer; tout en reconnaissant que la lutte était impossible, ils déclaraient qu'ils ne pouvaient pas rendre la forteresse. Alors le général Maison ordonna d'enfoncer les portes du côté de la terre et de la mer; l'ordre fut exécuté. Les Français trouvèrent dans la place 100 pièces de canon et 1078 hommes de garnison, des vivres pour six mois, et d'abondantes munitions. Coron fut investi le même jour; le commandant, effrayé à la nouvelle de la prise de Modon, remit la ville aux Français.

Patras restait à occuper, ainsi que le château de Morée. Le général Schneider entra en négociation avec Hadji-Abdulhah, pacha de Patras et du château de Morée. Il lui donna vingt-quatre heures pour prendre une résolution; ce délai expiré, le général Schneider, formant son artillerie en colonnes, marcha droit à la place et l'investit. A la vue de cette menaçante manœuvre, le pacha capitula, et comprit dans cette capitulation le château de Morée. Mais les agas, commandant la garnison du château, se révoltèrent en apprenant cette capitulation.

Ils déclarèrent qu'ils refusaient d'y souscrire, en ajoutant qu'ils préféraient s'ensevelir sous les ruines de la citadelle. La force devait triompher là où les voies de la conciliation avaient échoué. Le siége de Morée allait commencer. Le 23 octobre, le général Maison débarquait devant le château de Morée; le 30 octobre les travaux préparatoires du siége étaient terminés; toutes les batteries se dressaient menaçantes contre la forteresse. A six heures du matin, le feu commença avec violence; au bout de quatre heures, une large brèche entamait les remparts; l'ennemi ne pouvait plus parvenir au sommet de la forteresse. On allait donner l'assaut quand, tout à coup, un parlementaire s'avança; en même temps, un drapeau blanc était arboré sur le fort. Les agas envoyaient demander à quels termes la capitulation serait accordée.

Les conditions du général Maison furent sévères. Il demanda le désarmement de la garnison. Le général en chef donna une demi-heure pour exécuter ses ordres, en déclarant qu'il n'accordait pas de capitulation à des hommes qui en avaient déjà violé une; les officiers devaient donc se remettre à sa discrétion, sous peine d'être tous passés au fil de l'épée avant deux heures. Les agas se soumirent à cet ultimatum rigoureux, mais juste, en disant que puisqu'ils se trouvaient devant un représentant du puissant Roi de France, ils se remettaient entre ses mains et à sa merci [1]. A la suite de cette reddition, les Français prirent possession du fort, au sommet duquel brillèrent bientôt les pavillons des trois puissances alliées. La garnison fut traitée avec bonté; le général Maison demanda simplement aux officiers de lui remettre leurs armes, qu'il distribua aux officiers supérieurs des différents corps de l'armée française et de l'armée anglaise, dont l'union parfaite avait hâté le succès de l'entreprise.

L'expédition de Grèce avait donc atteint son but. La Restauration avait rencontré à chaque pas des obstacles, qui lui

---

[1] Dépêche du général Maison.

avaient été suscités par les jalousies et les défiances de l'Angleterre; mais elle avait surmonté ces obstacles. Elle s'était fait accepter comme exécutrice du traité du 6 juillet, malgré la vive opposition du cabinet de Saint-James. Ce cabinet avait mis à Navarin, entre notre escadre et les côtes de la Grèce, la convention d'Alexandrie; notre escadre avait passé outre et avait débarqué. Il s'était opposé le plus qu'il avait pu à notre démonstration et à notre rapide campagne contre les Turcs; cette campagne s'était accomplie. Enfin, aussitôt après cette campagne, il insinua que le moment était venu pour nous d'évacuer la Morée [1]; la Restauration répondit avec fermeté et dignité que l'état de la Grèce ne permettait point de rappeler toute l'armée française; en conséquence, une seule des trois brigades serait embarquée pour la France, tandis que les deux autres resteraient au service de la Grèce, jusqu'à ce qu'elle eût organisé son armée nationale.

Ainsi, la Restauration avait fait prévaloir dans cette circonstance les intérêts français, en obtenant pour la France le rôle actif dans l'exécution du traité du 6 juillet, en conservant à ce rôle toute son importance, malgré les démarches de l'Angleterre, en le remplissant, malgré les intrigues de l'Angleterre, avec un succès qui avait fait honneur à notre pays et lui avait en même temps assuré de vives sympathies parmi les populations chrétiennes de l'Orient et un crédit toujours croissant auprès des cabinets européens; enfin elle avait prolongé ce rôle, en maintenant l'armée française dans la Morée, en dépit des réclamations jalouses et malveillantes du cabinet de Saint-James.

Nous avons envisagé jusqu'ici la première face de la ques-

---

1. Une dépêche, adressée par M. de la Ferronays à M. de Polignac, alors ambassadeur à Londres, contient des preuves évidentes du mauvais vouloir de l'Angleterre, mauvais vouloir qui poursuivait encore la France après l'accomplissement de l'expédition de Morée.

tion orientale, celle qui regarde la Grèce; la seconde, d'une importance bien plus grande encore, attirait en 1828, l'attention de l'Europe entière, car ce n'était plus seulement un pan de muraille se détachant d'un édifice qui pouvait être long à tomber, c'était un coup décisif au moment d'être porté par la Russie au cœur même de l'empire ottoman, dont la ruine pouvait être achevée dans une seule campagne. La Russie alléguait l'inexécution de plusieurs clauses du traité de Bucharest et les conventions d'Akermann pour motiver le rappel de son ambassadeur auprès de la Porte ottomane, et l'ordre avait été donné à ses armées de se mettre en marche vers le Pruth; mais il y avait des causes plus anciennes et plus générales qui dominaient cette guerre.

Si nous regardons de front la Russie, nous la voyons placée entre deux méditerranées : la Baltique à sa droite, et à sa gauche la mer Noire. C'est dans cette position géographique que se trouve en grande partie la loi d'un double mouvement, qui explique la politique russe. Les puissances continentales tendent à la mer, parce que la mer est la grande voie des échanges et des communications. Depuis donc que la Russie existe, elle aspire aux rivages de la Baltique et de la mer Noire.

De la première de ces tendances résulte toute la longue lutte qu'elle eut à soutenir pendant le dix-septième siècle contre la Suède, qui fit des efforts désespérés pour la rejeter au delà de l'Ingrie et de la Carélie, qui, par le golfe de Finlande, dont elles sont la clef, commandent la Baltique, tandis que la Pologne, alors dans toute sa gloire, versait à flots le sang de ses enfants, pour interdire à la puissance russe la Courlande, la Livonie, l'Esthonie, qui longent la mer; c'était là une guerre qui devait être éternelle, jusqu'à ce que les Russes fussent rejetés dans les steppes, qui forment l'arrière-plan de leur empire, ou que, vainqueurs de la Suède et de la

Pologne, ils se fussent ouvert par le fer une voie qui les mit en contact avec la Baltique, et par la Baltique, en passant le détroit du Sund, avec la mer du Nord, nouvelle et rapide communication qui centuplait la puissance de la Russie, en la rapprochant de l'Europe, avec laquelle elle ne communiquait au quinzième siècle que par l'Océan glacial et la mer d'Arkangel, longeant les rivages d'Arkangel. En même temps, un mouvement géographiquement opposé, mais identique, si l'on considère la cause qui la dominait, emportait la Russie du côté de la mer Noire. La puissance moscovite, semblable à ces fleuves qui, par une pente invincible, coulent éternellement vers l'Océan, ne cessait point de s'avancer vers l'une et l'autre de ces deux mers. Atteindre la mer Noire, puis tourner autour de cette mer en se dirigeant vers Constantinople, c'est l'histoire de tout un siècle de luttes, de trêves et de nouveaux combats suivis de nouveaux traités. On dirait que la Russie, étendant un de ses deux grands bras pour entourer la mer Noire, tandis que l'autre enserre la Baltique, ne doit cesser de les allonger, que lorsqu'un des deux cercles se fermera à Constantinople, en enveloppant la méditerranée orientale devenue un lac russe, tandis que l'autre, étendu le long du golfe de Bothnie et de la mer Baltique, traversera ses eaux pour aller chercher au détroit du Sund les clefs de cette autre méditerranée moscovite.

L'armée, qui se dirigeait en 1828 vers les bords du Pruth, suivait la loi de l'un des deux grands courants de la politique russe. On peut ajouter que l'importance que mit le cabinet de Saint-Pétersbourg à interrompre la réforme militaire commencée par le sultan Mahmoud, et à frapper la puissance ottomane dans cette heure de crise, où elle n'avait plus ses janissaires, et où elle n'avait pas encore sa nouvelle armée, ne fut pas étrangère à l'empressement du cabinet moscovite à commencer la guerre contre la Turquie. Les précautions qu'avait prises la diplomatie européenne se trouvaient ainsi déconcertées, et la question orientale, qu'on venait de fermer en Grèce, se rouvrait sur les bords du Pruth. Toutes les puissances européennes s'émurent à cette nouvelle. La chute de l'empire ottoman paraissait imminente, et les questions de territoire et d'influence les plus graves se rattachaient à cette catastrophe. Dans l'attente des événements, le cabinet de Vienne fit avancer des troupes vers la frontière austro-turque. Tous les yeux étaient tournés du côté du théâtre où la lutte allait s'engager, et les grandes puissances d'Europe se mettaient par leurs armements en état d'exercer, dans la question prête à s'ouvrir, l'influence qu'elles jugeraient le plus utile à leurs intérêts.

La France ne fut pas la dernière à prendre ses dispositions; on se souvient que le ministère, pendant la session de 1828, demanda aux chambres la faculté d'ouvrir un emprunt de 80 millions. La presque unanimité de l'assemblée vota l'emprunt, et l'on n'a pas oublié les paroles de M. Laffitte à cette occasion, paroles par lesquelles il motivait son adhésion à la mesure proposée.

« Je vote le crédit de 80 millions, parce que l'état de l'Europe doit éveiller la sollicitude de toutes les puissances, parce que si la France n'a rien à craindre matériellement des événements qui se passent à des centaines de lieues de ses frontières, elle ne doit pas laisser partager des empires sans son assentiment. »

Restait à savoir de quel côté la France porterait son influence; car, quoique la diplomatie semblât seule agir, déjà l'Europe était partagée en deux camps. L'Angleterre et l'Autriche, qu'un intérêt commun rapprochait, cherchaient partout des ennemis à la Russie; et, lorsque la première campagne, trompant l'attente générale, se termina pour le cabinet de

Saint-Pétersbourg par un demi-succès qui pouvait passer pour un revers, l'activité de la diplomatie autrichienne et de la diplomatie anglaise redoubla pour former une ligue devant laquelle la Russie aurait été obligée de reculer. Le cabinet de Saint-Pétersbourg ne voulait point demeurer sous le poids de l'échec qu'il venait d'éprouver; il comprenait qu'il avait besoin d'une nouvelle campagne, d'abord pour garder sa position en Europe, ensuite pour être en droit d'imposer à la Turquie des conditions qui paraîtraient à tout le monde généreuses et modérées après une victoire, mais que tous les cabinets regarderaient comme exorbitantes si on les présentait après une campagne fermée par la levée du siége de Silistrie, et l'évacuation complète de la Bulgarie, à l'exception de quelques points fortifiés. La question était de savoir si la situation de la diplomatie européenne permettrait à la Russie d'accomplir cette campagne si nécessaire, non-seulement à ses intérêts orientaux, mais à ce prestige moral qui est en politique à la puissance réelle ce qu'en finance le crédit est à l'impôt.

Deux cabinets essentiellement contraires à la Russie étaient disposés à user de toute leur influence, pour obliger le cabinet de Saint-Pétersbourg à demeurer sous le poids de sa campagne inachevée et malheureuse; c'étaient l'Autriche et l'Angleterre. L'Autriche, qui dès l'origine avait cherché à prêter une couleur révolutionnaire au réveil de la nationalité grecque, et qui avait dénoncé les martyrs de la liberté et de la religion comme des rebelles, en état d'insurrection contre la légitimité du grand seigneur, agissait auprès de toutes les chancelleries contre le cabinet de Saint-Pétersbourg, dont elle voyait avec terreur la puissance toujours croissante. L'Angleterre, qui craignait le renversement de l'empire turc à cause du Bosphore et des Dardanelles, qu'elle ne pouvait consentir à laisser passer sous la domination ou l'influence de la Russie, surtout lorsqu'elle songeait que les flottes sortant de la mer Noire pourraient dans l'avenir voguer de concert avec les flottes françaises, secondait les efforts de l'Autriche. Le parti antirusse, prenant son point d'appui sur ces deux puissances, s'agitait dans toute l'Europe et agissait sur toutes les chancelleries. Le plan qu'il proposait dans les pourparlers diplomatiques était simple et décisif. Une triple alliance aurait réuni l'Angleterre, la France et l'Autriche. L'Autriche aurait porté ses forces du côté du Danube. La France aurait fait tête à la Prusse, en cas que la Prusse armât pour la Russie; le cabinet de Berlin restait-il neutre ou adhérait-il à l'alliance, comme on l'espérait, un corps d'armée française serait venu renforcer les troupes autrichiennes. L'Angleterre aurait dirigé ses forces sur les points vulnérables des côtes de la Russie. On ne doutait point qu'une pareille démonstration dût suffire pour obliger le cabinet de Saint-Pétersbourg à renoncer à la seconde campagne qu'il préparait, et à traiter avec le divan en acceptant les bases qu'il proposait, c'est-à-dire l'état des choses avant la guerre.

Ce projet d'une triple alliance échoua par le peu de dispositions que montra la France à en faire partie. Alors le cabinet autrichien songea à faire demander par la Turquie un congrès européen, par l'arbitrage duquel les questions en litige entre le divan et le cabinet de Saint-Pétersbourg auraient été tranchées. C'était une manière habile de contraindre la Russie à renoncer à la seconde campagne que réclamaient l'honneur de ses armes et l'intérêt de sa politique, ou à se mettre en conflit avec l'Europe entière dont elle se trouverait avoir refusé l'arbitrage.

Ainsi, l'ascendant de la France, sous l'empire du principe monarchique, avait grandi d'une manière si rapide au dehors, qu'elle se trouvait en réalité l'arbitre de la question la plus importante qui pût s'ouvrir. Cinq ans plus tôt, il eût été difficile à la Restauration de faire la campagne d'Espagne sans le concours moral de l'empereur Alexandre, et la certitude qu'elle avait de trouver le cabinet de Saint-Pétersbourg pour secours, si une lutte devait s'engager entre elle et l'Angleterre. En 1828 les rôles étaient changés : c'était la Russie qui ne pouvait plus faire la campagne des Balkans sans le concours moral de la France et la certitude de l'avoir pour second contre l'agression de l'Angleterre et de l'Autriche, qu'il lui fallait compter parmi les éventualités de la situation. La France était donc admirablement posée. Tout le monde avait besoin d'elle, et elle n'avait besoin de personne. Sa puissance, sans laquelle et contre laquelle on avait réglé les destinées de l'Europe, en était devenue la régulatrice, elle allait prendre la revanche du rôle que ses adversités lui avaient donné dans les traités de 1815.

Si la position extérieure de la France avait grandi sous le gouvernement de la Restauration, en revanche les difficultés intérieures, qui devaient amener le naufrage de la monarchie, allaient chaque jour en s'accroissant. Le ministère de droite était tombé ; la situation qui avait déterminé sa chute remontait à la politique de M. Decazes. La conduite de ce ministre avait jeté dans les esprits une double méfiance : il avait d'un côté appris aux royalistes que sous le gouvernement du Roi ils pouvaient être exclus, pour ainsi dire, du pays par un ministre tout-puissant, et il leur avait montré la révolution grandissant pour leur perte. D'un autre côté, il avait désigné les royalistes au public comme des hommes qui, par une action systématique, voulaient remonter le cours des âges et replacer la société dans des conditions qui n'étaient plus celles du siècle.

Ces deux idées, se développant ensemble dans un haineux voisinage, avaient fini par étouffer le ministère de M. de Villèle dans leur choc. Les royalistes, se croyant menacés, voulaient prendre des garanties contre la révolution. Les classes moyennes, prévenues par le ministère de M. Decazes que les royalistes voulaient faire rétrograder la société jusqu'à l'ancien régime, crurent que c'était contre elles et non contre la révolution qu'on prenait des garanties. Alors une confusion déplorable s'établit entre les hommes alarmés pour leurs droits et les hommes qui conspiraient contre les droits du trône.

La classe moyenne, si puissante et si nombreuse en France, entra peu à peu dans les voies d'une opposition hostile. Le ministère Martignac devenait l'expression de cette situation difficile. Il doit être considéré comme un essai tenté pour séparer la révolution de la bourgeoisie, pour donner satisfaction à celle-ci sans cesser de se mettre en garde contre celle-là, œuvre presque impraticable, surtout au point où en étaient les esprits et les choses ; car les concessions qu'on accordait à la bourgeoisie, qui n'était que prévenue, afin de la rassurer, la révolution, qui était ennemie, en profitait pour attaquer. La royauté accordait un bouclier aux classes bourgeoises, la révolution le replaçait sur la forge et s'en faisait une épée.

L'opposition à outrance répétait chaque jour que « le tyran Charles X opprimait le pays et que ses bienfaits mêmes cachaient des piéges. » La jeunesse et le peuple accueillaient avec empressement les déclamations de la presse hostile.

Le Roi avait perdu la popularité, idole de sa vie. Il s'en attristait profondément, et cherchait à renouer les liens d'affection qui l'unissaient à son peuple. Il pensa qu'un voyage dans son royaume, en rapprochant le souverain de ses sujets, servirait à faire connaître la vérité et ferait tomber les calomnies que ses ennemis répandaient sur sa personne. Dans ce but, il fut décidé que le Roi visiterait les provinces de l'Est, tandis que la duchesse de Berry se rendrait dans les provinces de l'Ouest et du Midi. La duchesse de Berry quitta Paris le 5 juin 1828. Elle visita d'abord le château de Chambord, offert à son fils par les municipalités du royaume. La princesse admira l'aspect imposant du château. Ces innombrables dômes, cette multitude de tourelles qui font de Chambord plutôt une espèce de cité royale qu'un simple palais, ces terrasses jetées comme de gracieuses couronnes sur les hauteurs de l'édifice, cette façade si pittoresque et si variée dans son unité, tout contribua à lui inspirer une muette admiration.

A Saumur commença le voyage de la duchesse de Berry dans ces immortelles provinces de l'Ouest qui soutinrent contre la République une lutte gigantesque. A Saumur on entre dans la gloire de la Vendée : chaque buisson rappelle un combat, chaque pierre un beau nom. Henri de la Rochejaquelein, qui conquit en deux ans une éternelle renommée, et qui devint un grand homme à l'âge où l'on cesse à peine d'être un enfant, Cathelineau, le saint de l'Anjou, Stofflet, ce hardi garde-chasse, dont la guerre fit un grand capitaine, le pieux Lescure, le miséricordieux Bonchamps, telles sont les images qui vous entourent dès que vous avez mis le pied sur cette terre de Vendée.

Le voyage de la duchesse de Berry à travers ces contrées eut un caractère tout particulier.

C'étaient tous les jours des fêtes nouvelles, de ces fêtes dans lesquelles les souvenirs des morts projettent leurs ombres mélancoliques sur les joies des vivants. Si la princesse entendait la messe dans une église, une voix murmurait à son oreille : « C'est ici le clocher de Saint-Laurent qui vit 5,000 blessés sauvés par l'ordre de Bonchamps, qui expira ici. » Si elle approchait de Quiberon, le cri de Vive le roi ! s'élevait vers le ciel, et le sombre *De profundis* retentissait sur la tombe de ceux qui, trente années avant cette époque, étaient morts à ce cri sur cette plage inhospitalière. La terre de Vendée semblait s'animer, palpiter et frémir sous les pas d'une princesse de la maison de Bourbon. Les débris des armées catholiques et royales s'avançaient à sa rencontre en déployant avec fierté les restes de leurs drapeaux usés par les batailles, et sollicitaient l'honneur d'être passés en revue par la duchesse de Berry. Au champ des Mâttes, où Louis de la Rochejaquelein avait péri en 1815, 15,000 hommes l'attendaient. La contrée qu'elle traversait se couvrait de drapeaux blancs, la cabane avait le sien comme le château, et c'était justice, car dans cette sublime insurrection vendéenne, le château avait reçu le mot d'ordre de la cabane. Les cimetières eux-mêmes arboraient sur les tombeaux de blanches bannières, et c'était justice encore, car ceux-là devaient être au triomphe qui avaient été à la peine. De proche en proche, des feux immenses allumés annonçaient l'arrivée de la princesse; puis, quand le soir arrivait, on entendait, sur les hauteurs, des chants qui semblaient sortir des entrailles de cette terre royaliste, et, au bruit de ces chants héroïques, on voyait de vieux mousquets, noircis par les ans, se redresser sur l'épaule de quelque vieux soldat de Bonchamps ou de Cathelineau.

Cette tournée dans les provinces de l'Ouest fit une profonde impression sur l'esprit de la princesse; il lui sembla dès lors qu'il existait un pacte tacite entre elle et la Vendée: la campagne de 1832 était en germe dans le voyage de 1828.

La duchesse de Berry parcourut ensuite les provinces du Midi; partout le même accueil la suivait; elle visita Bordeaux, et fit un pèlerinage au château de Pau, où naquit Henri IV. Les Bourbons en revenaient toujours à ce grand nom et à ce grand souvenir, qui, pour eux et pour la France, était tout un symbole. A la fin de septembre, la princesse était de retour à Paris, rapportant de son voyage les plus doux souvenirs.

Pendant que la duchesse de Berry accomplissait son voyage dans les provinces de l'Ouest, le Roi, accompagné du Dauphin, se rendait au camp de cavalerie de Lunéville, en traversant les provinces d'Alsace, dont les populations avaient souvent montré une vive opposition à la Restauration.

Cette fois, le voyage du Roi sur la terre si française de l'Alsace ne fut qu'un long triomphe; les rues étaient jonchées de fleurs sur son passage; les arcs de triomphe s'élevaient dans les plus humbles villages; des jeunes filles, vêtues des pittoresques costumes du pays et couronnées de fleurs, bordaient les chemins. Dans les villes, le Roi fut accueilli avec enthousiasme; Mulhouse, Colmar, foyer d'une récente conspiration, rivalisèrent de zèle. A Strasbourg, le roi de Wurtemberg, le grand-duc de Bade et le prince de Lowenstein, envoyé du roi de Prusse, vinrent complimenter Charles X.

Lorsque le Roi de France voyageait dans son royaume, c'est ainsi que les souverains étrangers, dont les frontières étaient rapprochées des frontières de France, tenaient à honneur de saluer sur son passage le représentant de la vieille monarchie française!

Le Roi visita l'arsenal de Strasbourg et le montrant aux princes étrangers, devenus ses hôtes, il leur dit, avec cette grâce inimitable qui donnait tant de prix à ses moindres paroles : « Vous le voyez, je n'ai rien de caché, et voilà ce que je puis montrer avec la même confiance à mes amis et à mes ennemis. »

Les grands industriels du département demandèrent à être présentés au roi; parmi eux on remarqua M. Casimir Périer, que Charles X décora de sa main, et M. Benjamin Constant. La foule, émue, lisait assez dans les regards attendris du prince le bonheur qu'il éprouvait, car la popularité était la passion de sa vie.

C'est en suivant une route véritablement semée de fleurs, que le Roi arriva à Lunéville; il assista aux manœuvres du camp de cavalerie, puis il reprit la route de Saint-Cloud, enivré des hommages qu'il avait reçus et persuadé que les obstacles qui s'accumulaient contre sa dynastie n'étaient que des nuages qu'un vent favorable chasserait bientôt du ciel.

De leur côté, les libéraux considérèrent ce voyage comme un triomphe pour leur opinion, ils faisaient remarquer que ces témoignages enthousiastes s'adressaient surtout au Roi, signataire des ordonnances du 16 juin, et au nouveau ministère, qui pendant la session avait présenté les lois les plus libérales.

Rappelons ici différentes mesures administratives adoptées dans la seconde partie de l'année 1828. L'organisation du conseil d'État avait soulevé de vifs débats pendant la session, et l'on n'a pas oublié les attaques réitérées prodiguées au pouvoir à ce sujet. Une ordonnance royale, rendue le 3 novembre, apporta de graves changements dans cette administration. En vertu de cette ordonnance, le nombre, les traitements et les attributions des conseillers et des maîtres des requêtes furent réglés ainsi qu'il suit :

Le nombre des conseillers d'État en service ordinaire fut réduit à vingt-quatre, celui des maîtres des requêtes de première classe à trente. Douze auditeurs de première classe, dix-huit auditeurs de seconde classe, étaient attachés au conseil d'État. Les fonctions de conseiller d'État devenaient gratuites pour tous ceux qui jouiraient, en vertu d'autres fonctions, d'un traitement d'au moins 20,000 fr. Il en serait de même pour tout maître des requêtes jouissant d'un traitement d'au moins 10,000 fr. Si, au contraire, ce traitement était inférieur à 20,000 fr., le conseiller d'État recevrait, sur les fonds du conseil d'État, un supplément de traitement qui ne pourrait dépasser, en tous cas, la somme de 20,000 fr. Le traitement des conseillers d'État en service ordinaire restait fixé à 10,000 fr. Il serait porté à 15,000 fr. pour les conseillers d'État employés aux travaux intérieurs et habituels des comités. Le traitement des maîtres des requêtes demeurait fixé à 5,000 fr. Les fonctions d'auditeurs continuaient à être purement honorifiques. Les conseillers d'État, directeurs généraux d'une administration, et secrétaires généraux dans l'un des ministères, autorisés à participer aux délibérations du conseil d'État, n'auraient point voix délibérative dans les affaires qui ressortiraient de l'administration ou du ministère auquel ils appartenaient.

Les conseillers d'État ou maîtres des requêtes, appelés à des fonctions publiques en dehors du conseil, cesseraient de faire partie du service ordinaire; ils conserveraient cependant le rang et le titre de conseillers d'État honoraires. Le conseil d'État était subdivisé en quatre comités : le comité de la justice et du contentieux; le comité de la guerre et de la marine; le comité de l'intérieur et du commerce; le comité des finances. Le conseil d'État ne pouvait délibérer qu'autant que la moitié plus un de ses membres, ayant voix délibérative, seraient présents à la séance. Le nom des membres présents devrait être inscrit au procès-verbal. Tout projet de loi ou d'ordonnance portant règlement d'administration publique, préparé dans l'un des comités du conseil d'État, devrait être ensuite délibéré en assemblée générale. Les ordonnances ainsi délibérées pourraient seules porter dans leur préambule ces mots : *Notre conseil d'Etat entendu.*

Cette nouvelle organisation du conseil d'État ne satisfit personne. Ce que les libéraux réclamaient, c'était la destitution en masse de tous les agents de l'ancienne administration. Ces esprits chimériques restaient placés dans les sphères nuageuses de la théorie, sans vouloir se rendre compte des difficultés que rencontre à chaque pas la pratique, cette dure compagne du gouvernement qui se heurte aux pierres du chemin de la réalité, tandis que l'opposition plane dans les régions toujours sereines de l'idéologie.

Le Roi refusa absolument la destitution en masse qu'on voulait lui imposer.

Ce fut dans la seconde partie de l'année 1828 que les ministres, effrayés des difficultés qui entravaient la marche du gouvernement, rédigèrent un mémoire destiné à éclairer le Roi sur l'état des affaires; le but principal de ce document était d'amener Charles X à des changements importants dans le personnel administratif. Le mémoire rappelait au Roi l'état de la France au moment de la formation du ministère Martignac. A compter du moment de l'avénement de ce ministère, la droite s'était séparée de lui; il avait donc été contraint à chercher la majorité dans un autre côté de la chambre. Il avait trouvé cette majorité après la publication des ordonnances de Juin contre les jésuites; ce résultat l'amenait à conclure que la tendance des opinions penchait vers les deux centres. Le ministère centre droit croyait pouvoir conquérir le centre gauche, soit « par un changement dans le personnel, soit par un retour à un système franchement constitutionnel. » A ses yeux, une concession de personnes aurait eu l'avantage de tenir lieu de plus grandes concessions de choses. Le mémoire ministériel se terminait par ces paroles qui, lorsqu'on les rapproche des événements qui suivirent, prennent un caractère vraiment divinatoire :

« Sire, les ministres de Votre Majesté sont pénétrés de l'idée que ce qu'ils vous proposent est le seul moyen de rendre de la force et de la dignité au pouvoir.

« Que ceux-là qui conseilleraient au Roi une dissolution de la chambre seraient bien insensés, car les colléges électoraux renverraient une majorité plus puissante et plus compacte dont le premier acte serait de proclamer la souveraineté parlementaire. Alors il ne resterait plus à Votre Majesté que cette double alternative, ou de baisser son front auguste devant la chambre, ou de recourir au pouvoir constitutionnel à jamais aliéné par la charte, et qu'on n'invoquerait follement une fois que pour plonger la France dans de nouvelles révolutions, au milieu desquelles disparaîtrait la couronne de saint Louis. »

Peu de semaines après la présentation de ce mémoire, le comte de la Ferronays demanda un congé que sa mauvaise santé rendait nécessaire. Des démarches furent faites auprès de Charles X pour assurer la succession ministérielle, qui semblait au moment de s'ouvrir, soit à M. Pasquier, soit à M. de Chateaubriand; mais le Roi répondit qu'il espérait que la santé de M. de la Ferronays s'améliorerait avec le temps et lui permettrait de reprendre ses fonctions. En conséquence, le Roi se contenta de confier l'intérim du ministère à M. de Rayneval

Des changements dans l'administration devenaient indispensables; l'opinion libérale les réclamait à grands cris. Charles X se résigna à sacrifier la plupart des amis de M. de Villèle. MM. Delavau, Franchet, Dudon, Forbin des Issarts, furent mis en service extraordinaire, tandis que MM. Bertin de Vaux, Salvandy, de Cambon, Agier, Villemain, passaient de simples maîtres des requêtes au rang de conseillers d'État.

En même temps, le ministère formait des commissions dans le but d'éclairer les modifications à apporter dans les différentes branches de l'administration. Une première commission était chargée d'examiner l'état des routes et des canaux en France; elle déclara bientôt que l'achèvement des routes, des canaux, joint à l'entretien des routes, nécessiterait des crédits extraordinaires, dépassant de beaucoup les sommes allouées par les chambres. Une seconde commission apporta des lumières sur l'état commercial de la France; elle redit la détresse des pays vignobles, qui réclamaient l'abaissement du tarif des douanes; les forges, au contraire, prospéraient chaque jour, grâce aux difficultés dont on entourait l'importation des fers étrangers.

Les colonies françaises ne furent pas oubliées dans cette suite d'enquêtes, et l'organisation de l'ordre judiciaire fut réglée dans les îles de la Martinique et de la Guadeloupe.

Au mois de décembre 1828, le tribunal correctionnel fut saisi d'une affaire qui eut un grand retentissement; nous voulons parler d'un nouveau procès intenté au poëte Béranger, traduit encore une fois devant la justice, sous la prévention du délit d'offense à la personne du Roi et d'outrage à la morale publique.

Béranger continuait sans relâche la guerre qu'il avait déclarée à la Restauration. Ses chansons attaquaient la monarchie par trois points à la fois. Avec la chanson guerrière, il faisait un crime au Roi de cette paix qui était le plus grand de ses bienfaits; avec la chanson sceptique, il attaquait le côté religieux de la Restauration; avec la chanson démocratique, il attaquait le principe monarchique. Ainsi, il rassemblait les nuances incohérentes qui forment ce corps monstrueux qu'on appelle la révolution, le despotisme du camp, l'anarchie de la rue, la corruption des mœurs, le scepticisme des idées, et avec une telle coalition d'éléments contraires qui ne s'entendent que pour détruire, il livrait bataille à la monarchie.

Les trois chansons, incriminées en 1828, portaient ce triple caractère : Dans la première de ces chansons, intitulée l'*Ange gardien*, Béranger tournait en dérision la religion catholique et les consolations suprêmes qu'elle réserve à ceux qui vont mourir. Dans la seconde, le *Sacre de Charles le Simple*, il parodiait le sacre de Charles X, et représentait le Roi de France comme un vassal des prêtres; le titre même de cette chanson contenait une allusion déplacée. Dans la troisième chanson, intitulée les *Infiniment petits ou la Gérontocratie*, Béranger prédisait que le maintien de la maison de Bourbon sur le trône amènerait nécessairement l'abaissement de la France, et il montrait dans l'avenir le royaume gouverné exclusivement par les prêtres et les jésuites [1].

---

1. Un des couplets de cette chanson, prétendant lever un coin du voile qui cache l'avenir, dépeignait ainsi la position dont jouirait la France en l'an de grâce 1900 :

« Combien d'imperceptibles êtres,
De petits jésuites bilieux ;

Le 10 décembre 1828, Béranger fut condamné à neuf mois de prison et à 10,000 francs d'amende, pour fait d'outrage à la religion de l'État, à la personne du Roi et à la famille royale. Le poëte subit sa peine à la prison de la Force : du fond de cette prison, sa muse impitoyable ne laissait échapper aucune occasion de railler le gouvernement royal; il cherchait ainsi à se venger d'une condamnation qu'il avait méritée. Toute idée satirique lui convenait, pourvu qu'elle fût une arme contre son ennemi; il voulait renverser le gouvernement royal, et il a avoué lui-même qu'il réservait à Charles X les flèches les plus acérées de son carquois[1].

Les élections de six députés avaient été remises au mois de décembre 1828; elles eurent des résultats favorables à la gauche et au centre gauche. MM. Bosc, Cassaignoles et le général Lamarque arrivèrent à l'assemblée. Le général Lamarque était une importante acquisition pour la gauche. Son talent de tribune était incontestable, malgré le ton déclamatoire et la recherche fatigante qu'on pouvait reprocher à son éloquence. Il voulait prendre dans l'assemblée le rôle rempli naguère par le général Foy. Son sang-froid dans la délibération, son ardeur

> De milliers d'autres petits prêtres,
> Qui portent de petits bons dieux !
> Béni par eux, tout dégénère;
> Par eux la plus vieille des cours
> Devient un petit séminaire :
> Mais les Barbons régnent toujours. »

1. A la prison de la Force, il exprimait ainsi cette idée :
> « Dans mon vieux carquois où font brèche
> Les coups de vos juges maudits,
> Il me reste encore une flèche,
> J'écris dessus : Pour Charles Dix.
> Malgré ce mur qui me désole,
> Malgré ces barreaux si serrés,
> L'arc est tendu, la flèche vole :
> Mon bon roi, vous me le paierez. »
> (Extrait de la chanson intitulée : *Les Jours gras de 1829*.)

dans la suite et l'exécution de ses projets, son mépris de l'obstacle, pouvaient contribuer à lui faire trouver un rôle à jouer dans un temps de révolution. Il semble que le général Lamarque était destiné à provoquer à l'insurrection jusqu'après sa mort : on n'a pas oublié qu'en 1832, les journées de Juin commencèrent autour de son cercueil.

IX

RETRAITE DE M. DE LA FERRONAYS. — IL EST REMPLACÉ PAR M. PORTALIS. — OUVERTURE DE LA SESSION DE 1829. — DISCOURS DU ROI. — VOYAGE DE M. DE POLIGNAC A PARIS. — DISCUSSION DE L'ADRESSE A LA CHAMBRE DES DÉPUTÉS.

On arrivait à la fin de l'année 1828 ; l'ouverture de la session de 1829 fut fixée au 27 janvier par une ordonnance du 7 décembre.

Quelques jours avant cette date, le cabinet subit une modification. Depuis longtemps, la santé de M. de la Ferronays était ébranlée ; les tracas et les soucis, ces compagnons inévitables du pouvoir, n'étaient pas de nature à hâter la guérison du ministre des affaires étrangères. Déjà il avait demandé et obtenu un congé. Il était revenu à son poste, et on espérait qu'il le conserverait longtemps encore. Mais, le 2 janvier, étant dans le cabinet du roi, il éprouva une faiblesse à la suite de laquelle la maladie qu'on avait crue conjurée reprit le dessus. Les progrès du mal obligèrent le comte de la Ferronays à donner sa démission. Il quittait les affaires profondément découragé : le cabinet, penchant tantôt vers le centre droit, tantôt vers la gauche, se maintenait avec peine dans ces oscillations successives, et le ministre des affaires étrangères écrivait en décembre 1828, en parlant des négociations ouvertes entre le pouvoir et l'opposition libérale :

« Je ne sais où nous allons. Nous devions arborer notre drapeau au centre gauche, maintenant nous le traînons dans tous les coins de la chambre. »

La succession ministérielle une fois ouverte, les candidats appelés à la recueillir se présentèrent en grand nombre. On prononça d'abord les noms de MM. de Chateaubriand, Pasquier et de Mortemart. Le Roi, effrayé des progrès de l'anarchie des idées, songea même à appeler M. Casimir Périer aux affaires. Le chargé de paroles du Roi vit celui-ci, et lui communiqua l'intention de Charles X. M. Casimir Périer garda longtemps le silence. Il répondit enfin « qu'il comprenait que le Roi sentît la nécessité de rétablir l'autorité. — Elle court de grands risques, ajouta-t-il, et je vois venir une catastrophe. Je suis disposé à aider le Roi à l'éviter, mais je mettrai une condition à mon entrée au ministère, c'est que M. de Villèle en fera partie. C'est le seul homme d'État qui ait paru depuis 1814[1]. » Malheureusement, cette ouverture tentée près de M. Casimir Périer n'eut pas de suites. Le Roi croyait que le nom de M. de Villèle ne pouvait reparaître sans inconvénient si peu de temps après sa sortie du ministère. Une ordonnance rendue le 4 janvier, sans remplacer M. de la Ferronays au conseil des ministres, confia l'intérim du ministère des affaires étrangères à M. Portalis, garde des sceaux ; M. de Rayneval resta chargé de la direction du ministère. Bientôt on annonça à Paris l'arrivée du prince de Polignac, venu sur un ordre émané du Roi lui-même.

A partir de ce moment, on craignit son entrée aux affaires ;

---

[1]. Communiqué par le général duc des Cars, qui tenait ce fait du porteur de paroles.

et les journaux commencèrent à attaquer par avance l'idée de la création d'un ministère de défensive royale, qu'ils désignèrent comme un ministère d'offensive. Ils représentèrent dès lors le prince de Polignac, « comme un ennemi des institutions données à la France, un champion de l'absolutisme et de la congrégation, un ami et un instrument de lord Wellington. »

« M. de Polignac ministre! s'écriaient les journaux. M. de Polignac, c'est quelque chose de plus et de pire que M. de Villèle! »

Le 24 janvier, le roi reçut M. de Polignac en audience particulière. L'opposition répétait qu'une invitation de se rendre à Paris avait été envoyée secrètement par M. Portalis au prince de Polignac, sur l'ordre exprès du Roi, et que Charles X pensait à placer son ami à la tête du conseil dont il voulait modifier l'esprit trop libéral.

Les journaux officiels prétendaient, au contraire, que le voyage de M. de Polignac n'avait qu'un but : une conférence tenue devant le ministère entre les ambassadeurs de Londres et de Saint-Pétersbourg, au sujet des intérêts qu'ils auraient à défendre dans leurs ambassades respectives.

Une ordonnance du 25 janvier nomma M. Bourdeau sous-secrétaire d'État au ministère de la justice; cette nomination mettait M. Bourdeau en position de remplacer M. Portalis, qui espérait la survivance de M. Henrion de Pansey à la présidence de la Cour de cassation. En même temps, le Roi, se laissant aller à ses préférences pour les membres du clergé, élevait à la pairie le cardinal Isoard, archevêque d'Auch, et Mgr Feutrier [1].

---

[1] « La nomination prématurée de Feutrier à la pairie, écrivait M. de la Mennais avec sa violence accoutumée, indiquerait qu'il sent sa position chancelante : ce misérable aura passé comme une trombe à travers l'église. » (*Correspondance de la Mennais.* T. II, p. 8. A Mme la comtesse de Senefft.)

Le jour fixé pour l'ouverture de la session arriva enfin. Le Roi, en commençant son discours, donna des assurances de paix. Il annonça que, d'accord avec l'Angleterre et la Russie, il avait envoyé une division française en Morée; la Morée et les îles voisines étaient placées sous la protection des trois puissances. Une déclaration formelle avait prévenu la Porte ottomane de cet état de choses; on espérait que cet acte solennel suffirait pour rendre inutile une occupation plus prolongée et pour faire respecter à l'avenir par la Turquie le traité du 6 juillet. Les troupes françaises étaient rappelées d'Espagne, le remboursement des sommes avancées par la France au gouvernement espagnol allait être réglé par une convention. L'espoir d'obtenir une réparation du dey d'Alger retardait seul les mesures à prendre pour venger l'honneur de la France.

Le gouvernement ouvrait une négociation pour assurer l'exécution des engagements contractés avec le gouvernement d'Haïti; le moment arrivait où les rapports de la France avec les nouveaux États de l'Amérique du Sud pourraient acquérir une stabilité désirable pour les sujets français ayant eu à souffrir pendant la guerre du Brésil avec la République de Buenos-Ayres. Une convention conclue avec l'empereur du Brésil leur assurerait des indemnités proportionnées aux pertes qu'ils avaient faites.

La position extérieure de la France ne laissait rien à désirer; seul, l'état intérieur du pays inspirait des inquiétudes au gouvernement royal.

« La presse affranchie jouit d'une liberté entière, dit le Roi; si la licence, sa funeste ennemie, se montre encore à l'abri d'une loi généreuse et confiante, la raison publique, qui s'affermit et s'éclaire, fait justice de ses écarts, et la magistrature, fidèle à ses nobles traditions, connaît ses devoirs et saura toujours les remplir. »

Puis le Roi essayait de justifier les ordonnances du 16 juin.

« Le besoin de placer à l'abri de toute atteinte la religion de nos pères, de maintenir dans mon royaume l'exécution des lois et d'assurer en même temps parmi nous la perpétuité du sacerdoce, m'a déterminé, après de mûres réflexions, à prescrire des mesures dont j'ai reconnu la nécessité.

« Ces mesures ont été exécutées avec cette fermeté prudente qui conciliait l'obéissance due aux lois, le respect dû à la religion et les justes égards auxquels ont droit ses ministres. »

L'état des finances était satisfaisant ; les prévisions des recettes pour 1828 avaient été dépassées. Le Roi annonçait, en terminant son discours, qu'un nouveau projet de loi sur l'organisation municipale et départementale allait être présenté aux chambres. C'était là le point le plus important du discours royal.

« Un projet grave et important appellera surtout votre sollicitude, dit Charles X.

« Depuis longtemps, on s'accorde à reconnaître la nécessité d'une organisation municipale et départementale, dont l'ensemble se trouve en harmonie avec nos institutions.

« Les questions les plus difficiles se rattachent à cette organisation. Elle doit assurer aux communes et aux départements une juste part dans la gestion de leurs intérêts ; mais elle doit conserver aussi au pouvoir protecteur et modérateur qui appartient à la couronne la plénitude de la force et de l'action dont l'ordre public a besoin.

« L'expérience a dissipé le prestige des théories insensées : la France sait bien comme vous sur quelles bases son bonheur repose ; et ceux qui le chercheraient ailleurs que dans l'union sincère de l'autorité royale et des libertés que la charte a consacrées seraient hautement désavoués par elle. »

Ce discours, vraiment constitutionnel, fut accueilli avec enthousiasme par les députés libéraux ; les journaux de la même nuance le louèrent également. Mais la droite voyait dans ces paroles l'expression de la pensée du ministère dont le Roi exposait seulement le système politique. La *Gazette de France* blâma les projets de loi annoncés comme de nouvelles concessions de l'autorité royale à la démocratie.

Le 28 janvier, la chambre des pairs se constitua et procéda à la formation de son bureau [1], et à la vérification des titres des pairs nouvellement élus.

La discussion d'adresse de la haute chambre ne fut, selon la coutume, qu'une paraphrase du discours du trône; c'est pendant le cours de cette discussion que le prince de Polignac fit une déclaration de principes, une justification des actes de sa conduite, qui semblait destinée à favoriser son entrée aux affaires. Nous analyserons les principaux passages de ce document.

M. de Polignac s'indignait à la pensée des accusations que les journaux ne cessaient de porter contre lui. On avait osé dire à la France entière qu'il « nourrissait dans son cœur un secret éloignement contre les institutions représentatives qui semblaient avoir déjà acquis la sanction du temps, depuis que la main royale qui les avait données reposait glacée dans la tombe. »

« Si les rédacteurs de ces inculpations calomnieuses pouvaient pénétrer dans mon domicile, ajoutait le prince de Polignac, ils y trouveraient la meilleure de toutes les réfutations et de toutes les réponses; ils m'y verraient entouré des fruits de mes continuelles et, j'espère, utiles études, ayant toutes pour but et pour objet la défense, si elle devenait nécessaire, la consolidation de nos institutions actuelles, le désir et le dessein d'en faire hériter nos enfants et d'imposer à leur bonheur la douce obligation de bénir la mémoire de leurs pères. »

M. de Polignac continua sa profession de foi, en déclarant qu'il s'honorait d'être du nombre immense des Français qui espéraient que les institutions représentatives jetteraient de

---

1. Elle élut pour secrétaires : MM. le baron de Glandeves, le comte d'Orglande, le vicomte Dode et le comte d'Houdetot.

profondes racines dans le pays. Mais il repoussait l'opinion de ceux qui chercheraient, « à l'aide de ces formes de gouvernement si généreuses et si monarchiques, à affaiblir les prérogatives de la couronne, et à isoler la France nouvelle de la gloire de la France ancienne, en faisant surgir du sein de la même nation deux peuples qu'ils supposeraient éternellement séparés par des souvenirs ou par des regrets. »

La charte, pacte solennel sur lequel toutes les libertés monarchiques reposaient, apparaissait à M. de Polignac « comme le signe précurseur du calme et de la sérénité ; » il y voyait « un port assuré contre les nouvelles tempêtes, une terre neutre, inaccessible à des souvenirs dangereux comme à d'inutiles regrets. » Il s'engageait à concourir au maintien des institutions qui conciliaient tout ce que pouvaient réclamer d'un côté la force et la dignité du trône, de l'autre une juste indépendance nationale.

« De quel droit penserait-on que je reculerais devant cet engagement? s'écria-t-il en terminant. De quel droit me supposerait-on l'intention de sacrifier des libertés légitimement acquises? M'a-t-on jamais vu servile adorateur du pouvoir? Ma foi politique s'est-elle ébranlée à l'aspect du péril? S'il m'était permis d'interroger la conscience et la vie de mes accusateurs, ne les trouverais-je pas fléchissant le genou devant l'idole, quand, plus indépendant qu'eux, je bravais dans les fers les dangers et la mort? »

Quelques jours après ce discours qui, malgré les nombreuses métaphores dont il était enrichi, ne produisit pas l'effet qu'en attendait l'orateur, puisqu'il ne parvint pas à diminuer les préventions qui existaient contre sa personne, M. de Polignac partait pour l'Angleterre; son manifeste fut publié par la voie de la presse. L'impopularité du prince de Polignac datait de trop loin pour que ces protestations de libéralisme fussent acceptées. Dans la situation donnée, ces déclarations étaient une maladresse : on a toujours mauvaise grâce à se défendre soi-même, et les adversaires de M. de Polignac virent seulement dans son discours une profession de foi destinée à préparer sa candidature ministérielle.

Le 29 janvier, la chambre des députés se réunit sous la présidence de M. Labbey de Pompières, son doyen d'âge. On put juger, dès les premières opérations, de la faiblesse de la droite. Lorsqu'on procéda à la formation des bureaux, sur dix-huit nominations de présidents ou de secrétaires, la droite n'en obtint que cinq. Les choix des candidats à la présidence avaient été décidés dans les réunions préparatoires de la gauche et du centre gauche.

Le premier scrutin fut ouvert le 29 janvier. Il se trouvait à la chambre 247 votants : M. Royer-Collard réunit 175 voix ; M. Casimir Périer, 155 ; M. de Berbis, 146 ; M. Sébastiani, 145 ; M. de Lalot, 132 ; M. Ravez, 90 ; M. de la Bourdonnaye, 90. Quatre de ces candidats étaient nommés dès le premier tour de scrutin, puisque la majorité absolue était de 134 voix. La nomination de MM. Royer-Collard et Casimir Périer résultait de l'accord de la gauche, du centre gauche avec une partie du centre droit ; M. de Berbis devait sa nomination aux deux centres, et M. Sébastiani à la gauche. Les 90 voix de la droite s'étaient portées sur MM. de la Bourdonnaye et Ravez ; ce nombre s'atténua encore au scrutin du ballottage où M. de la Bourdonnaye obtint 81 voix, tandis que M. Ravez n'en réunit que 11. Le découragement de cette partie de la chambre était évidente. Le Roi choisit M. Royer-Collard pour présider la session ; cette nomination fut accueillie avec satisfaction par l'opinion libérale [1].

---

1. « La nomination de M. Royer-Collard n'a étonné personne, écrivait le *Journal des Débats* le lendemain de l'ordonnance royale, et tous les vrais amis de la monarchie y ont applaudi. Ils y ont vu un nouveau gage de l'union inaltérable de la royauté et des chambres. Le nom de M. Royer-Collard sem-

La discussion de l'adresse commença immédiatement ; les membres du comité chargés de la rédiger furent choisis par les libéraux, et M. Étienne qui, peu de temps après, fut nommé membre de l'Académie française, donna au projet d'adresse sa forme définitive. La discussion ne fut pas aussi longue que l'année précédente. On ne pouvait rien reprocher au discours royal, conçu dans le sens le plus libéral ; il s'agissait donc de répondre aux paroles de Charles X par une simple paraphrase.

M. le général Lamarque, récemment élu à la chambre, voulut tout d'abord payer, par quelques phrases d'opposition à la politique du gouvernement, son tribut de bienvenue aux électeurs qu'il représentait. Il critiqua vivement l'expédition d'Espagne, déplora que l'expédition de Morée n'eût point été conçue sur un plus vaste plan et blâma le protocole du 16 novembre, qui bornait les limites de la Grèce à celles de la Morée, et ses possessions maritimes aux Cyclades. Il voyait dans ce résultat l'ouvrage du cabinet de Saint-James ; l'expédition de Morée, l'évacuation de la Grèce, lui paraissaient autant d'actes inspirés par l'Angleterre ; il demanda quel motif commandait cette confiance dans ceux qui, depuis si longtemps, se montraient nos ennemis.

Le général Lamarque méconnaissait étrangement la politique du cabinet des Tuileries, qui avait accompli l'expédition de Grèce, malgré le mauvais vouloir de l'Angleterre, dont

---

blait avoir été indiqué d'avance par le discours du trône, qui avait parlé de la religion avec une pieuse sagesse, de la monarchie avec une juste confiance, de la liberté sans vaines terreurs, et montré quelle alliance étroite unissait la couronne avec les libertés publiques. A une chambre inaugurée par un pareil discours, il fallait un président qui personnifiât en quelque sorte toutes ces idées chères à la France. Le choix ne pouvait être douteux. Le nom de M. Royer-Collard est un principe ; le ministère, les députés, la France, tout le monde sait quel est ce principe. Quiconque l'adopte renonce à vouloir autre chose que la charte, autre chose que l'accord pacifique de la prérogative royale et des franchises populaires. »

nous avions rencontré à chaque pas les intrigues déjouées par notre politique ; c'était également malgré les réclamations de l'Angleterre que notre armée avait prolongé son séjour en Morée.

Aux yeux de M. Laffitte, qui parla après le général Lamarque, la situation de la France était plus florissante qu'elle ne l'avait jamais été. Le monde européen lui paraissait plein d'incertitudes, que la France avait reçu la mission d'éclaircir.

M. Mauguin critiqua à la fois le système de l'ancien ministère qu'il qualifia d'antinational, et celui du ministère Martignac qui lui semblait plein d'indécision et de timidité. Il réclama, en terminant, la communication du traité du 6 juillet et de la convention intervenue entre l'Espagne et la France pour le payement de l'emprunt.

M. Portalis défendit la politique extérieure de la France ; l'honneur de cette défense lui revenait de droit, puisqu'il était placé à la tête de l'administration des affaires étrangères. Il donna à la chambre l'assurance qu'on avait exagéré des deux tiers les dépenses occasionnées par l'expédition de Morée; puis il motiva en ces termes l'intervention française en Grèce :

« L'amour de la paix, et non la politique d'une des puissances belligérantes, a porté la France à secourir les Grecs.
« On s'est d'abord renfermé dans les limites posées par le traité de Londres, qui avait placé le Péloponèse et quelques îles de l'Archipel sous la protection des trois couronnes. Ces limites dont on se plaint n'ont pas été fixées définitivement, on ne s'est point engagé à laisser l'Attique en dehors de la Grèce, et le traité du 6 juillet n'est qu'un acte préliminaire qui prendra ses développements lors de la pacification générale. »

La droite saisit l'occcasion de la discussion de l'adresse pour manifester le mécontentement que lui faisait éprouver la marche politique suivie par le ministère Martignac. M. de

Conny fut le porteur de paroles des royalistes. Il voyait dans le système de l'administration nouvelle la pente qui conduisait la France à une révolution semblable à celle qui, en 1688, avait détrôné les Stuarts. L'orateur royaliste pressentait avec une rare sagacité politique la révolution qui devait éclater au mois de juillet 1830. « Les moteurs de la révolution anglaise ne parlaient-ils point sans cesse de l'existence d'une coalition de papistes, de jésuites et d'évêques? disait M. de Conny. Nous ne voulons point de révolution, répète-t-on sans cesse autour de nous; mais qu'est-ce qu'une révolution dans un état monarchique, sinon l'abaissement de l'autorité royale et l'exaltation de la souveraineté populaire?... » M. de Conny déplora les résultats qu'avait entraînés l'exécution des ordonnances de juin :

« Nous avons vu, dit-il, depuis la suspension de nos travaux, une honteuse inquisition exercée dans les écoles, inquisition que désavouent à la fois et l'esprit et la lettre de la charte, et qui rappelle les mesures d'une époque à jamais flétrie, à laquelle le Directoire donna et son nom et sa triste renommée.

« Des prêtres qui veillaient à la garde des tombeaux, non loin des murs de la capitale, ont été éloignés de ce pieux asile et dispersés au nom de l'ordre légal.

« Voilà, messieurs, les trophées que le plus jeune de nos ministres peut offrir à la France! »

M. de Vatimesnil, désigné par M. de Conny, lui répondit que « les professeurs, loin d'être persécutés, avaient été entourés de toutes les garanties prescrites par les règlements universitaires, et que plusieurs de ceux qui avaient été arbitrairement destitués étaient réintégrés dans leurs fonctions. »

M. de Montbel attaqua à son tour les ordonnances du 16 juin et toutes les concessions du ministère.

« Nous ne laisserons point, dit-il, passer sans protestation des actes surpris à la religion du monarque et qui sont attentatoires au droit des citoyens.

« La première ordonnance a détruit huit établissements célèbres par la confiance qu'ils inspiraient à un grand nombre de familles, par la garantie d'une éducation qu'éclairaient la religion et la morale. Pour les anéantir, on a invoqué l'ordre légal : devait-on ouvertement violer la loi fondamentale, loi où tous les Français doivent chercher la reconnaissance de leurs droits et trouver la sauvegarde de tous leurs intérêts ? »

L'expédition de Morée semblait également à M. de Montbel une concession accordée à l'esprit de parti. Il y avait une fraction de la droite qui attaquait de parti pris tous les actes du ministère Martignac. MM. Sébastiani, Agier et Dupin aîné s'efforcèrent de dissiper des alarmes qui ne leur paraissaient pas motivées.

M. de Lépine proposa d'insérer dans le projet un paragraphe pour supplier le Roi de modifier les mesures prises pour « assurer la perpétuité du sacerdoce et préserver la religion catholique de toute atteinte. » Il demandait également au Roi de mettre un terme au monopole universitaire et de « rendre à l'éducation publique toute la liberté dont elle avait droit de jouir en vertu de la charte. »

Le ministre des affaires ecclésiastiques fit observer que le moment était mal choisi pour réveiller des querelles assoupies et fatales à la religion. La justice avait suivi son cours, les évêques n'élevaient aucune réclamation. Ils avaient reconnu que les ordonnances ne sortaient pas du temporel ; les séminaires prospéraient par la munificence royale. « Le moyen le plus sûr de faire fleurir la religion et de lui rendre son pouvoir, ajouta Mgr Feutrier, c'est de l'associer à la liberté qu'elle prêche depuis tant de siècles, et qu'elle n'a prêchée inutilement ni pour les peuples ni pour elle. »

L'amendement de M. de Lépine, mis aux voix, fut rejeté.

Dans la même séance, on vota tous les paragraphes de l'adresse. Le côté droit de l'assemblée resta immobile pendant la lecture du projet; au moment du vote sur l'ensemble de l'adresse, tous les membres de la droite se retirèrent. Il ne resta dans l'assemblée que 221 députés ; 213 votèrent en faveur du projet. Le lendemain, l'adresse fut présentée au roi. Il témoigna une véritable satisfaction à la députation choisie pour la lui présenter. « Je n'en doute pas, dit-il aux députés, cette session aura des résultats satisfaisants pour mon peuple, par conséquent pour moi. Car, messieurs, qui dit l'un dit l'autre ! »

X

PRÉLIMINAIRES DE LA SESSION. — LA PROPOSITION DE MISE EN ACCUSATION DES ANCIENS MINISTRES EST RENOUVELÉE. — PÉTITION RELATIVE AUX MISSIONS DE FRANCE. — L'ÉMANCIPATION DES CATHOLIQUES D'IRLANDE EST ADOPTÉE PAR LES DEUX CHAMBRES D'ANGLETERRE. — MORT DU PAPE LÉON XII.

La proposition de mise en accusation des anciens ministres, ajournée indéfiniment à la fin de la session 1828, fut renouvelée à la chambre le 19 février 1829 par M. Eusèbe de Salverte. Il rappela la gravité des actes sur lesquels cette accusation avait été basée et demanda que l'action de la loi atteignît les anciens ministres. M. de Martignac répondit que la clôture de la session avait périmé l'action intentée contre eux; quand une session est close, il ne reste de ses actes que ceux qui ont été consommés. MM. de Chauvelin et Alexis de Noailles réclamèrent la question préalable que la chambre adopta à une grande majorité. Quelques membres de la gauche se levèrent contre. M. Labbey de Pompières se déclara si affligé de ce résultat, qu'il retira sa proposition.

Plusieurs pétitions furent ensuite examinées; l'une d'elles était conçue dans un esprit de violente hostilité contre les missions prêchées alors à l'intérieur du royaume. L'examen de cette pétition souleva un vif débat; l'auteur de cette pétition, M. Isambert, était un avocat du barreau de Paris.

Il blâma l'existence des congrégations de missionnaires, et se plaignit que leurs prédications fussent devenues une source de scandale. On n'a pas oublié que les fidèles en se rendant aux exercices de la mission avaient été souvent l'objet des mauvais traitements de la partie irréligieuse de la population; la mission prêchée à Brest en 1827 avait été particulièrement féconde en scandales de ce genre. M. de Sade, chargé d'examiner la pétition, demanda son renvoi au garde des sceaux. Il fit observer cependant qu'il existait légalement alors en France quatre sociétés religieuses reconnues par l'État : les prêtres des missions étrangères, les pères du Saint-Esprit, les lazaristes et les missionnaires de France. M. Kératry s'écria qu'il y aurait contradiction à fermer les colléges des jésuites quand on tolérait leurs prédications.

« A quoi aboutissent ces missions, dit-il? à propager l'idolâtrie du *cordicolisme*, qui n'a jamais été dans notre religion d'esprit et de vérité; à charger d'honnêtes gens de scapulaires, de rosaires et d'amulettes, reçues en première main des jésuites, dont le nom se mêle douloureusement à nos troubles civils et religieux! »

Le ministre des affaires ecclésiastiques réclama l'ordre du jour sur la question ouverte.

« D'un côté, dit-il, les missions ont contribué puissamment à l'amélioration des mœurs dans certaines populations.

« Elles sont nécessitées par l'insuffisance des prêtres qui desservent les paroisses ; d'un autre côté, des écarts de zèle, des paroles indiscrètes, quelques voies de fait, quelques scènes tumultueuses, ont eu lieu à l'occasion des missions et ont affligé les amis de l'ordre et de la paix. »

MM. de Lépine, de Montbel, de Conny et Duplessis de Grénédan s'élevèrent contre le renvoi de la pétition au garde des sceaux. Le renvoi n'en eut pas moins lieu, et la gauche triompha de cette décision, que la droite déplorait.

Une pétition des électeurs de Lille contre l'élection de M. de Bully souleva un débat animé. On déclara pendant le cours de la discussion que la chambre n'avait qu'un droit : vérifier les pouvoirs des députés. Lorsqu'elle avait usé de ce droit, elle ne pouvait annuler une élection, sans porter une grave atteinte au droit électoral, et par ce fait même briser l'indépendance de la chambre, en fournissant à la majorité un moyen commode de se débarrasser d'une minorité gênante. La chambre passa à l'ordre du jour, pour ce qui concernait l'admission du député, mais renvoya la pétition au garde des sceaux. A la suite de l'examen de cette pétition, M. de Bully fut déchargé des accusations qui pesaient sur lui. Plusieurs autres pétitions demandaient le rapport de la loi du sacrilége, la suppression du double vote et de la septennalité, et s'élevaient contre les abus du cumul des traitements. Ces pétitions étaient autant de signes du temps.

Les premières lois présentées à la sanction des chambres étaient d'un intérêt secondaire : un de ces projets de lois avait rapport à la pêche fluviale ; un autre réclamait la prorogation du monopole des tabacs jusqu'au 1ᵉʳ janvier 1837. Déjà à cette époque, l'impôt sur le tabac produisait annuellement 45 millions de francs au trésor. Dans le cours de la discussion, quelques députés blâmèrent le monopole, qui prohibait la culture du tabac dans 78 départements, tandis qu'il l'autorisait sous quelques restrictions dans 8 autres. Le directeur général des contributions indirectes répondit que, sans le régime des taxes et de la culture limitée, l'impôt sur le tabac ne produirait que 14 ou 15 millions. MM. Cunin-Gridaine et Benjamin Constant parlèrent contre la loi; ce dernier s'efforça d'établir que le gouvernement fabriquait plus mal et plus cher que les particuliers, et que le monopole était l'ennemi de la production.

On élevait également des réclamations contre les impôts sur le sel et les boissons; le trésor tirait de ces différents impôts 130 millions, dont il ne pouvait se dessaisir. A ceux qui attaquaient la prolongation de six ans, réclamée pour le monopole des tabacs, le ministre des finances répondit que cette prolongation n'était pas indéfinie. On proposait comme remède une enquête. Depuis trente années on étudiait la question; espérait-on qu'une nouvelle enquête en pourrait apprendre plus qu'une expérience de trente années? Après un vif débat entre MM. Benjamin Constant, Bacot de Romans, Duvergier de Hauranne et Chantelauze, la chambre adopta à 266 voix de majorité la prorogation du monopole des tabacs jusqu'au 1er janvier 1837.

Au mois de janvier 1829, la première division des troupes envoyées en Morée revint à Toulon. Un ordre du jour du général Maison annonça à l'armée qu'elle allait rentrer en France. « Toute ma vie, disait le général en chef dans cette proclamation, je conserverai le souvenir de l'honneur que j'ai eu de me trouver à la tête de troupes aussi braves, aussi instruites, et qui se distinguent par l'amour du souverain et de sa famille, de l'ordre et de la discipline, premières vertus du soldat. » Une ordonnance royale du 22 février éleva le général Maison à la dignité de maréchal de France. Lorsque le général plaçait l'amour du souverain et de sa famille dans une sphère idéale, au-dessus de toutes les vertus politiques, il ne prévoyait pas la scène d'adieux de Cherbourg, où il devait jouer un rôle en contradiction avec les paroles de sa proclamation.

Toutes les chambres de l'Europe commençaient leurs sessions au début de l'année 1829. Le parlement anglais s'était ouvert le 5 février. Le discours royal contenait cette phrase importante : « Sa Majesté recommande que vous preniez en considération la condition de l'Irlande, et que vous revoyiez les lois qui frappent d'incapacité civile les sujets catholiques de Sa Majesté. » Les deux chambres du parlement adoptèrent presque sans changement la réponse au discours de la couronne, présentée par les amis du ministère. C'était là un bon augure pour l'émancipation catholique de l'Irlande.

Le 1er mars, à la chambre des lords, une scène très-vive eut lieu au sujet de pétitions réclamant l'émancipation de l'Irlande. Le duc de Clarence, frère et héritier présomptif du roi, appuya cette proposition avec véhémence. Le duc de Cumberland, second frère du roi, s'étonna au contraire qu'on eût pu traiter de « basse, fâcheuse, injuste, » l'opposition à ce bill qu'il réprouvait. Le duc de Sussex, troisième frère du Roi, fut obligé de s'entremettre entre ses deux frères et parvint à les calmer. Le 5 mars, sir Robert Peel présenta à la chambre des communes la proposition en faveur des catholiques. Les communes réunirent le 7 mars 348 voix en faveur de la proposition et 160 voix contre. Le bill d'émancipation des catholiques passa aux communes le 30 mars, et fut adopté à la chambre des lords au commencement du mois d'avril par 247 voix contre 112.

L'année précédente, l'illustre O'Connell avait été envoyé au parlement par le comté de Clare, et il avait réussi à se faire admettre dans l'assemblée sans prêter un serment contraire à la foi catholique [1]. Lorsque le bill d'émancipation fut voté,

---

1. Daniel O'Connell était né dans le comté de Kerry (Irlande), en 1775, d'une

O'Connell, soutenu par l'agitation du dehors, demanda justice pour l'Irlande. Le parlement résista, différa, marchanda à l'Irlande les libertés réclamées. Le roi s'écria avec colère, en jetant la plume au moment de sanctionner les bills : *Goddam O'Connell!* Mais les meetings irlandais se multipliaient, les pétitions arrivaient avec des millions de signatures, et le parlement et le roi se résignèrent alors à céder. O'Connell était parvenu à exercer en Irlande une puissance d'autant plus absolue que l'obéissance était volontaire et enthousiaste. Les despotes ne mènent les peuples que par la terreur qui terrasse les volontés et par la force qui contraint les cœurs; O'Connell menait l'Irlande par la tête et par le cœur.

La grande figure d'O'Connell, et le mouvement politique et religieux qu'il imprimait à l'Irlande, exercèrent une grande influence sur les esprits en France. C'était le dernier effort tenté par la malheureuse Irlande pour recouvrer sa liberté politique et religieuse.

Peu de jours avant le vote du bill d'émancipation catholique de l'Irlande, le 10 février, le pape Léon XII mourut à Rome. Le cardinal Castiglione qui, une première fois, avait été au moment d'être élu pape, lors de l'avènement de Léon XII, lui succéda. Il fut préconisé le 31 mars 1829, sous le nom de Pie VIII ; son court pontificat ne devait durer qu'une année ; en effet, Pie VIII mourut au mois de décembre 1830.

---

des plus anciennes et des plus illustres familles de ce royaume. La devise des armoiries de sa famille était celle-ci : *Salus Hiberniæ oculus O'Connell. L'œil d'O'Connel est le salut de l'Irlande.* Il avait été élevé en France, parce qu'à cette époque il n'était pas possible, d'après la législation existante, de recevoir une éducation catholique en Angleterre.

XI

PRÉSENTATION D'UN PROJET DE LOI SUR L'ORGANISATION MUNICIPALE ET DÉPARTEMENTALE. — EXPOSÉ DES MOTIFS DE M. DE MARTIGNAC. — ÉCONOMIE DE LA LOI. — RAPPORTS DE MM. DUPIN ET SÉBASTIANI. — DISCUSSION GÉNÉRALE. — L'AMENDEMENT RELATIF A LA SUPPRESSION DES CONSEILS D'ARRONDISSEMENT EST ADOPTÉ. — RETRAIT DES DEUX PROJETS DE LOI SUR L'ORGANISATION MUNICIPALE ET DÉPARTEMENTALE.

Le grand événement de la session de 1829 fut la présentation d'un projet de loi sur l'organisation communale et départementale. A la suite de ce mémorable combat, dans lequel le ministère fut vaincu, il perdit sa raison d'être : n'ayant pu réussir à s'assurer une majorité dans la chambre, il ne lui resta plus qu'à quitter la scène politique.

Le 9 février, M. de Martignac présenta le projet de loi à la chambre des députés. Dans l'exposé des motifs, il reconnaissait que l'organisation municipale et départementale de la France présentait des côtés défectueux qui motivaient les inquiétudes et comportaient de sérieuses modifications. Le nouveau projet repoussait le rétablissement proposé des administrations cantonales; il respectait l'existence distincte de la commune, maintenait l'autonomie des communes et des arrondissements, en s'efforçant d'entrer dans la voie de la décentralisation. Le projet de loi était divisé en deux parties distinctes : la première partie réglait l'administration des communes; la seconde réglait l'administration des arrondissements et des départements.

M. de Martignac, dans son brillant exposé des motifs, rappela en quelques phrases l'histoire de l'émancipation des communes sous Louis le Gros, et leurs priviléges sous l'ancienne monarchie. Le système d'élection des membres du corps municipal avait été conservé par l'Assemblée constituante; elle s'était contentée de placer les corps municipaux sous l'autorité des administrateurs de district, dépendant de l'administration départementale, qui était elle-même soumise à l'autorité royale. Ce système avait reçu des modifications par la constitution de l'an III; il avait été également modifié par la loi du 28 pluviôse; l'administration actuelle était basée sur cette loi. Le sénatus-consulte du 16 thermidor an X imposait au chef de l'État l'obligation de choisir le maire et les adjoints dans le sein des conseils municipaux élus. Sous l'empire, les formes électives avaient disparu; les assemblées cantonales qui choisissaient les candidats des conseils municipaux cessèrent de fonctionner; la volonté souveraine, qui s'était substituée partout à la loi elle-même, la remplaça. Le chef de l'État déléguait son pouvoir aux préfets, ses agents. Ceux-ci faisaient en son nom toutes les nominations. Les communes, déclarées mineures par celui dont l'épée victorieuse semblait devoir suffire à tout, étaient placées sous la tutelle du tout-puissant empereur.

Le gouvernement du Roi s'était seulement conformé aux usages établis.

« L'état de choses actuel est loin d'offrir dans toutes ses parties des sujets de plainte, dit le ministre de l'intérieur; on ne peut même se dissimuler que sous plusieurs rapports il peut être considéré comme satisfaisant; toutefois, on a remarqué avec raison que la législation était incomplète; que l'usage avait dérogé à un grand nombre de dispositions législatives, et laissait ainsi une portion de l'administration livrée à l'arbitraire; que les charges des communes n'étaient pas classées avec soin; que, d'une part, il n'existait aucun moyen régulier de les contraindre à exécuter leurs engagements, et que, de l'autre, l'administration supérieure pouvait exiger d'elles des dépenses auxquelles elles ne devaient pas être assujetties.

« On a remarqué que l'intervention directe de l'autorité royale, nécessaire à la conservation des intérêts sérieux des communes, était appliquée à des détails trop multipliés, et qu'il en résultait, sans utilité réelle, des retards souvent fâcheux.

« Enfin on a désiré un ensemble de législation rédigé dans un même esprit, pour satisfaire les mêmes besoins.

« De tout temps les communes se sont montrées jalouses de veiller elles-mêmes à la régie des intérêts communaux ; elles ont voulu prendre part à la nomination de ceux qui sont préposés à leur conservation ; cet antique privilége s'était évanoui sous l'empire.

« Ce droit perdu était revendiqué depuis la Restauration, et le besoin de revenir sur ce sujet à un état de choses plus régulier et plus juste se faisait tellement sentir, que des vœux semblables étaient constamment exprimés par ceux même qui, sur les matières politiques, professaient entre eux des opinions opposées.

« Il était impossible de rester sourds à ces trop légitimes réclamations.

« Nous avons distingué dans le corps municipal deux parties qui sont tout à fait distinctes : d'une part, celle qui exécute, qui administre et qui rend des comptes ; et, de l'autre, celle qui délibère, qui vote et qui reçoit les comptes rendus.

« Le corps municipal se compose du maire et de ses adjoints, d'une part, et du conseil municipal, de l'autre. L'autorité du maire et des adjoints émane de la puissance royale ; leur nomination est faite librement et directement par le Roi ou au nom du Roi par son délégué. L'inflexible nécessité de cette disposition n'a pas besoin d'être démontrée ; elle est une conséquence du principe monarchique et du principe constitutionnel : aux termes de la Charte, le droit de nommer à tous les emplois de l'administration politique appartient au Roi seul.

« Des dispositions qui conféreraient à d'autres la nomination des maires et adjoints, ou qui tendraient à circonscrire la nomination royale dans une liste de candidats, violeraient ouvertement la charte et porteraient l'atteinte la plus grave à tout le système de nos institutions.

« En effet, une des bases fondamentales de ce système est la responsabilité ministérielle. La première condition de la responsabilité est évidemment la liberté des hommes sur qui elle pèse dans le choix de ceux qu'ils emploient. Choisir à un ministre ses agents, ou, ce qui est la même chose, l'obliger à les choisir dans une liste imposée, et le déclarer en même temps responsable des actes de ceux qu'on l'a contraint d'employer, ce serait une inconséquence et une injustice que la législation française ne pourrait consacrer.

« Les maires, dans la partie la plus importante de leurs fonctions, sont des agents de l'autorité ministérielle préposés à l'exécution des lois générales du royaume. Les ministres doivent avoir la liberté de proposer au choix du Roi ou de faire nommer par son délégué l'agent dont ils répondent. »

Le projet de loi rétablissait le mode d'élection pour la formation des conseils municipaux. M. de Martignac motivait cette concession de l'autorité royale, en disant que dans les conseils municipaux, il n'était pas question d'emplois administratifs, mais de l'intervention des propriétaires dans la gestion d'intérêts communs.

« Sans doute, ajoutait le ministre de l'intérieur répondant d'avance aux objections de la droite, nous sommes réservés au malheur de nous entendre accuser ici d'abandonner les droits de la couronne, de sacrifier à des exigences et à des craintes une partie du dépôt qui fut confié à notre foi. Pour des ministres qui comprennent toute la gravité des devoirs qui leur sont imposés, il n'est pas de reproches dont l'injustice puisse être plus amère à supporter. Nous n'avons pas toutefois reculé devant lui; c'est un courage que la conscience peut seule donner. L'autorité royale se fortifie par un exercice ferme et manifeste de ses droits; elle s'affaiblirait en cherchant à priver un peuple qu'elle a enrichi d'une partie des biens dont elle l'a doté. L'autorité royale a pour elle la légitimité, le droit et la force; il faut qu'elle ait encore l'équité et la raison. On la craint et on la respecte parce qu'elle est puissante; il faut qu'on l'aime parce qu'elle est juste et franche. »

En terminant son lumineux exposé des motifs, le ministre de l'intérieur parla des aspirations légitimes des Français vers la liberté, et du désir qu'ils éprouvaient d'être initiés aux affaires de leur pays. Il fallait satisfaire l'initiative des générations nouvelles, et exercer leurs aptitudes administratives dans les conseils municipaux et départementaux.

« L'appel des citoyens à la confection des lois, dit M. de Martignac, la liberté de la tribune, celle de la presse, les progrès de l'instruction publique, toutes ces conséquences de la charte ont fait passer dans tous les rangs de notre société actuelle un vif intérêt pour les affaires du pays et une sorte de besoin d'y prendre part par les vœux, par les écrits, par les actes; cela est vrai pour tous les âges, cela est vrai surtout pour la génération qui nous presse et va nous remplacer.

« N'êtes-vous donc pas occupés de cette foule d'hommes instruits, laborieux, actifs, que la publicité avertit et éveille, que leur position sociale, que le sentiment de leur capacité et l'exemple de tant d'élévations tout aussi imprévues que le serait la leur, poussent vers les affaires publiques par tant de chemins différents?

« Quelle part pouvez-vous leur donner dans la direction des grands intérêts de l'État?

« Ouvrez-leur près d'eux une carrière nouvelle. Leur commune, leur département ont aussi des intérêts à surveiller et à défendre, des plans d'amélioration à faire, des travaux importants à régler, des communications à étendre. Ils sont jaloux d'obtenir d'honorables suffrages; ils veulent être chargés du soin de veiller au bonheur de leurs concitoyens. Donnez-leur le moyen de satisfaire chez eux cette noble ambition, et tracez autour d'eux un cercle honorable, au milieu duquel il y ait quelque profit et quelque gloire à rester…

« Concentrée au cœur de la monarchie, tendant vers un but unique, cette activité croissante peut offrir des dangers; appelez-la sur tous les points, donnez-lui des aliments divers, occupez-la de soins nombreux; ce n'est qu'ainsi que vous pourrez l'affaiblir et la rendre salutaire. »

Il nous a semblé que cet habile exposé des motifs, qui contenait en germe toute une thèse en faveur de la décentralisation, et qui fut le point de départ de la loi sur laquelle le ministère Martignac vint se briser, devait être rappelé ici. Avant de suivre la longue discussion à laquelle la nouvelle loi donna lieu, indiquons l'économie du projet ministériel. Le 9 février, jour de la présentation de la loi, M. de Villèle jugeait ainsi sa portée et ses résultats.

« Elle confie les élections des conseils municipaux, des assemblées de canton, d'arrondissement et de département aux plus imposés de chaque localité.

« Elle établit donc un monopole qui donne la majorité aux plus imposés des appelés et enlève à la propriété l'appui qu'elle eût trouvé dans le concours de tous les imposés au rôle des contributions; enfin, la nouvelle loi ouvre une large voie à la fraude et à l'influence de l'administration par la confection des listes et l'organisation des élections par sections arbitraires. »

Ces projets de loi, dont la présentation fut une imprudence, vu la situation, ne valaient pas, soit dans l'un, soit dans l'autre système, l'éclat qu'ils amenèrent. Tous deux étaient en dehors des principes vrais du droit commun et plus réglementaires que constitutifs. La droite prétendit qu'ils ne paraissaient que pour montrer la faiblesse des ministres concédant les droits, jusque-là reconnus au Roi, de nommer tous les membres des conseils administratifs du royaume, en accordant l'élection de ces derniers à une combinaison aussi stérile dans ses résultats prévus qu'insoutenable à la discussion. Le projet de loi confiait l'élection des conseillers municipaux à un nombre déterminé des plus imposés, désignés sous le nom de notables; les curés desservants et pasteurs; les juges de paix et leurs suppléants, les notaires, docteurs en droit, en médecine, les licenciés ès sciences et ès lettres, les officiers de terre et de mer jouissant d'une retraite de 600 francs au moins, étaient admis à voter. Le quart de la contribution d'une terre affermée servait au fermier pour être placé sur la liste des plus imposés. Les contributions payées par les non-domiciliés dans la commune leur donnaient le droit de se faire représenter par un des électeurs; les mineurs et les interdits, les femmes non mariées et les veuves jouissaient de la même faculté. Ainsi aurait eu lieu dans les communes rurales l'élection des membres du conseil municipal. Les maires ou adjoints étaient nommés par le Roi dans les communes urbaines, les fonctionnaires désignés par le souverain pouvaient nommer les maires et les adjoints dans les communes rurales.

Dans les communes urbaines (s'élevant à plus de 3,000 habitants agglomérés) les membres du conseil municipal étaient élus par les plus imposés, dans un nombre proportionné à la population de la ville. En outre, étaient appelés comme électeurs nés, les archevêques, évêques, curés, les desservants, les présidents du consistoire et pasteurs, les membres des cours et tribunaux, les juges de paix et leurs suppléants, les fonctionnaires de l'ordre administratif à la nomination du Roi, les membres des chambres et des tribunaux de commerce, les membres des commissions des hospices et des commissions sanitaires, les proviseurs et principaux des colléges, les directeurs des écoles publiques nommés par le Roi, les membres du conseil de discipline, les avocats, les avoués, les notaires, les officiers de terre et de mer jouissant d'une pension d'au moins 1,200 francs. Les trois quarts des officiers municipaux devraient être pris dans la première moitié de la liste des plus imposés, tandis que l'autre quart pourrait être choisi parmi les autres membres du collége électoral.

« Rien de plus compliqué, on le voit, de plus arbitraire, de moins rationnel, et par suite de moins susceptible de défense que ce projet, écrivait M. de Villèle sur son Carnet.

« Ce qui était pis, c'est que ce système fictif d'émancipation communale n'offrait aucune probabilité de bons choix. L'appel des plus imposés, dans un nombre aussi étendu et limité, donnait, comme cela arrive toujours en cas semblable, la majorité aux électeurs de la cote la moins élevée parmi ces électeurs et en excluait les petites cotes, c'est-à-dire les auxiliaires naturels de la haute propriété. Les électeurs adjoints par état devaient perdre de leur influence par cet appel, comme fonctionnaires publics, plus ou moins à la dévotion du gouvernement.

« Plusieurs y auraient été appelés sans doute, comme compris dans les imposés requis et, choisis pour former ces conseils, eussent ainsi conservé leur influence.

« Tout était faux dans ces élections, l'immense majorité s'en trouvait exclue et le choix fait des intéressés devait faire tourner l'élection plus en faveur des révolutionnaires, contre lesquels le projet était évidemment dirigé, que ne l'eût fait le seul système juste en cette matière, l'appel de tous les ayants droit, c'est-à-dire de tous les chefs de famille portés au rôle des contributions directes de la commune. »

Nous avons dit que le projet de loi divisait les communes en communes rurales et en communes urbaines. Toute commune dont la population agglomérée s'élevait à 3,000 habitants; celle d'une population inférieure à ce chiffre qui était le siége d'un évêché, d'une sous-préfecture ou d'un tribunal de première instance, prenaient le titre de commune urbaine. Les membres des conseils de préfecture, les membres des cours et des tribunaux de première instance, les curés, desservants, vicaires et pasteurs, les militaires et employés des armées de terre et de mer en activité de service, les ingénieurs des ponts et chaussées et des mines, les agents et employés des finances, les fonctionnaires et employés des colléges communaux et les instituteurs primaires, ne pouvaient être ni maire ni adjoint.

Le nouveau projet fixait le nombre des conseillers municipaux à huit dans les communes de 1,000 habitants et au-dessous; ce nombre s'élèverait à douze dans les communes de 1,000 à 2,000 habitants; il atteindrait le chiffre de seize dans les villes dont la population dépasserait 2,000 habitants. Les conseillers municipaux seraient élus par l'assemblée des notables de la commune, ces notables devraient avoir leur domicile réel dans la commune. Le nombre des conseillers municipaux s'élèverait à 20 dans les communes de 10,000 habitants et au-dessous; à 24, dans les communes de 10,000 à 30,000 habitants; à 30, dans les villes dont la population dépasserait 30,000 âmes.

La loi désignait sous le nom générique de notables les citoyens âgés de 25 ans accomplis, ayant leur domicile réel dans la commune, et choisis parmi les plus imposés au rôle des contributions directes. Le nombre de ces notables devrait être de 60 dans les villes de 3,000 habitants et au-dessous, de 2 par 100 habitants en sus de 3,000 et de 2 par 500 habitants en sus de 20,000. Suivait l'énumération de toutes les fonctions qui donnaient une entrée dans la classe des notables.

Le second projet de loi concernait les conseils d'arrondissement et de département. Les conseils d'arrondissement se composeraient d'autant de membres que l'arrondissement formerait de cantons, sans que ce nombre pût descendre au-dessous de neuf. Les conseillers d'arrondissement seraient élus par les assemblées de cantons. L'assemblée de canton se composerait : 1° des citoyens les plus imposés aux rôles des contributions directes, ayant leur domicile réel ou politique dans le canton, au nombre d'un par cent habitants jusqu'à cinq mille, et d'un par mille habitants au-dessus de cinq mille ; 2° des membres du corps municipal choisis par le conseil de chaque commune, au scrutin et à la majorité, au nombre d'un par 500 habitants. Les membres des conseils généraux seraient élus par les assemblées d'arrondissement.

Telles étaient les principales dispositions des projets de loi. Deux commissions avaient été chargées de les examiner. Le 19 mars, ces commissions présentèrent les conclusions de leurs délibérations sous la forme de deux rapports.

L'exposé des motifs avait donné la priorité à la loi communale dans l'ordre de la discussion. M. Sébastiani, nommé rapporteur de la loi départementale, étant disposé à parler le premier, on voulut changer l'ordre proposé. M. Dupin aîné, rapporteur de la loi communale, réclama la parole qui lui fut accordée après un vif débat. M. Dupin reconnut d'abord l'utilité d'un nouveau projet sur l'organisation municipale [1].

---

1. Composaient la commission de la loi des communes : MM. Humblot-Conté, Duvergier de Hauranne, Brillat de Villemorge, de Chauvelin, de Lastours, Dupin aîné, le baron Pelet, Dumarhallach, Moyne. MM. Rouillé, Dupont (de l'Eure), de la Villebrune, de Sainte-Aulaire, Méchin, Sébastiani, Gauthier, Dumeylet, de Rambuteau, devaient examiner la loi départementale.

« On ne peut nier, dit-il, que le projet offre dans sa classification un ensemble satisfaisant. La rédaction en est claire; les matières y sont distribuées dans un ordre naturel, et sans qu'il soit entièrement complet, rien d'essentiel n'y paraît omis. La loi sera ainsi une espèce de code, œuvre la plus désirable pour sortir du chaos des lois particulières, et pour en assurer la saine intelligence et la bonne exécution. »

La commission qui avait choisi M. Dupin pour rapporteur, ne voulait pas admettre que la nomination des maires fût attribuée directement au Roi. Elle niait que des conditions de capacité qui « limiteraient la liberté du choix en l'empêchant de s'égarer, » ou une candidature qui ferait concourir les citoyens au choix des maires et des adjoints, fussent incompatibles avec le principe monarchique. « Le maire étant en même temps l'homme du Roi, en vertu de ses fonctions publiques, et l'homme de la commune, en vertu de ses fonctions municipales, disait le rapporteur, la commune doit concourir au choix du maire. La prérogative royale ne recevra, par suite de ce changement, aucune atteinte. »

La commission proposait à cet effet que, dans les communes urbaines, le maire et les adjoints ne pussent être choisis en dehors des membres du conseil municipal.

Tout en reconnaissant la difficulté de séparer dans les attributions du maire et des adjoints deux ordres de fonctions, la commission déclarait que la priorité devait être attribuée au caractère du fonctionnaire public. Elle établissait en second lieu qu'on ne pouvait obliger le Roi à déléguer ses pouvoirs à l'un des mandataires privés de la commune. Elle reconnaissait qu'il y aurait contradiction à exiger que le maire fût pris parmi les conseillers municipaux dans les communes urbaines, tandis que cette limitation n'existait pas quand il s'agissait des communes rurales; elle avouait qu'on n'avait reculé pour celles-ci que devant l'impossibilité de fait de trouver avec cette limitation des maires suffisamment capables dans un grand nombre de petites communes.

En outre, une grave difficulté se rencontrerait en cas de dissolution du conseil municipal. En effet, le maire qui ferait partie du conseil municipal se trouverait compris dans l'arrêt de dissolution, et le pays resterait ainsi sans administration jusqu'à la réélection d'un nouveau conseil. La commission pensait qu'en cette circonstance le Roi devrait être autorisé à nommer le maire sans qu'on pût imposer une condition restrictive au choix royal.

Enfin, on signalait un cas où il serait utile de choisir le maire en dehors du conseil municipal : s'il arrivait qu'un parti politique triomphât dans les élections de manière à assurer peu de protection à l'opinion opposée, le choix du maire dans le parti le plus faible contre-balancerait utilement l'influence de la majorité.

La commission acceptait le principe électif pour la formation des conseils municipaux; elle proposait de changer le nom de notables attribué aux plus imposés et de substituer à ce nom celui d'électeurs qui ne blesserait personne, puisqu'il n'indiquait aucune supériorité sur les autres citoyens. M. Dupin déplorait que la loi, par ses dispositions restrictives du nombre des électeurs, exclût de fait la classe moyenne de la société que le ministre de l'intérieur avait déclaré vouloir protéger. Ces résultats du projet s'écartaient manifestement du but même que les rédacteurs de la loi se proposaient.

La commission demandait donc l'élargissement du cercle électoral; elle indiquait plusieurs modifications de nature à amener à ce résultat. Il fallait élever le nombre des électeurs à trois par cent, au lieu de deux par cent réclamés seulement par le projet ministériel dans les communes rurales peuplées de plus de 500 habitants; réduire à 21 ans l'âge requis pour exercer le droit électoral; porter de 60 à 100 le nombre des plus imposés dans les communes urbaines. Relativement à l'augmentation proportionnelle, elle indiquait les chiffres suivants : 2 par 100 de 3,000 à 20,000 habitants, et 1 par 100 à compter de 20,000 habitants. Enfin elle proposait d'appeler au vote tous les citoyens payant 300 francs de contributions directes.

Tandis que les libéraux repoussaient le projet de loi en prétendant que les élections restaient trop circonscrites et que la royauté conservait son pouvoir absolu par la nomination des maires et des adjoints, les royalistes déclaraient que la loi sur l'administration communale était conçue dans un esprit révolutionnaire. Ils lui reprochaient de restreindre l'exercice de l'autorité royale, en ce qu'elle admettait le principe de l'élection pour la formation des conseils municipaux [1].

---

1. M. de Villèle jugeait ainsi les amendements proposés par la commission : « Loin d'attaquer les mauvaises dispositions du projet, le monopole de quelques censitaires substitué au droit de tous les chefs de famille de la commune et les adjonctions arbitraires, la commission a supprimé les adjoints qui n'ont pas paru devoir voter dans le sens révolutionnaire, et les a remplacés par ceux qu'elle a cru devoir y être plus enclins. Elle a augmenté le nombre des soi-disant plus imposés par de beaucoup moins imposés, qui font toujours la majorité dans de semblables combinaisons, et n'a voulu laisser en dehors de ces élections de la localité aucun de ces admirables censitaires à 300 francs, qui avaient envoyé au Roi les députés actuels.

« Les amendements de la commission consistent à étendre le monopole électoral proposé par la loi jusqu'à la limite propre à donner la majorité à la classe moyenne. Cette classe, ennemie de la supérieure, oppressive de l'inférieure, est la plus impropre à la direction des affaires publiques et générales, sans cesse occupée qu'elle est à ne les considérer que sous le rapport de ses propres intérêts.

« Le projet ministériel tendait à maintenir dans les administrations secondaires l'influence du gouvernement, en dépit de l'apparente concession à l'élection. Aussi M. Dupin a-t-il eu beau jeu dans la mission qu'il reçut comme rapporteur de la commission, de démolir cette œuvre fantastique. Mais celle qu'il était chargé de présenter pour la remplacer était conçue elle-même dans un esprit de monopole aussi arbitraire, aussi injuste, mais plus rationnel de la part des révolutionnaires qui la produisaient, car au moins leur assurait-elle la domination de leurs principes et l'élection sans conteste de leurs candidats dans toutes les communes du royaume. »

(*Papiers politiques* de M. de Villèle. — Documents inédits.)

Le général Sébastiani, rapporteur du projet sur la loi départementale, présenta les conclusions de la seconde commission. Elle admettait la partie du projet qui réglait les attributions des conseils d'arrondissement et de département, en limitant leurs attributions à des intérêts purement locaux; elle approuvait également que le système d'élection fût étendu aux membres de ces conseils sans aucune candidature indiquée. Elle réprouvait les combinaisons du nouveau mode d'élection, combinaisons qui lui paraissaient dictées par des motifs politiques et tendant à créer un privilége au profit d'une certaine classe. La commission réclamait enfin pour les électeurs des députés le droit d'élire les conseillers d'arrondissement et de département.

« Il ne s'agit plus, dit le rapporteur, d'élire l'assemblée qui participe au pouvoir législatif, qui accuse les ministres, qui parle au Roi et à la France, mais un petit corps local chargé d'éclairer et de contrôler un administrateur secondaire.

« Et non-seulement nuls électeurs nouveaux ne sont appelés à exercer ce droit inférieur, mais presque les deux tiers des électeurs en sont dépouillés, et les hommes qui vous envoient siéger dans cette enceinte, qui vous confèrent l'honneur de paraître en présence du Roi, ne sont pas bons pour vous faire asseoir à côté de votre préfet. »

On alléguait plusieurs raisons pour motiver l'exclusion des censitaires à 300 francs. « Il n'y a rien à conclure de l'élection de la chambre des députés pour celle des conseils d'arrondissement, » disait-on. Ces corps de nature toute diverse sont investis de fonctions sans analogie. Pourquoi les citoyens qui élisent les députés devraient-ils concourir nécessairement à l'élection des conseillers d'arrondissement? Appellerait-on tous les électeurs politiques partout où il y aura une élection à faire? Les négociants ne suffisaient-ils pas à former les tribunaux de commerce? Quand les corps à élire diffèrent essentiellement, les électeurs ne doivent pas être les mêmes. Ne craindrait-on pas d'ailleurs, en attribuant encore cette élection aux électeurs de la chambre, de créer une dangereuse aristocratie en concentrant la nation politique dans 88,000 électeurs?

A ces arguments la commission répondait qu'il fallait se rendre compte avec exactitude de la différence comme de l'analogie qui existait entre la chambre des députés et les conseils des départements : Les conseils des départements discutaient le budget local, répartissaient entre les divers services les fonds alloués par le budget, recevaient les comptes du préfet, votaient enfin de leur propre autorité un certain impôt qu'ils employaient à leur guise. Dans tous ces actes ils avaient besoin, soit directement, soit indirectement, de l'approbation du Roi.

La chambre avait quelques fonctions analogues à celles des conseils d'arrondissement et de département ; de plus, elle discutait les lois, recevait les pétitions, adressait au Roi ses vœux, pouvait accuser les ministres. Le rapporteur concluait de l'importance même des fonctions de la chambre, que ceux qui élisaient les députés étaient aptes à choisir les conseillers généraux.

« On n'a pas à parler de l'excessive centralisation des pouvoirs dans la masse générale des électeurs, dit le général Sébastiani, au moment où on concentre presque ces pouvoirs dans les électeurs des grands collèges; on nous inquiète d'une aristocratie de 88,000 citoyens, quand on essaye d'en former une de 40,000 ; en vérité, il serait peut-être permis d'en manifester quelque étonnement. »

La commission proposait de substituer au double degré l'élection directe d'un membre du conseil général par chaque canton. Ce système donnerait à la minorité la certitude d'être toujours représentée et entendue ; si elle devenait majorité quelque part, elle y dicterait les choix. La commission proposait de fixer à cinquante le minimum du nombre des éligibles qui devraient être appelés à former les conseils cantonaux. Dans les cantons peuplés de plus de 5,000 âmes, on ajouterait à ce nombre un électeur par 500 âmes, toujours dans l'ordre des plus imposés. Tous les citoyens compris dans le premier quart de la liste totale des électeurs appelés à concourir à la formation des conseils départementaux seraient éligibles. L'assemblée cantonale nommant les conseillers d'arrondissement se formerait de tous les citoyens âgés de 25 ans et portés aux rôles des contributions directes pour une somme de 300 francs au minimum. A défaut d'un nombre suffisant de citoyens réunissant ces conditions, la liste serait complétée par les plus imposés du canton dans l'ordre décroissant.

L'amendement le plus grave proposé par la commission était la suppression des conseils d'arrondissement.

Dès les réunions préparatoires, le ministre de l'intérieur combattit vivement cet amendement.

Le général Sébastiani rappela qu'autrefois la principale mission de ces conseils était de donner des avis sur l'égalité de répartition des contributions entre les communes.

« L'origine des conseils d'arrondissement comme celle des conseils généraux remonte aux assemblées provinciales de 1787, dit-il; les provinces étaient alors fort étendues; les assemblées administratives réunissaient la délibération et l'exécution. Il était nécessaire de placer des assemblées secondaires dans les chefs-lieux d'arrondissement dont quelques-uns égalaient en importance et en population nos départements actuels. La raison d'existence de ces conseils n'existe plus. »

Le général Sébastiani, après avoir fait connaître les modifications secondaires que la commission réclamait, exprima le regret de n'être pas arrivé à concilier le projet ministériel avec les amendements de la commission.

Il était évident que la commission ne voulait pas admettre

le mode d'élection proposé par le projet ministériel. Ainsi le ministère et la majorité de la chambre en étaient arrivés à ce point de la lutte où un choc devient inévitable.

M. Royer-Collard et les doctrinaires auraient voulu arriver à une transaction sans rompre avec le ministère.

M. Mounier fut chargé de rédiger un nouveau projet de loi, dans lequel le ministère aurait introduit des amendements de nature à satisfaire la commission. On crut un instant que Charles X autoriserait cette concession nouvelle [1].

Depuis l'avénement du ministère Martignac, le Roi avait consenti à la présentation des lois les plus libérales; les abandons de pouvoir de la royauté n'avaient pas réussi à satisfaire les libéraux, qui toujours impatients rêvaient le bien désirable, au lieu de se contenter du mieux obtenu. Charles X, découragé à la suite de tant d'efforts stériles, voulait essayer de remonter la pente sur laquelle la monarchie glissait vers un abîme; il refusa aux ministres l'autorisation de présenter le projet de loi rédigé par M. Mounier.

La raison attribuait la priorité à la loi communale dans l'ordre de la discussion; avant d'organiser les rapports des communes agglomérées, il importait de régler l'état de la commune elle-même; avant de régler les conditions d'existence d'un tout, il faut assurer l'existence des parties qui le composent. La gauche avait une raison pour réclamer la priorité en faveur de la loi départementale; elle se flattait qu'une nouvelle organisation des départements amènerait le changement en masse des fonctionnaires de l'ancienne administration. A ce premier motif venait s'en ajouter un second : les libéraux craignaient que les amendements indiqués par la commission ne décidassent le ministère à retirer la loi sur l'organisation des départements quand il aurait obtenu le vote de la loi commu-

---

[1]. Voir la *Vie politique de M. Royer-Collard*, t. II, page 392.

nale. De son côté, la droite se préoccupait de l'introduction du principe électif qui diminuait l'influence de la prérogative royale au profit du pouvoir des classes moyennes. Elle désirait attaquer de prime abord le projet de loi sur l'organisation départementale, dont les conséquences lui paraissaient redoutables pour le pouvoir royal. Les opinions extrêmes des deux côtés de la chambre réussirent à former la majorité; elle attribua la priorité à la loi départementale.

La droite se réjouit de ce résultat; les libéraux modérés considérèrent ce vote comme une *journée des dupes* en faveur de leur parti. Ce résultat fut un premier échec pour le ministère.

Des hommes venus de tous les points de l'horizon politique allaient prendre la parole dans la discussion qui allait s'ouvrir.

La liste des députés inscrits pour défendre la loi était la plus nombreuse; mais les amis du ministère devaient eux-mêmes la combattre dans le cours du débat.

Les noms de ces orateurs laissaient pressentir des objections conçues à des points de vue opposés. Le nom de M. de Corcelles était rapproché de celui de M. de Formont; MM. de Schonen et Viennet s'inscrivaient à côté de MM. de la Bourdonnaye et de Conny; MM. Labbey de Pompières, Daunou et Bignon, auprès de MM. de Montbel et de la Boulaye.

Le 30 mars, la discussion commença; elle continua jusqu'au 8 avril, sans que les députés sortissent du cercle tracé par les premiers orateurs. Les royalistes reprochaient au projet de loi sa tendance révolutionnaire, en ce qu'il attribuait à des assemblées électorales la faculté de nommer les conseillers d'arrondissement et de département; les libéraux le repoussaient également en déclarant que les élections étaient trop circonscrites : les uns et les autres mettaient, pour condition d'un vote favorable, l'adoption des amendements proposés par la commission. La discussion fut brillante; les meilleurs orateurs de la chambre s'y firent entendre. La droite ouvrit le feu de l'attaque; M. de Formont parla le premier :

« On ne saurait, dit-il, introduire dans notre droit public le principe de l'élection appliqué à l'administration sans entrer dans les voies de la souveraineté du peuple.

« Justement effrayés des conséquences de l'adoption de ce principe dans les deux projets de loi proposés, nous le repoussons de toutes nos forces et nous ne pouvons accepter ni l'un ni l'autre projet. »

Le ministère opposerait peut-être aux craintes des royalistes le souvenir qu'en 1821 un ministère, composé en partie d'hommes de la droite, réclamait l'élection des assemblées locales.

« S'il a été commis d'aussi graves fautes par d'honorables prédécesseurs, dont je partageais d'ailleurs les opinions politiques, dit M. de Formont, c'est pour moi une raison de plus de craindre l'entraînement des théories dangereuses auxquelles eux-mêmes n'ont pas su résister.

« Quant au ministère qui a donné à celui-ci l'exemple d'une proposition aussi funeste, n'en fut-il pas fait une éclatante justice, et que devint son projet de loi?

« Il obtint à peine l'honneur d'un rapport, et ses auteurs n'osèrent plus l'exposer à l'épreuve d'une discussion publique. »

La droite attaquait également les deux projets, qui lui semblaient reposer sur des bases identiques [1]. Elle reconnaissait la nécessité d'arrêter les progrès de la centralisation admi-

---

1. M. de Villèle, découragé, restait dans le Midi, et ce découragement ne lui était pas particulier. « Je ne me hâte pas de partir pour Paris, lui écrivait M. de Bonald, à la date du 9 mars 1829. Je suis convaincu de l'inutilité de ma présence et de celle de tout homme, quel qu'il soit. Le désordre est plus fort que nous, et le mieux est de plier les voiles afin de donner moins de prise à la tempête, jusqu'à ce qu'elle soit passée ou que le vaisseau soit brisé. »
(*Papiers politiques* de M. de Villèle. — Documents inédits.)

nistrative : pour arriver à ce résultat, il fallait rendre de la vie aux assemblées locales. Au lieu de tendre à ce but, le projet abandonnait aux départements un droit inutile et dangereux; il sacrifiait les droits du pays et de la royauté au désir de consacrer une théorie imprudente.

« Ces projets de loi, dit M. de Formont, transportent dans les départements et jusque dans les villages un simulacre de gouvernement représentatif, sorte de parodie, de nature à jeter du ridicule sur une institution qui ne peut être entourée de trop de considération. Le sol de la France va être couvert de 40,000 assemblées délibérantes, deux millions d'électeurs les nommeront sans le concours du pouvoir aristocratique; ces assemblées délibérantes en viendront à demander la suppression de ce pouvoir...

« Les membres des conseils s'occupent d'affaires rentrant dans l'ordre administratif; à ce titre, ils font partie de l'administration. En vertu de l'acte 14 de la charte, leur nomination appartient au Roi. Le ministre avait affirmé que les nominations royales ne pouvaient remplacer, au point de vue de la garantie morale, les conseillers municipaux élus par le peuple. Ainsi, les ministres reçoivent déjà le prix de leurs complaisances; les lois qu'ils ont apportées en holocauste ne suffisent plus au sacrifice qu'on demande; le bienfait qu'on n'osait espérer a été méconnu, et déjà ceux à qui il a été offert en mesurent l'étendue, en marchandent les conditions! »

Un orateur de la gauche, M. le colonel Jacqueminot, vint exprimer à la tribune l'opinion de ce côté de l'assemblée. Il reprocha au projet de loi de frapper d'incompatibilité les électeurs des députés, en leur interdisant de s'immiscer dans les élections des conseillers municipaux et départementaux. « Quel est celui d'entre nous, dit-il, qui oserait déposer dans l'urne une boule où fût inscrit un brevet d'incapacité et de suspicion indélébile contre ceux auxquels il doit l'honneur de siéger dans cette chambre. » La gauche acceptait la loi amendée, en la considérant « comme un premier pas dans une route où les progrès de la raison nationale et des habitudes constitutionnelles sauraient affermir les Français, » et réclamait l'extension du droit électoral. Tous les orateurs de la gauche qui se firent entendre après M. Jacqueminot parlèrent dans le même sens. M. de Corcelles loua le résultat des commissions, blâma le projet ministériel « qui favorisait la grande propriété, exprimait des craintes exagérées au sujet du despotisme de la multitude, et excluait les électeurs des députés. » M. Étienne déplora également l'exclusion de ces derniers. Il considérait le projet de loi, tel qu'il était sorti des mains du ministère, comme une des plus malheureuses conceptions qu'aient enfantées la prévention ou l'aveuglement : la loi conservait l'élection indirecte exercée seulement en sens inverse; elle restreignait le cadre de l'éligibilité. Ce n'était pas la majorité du pays qui présentait des candidats au gouvernement, c'était le gouvernement qui présentait un très-petit nombre de candidats à une fraction imperceptible de la société.

« Depuis quinze ans, continua l'orateur, tous les ministres travaillent à faire de l'aristocratie par les lois, et chaque jour cette aristocratie se défait par les mœurs.

« Dans l'absence de tous les priviléges sans lesquels elle est impossible, c'est sur les seules bases de la fortune qu'on est réduit à en construire le fragile édifice. Mais, à mesure qu'il s'élève, notre code civil le démolit, et ce n'est certainement pas celui de nos codes dont le pays attend la réforme. »

M. Étienne signalait la contradiction qui existait entre la loi électorale de 1828 et le projet de loi de 1829, qui excluait les électeurs politiques. Il parla du danger qui résulterait de l'antagonisme des deux corps électoraux, et résuma ainsi les conséquences que cet antagonisme amènerait : les électeurs politiques irrités excluraient à leur tour de la chambre les députés qui consentiraient à laisser expulser des élections des colléges communaux et départementaux ceux qui leur avaient confié la mission de les représenter.

M. Devaux considérait le projet comme une transaction

politique, désapprouvait le cens relatif qui, « en restreignant le nombre des plus imposés, semblait se jouer de la population. »

« S'il était sage et même politique de ne pas concentrer le droit de suffrage dans les 80,000 électeurs politiques, dit-il, c'est une raison d'élargir et non de rétrécir la base numérique de l'élection. Cela est facile chez une nation de 32 millions d'individus, où la civilisation et la propriété ne s'arrêtent pas *ex abrupto* à la classe des censitaires à 300 francs, mais descend graduellement et par des nuances légères jusqu'aux derniers rangs de la population... C'est une idée piquante de proposer à une assemblée législative, élue par 80,000 électeurs, d'en frapper 50,000 d'une incapacité secondaire, comme pour leur dire : « Vous choisissez si mal vos députés que nous ne pouvons pas vous appeler tous à élire vos conseillers départementaux. »

M. de Sallabery parla dans un sens diamétralement opposé au discours de M. Devaux. Il déclara que la loi détruisait la charte en brisant l'article 14. « Ce projet consacre l'irruption de la démocratie dans le domaine public, dit-il ; il établit la lutte inégale de deux principes ennemis, l'autorité du prince et la souveraineté du peuple. Le premier effet de la loi, que d'autres appellent un immense bienfait, sera de mettre aux yeux du peuple l'autorité royale en état de suspicion. »

Il importait avant tout d'élever une digue assez forte pour défendre la monarchie contre les flots de la démocratie qui menaçaient le trône. Le spectre de la révolution se dressait toujours devant M. de Sallabery.

« Si les Français crédules, dit-il, répètent sur la foi des docteurs modernes : « Tout est nouveau sous le soleil, les hommes ne sont plus « les mêmes, » le sage de l'Orient leur répond : « Si l'on te dit qu'une « montagne a changé de place, crois-le, si tu veux ; si l'on te dit qu'un « homme a changé de principes parce qu'il a changé de langage, « garde-toi de le croire. »

M. le marquis de Pina déplora également les concessions

contenues dans le projet, concessions faites à « une coalition. »
« Puissante pour attaquer, ajouta l'orateur, cette coalition est incapable de conserver et de produire; si elle arrivait au pouvoir, elle se dissoudrait dès le lendemain, parce que ses éléments ne sont unis par aucune doctrine fixe ni par aucun intérêt commun. »

M. Syrieys de Marinhac reprochait au ministère de présenter des lois qui dérogeaient à la charte et compromettaient la prérogative royale.

M. de Martignac pensa que le moment était venu pour le ministère de répondre aux objections qui des deux côtés de l'assemblée avaient été dirigées contre la loi.

« Nous avions bien prévu, dit-il, que nous étions réservés au malheur de nous entendre accuser d'abandonner les droits de la couronne, d'affaiblir l'autorité royale, de sacrifier à des exigences ou à des craintes une partie du dépôt qui fut confié à notre foi. Notre pressentiment ne s'est que trop réalisé, et vous avez entendu ces paroles amères qu'il nous a fallu entendre aussi : « En proclamant le principe de l'élection, « c'est la souveraineté du peuple que nous avons organisée; nous « avons sacrifié les prérogatives de la couronne, sa sûreté, son exis« tence à la crainte de perdre le pouvoir; nous proposons de violer « la charte pour dépouiller la royauté, nous avons présenté, au nom « du Roi, un projet révolutionnaire. »

« Arrêtons-nous là, c'est assez d'avoir été contraint d'écouter un pareil langage adressé à des hommes pour qui il est si peu fait.

« Ce serait trop d'avoir à le reproduire, et vous ne l'exigerez pas de moi; malgré quinze mois de ministère, je n'ai pas encore contracté l'habitude de la résignation au soupçon et à l'offense. »

Le ministre établit ensuite que le projet ne violait pas la charte; il rappela que le principe de l'élection des conseils municipaux avait été proclamé en 1821. Quant aux conseils d'arrondissement et de département, leurs fonctions pouvaient être déclarées mixtes. Le Roi nommait les conseillers municipaux sans violer la charte ; mais le ministère, en attribuant à l'élection la formation des conseils municipaux, ne se plaçait pas pour cela en contradiction avec les institutions de la France.

« Quant aux amendements proposés par la commission, dit M. de Martignac, nous vous proposons d'établir ou plutôt de conserver des conseils composés des hommes les plus considérables d'un département, de leur confier la mission de peser les charges, de s'assurer que les dépenses qui touchent à ce département ont été faites en conformité des intentions de ceux qui les payent, de réduire leurs attributions à cette limite, de fixer à quinze jours la durée de leur session annuelle, et de faire élire les membres de ces conseils par un certain nombre d'habitants du même territoire, pris parmi les plus intéressés à l'ordre et à l'économie. »

M. de Martignac déclara que le ministère restait opposé à la suppression des conseils d'arrondissement : consentir à cette suppression, c'était admettre qu'une loi pouvait être rapportée par voie d'amendement. Le ministère repoussait également la proposition de remplacer les conseils d'arrondissement par des conseils cantonaux, et de faire concourir à l'élection tous les censitaires à 300 francs. Ceux-ci n'élisaient qu'une partie des députés ; le choix des autres était confié exclusivement à des électeurs qui remplissaient d'autres conditions de capacité. Serait-il d'une bonne et saine politique de confier les élections départementales aux électeurs d'arrondissement déjà chargés d'élire les députés ? Le ministère ne le croyait pas. Il avait au contraire la conviction que cette résolution aurait les plus graves inconvénients. Il fallait d'autres moyens pour arriver à un autre but, et le système des plus imposés était celui qui offrait le plus d'avantages réels sans aucun inconvénient.

Les conseils généraux devaient rester complétement étrangers à la politique ; ce serait une faute grossière de les y rattacher. Les conseils des communes, des arrondissements et des départements étaient destinés à traiter les affaires de famille, les intérêts de la vie civile. Les institutions de la

France avaient placé ailleurs l'exemple, le débat, le contrôle des intérêts politiques. Chaque habitant suivait avec intérêt les débats de la chambre qui se passaient loin de lui, et où se traitaient les grandes questions que faisaient naître le gouvernement et l'administration d'un grand empire; mais ces débats, ces controverses animées, les habitants intelligents des provinces voudraient-ils les transporter auprès d'eux, les retrouver dans l'examen de chacun des intérêts de leur ville?

Le ministre arrivait à conclure que les conseillers élus par les électeurs politiques seraient nécessairement le produit des opinions et des partis politiques.

On avait dit : celui qui possède la capacité légale de nommer les membres d'un des grands corps de l'État doit posséder le pouvoir de nommer les membres d'un conseil local. Mais il ne s'agissait pas de comparer l'importance de la chambre des députés avec celle des conseils départementaux, pour conclure que les électeurs des députés devaient nécessairement élire les membres des conseils départementaux. Il n'y avait entre ces corps, entre leurs attributions, entre leur puissance, aucune sorte de comparaison à établir.

« La chambre des députés n'a pas seulement à régler les intérêts de la propriété, dit M. de Martignac; la liberté, les droits du citoyen, la justice, la sûreté publique, tout ce qui est du domaine des lois est de son ressort et rentre dans ses attributions. Dès lors ce n'est pas à la seule propriété, ni par conséquent à la propriété la plus élevée qu'il importe d'attribuer la capacité d'en élire les membres. Tous à des titres différents ont intérêt à ces élections. Seulement, tous ne pouvant pas y concourir, il convient d'exiger de ceux qui y sont appelés une garantie. La charte l'avait arbitrée à un cens déterminé de 300 francs. Cette mesure est juste et sage, mais on n'en peut rien conclure pour ce qui touche à l'élection des conseils généraux. Donner aux censitaires à 300 francs le droit de s'immiscer dans toutes les élections, ce serait créer un privilége au profit d'une classe de citoyens, prérogative incompatible avec les institutions françaises. »

M. de Martignac, en terminant, établit que la commission

s'était préoccupée avant tout de la pensée de la chambre et de ses électeurs.

« Un sentiment de reconnaissance et d'estime s'est emparé d'elle, dit-il; elle a cru les droits et l'honneur des citoyens engagés dans le débat; elle s'est imposé l'obligation de les défendre, et tout autre intérêt s'est effacé devant celui-là. Le Roi a considéré les choses sous un point de vue plus élevé et plus général. Son intérêt ne se compose que de l'intérêt de tous...

« Une loi fondamentale ne peut être faite sous la domination de quelques prétentions, de quelques exigences du moment. Il s'agit d'avenir; il s'agit d'institutions conservatrices; il s'agit de l'application d'un principe utile dans l'usage, funeste dans l'abus : voilà la pensée qui doit présider à cette discussion. Pour nous, ministres passagers d'une monarchie permanente, notre devoir est de penser à ce qui reste, et vous nous estimez assez, je l'espère, pour croire que nous saurons le remplir. »

Ce discours si sage et si modéré fut vivement applaudi. Le lendemain, 2 avril, M. de la Bourdonnaye se fit entendre.

Nous rapprocherons ici l'opinion du futur ministre de l'intérieur des paroles prononcées la veille par M. de Martignac. M. de la Bourdonnaye posa tout d'abord en principe que le gouvernement représentatif n'existe que par le concours des trois pouvoirs qui le constituent; accorder à l'un d'eux une plus grande influence, dit-il, c'est rompre l'équilibre, substituer un autre gouvernement au gouvernement établi et faire une révolution dans l'État. Le projet de loi élargissait la puissance de la démocratie, accroissait son influence au préjudice de l'autorité de la couronne et de l'aristocratie. Le principe de l'élection, étendu à l'organisation municipale et départementale, est subversif du gouvernement représentatif, et en opposition directe avec l'esprit comme avec la lettre de la charte.

L'orateur demanda si c'était au moment où le malaise moral que ressentait la population prenait un caractère plus sérieux, qu'il devenait à propos de désarmer la couronne du droit de choisir ses agents, en plaçant ainsi dans l'administration un germe d'opposition.

« Telles qu'elles sont, dit M. de la Bourdonnaye, les lois présentées ne conviennent à personne. Elles pourraient tout au plus satisfaire des haines aveugles et des passions secondaires; mais après quarante ans d'expérience, les partis sont trop éclairés et les hautes positions sociales trop prudentes pour jouer sur la chance des passions populaires et de l'anarchie.

« L'action du pouvoir royal est la sauvegarde de tous les droits, de tous les intérêts, de toutes les libertés; c'est même la sauvegarde de ceux qui l'attaquent avec le plus de violence ou la livrent avec le plus de faiblesse et de légèreté. »

On entendit ensuite M. Charles Dupin, puis M. Viennet, qui répondit aux justes appréhensions de la droite en les traitant de chimères. Il ne voyait en France « qu'un peuple soumis et paisible, une armée fidèle, une garde dévouée, une administration facile, une police bienfaisante, une magistrature vénérée, un respect pour les lois dont nulle autre époque ne pouvait offrir l'exemple.

« Aucune révolution n'est imminente ni possible, ajouta-t-il. Pour l'observateur sans passions et sans intérêt, il est surtout une vérité rassurante, c'est que le trône et la famille qui l'occupe sont depuis longtemps en dehors des questions qui nous divisent. La Restauration est à cet égard un fait accompli. Le vieux trône est tombé, parce qu'il s'appuyait sur des prestiges. Rétabli sur les lois, assis sur les libertés publiques, il y retrouve un fondement inébranlable. »

On peut dire, sans calomnie, que M. Viennet n'était pas ce jour-là bon prophète.

Le garde des sceaux défendit le projet ministériel, en rappelant les contradictions qui existaient entre les diverses objections présentées par ses adversaires. Dans un camp, on le repoussait, parce qu'il tendait à la démocratie; dans l'autre, on lui reprochait d'introduire dans la loi un principe aristocratique, désavoué par les mœurs de la nation. « L'aristocratie n'existe plus que de nom, dit M. Portalis, et ceux qui redoutent ses empiétements auraient été disposés, selon l'ingénieuse expression de Swift, à crier au feu au milieu du déluge universel. » M. Portalis annonça la ferme résolution qu'avait le ministère de rejeter les amendements de la commission.

M. de Vatimesnil apporta, lui aussi, sa pierre à l'édifice de la défense. Il repoussa le reproche adressé aux ministres de témoigner dans le projet une défiance injurieuse envers les électeurs censitaires à 300 francs. La charte, et après elle la commission, avaient pris le cens absolu comme base du droit des électeurs qui nommaient les députés. Le ministère avait pensé que le cens relatif devait déterminer le droit électoral.

M. de Montbel attaqua le projet ministériel en rappelant que les articles 13 et 14 de la charte attribuaient au Roi seul la puissance exécutive : à lui seul appartenait l'organisation administrative dans son ensemble comme dans tous ses détails. Les concessions que ferait librement le Roi amèneraient un danger réel pour la monarchie, car une fois accordées il ne pourrait plus les retirer.

M. Benjamin Constant répondit aux arguments des ministres. On craignait la concentration d'attributions diverses dans un corps de 90,000 individus, et, pour y remédier, on allait les concentrer entre 32,000 citoyens; dans un corps déjà formidable on créait un noyau plus compacte, et ce noyau, pour en écarter la politique, on le choisissait dans la classe la plus adonnée à la politique. On avait prétendu autrefois que le double vote n'irriterait pas la majorité des électeurs. Combien pouvait-on compter dans la chambre de députés ayant voté ce double vote? On disait que l'opposition des deux côtés de la chambre prouvait la sagesse du projet :

« Si dans la grammaire deux négations font une affirmation, dit M. Benjamin Constant, en logique deux censures ne font pas un éloge.

« Au reste, cet argument n'est pas nouveau. Un ministre, en 1817, se félicitait en constatant qu'une loi sur la presse avait été attaquée par des partis opposés. Ce concours d'attaques diverses était précisément ce qu'avait cherché le ministère et le triomphe qu'il espérait.

« Hélas! messieurs, ces ministres qui se félicitaient de deux blâmes comme d'un triomphe, je ne sais comment il s'est fait qu'au milieu de leurs félicitations ils sont tous tombés. »

M. Ravez parla à son tour contre le projet de loi.

« La couronne, dit-il, est en possession du droit de nommer les conseils généraux; on reconnaît que le Roi peut, sans violer la charte, conserver le droit qu'il exerce, et que la loi qui lui maintient ce droit ne serait pas inconstitutionnelle. Cela me suffirait en supposant qu'il n'y eût pas sur la matière de loi positive, pour me déterminer à ne pas dépouiller la couronne d'un droit qui lui appartiendrait par la raison même qu'il n'aurait été confié à personne. Je crois que tout ce que la charte n'a pas retranché de la plénitude du pouvoir royal, qui l'a octroyée, est resté dans le domaine de l'autorité souveraine. Pourquoi donc affaiblir cette autorité par des concessions nouvelles? »

M. Ravez rappela, en les commentant, les dispositions des lois du 28 pluviôse an V, le sénatus-consulte du 16 thermidor an X et le décret du 17 janvier 1806. Il puisait dans ces différents textes la conviction qu'avant la promulgation de la charte, le pouvoir de choisir les conseillers d'arrondissement et de département appartenait au souverain. Ce droit, la charte l'avait confirmé dans ses articles 13 et 14.

« Le département n'est ni communauté légale, ni une sorte d'individu collectif, dit-il; c'est une simple fraction du sol, une simple fraction du territoire. L'esprit des institutions françaises repousse le principe de l'élection. La charte avait voulu appeler l'élection, la représentation populaire au sommet de l'édifice, au centre, au cœur du gouvernement lui-même. Faire descendre l'élection plus bas, c'est tromper le vœu de la charte ; c'est menacer la monarchie d'un péril, que de créer à côté de l'administration un rival dangereux pour elle. »

MM. de Lalot et de Chantelauze attaquèrent successivement le projet de loi. Alors M. de Martignac, faisant un dernier effort, remonta à la tribune pour défendre encore une fois le projet ministériel. Il s'efforça de faire tomber le reproche adressé au projet par la droite qui l'accusait d'abandonner la prérogative royale. Le ministre rappela qu'à l'époque de la présentation du projet de loi de 1821, qui réclamait la candidature pour les conseils généraux et l'élection directe pour les conseils municipaux, la plupart des orateurs qui avaient défendu la loi professaient les opinions auxquels appartenaient un grand nombre des députés contre lesquels il défendait le projet en 1829. La péroraison de son discours fut remarquable. La chambre l'applaudit ; mais ces applaudissements s'adressaient seulement à l'éloquence de M. de Martignac ; ils n'engageaient en rien le vote de l'assemblée :

« Cette proposition, c'est nous qui l'avons préparée, méditée, dit-il. C'est nous qui avons proposé au Roi de la présenter à la chambre. Vous jugez bien qu'en nous déterminant à donner un pareil conseil au Roi, nous avons senti tout ce qu'il y avait de grave dans la responsabilité que nous appelions sur nous.

« Nous sommes responsables envers le Roi et envers le pays des conséquences que peut avoir pour la monarchie l'innovation que nous proposons. Nous avons dû nous assurer par nous-mêmes que toutes les précautions que la prudence nous a fait juger nécessaires n'abandonneraient pas un instant le système proposé.

« Mais si l'on change de système, si l'on dénature ces précautions, nous ne pouvons plus répondre de rien, nous ne pouvons plus engager notre conscience et notre responsabilité ; ainsi donc nous ne pourrions jamais conseiller au Roi d'adopter un projet qui serait autre que celui que nous avons proposé. »

Cette déclaration, qui contenait l'assurance de l'inébranlable résolution du ministère de maintenir intégralement les projets de lois tels qu'il les avait primitivement conçus, fut accueillie par des rumeurs. A la fois, vingt orateurs réclamaient la parole. Aucune fusion n'était possible entre les conclusions du ministère, la gauche qui trouvait l'élection des conseils municipaux une concession insuffisante, et la droite qui ne voulait pas admettre le principe de l'élection. Aussi ce fut seulement entre la commission et le ministère que le général Sébastiani plaça le terrain de la discussion.

Les modifications les plus graves que réclamait la commission étaient : le principe de l'élection qui devrait présider à la formation des conseils municipaux et départementaux, l'attribution des élections de ces conseils conférée aux électeurs de la chambre des députés, enfin la suppression des conseils d'arrondissement. Le ministre de l'intérieur répéta que la chambre ne pouvait pas supprimer par amendement des conseils établis par la loi. M. Sébastiani proposa de reculer la discussion sur les conseils d'arrondissement en la plaçant après la délibération du 2⁰ chapitre ; M. de Martignac répondit qu'intervertir l'ordre établi par le projet, ce serait préjuger la suppression des conseils ; M. Sébastiani répliqua au ministre qu'il portait atteinte aux droits de la chambre en paraissant contester sa puissance d'initiative en fait d'amendement.

Après un vif débat, la proposition d'un changement à introduire dans l'ordre de la discussion fut rejetée à 28 voix de majorité.

Le moment décisif approchait : le 8 avril on discuta l'organisation des conseils d'arrondissement ; l'article additionnel relatif à leur suppression fut examiné. En vain M. Hyde de Neuville s'écria qu'admettre que par voie d'amendement les chambres pouvaient détruire une loi existante, c'était violer la charte et méconnaître la prérogative royale ; en vain MM. de

Leyval, de Vatimesnil, Cuvier s'élevèrent contre cette suppression, la majorité de la chambre était décidée à adopter l'amendement de la commission. On procéda au vote par levés et assis, les députés de la gauche et une partie de ceux du centre gauche se levèrent en faveur de l'amendement ; le centre droit, une partie du centre gauche et de la droite votèrent dans un sens opposé ; l'excédant de la droite s'abstint. La contre-épreuve fournit des résultats identiques : l'amendement était adopté.

L'opposition triomphait du ministère. Tout à coup le garde des sceaux et le ministre de l'intérieur se levèrent et quittèrent en même temps la chambre. Le tumulte allait croissant, les orateurs ne pouvaient se faire entendre. M. Daunou avait la parole et proposait un amendement relatif au 3º paragraphe de la loi, lorsque après un quart d'heure d'absence les deux ministres rentrèrent. M. de Martignac demanda à être écouté. Il monta les degrés de la tribune et lut une ordonnance royale rendue à l'instant même : elle annonçait le retrait des deux projets de loi sur l'organisation communale et départementale. Cette communication fut reçue par l'assemblée avec calme et en silence. Cependant la gauche ne dissimulait pas son désappointement ; la joie de la droite se trahissait, et la stupeur des centres n'était pas équivoque.

Ainsi se termina cette lutte dans laquelle le ministère Martignac vint se briser. Ce fut le dernier effort qu'il tenta pour rallier une majorité qu'il avait cherchée dans toutes les parties de la chambre et qui était restée introuvable. Depuis son avénement il avait proposé les lois les plus libérales, il avait espéré que ses efforts loyaux amèneraient à la fois le triomphe de la liberté et celui de la monarchie. Mais ce ministère, tel qu'il était constitué, était insuffisant pour la situation. Il ne rassurait pas la chambre exigeante comme le succès, et il ne couvrait pas le Roi contre l'entraînement des esprits vers la révolution. La chambre aurait dû se rappeler que Charles X, qui avait subi plutôt que choisi la combinaison ministérielle, éprouverait une sorte de soulagement au moment où il pourrait la remplacer. L'assemblée devait éviter de manquer la première au ministère, et de fournir au Roi une occasion de le congédier, en lui facilitant ainsi le moyen d'essayer un ministère de réaction royaliste. Le navire de l'État, entraîné dans la voie du libéralisme, allait à la dérive; il était facile de prévoir que le Roi tenterait de lui donner une impulsion différente. L'assemblée, qui se laissait aller à son impatience politique, ne songeait qu'à multiplier les obstacles devant les efforts du ministère, parce que l'opposition voit toujours un ennemi dans l'homme qui porte l'habit ministériel.

A compter du moment où la chambre le mit en minorité dans la loi départementale, le ministère Martignac eut vécu. Mais il appartenait à l'histoire de dire comment l'assemblée, en lui enlevant tout espoir de former une majorité, rendit son existence impossible et eut ainsi une part de responsabilité dans l'avénement du ministère Polignac.

Après l'échec qu'il avait éprouvé dans les chambres, M. de Martignac n'offrit pas sa démission au Roi; il garda le portefeuille du ministère de l'intérieur jusqu'à la fin de la session; mais on comprend qu'aux yeux de tous l'existence du ministère centre droit était gravement compromise.

XII

M. PORTALIS REMPLACE DÉFINITIVEMENT M. DE LA FERRONAYS AUX AFFAIRES ÉTRANGÈRES. — SUITE DE LA SESSION. — DISCUSSION SUR LA DOTATION DE LA CHAMBRE DES PAIRS. — RÈGLEMENT DU BUDGET DE 1827. — VIOLENT DÉBAT AU SUJET D'UNE RÉPARATION FAITE AU MINISTÈRE DE LA JUSTICE SOUS L'ADMINISTRATION DE M. DE PEYRONNET. — DISCUSSION DU BUDGET DE 1830. — M. DE MARTIGNAC S'ÉCRIE : *NOUS ALLONS A L'ANARCHIE!* — CRÉDITS EXTRAORDINAIRES POUR 1829. — EXPLICATIONS SUR LA QUESTION D'ALGER. — CLOTURE DE LA SESSION DE 1829.

Quelques jours après le retrait du double projet de loi, revint l'anniversaire de l'entrée du Roi à Paris. A cette occasion M. Royer-Collard, à la tête d'une députation de la chambre, vint féliciter Charles X; il célébra, dans une courte harangue, « le triomphe de la légitimité du prince devenue, aux yeux du président de la chambre, la légitimité universelle. »

« En présence de la race royale et sous ses auspices augustes, dit-il, l'ordre et la liberté ont scellé leur alliance désormais indissoluble; de nos longs malheurs il n'est resté que la charte au dedans, une gloire immortelle au dehors.

« Jamais cette belle France n'a possédé autant de biens et une sécurité si profonde. Sire, vos peuples le savent, et ils en rendent grâce à Votre Majesté, à son noble cœur, à ses royales vertus. »

Ce langage sorti de la bouche de M. Royer-Collard n'était pas la véritable expression de sa pensée. Il essayait d'inspirer au Roi un optimisme qu'il ne partageait pas.

M. de la Ferronays n'avait pas été remplacé au conseil; M. Portalis continuait à être simplement chargé de l'intérim des affaires étrangères. Le Roi songea à compléter le cabinet par la nomination d'un ministre des affaires étrangères.

Nous avons dit que le portefeuille des affaires étrangères fut d'abord offert au duc de Laval-Montmorency, alors ambassadeur de France auprès de la cour de Vienne, homme sage et modéré et dont la haute position personnelle semblait en harmonie avec le poste éminent auquel on l'appelait. Mais de tous côtés on écrivit au duc de Laval qu'il s'agissait de le faire entrer dans un ministère expirant; il ne se soucia pas de placer sa fortune politique dans un naufrage assuré. On dit alors que le Roi hésitait entre le rappel de M. de Chateaubriand[1], encore à Rome, et l'entrée aux affaires de M. de Polignac. La session n'était pas achevée, et, afin de ne pas courir la chance d'un changement ministériel au milieu de la discussion du

---

1. M. de Chateaubriand, en apprenant la défaite du ministère Martignac devant les chambres, pensa à la possibilité d'un changement ministériel qui l'appellerait aux affaires. Dans une lettre adressée à Mme Récamier, il parlait de son entrée au ministère, avec ce ton d'orgueilleux dédain qu'il prenait si souvent. Son amour-propre, froissé par l'avènement de M. de Villèle à la présidence du conseil, espérait une revanche. Il exposait ainsi son rêve d'ambition à Mme Récamier : « Vous jugez bien quelle a été ma surprise à la nouvelle du retrait des deux lois. L'amour-propre blessé rend les hommes enfants et les conseille bien mal. Maintenant, que va devenir tout cela ? Les ministres essayeront-ils de rester ? S'en iront-ils partiellement ou tous ensemble ? Qui leur succédera ? Comment composer un ministère ? Je vous assure, qu'à part la peine cruelle de ne pas vous revoir, je me réjouirais d'être ici à l'écart et de n'être pas mêlé dans toutes ces inimitiés, dans toutes ces décisions, et je trouve que tout le monde a tort... Écoutez-bien ceci, voici quelque chose de plus explicite : si par hasard on m'offrait de me rendre le portefeuille des affaires étrangères (ce que je ne crois nullement), je ne le refuserais pas. J'irais à Paris, je parlerais au Roi. J'arrangerais un ministère dont je ne serais pas, et je proposerais pour moi, pour m'attacher à mon ouvrage, une position qui nous conviendrait. Je pense, vous le savez, qu'il convient à mon honneur ministériel, et pour me venger de l'injure que m'a faite Villèle, que le portefeuille des affaires étrangères me soit un instant rendu. C'est la seule manière honorable que j'aie de rentrer dans l'administration. Mais, cela fait, je me retire aussitôt, à la grande satisfaction de tous les prétendants, et je passe en paix auprès de vous, le reste de ma vie. »

Lettres du 23 février et 4 avril 1829, citées par M. Guizot dans le 1er volume de ses Mémoires.

budget, le Roi nomma M. Portalis au ministère des affaires étrangères. On lui faisait ainsi attendre la succession de premier président de la cour de cassation, vacante par la mort de M. Henrion de Pansey. M. Bourdeau remplaça M. Portalis comme garde des sceaux. Ainsi le ministère se trouvait complété sans avoir été modifié dans un nouveau sens politique.

Pendant les premières semaines qui suivirent le retrait des deux projets de loi la chambre suspendit ses travaux ; aucune autre loi n'avait été préparée pour la discussion.

A cette époque plusieurs élections vinrent fortifier le côté gauche de la chambre. La plus significative de ces élections était celle du général Clausel, nommé par le département des Ardennes à une majorité considérable. On dit que le Roi, apprenant le succès du général Clausel, s'écria : « C'est un coup de canon tiré contre les Tuileries. »

Le premier projet de loi qui occupa ensuite l'assemblée fut celui qui concernait la dotation de la pairie. En 1814, la dotation du sénat avait été réunie à la couronne ; une partie de cette dotation avait été distribuée aux pairs. En 1823, un projet concernant la dotation de la pairie, présenté à la chambre, proposait de doter la haute chambre d'une rente de 3,600,000 francs : on ne donna pas de suite à ce projet ; une décision royale, du 3 décembre 1823, régla que les pensions accordées aux pairs seraient non-seulement irrévocables, mais héréditaires jusqu'à concurrence de 12,000 francs. Le ministère pensait que le moment de donner à cette décision le caractère permanent d'une loi était venu ; seuls les pairs qui justifieraient d'une fortune personnelle de 30,000 livres de rente ne recevraient pas d'allocation.

La discussion s'ouvrit le 20 avril : la gauche attaqua le projet en disant que la richesse n'était pas nécessaire pour soutenir la dignité de la pairie ; elle s'éleva contre un article qui créait une rente au profit des pairs ecclésiastiques.

Trois systèmes différents étaient en présence : le ministère proposait la conversion en dotations héréditaires ; la commission demandait la fondation de pensions transmissibles au premier degré ; la gauche réclamait simplement la suppression des pensions à compter du 1er janvier 1830. Après une vive discussion, on décida que la transmission à la pairie serait accordée à l'héritier en droit, qui affirmerait par écrit au président de la chambre des pairs que sa fortune personnelle ne s'élevait pas à 30,000 francs de revenu net. L'article qui attribuait une dotation de 120,000 francs aux pensions des pairs ecclésiastiques fut le plus vivement attaqué. La chambre ne l'adopta qu'à une faible majorité de neuf voix ; en outre, elle décida que les ecclésiastiques élevés à la pairie devraient déclarer qu'ils ne possédaient pas un revenu net de 30,000 francs, tant de leur fortune personnelle que de leurs traitements comme membres du clergé. Puis on vota sur l'ensemble de la loi qui réunit seulement neuf voix de majorité en sa faveur. Elle passa sans discussion à la chambre des pairs.

Les lois de finances furent ensuite mises en délibération ; il s'agissait de régler les crédits supplémentaires pour 1828, de discuter définitivement le budget de 1827 et d'examiner le budget pour l'année 1830. Les crédits extraordinaires, pour l'année 1828, s'élevaient à 56,753,931 fr. [1] ; les dépenses faites pendant l'année 1828 dépassaient de 71,387,319 fr. la somme de 923,011,321 fr. votée pour le budget de cette année. Sur cette somme 14,633,388 fr. avaient été employés aux crédits complémentaires des services votés sans limite fixe de dépense,

---

1. Les crédits se composaient de dépenses non prévues pour 1828, telles que les frais de liquidation de l'indemnité des émigrés et des colons de Saint-Domingue, des créances arriérées du ministère de la guerre, de l'acquittement d'une ancienne dette de la France envers le bey de Tunis ; des dépenses relatives à la création de deux nouveaux départements ministériels ; des frais d'occupation de l'Espagne ; des dépenses nécessitées par la continuation des armements

et 56,753,931 fr. avaient été consacrés aux services extraordinaires. Pendant la discussion à laquelle ces crédits donnèrent lieu, une violente animosité contre l'ancienne administration des finances se manifesta. On aurait dit que la majorité libérale défectionnaire, sentant que son ministère chancelait, voulait prévenir le retour des plus redoutables antagonistes de la révolution; quelques dépenses abusives, faites par M. de Peyronnet, fournirent aux libéraux l'occasion de donner un cachet de cupidité et une apparence de dilapidation à son administration. On alla même jusqu'à vouloir, par le refus d'allocation de crédit, faire supporter les frais de ces dépenses à l'ancien ministre.

On reprocha vivement à M. de Peyronnet d'avoir excédé de 179,865 fr. les crédits qui lui avaient été alloués sur l'exercice 1828, pour faire réparer et meubler l'étage supérieur de l'hôtel de la place Vendôme et pour faire construire une salle à manger. Le rapporteur de la loi, M. Lepelletier-d'Aulnay, proposait d'intenter à l'ancien ministre une action en indemnité.

L'amendement proposé par la commission était conçu en ces termes : « Le crédit de 179,865 fr. sera accordé, sauf liquidation et à charge, par le ministère des finances, d'exercer telle action en indemnité qu'il appartiendra contre le ministre

---

pour l'exécution du traité de Londres, par le blocus d'Alger, par l'accroissement de l'effectif de l'armée, enfin par l'expédition de Morée.

Les services extraordinaires se répartissaient ainsi qu'il suit entre les différents ministères :

Justice................	244,865 fr.
Affaires étrangères.....	4,879,600
Instruction publique....	97,778
Commerce..............	417,398
Guerre................	26,983,000
Marine................	23,300,000
Finances..............	831,290
Total........	56,753,931 fr.

qui a ordonné la dépense sans crédit préalable. » Les amis de l'ancien ministre répondaient aux accusations portées contre M. de Peyronnet; qu'il aurait pu, soit par un simple virement de fonds, soit en reportant les 179,865 fr. dépensés sur le crédit de 268,000 francs restés sans emploi sur l'exercice 1827, régulariser cette dépense, mais qu'il n'avait pu régler ses comptes de 1827, puisqu'il ne faisait plus partie du ministère à la fin de cette année. M. Benjamin Constant cria à la concussion; M. Eusèbe de Salverte attribuait à M. de Peyronnet « les torts d'un tuteur passible des dommages résultant de sa mauvaise gestion et ceux d'un mandataire qui avait excédé son mandat; » M. Étienne blâmait le luxe introduit dans l'hôtel de la Chancellerie.

« La simplicité est de bon goût dans l'habitation d'un ministre de la justice, dit-il; ce n'est pas là que doivent entrer les frivolités changeantes et ruineuses de la mode.

« Est-ce à la classe des fonctionnaires qui la fréquentent, est-ce à des magistrats faiblement rétribués, dont la vie est retirée, dont les mœurs sont austères, qu'il convient d'offrir cet étalage? »

On aurait pu croire, en entendant les récriminations de la chambre, que cette dépense de 179,865 fr. avait compromis la fortune publique; lorsqu'en rappelant ces violents reproches adressés au ministère on se reporte au chiffre si peu élevé de la dépense qui était devenue le prétexte de tant de récriminations, on est frappé de l'injustice des hommes qui ne se déclarent jamais satisfaits du gouvernement sous lequel ils vivent, et qui, sous les ministères les plus intègres, crient à la dilapidation des deniers de l'État. L'opposition renverse, c'est là son rôle; elle bat en brèche l'autorité; mais, lorsque sur les ruines qu'elle a amoncelées elle veut édifier un nouveau régime, le pays s'aperçoit souvent à ses dépens que ceux qui avaient à la bouche des théories gouvernementales si séduisantes ont remplacé des imperfections par de véritables abus.

Dans notre temps où l'on compte les budgets par milliards, on se prend à envier ces députés de l'âge d'or, qui ne trouvaient pour tout motif à leurs récriminations qu'une dépense de 179,865 fr. employée à la réparation d'un immeuble de l'État. On proposait de charger le ministre des finances d'exercer une action en indemnité contre M. de Peyronnet; M. Roy déclara qu'il ne convenait pas à la dignité de la chambre de prescrire au ministre de diriger une action devant les tribunaux, car les tribunaux ne manqueraient pas de se déclarer incompétents pour juger des questions de haute administration. A la suite des observations du ministre des finances, le crédit de 179,865 fr. fut accordé, « sauf liquidation et à la charge du ministre des finances d'exercer devant les tribunaux une action en indemnité contre l'ancien ministre. »

A l'occasion de la discussion des crédits supplémentaires des ministères des affaires étrangères, de la guerre et de la marine, M. Bignon déclara que, « tout en approuvant le but de l'expédition de Morée, il ne pouvait s'empêcher d'avouer qu'elle avait été commencée dans un esprit de politique russe et terminée dans un esprit de politique anglaise. » M. Sébastiani s'effrayait des accroissements des dépenses. Tous les députés de la gauche déplorèrent également la retraite de M. de la Ferronays; c'est le système ordinaire de l'opposition; elle regrette ce qu'elle n'a plus, et, quand le gouvernement cède à un de ses désirs, elle en manifeste de nouveaux.

La chambre réclamait des explications sur l'expédition de Morée et sur la question d'Alger; M. Portalis les donna. Il déclara, relativement aux limites de la Grèce, que des négociations étaient ouvertes et que, d'après les bases de ces négociations, le nouvel État serait placé sous la protection d'une autorité dont les intérêts se confondraient avec les intérêts du peuple grec.

Le ministre des affaires étrangères ajouta que, si les hostilités de la France avec Alger continuaient, c'était « à la difficulté des rapports avec un pays placé en dehors de la civilisation moderne et auquel les moyens de réparation manquaient, qu'il fallait attribuer cet état de choses. Le chargé d'affaires de France avait eu à se plaindre d'un manque d'égards très-grave dans l'exercice de ses fonctions. Le Roi, économe du sang de ses sujets, ne voulait recourir à la force qu'après avoir tenté d'obtenir réparation par les voies diplomatiques. » M. Portalis rappela que la seule voie praticable pour arriver à Alger à main armée, était une descente et une attaque par terre; car, depuis l'expédition de lord Exmouth, le rivage avait été couvert de forteresses. Le général Lamarque comprima des regrets rétrospectifs au sujet de l'expédition d'Espagne, et, à la suite de ces débats stériles, les projets de loi furent adoptés à une forte majorité.

La discussion qui s'était élevée à la chambre des députés à l'occasion du crédit supplémentaire du ministère de la justice se reproduisit à la chambre des pairs. M. de Barante, rapporteur, déclara, au nom de la commission, que les tribunaux n'avaient pas le droit de s'immiscer dans l'administration pour apprécier de combien une dépense avait fait tort à l'État. En admettant ce principe, le tribunal pourrait reconnaître utile et nécessaire une dépense que la chambre aurait déclarée inutile ou inopportune. M. de Barante proposait donc d'accorder le crédit demandé, en réservant toutefois la responsabilité prévue par l'article 151 de la loi du 25 mars 1817.

M. de Peyronnet vint lui-même présenter sa défense à la haute chambre. Il rappela que l'ordonnance d'autorisation préalable n'était prescrite aux ministres qu'à partir de l'exercice de 1829 : « A l'époque où l'ordonnance a été rendue, ajouta l'ancien ministre, les travaux en question étaient depuis longtemps en cours d'exécution et la plupart achevés. » Avant la promulgation de cette ordonnance, les ministres n'étaient tenus, d'après la loi du 25 mars 1817, qu'à éviter de dépasser le crédit ouvert à leur ministère. M. de Peyronnet n'avait pas excédé le crédit en masse qui lui avait été accordé pour 1827, puisque si l'on demandait en son nom 179,865 fr. de crédit nouveau, on rendait aussi en son nom 268,000 fr. d'anciens crédits sur cet exercice. Jusqu'au 1er octobre 1828, le ministre de la justice pouvait liquider et ordonnancer, même en dehors des limites du crédit en masse, toutes les dépenses de 1827. Il ne l'avait pas fait. La totalité de la dépense n'avait pas été ordonnancée avant le 5 janvier 1828, parce que les derniers travaux n'étaient pas encore terminés à cette époque; la dépense aurait dû être ordonnancée dans le compte ordinaire présenté en 1829. C'était aux ministres actuels qu'il fallait demander les motifs de cette exclusion. Le garde des sceaux répliqua à M. de Peyronnet que le gouvernement n'avait pas pensé que des fonds votés pour une destination particulière et spéciale pussent être affectés à des dépenses de toute autre nature, et qu'un simple virement de crédits pût remplir le vœu de la loi. M. de Sainte-Aulaire avoua que l'affaire venait de prendre une face toute nouvelle, et s'étonna qu'on eût laissé si longtemps la chambre et le public dans l'erreur. M. de Peyronnet l'interrompit en lui disant : « Vous en serez moins surpris, monsieur, quand vous apprendrez que j'ai écrit au président de la chambre des députés, dès que sa nomination a été connue, pour lui déclarer que, si cette commission souhaitait de m'entendre, je serais toujours à ses ordres; cette lettre n'a pas eu de réponse. » Après ces explications, les amendements proposés par la chambre des députés et par la commission furent rejetés[1], le 23 juin, à une grande

---

1. M. de Villèle rend ainsi compte de cet incident sur son *Carnet* : « M. de

majorité. Le projet fut reporté à la chambre de députés; la délibération fut immédiate. On adopta à l'unanimité le premier article de la loi; la gauche et une partie du centre droit rejetèrent le second article. Sur 349 votants, l'ensemble de la loi réunit 239 voix; elle fut adoptée le 30 juin à la chambre des pairs. On pensa que les 175,865 fr., qui étaient devenus l'occasion d'un conflit entre la haute chambre et la chambre élective, seraient payés sur la liste civile.

La chambre des députés s'occupa ensuite du règlement définitif des comptes de l'exercice 1827, dernière année de l'administration de M. de Villèle. L'ancien président du conseil apprécie ces séances parsemées d'attaques rétrospectives sur son administration avec une amertume bien facile à comprendre.

« Quatre séances des députés furent consacrées au prétendu examen des comptes de 1827, écrit-il sur son Carnet. Elles sont curieuses à lire par la violence, l'injustice et l'incapacité avec lesquelles sont présentés et soutenus les faits supposés dont se servent les accusateurs; enfin par l'absence de toute notion administrative et financière qui se manifeste presque autant dans les discours des défenseurs que des accusateurs. C'est en cette occasion qu'a pu être aperçu pour la première fois le vide fait dans la direction de nos affaires par l'ensevelissement à la chambre des pairs des principaux guides de la chambre depuis 1815. »

Les dépenses de l'année 1827 s'élevaient à 989,448,052 fr., tandis que les recettes n'avaient atteint que le chiffre de 957,431,769; les dépenses dépassaient donc de 32,016,280

Peyronnet m'annonce le rejet, par la chambre des pairs, d'un amendement fait à la chambre des députés, au sujet d'une salle à manger restaurée et meublée durant son administration à l'hôtel de la Justice, et dont, sans autre motif que de présenter notre ministère comme dilapidateur, on avait voulu mettre à sa charge les frais. M. de Peyronnet rétablit les faits. Il fut convenablement prouvé que nul motif n'existait pour rejeter cette dépense, encore moins pour la mettre à la charge de l'ancien ministère, et l'amendement à la loi des crédits supplémentaires fut rejeté. »

francs les recettes. Dans la discussion du budget de 1827, la gauche manifesta ses inquiétudes sur l'avenir financier de la France.

L'opposition se récria sur la dépense occasionnée par l'Imprimerie royale. Cette attaque n'était qu'un prétexte pour en arriver à reprocher à l'ancien ministre de l'intérieur d'avoir fait imprimer divers pamphlets à l'Imprimerie royale, lors des élections de 1827. On attribuait à ces travaux supplémentaires un excédant de dépenses de 20,357 fr. trouvé dans les comptes annuels de l'imprimerie royale. M. Benjamin Constant prodigua à cette occasion les plus vives attaques à l'ancien ministre de l'intérieur; il l'accusa d'avoir entretenu la calomnie aux frais de l'État, de couvrir de libelles la France qu'il avait bâillonnée par la censure, d'avoir violé sa propre loi de la presse en dérobant ses œuvres criminelles au dépôt que cette loi lui prescrivait, en faisant disparaître les exemplaires qui devaient rester dans les mains de l'imprimeur, d'avoir violé la loi des postes et la foi publique en introduisant subrepticement des diffamations sous l'enveloppe des journaux. « Il réunissait ainsi tous les genres de délits, dit M. Benjamin Constant : concussion, puisqu'il y a eu détournement des deniers publics pour son propre intérêt; trahison, puisqu'il travaillait à séparer le trône de la nation, en empêchant la nation, ce qu'heureusement il n'a pu faire, de se choisir des organes fidèles qui portassent au pied de ce trône l'expression de ses douleurs, de ses espérances et de son amour. » Il était difficile d'exiger qu'un ministère, calomnié par des pamphlets injurieux, n'essayât pas de répondre à ses ennemis en se servant des armes qu'on employait partout pour le diffamer.

M. Viennet proposa de poursuivre l'ancien ministre de l'intérieur, afin de lui faire rembourser les 20,357 fr. employés à l'impression des pamphlets électoraux. M. de Martignac fit observer qu'au moment des élections le gouvernement devait être autorisé à porter jusqu'aux extrémités du royaume des écrits justificatifs puisqu'il laissait circuler les écrits de l'opposition.

« L'administration a le droit et le devoir d'employer à sa défense le moyen de publicité dont on se sert contre elle, dit M. de Martignac.
« C'est seulement sur le soupçon que la somme a été payée sur les fonds de la police secrète, qu'on propose de poursuivre, de juger par la loi. »

C'était au Roi seul que devait être rendu le compte des fonds destinés à la police secrète. Porter l'action proposée devant le tribunal civil, ce serait déférer à ce tribunal les matières d'une administration qu'il ne connaissait pas. La chambre n'avait qu'un droit: celui d'accuser les ministres en matière criminelle.

La gauche répliqua qu'en admettant l'incompatibilité du tribunal civil à prononcer en matières administratives, et en proclamant l'incompatibilité de la chambre quand il s'agissait de juger un fait civil, on retirait à l'assemblée le moyen de poursuivre une concussion, une dilapidation, un détournement des deniers publics. Après ce débat, l'amendement de la commission fut rejeté et le budget définitif de 1827 adopté par 223 voix sur 296 votants.

La discussion relative à la distribution des pamphlets répandus au moment des élections de 1827 se renouvela à la chambre des pairs, les mêmes arguments furent reproduits; la loi n'en fut pas moins adoptée à l'unanimité par la haute chambre.

La discussion du budget des dépenses pour 1830 commença aussitôt après le règlement des comptes définitifs de 1827. Elle se prolongea pendant près d'un mois. M. de Villèle la caractérise ainsi :

« La majorité de la chambre, si tant est que dans le gâchis et le désordre qui règne dans la discussion on puisse diviser la majorité en ce sens, ne fut occupée que de récriminations mensongères, et sans la moindre consistance contre le ministère déchu, et de demandes au ministère présent pour les réformes les plus insensées dans l'administration, les économies les plus ruineuses et les plus impraticables dans les services publics. »

Le budget des dépenses de 1830 s'élevait à 977,935,329 fr. Le ministre des finances calculait que les ressources éventuelles de cette année atteindraient le chiffre de 979,352,224 fr.; l'excédant des recettes sur les dépenses était donc de 1 million 416,895 fr. Les services étaient assurés; on n'avait pas eu besoin de recourir à la négociation des 4,000,000 de rentes dont la loi du 19 juin 1828 avait ouvert le crédit. M. Humann, rapporteur de la commission, voyait pourtant la prospérité de la France éprouver de fâcheux embarras :

« Sans être moins fécondes, dit-il, les sources de la richesse coulent avec moins d'abondance; l'essor de l'industrie se ralentit; l'esprit d'association diminue; le produit des impôts indirects décroît, signe trop certain de la décroissance du bien-être général. »

La commission avait examiné la question du cumul. Cette question n'avait pas, au point de vue financier, l'importance qu'on y attachait; en appliquant rigoureusement les règles relatives au cumul, on n'obtiendrait sur le budget qu'une réduction de 200,000 fr. La commission proposait au gouvernement de s'attacher à des économies plus importantes et s'élevait contre l'abus des crédits supplémentaires. Elle indiquait sur les divers ministères des réductions, dont le total s'élevait à 4,182,638 fr.

La discussion s'ouvrit le 30 mai. La gauche s'éleva dès l'abord contre l'énormité des dépenses. On avait attaqué le ministère Villèle, disaient les orateurs de gauche, et ses dépenses se trouvaient dépassées. M. Audry de Puyravau exprima le regret d'avoir pris part à l'accusation de M. de Villèle comme dilapidateur de la fortune publique, l'ancien président du conseil étant si modéré auprès de ceux qui proposaient le budget actuel.

« C'est ainsi qu'agissent les oppositions, écrit tristement l'ancien ministre sur son Carnet. C'est à la qualité du ministre qu'elles en veulent, quoi qu'il fasse et quel qu'il soit. Démolir, voilà ce qu'il leur faut. »

M. Kératry réclamait l'inamovibilité pour les conseillers d'État qui appartenaient au contentieux, demandait des réductions sur les dépenses du conseil d'État et de la cour des comptes. Il examina ensuite le budget des affaires ecclésiastiques, et ne ménagea pas ses attaques au ministre des cultes qu'il invita à « quitter l'autel pour se réconcilier avec l'opinion publique dont il s'était séparé, en descendant au milieu de l'arène des débats sans la branche d'olivier qui seule pouvait lui permettre d'y paraître. » Il indiquait une réduction notable à opérer sur les traitements des cinq archevêques qui, dotés par leur titre de 25,000 fr. de rente, recevaient en outre 30,000 fr. comme cardinaux et 12,000 fr. en qualité de pairs :

« Dans les jours où l'apôtre n'a pas à verser son sang pour la cause de l'Évangile, s'écria l'orateur avec emphase, son existence se multiplie-t-elle assez au profit de ses ouailles pour qu'il exige vingt ou trente salaires des heures dont le cours est éclairé par le même soleil? »

L'opposition réclama la suppression des directeurs généraux des ministères, des inspecteurs généraux des finances et de l'université. Elle proposa des économies sur la garde royale, sur les régiments suisses, sur les théâtres; ces diverses propositions se terminèrent par la menace du refus du budget, si ce budget n'était pas atténué. M. Laffitte attribuait le poids de la dette à l'indemnité accordée aux émigrés et à la guerre d'Espagne. Il fit entre les deux ministères d'Angleterre et de

France un parallèle tout à fait à l'avantage du premier. Après avoir insisté sur la prospérité croissante de l'Angleterre depuis l'avénement du duc de Wellington au ministère, M. Laffitte ajouta : « Que sommes-nous devenus dans ce court intervalle de temps ? Débarrassés d'une administration antipathique avec la France, nos vœux et nos efforts se portaient vers la nouvelle administration : nous espérions ; aujourd'hui nous n'espérons plus. Incertains sur toutes les questions, nous doutons même de nos espérances ; les événements que nous attendions avec calme, nous en sommes réduits à les craindre. » M. Laffitte exprima ses inquiétudes relativement à l'éventualité d'une guerre dans laquelle la France ne saurait sur qui compter. Il résumait en ces termes le budget présenté aux chambres, en 1829 : « 42,000,000 d'insuffisance dans les produits de 1827 pour couvrir les dépenses de cet exercice ; 1 milliard 25 millions de dépenses en 1828 ; pareille dépense en 1829 ; 977 millions de charges pour 1830, sauf les crédits supplémentaires qui ne manqueront pas d'arriver ; une dette fondée au capital de 5 milliards ; 174 millions de dette flottante. »

Après avoir entendu M. Labbey de Pompières réclamer une réduction de 50 millions sur le budget, M. de Martignac demanda la parole. On accusait le ministère de mauvaise foi, de faiblesse et d'indécision. On lui reprochait de sacrifier la cause de la liberté aux craintes de l'aristocratie. Le ministre de l'intérieur présenta lui-même sa justification : « Ministres du Roi en même temps que citoyens de notre pays, dit-il, nous avons cru que nous devions multiplier les amis du trône, détruire de funestes barrières, étendre le cercle de la confiance royale ; rapprocher enfin des hommes destinés à vivre ensemble sous une loi commune. » Pour arriver à ce résultat, le ministère avait accordé à la liberté tout ce qu'il avait pu concéder sans danger pour l'autorité royale :

« Nous avons parlé aux uns du Roi, de sa bonté et de sa justice, des garanties que son autorité seule peut offrir à nos libertés, dit M. de Martignac. Nous avons parlé aux autres de la charte, du bien qu'elle fait, de la nécessité de se rallier autour d'elle dans l'intérêt même du trône. Dès que le ministère a cru voir le danger il s'est arrêté avec réflexion, avec fermeté. » M. de Martignac rappela les actes de son administration, en faveur des libertés publiques. L'opposition se plaignait d'abus dans les élections; une loi avait tout prévu et tout régularisé. On voyait avec inquiétude la censure facultative dans les mains du pouvoir; la liberté avait été rendue aux journaux. L'éducation publique était confiée à une association que les lois françaises ne reconnaissaient pas; cet obstacle avait disparu. On avait remarqué l'insuffisance des règles qui garantissaient l'indépendance de l'autorité judiciaire; de nouvelles dispositions sur le conflit avaient prévenu sur ce point toutes les difficultés. On réclamait avec instance une loi sur l'administration communale et départementale; elle avait été préparée avec soin, avec zèle, avec espérance; elle reposait sur le principe le plus favorable aux libertés publiques. Le ministère avait été obligé de défendre ce principe contre ceux qui lui reprochaient d'affaiblir et de désarmer la couronne; il l'avait fait avec franchise et conviction. Mais l'adoption d'un amendement qui dénaturait le système des lois présentées et en rendait la discussion impossible avait amené l'obligation de les retirer. En présence de ces souvenirs, pouvait-on attribuer au ministère le vide d'une session qu'il avait cherché à rendre si complète et si féconde?

A cet instant de son discours, M. de Martignac fut interrompu par la gauche qui lui demanda des explications sur le retrait de la loi des communes, retrait qui avait précédé la discussion relative au système de l'administration communale. M. de Martignac répondit ainsi à ces interruptions:

« Le système de l'administration communale repose sur l'ensemble d'une législation dont les conseils d'arrondissement étaient une des bases; la majorité de la chambre vient de prononcer la suppression des conseils d'arrondissement. Dès lors, il n'y a plus de discussion possible, il faut refaire entièrement le système communal comme le système départemental. Les lois nouvelles sur l'organisation communale et départementale renferment le principe de l'élection, la plus grande concession qu'on pût espérer de la couronne : quel compte la chambre a-t-elle tenu de cette concession du ministère? En jetant les yeux sur les suites des actes de l'administration, on voit des inquiétudes calmées, des résistances vaincues, l'ordre maintenu et rétabli.

« En présence de ces résultats, il n'est pas juste d'accuser la politique ministérielle de faiblesse et d'impuissance; on doit plutôt reconnaître dans la marche suivie de la prudence et de la fermeté. Qu'attend-on du ministère et pourquoi la confiance lui serait-elle refusée? La protection des lois est accordée à tous... Quel est donc l'appui qu'ont prêté à l'administration ceux qui l'accusent aujourd'hui? Les journaux usent de la liberté que leur a accordée la loi sur la presse pour flétrir le gouvernement et les chambres... Cette loi, on s'en souvient, était devenue l'occasion d'une déclaration de guerre d'un des plus constants adversaires du ministère. »

M. Benjamin Constant, désigné par M. de Martignac, lui répondit qu'en effet on ne pouvait reprocher à son administration des actes de tyrannie ouverte. Cependant, le ministère maintenait le système administratif qui avait vexé la France sous M. de Villèle. Ce que le pays réclamait, c'était une garantie pour le présent comme pour l'avenir; cette garantie n'existait pas. M. Benjamin Constant déclara enfin que le système financier du gouvernement était aussi vicieux que son système administratif, et que ni le ministère ni la commission du budget n'avaient rempli leur mission.

M. Roy donna à la tribune des explications sur l'accroissement des dépenses publiques. Le budget s'était accru de 49 millions depuis 1820. Cet excédant de dépenses se trouvait motivé par un accroissement de 33,772 hommes et de 10,868 chevaux dans les cadres de l'armée, et par l'augmentation des crédits alloués à la marine, aux ponts et chaussées, à la poste, à la Légion d'honneur. En outre, l'amortissement avait absorbé une somme importante. Les évaluations des recettes et des dépenses de 1830 avaient été faites de telle sorte qu'à moins d'événements, sur lesquels on ne pouvait compter, les dépenses et les recettes se balanceraient. Le ministère ne proposait donc pas de voter un budget en déficit.

« Bien plus, ajouta M. Roy, vous n'avez pas oublié que dans notre budget une somme de 78 millions est employée à l'amortissement de la dette publique. Il est difficile d'admettre qu'un budget qui offre un excédant de 78 millions des recettes sur les dépenses soit un budget voté en déficit.

« Dans l'avenir, le trésor réalisera, par l'extinction des rentes viagères, des pensions et de divers services publics, une somme qu'on ne peut évaluer à moins de 60 ou 65 millions; par l'emploi des fonds d'amortissement on obtiendra l'extinction successive de la dette publique. »

On entendit encore M. de Tracy qui demanda au ministère de faire cesser l'existence illégale des conseils généraux, et M. Ternaux qui croyait devoir à sa conscience et à son serment de refuser son vote au budget tant que la charte resterait violée dans son texte par la substitution de la loi du 9 juin 1824 à l'article 37 (la septennalité), et dans son esprit par la suppression de la garde nationale parisienne, par la loi du sacrilége, par l'impunité des anciens ministres, surtout enfin par le double vote, capable à lui seul de ramener sur la France les horribles malheurs de 1793.

La chambre passa ensuite à la délibération sur les diverses sections du budget. Cette délibération s'ouvrit par la discussion de l'amendement de la commission, amendement qui consistait à réduire de deux millions les quatre millions de rentes créées par la loi du 9 juin 1828. On motivait cette proposition en faisant observer que, selon toute probabilité, la négociation n'aurait pas lieu avant l'échéance du 1er semestre de 1830; si l'on allouait, d'une part, deux semestres d'arrérages pour les quatre millions de rentes dans le premier semestre de 1830, et, de l'autre, six millions portés au service de la trésorerie pour les intérêts de la dette flottante, il y aurait excès d'allocation de crédit. La réduction proposée fut admise après une vive discussion dans laquelle on entendit MM. Charles Dupin, Laffitte et Roy. Le crédit de 800,000 fr., affecté par la loi de 1828 à l'amortissement des quatre millions de rentes, fut également réduit de moitié.

A l'occasion des crédits du ministère de la justice, le garde des sceaux combattit la réduction de 100,000 fr. proposée sur le conseil d'État.

M. Dupin s'éleva contre le pouvoir des juges auditeurs. Leur importance s'était accrue, au dire de l'orateur, au point « qu'on avait vu de ces juges imberbes s'asseoir jusque sur le fauteuil du président. » Le débat sur l'organisation et les attributions du conseil d'État se renouvela ensuite. M. de Cormenin, maître des requêtes du conseil d'État, tout en reconnaissant les imperfections qu'on pouvait reprocher à l'organisation actuelle, soutint l'utilité de son intervention lorsqu'il s'agissait de décider les questions de domaine et les contestations en matière de marchés publics.

En effet, si l'on attribuait le jugement des conflits à la cour de cassation, on s'exposerait au danger de voir bientôt les tribunaux s'immiscer non-seulement dans les matières contentieuses administratives, mais encore dans les matières gouvernementales : « Reconnaissons, dit M. de Cormenin, que les formes et les habitudes du gouvernement représentatif mitigent ce qu'il peut y avoir d'exorbitant dans la faculté du conflit.

Ainsi la liberté de la presse, qui n'est qu'une modification de la publicité, surveille nuit et jour les empiétements de l'administration. Les journaux d'arrêts administratifs et judiciaires font connaître aux préfets et aux juges la limite de leurs droits et de leurs devoirs. La responsabilité morale qui pèse sur les ministres les retient sur le penchant des envahissements. »

M. de Cormenin traita longuement la question de la responsabilité ministérielle. Les ministres lui paraissaient inattaquables parce qu'ils n'étaient pas soumis à la juridiction des tribunaux ordinaires.

« Présente-t-on une requête au Roi personnellement, dit M. de Cormenin, le Roi répond avec raison : Que justice se fasse, comme et par qui elle doit être faite.

« S'adresse-t-on à la chambre des députés, elle dit que ces sortes de cas ne rentrent pas dans l'article 56 de la charte.

« S'adresse-t-on aux tribunaux, les tribunaux déclarent qu'il ne leur est pas libre de statuer avant que le conseil d'État ait accordé l'autorisation.

« Revient-on au conseil d'État, le conseil d'État, à son tour, prétend qu'il ne peut autoriser la mise en jugement des ministres. C'est à cette déclaration d'universelle impuissance que se réduit, jusqu'ici, la responsabilité des ministres incriminés :

« Je me trompe, messieurs : ils peuvent être condamnés, par exemple, à siéger, eux et leur postérité, à la chambre des pairs; condamnés à se passer, de l'épaule au côté, le grand-cordon de l'ordre du Saint-Esprit ou de la Légion d'honneur; condamnés à recevoir le titre et les prérogatives de ministre d'État; condamnés à se faire inscrire les premiers en tête des plus grosses pensions de l'État!...

« Je suppose qu'un officier, un receveur, un comptable, soit traduit devant les tribunaux par les ordres arbitraires ou sur les fausses insinuations d'un ministre : comment! il pourra être, à l'aide de pièces falsifiées ou retenues, condamné injustement, plongé dans les cachots, attaché à la chaîne des galériens; et lorsque, du fond de sa prison, il poussera des cris de douleur vers la justice, la justice sera pour lui sans refuge et sans organe! »

Le ministre de l'instruction publique fit observer d'abord que décréter l'inamovibilité des membres du conseil d'État, ce serait créer une nouvelle cour de justice, un corps indépendant de l'administration, qui pourrait prendre un caractère politique, embarrasser l'administration et arrêter sa marche. Dès lors la responsabilité ministérielle cesserait, puisque le ministère serait gêné dans son action. Le conseil d'État n'avait point à prononcer l'autorisation de poursuivre un ministre. Les crimes et les délits, commis par les ministres hors de leurs fonctions, pouvaient être poursuivis sans autorisation devant les tribunaux ordinaires.

Quant aux faits de nature à donner lieu à des poursuites civiles contre un ministre ou aux crimes commis dans l'exercice de ses fonctions, il ne saurait y avoir de compétent que les chambres, dans l'ordre des institutions françaises pour les juger. La chambre ne devait pas s'effrayer de ce que le mot concussion paraissait avoir de trop étroit. Toutes les fois qu'un ministre enfreignait les lois, lésait frauduleusement les intérêts d'un particulier, il pouvait être accusé de concussion.

En résumé, la réduction proposée par la commission sur les dépenses occasionnées par le conseil d'État fut adoptée.

De tous les ministères, le budget des affaires étrangères subit les diminutions les plus fortes : on ajouta une réduction de 250,000 fr. aux diminutions déjà proposées par la commission. M. Portalis essaya cependant, au début de la discussion, de faire rejeter la proposition de la commission. Il défendit la convention du 20 décembre conclue pour le remboursement de la créance d'Espagne. La chambre l'avait attaquée en disant qu'elle paraissait désavantageuse à la France si on la comparait à la convention intervenue entre l'Espagne et l'Angleterre. Le ministre fit observer que, si l'on songeait à établir cette comparaison, il ne fallait pas oublier que, depuis plus de vingt ans, l'Angleterre réclamait le prix de bâtiments saisis par l'Espagne sur des sujets anglais. En outre, dans l'origine, cette créance s'élevait à 75 millions ; elle avait été réduite au tiers. La créance de la France était plus récente, elle n'avait pu être réglée avant l'évacuation complète du territoire espagnol. Si l'intérêt servi par l'Espagne à la France était modique, l'Angleterre, moins favorisée encore, n'en avait reçu aucun.

Les affaires du Portugal appelaient aussi l'attention des chambres françaises. Le 31 décembre, dom Pedro avait déclaré solennellement qu'il était déterminé à combattre l'usurpateur des droits de sa fille.

« Il n'est personne, dit M. Portalis, qui ne déplore la triste situation de ce pays, où l'incertitude des droits a rendu non moins incertaine l'observation des devoirs.

« La discussion des principes qui règlent l'ordre de succession au trône du Portugal, et celle des diverses lois fondamentales de ce royaume, font naître des questions qu'il n'appartient pas sans doute aux puissances étrangères de résoudre ; mais il y va de l'humanité, de la justice et de la paix de l'Europe, d'en presser la solution ; et le moyen d'y parvenir attire la sérieuse attention du Roi et de son gouvernement, de même que celle des cours intéressées aux destinées de ce pays. »

La gauche critiqua sans pitié la politique extérieure du ministère Martignac ; les réductions proposées furent ensuite adoptées.

La discussion du budget des affaires ecclésiastiques réveilla les passions religieuses, seulement assoupies. M. de Corcelles parla du danger des religions d'État, sous le rapport des intérêts politiques et financiers ; il était opposé à la nouvelle allocation de 976,500 fr. qu'on voulait affecter à l'augmentation du traitement des desservants, et proposait au contraire, sur le budget des affaires ecclésiastiques, une réduction de 1,601,500 fr. Le ministre des affaires ecclésiastiques répondit que le traitement des évêques était le patrimoine des pauvres ; en les privant de leurs revenus, on leur ôtait le moyen de faire du bien. Plusieurs fois on avait réclamé à la chambre une élévation dans le traitement si modique des vicaires et des desservants. L'allocation dont l'utilité était mise en question par M. de Corcelles avait pour but de satisfaire ces légitimes réclamations. On avait demandé souvent au ministre des affaires ecclésiastiques si les ordonnances du 16 juin avaient reçu leur exécution.

« Elles ont été exécutées, dit Mgr Feutrier, avec les égards et la déférence qui appartenaient aux évêques, mais avec l'exactitude qui était aussi un devoir de la part des dépositaires de l'autorité.

« La paix et l'harmonie, un instant altérées dans le sanctuaire, sont enfin heureusement rétablies ; la confiance renaît, les alarmes exagérées se calment. Bientôt il ne restera plus d'une division passagère, sur laquelle la malveillance et l'esprit de parti fondaient des espérances coupables, qu'un souvenir léger qu'il faudrait effacer encore. »

L'évêque de Beauvais affirma que les évêques étaient rentrés dans le droit commun : « Le nombre des jeunes gens, dit-il, admis dans les séminaires n'atteint pas la limite de 20,000 prescrite par l'ordonnance ; des précautions sont prises pour les soustraire à l'influence d'une congrégation non reconnue par les lois. » A ces mots les murmures de la droite couvrirent la voix de l'orateur. Le supplément de crédit de 976,500 fr. ne fut accordé qu'après une vive discussion. M. de Sainte-Marie rappela que l'Assemblée constituante avait estimé à 48,000 le nombre des prêtres nécessaires à l'exercice du culte et à 65 millions la dépense totale occasionnée par le clergé ; la moyenne du traitement des prêtres était alors de 1,354 fr. Depuis ce temps la population s'était accrue de 6 millions d'habitants : or le clergé de France ne se composait plus que de 36,000 prêtres, et leurs traitements absorbaient annuellement une somme de 28 millions ; le taux moyen de ces traitements n'atteignait donc que le chiffre de 792 fr.

Le ministre de l'intérieur, voulant motiver l'allocation demandée en faveur des vicaires et des desservants, rappela que les conseils municipaux votaient des suppléments aux curés de campagne ; l'intention du gouvernement était d'arriver à pouvoir dispenser les communes de l'obligation de fournir ce supplément. M. Humann exprima le souhait qu'on retirât aux communes le droit d'accorder des subventions au clergé sur les fonds communaux. M. de Martignac fit observer que ces subventions étaient facultatives. « Ce sont les conseils municipaux et non les communes qui votent, s'écria M. Dearçay ; les communes n'ont pas d'organes légaux. »

M. de Martignac, en entendant ces paroles, comprit vers quel abîme on entraînait la monarchie. L'avenir lui apparut, et en même temps le sentiment de son impuissance à dominer une situation plus forte que lui le frappa douloureusement. Il avait pensé que des concessions libérales satisferaient l'opposition, et celle-ci lui demandait plus qu'il ne pouvait lui accorder. Cet esprit, aimable et modéré, qui cherchait en vain de la modération dans toutes les opinions poussées à l'extrême, s'écria comme une vigie qui signale la tempête : « Messieurs, nous marchons à un véritable état d'anarchie. Quand je dis à cette tribune que les communes votent librement un supplément d'impôts, on m'interrompt pour me dire que les communes n'ont pas d'organes légaux. Eh bien, je déclare qu'un pareil langage nous conduirait au désordre. Si nous remettons successivement en question toutes les bases de notre ordre social, si nous pouvons accessoirement, à l'occasion d'une question qui lui est étrangère, mettre en doute toutes les institutions sur lesquelles repose notre ordre public, je le répète, *nous marchons à l'anarchie.* »

A la suite de cette prophétique interruption de M. de Martignac, on discuta le budget de l'instruction publique. M. de Lépine reprocha au ministère de travailler à séparer l'instruction publique de la religion. M. de Vatimesnil répondit qu'aucun candidat ne pouvait être reçu instituteur primaire s'il n'avait obtenu d'un délégué de l'évêque un certificat d'instruction religieuse; il ajouta que, depuis l'avénement du ministère, cinq places de proviseurs avaient été données à des ecclésiastiques. Une seule réduction de 20,000 fr. fut imposée au ministère de l'instruction publique.

La discussion du budget de l'intérieur fournit à l'opposition l'occasion de relever la phrase de M. de Martignac. M. de Salverte déclara que la chambre ne voulait pas d'anarchie, mais des lois, car elle voulait la liberté. « Le ministre prétend que les conseils municipaux sont les organes légaux de la commune, dit-il, que les communes votent librement; nous ne pouvons admettre ces deux assertions, elles sont complétement fausses. » M. Benjamin Constant fut plus impitoyable encore pour le ministère :

« Je prendrai, dit-il, la liberté de lui dire qu'il n'y a rien d'anarchique ni dans nos raisonnements, ni dans nos votes, ni dans nos actes. Ce n'est pas notre faute si, pour répondre à l'un des côtés de la chambre, le ministre de l'intérieur professe une doctrine, et si, pour se défendre contre l'autre, il en professe une différente. L'anarchie n'est ni dans nos discours ni dans nos intentions; elle n'est ni dans l'esprit du pays ni dans celui de ses mandataires. Si elle pouvait s'introduire en France, ce serait dans le cas où un ministère, sans direction fixe, se contredisant d'un jour à l'autre, connaissant bien où est la majorité nationale, n'oserait la satisfaire, et sachant combien est peu nombreuse une minorité qui s'agite, n'oserait lui résister. »

Alors M. de Martignac affirma de nouveau que le langage dont il avait déploré par avance les suites dangereuses devait conduire la France à l'anarchie. « Le respect des lois existantes, dit-il, le respect des institutions actuelles, le respect dû aux autorités, sont la base de l'ordre; sans ce respect l'ordre n'existe plus, et sans l'ordre, la chambre le reconnaît, il n'y a plus de liberté!... Je répète qu'en qualifiant comme je l'ai fait l'interpellation qui m'a été adressée, j'ai cru remplir un devoir, et je n'accepte pas comme un reproche le souvenir qui m'est reproduit. »

Nous passerons rapidement sur la discussion relative au budget des travaux publics. Un député, M. Fleury, déclara qu'il refusait son vote au crédit de 500,000 fr. affecté à la reconstruction de la salle des députés. Il motiva ce refus en disant que, malgré beaucoup d'efforts tentés pour dissiper cette opinion, on croyait généralement dans les provinces qu'une grande partie des députés siégeaient à la chambre aux dépens des contribuables. Le président rappela M. Fleury à l'ordre; cette phrase malencontreuse contenait une allusion à une anecdote publiée dans le *Courrier des Électeurs*[1].

---

1. Voici cette anecdote, dont nous ne pouvons certifier l'exacte authenticité; nous l'extrayons du *Courrier des Électeurs* : « Lorsque le bureau de la chambre des députés, accompagné du ministre de l'intérieur, apporta au Roi la loi sur la dotation de la pairie, il fut reçu avec cette bienveillance affectueuse que S. M. témoigne en toute occasion aux mandataires de son peuple. Le monarque, discourant sur la loi qui lui était présentée, dit qu'il sentait bien que, dans l'état actuel des choses, il n'était plus possible d'allouer un traitement à MM. les députés; mais qu'il regrettait beaucoup qu'une allocation de cette nature n'eût pas été consacrée par la charte au moment où le pacte fondamental fut donné à la France par son auguste frère : « Car, ajouta le Roi, 1,000 fr. d'imposition ne représentent guère, dans les départements du Sud, que 5 ou 6,000 fr. de rentes, et il est difficile que les députés qui n'ont que ce revenu puissent pourvoir à l'entretien de leurs familles et aux dépenses personnelles qu'exige un séjour de cinq ou six mois à Paris. « Et vous, Monsieur Royer-Collard, les 100,000 fr. qui vous sont alloués suffisent-ils à la représentation à laquelle vous êtes tenu comme président de la chambre? — Oui, sire, mais il ne faudrait pas que la session durât toute l'année. » A ces mots, MM. les députés présents s'empressèrent de rendre hommage à la libéralité avec laquelle l'honorable président fait les honneurs de sa place et dépense l'indemnité que l'État lui accorde.

Le Roi, se tournant ensuite vers l'un des secrétaires du bureau, lui dit : « Monsieur Pas de Beaulieu, quelle peut être la dépense mensuelle d'un député pendant son séjour à Paris? — Sire, avec de l'ordre et beaucoup d'économie, 500 fr. peuvent lui suffire. — Vous êtes trop modeste, monsieur, il faut au moins 1,000 fr.; je le sais, car il est quelques députés à qui j'accorde cette somme et qui se plaignent. » (Extrait du *Courrier des Électeurs* du 25 mai 1829.)

La chambre demanda ensuite au ministère des explications sur l'emploi des fonds secrets en ce qui concernait les journaux et les pensions : on avait répandu le bruit que les fonds secrets servaient à salarier les journaux et à faire des pensions que le gouvernement n'avouait pas.

« Quand il est permis à tous les journaux d'attaquer chaque jour le pouvoir, répondit M. de Martignac, le gouvernement n'a-t-il donc pas la faculté de la défense ? Avec la libre émission des journaux, la liberté de la presse ne peut pas être compromise. Le gouvernement est libre de conserver les moyens d'avoir un journal contenant autre chose que des attaques constantes. Comme un journal qui n'attaquerait pas offrirait peu d'attraits à la curiosité, il faudrait créer une feuille et il n'y aurait rien là d'extraordinaire. Le gouvernement recueillerait seulement l'inconvénient de se voir attribuer des systèmes ou des raisonnements qui ne lui appartiendraient pas. Quant aux brochures, ici point d'équivoque, il s'agit de brochures faites à acheter, il ne s'agit pas d'acheter des auteurs pour faire des brochures contre nos adversaires. Pour moi, je suis trop plein de mépris, de pitié, pour ceux qui dégradent leur talent par cet infâme usage, pour jamais les employer ou jamais encourager ceux qui suivraient leurs traces. »

Parlant des indemnités littéraires, auxquelles on reprochait une sorte de clandestinité, le ministre déclara que si la liste en était connue, on lirait avec surprise les noms de ceux dont elle se composait. Il n'était pas convenable de changer la nature et le mode de la bienfaisance. Beaucoup de personnes redouteraient de voir leurs noms livrés aux contradictions des opinions politiques, ou même aux contradictions des opinions littéraires. En résumé, avait-on le droit, sous prétexte de s'informer de quelque irrégularité dans l'emploi des fonds, de demander un compte qui, d'après la loi, ne devait être rendu qu'au Roi ? C'était là un point contestable.

La chambre adopta la réduction de 200,000 fr. proposée par M. Augustin Périer sur le budget du ministère de l'intérieur.

Les réductions réclamées sur le budget du commerce passèrent également.

Le ministre de la marine présenta la justification du budget de son ministère. Il s'étonna d'avoir entendu la commission déclarer que 280 bâtiments, dont 128 étaient armés, représentaient un luxe inutile.

Le chiffre de 63,212,252 fr., alloué au ministère de la marine en 1829, était inférieur au chiffre alloué à ce département en 1789. La commission trouvait qu'une dépense de 75 millions était trop élevée pour protéger le commerce maritime de la France. MM. Aug. de Leyval, Charles Dupin et Agier, combattirent cette opinion soutenue par MM. Labbey de Pompières et Benjamin Constant. M. Hyde de Neuville fut obligé de remonter par deux fois à la tribune pour justifier les dépenses de son administration. Le budget de la marine ne subit que les réductions proposées par la commission.

On arriva à la discussion du budget de la guerre. Le colonel Jacqueminot demanda qu'on réduisît les dépenses de la maison militaire du Roi, en revenant au système de 1818. Il renouvela ses observations au sujet des régiments suisses, et rappela que le Roi s'était réservé la faculté de les licencier, en cas de circonstances imprévues, moyennant une indemnité pécuniaire. Le ministre de la guerre répondit que le Roi ne prétendait pas soustraire sa maison militaire aux mesures d'économie reconnues nécessaires; déjà, en 1827, une réduction de 180,000 fr. avait été opérée sur ce service, et le Roi venait d'autoriser des dispositions dont le résultat serait plus productif encore. « Quant aux régiments suisses, il est évident, ajouta M. de Caux, que les capitulations seraient rédigées sur d'autres bases qu'en 1816 si elles étaient à refaire en 1829; mais elles existent, et, tant qu'elles ne seront pas régulièrement modifiées, le ministère invoquera en faveur de leur maintien le respect dû aux traités. »

Le général Lamarque demanda, dans un violent discours, que les anciens militaires, « dont un ministère coupable avait fait un odieux holocauste, » rentrassent dans les rangs de l'armée : il réclama une réduction sur le nombre des aides de camp du Roi et des Princes. A la suite de ce discours les réductions proposées sur la maison militaire du Roi furent repoussées. Mais la pensée qui avait provoqué ce débat était un véritable signe du temps : on ne se contentait plus de demander des réductions sur les exercices des différents ministères, l'opposition en demandait sur la maison même du Roi.

A l'occasion du budget du ministère des finances, M. Casimir Périer, qui était resté muet pendant toute la session, attaqua le traité conclu avec l'Espagne. Il accusa le ministère d'avoir réduit la créance de l'Espagne à 80 millions, en se contentant pour tout payement « d'une annuité de 4 millions, dont 2 millions 40,000 fr. devaient servir à payer des intérêts par une proportion décroissante jusqu'à cette époque, à raison de 3 0/0, tandis que les 600,000 fr. restants seraient employés à former une caisse d'amortissement qui, au moyen de l'intérêt composé pendant 31 ans, rembourserait à la France son capital de 80 millions. »

La convention intervenue avec l'Espagne n'était qu'un arrangement, provisoire et subordonné au règlement des reprises qu'en prenant pour bases les conventions de 1821 l'Espagne pouvait avoir à exercer contre la France.

Le ministre des finances répondit à M. Casimir Périer que le point principal de son argumention reposait sur une erreur : la chambre, en consultant la situation de l'administration des finances, pouvait se convaincre que la créance d'Espagne y était évaluée à 94,872,000 fr.; sur cette somme, 80 millions étaient déjà garantis à la France par le traité du 30 décembre 1828. Au reste, l'initiative de ces conventions appartenait au Roi seul, et il pouvait les conclure en dehors des chambres.

M. de Martignac fit observer à son tour que la chambre n'aurait à s'occuper de l'arrangement intervenu entre la France et l'Espagne que dans le cas où cet arrangement nécessiterait un subside. Le traité ne devant donner lieu à aucune demande de ce genre, il ne restait à la chambre qu'une question à examiner : le gouvernement français avait-il traité aussi avantageusement qu'il le pouvait? Sur ce point le ministère ne refusait aucun renseignement à l'assemblée. Le ministère avait dit à l'Espagne : Vous prétendez qu'au delà des 80 millions il y a lieu à compensation; reconnaissez-vous d'abord débiteur de ces 80 millions; quant au surplus, les droits de la France, sont réservés. L'administration avait poussé la précaution jusqu'à déterminer la limite des compensations, afin que les anciennes prétentions de l'Espagne ne pussent être opposées aux justes réclamations de la France. M. Casimir Périer, en se plaignant de la modicité de l'intérêt servi par l'Espagne à la France, oubliait qu'on est obligé de proportionner ses exigences aux moyens de ses créanciers.

La discussion du budget des dépenses se termina par le rejet de plusieurs amendements relatifs à l'abolition du cumul des places et des emplois. Le budget des dépenses pour 1830 était fixé à 972,839,879 fr.; il fut adopté au scrutin secret à une majorité de 131 voix sur 321 votants : 95 députés votèrent contre l'adoption. Le nombre des voix de l'opposition allait chaque année en grandissant.

La chambre examina ensuite les demandes des crédits destinés à pourvoir aux dépenses extraordinaires de 1829; ces crédits étaient évalués à 52 millions.

La discussion s'ouvrit le 9 juillet; elle remit à l'ordre du jour les questions de la politique extérieure. MM. de la Fayette et Sébastiani déplorèrent le protocole de Londres qui traçait à la Grèce une ligne de frontières du golfe Volo au golfe d'Acta, en lui imposant l'obligation de payer un tribut annuel de 1,500,000 piastres à la Turquie. « Ce protocole, dit M. Sébastiani, place la Grèce sous la suzeraineté de la Porte, en lui donnant seulement une forme de gouvernement monarchique héréditaire, dont le souverain devra être choisi, en dehors des familles régnantes dans les États des trois puissances signataires du traité du 6 juillet, par ces trois puissances réunies à la Porte Ottomane.

« Vous accordez aux Grecs la vie sauve, mais à de honteuses conditions, ajouta le général Sébastiani ; vous les condamnez à reconnaître pour légitime la domination qu'ils ont subie comme un fait. Le joug ne pèsera plus sur eux, mais ils devront fléchir la tête ; au lieu d'un tyran, vous leur donnez un maître et vous les familiarisez avec l'esclavage en lui ôtant ce qu'il avait d'oppressif pour conserver ce qu'il a d'humiliant. »

Le ministre des affaires étrangères répondit au général Sébastiani :

« Si le protocole de Londres existe, dit-il, il constitue les instructions des plénipotentiaires chargés de suivre la négociation qui va s'ouvrir en Turquie; ces instructions étant secrètes de leur nature, le ministère ne peut ni ne doit s'expliquer sur leur teneur. Il peut dire seulement qu'elles sont conformes au sens et à l'esprit du traité du 6 juillet.

« Ce traité a été publié, il est à la connaissance de tout le monde ; chacun peut apprécier, d'après son texte, les bases sur lesquelles doit reposer l'arrangement définitif des affaires de la Grèce tel qu'il peut être conclu par suite de ce traité...

« Si le protocole restituait la cité mère de la civilisation et des arts, la vieille Athènes, à la nouvelle Grèce, s'il tendait à assigner à celle-ci des limites qui prévinssent d'une manière efficace le retour des calamités qui l'ont si longtemps affligée, il faudrait convenir que, s'il s'est écarté en quelque point de la lettre du traité du 6 juillet, on doit une telle déviation à une inspiration que la France ne saurait désavouer...

« Si la Porte persistait à refuser de justes et conciliantes propositions, alors commencerait un nouvel ordre de choses... Quant au traité du 6 juillet, il n'a rien de commun avec le *Karatsch* : l'un était individuel, l'autre national; l'un était le rachat de la vie, l'autre le prix de la liberté publique et civile. On confond tout pour tout blâmer et tout flétrir. »

M. Benjamin Constant, voyant que l'opposition avait été vaincue par les explications de M. Portalis, chercha un autre terrain pour attaquer le gouvernement. Il exprima le vœu « qu'on exigeât du roi de Naples le rappel d'un ambassadeur qui avait demandé et obtenu l'extradition d'un Napolitain nommé Galotti, qui s'était réfugié en Corse pour échapper à des poursuites du gouvernement de son pays. Cet homme avait été accusé d'avoir fait partie d'une bande de malfaiteurs; c'est pour ce fait que le gouvernement français avait consenti à l'extradition. Mais sur ces entrefaites Galotti avait présenté une supplique au Roi, les explications contenues dans cette supplique faisaient naître des doutes sur sa culpabilité. Un contre-ordre, envoyé au préfet de la Corse, était arrivé trop tard. Le courrier expédié à Naples avait dû déclarer au gouvernement qu'il violait le droit des gens si, dans le but d'obtenir l'extradition, il accusait injustement un homme d'un crime puni par les lois de tous les pays. M. Benjamin Constant faisait donc porter au ministère une responsabilité qui ne lui incombait pas, puisque, dans toute cette affaire, l'administration avait agi selon les règles de la justice et de l'équité.

M. Viennet demanda des éclaircissements sur l'affaire d'Alger, en exprimant l'avis que cette guerre était le résultat de fautes successives et en réclamant la communication des documents relatifs à la question d'Alger. L'opposition a toujours manifesté les mêmes exigences; elle veut, avant tout, satisfaire sa passion, sans s'arrêter devant le préjudice qu'une indiscrétion politique peut causer au pays.

Le ministre des affaires étrangères rappela que le droit de

faire la guerre ou de conclure la paix appartenait au Roi seul. « Quand il déclare la guerre, ajouta M. Portalis, les demandes d'hommes et d'argent doivent être portées aux chambres et appuyées des documents propres à justifier ces demandes; c'est seulement alors que la communication de ces documents peut être exigée. » Puis il expliqua la prolongation du blocus d'Alger en répétant que le dey avait refusé au Roi de France la satisfaction qui lui était demandée; il n'avait répondu que par des récriminations aux reproches qui lui étaient adressés, et le 15 juin 1827 il avait déclaré formellement la guerre à la France. A cette époque, le Roi avait ordonné le blocus des côtes d'Alger, blocus qui durait encore.

La question d'Alger fut ajournée par la chambre. Alors, parlant au nom de l'opposition, le général Lamarque attaqua l'ensemble des actes du ministère. Il reprocha au système suivi par l'administration de rendre la vie à des factions éteintes et de compromettre l'avenir. Les départements craignaient des violations de la charte et des coups d'État. Partout, en province, les agents de l'ancienne administration étaient encore debout.

« Deux cents ans se sont écoulés, dit le général Lamarque, depuis que de l'autre côté de la Manche on parlait aussi de violer la grande charte, de renvoyer la chambre, de lever l'impôt par des ordonnances; on l'essaya : vous savez quels furent les résultats de ces projets du pouvoir.

« La sagesse du Roi, sa religieuse fidélité aux serments qui le lient bien moins encore que son amour pour la France, éloigneront du trône de perfides conseils. Débris échappés à tant de naufrages, nous ne voudrons pas encore tenter la Providence; une funeste expérience ne nous a que trop bien appris que les peuples aussi ont leurs coups d'État, et que, bouleversant la terre jusque dans ses entrailles, ils ne laissent sur le sol que de sanglantes ruines. »

A ces paroles provoquantes, des cris nombreux partis des bancs de la droite rappelèrent l'orateur à l'ordre.

Le général Lamarque termina son discours en réclamant des réductions sur les dépenses de la guerre, de la marine et des affaires étrangères. Ces réductions ne furent pas adoptées. On vota ensuite sur l'ensemble du projet de loi : sur 311 votants, il obtint 265 suffrages. Il fut également adopté à la chambre des pairs à une grande majorité : 111 voix sur 119 votants. La chambre des députés avait encore à examiner les recettes de l'année 1830. Le crédit demandé fut réduit à 42,448,690 fr.

Chaque député apportait son système économique; M. de Berbis, rapporteur de la commission, déclara que le moyen le plus certain pour arriver à la diminution des impôts était la réduction successive des dépenses. Un député proposa de diminuer de moitié l'impôt sur le sel et l'impôt sur le vin. La chambre rejeta cette demande en faisant observer que cette réduction causerait un vide préjudiciable dans les finances, et qu'elle mettrait l'État dans l'impossibilité de subvenir aux dépenses déjà votées par la chambre.

M. Casimir Périer évoqua de nouveau à la tribune la question de la créance d'Espagne. Il déclara que, du moment où tout était provisoire dans cette affaire, la somme rendue par l'Espagne ne devait figurer au budget qu'en qualité d'acompte. La chambre se rallia à cet avis. L'assemblée adopta enfin le budget des recettes évalué pour 1830 à 979,787,185 fr. Il fut adopté à une plus forte majorité que la loi des dépenses : sur 287 votants, il réunit 232 suffrages; la minorité hostile était de 55 voix. Ce vote fut le dernier acte de la session de 1829 à la chambre des députés; cette session avait vu les efforts loyaux du ministère centre droit venir se briser contre le mauvais vouloir de la majorité.

Avant la clôture de la session, le président lut deux lettres à l'assemblée : l'une de M. d'Argenson, l'autre de M. de Chauvelin. Ces deux députés, mécontents de la marche suivie pendant la session, dans laquelle ils n'avaient pas trouvé de rôle politique à jouer, priaient le président de faire accepter leur démission à la chambre.

XIII

LES LOIS DE FINANCES SONT PORTÉES A LA HAUTE CHAMBRE. — DISCOURS PROPHÉTIQUE DU MARQUIS DE VILLEFRANCHE. — M. DE MARTIGNAC LUI RÉPOND. — SECOND DISCOURS DE M. DE VILLEFRANCHE. — RÉPLIQUE DE M. PASQUIER. — CLOTURE DE LA SESSION DE 1829. — RÉSUMÉ DES CAUSES DE LA CHUTE DU MINISTÈRE MARTIGNAC. — NÉGOCIATIONS AVEC LES HOMMES D'EXTRÊME DROITE. — LA FORMATION DU MINISTÈRE POLIGNAC EST ARRÊTÉE.

Les lois de finances furent présentées le 11 juillet à la sanction de la chambre des pairs. A cette occasion M. le duc de Brissac, rapporteur de la loi des dépenses, rappela les améliorations et les économies opérées sur l'ensemble du budget. Les efforts des chambres n'avaient pas été stériles, les ministres étaient entrés dans les voies d'économie dont on ne s'écarterait point sans compromettre ce qu'il avait fallu tant de constance et d'efforts pour établir. Il exprimait le désir qu'on adoptât pour l'armée un système qui, faisant successivement passer sous les drapeaux tous les soldats, permettrait aux uns le repos, tandis que les autres, tout en perfectionnant leur instruction, suffiraient aux services du temps de paix. « On ne saurait apporter trop d'attention à écarter des finances toute dépense que ne justifie point ou la nécessité ou une utilité évidente, dit M. de Brissac en terminant son rapport. Quant à songer à épargner sur les dépenses nécessaires, ce serait, au lieu de ménager l'intérêt du contribuable, le leurrer d'une décevante illusion en préparant des embarras dont le poids retomberait tôt ou tard sur lui. »

Pendant la discussion du budget de 1830 à la chambre des pairs, M. le marquis de Villefranche prononça deux discours vraiment prophétiques. Dans le premier discours il examinait la marche suivie par le pouvoir, et voyait dans chaque concession arrachée au ministère un nouveau pas fait vers la démocratie, dont la marée, en montant, devait renverser la monarchie légitime. Il signala le danger de la politique de concessions adoptée par le ministère Martignac, et engageait les ministres à se réunir aux royalistes pour combattre les doctrines révolutionnaires, au lieu de marcher avec la révolution en compromettant l'avenir de la royauté.

« C'est sur des doctrines subversives de l'ordre, s'écria-t-il, que l'on s'appuie pour faire prévaloir un système qui n'a de légal que le nom, et qui ne se compose que de concessions faites aux doctrines révolutionnaires. Sans doute il faut que l'administration soit forte; mais si son énergie doit se déployer, c'est contre une faction audacieuse qui ne cherche qu'à détruire la monarchie légitime.

« Plus habile aujourd'hui qu'elle ne l'a jamais été, elle affecte de faire désigner ses adeptes sous le nom de royalistes constitutionnels; elle fait ainsi des dupes. Mais, lorsque les yeux se dessilleront, la monarchie existera-t-elle encore, ou ne sera-t-elle pas remplacée par un usurpateur ou par une république fédérative?

« Il est, avant tout, nécessaire de faire cesser la division entre les amis sincères de la royauté. Que le danger commun les rallie, et le succès est assuré. Mais quel est le moyen d'opérer cette réunion?

« C'est, en premier lieu, d'abandonner ce système injuste qu'on a décoré du beau nom de système légal, mais qui, en réalité, contrarie ouvertement tous les principes de la monarchie constitutionnelle... La sécurité existe-t-elle dans les esprits? Les factions sont-elles comprimées?

« L'anarchie ne nous menace-t-elle plus? La licence de la presse a-t-elle cessé de menacer la société? Les efforts de la justice sont-ils efficaces contre les excès des journaux? Les ministres eux-mêmes sont forcés de reconnaître que non. »

L'orateur dénonça les ordonnances du 16 juin comme une violation de la charte. « La charte consacrait le libre exercice de toutes les religions ; elle assurait à tous les cultes une protection égale. Les ordonnances, méconnaissant tous ces droits, atteignaient de malheureux prêtres français et les proscrivaient sous le nom de jésuites, en exigeant d'eux des déclarations contraires à leur conscience, et cela au moment où l'Angleterre voyait détruire cette législation intolérante qui l'affligeait depuis plusieurs siècles. Un ministre protestant demandait et obtenait l'émancipation de la population catholique, tandis qu'en France la proscription des prêtres français, désignés sous le nom de jésuites, était prononcée par un ministre catholique. »

A cette vive attaque des actes du gouvernement, M. de Martignac opposa une éloquente apologie. Ce discours, qui fut le chant d'adieu du ministère centre droit, doit être rappelé ici.

M. de Martignac énuméra les lois qu'il avait proposées et qu'on lui reprochait. On disait que la loi sur les listes électorales avait « créé le droit funeste » de l'intervention des tiers : « Créé ! non, répondit le ministre, il existait ; nous l'avons réglé, c'était une nécessité. Funeste ! non, car l'intervention ainsi réglée n'a aucun danger et elle a fait cesser un fâcheux scandale... On nous parle des comités directeurs et de leur action dangereuse. N'existaient-ils pas avant l'avénement du ministère, et qu'avait-on fait pour les détruire ? »

« Nous n'avons pas pu briser des rapports qui échappent à l'action des lois, ajouta M. de Martignac ; nous avons prescrit aux administrateurs de repousser tout acte, toute intervention de la part de ces centres d'action qu'aucune loi ne défend, mais qu'aucune loi n'autorise.

« De la loi électorale on passe à celle de la presse, et l'on fait remarquer la licence à laquelle la société est livrée. Cette licence, qui la conteste et qui cherche à l'excuser ? Qui en souffre plus que nous, dont les actes, les intentions, les sentiments sont chaque jour calomniés par ceux qui défendent l'abus de la liberté et par ceux qui en attaquent l'usage?

« Oui, la licence existe et je la déplore. Mais cette licence, est-ce à nous qu'elle doit être attribuée? N'existe-t-elle donc que depuis dix-huit mois? et quelle barrière solide lui avait-on opposée?

« Qu'a fait la loi de l'année dernière dont la licence puisse se prévaloir? Elle a supprimé la disposition qui autorisait les poursuites d'après la tendance des journaux. Quel avantage en avait-on tiré? Où sont les arrêts qui l'avaient appliquée? Elle a octroyé la censure facultative; mais la censure touche à la liberté et ne sauve pas de la licence. Qui, d'ailleurs, en aurait conseillé l'usage? Elle a autorisé la libre émission des journaux. Et ne voyez-vous pas que les tribunaux qui ne veulent pas de licence, mais qui protégent la liberté, ne punissent l'une avec sévérité que depuis que l'autre est assurée? »

Le marquis de Villefranche déplorait les ordonnances du 16 juin; M. de Martignac s'efforça de dissiper les reproches qu'on adressait au ministère à ce sujet. On avait dit que ces ordonnances proscrivaient des prêtres : « Si refuser de confier l'instruction publique à la congrégation désignée par les ordonnances, c'est proscrire, dit le ministre de l'intérieur, tous les rois de la chrétienté ont successivement mérité le titre de proscripteurs. Personne n'est proscrit en France; si la loi doit protection à tous, tous doivent obéissance à la loi : c'est ce principe qui a inspiré les ordonnances du 16 juin. »

M. de Martignac parla enfin des bienfaits apportés par son administration; il peignit la quiétude dont jouissait le pays : les lois étaient exécutées dans tout le royaume, l'ordre public respecté, la France douée de la prospérité intérieure la plus rassurante pour l'avenir. On accusait le ministère de s'appuyer sur des doctrines dangereuses; M. de Martignac repoussa cette calomnie au nom de tous ses collègues.

« S'il en était ainsi, dit-il, nous ne serions pas seulement des hommes faibles, nous serions des hommes criminels.

« Notre devoir est de combattre les doctrines dangereuses, de les repousser, de les flétrir; et ce devoir, nous n'y avons jamais manqué, et nous saurons le remplir encore, malgré les injustices et les accusations violentes et contradictoires auxquelles nous sommes tous les jours exposés.

« On nous menace des arrêts de l'histoire; j'ignore si l'histoire gardera le souvenir de notre passage rapide au travers des affaires embarrassées de notre pays.

« Si elle s'en occupe, et si elle porte de nous un jugement impartial, elle dira que nous avons été appelés à la direction du gouvernement dans les circonstances les plus critiques où des hommes peuvent être placés; que nous avons rencontré partout sur nos pas des difficultés et des obstacles; que nous avons eu à soutenir une lutte constante contre les passions et les partis contraires.

« Elle dira sans doute que nos forces n'étaient pas en proportion avec les travaux qui nous étaient imposés; que nous n'avons pas prêté au Roi l'appui qu'il eût trouvé dans ces hommes rares et supérieurs qui dominent les événements et commandent aux orages politiques; mais elle dira sûrement que le Roi ne pouvait avoir des serviteurs plus fidèles, ni le pays des citoyens plus dévoués; que jamais l'amour du prince et le désir du bien ne répondirent avec plus d'ardeur et de sincérité à la confiance royale.

« C'est là toute notre espérance, et nous le disons avec un de ces sentiments d'orgueil qu'il peut être permis d'avouer. »

Le discours de M. de Martignac fit une vive impression sur l'assemblée, qui restait toujours sous le charme de parole de l'éloquent ministre, même quand elle ne se laissait pas convaincre. Il plaisait à ses adversaires politiques eux-mêmes. C'est ainsi qu'un jour M. Dupont de l'Eure, cédant à son admiration sympathique pour l'éloquence de M. de Martignac, lui avait crié de sa place : « Tais-toi, Sirène. » Ce mot résumait l'impression que ressentait la chambre en entendant parler le ministre de l'intérieur.

Le ministère centre droit allait disparaître à son tour. Cette administration honnête, mais insuffisante, dont le chef malgré son talent de tribune ne pouvait parvenir à convaincre une opposition qui, de parti pris, refusait de se laisser persuader, était entraînée par une situation plus forte que ses bonnes intentions. M. de Martignac avait essayé de lutter contre le torrent démocratique et il avait montré du doigt le danger que la démocratie faisait encourir à la France, le jour où, douloureusement frappé à la vue d'un mal qu'il ne pouvait guérir, il s'était écrié : « Nous marchons à l'anarchie ! » Cet aveu d'impuissance équivalait à un adieu.

La chambre des pairs, après avoir adopté à la presque unanimité des voix le budget des dépenses de 1830, passa à l'examen de la loi des recettes; cet examen n'occupa qu'une séance. M. Mollien, nommé rapporteur de la commission, conclut à l'adoption du projet. Tous les orateurs blâmèrent d'un commun accord la marche suivie par le ministère : il devait avoir tort, puisqu'il s'était laissé vaincre. M. de Marcellus fit observer qu'il vaudrait mieux repousser en silence « les efforts toujours croissants de l'athéisme et de la sédition ligués pour renverser les autels de la vraie religion et le trône du Roi légitime, que de leur céder en se contentant de les menacer et de paraître les combattre. » L'orateur demandait, chose vraiment impossible vu l'état des esprits et la surexcitation des passions aussi antireligieuses qu'antimonarchiques, qu'on rendît « à la religion catholique cette suprématie, cette autorité, cette liberté d'enseignement, cette indépendance qui appartenait à la vérité; qu'on fermât la bouche de l'impiété et du blasphème, sans s'arrêter à ces craintes pusillanimes, à ces petites défiances qu'une philosophie hypocrite cherchait à inspirer contre un ministère de paix, contre de vrais sages, n'enseignant que des doctrines d'ordre et de salut. »

M. de Marcellus voulait exiger qu'un ministère expirant établît en France le règne idéal d'une société basée exclusivement sur le catholicisme. M. de Vogüé voyait dans les brillantes illusions présentées la veille par un ministre le rêve d'un homme de bien, d'un ami sincère de son pays, mais non une rassurante réalité. Il blâmait la loi électorale de 1828, qui consacrait l'intervention des tiers, regrettait les ordonnances de juin dont l'injustice avait excité une légitime indignation et déplorait l'abandon de la censure facultative, arme salutaire à opposer à la licence de la presse. « La société, ajouta M. de Vogüé, est mise en péril par ce débordement d'écrits de tous genres qui attaquent avec insolence ce qu'il y a de plus sacré, en face du pouvoir sans force pour réprimer les abus. »

M. de Villefranche répliqua au discours de M. de Martignac; il ne voulait pas laisser clore la session sans renouveler au ministère expirant ses reproches, et sans exprimer de nouveau au gouvernement ses alarmes prophétiques.

« Ministres du Roi, s'écria-t-il, vous aviez une majorité dans les deux chambres; vous ne vous en êtes pas servis; vous l'avez laissée se diviser, parce que vous ne lui avez imposé aucune confiance par toutes les concessions que vous avez faites aux révolutionnaires. Il y a plus : vous avez, par ces mêmes concessions, anéanti autant qu'il était en vous une des prérogatives les plus essentielles de la couronne; car vous avez rendu impossible la dissolution de la chambre élective... Dans quel espace de temps ces faits se sont-ils accomplis? Dans le court intervalle de dix-huit mois.

« Tant de droits enlevés à la couronne, tant de prérogatives abandonnées par elle, tant de concessions de sa part, tant d'agrandissements donnés à la démocratie qui murmure néanmoins et qui se plaint comme si elle n'avait rien obtenu, comme si même elle avait été dépouillée; enfin un progrès si immense et si funeste à la monarchie constitutionnelle, tout cela a été consommé en moins de deux années. N'est-ce pas assez pour motiver les tristes craintes que tout homme sensé et ami de son pays doit partager? »

M. de Villefranche déclara enfin qu'il refuserait son vote à l'amendement adopté par la chambre des députés, au sujet de la créance d'Espagne. Cet amendement contestait au Roi sa prérogative qui était souveraine quand il s'agissait de la conclusion de traités.

M. Pasquier répondit à M. de Villefranche, au lieu et place

de M. de Martignac. « Il importe, dit-il, de ne pas laisser accréditer les tristes prévisions dont le discours de M. de Villefranche est empreint, de relever l'espérance des amis du pays, et de rendre la sécurité à la société, que ces craintes, exprimées avec l'accent de la conscience, pourraient inquiéter sur son avenir. » M. Pasquier défendit les ordonnances de juin; il rappela qu'aucune congrégation ne pouvait se former en France sans l'autorisation légale. On s'élevait contre la licence de la presse; mais ceux-là mêmes qui déploraient cette licence avaient combattu naguère pour obtenir à la presse une complète liberté en enlevant à l'ancien ministère l'arme de la censure.

Contre la licence de la presse il n'existait que deux moyens de répression : la censure et le jugement des tribunaux. La censure ayant disparu, il fallait bien s'en remettre à la justice. « Les tribunaux sont indépendants, ajouta le baron Pasquier, la société peut donc s'en rapporter à eux avec toute confiance. »

M. de Villefranche avait fait une objection au sujet de l'amendement proposé par M. Laffitte à la chambre des députés et décidant que la somme de 2,349,273 fr., portée aux recettes diverses pour intérêts de la créance d'Espagne, était imputable sur la créance due par l'Espagne. Les libéraux considéraient cet amendement comme un pas immense accompli dans la ligne constitutionnelle, parce qu'il donnait aux chambres une participation à la conclusion des traités. Le ministre des finances déclara que cet amendement était sans conséquence et sans importance, « quels qu'eussent été les motifs ou les intentions qui en avaient déterminé la proposition. » Ce débat termina la discussion. Tous les articles mis aux voix furent adoptés sans réclamations, et l'ensemble de la loi réunit en sa faveur 149 suffrages sur 151 votants. Cet acte fut le dernier de la session de 1829; le lendemain 31 juillet, à la chambre des pairs, l'assemblée se sépara.

La clôture de la session de 1829 devait être le terme de l'existence du ministère Martignac. Il avait échoué devant les chambres dans la loi départementale; cette loi était la pierre d'achoppement contre laquelle il venait de se briser. Il perdait sa raison d'être, du moment où il n'avait pas réussi à s'assurer une majorité dans l'assemblée. L'essai de conciliation tenté entre les centres et la droite était resté infructueux; depuis dix-huit mois la monarchie avait continué à glisser sur la pente où elle avait voulu faire une halte. Tout en constatant que le Roi voyait arriver sans regret la chute du ministère Martignac, répétons que la chambre manqua au ministère avant le Roi. L'assemblée savait avec quelle répugnance Charles X avait consenti à la formation du ministère Martignac; nous avons dit que ce ministère avait été une concession de la prérogative royale à la prérogative parlementaire. C'eût été, ce semble, pour des partis politiques doués de quelque prévoyance, une raison de plus d'encourager le Roi à marcher dans cette voie en la lui rendant facile; le plan politique le plus sage eût consisté à le soutenir, à le fortifier, pour amener la royauté à faire un nouveau pas dans la voie où elle était entrée.

Au lieu de cela, la gauche s'unit à la droite pour multiplier les impossibilités devant les efforts de M. de Martignac, jusqu'au jour où une coalition de la gauche avec l'extrême droite étouffa le ministère en unissant contre lui leurs votes dans la loi de décentralisation.

Il était placé en dehors des conditions d'existence du gouvernement représentatif, puisqu'il n'avait pu réussir à se former une majorité dans l'assemblée. Il ne lui restait plus qu'à se retirer [1].

---

1. Il n'est pas sans intérêt de reproduire ici l'opinion d'un homme dont le

Aussitôt que la session fut close, on attendit un changement ministériel. Chacun se demandait dans quel sens pencherait la politique royale; il était facile de prévoir que le Roi voudrait essayer un mouvement contraire à celui qu'il venait de tenter sans succès. A la suite de ces deux manœuvres opposées, le navire de l'État se brisa.

On parla d'abord de la rentrée de M. de Chateaubriand au ministère; il avait quitté depuis deux mois son ambassade de Rome, et il était en France au moment du changement ministériel. Mais le bruit de son retour aux affaires n'avait rien de fondé. On se souvient qu'au commencement de l'hiver de 1829 il avait été un moment question de la formation d'un ministère présidé par le prince de Polignac. Le 27 juillet, M. de Polignac eut une entrevue avec le Roi, et dans le public on commença à redouter l'avénement du ministère d'extrême droite.

Le Roi, en s'arrêtant à ce choix, prenait une résolution fort grave, et dont les conséquences devaient être très-importantes. En voici la raison : là où le ministère de droite avait échoué, il n'y avait aucune chance pour que le ministère d'extrême droite réussît; sa base était trop étroite et dans les chambres et dans le pays, pour qu'il pût gouverner parlementaire-

---

jugement ne peut pas être suspecté de partialité favorable à la Restauration; nous voulons parler de M. Louis Blanc. Il apprécie en ces termes la politique suivie par le ministère Martignac : « Pour gagner l'opinion dominante, M. de Martignac s'épuise en concessions. Il exclut du ministère, en la personne de M. de Frayssinous, le parti congréganiste; il remplace l'évêque d'Hermopolis par l'abbé Feutrier, prêtre mondain qu'on croit libéral, et éteint, dans les élections, l'influence des agents du Roi; il affranchit la presse du joug de l'autorisation royale, et, substituant le monopole financier au monopole politique, il met aux mains des riches l'arme du journalisme; il abolit la censure; il frappe au cœur la puissance des jésuites; il fait passer de la royauté à la chambre, dont il reconnaît ainsi la suprématie, le droit d'interpréter les lois.... Mais lorsqu'après avoir fait si large la part du pouvoir parlementaire il veut que tout ne soit pas enlevé au pouvoir royal, les choses changent de face. » *Histoire de Dix-Ans*, tome I, p. 137.

ment. Ce recours à une nuance politique dont le système était hostile aux aspirations de la majorité mettait le pouvoir sur le chemin des mesures extrêmes. Les esprits raisonnables de tous les partis devaient donc redouter l'avénement de ce cabinet; mais, après de si nombreuses tentatives restées stériles, on pouvait prévoir que le Roi chercherait un point d'appui dans l'extrême droite. Louis XVIII avait essayé les centres du pouvoir jusqu'en 1822 : on sait à quel dénoûment cet essai avait abouti. De 1823 à 1828 un ministère de droite avait gouverné; il avait succombé en 1828 devant une coalition. Le Roi venait d'essayer le ministère Martignac, issu du centre par MM. Roy et Portalis, de la droite par M. de Martignac, de la contre-opposition de droite par M. Hyde de Neuville.

Il se croyait autorisé, après toutes ces tentatives, à former ce qu'il appelait son ministère de défensive royale, parce qu'il croyait sincèrement que la royauté elle-même était menacée par la révolution. Prendre ce parti, c'était recourir à un moyen à la fois inefficace et dangereux. J'ai dit pourquoi : Charles X, par la nomination de ce ministère, allait se trouver placé en dehors des voies parlementaires et sur la pente périlleuse des coups d'État.

Les premiers jours du mois d'août se passèrent en négociations avec les hommes d'extrême droite. MM. de Polignac et de Montbel étaient le 2 août portés au bulletin comme ayant fait leur cour au Roi. Le 6 août, M. de Montbel reçut une lettre de M. de la Bourdonnaye lui annonçant qu'il allait faire partie d'un nouveau cabinet. La formation d'un ministère royaliste offrait de grandes difficultés par suite des divisions et des prétentions des divers candidats. MM. de Polignac et de la Bourdonnaye se disputaient la présidence du conseil, le premier avec le ministère des affaires étrangères, le second avec l'intérieur. « On projette de mettre Montbel aux finances qu'il ferait avec le secours de Renneville, écrivait M. de Villèle à sa femme, à la date du 6 août 1829. Je lui ai conseillé de ne pas s'y hasarder. Chabrol et Frayssinous, qui sont jusqu'au col dans ces intrigues ministérielles, reprendraient leurs anciens portefeuilles. Les libéraux font les morts et encouragent ces folies, ils espèrent qu'elles tourneront à leur avantage. »

Le 9 août, toutes les hésitations avaient cédé; trois ordonnances, paraissant simultanément au *Moniteur* annonçaient la formation d'un nouveau ministère. La première de ces ordonnances nommait le prince de Polignac ministre des affaires étrangères, en remplacement de M. Portalis, dont la démission était acceptée. La seconde, contre-signée par le prince de Polignac, nommait au ministère de la justice M. Courvoisier, procureur général près la cour royale de Lyon; plaçait M. le général de Bourmont au ministère de la guerre, M. l'amiral de Rigny à la marine, M. de la Bourdonnaye à l'intérieur, M. de Montbel au ministère des affaires ecclésiastiques et de l'instruction publique; la présentation aux emplois ecclésiastiques était réservée à Mgr Frayssinous, aumônier du Roi. Le ministère du commerce et des manufactures était supprimé. La troisième ordonnance annonçait la nomination de M. de Chabrol comme ministre des finances.

Les ministres démissionnaires reçurent en partant des témoignages de la munificence royale. MM. Portalis, de Caux, et Hyde de Neuville, furent nommés ministres d'État. En outre, le Roi donna à M. de Caux la grand'croix de Saint-Louis; à M. de Martignac, la grand'croix de la Légion d'honneur. MM. de Caux, de Martignac, Hyde de Neuville, de Vatimesnil et de Saint-Cricq, reçurent chacun une pension de 12,000 fr.; M. Roy fut décoré du cordon bleu. M. Portalis arriva à la première présidence de la cour de cassation. Le dernier ministère de la Restauration était né.

« Voilà qu'il nous vient aujourd'hui un bon ministère, écrivait le

10 août M. de Villèle, du moins pour nous, puisqu'il est dans une bonne couleur; car, pour les nouveaux ministres, je ne sais comment ils vivront ensemble. »

XIV

SITUATION EXTÉRIEURE DE LA FRANCE EN 1829. — L'AUTRICHE, L'ANGLETERRE ET LA RUSSIE RECHERCHENT L'ALLIANCE FRANÇAISE. — LA POLITIQUE DE LA RESTAURATION DEVAIT CHOISIR L'ALLIANCE DE LA RUSSIE. — LA FRANCE DEVENUE L'ARBITRE DE L'EUROPE DANS LA QUESTION D'ORIENT. — UN MÉMOIRE LU ET APPROUVÉ AU CONSEIL DU ROI INDIQUE QU'A LA FIN DE LA RESTAURATION L'EUROPE ÉTAIT DISPOSÉE A REMANIER LES TRAITÉS DE 1815 EN FAVEUR DE LA FRANCE. — QUESTION D'ALGER. — MISSION DE M. DE LA BRETONNIÈRE. — NOUVELLES COMPLICATIONS.

Avant de suivre la longue agonie de la monarchie sous le ministère Polignac, arrêtons-nous un instant, et, détournant nos regards attristés à la vue du naufrage qui se prépare, cherchons une consolation à la convulsion intérieure dont nous allons avoir à suivre les progrès rapides, en rappelant quelle était, au moment où le ministère du 8 août arriva aux affaires, la position de la France devant l'Europe.

La situation extérieure de la France avait toujours été en s'améliorant depuis 1815. En 1829, elle avait à choisir entre les deux systèmes d'alliances qui s'offraient à elle. D'un côté, l'Autriche ne négligeait aucun des mobiles qu'elle croyait de nature à agir sur le cabinet des Tuileries. Elle faisait officieusement et indirectement insinuer par les partisans de l'alliance autrichienne qu'elle tenait l'héritier de Napoléon dans ses mains, et qu'il ne serait pas politique de la mécontenter d'une manière trop sérieuse.

En même temps, elle cherchait à changer l'ordre de succession dans le Piémont, pour enlever cet État à l'alliance française. Le ministre des affaires étrangères, pour mettre un terme à ces insinuations et à ces menées, dit au comte de Lebzeltern, qui, lors de son passage à Paris, lui demandait s'il avait quelque chose de nouveau à faire dire au prince de Metternich : « Dites-lui que le gouvernement français ne fait aucun cas de l'importance qu'on paraît vouloir donner depuis quelque temps à un jeune prince ; que si la maison de Bourbon avait pu redouter le fils de Napoléon, elle n'a rien à craindre du duc de Reichstadt.

« Vous lui direz aussi, ajouta-t-il, que nous n'accordons aucune créance au bruit qui se répand que l'Autriche cherche à disposer le Roi de Sardaigne à faire quelque acte secret tendant à écarter le prince de Carignan de sa succession ; car, dans ce cas, une armée française paraîtrait sur les Alpes, et ce n'est pas à l'Autriche à le désirer. »

L'influence anglaise cherchait aussi à agir sur l'esprit du Roi de France, et elle s'adressait surtout à l'intérêt dynastique. Le duc de Wellington, qui s'était chargé de cette négociation, signalait les nouvelles commotions que l'effervescence des partis à l'intérieur annonçait, et représentait que l'alliance de la Russie, vers laquelle la Restauration inclinait, était trop lointaine pour lui promettre aucun secours. L'Autriche et l'Angleterre n'étaient-elles pas aux portes, et ne serait-il pas prudent de se donner des droits à leur amitié ? En outre, la France se trouvait-elle dans un état assez tranquille pour qu'on pût sans danger éloigner l'armée du territoire ? Les sacrifices qu'entraînerait une guerre ne donneraient-ils pas, par-dessus tout cela, de nouveaux griefs aux ennemis de la dynastie, qui ne manqueraient pas de les faire valoir. En se rangeant du côté de l'Autriche et de l'Angleterre, on évitait tous ces événements en évitant la guerre ; car le seul poids de l'alliance faisait fléchir la Russie. En outre, dans le cas où une commotion intérieure interviendrait, on pourrait être aussitôt secouru.

Ces observations ne manquaient pas de justesse. A n'envisager que la question de la sécurité dynastique, il est possible que l'alliance austro-britannique offrît plus d'avantages à la Restauration que l'alliance russe; mais la Restauration envisageait cette affaire d'un point de vue plus élevé et plus national.

D'une part, l'alliance des cabinets de Vienne et de Londres n'offrait aucun avantage à la France. Cette alliance la plaçait en troisième ligne derrière deux puissances, ses rivales d'intérêt et de position, appelées à devenir les bénéficiaires de cette confédération dont le but était d'affaiblir la Russie, et dont le résultat le plus probable devait être de maintenir, en Europe, le *statu quo* des traités de 1815, si défavorables à la France. Parmi tous les cabinets de l'Europe, en effet, c'était l'Angleterre et l'Autriche qui étaient le plus attachées au maintien de ces traités, en raison des avantages qu'elles en avaient tirés, avantages si grands, que tout changement européen semblait faire décroître leur fortune, comme en raison de leur politique naturelle qui les portait à redouter tous les agrandissements de notre pays.

Rien de pareil si l'on envisageait l'alliance russe. Par sa situation géographique, cette puissance n'a point, comme l'Autriche, à s'inquiéter de l'agrandissement de notre territoire, et elle n'a point, comme l'Angleterre, à appréhender le développement de notre marine. En outre, tandis que les autres États de l'Europe arrivés, par les traités de 1815, à l'apogée de leur fortune, craignaient tout mouvement comme un premier pas vers leur décadence, la Russie seule pouvait désirer le mouvement, parce qu'elle sentait que ce mouvement était dans le sens de ses intérêts ; elle voulait marcher, parce qu'elle comprenait qu'elle avait une carrière devant elle.

Cette puissance, tard venue, qui a sur les autres puissances l'avantage d'être nouvelle dans le monde et d'avoir trop peu de passé pour ne pas avoir d'avenir, se trouvait donc naturellement portée vers notre alliance. Elle n'était point attachée aux traités de 1815, parce qu'elle ne les regardait pas comme le dernier mot de sa fortune et parce qu'elle n'avait aucun intérêt à ce que la France, seule capable de contre-balancer le poids des résistances des cabinets de Londres et de Vienne, fût amoindrie et humiliée.

La France et la Russie aspiraient donc, par les tendances naturelles de leurs intérêts, à s'unir. L'une et l'autre avaient besoin de mouvement : celle-ci, pour recouvrer; celle-là, pour acquérir : la France, contre le *statu quo* européen; la Russie, contre le *statu quo* oriental. La Russie avait besoin de la France en Orient contre l'Autriche et l'Angleterre ; la France avait besoin de la Russie en Europe contre les deux mêmes puissances. La France ne craignait point les agrandissements de la Russie en Orient. Or, la direction des idées russes aspirait à porter le développement de la grandeur de l'empire de ce côté, et l'on savait que le nouvel empereur, en acceptant cette direction et en portant ses vues sur la frontière turco-moscovite, avait reconquis la popularité, perdue par son frère en suivant une autre politique. La Russie, de son côté, loin de craindre le développement de la puissance française en Europe, devait désirer que nos forces continentales fussent assez grandes pour tenir en échec l'Autriche et que notre marine grandît, afin que le pavillon français et le pavillon russe réunis assurassent, contre le pavillon anglais, la liberté des mers.

L'utilité et la convenance de l'alliance franco-russe, motivées par tant de raisons tirées de la politique naturelle des deux pays, n'avaient pu échapper au cabinet de Saint-Pétersbourg. Il agit de bonne heure auprès du cabinet des Tuileries pour disputer l'appui de la France à l'Autriche et à l'Angleterre. Cette diplomatie, pour laquelle rien ne se perd, ne faisait que reprendre une pensée de Pierre le Grand, qui, lors de son voyage à Paris, avait voulu rapprocher, par un traité, les cabinets de Versailles et de Saint-Pétersbourg, pensée féconde, mais avortée par l'incurie du régent d'Orléans, plus soigneux des intérêts de sa famille que de ceux de l'État, et plus occupé de trouver des mariages pour ses enfants que de fonder le système de nos alliances sur ses véritables bases. L'empereur de Russie, allant au fond des choses, fit assurer le roi Charles X que, pour prix de sa coopération, en cas que la guerre éclatât, il l'aiderait à recouvrer, en Europe, notre frontière du Rhin, et il alla même jusqu'à préparer le cabinet de Berlin, dédommagé par d'autres acquisitions territoriales, à voir sans surprise les justes prétentions que pourrait formuler la France.

La question se trouvait ainsi nettement posée entre l'Autriche et l'Angleterre, qui faisaient valoir, auprès des Tuileries, des considérations tirées de l'ordre des intérêts nationaux. La Restauration n'hésita pas ; l'alliance russe étant l'alliance nationale, elle fut préférée. On demanda à M. de Chateaubriand, alors ambassadeur à Rome, un mémoire sur les affaires d'Orient. Voici quelles furent ses conclusions, sanctionnées par une approbation unanime du conseil royal : « L'alliance de la France, avec l'Angleterre et l'Autriche contre la Russie est une alliance de dupe, où nous ne trouverons que la perte de notre sang et de nos trésors. L'alliance de la Russie, au contraire, nous mettrait à même d'obtenir des établissements dans l'Archipel et de reculer nos frontières jusqu'au Rhin. Nous pouvons tenir ce langage à Nicolas : nos ennemis nous sollicitent, nous préférons la paix à la guerre; nous désirons garder la neutralité; mais enfin si vous ne pouvez vider vos différends avec la Porte que par les armes, si vous voulez aller à Constantinople, entrez avec les puissances chrétiennes dans un partage équitable de la Turquie européenne.

Celles de ces puissances qui ne sont pas placées de manière à s'agrandir du côté de l'Orient recevront ailleurs des dédommagements. Nous voulons avoir la ligne du Rhin depuis Strasbourg jusqu'à Cologne; telles sont nos justes prétentions. La Russie a un intérêt, votre frère Alexandre l'a dit, à ce que la France soit forte. Si vous consentez à cet arrangement et que les autres puissances s'y refusent, nous ne souffrirons pas qu'elles interviennent dans votre démêlé avec la Turquie; si elles vous attaquent, malgré nos remontrances, nous les combattrons avec vous, toujours aux mêmes conditions que nous venons d'exprimer. Jamais l'Autriche, jamais l'Angleterre ne nous donneront la limite du Rhin pour prix de notre alliance avec elles; or, c'est pourtant là que tôt ou tard la France doit placer sa frontière, tant pour son honneur que pour sa sécurité. »

Telles furent les raisons qui prévalurent sur l'esprit de la Restauration. Placée entre un intérêt de sécurité dynastique et un intérêt national, ce fut pour l'intérêt national qu'elle opta. Elle crut que la maison de Bourbon ne pouvait et ne devait travailler à assurer son avenir qu'en travaillant à assurer la grandeur de la France. Le roi Charles X dit hautement :

« Si l'empereur Nicolas attaque l'Autriche, je me tiendrai en mesure et je me réglerai selon les circonstances. Mais si l'Autriche l'attaque, je ferai marcher immédiatement contre elle. Peut-être qu'une guerre contre la cour de Vienne me sera utile, parce qu'elle fera cesser les dissensions intérieures et occupera la nation en grand, comme elle le désire. »

Dès lors la question fut résolue; la Russie put accomplir une seconde campagne aussi nécessaire à ses intérêts positifs en Orient qu'à ses intérêts d'influence en Europe. Il avait suffi à la Restauration de mettre la main sur la garde de son épée pour arrêter l'Autriche et l'Angleterre.

Le cabinet de M. de Martignac fut renversé avant qu'on connût le résultat définitif de cette seconde campagne, que le concert de la France et de la Russie avait rendue possible. Le triomphe des armes russes n'était plus douteux, il n'y avait d'incertitude que sur son étendue. La puissance ottomane serait-elle seulement affaiblie et réduite, ou cesserait-elle d'exister? Telle fut la question en présence de laquelle allaient se trouver les nouveaux conseillers de la Restauration.

Cette question était excessivement grave, à cause de la seconde des deux éventualités, car la chute de l'empire ottoman donnait naissance à la possibilité d'un partage sur lequel la France devait avoir une opinion arrêtée. Les succès des armées russes, qui semblaient avoir fermé pour le moment le problème européen dans lequel la France devait retrouver ses frontières, pouvaient au contraire renaître de nouveau, et les ouvertures officieuses faites par la Russie au moment où elle allait commencer la seconde campagne autorisaient le cabinet des Tuileries à compter sur l'accueil empressé que ses propositions trouveraient à Saint-Pétersbourg. C'est ce que la Restauration comprit, comme on peut s'en convaincre en lisant un mémoire soumis au conseil du Roi, en septembre 1829, et qui obtint sa complète approbation. Nous citerons les principaux passages de ce mémoire, qui établit d'une manière officielle la situation politique de la Restauration, dans la seconde moitié de l'année 1829 et sous le dernier cabinet de la monarchie légitime. Ce qui était alors de la diplomatie est actuellement de l'histoire ; on verra, en lisant cet important document, que la politique nationale du ministère précédent se continuait sous le nouveau cabinet, malgré les différences profondes qui séparaient leur système à l'intérieur, tant il est vrai que cette politique toute française découlait naturellement du principe monarchique. Ce mémoire présenté au conseil du Roi constate, par l'exposé de faits authentiques, quels avaient été les résultats de la politique suivie depuis quinze années par la Restauration. Les grandes puissances de l'Europe se disputaient l'alliance de la France comme un profit, comme un honneur ; il était sérieusement question de lui accorder les frontières du Rhin, ce rêve idéal que la politique du cabinet des Tuileries poursuit depuis plus d'un demi-siècle, et dont elle a été réveillée par la catastrophe de 1870.

Citer un pareil document en histoire, c'est invoquer l'autorité irréfragable des chiffres. Nous ne le commenterons pas, car les faits parlent ici eux-mêmes.

Nous ferons seulement remarquer ici que la Restauration, continuant les traditions de la politique de la France, soutenait en Europe les États secondaires, qu'elle regardait comme « d'utiles intermédiaires à placer entre les grandes puissances dont ils empêchent le contact et le frottement, » et qu'elle proclamait le danger qui résulterait pour la France de la réunion de l'Allemagne en un ou deux grands États.

« Si jamais cette circonstance se réalisait, lit-on dans le Mémoire lu et approuvé au conseil du Roi, cette contrée, qui est aujourd'hui partagée entre des provinces qui ont besoin de notre protection, ne nous offrirait plus alors que des forces rivales jalouses et bientôt ennemies. Notre puissance relative serait sensiblement affectée. Les puissances prussiennes voisines de la Champagne touchent au point le plus vulnérable de nos frontières ; nous avons donc intérêt à les enlever à une puissance aussi formidable que la Prusse. »

Le bon sens politique, élevé à sa plus haute puissance, a quelque chose de divinatoire.

MÉMOIRE LU ET APPROUVÉ AU CONSEIL DU ROI
Septembre 1829.

« Les armées russes avancent sur Constantinople et sont étonnées elles-mêmes de leurs triomphes ; elles traversent sans obstacle une population qui n'a eu le temps de faire aucun préparatif de défense. L'Europe regarde les Russes avec inquiétude, mais ne peut arrêter leur marche. Cependant, chaque jour on pourrait apprendre que Constantinople est pris ou qu'une de ces révolutions, si fréquentes en Asie, a précipité Mahmoud : cela amènerait la dissolution de l'empire ottoman en Europe.

« Toutes les puissances étant surprises se trouveraient également embarrassées de la conduite qu'elles auraient à tenir. La France, si elle peut avoir la première des idées arrêtées sur le parti qu'elle pourrait tirer des circonstances qui se développeraient, aurait un grand avantage pour faire prévaloir les combinaisons que son intérêt lui conseille d'adopter. Si elle reste sans plan et sans volonté, et laisse les autres puissances se concerter et s'entendre, elle s'expose à être elle-même sacrifiée à des arrangements qui se feront sans elle, et, témoin impassible d'un partage que l'accord de l'Angleterre, de l'Autriche et de la Russie, lui enlèverait les moyens d'empêcher.

« Une fois l'empire turc renversé, sa reconstruction devient impossible. Aucune puissance ne pourrait consentir à voir la Russie s'établir à Constantinople. Reste l'établissement d'un royaume chrétien ; on en détacherait ce qui est nécessaire pour la Russie, afin de l'indemniser des frais de guerre, et, pour conserver l'équilibre, les autres États devraient recevoir un accroissement.

« Pour arriver à ce résultat, deux moyens d'exécution se présentent :

« 1° Un congrès ;

« 2° Une entente séparée et secrète avec la Russie.

« L'intimité de relation et l'habitude d'agir de concert établie entre l'Angleterre et l'Autriche, et la profonde conviction que ces deux puissances ont de la solidarité de leurs intérêts, leur donneraient dans un congrès une supériorité décisive sur la France et sur la Russie. Les difficultés imprévues et les questions nouvelles, l'impossibilité de s'entendre à l'amiable dans ces partages nécessairement inégaux, la perte de temps, l'inconvénient de tenir toute l'Europe dans l'attente et dans l'inquiétude, de laisser aux Anglais et aux Autrichiens le temps de préparer les moyens d'attaquer l'armée russe sur les succès de laquelle repose tout ce plan, toutes ces raisons font rejeter l'idée d'un congrès.

« Une entente secrète offre plus de chances ; on prendrait les devants sur les puissances opposantes. Une fois d'accord, il serait facile ensuite d'entraîner la Prusse et la Bavière par les avantages qu'on leur offrirait.

« Maître alors de l'Allemagne par ces deux puissances, on ferait connaître le plan à l'Autriche d'abord, puis à l'Angleterre. L'Autriche, pressée entre la Russie, la Prusse, l'Allemagne et la France, se trouverait heureuse de sortir d'une telle situation, en recevant le lot qui lui serait réservé.

« L'Angleterre, alors abandonnée de tout le continent, ne pourrait que bien difficilement entreprendre, seule et sans alliés, une guerre pour empêcher la réalisation d'un plan qui aurait été accepté par toutes les autres puissances ; elle suivrait l'exemple de l'Autriche.

« La Valachie et la Moldavie sont sans défense contre la Russie qui, de vieille date, en convoite la possession ; elle y a déjà un droit d'intervention qui la rend presque maîtresse absolue. Comment en exiger l'abandon ?

« La part faite à la Russie dans les provinces asiatiques (l'Anatolie) est tout à fait avantageuse. Elle peut lui frayer un jour le chemin des Indes, et ainsi l'on fortifie dans cette partie du monde une rivale de l'Angleterre. Il est, de plus, utile de rapprocher la Russie de la Méditerranée où nous avons un grand besoin d'appui contre l'Angleterre. On pourra consentir donc à ce que la Russie s'étende davantage en Asie.

« Faire remarquer aux Russes que le grand agrandissement de la France concourt, avec le reste, à augmenter sa *puissance fédérative*. C'est cette combinaison, fondée sur l'accord et la solidarité des intérêts des deux cours, qui permet de présenter avec chances suffisantes de succès ce plan de réorganisation. (Cette puissance fédérative se composerait de la cession de la Hollande à la Prusse, de l'établissement d'un État chrétien à Constantinople, de la réunion de la Belgique à la France.)

« L'Autriche a toujours eu des intelligences en Servie et en Bosnie. Sans lui procurer une plus grande étendue de côtes, ses acquisitions (la Bosnie propre, la Croatie, la Dalmatie turque, l'Herzegowine, la Servie) la renforcent cependant sur l'Adriatique en donnant à ses provinces maritimes plus de profondeur.

« C'est un avantage pour la France de fortifier les intérêts maritimes de l'Autriche et de développer ainsi, chez elle, celui des éléments de sa puissance qui pourra lui faire sentir un jour à elle-même tout ce qu'il y a de pesant pour l'Europe dans la prépondérance de l'Angleterre.

« La Bosnie et la Servie, mieux défendues par la nature et par l'art que la Moldavie et la Valachie, serviront de contre-poids à l'extension que la Russie recevrait sur le Danube.

« En autorisant la Prusse à échanger contre la Saxe royale les provinces qu'elle possède entre Rhin et Meuse, on remplit un des vœux de prédilection du cabinet de Berlin ; on renforce le centre de sa puissance, on fortifie l'Allemagne du côté que le congrès de Vienne a laissé sans défense, et on affermit la ligne de séparation qui existe entre la France et la Russie.

« En y joignant la Hollande jusqu'au Rhin et à la Meuse, on fait de la Prusse une puissance maritime, et on se prépare ainsi un nouvel auxiliaire pour combattre la domination anglaise sur les mers.

« La Prusse est le nœud de ce plan, il faut la contenter ; elle a trois cent mille soldats qui peuvent entrer en campagne dans un mois ; si elle se joignait à l'Autriche, la force relative des puissances changerait entièrement.

« La Bavière désire avec passion l'acquisition d'un territoire qui rétablisse la contiguïté interrompue entre les provinces du Rhin et le corps de la monarchie. La France ne peut que gagner à agrandir, dans le Palatinat et sur le Mein, une puissance intermédiaire entre l'Autriche et la Prusse, et il est d'une bonne politique de l'augmenter aussi quand ces deux États s'accroissent.

« Elle a d'autres prétentions bien connues ; il ne convient pas à la France de traiter cette question comme *droit*, mais comme fait. On pourrait la soulever dans un arrangement qui donnerait à la cour de Munich beaucoup plus qu'elle ne prétend.

« Les provinces prussiennes situées entre le Rhin et la Meuse sont peuplées d'un million six cent mille âmes, et si le montant exact de leur population n'atteignait pas ce nombre, on en pourrait prendre le complément sur les provinces situées sur la rive opposée du Rhin ; et le nouveau Roi qu'on y établirait ne pourrait prétendre qu'à un million quatre cent mille âmes.

« On aurait donc à disposer encore de deux cent mille âmes ; de ce nombre, vingt mille environ rentreraient avec Sarrebruck et Sarrelouis dans les anciennes frontières de France ; le reste serait donné à la cour de Munich moyennant qu'elle restituerait Landau et son territoire cédé en 1815.

« Il lui resterait encore une augmentation de population de plus de cent mille âmes, ce qui lui permettrait, au moyen d'échange avec Darmstadt et Bade, d'arriver à la contiguïté de territoire qu'elle désire.

« Si le plan de partage amenait une guerre avec l'Autriche, la Bavière devant alors faire de grands sacrifices et s'exposer à de grands dangers, on l'indemniserait, en lui rendant Salzbourg, la barrière naturelle que la cour de Vienne l'a contrainte de lui céder en 1816. Elle peut fournir soixante mille hommes. L'accession de la Bavière amène forcément celle du Wurtemberg et de Bade. Entre elle au midi et la Prusse au nord, il est impossible à l'Allemagne de former aucune opposition.

« Plusieurs motifs engagent à ne pas disposer de la Saxe sans donner à son souverain un autre royaume à gouverner. C'est d'abord un triste et funeste spectacle à donner aux peuples que l'exil d'une dynastie dépossédée par la prépotence des grandes puissances et par l'abus de la force. Il est ensuite toujours entré dans la politique des rois de France de conserver en Europe l'existence des États secondaires : ce sont d'utiles intermédiaires à placer entre les grandes puissances dont ils empêchent le contact et le frottement.

« Il importe aussi beaucoup à la France de prévenir la réunion de l'Allemagne en un ou deux grands États. Si jamais cette circonstance se réalisait, cette contrée, qui est aujourd'hui partagée entre des provinces qui ont besoin de notre protection, ne nous offrirait plus alors que des forces rivales, jalouses et bientôt ennemies.

« Notre puissance relative serait sensiblement affectée.

« Enfin, les provinces prussiennes, voisines de la Champagne, touchent au point le plus vulnérable de nos frontières ; nous avons donc intérêt à les enlever à une puissance aussi formidable que la Prusse, pour les mettre entre les mains d'un prince qui ne pourra jamais nous donner aucune inquiétude.

« On propose donc d'établir, à Aix-la-Chapelle, la famille régnante à Dresde ; on lui donnerait pour royaume les provinces prussiennes situées entre la Meuse et le Rhin, ce qui, en retranchant au midi deux cent mille âmes nécessaires pour les arrangements relatifs à la Bavière et au rétablissement de l'ancienne frontière de la France, lui laisserait une population égale à celle de la Saxe, et un territoire un peu plus étendu.

« La maison de Saxe ne perdrait ainsi rien de sa puissance et elle acquerrait l'avantage de régner sur des sujets de la religion qu'elle professe, ce qui établirait entre le trône et les sujets un lien qui manque aujourd'hui également au royaume gouverné par la dynastie saxonne et aux provinces rhénanes soumises au Roi de Prusse.

« La France entrerait enfin en possession des provinces belges jusqu'au Rhin et à la Meuse, avec les forteresses qui défendent cette rivière, et elle recouvrerait, en Lorraine et en Alsace, sa frontière de 1789.

« Il n'est pas besoin de relever l'importance de cette acquisition.

« On n'a pas cru pouvoir se dispenser également de faire ressortir les avantages que nous trouverions nous-mêmes dans la part que le plan proposé adjuge à chacune des puissances, et l'on doit remarquer ici, en général, que cette organisation nouvelle de l'Europe serait dominée par l'idée de l'intérêt de la France comme celle qui a été faite au congrès de Vienne l'a été par le désir de nous abaisser et de fortifier les autres puissances contre la France. Que si l'on trouve que ces acquisitions sont comparativement trop considérables, nous répondrons que nous ne faisons que satisfaire d'une manière plus équitable et plus complète au principe d'équilibre politique que le congrès de Vienne a proclamé, mais qu'il n'a réalisé qu'en ce qu'il avait d'avantageux aux autres États, et de défavorable à la France. En effet, que l'on compare la situation de l'Europe en 1792 à ce qu'elle est actuellement, et l'on reconnaîtra que, tandis que la France a perdu ses colonies et vu resserrer ses frontières, la Russie, l'Angleterre, l'Autriche, la Prusse, et jusqu'à la Hollande, au Piémont et à la Bavière, ont étendu leurs limites, accru et concentré leurs forces, augmenté le nombre de leurs possessions [1]. »

Voilà quel était, quant aux puissances continentales, le plan de la Restauration pour ce vaste remaniement européen. On a vu la part qui était destinée à l'Angleterre dans ce remaniement continental. Qu'il suffise de dire qu'aucun droit n'avait été oublié. La maison royale de Hollande, attachée par tant de liens à la maison impériale de Russie, allait régner à Constantinople. Le roi de Saxe, on l'a vu, recevait les provinces rhénanes qui n'étaient pas, il est vrai, annexées à notre territoire, mais qui cessaient d'être attachées au territoire prussien. La Restauration avait cherché dans tous les détails de ce vaste plan à concilier les principes et les droits de chaque peuple avec les intérêts de la France, pour laquelle elle réclamait une grande, mais légitime satisfaction.

Le document que nous venons de reproduire fait apprécier mieux que tous les raisonnements l'espace parcouru de 1815 à 1829; de même que la lecture de ce mémoire révèle mieux que tous les récits la manière dont les affaires de la France étaient faites sous l'empire du principe monarchique.

Ainsi, quatorze années après le jour où s'était accompli le

---

[1]. A la suite de cet exposé venait une note à consulter approuvée aussi par le conseil du Roi et dans laquelle on développait les raisons qui devaient faire préférer par la France la Belgique aux provinces Rhénanes. On la trouvera à la fin de l'ouvrage.

partage de l'Europe sans la France et contre la France, la Restauration se trouvait avoir mis nos affaires dans un tel état, qu'elle n'attendait plus que l'à-propos d'un événement pour prendre l'initiative d'un remaniement en Europe, dans lequel la France et la Russie auraient tenu le compas, et où l'intérêt français aurait exercé toutes ses reprises. L'année 1829 trouvait la Restauration accoudée devant la carte du monde et y traçant de nouvelles et puissantes frontières à notre pays, avec d'autant plus de chance de les faire accepter qu'elles étaient fortes sans être agressives, et qu'elles présentaient l'intérêt français comme le défenseur de la liberté des mers contre la suprématie oppressive de l'Angleterre et non comme aspirant à une suprématie continentale.

La Russie s'étant arrêtée à Andrinople et ayant signé le traité daté de cette ville, l'éventualité à laquelle on s'était préparé ne se présenta pas; mais tout annonçait que le traité d'Andrinople ne serait qu'une trêve, et la France avait pris sur l'échiquier européen une place qui indiquait assez l'influence qu'elle exercerait sur les complications qui devaient nécessairement résulter de la question d'Orient dont la première phase seulement s'achevait. Chaque question qui s'était ouverte dans le monde avait été pour la Restauration une occasion de faire faire un pas de plus à la fortune de la France vers le rétablissement de notre grandeur et de notre puissance nationale; cette fois elle touchait au but.

L'épée de la France monarchique avait toujours été au service de la civilisation chrétienne; c'était toujours vers la France que les opprimés de tous les peuples tournaient leurs regards, sûrs que leur appel serait entendu. Le dernier acte de la monarchie devait être un combat victorieux engagé au nom de la civilisation et de la chrétienté; les plis du dernier drapeau de la vieille royauté française abritèrent la prise d'Alger, cette dernière conquête de la France.

La question d'Alger restait à résoudre à la fin du ministère Martignac; mais dès ce moment on pouvait prévoir que dans cette circonstance, comme dans toutes les autres, la Restauration saurait prendre le parti qui satisferait le mieux l'honneur et l'intérêt de la France. La persistance de la marine française n'avait pas vaincu la résistance du dey. Le Roi voulut essayer une dernière fois de délier le nœud de la difficulté par les voies de la diplomatie, avant de le trancher avec l'épée.

Au mois de juin 1829, M. de la Bretonnière reçut de M. Hyde de Neuville, ministre de la marine, des instructions qui le chargeaient de faire de nouvelles tentatives pour amener le dey à demander la paix. M. le capitaine Andréa de Nerciat avait la mission de se rendre en parlementaire à Alger, afin de se concerter avec M. d'Attili, consul sarde, sur les moyens d'obtenir du dey la remise des prisonniers français qui étaient encore en sa puissance. Le but réel mais secret de la mission de M. de Nerciat à Alger était d'amener les choses au point que la présence de M. de la Bretonnière parût indispensable pour le succès de la mission apparente. L'envoyé de la France devait annoncer au bey que le Roi était disposé à croire qu'il avait pu s'élever quelque méprise sur le fait grave qui avait occasionné la guerre entre la France et la régence. La conférence entre le dey et M. de la Bretonnière devait rouler sur les trois points suivants : 1° La mise en liberté des prisonniers français si elle n'avait déjà été accordée; 2° l'envoi à Paris d'un officier de marque, chargé d'exprimer au Roi que, dans ce qui s'était passé le 30 avril 1827 entre lui et le consul général de France, le dey n'avait eu aucunement l'intention de l'insulter, encore moins de manquer de respect à Sa Majesté ; 3° la conclusion d'un armistice[1]. Dans ces propositions qui allaient jusqu'à l'extrême

---

1. Documents communiqués par M. Hyde de Neuville.

limite de la modération, le gouvernement royal, accusé par l'opposition des chambres et celle de la presse d'élever des prétentions inadmissibles, diminuait beaucoup ses premières exigences, ne demandait plus ni le salut pour son pavillon arboré sur les forts d'Alger, ni la réparation personnelle envers le consul français mort déjà depuis quelque temps, ni l'envoi de tous les grands personnages de la régence sur un vaisseau en vue d'Alger, mais l'envoi d'un simple ambassadeur chargé de porter au roi plutôt des explications que des excuses. Ce n'était plus une réparation faite sur les lieux et de nature à frapper l'esprit des populations, c'était une réparation faite à distance.

Le 31 juillet 1829 la première conférence eut lieu. Elle fut employée aux compliments d'usage, à des explications préalables, à la vérification des pleins pouvoirs et à la position des conditions proposées par la France, conditions modérées, on l'a vu, présentées avec une grande modération de langage. Après une discussion animée, le dey ajourna au surlendemain, 2 août 1829, sa réponse à l'ultimatum.

Après de longs débats, l'audience du 2 août se termina par le rejet absolu que fit le dey des propositions du gouvernement français.

« Après avoir fait les plus grands efforts, dit M. Bianchi, secrétaire-interprète du Roi, pour remplir par la délivrance des prisonniers les vues personnelles de Sa Majesté, et avoir inutilement employé tous les moyens de persuasion pour amener Hussein-Pacha à consentir aux justes réclamations de la France, le commandant des forces navales du Roi, dont le langage avait été celui d'un négociateur conciliant et courageux, lui fit observer la terrible responsabilité qu'il assumait sur sa tête en se rendant, aux yeux de Dieu et des hommes, la cause des malheurs de son pays, et il n'hésita pas à lui déclarer que désormais le roi de France, après avoir épuisé tous les moyens de conciliation, emploierait les forces que le Tout-Puissant avait mises entre ses mains pour défendre ses droits et la dignité de sa couronne.

« — J'ai de la poudre et des canons, répliqua Hussein-Pacha, et puis qu'il n'y a pas moyen de s'entendre, vous êtes libre de vous retirer. Vous êtes venu sous la foi du sauf-conduit (*amanilè*); je vous permets de sortir sous la même garantie. »

M. de la Bretonnière, pressé par le consul général de Sardaigne et par l'interprète du dey, de différer son départ jusqu'au lendemain midi, consentit à retarder son embarquement; mais il dit, en partant, au drogman de la régence :

« Rappelez à votre maître, Monsieur, que passé cette heure, s'il ne se rend pas aux justes réclamations du Roi, toute négociation est rompue, et je ne serai plus pour lui que le commandant des forces navales de Sa Majesté, chargé de continuer les opérations de la guerre, jusqu'à pleine et entière satisfaction. »

Ici nous laissons la parole au témoin oculaire[1] qui a raconté la nouvelle insulte à laquelle la France fut en butte de la part des Algériens.

« Le lendemain, 3 août 1829, dit-il, vers midi, le commandant ordonna au brick *l'Alerte*, mouillé à peu de distance de nous, et qui avait suivi le vaisseau dans cette mission, d'appareiller et de sortir de la baie couvert du pavillon parlementaire.

« Forcé par le vent de passer sous les batteries de la ville et à portée du canon, M. le capitaine de Nerciat exécuta cette manœuvre et prit le large.

« A une heure, le vaisseau, après avoir également appareillé, suivait la même route ayant les basses voiles, les huniers et les perroquets portant le pavillon parlementaire au mât de misaine, le pavillon du Roi arboré à la corne et le guidon du commandement au grand mât. Plein de confiance sur la foi du sauf-conduit, nous naviguions pour sortir de la baie, lorsqu'un coup de canon à poudre, parti de la batterie du Fanal, fixa notre attention.

« Peu de temps après, on entendit un deuxième et un troisième coup, et l'on vit beaucoup de monde courir aux batteries. C'était probablement l'ordre de faire tirer, car aussitôt une canonnade à boulets, par-

---

1. M. Bianchi.

tie des batteries de la ville et du Môle, et dirigée sur le vaisseau, ne laissa plus de doute sur l'attentat qui allait être commis. En effet, dès ce moment, de deux heures et demie jusqu'à trois, c'est-à-dire pendant une demi-heure, jusqu'au moment où le vent nous permit de nous éloigner de la côte, le vaisseau du Roi, *la Provence*, a essuyé le feu d'environ quatre-vingts coups de canon et celui de plusieurs bombes qui tombèrent à peu de distance de l'arrière du vaisseau.

« Un heureux hasard voulut que onze boulets seulement atteignissent le corps du bâtiment, trois boulets allèrent se placer dans la coque, un dans la grande vergue, qui fut percée d'outre en outre, et plusieurs entre la voilure et le gréement.

« La corvette de guerre *le Pilorus* et la goëlette espagnole *la Guadaleta*, mouillées à peu de distance du port, ont été témoins de cette insulte. Nous dûmes probablement à la position du premier de ces bâtiments, placé entre nous et une partie des batteries, de ne pas avoir reçu le feu de celles qu'il nous masquait.

« Cet attentat contre le droit des gens, cette nouvelle insulte au gouvernement français, ne furent réparés par aucune démarche officielle du dey.

« Seulement, le 6 août 1829, le capitaine Quin, commandant de la corvette anglaise *le Pilorus*, fit tenir au comte de la Bretonnière un pli renfermant une lettre personnellement adressée à cet officier anglais par le drogman du dey, parlant en son propre et privé nom. Ce drogman écrivait au commandant anglais que non-seulement Hussein-Pacha avait désapprouvé l'attentat du 3 août, mais que, mécontent, disait-il, de ce qu'on avait agi contre sa volonté, il avait destitué le ministre de la marine et chassé tous les chefs des batteries. Cet avis indirect, sans aucun caractère officiel, adressé à un tiers qui le communiquait officieusement, ne pouvait être accepté comme une réparation. »

La dernière tentative faite par le gouvernement français pour sortir pacifiquement de la lutte engagée entre la civilisation chrétienne et la barbarie algérienne, avait échoué en aggravant la situation. Il ne restait plus qu'à recourir à la force et à se résoudre à trancher avec l'épée de la France le nœud que la diplomatie avait essayé en vain de délier.

LIVRE VINGT ET UNIÈME

MINISTÈRE POLIGNAC

I

DIFFICULTÉS ET DANGERS DE LA FORMATION DU MINISTÈRE D'EXTRÊME DROITE. — FUREURS DE LA PRESSE A LA NOUVELLE DE SON AVÉNEMENT. — PROJET D'ASSOCIATION POUR LE REFUS DE L'IMPOT. — MÉMOIRE PRÉSENTÉ AU CONSEIL PAR LE BARON D'HAUSSEZ. — RETRAITE DE M. DE LA BOURDONNAYE.

Il était impossible que le ministère de défensive royale ne passât pas pour un ministère d'offensive dans l'esprit de l'opinion. Dès lors une crise devenait probable, et la conviction où chacun était qu'un conflit allait éclater rendait ce conflit plus imminent [1].

L'idée première du Roi avait été de conserver M. de Marti-

---

1. M. de la Mennais prévoyait dès le mois de juin 1829 qu'une révolution était inévitable. « Nous approchons d'une crise terrible, écrivait-il à Mme la comtesse de Sneufft. Vous ne sauriez vous faire une idée de l'état de la France en ce moment. Le pouvoir se dissout avec une rapidité effrayante; les factions s'arrachent ses débris. L'anarchie des chambres est au comble. On voit, dans les discours des hommes qui préparent un bouleversement, quels projets ils méditent, et le temps de l'exécution n'est pas loin. Les journaux, les cours publics, avec un concert qui suppose une direction suprême, poussent l'opinion vers le but que l'on veut atteindre et qu'on atteindra infailliblement. » (*Correspondance de la Mennais*. T. II, p. 53.)

gnac et M. Roy dans la nouvelle administration qu'il s'agissait de créer, et d'y appeler M. de Villèle. Cette idée fut vivement combattue par deux membres du nouveau cabinet, dont l'un appréhendait la supériorité de M. de Villèle, tandis que l'autre craignait d'être obligé de céder à M. de Martignac le ministère de l'intérieur qu'il ambitionnait lui-même. M. Roy, qui aurait consenti à demeurer dans le cabinet avec M. de Martignac, refusa d'entrer seul dans la composition du nouveau conseil; c'est ainsi qu'aucun des membres du cabinet précédent n'y figura.

Charles X, tout en ayant l'intention d'adopter une politique plus ferme, aurait désiré ménager les susceptibilités publiques, rattacher au gouvernement toutes les nuances de l'opinion royaliste, et même la portion de l'opinion libérale à laquelle on supposait quelque disposition à se rallier au gouvernement dès qu'elle en aurait reçu des garanties. Pour atteindre ce but, il crut devoir confier des portefeuilles aux hommes qui pouvaient être considérés comme l'expression de chacune de ces nuances d'opinion. Voilà pourquoi M. Courvoisier [1], issu du centre gauche, vint siéger dans le conseil à côté de M. de la Bourdonnaye, dont il avait autrefois ardemment combattu les opinions à la chambre des députés. M. de Chabrol, qui avait une réputation de modération et de capacité administrative, avait été introduit dans le conseil, parce que l'on pensait que son nom rassurerait la nuance que pouvaient alarmer

---

1. Lorsque M. Courvoisier fut nommé ministre, un journal de l'opposition, entre autres reproches, lui adressa celui d'être fou. Cela inquiéta beaucoup M. de Polignac qui l'avait choisi. Il fit venir M. Berryer : « Pourriez-vous me dire, lui demanda-t-il, s'il est exact que M. Courvoisier soit fou? »

M. Courvoisier était une espèce d'illuminé politique. Pendant qu'il était ministre, il dit un jour à M. Roger : « Nous combattons, mais nous serons vaincus. — Pourquoi donc, Monseigneur? — Avez-vous lu l'Apocalypse? — Oui. — Eh bien, vous avez vu que l'Antechrist doit l'emporter, c'est le temps prédit. » (*Doc. inédits.*)

les noms de MM. de Polignac, de la Bourdonnaye et de Bourmont. Le Roi avait espéré que l'amiral de Rigny consentirait à fondre la nuance assez prononcée de libéralisme, à laquelle il appartenait, avec la nuance de royalisme non moins tranchée à laquelle se rattachait M. de Montbel.

On voit que l'idée première de Charles X n'avait pas été de nommer un ministère homogène et exclusivement tiré de la droite, mais de former un cabinet qui, tout en adoptant une politique plus ferme que celle du cabinet précédent, rassurerait cependant les esprits, en offrant des noms dont plusieurs étaient des gages donnés à la liberté politique. Cette pensée du Roi échoua devant les obstacles qu'il rencontra, quand il essaya de former un cabinet sur ce plan.

On a vu par quel concours de circonstances les membres du dernier ministère refusèrent de figurer dans cette combinaison, et comment M. de Villèle s'en trouva éloigné. Charles X ne réussit pas mieux dans sa tentative pour faire accepter à l'amiral de Rigny le ministère de la marine.

L'amiral de Rigny se trouvait dans une position extrêmement brillante. De tous les officiers de mer de ce temps, c'était celui qui avait rencontré les chances les plus favorables et obtenu l'avancement le plus rapide. Il cumulait la préfecture maritime de Toulon avec le commandement d'une escadre dans le Levant; tout jeune encore, il avait le grade d'amiral; les décorations et les distinctions de tout genre lui avaient été prodiguées; il n'avait plus à satisfaire que son ambition politique, et il n'était pas insensible à la perspective d'un portefeuille. Il était chez son frère, receveur général de Moulins, lorsque l'avis de sa nomination au ministère de la marine lui parvint. Il accourut à Paris ; mais là il trouva dans sa famille, surtout chez le baron Louis, son oncle, dont il dépendait pour la fortune, une opposition invincible à son entrée dans le nouveau cabinet.

Sous le coup de cette obsession, il alla notifier son refus au prince de Polignac. Celui-ci fit les plus grands efforts pour changer sa résolution; ce fut en vain. Alors M. de Polignac déclina la mission de transmettre au Roi la résolution de M. de Rigny, et lui offrit de le conduire à Saint-Cloud, pour qu'il expliquât lui-même les considérations qui l'empêchaient d'entrer dans le nouveau cabinet. Ils se rendirent tous deux à Saint-Cloud.

Après avoir vainement employé les raisonnements qu'il croyait les plus propres à vaincre la résistance de M. de Rigny, le Roi ajouta :

« Jeune encore, vous avez acquis une grande réputation militaire, les premiers grades de l'armée, tous les genres de distinctions, la position la plus brillante; il ne vous manque que du repos pour jouir de votre gloire. C'est le sacrifice de ce repos que je vous demande. Vous ne me le refuserez pas — Sire, reprit l'amiral, des considérations puissantes, surtout la composition du ministère, ne me permettent pas d'accéder aux désirs de V. M. — Quels noms vous répugnent? — Je prie V. M. de me dispenser de les désigner. — Je vous ordonne de le faire. — Sire, M. de Bourmont..... — Je vous comprends, reprit le Roi avec vivacité. Quand M. de Bourmont s'est trouvé face à face avec son Roi, les armes lui sont tombées des mains. C'est un tort aux yeux de mes ennemis, aux vôtres. Aux miens c'est un titre à ma confiance et à mon affection. »

Un geste du Roi indiqua la fin de l'audience. L'amiral était tellement ému, qu'il se trouva mal en traversant la pièce voisine du cabinet du Roi.

Ces refus successifs amenèrent un résultat facile à prévoir; bien que les membres du cabinet eussent été pris dans diverses nuances d'opinions, comme les membres les plus en vue appartenaient à la droite la plus prononcée, le gouvernement perdit les avantages de son calcul, et n'en recueillit que les inconvénients. La presse put facilement rendre le cabinet aussi odieux que s'il avait appartenu à une nuance homogène, et il resta hétérogène quand il s'agit de délibérer et d'agir.

La chose eût sans doute tourné autrement si MM. Roy et de Martignac étaient restés dans le cabinet, si M. de Villèle y était entré et si M. de Rigny y avait accepté un portefeuille. Un ministère ainsi formé aurait eu un tout autre poids devant l'opinion, et ne se serait pas trouvé insuffisant pour gouverner constitutionnellement.

Le cabinet nouveau, recruté un peu au hasard d'hommes appelés de tous les points de l'horizon, qui ne se connaissaient pas, et dont les noms avaient été fournis par l'Almanach royal à MM. de Polignac et de la Bourdonnaye[1], allait se trouver en face d'une des positions les plus difficiles et les plus formidables qu'on pût rencontrer.

Tous les partis, depuis le commencement de la Restauration, avaient usé à outrance des libertés politiques créées par la charte. La majorité des membres de l'opposition évoquaient sans cesse ces libertés politiques dans un intérêt de vanité ou de popularité ; quelques hommes de bonne foi, avec une confiance excessive, mais sincère, dans des théories encore inappliquées ; les autres dans un intérêt d'ambition ou de fortune : c'étaient encore les plus innocents. Il y avait derrière ce premier banc d'opposants les ennemis de la dynastie, révolutionnaires anciens ou révolutionnaires nouveaux, républicains partisans de la révolution de 1688, impérialistes. On peut dire que, derrière la fronde parlementaire, qui se contentait de harceler la monarchie et voulait la dominer, il y avait une ligue qui voulait l'abattre et qui profitait de l'ébranlement imprimé à l'édifice dont elle avait juré la ruine.

Cette fronde n'était pas seulement dans la rue, dans les salons, elle était à la cour. Certes, s'il y avait une classe d'hommes qui aurait dû éviter tout ce qui pouvait nuire à la Restauration, c'était celle des hommes de cour. Ils trouvaient au

---

1. Nous empruntons ce détail aux *Mémoires inédits* du baron d'Haussez.

château des positions brillantes d'entourage intime, de haute confiance, que leur inexpérience et leur goût d'oisiveté élégante n'auraient pu trouver dans les affaires. Cependant ils s'étaient montrés les ennemis nés de tous les dépositaires du pouvoir. M. de Villèle les avait craints au point de dire que les sessions les plus occupées et les plus difficiles étaient pour lui des saisons de repos, parce qu'au moins il voyait ses ennemis en face, tandis que, dans les entr'actes des sessions, il était attaqué par derrière, sur les flancs, par d'invisibles adversaires, dont plusieurs faisaient profession de le soutenir. Je crois que c'est lui qui a prononcé ce mot profond : « Quand un ministère accorde une place, il fait un ingrat et se donne quatre-vingt-dix-neuf ennemis. » La cour avait fait de l'opposition sous tous les ministères. Elle avait toujours à demander aux ministres, et, comme les ministres ne pouvaient pas toujours accorder, elle les trouvait injustes, intolérables, impertinents. Et puis l'opposition est bien venue en France, elle donne un vernis d'indépendance qui plaît dans les salons, elle ouvre la carrière à l'épigramme, elle fournit des textes de conversations malignes et spirituelles. La critique est la plus facile des supériorités : c'est la promesse de faire mieux si l'on agissait, avec la dispense d'agir.

Combien de fois Louis XVIII n'avait-il pas été réduit à prendre dans son carrosse les hommes de cour de sa familiarité intime qui occupaient les grandes charges de la maison et de leur faire faire des promenades forcées, pendant des après-midi tout entiers, pour les empêcher d'aller voter contre son ministère à la chambre des pairs. Ces grands seigneurs acceptaient volontiers les bénéfices du régime parlementaire d'Angleterre qui leur donnait une importance politique ; mais ils eussent repoussé avec indignation la condition nécessaire de ce régime, qui est d'opter entre les avantages des charges de la cour et les jouissances de l'opposition. Ils abusaient quelquefois de leur position auprès du Roi pour se créer une sorte de clientèle dans la chambre des pairs, qu'ils dirigeaient dans des vues hostiles au ministère, quand leurs prétentions exigeantes n'obtenaient pas satisfaction. Charles X, à l'époque du dernier ministère de la monarchie, ne devait plus même avoir la ressource dont avait usé son frère. On refusait de l'accompagner dans ses chasses, sous prétexte que l'on avait à voter contre son ministère.

Le Roi, qui supportait cette indépendance et cette indiscipline sous le ministère de M. de Villèle, avait fini par en rire sous les ministères suivants, et il ne changeait rien à la bienveillance de l'accueil auquel il avait accoutumé ces étranges courtisans. C'était traiter légèrement une grave question de gouvernement. Si, autour du Roi, les ministres sont impunément attaqués, comment veut-on qu'on ait, dans le public, quelque confiance dans leur crédit? Ces habitudes d'hostilité des gens de cour exerçaient une action fâcheuse dans les grands salons de Paris, devenus le foyer naturel de leur opposition. De là elle rayonnait dans le public. On apprenait souvent, par des hommes qui approchaient le Roi, des actes, des paroles, des démarches et même des desseins des ministres, des secrets enfin, que ce prince laissait assez facilement échapper dans une causerie intime et qui, rapportés au dehors par l'indiscrétion d'un auditeur étourdi ou malveillant, fournissaient des prétextes d'accusation contre le gouvernement.

C'était là un des dangers de la monarchie; mais ce n'était pas le plus grand. Un sentiment de désaffection pour la maison de Bourbon s'était répandu dans les classes qui s'occupaient de politique, et avait gagné de proche en proche. Il est assez difficile, quand on ne remonte pas aux préventions qui furent le résultat des Cent-Jours, aux positions prises par les partis, à l'inexpérience des individus, aux malentendus, à l'action incessante d'une presse hostile, d'indiquer, je ne dirai pas le motif, il n'y en avait pas, mais la cause, l'injuste cause, de cette désaffection. Jamais dynastie ne fut plus nationale que celle de la maison de Bourbon. Ce sont les Capétiens qui ont formé la France par leur politique, leurs héritages, leurs guerres, leur diplomatie.

Dans cette longue suite de rois, on n'en peut citer qu'un bien petit nombre de mauvais; l'immense majorité fut des hommes de bien, plusieurs des grands hommes. Sous cette illustre maison, la France n'avait cessé de grandir en puissance, en prospérité, en libertés civiles, en lumières, en civilisation. Son renversement, par la Révolution, avait été le signal de toutes les catastrophes. Rétablie en 1815, elle avait apporté à la France un présent inestimable, la paix; elle avait rétabli, entre elle et les autres nations européennes, des relations politiques et commerciales depuis longtemps détruites, et porté la prospérité publique à un point où elle n'était jamais parvenue. Ses princes avaient un sentiment très-élevé de la gloire et de la dignité de la France, dont ils défendaient l'honneur comme leur propre honneur, et au moment même où tant d'obstacles assiégeaient son gouvernement à l'intérieur, Charles X préparait une glorieuse expédition qui devait venger l'injure du pavillon français, en le plantant sur les murailles d'Alger. Les libertés politiques, enfin, avaient pris un développement qu'on n'avait pu prévoir sous l'ancienne monarchie, et auquel on n'aurait jamais osé penser sous l'empire.

Cependant les prétentions que la forme du gouvernement mettait en jeu, les ambitions qui fermentaient, l'esprit révolutionnaire qui guettait toujours sa proie, prenant leur point d'appui dans les difficultés que contenait la situation, dans les fautes commises par le gouvernement, dans les torts des partis, avaient fini par créer un sentiment d'irritation qui, chez les uns, était de la haine, chez les autres, un malaise et un besoin de changement. Il semblait que la maison de Bourbon, qui sans doute n'était pas douée de l'infaillibilité politique et n'avait pas traversé des situations si difficiles sans donner prise à la critique, mais qui, malgré ses fautes, était le moyen de toute chose, surtout du gouvernement représentatif, était au contraire l'obstacle à toute chose, et que tout irait de soi-même dès qu'elle aurait disparu.

C'était comme une fascination étrange qui troublait les imaginations, et empêchait à la fois de voir le présent tel qu'il était, l'avenir tel qu'il serait, opposant l'idéal au réel, le mieux imaginaire au bien possible, de sorte qu'au milieu d'une multitude, jouet des illusions dont on l'énervait, et séduite à ce mirage d'une liberté indéfinie, qu'on lui montrait pour l'entraîner en avant, il n'y avait plus que quelques esprits sages et un petit nombre de sujets fidèles[1].

Le ministère Polignac était la digue impuissante que l'autorité royale comptait opposer au flot révolutionnaire qui menaçait l'existence de la monarchie. Quelles étaient donc les

---

[1]. Il ne sera peut-être pas sans intérêt de donner ici quelques détails d'intérieur sur la physionomie du dernier conseil de la monarchie légitime. Le dimanche et le mercredi, le conseil se réunissait chez le Roi qui le présidait. Les séances duraient rarement moins de trois heures. Jamais, sous aucun prétexte, Charles X ne souffrait que ces séances fussent ajournées. C'était, à ses yeux, un devoir de premier ordre auquel il subordonnait tous les autres actes de sa vie. En outre, le Roi recevait souvent chacun des ministres en audience particulière. On a beaucoup parlé du goût de ce prince pour la chasse. Dans la saison où le Roi chassait, il ne chassait jamais plus de deux fois par semaine, et jamais une partie de chasse ne lui a fait négliger une affaire. Il se mêlait souvent à la discussion : son esprit était prompt et vif; sa parole facile, chaleureuse, pleine d'à-propos, n'était jamais préparée. Il avait conservé cette grâce de manières, cette politesse royale qui élevait ceux auxquels il s'adressait, sans rien diminuer de la majesté du prince. Il était le premier à provoquer la discussion sans jamais s'offenser de l'opposition que son opinion rencontrait, même quand cette opposition prenait des formes un peu vives. Il résumait avec clarté les discussions, avec supériorité même, quand elles traitaient de la diplomatie. Sa première impression était juste en général, mais il avait une défiance de lui-même qui le disposait à abandonner trop facilement son opinion. (*Mémoires inédits* du baron d'Haussez.)

personnalités imposantes placées, par cette combinaison, à la tête des affaires publiques? Personne ne songeait à contester la loyauté du prince de Polignac, mais son talent politique n'était pas à la hauteur de son dévouement au Roi. Il apportait une profonde expérience de la politique, des mœurs, des habitudes de l'Angleterre, acquise dans sa vie d'exil, de voyages et récemment dans son ambassade à Londres, une connaissance plus exacte des intérêts extérieurs de la France que de sa situation intérieure, et, cette obstination polie et calme qui, en diplomatie, est une force parce qu'elle résiste sans briser. Il était rempli d'admiration pour les fortes institutions parlementaires de l'Angleterre dont il aurait voulu doter la France, sans songer aux incompatibilités politiques qui séparent les deux nations : le principe aristocratique est la base des institutions de l'Angleterre, tandis que, depuis près d'un demi-siècle, la France tend à la démocratie. La rêverie du prince de Polignac ne pouvait fournir une solution au problème inextricable qu'il espérait résoudre.

M. de la Bourdonnaye arrivait au pouvoir, ce point de mire de la plupart des hommes d'opposition. Mais les qualités qui avaient fait distinguer le chef de la contre-opposition de droite devenaient autant de défauts dans le ministre de l'intérieur. Son ardeur, qui réclamait sans cesse des mesures rigoureuses, sans s'arrêter aux possibilités de leur exécution, devait se briser aux difficultés de la pratique, et l'on apprit bientôt, selon le mot du prince de Polignac, qu'un hardi chef d'avant-poste pouvait quelquefois ne pas être propre à la défense d'une ville assiégée.

Nous l'avons dit, le principal défaut du nouveau ministère était son insuffisance en face de la situation. Quelques-uns de ses membres le comprirent de prime abord; aussi songèrent-ils à demander le rappel de M. de Villèle, qui, fatigué des affaires, ne voulait plus quitter sa solitude de Morville. M. de

Montbel fut chargé d'entamer, avec l'ancien président du conseil, une négociation à ce sujet.

« M. de Chabrol et le prince de Polignac sont préoccupés de votre pensée, lui écrivait-il le 12 août. Le premier m'en a parlé comme d'une nécessité absolue de la situation de la monarchie. Le prince déclare qu'il serait heureux de vous voir à la tête des affaires et d'y coopérer. »

M. de Montbel, parlant des difficultés qui allaient entraver la marche du nouveau ministère, ajoutait :

« Nous allons avoir à lutter fortement. Je crois que la nécessité de la situation exige que nous présentions seulement quelques lois d'absolue nécessité, que nous mettions la chambre dans son tort si elle refuse nos lois. Reste le budget. Si elle le refuse ou qu'elle le mutile, appel à une nouvelle chambre. Dans le cas d'une nouvelle impossibilité, recours aux moyens que le Roi doit employer pour la sûreté de l'État. »

Les nouveaux ministres déploraient souvent leur insuffisance.

« On ne peut avoir de confiance en nous, parce que nous ne pouvons en avoir en nous-mêmes, écrivait encore M. de Montbel à M. de Villèle. Point de précédents, point d'habitude des affaires, point de cette puissance sur l'opinion qui prévient en faveur des ministres qu'on peut être forcé de prendre. Il faudrait un Hercule pour conduire tout cela. »

On ne pouvait accuser le nouveau ministre de l'instruction publique d'avoir une confiance exagérée en ses propres mérites. Il n'en était pas de même du prince de Polignac, qui espérait que son dévouement à la cause royale ferait face à toutes les difficultés. Il consentait à ce qu'une démarche fût tentée près de M. de Villèle, parce qu'il prévoyait que cette démarche resterait sans résultats, et s'il pensait sérieusement au rappel de cet homme d'État, il le renvoyait à l'époque où le ministère Polignac aurait sauvé la monarchie. La première démarche tentée auprès de M. de Villèle échoua.

La création du nouveau ministère, qui réunissait dans son sein trois des noms les plus impopulaires de France, excita dans le pays une irritation et une violence qui se traduisirent bientôt dans la presse, cet organe de l'opinion publique. Le rapprochement fâcheux, dans un même ministère, des noms de MM. de Polignac, de Bourmont et de la Bourdonnaye, donna aux accusations, jadis prodiguées à ces trois hommes politiques, l'occasion de se reproduire. Le nom de M. de Polignac était particulièrement désigné aux fureurs des libéraux. Sa mère avait été l'amie de la reine Marie-Antoinette, et cette intimité royale avait valu au prince de Polignac l'intimité du roi Charles X. On lui reprochait, en outre, son refus prolongé de prêter serment à la charte, au moment de son élévation à la pairie. On renouvelait également les accusations portées en 1815 sur M. de Bourmont[1]; la violence contre-révolutionnaire de M. de la Bourdonnaye et ses discours de 1815 servaient de thèmes aux fureurs des adversaires du cabinet : « Coblentz, Waterloo, 1815, disait le *Journal des Débats* dans son numéro du 15 août, voilà les trois principes, les trois personnages du ministère... Pressez, tordez ce ministère, il ne dégoutte que chagrins, malheurs et dangers[2]. » Le *Constitutionnel* ne se montrait pas plus favorable à la nouvelle combinaison : « Puisque nous étions destinés à subir un ministère d'extrême droite, il vaut mieux que ce soit plus tôt que plus tard. » Le *Courrier Français* pensait qu'on devrait peut-être se féliciter de cette révolution ministérielle.

---

1. Le *Figaro* citait sans commentaire cette phrase de M. de Bourmont en 1815 : « La cause des Bourbons est à jamais perdue. » (Signé Bourmont.)
2. Cet article était de M. Saint-Marc Girardin.

« Il est déplorable, disait-il, qu'un pays comme la France soit sans cesse ballotté par des ministres faibles, au gré des intrigues de cour. L'opinion publique et la chambre élective elle-même se sont amollies par ce régime d'espérances et de ménagements méticuleux. Elles vont s'armer de toute leur indignation pour foudroyer un ministère dont la composition est un sujet d'alarmes pour le pays. »

Le *Journal des Débats*, du 11 août, contenait un article qui portait plus loin : il ne prodiguait pas ses injures aux personnes des ministres ; mais, restant dans la sphère des principes, il discutait la question du refus de l'impôt et s'attachait à prouver que ce refus deviendrait légal dans le cas où le ministère voudrait lever l'impôt illégalement. Quelques fragments de cet article, dont la publication fut un événement et qui, déféré aux tribunaux, devint le sujet d'un émouvant procès, doivent être placés ici [1].

« Ainsi le voilà encore une fois brisé, ce lien d'amour et de confiance qui unissait le peuple au monarque ! s'écriait l'écrivain des *Débats*. Voilà encore une fois la cour avec ses vieilles rancunes, l'émigration avec ses préjugés, le sacerdoce avec sa haine de la liberté, qui viennent se jeter entre la France et son Roi ! Ce qu'elle a conquis, on le lui ôte ; ce qu'elle repousse de toute la puissance de sa volonté, de toute l'énergie de ses vœux, on le lui impose violemment. »

L'écrivain des *Débats* s'attachait à prouver qu'il serait impossible aux nouveaux ministres de gouverner avec modération, puis il ajoutait :

« Que feront-ils cependant? Iront-ils chercher un appui dans la force des baïonnettes? Les baïonnettes aujourd'hui sont intelligentes, elles connaissent et respectent la loi. Incapables de régner trois semaines avec la liberté de la presse, vont-ils nous la retirer? Ils ne le pourraient qu'en violant la loi consentie par les trois pouvoirs, c'est-à-dire en se mettant hors la loi du pays. Vont-ils déchirer cette charte

---

1. Cet article était de M. Béquet ; il avait été inspiré par M. Bertin.

qui fait l'immortalité de Louis XVIII et la puissance de son successeur? Qu'ils y pensent bien ! La charte a maintenant une autorité contre laquelle viendraient se briser tous les efforts du despotisme. Le peuple paye un milliard à la loi : il ne payerait pas deux millions aux ordonnances d'un ministre. Avec les taxes illégales naîtrait un Hampden pour les briser. Hampden ! faut-il encore que nous rappelions ce nom de trouble et de guerre ! Malheureuse France, malheureux Roi ! »

Tandis que la presse sérieuse prodiguait ainsi ses attaques au ministère d'extrême droite, la presse légère ne lui ménageait ni ses plaisanteries ni ses sarcasmes. Le 10 août, le *Figaro* paraissait encadré de noir. Il prophétisait « toutes sortes de choses abominables qui feraient dresser les cheveux sur la tête, » et il annonçait, en *entre-filets*, que M. Roux, chirurgien en chef de la Charité, « devait opérer incessamment de la cataracte un auguste personnage. Au lieu d'illuminations à une solennité prochaine, ajoutait-il (il indiquait ainsi la fête du Roi), toutes les maisons de France devraient être tendues de noir[1]. »

Les journaux de droite s'efforçaient vainement d'opposer des apologies aux attaques prodiguées à la nouvelle politique du gouvernement. La *Quotidienne* faisait observer que le ministère n'avait pu être pris ni dans le parti libéral qui menait l'État à sa ruine, ni dans une coterie de coalition qui serait impuissante à faire le bien et renversée bientôt comme le ministère Martignac.

La *Quotidienne* affirmait que le ministère pourait rallier ou refaire une majorité royaliste. « S'il était admis que le Roi dût, dans toutes les circonstances, céder au vœu d'une majorité dans la chambre élective pour le choix ou le renvoi de ses ministres, cette majorité régnerait, la couronne serait dépouillée de l'initiative de la sanction et de l'administration, le Roi

---

[1]. Ces plaisanteries, d'un goût douteux, valurent à M. Bohain, gérant du *Figaro*, 6 mois de prison et 1000 fr. d'amende.

ne serait plus qu'une idole impuissante, sans liberté, sans opinion, sans action[1]. »

Ces raisonnements ne pouvaient satisfaire la faction libérale qui aurait voulu arriver à posséder le monarque de paille et la charte de feu dont parlait Béranger dans une de ses chansons.

Le 10 août, la *Gazette de France* publiait à son tour un article que l'on a regardé comme la profession de foi du ministère :

« Plus de concessions, plus de réaction, lisait-on dans cet article. Si les principes que professent les hommes sont un symbole pour l'opinion publique, elle ne peut se tromper sur le système dans lequel le gouvernement du Roi est entré : guerre aux factions qui voudraient troubler l'État, paix aux opinions inoffensives, tolérance pour tout ce qui respectera l'ordre public et les lois, attachement aux institutions, liberté entière dans l'ordre moral et intellectuel; mais répression inflexible et légale des excès de la presse, sécurité au dedans et dignité au dehors. »

Le ministère déclarait en même temps, dans le *Moniteur*, « qu'à moins d'avoir perdu le sens commun, il ne saurait concevoir même l'idée de briser la charte, et de substituer le régime des ordonnances à celui des lois. »

Les journaux ultra-royalistes poussaient ouvertement le

---

1. M. de la Mennais appréciait en ces termes le changement ministériel : « Mon avis est que cette révolution ministérielle n'aura d'autre effet que de concentrer dans une unité formidable les partis révolutionnaires qui se divisaient, d'augmenter leur puissance et leur activité, de les séparer à jamais des Bourbons qu'ils soupçonneront toujours de nourrir contre eux des desseins secrets, de hâter enfin le moment de la crise et de la rendre plus terrible. Le malade s'en allait doucement, il périra dans les convulsions, voilà tout... On a eu peur de ce qui était et peur de le changer ; on a mis entre l'abîme et soi quelques hommes qui plaisaient à la place de quelques autres qui ne plaisaient pas. Au lieu de se bâtir un pont, on s'est choisi un écran. » (*Correspondance de la Mennais.* T. II, p. 73. — Lettres à M. le comte de Sneufft et à M. de Vitrolles.)

gouvernement à suivre, dans toutes ses conséquences, le principe qui l'avait porté à choisir le ministère Polignac. Un de ces journaux, l'*Apostolique*, déféré au tribunal « pour s'être rendu coupable d'un acte inconsidéré, » fut condamné à la même audience que le *Figaro* [1].

Pendant les premières semaines de son existence, le ministère ne donnait aucun signe de vie. Il assistait muet au concert de malédictions qui saluaient son avénement. Une circulaire adressée aux préfets par le ministre de l'intérieur, et insérée au *Moniteur* du 10 août, rompit un instant la monotonie de ce silence. M. de la Bourdonnaye invitait les préfets à faire exécuter les lois « en administrateurs éclairés, toujours dirigés par l'intérêt public et un courageux dévouement, et non en instruments aveugles et passifs. »

« En assurant à tous justice et protection, ajoutait le ministre, l'administration ne doit faveur et récompense qu'aux services rendus au prince et à l'État. Le gouvernement n'a pas l'intention de faire de réaction. Tout ce qui voudra se rattacher à lui franchement, en le secondant dans l'étroite observation de la charte constitutionnelle pourra compter sur son appui. Le pouvoir espère que ceux qui tendraient à s'écarter de cette ligne invariable de conduite auront le courage de se faire justice. »

Cette circulaire contenait une réponse à l'adresse de ceux qui attribuaient au nouveau cabinet des projets de violente réaction.

Le refus de l'amiral de Rigny ne fut pas le seul déboire que le ministère naissant eut à supporter. Dès que le *Moniteur*

---

1. Voici le passage incriminé ; il était tout au moins imprudent : « On ne peut se refuser à le reconnaître, disait l'*Apostolique*, la source du mal vient d'une charte impie et athée et de plusieurs milliers de lois rédigées par des hommes sans foi et par des révolutionnaires. La religion, la justice et Dieu même commandent d'anéantir tous ces codes infâmes que l'enfer a vomis sur la France. » (*Apostolique* du 14 août 1829.)

eut annoncé la formation du ministère d'extrême droite, M. de Belleyme, préfet de police, demanda à être remplacé; le Roi, qui lui accordait sa confiance, le pressa vivement de conserver ses fonctions. Les instances du Roi ne purent vaincre les répugnances de M. de Belleyme.

M. de la Bourdonnaye plaça alors M. Mangin à la préfecture de police. Le nom de ce fonctionnaire excitait une profonde haine. On se souvenait qu'il avait été chargé, en qualité de procureur général près la cour de Poitiers, des poursuites dirigées contre le général Berton et ses complices. Il avait apporté dans cette grave affaire un zèle qui prit le caractère de la violence et de la partialité. Les libéraux n'avaient pas oublié ses durs procédés envers les accusés, et les membres de la droite lui reprochaient d'avoir ainsi donné des torts réels à la cause royale. A la suite du procès Berton, il avait été placé à la cour de cassation; c'est là que M. de la Bourdonnaye vint le chercher pour le nommer préfet de police.

« Ses manières communes, son ton brusque, avaient quelque chose de choquant, écrit M. d'Haussez dans ses Mémoires; mais on donna au Roi une haute idée de l'habileté de M. Mangin; on lui fit observer que les manières d'un homme de cour n'étaient pas indispensables à un chef de police. »

Si la composition du nouveau ministère excitait les clameurs du parti libéral, en revanche le clergé lui souhaitait la bienvenue, et plusieurs évêques, oubliant le danger de l'immixtion des ecclésiastiques dans les affaires politiques, célébraient l'avénement du ministère Polignac dans des mandements. Ils exprimaient leur joie de ce qu'ils regardaient comme une victoire remportée par la monarchie et la religion.

« Ils sont, écrivait un de ces prélats, essentiellement dignes de la confiance du monarque et de l'espérance des chrétiens, ces ministres si bassement outragés par des hommes qui ne veulent ni monarchie ni religion. Nous n'en doutons point, N. T. C. F.; ces nouveaux dépositaires du pouvoir auront la gloire de replacer la patrie sur ses véritables bases; nous en prenons à témoin les sinistres présages des esclaves de l'incrédulité, qui déjà s'annoncent comme ne pouvant supporter une patrie où le trône et l'autel se prêtent un mutuel appui. »

Ces éloges du clergé nuisaient autant au nouveau ministère que les attaques des libéraux. Quant à M. Royer-Collard, il avait jugé le ministère en disant : « C'est un effet sans cause. » Mais il ne partageait pas l'idée, alors répandue partout, qu'on touchait à une révolution. Il croyait que la monarchie allait seulement traverser une crise dont elle sortirait avec succès.

« Ceci me paraît plus sérieux qu'à beaucoup d'autres, écrivait-il trois semaines après le changement de ministère; nous sommes les plus forts sans nul doute, si nous savons nous conduire. C'est à cette épreuve que nous sommes mis : épreuve redoutable et décisive. J'ai quelque confiance que nous la subirons avec honneur. Aucune faute de notre part ne sauverait pour longtemps nos adversaires, mais nous pourrions nous perdre avec eux. Je crois bien connaître la chambre, aussi bien du moins que M. Ravez, et je ne mets pas en doute une forte majorité contre le nouveau ministère[1]. »

Plusieurs membres du conseil d'État, nommés sous le ministère Martignac, donnèrent leur démission en apprenant le changement ministériel; nous citerons parmi ces derniers MM. Bertin de Vaux, Villemain, Alexandre de Laborde, Hély d'Oissel, Froidefond de Bellile, Agier et Salvandy.

Au moment de la formation du ministère Polignac, M. de Chateaubriand, ambassadeur à Rome, était en France; il prenait les eaux de Cauterets. Il revint à Paris pour remettre sa démission, qu'il désirait « déposer respectueusement

---

1. *Vie politique de M. Royer-Collard*, t. II, p. 407.

aux pieds du Roi, » dit le *Journal des Débats*, comme pour faire croire au public que Charles X avait refusé de recevoir l'illustre écrivain. Le Roi exprima, au contraire, le désir de le voir et de causer avec lui. Ce fut M. de Chateaubriand qui refusa de se rendre à Saint-Cloud [1].

Il était trop engagé avec l'opinion pour reculer devant sa démission ; il la donna. On ne pouvait s'en étonner, mais il aurait pu se dispenser de reprendre cette plume redoutable, qui, conduisant la polémique contre le ministère, frappait plus haut et plus loin. Il avait trop de clairvoyance pour ne point voir qu'aux flammes de cette polémique s'allumait la passion révolutionnaire qui allait bientôt dévorer la monarchie, puis la liberté politique, car la violence et l'insurrection ne fondent rien de durable, et le respect du droit dans la sphère gouvernementale assure seul l'existence du droit dans la sphère de la liberté.

On agita longtemps dans le conseil la question de savoir si le nouveau ministère prendrait le nom de M. de la Bourdonnaye ou celui de M. de Polignac. Cette question ne fut pas immédiatement résolue ; aussi l'opposition se fit-elle des armes de tout ce que les antécédents des ministres pouvaient fournir, pour achever de les dépopulariser.

Les discours de M. de la Bourdonnaye, les rigueurs qu'il avait proposé d'employer, son insistance à provoquer des mesures énergiques, firent attribuer au gouvernement l'intention de s'opposer, par la force, aux progrès des idées révolutionnaires. On prêtait au prince de Polignac la ré-

---

1. « Quelques amis de M. de Chateaubriand ont depuis accrédité le bruit que le Roi avait refusé de le voir, écrit M. de Polignac ; le fait est complètement inexact ; le Roi désirait, au contraire, voir son ambassadeur et causer avec lui dans l'espoir de le détourner de son dessein. Celui-ci ne peut le nier, car je lui rapportai fidèlement le message de S. M., et, de plus, je le pressai de se rendre à Saint-Cloud où résidait alors la famille royale ; je lui proposai de l'y mener, ce fut lui qui refusa. » (*Études politiques*, p. 259.)

solution de rétablir un gouvernement basé sur le droit divin et sur le droit royal, et de faire revivre le bon plaisir royal dans toute son étendue.

Au moment de la formation du ministère du 9 août, le Roi devait faire un voyage en Normandie. Il espérait retrouver un peu de l'enthousiasme qui, l'année précédente, l'avait accueilli à son passage en Alsace. Dans son excursion de 1828, il n'avait rien vu qui pût alarmer sa prévoyance et justifier les sinistres prophéties qui commençaient à lui montrer un sombre avenir. Il était revenu plein d'espoir, et il semblait que les acclamations qui avaient accueilli son passage étaient des promesses et non des menaces.

Mais sous ces apparences fermentait une situation pleine de péril. Derrière l'opposition parlementaire, une conspiration politique se cachait. Chaque jour la crise s'aggravait par les défiances que cette conspiration inspirait au pouvoir qui ne faisait point la distinction, d'ailleurs assez difficile à établir dans cette époque d'hypocrisie politique, entre ceux qui combattaient les mesures ministérielles et ceux qui voulaient renverser la dynastie. Toutes les précautions que la royauté voulait prendre pour se mettre à l'abri du parti révolutionnaire devenaient un épouvantail pour la classe moyenne, qui craignait l'anéantissement de ses droits politiques, et l'opposition ardente de la classe moyenne devenait à son tour un épouvantail pour la royauté, qui, élargissant le cercle de ses adversaires, commençait à voir partout des ennemis.

Chacune des deux parties prenait pour des menaces les craintes de la partie adverse. On se mettait de l'un et de l'autre côté sur la défensive, on armait pour prévenir la guerre, de tous les moyens le plus sûr pour l'amener.

En présence de l'accueil fait par l'opinion au ministère du 9 août, le Roi crut devoir renoncer à son voyage de Normandie. Madame la Dauphine fit une simple tournée à Rouen et dans les environs; M. le Dauphin alla visiter à Cherbourg les travaux du port. Les princes furent reçus froidement.

L'enthousiasme populaire était tout entier réservé au voyage de M. de la Fayette dans les environs de Lyon, et c'est là un signe du temps qu'il importe de remarquer. Quelques jours avant la clôture de la session, M. de la Fayette était parti pour l'Auvergne, lieu de sa naissance[1]. Il arrivait au Puy au moment où l'on reçut la nouvelle du changement ministériel. Les ancêtres de M. de Polignac avaient été seigneurs de Vélay, et c'est de ce pays même que devait s'élever la première protestation contre le ministère qui allait porter son nom.

A Grenoble la manifestation commença. On se rendit au-devant de la voiture de M. de la Fayette, jusqu'à la porte de France, et un ancien maire de la ville lui offrit une couronne de chêne à feuilles d'argent, produit d'une souscription populaire. La fête continua à Vizille, fidèle aux souvenirs de ces états de 1788, qui n'avaient pas dissimulé leur hostilité envers le roi Louis XVI. Complimenté par le maire, M. de la Fayette fut conduit au château, suivi des acclamations de la population et salué par les salves de deux canons.

A Lyon, l'enthousiasme excité par la vue de M. de la Fayette fut indescriptible. Cet homme semblait prédestiné à jouer un rôle dans tous les mouvements populaires, et sa seule présence au milieu du peuple annonçait l'approche de la Révolution, comme les premières gouttes de pluie annoncent que l'orage va venir. Le général de la Fayette fut reçu par une députation sur la limite du département du Rhône; une troupe de 500 cavaliers et de 800 jeunes gens escortaient une calèche à quatre chevaux, dans laquelle il devait entrer à Lyon. Quand l'escorte fut arrivée aux portes de la ville, un avocat de Lyon,

---

1. Il était né le 6 septembre 1757 à Chavagnac, près de Brioude (Haute-Loire).

complimenta M. de la Fayette au nom des Lyonnais. L'ancien général de la garde nationale de Paris répondit en ces termes :

« Après une diversion de brillant despotisme et d'espérances constitutionnelles, dit-il, la France se trouve dans un moment que j'appellerais critique si je n'avais reconnu partout sur mon passage, si je ne voyais dans cette puissante cité de Lyon, cette fermeté calme et même dédaigneuse d'un grand peuple qui connaît ses droits, sent sa force et sera fidèle à ses devoirs. »

M. de la Fayette dut se montrer au peuple de Lyon du haut d'un balcon ; on lui fit faire une promenade sur la Saône, qui était couverte de bateaux pavoisés et décorés. La population de la ville offrit ensuite un grand banquet au voyageur. Plusieurs députés : MM. Coudere, de Corcelles et de Schonen y assistaient ; les toasts et les discours ne furent pas épargnés. Le lendemain, vingt-cinq jeunes gens escortèrent la voiture du général la Fayette sous une pluie battante. Celui-ci continua sa route jusqu'au château de la Grange, enthousiaste de la réception dont il avait été l'objet, car il était plus amoureux des décorations de la puissance que de la puissance elle-même.

Si l'on rapproche les ovations faites au général la Fayette de l'accueil froid que recevaient à la même époque le Dauphin et la Dauphine, en Normandie, on se fera une juste idée de la désaffection qui s'attachait alors à la famille de Bourbon. Il était évident que ces hommages n'avaient pas seulement pour but d'exprimer à M. de la Fayette l'enthousiasme que sa vue faisait éprouver aux populations : c'étaient les principes révolutionnaires qu'on voulait exalter dans la personne de l'homme dont le nom seul évoquait les souvenirs de la révolution de 1789.

La presse attribuait au nouveau ministère les projets les plus insensés; on disait qu'il était décidé à nommer les députés par ordonnance et à lever l'impôt à main armée. C'est ainsi que l'opposition voulait s'autoriser à former des associations, soi-disant patriotes, pour le refus de l'impôt illégal et contre le coup d'État qu'on prédisait chaque jour. Les feuilles libérales affirmaient que déjà le refus de l'impôt s'organisait par voie d'association. On comprend tout ce qu'un acte de cette nature aurait eu de menaçant pour le pouvoir. Ce fut le *Journal du Commerce* qui publia le premier un projet d'association formée dans le but d'organiser le refus de l'impôt. Ce document fut reproduit par diverses feuilles. Les journaux attribuaient l'initiative de cette mesure à la Bretagne. Le gouvernement ne pouvait laisser passer un pareil acte sans le déférer aux tribunaux. Ce document tendait à donner l'apparence de la légalité à un acte illégal en exhortant les Français, au nom du devoir patriotique, à se réunir pour résister ouvertement à la loi[1].

1. Nous citerons ce document important pour donner une juste idée de la guerre à outrance que la presse avait déclarée au gouvernement de la Restauration :
« Nous, soussignés, habitants de l'un et l'autre sexe dans les cinq départements de la province de Bretagne, sous le ressort de la protection de la cour royale de Rennes, liés par nos propres serments et par ceux de nos chefs de famille au devoir de fidélité au Roi et d'attachement à la charte, considérant qu'une poignée de *brouillons politiques* menace d'essayer l'audacieux projet de renverser les bases des garanties constitutionnelles garanties par la charte; considérant que si la Bretagne a pu trouver dans ces garanties la compensation de celles que lui assurait son contrat d'union à la France, il est de son devoir et de son intérêt de conserver ce reste de ses libertés et de ses franchises; il est, dans son caractère et de son honneur, d'imiter la généreuse résistance de ses ancêtres aux envahissements, aux caprices et aux abus d'autorité du pouvoir ministériel; considérant que la résistance par la force serait une affreuse calamité, qu'elle serait sans motifs lorsque les voies restent ouvertes à la résistance légale; que le moyen le plus certain de faire préférer le recours à l'autorité judiciaire est d'assurer aux opprimés une solidarité fraternelle; déclarons, sous les liens de l'honneur et du droit :
« 1° Souscrire individuellement pour la somme de 10 fr., et subsidiairement en outre les soussignés inscrits sur les listes électorales de 1830, pour le dixième du montant des contributions qui leur sont attribuées par lesdites listes,

A cette publication le ministère répondit par une justification de ses actes. Ce document fut publié dans le *Moniteur* du 17 septembre. On accusait le ministère de fonder son espoir sur la corruption, de connaître le tarif des consciences, d'avoir 24, 30 millions à dépenser, de songer à appeler l'étranger et à créer 200 députés par ordonnance, en attribuant leur nomination aux conseils généraux des départements ; on lui prêtait enfin le projet d'exiger violemment l'impôt si la chambre refusait le budget, et de cette hypothèse on faisait sortir la nécessité de se concerter, de se lier, pour opposer une résistance légale à ce complot.

Le ministère, voulant dissiper ces terreurs, faisait observer,

que nous nous obligeons à payer sur les mandats des procurateurs généraux, dans le cas où il y aurait lieu à en nommer en conformité de l'art. 3 de la présente.

« 2° Cette souscription formera un fonds commun à la Bretagne, destiné à indemniser les souscripteurs de frais qui pourraient rester à leur charge par suite du refus d'acquitter des contributions publiques illégalement imposées, soit sans le concours libre, régulier et constitutionnel du Roi et des deux chambres constituées en conformité de la charte et des lois actuelles, soit avec le concours de chambres formées par un système électoral qui n'aurait pas été voté par les mêmes formes constitutionnelles.

3° Avenant le cas de la proposition officielle soit d'un changement inconstitutionnel dans le système électoral, soit de l'établissement illégal de l'impôt, deux mandataires de chaque arrondissement se réuniront à Pontivy, et dès qu'ils seront au nombre de vingt, ils pourront nommer, parmi les souscripteurs, trois procurateurs généraux et un sous-procurateur dans chacun des cinq départements.

4° La mission des procurateurs généraux est : 1° de recueillir les souscriptions ; 2° de satisfaire aux indemnités en conformité de l'art. 2 ; 3° sur la réquisition d'un souscripteur, inquiété par une contribution illégale, d'exercer sous son nom, par les soins du sous-procurateur de son département ou du délégué qu'ils auront nommé dans son arrondissement, le pourvoi et ses suites, par toutes voies légales contre les exacteurs ; 4° de porter plainte civile et accusation contre les auteurs, fauteurs et complices de l'assiette et perception de l'impôt illégal.

« 5° Les souscripteurs nomment M... et M... mandataires de cet arrondissement pour se réunir, en conformité de l'article, aux mandataires des autres arrondissements et pour remettre la présente souscription aux procurateurs généraux qui seraient nommés. »

qu'à moins d'avoir perdu le sens commun, les ministres ne sauraient même concevoir l'idée de briser la charte et de substituer le régime des ordonnances à celui des lois. Le Roi s'opposerait à toute violation de la charte. Les craintes manifestées dans la presse périodique n'avaient qu'un but : agiter le pays.

Quant au projet de l'association du refus de l'impôt qu'on disait organisée en Bretagne, cette association, enfantée par l'imagination des journalistes, n'existait, au moment où les journaux publiaient ses statuts, que dans l'esprit de leurs rédacteurs ; en effet, ce fut seulement à la suite de cette publication que quelques hommes de la ville de Rennes se réunirent pour fonder une association sur les bases que les journaux de Paris venaient de tracer.

Si l'association du refus de l'impôt n'existait d'abord que dans l'imagination surexcitée des journalistes, elle naquit bientôt d'une manière effective, car l'opposition déclarée au nouveau ministère trouvait un écho profond dans l'opinion.

En moins d'un mois, cette association se fonda à la fois dans le département de la Meurthe et dans plusieurs autres départements. Enfin, le 15 octobre, au moment où l'on jugeait le procès intenté aux éditeurs des journaux qui avaient publié l'acte d'association, le prospectus de l'association du département de la Seine, au bas duquel on lisait les noms de tous les députés de Paris, paraissait. Cette coïncidence avait quelque chose de significatif. Les tribunaux se refusèrent à trouver dans la publication de l'acte d'association le délit d'attaque formelle à l'autorité du Roi, ou de provocation à la désobéissance aux lois, puisque, dans ce document, le refus de l'impôt était subordonné à des circonstances qui eussent rendu ce refus légal.

En résumé, les tribunaux, tout en déclarant que la supposition de la violation de la charte ou des lois par les ministres, constituait un outrage à leur réputation, rendirent des arrêts contradictoires. Le tribunal de Metz, dans un premier jugement, annulé par un second, condamna l'éditeur responsable du *Courrier de la Moselle* à un mois d'emprisonnement et 150 fr. d'amende ; la cour de Paris infligea une condamnation équivalente aux éditeurs du *Journal du Commerce* et du *Courrier français*, tandis que la cour de Rouen ordonna la mainlevée de la poursuite et de la saisie.

A la suite de ces divers arrêts, les associations organisées pour le refus de l'impôt se multiplièrent. L'esprit public tira de ces procès une conclusion : c'est qu'il y avait des cas où les tribunaux et les cours royales reconnaissaient que le refus de l'impôt deviendrait légal.

On avait attribué au nouveau ministère le projet de révoquer des destitutions en masse ; il se borna à opérer dans l'administration quelques changements indispensables et de nature à satisfaire l'opinion libérale. M. de Laval-Montmorency remplaça M. de Polignac à l'ambassade de Londres ; l'ambassade de Rome, vacante par la démission de M. de Chateaubriand, fut confiée à M. de la Ferronays ; M. de Rayneval se rendit à Vienne, et fut remplacé en Suisse par M. de Gabriac. Le ministère pourvut également à deux emplois devenus vacants dans les préfectures par la démission de M. de Preissac, préfet d'Angers, et la mort de M. de Villeneuve-Bargemont, préfet des Bouches du Rhône.

M. Beugnot fut également placé à la tête du bureau du commerce et des colonies, et M. de Berthier à la direction générale de l'administration des forêts.

Rien n'indiquait encore la politique que suivrait le nouveau cabinet. Il fallait que les diverses parties du navire ministériel fussent adaptées les unes aux autres avant de pouvoir songer à lui faire prendre la mer.

Les nouveaux ministres n'avaient aucune habitude des affaires : seul, M. de Chabrol avait assisté à des conseils et connaissait les usages et la forme des délibérations ; il les indiqua à ses collègues. M. de Courvoisier fut, en sa qualité de garde des sceaux, investi d'une sorte de présidence, et l'on entama les affaires. D'abord chacun des ministres voulut parler des siennes, et, lorsqu'on tenait la parole, on en usait longuement. Plusieurs conseils se passèrent ainsi à entendre l'exposé d'un plan diplomatique qui ne tendait à rien moins qu'à une nouvelle distribution de l'Europe, sans guerre, sans lésion d'aucun intérêt, sans autre discussion même qu'une sorte de conversation indispensable pour s'entendre [1].

Au mois de septembre 1829, le baron d'Haussez présenta au conseil un mémoire sur la marche politique que le gouvernement aurait à suivre. Le ministre de la marine, après avoir constaté le péril qui menaçait la monarchie française, indiquait le plan de défense auquel le pouvoir devait recourir. Le plan d'attaque était arrêté dans l'esprit des ennemis du trône. M. d'Haussez déplorait que « l'indécision de l'une des deux chambres, l'hostilité de l'autre, » ne permissent pas au pouvoir de recourir à leur action. Il proposait donc au Roi « d'imposer à l'une une impuissance momentanée, et de dissoudre la seconde qui fournirait un prétexte à sa dissolution, par le refus du budget ou de l'une de ses parties. » La chambre étant dissoute, l'impôt serait perçu en vertu d'une ordonnance royale. Déjà le ministre de la marine invoquait l'article 14 de la charte et le pouvoir exceptionnel que le Roi s'était réservé, pour suppléer à la légalité qui manquerait à une mesure justifiée par une indispensable nécessité.

« La justification d'un tel acte dépendant de la plénitude du succès, plus encore que du droit et de la nécessité de l'exercer, ajoutait le

---

[1] Journal politique de M. le baron d'Haussez. (*Documents inédits.*)

ministre de la marine, rien ne doit être omis de ce qui pourrait en assurer la réussite.

« Des troupes devraient donc être réunies aux alentours de Paris pour assurer au gouvernement le concours de la force, dans le cas où l'on serait obligé de la requérir. Des mesures seraient également prises pour prévenir la résistance de la province. La liberté de la presse serait alors suspendue et le régime de la presse réglé par une ordonnance royale; on réprimerait avec énergie le refus de l'impôt; les préfets, revêtus d'une autorité exceptionnelle, pourraient suspendre ou destituer les fonctionnaires qui montreraient de la résistance à exécuter leurs ordres. Ils pourraient également, dans un cas urgent, dissoudre les gardes nationales dont les dispositions leur paraîtraient douteuses ou hostiles. »

Tel était l'ensemble du plan présenté par M. le baron d'Haussez. Le Roi, en appelant le ministère Polignac aux affaires, avait pris son ministère de défensive royale; la voie des concessions n'avait pas réussi, on voulait tenter une réaction. Quelques membres du cabinet conseillaient dès lors le recours à des mesures extraordinaires, toujours dangereuses puisqu'elles font sortir le pouvoir de la légalité, qui est son véritable terrain, pour le mettre sur le chemin des coups d'État.

A la fin du mois de septembre, six élections de députés devaient avoir lieu; le ministère réussit dans trois colléges électoraux; il échoua à Bordeaux où un collége électoral était devenu libre par suite de la nomination de M. Ravez à la pairie. Le ministère s'occupa dans le même temps des améliorations à apporter dans la quotité des pensions militaires. Une ordonnance, rendue le 10 octobre, améliora le sort des militaires, et c'était à la fois une justice et un bienfait. Mais aucun des actes de la nouvelle administration ne pouvait trouver grâce devant la presse libérale, et bientôt les feuilles de l'opposition signalèrent cette mesure comme un moyen de séduction employé par le ministère pour corrompre l'armée.

Les journaux, en attribuant l'initiative du bienfait aux membres de l'opposition qui avaient porté à la tribune des réclamations en faveur des militaires, contestaient au ministère le droit de décider une dépense publique, dont le règlement appartenait à la législation.

C'est ainsi que le ministère du 8 août ne pouvait faire un pas sans qu'on s'élevât contre son audace : s'il restait muet, on accusait son impuissance et sa faiblesse; l'opinion publique épiait tous ses actes pour les condamner, et son inaction même lui était reprochée comme un crime. Le nouveau ministère aurait voulu gagner la confiance que lui-même ne s'accordait pas; aussi multipliait-on les démarches auprès de M. de Villèle, dont l'habileté était reconnue par tous les membres du ministère. Vers le milieu du mois de septembre, M. de Montbel écrivit à l'ancien président du conseil pour l'engager à accepter un portefeuille. « J'ai repoussé cette idée de toute la force de ma conviction et de ma résolution inébranlable, » écrit M. de Villèle sur son Carnet.

« Dans les premiers jours d'octobre, une seconde démarche de Montbel me prouva qu'il était chargé de me sonder sur ma rentrée au ministère. Je l'ai prié d'éloigner de moi toute proposition de ce genre, à laquelle je n'accéderais certainement pas, ce qui nuirait aux auteurs de la proposition et à celui du refus, et augmenterait le mal de la situation actuelle au lieu de la dégager. Les journaux s'occupaient à la même époque de cette question, les uns en m'exaltant trop, les autres, en me ravalant outre mesure. Pendant ce temps je m'occupais d'établir une source factice à Morville. »

L'ancien président du conseil, envers lequel l'opinion avait montré tant d'injustice, trouvait que par six années de sa vie consacrées à la chose publique il avait suffisamment payé sa dette au pays; on l'avait accusé d'être l'obstacle à tout le bien rêvé par les libéraux, et depuis son départ les obstacles s'étaient amoncelés sans qu'une main forte et habile fût là pour les dominer.

C'était avec cette faible organisation qu'on allait aborder une session périlleuse où la majorité serait hostile au nouveau cabinet. Les ministres voyaient venir avec terreur le moment de l'ouverture des chambres.

« Le temps marche et nous rapproche de la session, écrivait M. de Montbel à M. de Villèle, le 26 octobre. Le projet est de présenter les lois qu'amène l'interprétation législative créée en 1828, peut-être une loi sur les juges auditeurs, la loi de l'amortissement, une loi sur les boissons; peut-être encore une loi sur le remboursement de la rente et le budget. On pourra ainsi traverser la session : à chaque jour suffit son mal. Il faudra voir ensuite ce qu'on pourra faire. C'est ainsi que vont la plupart des affaires humaines. Mais, en s'approchant du combat, on s'aperçoit chaque jour qu'un seul homme aurait la vigueur nécessaire pour le soutenir avec avantage. Cet homme, c'est vous. »

M. de Villèle répondit catégoriquement, pour dissuader le ministère de songer à son rappel. Et pourtant les démarches tentées auprès de lui furent nombreuses, car les ministres sentaient l'impossibilité absolue de traverser une session grosse d'orages sans un pilote expérimenté. A chaque pas l'ombre grandissait. Qui pourrait apporter la lumière dans une situation inextricable?

Au milieu de ces craintes répandues partout et partagées aux Tuileries, les Bourbons de Naples traversèrent la France pour conduire en Espagne la princesse Christine qui devait épouser le roi Ferdinand VII. La duchesse de Berry, heureuse de revoir sa famille après une si longue absence, obtint du Roi la permission d'aller la recevoir dans les provinces méridionales par lesquelles elle devait passer. Le duc d'Orléans, les infants et infantes l'accompagnèrent.

L'entrevue des deux branches de la famille royale eut quelque chose de solennel et de touchant. C'était pour la première fois que le roi de Naples revoyait sa fille depuis son mariage avec le duc de Berry. Dans cette réunion, tous les cœurs étaient à la joie. Les Bourbons de Naples se félicitaient de revoir la France, ce grand pays de leurs ancêtres. Tout semblait leur sourire. En dépassant les Pyrénées, ils se disaient que toutes les contrées qu'ils laissaient derrière eux seraient un jour rangées sous le sceptre de leur petit-fils, et que toutes celles qui s'étendaient de l'autre côté de ces montagnes, qui depuis Louis XIV ne sont plus frontières, allaient avoir pour reine celle de leurs filles qu'ils conduisaient avec eux. Dieu a montré à l'homme sa miséricorde, lorsque, parmi les dons qu'il lui accordait, il a retiré la prescience de l'avenir !

Le ministère atteignit le mois de novembre sans subir de modifications. A cette époque, M. de la Bourdonnaye cessa de faire partie de l'administration.

Au moment de la formation du cabinet, on avait décidé qu'il n'y aurait pas de président du conseil. Dans les premiers jours de novembre, à un conseil tenu chez le prince de Polignac, un des ministres, racontant un entretien qu'il avait eu avec un personnage important, se plaignit de n'avoir pu traiter une affaire parce que les documents nécessaires lui manquaient. Chacun des ministres cita des faits analogues. M. d'Haussez fit remarquer alors qu'un certain ordre d'affaires, sortant des spécialités des différents ministères, ne sauraient être traitées que par un ministre revêtu d'un pouvoir plus étendu, en un mot, par un président du conseil. Il priait donc le Roi de pourvoir à cette nécessité. MM. de Courvoisier, de Chabrol et de Bourmont parlèrent dans le même sens. C'est à ce moment que M. de la Bourdonnaye fit connaître sa retraite à ses collègues.

M. d'Haussez raconte aussi dans ses Mémoires inédits cet incident qu'il avait provoqué :

« Le tour de parole de M. de la Bourdonnaye était venu, écrit le ministre de la marine. Il semblait ne pas s'en apercevoir. M. de Courvoisier l'ayant invité à faire connaître son avis : « Je ne puis parler, répondit-il avec une émotion visible, attendu que je ne fais plus partie du conseil. — Et depuis quand, et pourquoi, reprit le garde des sceaux, après un moment de surprise partagée par tous les assistants? — Depuis que la proposition de donner un président au conseil a été faite, et parce qu'elle l'a été. M. de Polignac sait que, lorsque je suis entré au ministère, j'ai mis à mon acceptation la condition formelle et absolue que le conseil n'aurait de président que le Roi. On déroge aux engagements contractés, je suis dégagé et je me retire. — J'ignorais, repris-je, les conditions dont vous parlez. Je suis fâché de ne pas les avoir connues, non parce qu'elles auraient changé une opinion basée sur des motifs trop nombreux et trop positifs pour qu'elle puisse être modifiée, mais parce que j'aurais donné à ma proposition une forme qui eût écarté de votre pensée l'idée que j'en faisais un moyen de vous éloigner du conseil. — Je vous donne ma parole, dit-il, que je n'ai pas cette idée. Je regrette seulement que M. le prince de Polignac n'ait pas pris la précaution, ou ne se soit pas cru dans l'obligation, d'informer nos collègues de la condition que j'avais mise à mon acceptation. — Mais, dit M. de Courvoisier, rien n'est encore résolu, et la tournure que la discussion a prise ne me permet pas de douter que les membres du conseil n'en voient l'ajournement avec plaisir. — Ne l'ajournez pas, reprit M. de la Bourdonnaye, ma résolution est prise, elle est irrévocable. Dès que la question a été agitée, elle a eu sur moi l'effet d'une détermination prise. En voilà assez sur ce chapitre. Si vous ne continuez pas la discussion, je croirai que ma présence vous gêne et je partirai sur-le-champ. » M. de Courvoisier invita M. de Montbel à parler. Mais, plus contrarié qu'aucun de nous par ce qui venait de se passer, inquiet des conséquences que devait avoir la sortie de l'un des membres du ministère qui semblait en être l'expression, l'orateur parla longuement sans conclure, et traîna la discussion jusqu'au moment où l'on vint annoncer que le dîner était servi. M. de la Bourdonnaye fit très-bonne contenance, soutint assez gaiement une conversation qui, sans ses efforts, eût tombé à chaque instant, et ne sortit qu'en même temps que nous[1]. »

---

1. Dans ses *Études politiques*, le prince de Polignac explique ainsi les causes qui amenèrent la retraite de M. de la Bourdonnaye : « Lors de la formation du ministère du 8 août, je représentai avec force au comte de la Bourdonnaye la nécessité de rétablir la présidence du conseil, supprimée par le dernier ministère, ce qui avait nui à l'unité de sa marche et de son action. Je le pressai de remplir le poste dont je lui proposais le rétablissement ; il refusa nettement, déclarant de plus qu'il ne ferait point partie du nouveau ministère si l'on devait lui donner un président. Les choses en restèrent là ; mais,

Le Roi, informé du projet de retraite de M. de la Bourdonnaye, le fit venir et le pressa de rester au ministère, en lui proposant comme président du conseil le duc de Bellune ou M. de Talaru, si le nom de M. de Polignac était l'obstacle qui l'arrêtait.

Mais, évidemment, le ministre de l'intérieur trouvait singulier qu'on n'eût pas pensé à lui pour cette haute position. Tous les raisonnements échouèrent devant une inflexible volonté. Il fit valoir ses quinze années d'opposition comme des services rendus à la royauté, et déclara que rien ne changerait sa détermination.

Au fond, M. de la Bourdonnaye était ravi de retourner à l'opposition; il ne savait monter à la brèche que pour assaillir, et son intelligence, faite pour l'attaque impétueuse, n'était pas capable de concevoir un plan de défense[1]. Le Roi, voulant

plus tard, l'incompatibilité d'humeur entre le comte de la Bourdonnaye et le garde des sceaux amena inopinément la solution de cette question. Celui-ci m'en parla d'abord sérieusement. Je lui fis part de ce qui s'était passé précédemment. Peu après, mes autres collègues vinrent aussi m'entretenir du même sujet. Le ministre de la marine me remit à ce sujet un mémoire très-bien rédigé; je fis à tous la même réponse qu'au garde des sceaux. Les formes un peu brusques de M. de la Bourdonnaye fatiguaient, il est vrai, ses collègues. D'ailleurs, nous nous étions attendus à trouver en lui l'énergie que réclamait la gravité des circonstances; mais son irrésolution continuelle, qui le faisait flotter entre une confiance trop grande et une réserve excessive, nous apprit qu'un hardi chef d'avant-postes pouvait quelquefois n'être pas propre à la défense d'une ville assiégée. Sur ces entrefaites, le garde des sceaux, sans m'en avoir prévenu, soumit à tous les ministres, assemblés pour traiter d'affaires entre eux, la proposition de prier le Roi de rétablir la présidence du conseil. Sa proposition fut appuyée, et le comte de la Bourdonnaye, se levant aussitôt sans vouloir écouter nos observations, alla sur-le-champ porter sa démission. (*Études historiques*, p. 224-225.)

1. M. de Genoude écrivait à M. de Villèle, à la date du 15 novembre : « J'ai vu deux fois M. de la Bourdonnaye depuis sa sortie du ministère. Je n'avais pas l'idée d'un orgueil aussi exalté que celui-là. Il ne regrette qu'une chose, c'est d'être entré au ministère et d'avoir accepté la croix de Saint-Louis. Il m'a répété plusieurs fois qu'il aimerait mieux la république que ce qu'il allait laisser debout. »

On prête le mot suivant à M. de la Bourdonnaye. Quelqu'un lui demandait

donner au ministre démissionnaire une preuve de sa bienveillance, lui conféra le titre de ministre d'État. M. de la Bourdonnaye demanda à Charles X de joindre à cette première faveur celle d'une pension de 12,000 fr., qui lui fut accordée. Huit jours après sa retraite, le Roi le fit entrer à la chambre des pairs.

II

M. DE POLIGNAC PRÉSIDENT DU CONSEIL. — DÉMARCHE TENTÉE AUPRÈS DE M. DE VILLÈLE POUR L'ENGAGER A RENTRER AUX AFFAIRES. — MOUVEMENT MINISTÉRIEL. — M. DE GUERNON-RANVILLE ARRIVE A L'INSTRUCTION PUBLIQUE. — LA PRESSE A LA FIN DE 1829. — FONDATION DU *NATIONAL*. — SITUATION DES FINANCES DE LA FRANCE AU MOIS DE DÉCEMBRE 1829.

Le 17 novembre 1829, une ordonnance royale contre-signée par M. de Courvoisier, parut au *Moniteur*. Elle annonçait la nomination de M. de Polignac à la présidence du conseil des ministres. Le Roi, en élevant le prince de Polignac à la plus haute fonction du royaume, semblait résolu à placer entre ses mains le gouvernail du navire de l'État. Ce choix mécontenta vivement l'opinion, qui attribuait au nouveau président du conseil des projets contre-révolutionnaires. Ses adversaires politiques l'accusaient de vouloir bouleverser les institutions de la France pour ramener le système de l'ancien régime, et de rêver le rétablissement d'une monarchie absolue, basée sur le droit divin, et dont le bon plaisir royal serait la seule charte

---

quel avait été le motif de sa retraite : « On voulait me faire jouer ma tête, répondit-il, j'ai désiré tenir les cartes. » (Papiers politiques de M. de Villèle. — *Documents inédits*.)

1. M. de la Mennais appréciait ainsi la situation du gouvernement au moment de la nomination du prince de Polignac à la présidence du conseil

Une succession ministérielle était ouverte, M. de Berthier fit des démarches pour remplacer M. de la Bourdonnaye à l'intérieur, mais les autres ministres ne voulurent pas l'accepter. En revanche, plusieurs membres du cabinet paraissaient désirer ardemment le retour de M. de Villèle aux affaires.

M. de Chabrol répétait à M. de Montbel que l'ancien président du conseil devait venir recueillir les fruits de ses travaux. Son 3 0/0 qui, suivant ses adversaires, ne devait pas arriver à 75 fr. était monté à 85 fr. L'indemnité se liquidait et déjà 25 millions de rentes étaient donnés aux émigrés. Tous les hommes de banque, de bourse, de finances lui appartenaient. Tous rendaient justice à la sagesse de ses vues, à l'étendue de son esprit. Mais le Roi pensait que le retour de M. de Villèle avant l'ouverture des chambres serait considéré comme un acte de bravade contre la majorité, qui s'était déclarée en opposition avec le système de l'ancienne administration. Il croyait que ce retour devait n'avoir lieu qu'après une adresse hostile au ministère, ou même après une dissolution de la chambre. Au moment d'une bataille décisive, quand on possède un bon général, on a toujours tort de donner à d'autres le commandement de l'armée [1].

« M. de Polignac préside le conseil, mais je doute fort qu'il préside aux événements. Je ne vois pas une personne, quelle que soit son opinion, qui croie à la durée du ministère actuel; il n'inspire ni confiance, ni crainte, ni espérance, vrai mannequin de gouvernement qu'il faudrait peindre en tête du poëme de la Pitié. » (*Correspondance de la Mennais.* T. I, p. 97.)

1. Nous extrayons le passage suivant d'une lettre adressée à cette époque par M. de Genoude à M. de Villèle : « M. de Polignac m'a dit que le Roi était le même pour vous, mais qu'il désirait que les royalistes qui se sont séparés de vous, c'est-à-dire les Berthier, les Michaud et trois ou quatre autres personnages, fussent forcés de rendre hommage à votre caractère, en vous voyant agir comme vous agirez avant votre retour. Je n'ai pas admis le raisonnement du prince de Polignac à votre sujet. Je lui ai rappelé le mot du prince Eugène sur les trois généraux de Louis XIV : S'il nomme Catinat, je serai battu ; Villars, nous nous battrons ; Villeroi, je le battrai. Catinat, c'est vous ; Villars, la

M. de Courvoisier déclarait en plein conseil qu'un seul homme pouvait soutenir le système et lui donner dans l'opinion une contenance qui lui permît de subsister. « Cet homme, répétait-il, c'est M. de Villèle. Je sais les inconvénients qu'il peut y avoir à son rappel dans ce moment, mais c'est la seule chance de salut, et mon idée est si bien arrêtée que, moi qui depuis trois mois subis le ministère sans espoir, avec M. de Villèle je reprendrais espoir et confiance. » M. de Montbel écrivit encore une fois à son ami et s'efforça de vaincre une résolution inébranlable. L'ancien président du conseil répondit à toutes ces demandes par la lettre suivante ; son refus était absolu :

« Quand vous recevrez cette lettre, vous aurez jugé comme moi qu'il est impossible que je réponde à la question générale que vous m'adressez. Si vous entendez parler du moment présent, je réponds négativement ; si vous entendez parler pour un autre temps, je réponds qu'alors comme aujourd'hui je chercherai à juger de mon mieux de l'utilité de la mesure et que ce sera cette utilité qui décidera ma réponse.

« Je ne puis vous cacher que ce qui vient d'avoir lieu me paraît peu propre à vous donner la force nécessaire pour triompher des obstacles infinis qui vont vous assaillir ; je dois donc dire encore qu'on assure que tout cela n'est que le résultat d'une intrigue de M. de Berthier qui espérait succéder à celui auquel il n'a fait que fournir un moyen honorable de se retirer. Ce n'est pas avec de telles dispositions qu'on pourra soutenir avec succès la lutte décisive qui va s'engager.

« Remerciez de leur confiance ceux qui ont bien voulu vous charger de me la témoigner. Si on m'eût laissé aux députés, je leur offrirais de les aider en dehors, et je sens que je pourrais encore vous être utile. Réduit à des vœux, ils sont pour la cause à laquelle est lié le salut de la France et celui de chacun de nous. »

Bourdonnaye ; Villeroi, qui avait la faveur du prince, M. de Polignac. Ce dernier m'a dit vingt fois qu'il vous croyait indispensable aux affaires ; qu'il serait très-heureux, ce combat livré, de les remettre entre vos mains ; qu'il allait se présenter vraisemblablement à la chambre pour la casser et la rappeler quand le Roi le jugerait nécessaire. M. de Villèle viendra après, ajoutait-il. » (*Documents inédits.*)

M. de Villèle refusait de reprendre les rênes du gouvernement que ni le roi ni M. de Polignac ne songeaient à lui offrir. M. de Polignac avouait pourtant à M. de Genoude qu'il n'aimait pas les affaires et que c'était à cause du danger du moment qu'il consentait à y rester. « M. de Villèle doit mourir ministre, disait-il à M. de Genoude. Il faut donner un coup de collier, retirer la monarchie de l'ornière où le ministère Martignac l'a placée, et puis je lui remettrai la présidence et je m'en irai. »

Il est évident que M. de Polignac avait la prétention de tirer la monarchie de l'impasse difficile où elle était placée et de laisser la besogne facile à M. de Villèle. C'était le rebours du raisonnable. Le prince de Polignac dit encore à M. de Genoude : « Quand nous aurons tous été au combat ensemble, rien de plus simple que M. de Villèle reprenne la tête de l'armée. »

Il devait donc y avoir un combat où M. de Villèle laisserait le commandement à M. de Polignac. C'est la même prétention. Les collègues de M. de Polignac ne lui cachaient pas qu'ils étaient loin de partager la confiance qu'il conservait en lui-même. « M. de Polignac ne voit pas la position où il se trouve, répétait M. de Chabrol à M. de Genoude. Il aura perdu son ambassade, et sa carrière politique sera finie s'il échoue, et comment n'échouerait-il pas? Il faut ou conjurer l'orage ou le braver : pour le conjurer, il faudrait prendre MM. Roy ou Martignac; pour le braver, il faudrait le secours de M. de Villèle. » Mais ces avis glissaient tous sur l'esprit chimérique du président du conseil, il restait convaincu que son dévouement sauverait la monarchie. Le Roi, tout en conservant son affection pour M. de Villèle, répondait, quand on lui parlait de son retour aux affaires : « Il n'est pas encore temps. »

Il était difficile que le cabinet ainsi constitué abordât la session; sa faiblesse était reconnue par les ministres eux-mêmes.

Un mouvement ministériel devenait inévitable. Il fallait pourvoir au remplacement de M. de la Bourdonnaye. Une ordonnance du 18 novembre appela M. de Montbel au ministère de l'intérieur [1], et confia le ministère de l'instruction publique à M. le comte de Guernon-Ranville, dont le dévouement à la cause royale était connu.

En 1814, M. de Guernon-Ranville avait quitté le barreau de Caen, où il avait débuté brillamment, et, après un vote énergique contre l'acte additionnel, il s'était rendu à Gand auprès du Roi Louis XVIII, à la tête d'une compagnie de volontaires royalistes. En cette qualité il avait été rejoindre à Londres le duc d'Aumont, qui préparait un débarquement sur les côtes de France.

Revenu en France après les Cent Jours, il remplit successivement les fonctions de procureur général à la cour royale de Limoges, de procureur général près la cour de Grenoble. Lorsque M. de Courvoisier fut nommé garde des sceaux, M. de Guernon-Ranville lui succéda au parquet de la cour royale de Lyon. Dans le discours qu'il prononça lors de son installation, il exprimait son respect et son attachement pour la charte constitutionnelle, en promettant une énergique répression « aux imprudents qui tenteraient d'y porter atteinte, soit par des attaques directes, soit par des moyens détournés. »

Appelé au ministère, il protesta hautement de son respect pour la charte, qu'il appela « son évangile politique, » au maintien de laquelle il croyait que le salut de la France était attaché.

---

1. M. de Montbel ne quitta pas sans regrets le ministère de l'instruction publique pour passer au département de l'intérieur : « J'ai refusé pendant huit jours, écrivait-il à M. de Villèle. Le Roi m'a envoyé chercher et m'a donné l'ordre d'accepter... J'y ai obéi... Dieu sait ce qu'il en adviendra. Mon désir est de réparer les injustices commises. Une direction de la police et du personnel est vacante. J'appelle Syrieis, c'est un homme d'honneur, et il n'y en a pas beaucoup de cette trempe. Je replacerai Lourdoueix aux arts, quoi qu'on crie. C'est une réparation. » (*Doc. inédits.*)

Peu de jours après sa nomination au ministère de l'instruction publique, M. de Guernon-Ranville remit au prince de Polignac une note dans laquelle il exposait ses doctrines politiques. Parlant, dans cet écrit, de l'éventualité de la création d'une chambre, formée en vertu d'une ordonnance, M. de Guernon-Ranville jugeait ainsi cet acte politique :

« Je ne sais si cette démarche sauverait la monarchie, mais ce serait un coup d'État de la plus extrême violence. Ce serait la violation de l'art. 35 de la charte, ce serait la violation de la foi jurée. Les partisans du coup d'État pensent que la mesure indiquée n'exciterait aucun soulèvement sérieux. Je reconnais qu'en ce moment les masses sont calmes et ne prennent aucune part active aux débats politiques. Mais que faudrait-il pour les ébranler ?... Et peut-on raisonnablement affirmer que la classe moyenne, qui touche par mille points à la masse, ne pourrait au besoin soulever une tempête dont le plus hardi n'oserait prévoir l'issue ? Au reste, une réponse péremptoire, selon moi, à tous les raisonnements plus ou moins fondés en fait, c'est que les mesures dont il s'agit seraient contraires à la charte. Or, on ne viole jamais les lois impunément, et le gouvernement assez fort pour se mettre un moment au-dessus de la loi fondamentale, s'il obtient un succès passager, compromet, pour un temps plus ou moins éloigné, ses plus précieux intérêts. »

Telles étaient les doctrines de M. de Guernon-Ranville. Quelques mois plus tard, effrayé des périls que courait le trône, il apposa cependant sa signature aux ordonnances du 25 juillet.

L'impopularité qui poursuivait le ministère du 8 août devait s'attacher à chacun de ses membres.

Le remaniement ministériel ne trouva pas grâce devant l'opinion et comme on avait épuisé toutes les calomnies sur le compte de M. de Montbel, la personne et les actes du nouveau ministre de l'instruction publique servirent de thème aux attaques de l'opposition. L'opposition reprocha à M. de Guernon sa conduite en 1815, et ses sentiments ardemment royalistes qui étaient en 1830 le plus impardonnable des torts.

Le gouvernement fit répondre, dans le *Moniteur* du 3 décembre, aux calomnies qu'on propageait sur le compte du ministère. « On prête gratuitement au pouvoir les projets les plus insensés, sans qu'on puisse articuler un seul fait pour justifier ces odieuses suppositions, disait le journaliste officiel. Malgré ces clameurs, les ministres ne dévieront pas de la ligne que leur tracent l'honneur et le devoir; ils se montreront dignes du prince qui les a choisis; ils connaissent son inébranlable volonté de consolider les institutions octroyées par son auguste frère. La charte est pour la France un gage de paix, et pour la maison de Bourbon un monument de gloire : les ministres affermiront les libertés qu'elle consacre, et sauront faire respecter les droits de la couronne. »

Cette défense du gouvernement royal fournit un aliment nouveau à l'ardente polémique des journaux libéraux. Chaque fois que le ministère faisait un pas, on le lui reprochait comme une faute; s'il restait stationnaire, on l'accusait d'inertie; une opposition à outrance lui était déclarée, ainsi que l'avoua plus tard un écrivain libéral[1]. Sans doute il y aurait une souveraine injustice à refuser de distinguer l'opposition loyale, qui demandait seulement des réformes, de l'opposition qui n'avait qu'un objet en vue, le renversement de la branche aînée de la maison de Bourbon; mais l'opposition à outrance n'en existait pas moins.

Le gouvernement confondait souvent ces deux sortes d'ad-

1. En effet le *National* publia, au mois de septembre 1830, un article intitulé la *Comédie de quinze ans*, dans lequel il expliquait l'attitude prise dans ce temps par l'opposition à outrance : « Contre leur gouvernement, celui des Bourbons, disait-il, il n'y avait pour les cœurs indépendants qu'une seule attitude, l'hostilité. Toute la politique pour les journaux, comme pour l'opposition dans la chambre, consistait toujours à vouloir ce qu'il ne voulait pas, à combattre ce qu'il demandait, à repousser tout bienfait offert par lui comme cachant une trahison secrète, en un mot à lui rendre tout gouvernement impossible afin qu'il tombât, et c'est par là, en effet, qu'il est tombé. » (Armand Carrel, 1830. *National*.)

versaires dont le but différait, mais dont les moyens étaient identiques. Ce fut là un des malheurs de la Restauration. Pendant les derniers mois de son existence, ses bienfaits eux-mêmes devenaient suspects, le malaise indéfinissable, signe précurseur des moments de crises dont Mgr Frayssinous avait autrefois signalé l'existence, s'étendait à toutes les classes de la société.

Les procès de presse se multiplièrent à la fin de 1829. Les procès intentés au *Courrier français*, au *Journal des Débats*, à la *Sentinelle des Deux-Sèvres* étaient appelés presque à la fois devant les tribunaux. Le *Courrier Français* fut le premier jugé. Il avait dit, dans un article sur le tableau du sacre de Charles X, par Gérard, en parlant des *Vierges* de Raphaël et de la *Communion de saint Jérôme :* « Ces chefs-d'œuvre demeureront, même quand les croyances chrétiennes seront complétement abolies, si la durée des fragiles matières de ces œuvres pouvait attendre jusque-là. » Le tribunal avait vu dans cet article une négation de la perpétuité du catholicisme. En conséquence le gérant du *Courrier français* fut condamné à trois mois de prison et 600 fr. d'amende. Le directeur du *Courrier Français* appela de cet arrêt devant la cour royale, qui le déchargea de sa peine et le renvoya acquitté.

Un procès de presse jugé à cette époque prit les proportions d'un véritable événement politique, car il fut considéré par l'opinion comme le procès du ministère lui-même. Nous faisons allusion ici à l'affaire intentée au *Journal des Débats*, à l'occasion du fameux article du 10 août, que nous avons cité.

M. Dupin aîné s'était chargé de la défense de M. Bertin. L'avocat, rappelant des écrits de M. de Polignac, de M. de la Bourdonnaye, déclara qu'ils portaient, plus visiblement que l'article incriminé, le caractère d'offense à la personne et à la prérogative royale dans le choix des ministres. Il s'éleva contre les écrivains ultra-royalistes qui demandaient des coups d'État. Le 26 août 1829, le tribunal de première instance avait condamné M. Bertin aîné à six mois de prison et 500 fr. d'amende. M. Bertin appelait de cette sentence devant la cour royale et le ministère public joignait un appel *à minima* à la réclamation du directeur du *Journal des Débats*. L'article incriminé provoquait au refus de l'impôt. M. Dupin déclara que, quant aux taxes illégalement imposées, il refuserait pour son compte de les payer, bien sûr que la violence qu'on mettrait à les exiger tournerait à la confusion et à la ruine de ceux qui oseraient l'employer.

« C'est un mauvais jeu, dit-il, que d'employer des soldats à faire des coups d'État qui sont les séditions du pouvoir; ils ne réussissent pas mieux contre les lois que les séditions du peuple contre la royauté. Qu'on en soit bien convaincu, il n'est pour les rois, comme pour les sujets, qu'un seul moyen de vivre en paix : c'est de respecter les droits de chacun. Loi et justice pour tous. »

Après le plaidoyer de M. Dupin, M. Bertin parla lui-même; les quelques paroles qu'il prononça exercèrent une grande influence sur la décision que la cour royale allait prendre : « Je ne sais, dit-il, si ceux qui se croient sans doute plus dévoués que moi au petit-fils de Henri IV rendent un grand service à la couronne en amenant devant une cour de justice des cheveux blanchis au service de cette couronne; je ne sais s'il est bien utile que des royalistes qui ont subi les peines de la prison pour la royauté les subissent encore au nom de cette même royauté; mais enfin, messieurs, si par impossible mon défenseur n'était pas parvenu à vous faire partager sa conviction et la mienne, j'ose me flatter, d'après le peu de mots que je viens d'avoir l'honneur de vous adresser, qu'aucun de vous, aucun de ceux qui m'entendent ne pourra croire qu'arrivé au terme prochain d'une pénible carrière j'aie sciemment voulu offenser, outrager, insulter celui qui fut toujours l'objet de mon respect, de mon amour, j'allais même dire de mon culte. »

Après avoir entendu M. Bertin, la cour se retira pour délibérer. Pendant cette délibération, une grande anxiété régna dans l'assemblée brillante et nombreuse qui se pressait dans la salle des séances, et qui, depuis le matin, avait envahi jusqu'aux avenues de la salle d'audience.

La délibération dura trois heures entières. Au bout de ce temps, la cour : « considérant que, si les expressions de l'article incriminé étaient inconvenantes et contraires à la modération qu'on doit apporter dans la discussion des actes du gouvernement, cependant elles ne constituaient pas le double délit d'offense à la personne du Roi et d'attaque à la dignité royale, déchargea M. Bertin des condamnations prononcées contre lui. » A la lecture de cet arrêt, des applaudissements, des cris de vive le Roi ! éclatèrent dans la salle.

L'opposition avait gagné la cour royale. Lorsqu'un gouvernement est destiné à périr, il arrive un moment où ceux qui dépendent de lui deviennent eux-mêmes ses adversaires. Il est peu de personnes qui songent à sauver un malade désespéré. A la fin de la Restauration, la magistrature elle-même était gagnée par le souffle d'hostilité contre la maison de Bourbon, qui pénétrait dans toutes les classes de la société.

Le nombre des journaux de l'opposition devenait chaque jour plus considérable. Pour précipiter la chute de la Restauration, ses ennemis augmentaient la quantité et la qualité des engins de destruction.

C'est ainsi que la *Revue française* avait été fondée en 1828 par les rédacteurs du *Globe*. Elle combinait ses opérations avec le *Globe* et était à ce journal ce que l'avant-garde est au corps de bataille : c'étaient les mêmes principes, le même point de départ, le même but, les mêmes idées, souvent les mêmes hommes; car les écrivains du *Globe* participaient de temps à autre à la rédaction de la *Revue* pour resserrer encore l'alliance de ces deux instruments de publicité. Le *National*, qui avait eu la bonne fortune d'être fondé par trois écrivains d'un talent hors ligne, MM. Thiers, Mignet et Armand Carrel, prenait position dans la presse à la fin de l'année 1829 [1]. Le *Constitutionnel* ne suffisait plus à la situation; il fallait quelque chose de plus jeune, de plus hardi, de plus vif, qui passionnât les esprits et préparât les masses à l'action, car on sentait instinctivement qu'on approchait du moment où la lutte descendrait des idées dans les faits. Ce rôle d'avant-poste, le *Constitutionnel* n'y était pas propre, d'abord parce qu'il en avait rempli longtemps un autre tout différent, ensuite parce qu'il s'était enrichi en faisant la guerre. Or, à part de rares exceptions, les journaux et les généraux trop riches, Napoléon s'en aperçut dans ses dernières campagnes, ne valent rien pour la bataille.

Le *Constitutionnel* n'était pas seulement un journal de parti, c'était une propriété : il valait un million, et les millions ne montent pas à l'assaut. Le navire alourdi par la marchandise, nous voulons parler du *Constitutionnel*, demeurait en panne, il s'en détachait une canonnière pour livrer, dans la presse, la suprême bataille : le *National* parut. En face de ces nouveaux et puissants moyens d'attaque, le gouvernement se trouvait désarmé par l'attitude hostile des cours royales. La lutte engagée entre le pouvoir et la presse devenait impossible à soutenir; il fallait de deux choses l'une, ou arrêter le flot qui augmentait chaque jour, ou courber la tête et le laisser passer.

Le désordre qui se manifestait dans la sphère des idées ne pouvait pas tarder à se produire dans le monde des faits. Les associations pour le refus de l'impôt s'organisaient, la société

---

1. Le premier numéro du *National* parut le 9 janvier 1830.

Aide-toi, le ciel t'aidera, faisait chaque jour de nouvelles recrues; elle se disposait à lutter fortement au moment des élections, car on prévoyait déjà une dissolution de la chambre. Malgré tous ces dangers, le ministère se décidait à se présenter aux chambres avec son insuffisance en n'y portant que des lois d'intérêt local.

Le Roi se déclarait disposé à « tenir bon, » disant que la force, c'est la persévérance. On allait aborder la session sans opérer de remaniement ministériel. M. de Villèle, que ses amis priaient encore une fois de rentrer au ministère, leur répondit « qu'il était nécessaire de laisser ceux qui tendaient à la violence s'éclairer et s'user dans les débats des chambres, regrettant qu'on eût fourni à M. de la Bourdonnaye une occasion de ne pas subir cette épreuve. » A la fin de 1829, le Roi était donc résolu à défendre ses ministres contre l'attaque des chambres, et ceux-ci décidés à soutenir la lutte et à faire tous leurs efforts pour obtenir le budget; si on le leur refusait, ils songeaient à y suppléer sous leur responsabilité.

Les journaux royalistes complétaient la série de leurs imprudentes bravades. Le *Drapeau blanc* affirmait que la question de la majorité dans les chambres n'était plus, pour les ministres, qu'un de ces thèmes insignifiants abandonnés au bavardage des oisifs. « Si les ministres ont la majorité, ajoutait le *Drapeau blanc*, ils sauveront le trône avec elle; s'ils ne l'ont pas, ils le sauveront sans elle. La majorité, c'est le Roi. »

La *Gazette de France* émettait l'opinion que le ministère pouvait se passer de la majorité dans un des pouvoirs secondaires (la chambre des députés). « Si ce pouvoir secondaire n'avait pas de majorité pour une administration monarchique, ajoutait la *Gazette*, il serait contraire à la nature du gouvernement monarchique, et par conséquent incompatible avec elle. » Une autre feuille royaliste disait que dans, le cas où la chambre violerait la charte par le refus du budget, si les électeurs violaient ensuite le sens commun en envoyant des révolutionnaires à la chambre, la nécessité voudrait qu'une main puissante rétablît l'équilibre entre les pouvoirs, parce que, dans la calamité publique à laquelle Rome opposait un dictateur, les monarchies constitutionnelles opposent un Roi.

Ainsi les organes de la droite se laissaient aller à exprimer des théories excessives, qui donnaient une sorte de prétexte aux attaques de l'opinion libérale. Celle-ci annonçait toujours qu'une conspiration contre les libertés publiques était au moment d'éclater. Il eût été, ce semble, d'une sage politique d'ôter au mauvais vouloir des libéraux l'ombre d'un prétexte.

La discussion d'un projet de loi sur la conversion des rentes occupait les séances du conseil, à la fin de l'année 1829. A cette occasion, M. de Chabrol exposa à ses collègues la situation admirable des finances de l'État. Le budget allait être présenté avec un excédant des recettes sur les dépenses. En outre, M. de Chabrol proposait une réduction de l'intérêt de la rente, motivée par le taux général de l'intérêt qui tendait partout à s'abaisser. Son projet consistait à donner aux porteurs des rentes cinq pour cent l'alternative de recevoir le remboursement immédiat du capital nominal de leurs rentes ou de consentir à la réduction de l'intérêt de cinq pour cent à quatre pour cent. Afin de rendre plus favorable la position de ceux qui prendraient ce dernier parti, on augmentait leur capital de l'intérêt d'une année de leur rente. En outre, on leur garantissait qu'une nouvelle réduction n'aurait pas lieu avant l'année 1845. Aux quarante millions que cette mesure devait faire économiser, M. de Chabrol proposait d'ajouter la totalité des sommes rendues disponibles par l'application exclusive de l'amortissement aux fonds qui seraient au-dessus du pair. Sur les quarante millions provenant de la réduction de la rente cinq pour cent, quinze millions étaient destinés à remplacer la somme effacée du budget des recettes par la suppression du droit de circulation sur les vins et eaux-de-vie, suppression depuis longtemps réclamée. Les vingt-cinq millions restant, auxquels on devait réunir la partie disponible de la dotation de l'amortissement, auraient été répartis entre les ministères de la guerre et de la marine et la direction générale des ponts et chaussées.

On calculait qu'avec cette somme annuelle, dix années auraient suffi pour compléter notre système de défense territoriale et maritime et faire cesser le mauvais état de nos voies de communications sans élever le niveau du budget au-dessus de 960 millions. Ainsi, des travaux immenses eussent été exécutés avec les ressources et les deniers de l'État, et les contribuables n'auraient pas vu augmenter leurs charges d'un centime.

Quand les ministres considéraient l'état florissant des finances et les avantages qui résulteraient du plan financier de M. de Chabrol, ils se prenaient quelquefois à espérer que la chambre sacrifierait au bien public l'esprit d'opposition dont elle était animée. Mais une douloureuse évidence dissipait bientôt cette courte illusion, et l'impossibilité de ramener ou de dominer l'opposition apparaissait à tous les esprits.

Nous avons déjà montré quelle était la situation de la France à l'extérieur sous le dernier ministère de la monarchie. Elle était au moment de faire réviser les traités de 1815 faits contre nous. En outre, la France signa, le 25 octobre 1829, la convention de Saarbruck avec la Prusse. Par suite de cette convention nous rentrions en possession des villages de Merten et de Biblingen, que les Prussiens occupaient, au grand mécontentement de la France. Elle recouvrait en même temps, à la suite d'une expédition, les divers points occupés jadis par les Français à Madagascar. Pendant les guerres de la Révolution, les chefs des Hovas s'étaient emparés des établissements français ; c'est ainsi que chaque révolution nous ravit un lambeau de notre territoire, une part de notre influence. A la Martinique et à la Guadeloupe, la France, tenant à la main le drapeau de la civilisation chrétienne, assurait l'exécution de la législation qui établissait l'égalité des hommes de couleur et des blancs devant la loi. Enfin, la dernière insulte faite par les États barbaresques au pavillon français allait être effacée par une glorieuse expédition; Charles X, avant de partir pour l'exil, devait au moins emporter la consolation d'avoir vu l'étendard de la France flotter au sommet de la Casaubah d'Alger.

III

POSITION DU MINISTÈRE AU MOIS DE JANVIER 1830. — ÉLECTIONS DE MM. BERRYER ET GUIZOT. — ARRIVÉE DE M. DE PEYRONNET A PARIS. — LA PRESSE LIBÉRALE ET LA PRESSE ROYALISTE A L'APPROCHE DE LA SESSION. — L'EXPÉDITION D'ALGER EST RÉSOLUE DANS LE CONSEIL. — LA FRANCE PRÉSENTE LE PRINCE LÉOPOLD DE SAXE-COBOURG COMME CANDIDAT AU TRONE DE GRÈCE.

L'année 1829, en finissant, laissait la monarchie, respectée au dehors, au moment d'ajouter une page glorieuse à notre histoire. Un mal intérieur devait dévorer la Restauration. Les partis, rêvant le mieux désirable au lieu de se contenter du bien réel, travaillaient depuis longtemps à ébranler le trône qu'ils voulaient renverser. Depuis l'avénement du ministère Polignac surtout, nous l'avons dit, leur tactique consistait à mettre la France en garde contre le gouvernement royal qu'ils accusaient sans cesse de comploter contre les libertés publiques et de méditer des coups d'État.

Le ministère protestait de son attachement pour la charte, il demandait à être jugé sur ses actes. L'opposition lui répondait que les noms des hommes placés au timon des affaires indiquaient suffisamment leurs intentions, pour qu'on pût, sans scrupule, les accuser de songer à conspirer dans l'ombre contre la charte. Une partie de l'opposition visait à un simple changement de cabinet, tandis que l'autre travaillait directement au renversement de la monarchie. Il eût été politique de contenter l'opposition constitutionnelle en sacrifiant un ministère, qui, on le prévoyait bien, ne réunirait pas la majorité dans les chambres. Mais le Roi, confondant toujours les adversaires de sa politique avec les ennemis de sa dynastie, ne pensa pas que cette concession dût être accordée.

Dans le ministère du 9 août, il ne se trouvait pas un seul orateur; on prévoyait que la lutte engagée entre la prérogative parlementaire et la prérogative royale arriverait à un dénoûment décisif pendant la session, et, au moment d'engager le combat, la royauté n'avait pas une arme dans les mains.

L'année 1830, qui devait marquer le terme de l'existence de la monarchie, s'ouvrit. L'hiver long et rigoureux redoublait la misère des pauvres; un poëte dirait que le soleil à la chaleur duquel la révolution de juillet devait s'accomplir retardait à dessein son avénement. La charité royale s'unissait à la charité des particuliers, afin de diminuer les souffrances des malheureux; l'hiver, avec ses rigueurs, est toujours pour les pauvres un temps de rudes épreuves.

Le jour de l'an, le Roi reçut les hommages accoutumés des grands corps de l'État. On remarqua la froideur de la réponse de Charles X à la harangue du président de la cour royale, M. Séguier. Cette froideur fut attribuée au mécontentement que l'arrêt rendu six jours auparavant par la cour royale, dans l'affaire du *Journal des Débats*, avait fait éprouver à Charles X. M. Séguier, en parlant au nom de ses collègues, avait dit au Roi que « le plaisir de porter tous les ans leurs vœux aux pieds du trône de S. M. payait en un jour les travaux assidus, les devoirs pénibles des serviteurs fidèles de sa justice. — Magistrats de la cour royale, répondit Charles X, n'oubliez jamais les importants devoirs que vous avez à remplir, prouvez pour le bonheur véritable de mes sujets que vous cherchez à vous rendre dignes des marques de confiance que vous avez reçues de votre Roi ! »

L'accueil de Madame la Dauphine fut encore plus froid ; elle répondit par un seul mot aux vœux qu'on lui exprimait au nom de la cour royale, et par ce mot : « *Passez*, » elle invitait la députation à s'éloigner. M. Séguier demanda au maître des cérémonies, M. de Rochemore : « M. le marquis, pensez-vous que la cour doive inscrire la réponse de la princesse sur ses registres? »

Le Roi reçut les félicitations du conseil d'État et des grands corps constitués ; à ces différentes harangues, il répondit par des phrases protestant de son amour pour son peuple et de son désir d'assurer le bonheur de la France. Dans toutes ces réponses, il ne laissa pas échapper un mot d'allusion à la politique de l'avenir.

On attendait avec une impatience fébrile l'ordonnance de convocation des deux chambres. Elle parut le 6 janvier; l'ouverture des chambres était fixée au 2 mars. L'extrême droite saisit cette occasion pour faire remarquer que cette ordonnance réduisait à néant les accusations qu'on avait prodiguées au ministère : il convoquait les chambres, donc il ne voulait pas sortir des voies constitutionnelles et s'égarer sur la route des coups d'État. Les journaux libéraux, au contraire, virent dans cet acte l'arrêt de mort du ministère. La presse libérale continuait ses hostilités contre le pouvoir, et, chose digne de remarque, le courant venant de France gagnait de l'autre côté du détroit. Au moment même où l'on jugeait plusieurs procès de presse en France, il y avait en Angleterre des poursuites judiciaires pour offenses contre le Roi, et diffamation contre le duc de Wellington.

Malgré ces motifs d'inquiétude réelle à l'intérieur, le gouvernement réussit au delà même de ses espérances, dans l'adjudication de l'emprunt de 4 millions de rentes 4 0/0, autorisé, on s'en souvient, par la loi du 19 juin 1828, et affecté aux dépenses extraordinaires occasionnées au gouvernement français par les affaires de Grèce. Cet emprunt fut adjugé le 12 janvier 1830, d'après soumissions cachetées, au prix de 102 francs 7 centimes et demi. La soumission fut faite par la maison Rothschild. Ce taux était supérieur à tout ce qu'on avait vu jusqu'alors. M. de Chabrol, qui songeait à son projet de conversion des rentes, se trouvait dans la nécessité de prendre un taux plus bas que celui de l'emprunt; dans ce cas, la perte serait devenue plus forte pour les rentiers, et le ministre des finances craignait que la réussite de sa proposition fût compromise par le succès inespéré de l'emprunt.

En attendant l'ouverture de la session, le conseil s'occupait de l'examen et de la préparation de plusieurs lois. M. de Courvoisier communiquait à ses collègues un projet de loi sur le duel, ce mal inhérent à nos mœurs. Il aurait voulu qu'on introduisît dans le Code criminel une disposition portant qu'on poserait toujours au jury appelé à délibérer sur un duel la question subsidiaire des circonstances atténuantes. M. de Guernon-Ranville présentait à son tour un projet sur la propagation de l'instruction primaire. D'après les renseignements communiqués au ministre de l'instruction publique, 1,500 communes de France étaient encore privées de l'enseignement primaire. Il s'agissait de remédier à cet état de choses et de faire jouir tous les habitants du royaume du bienfait de l'instruction primaire. Le Dauphin, MM. de Polignac et de Montbel s'opposèrent vivement à la prise en considération de la proposition du ministre de l'instruction publique. Néanmoins elle fut adoptée par le conseil.

Le gouvernement créait en même temps des comités spéciaux et consultatifs pour l'infanterie et la cavalerie; ces comités, attachés au ministère de la guerre, étaient composés de généraux expérimentés dans ces armes; le ministère espérait que ces études spéciales amèneraient des résultats de perfectionnement dans l'art difficile de la guerre [1].

On ne pouvait accuser tous ces actes, qui étaient des bienfaits réels, de tendre aux mesures extra-légales. L'opposition les attaquait quand même comme des abus d'autorité.

Une ordonnance du 27 janvier, qui élevait à la pairie MM. de Céreste Brancas, le marquis de Tourzel, le marquis de Puivert, le comte de la Bourdonnaye, le baron de Vitrolles [2], le comte Beugnot et le général comte Valée, fut vivement blâmée par l'opinion.

Le *Moniteur*, dans sa partie officielle, ne mentionnait pas ces nominations; on peut expliquer cette abstention d'insertion par le sentiment des instigateurs et de l'auteur de cette ordonnance: l'utilité de cette promotion était très-contestable dans les circonstances données. Le président du conseil n'était pas assez pénétré de la pensée des périls que courait le gouvernement; il ne savait pas discerner les moyens de nature à les conjurer.

L'opinion libérale, faisant un jeu de mot sur le nombre des nouveaux pairs, appela cette promotion la *promotion des sept péchés capitaux*. La fournée de pairs, si violemment reprochée à M. de Villèle, ne suffisait plus sous le ministère de M. de Polignac pour assurer au gouvernement l'appui de la haute chambre.

Depuis la formation du ministère du 8 août, la plupart des élections restées libres dans les colléges d'arrondissement avaient amené des députés libéraux à la chambre. Cependant

---

1. Ordonnance du 3 janvier 1830.
2. M. de Vitrolles annonça son élévation à la pairie à M. de la Mennais en lui écrivant le 28 janvier : « Le Roi a signé hier l'ordonnance qui me crée pair avec six autres bons garçons. Après cela, je sais bien que, si la maison brûle, peu importe d'y être assis dans un fauteuil ou sur une chaise. » (*Corresp. de la Mennais*, t. II, p. 112.)

deux élections eurent un résultat différent ; nous voulons parler de celle de M. Dudon dans la Loire-Inférieure, et de M. Berryer fils dans la Haute-Loire.

M. Berryer atteignait, en 1830, l'âge de 40 ans alors fixé pour la députation. Celui qui devait consacrer pendant près d'un demi-siècle son éloquence à la défense de la légitimité siégea pendant quelques mois seulement à la chambre, sous le gouvernement de la famille qu'il aimait, et l'aurore de son talent ne se levait que pour saluer le couchant de la monarchie française. M. de Polignac attachait une grande importance à ces deux élections, et M. Donatien de Sesmaisons, qui avait témoigné de l'hostilité contre la candidature de M. Dudon, fut pour ce motif rayé des contrôles de la garde royale dont il était colonel; cette disgrâce d'un homme appartenant à une famille bien vue à la cour, et qui lui-même venait d'arriver à la pairie en remplacement de son beau père le chancelier d'Ambray, indiquait que le nouveau président du conseil ne permettrait plus aux amis du Roi d'être opposés à la politique du gouvernement. Mais, si l'élection de ces deux hommes de droite apportait un secours au ministère, une élection qui coïncida avec celle de MM. Dudon et Berryer balançait à elle seule l'avantage remporté dans ces deux colléges par le ministère. Le 23 janvier 1830, M. Guizot était envoyé à la chambre par le département du Calvados, dans l'arrondissement de Lisieux dont le collége était présidé par M. de Neuville, gendre de M. de Villèle [1]. M. Royer-Collard, qui à cette époque ne présageait rien de plus dans la situation qu'un changement ministériel, célébrait l'élection de M. Guizot comme un événement politique : « Il ne lui sera pas donné ni à qui que ce soit de débrouiller le chaos, écrivait-il, mais c'est un secours pour notre faiblesse. »

1. Dans ses *Mémoires*, M. Guizot rend compte des circonstances qui amenèrent son élection en 1830. « Le 15 octobre 1829, dit-il, la mort du sa-

Le moment approchait où le ministère, dans son impuissance, allait affronter les périls d'une chambre dont l'hostilité n'était pas douteuse. Dès le mois de janvier, on s'occupait dans le conseil des déterminations à prendre dans le cas où l'assemblée enverrait au Roi une mauvaise adresse, et les ministres émettaient l'avis de proroger la chambre à la suite d'une adresse hostile. M. de Villèle, consulté sur cette mesure, la critiqua vivement :

« Elle est faible, dilatoire et propre uniquement à accroître l'audace des perturbateurs, écrivait-il à M. de Montbel; elle ajourne la difficulté au lieu de la résoudre. Aborder nettement la session avec l'apport du budget me semble ce qui présenterait le plus de chance de succès et annoncerait le plus d'habileté et d'aplomb de la part du gouvernement. Ou la chambre l'adopterait, et on en serait débarrassé, ou elle refuserait, et alors sa dissolution et l'appel au pays seraient pleinement justifiés. L'ajournement devra cesser tôt ou tard. Si c'est tôt, pourquoi ne pas y avoir recours? si c'est tard, on remet le pays dans la nécessité des provisoires, ce qui sera plus contraire à l'autorité royale qu'aux députés qu'on rend ainsi les dominateurs de l'État par l'allocation des fonds indispensables aux services publics. »

Ces sages avis eurent le sort de la plupart des conseils demandés : ils ne furent pas suivis. Le Roi avait trop d'indécision dans le caractère, les ministres trop peu d'action sur le

---

vant chimiste, M. Vauquelin, fit vaquer un siége dans la chambre des députés où il représentait les arrondissements de Lisieux et de Pont-Lévêque, qui formaient le 4ᵉ arrondissement électoral du département du Calvados. Des hommes considérables du pays vinrent m'offrir de me porter à sa place. Je n'avais jamais habité ni même visité cet arrondissement. Je n'y possédais point de propriétés. Mais, depuis 1820, mes écrits politiques et mon cours avaient popularisé mon nom. Les jeunes gens m'étaient partout favorables. Les hommes modérés et les libéraux vifs comptaient sur moi avec la même confiance pour défendre dans le péril leur cause. Toutes les nuances de l'opposition, M. de la Fayette et M. de Chateaubriand, M. d'Argenson et le duc de Broglie, M. Dupont (de l'Eure) et M. Bertin de Vaux, appuyèrent ma candidature. Absent mais soutenu par un vif mouvement d'opinion dans le pays, je fus élu, le 23 janvier 1830, à une forte majorité. » (*Mémoires de M. Guizot*, t. I, p. 34?)

députés, et trop peu de talent de tribune pour s'exposer à la lutte formidable qu'une mauvaise adresse les aurait mis dans la nécessité de soutenir contre la chambre. L'opinion dans les provinces était alors que, dans le cas où la révolution attaquerait le trône, si le roi apportait dans la lutte force et sagesse, la crise tournerait à son avantage.

Mais il y avait une nuance politique impatiente de l'inaction du ministère. Cette nuance ardente attendait fiévreusement l'ouverture des chambres; elle avait soif d'émotions, de mesures tranchées et de nature à fournir un thème à la polémique. A la tête de ces impatients il faut placer M. de la Mennais.

« Les journaux attaquent et défendent aussi sottement les uns que les autres un ministère gelé en attendant la débâcle prochaine, écrivait-il à la fin de janvier 1830. Je ne sache rien d'aussi dégoûtant que notre état actuel: c'est la guerre des punaises et des araignées ; quand donc apparaîtra un homme qui écrase ces insectes....? On avait essayé de tout, excepté de rien : c'est dans cette citadelle que le ministère se retranche. Que fait-il? rien. Que dit-il? rien. Rien est son opinion, son système, sa politique, et je trouve d'après cela que le libéralisme n'a pas si grand tort de prétendre qu'à cette question : « Que nous donnerez-vous? » la chambre aussi doit répondre : « Rien[1]. »

Avant l'ouverture des chambres, on parla une dernière fois d'une modification ministérielle qui aurait fait arriver M. Roy à la présidence du conseil. En même temps, les amis de M. de Villèle le sollicitaient de presser son retour à Paris en lui disant que le ministère actuel était insuffisant et que le Roi, au dire de Mgr Frayssinous, « avait le rappel de l'ancien président du conseil dans la tête et dans le cœur. »

M. de Montbel écrivait au contraire à son ami que le Roi, auquel on avait demandé le retour de M. de Villèle aux affaires, avait répondu : « Villèle est trop précieux, trop indispensable

---

1. *Corresp. de la Mennais.* T. II, p. 110-111.

à mon service, pour que je veuille le commettre en ce moment. »

Ces mots indiquaient assez l'intention du monarque de tenter quelque opération hasardeuse, conseillée par le prince de Polignac; il aurait espéré ensuite une amélioration dans les affaires publiques par le retour de M. de Villèle au ministère. Devant cet état de choses, l'ancien président du conseil ne pressait pas son retour à Paris. On lui demandait des avis sur la direction la plus convenable à donner au discours d'ouverture; il répondait que « le discours royal devait être digne, calme et modéré sans faiblesse, mais aussi sans provocations ni récriminations. » L'ajournement ou la prorogation après l'adresse lui paraissait une mesure impolitique et faite pour accroître les difficultés de la situation au lieu de les diminuer.

M. de Peyronnet avait précédé M. de Villèle à Paris. Dans une lettre datée du 3 février et adressée à son ancien collègue, il le félicitait de la résolution qu'il avait prise de ne venir à Paris qu'après l'adresse.

« On peut juger, par les clameurs qu'on a poussées à mon arrivée, de celles qu'on pousserait à la vôtre, écrivait M. de Peyronnet. On bâtirait sur cet incident vingt fables bien grossières et bien ridicules qui serviraient à faire peur de vous aux niais. Nos ennemis recruteraient par ce moyen quelques partisans de plus en faveur de l'adresse hostile, et, quand elle serait faite, il se trouverait peut-être que ce serait votre faute, et qu'il n'avait fallu rien moins pour se préserver de votre ambition et de vos intrigues. J'avoue que j'aimerais fort qu'on ne leur fournît d'aucun côté aucune ombre de prétexte afin qu'ils eussent à eux seuls toute la honte et tout le reproche de l'agression. »

L'ancien ministre de la justice redoutait pour l'administration nouvelle la lutte parlementaire qui allait s'ouvrir. Il craignait que le ministère fût vaincu par l'Assemblée.

« Où versera-t-on alors? écrivait-il à M. de Villèle. N'y aura-t-il que des hommes et le système ne suivra-t-il pas ? Il ne faudrait pas que le système fût de la partie, puisque celui du tiers-parti tend à tout livrer et celui de la faction à tout prendre. Mais il y a si peu d'esprits éclairés pour comprendre qu'on augmente presque toujours les mouvements dans la politique par les moyens qu'on emploie pour les différer! C'est dans ce temps-là que je vous souhaiterais au milieu de nous... Jusque-là j'y trouverais plus de satisfaction personnelle que d'utilité politique. Je ne vais pas dans le monde et je n'ai pas mis le nez à la cour. Qu'irais-je y faire, moi qui ne veux rien et qui ne tiens plus à la vie que par l'intérêt qu'y ont mes amis? Le malheur est la meilleure leçon de philosophie que puisse recevoir un esprit sain, et celle-là ne m'a pas manqué. »

Il ne sera pas sans intérêt d'avoir cette lettre de M. de Peyronnet présente à la mémoire lorsque nous citerons une seconde lettre qu'il écrivit quelques semaines plus tard à M. de Villèle.

Les violences de la presse redoublaient à l'approche de la session. Dans le mois de février, le *Globe*, cédant à la pente générale, devint un grand journal politique. À partir de ce jour, son ascendant alla en déclinant[1]. Il était au fond plus littéraire que politique, et c'est sous une forme littéraire qu'il servait puissamment l'esprit nouveau et apportait son effort au mouvement général des idées et des faits. Peu de jours après sa transformation, le *Globe* était poursuivi sous la prévention « d'excitation au crime d'attentat contre la vie du Roi ou des membres de sa famille, et d'attaque contre les droits que le Roi tient de sa naissance. » La *Gazette des cercles*, le *Constitutionnel de l'Allier*, étaient également cités devant les tribunaux sous la prévention d'excitation au mépris et à la haine

---

1. « Que pensez vous du *Globe* depuis qu'il a changé de forme? écrivait alors M. Augustin Thierry à M. Guizot. Je ne sais pourquoi, je suis contrarié d'y trouver toutes ces petites nouvelles et cette polémique de tous les jours. On se recueillait autrefois pour le lire, et maintenant cela n'est plus possible; l'attention est distraite et partagée : c'est bien le même esprit, ce sont les mêmes articles, mais il est désagréable de trouver à côté des choses qui sont partout. »

du gouvernement. Quant au *National*, dès son premier numéro, il n'avait pas caché la portée de ses projets d'hostilité contre le pouvoir établi :

« Aujourd'hui la position de nos adversaires est devenue désolante, disait-il. Enlacés dans cette charte et s'y agitant, ils s'y enlaceront tous les jours davantage, jusqu'à ce qu'ils étouffent ou qu'ils en sortent. Comment? nous l'ignorons : c'est un secret inconnu de nous et d'eux-mêmes, quoique caché dans leur âme. »

Le *National* prévoyait dès cette époque l'issue de la lutte :

« Si vous vous révoltez contre la loi, disait-il au pouvoir, et si vous la refaites en vertu de l'article 14, on vous résistera, non pas violemment, mais avec la légalité. La continuation de votre révolte vous conduira à tirer le glaive, et l'Évangile nous a dit quel est le sort de celui qui se sert du glaive. »

La politique du *National* était donc clairement dessinée. M. Thiers la résumait en deux mots : monarchique mais antidynastique. Chaque jour, à compter du mois de janvier 1830, il célébra les avantages que l'Angleterre avait recueillis de la révolution de 1688. Cette révolution, aux yeux des écrivains du *National*, n'avait été qu'un accident qui avait changé les personnes en conservant les choses. Le régime constitutionnel convenait au tempérament politique de la France, mais le Roi constitutionnel manquait au régime ; il fallait garder le régime en changeant le roi. L'Angleterre n'avait été vraiment libre qu'après avoir complété en 1688 sa révolution de 1640. M. Thiers, dans le *National*, du 27 janvier, développait ainsi cette théorie.

« Nous ne savons pas l'avenir, nous ne savons que le passé ; mais, puisqu'on cite toujours le passé, ne pourrait-on pas citer plus juste? On rappelle tous les jours l'échafaud de Charles Ier, de Louis XVI. Dans ces deux révolutions qu'on cite, une seule est entièrement accomplie, c'est la révolution anglaise. La nôtre l'est peut-être, mais nous l'ignorons encore. Or, dans cette révolution anglaise que nous connaissons tout entière, y eut-il deux soulèvements populaires? Non sans doute. La nation anglaise se souleva une première fois, et, la seconde, elle se soumit à la plus avilissante oppression : elle laissa mourir Sidney et Russell, elle laissa attaquer ses institutions, ses libertés, ses croyances, mais elle se détacha de ceux qui lui faisaient tous ces maux. Et quand Jacques II, après avoir éloigné ses amis de toutes les opinions et de toutes les époques, se trouva isolé au milieu de la nation morne et silencieuse, quand, éperdu, effrayé de sa solitude, ce prince, qui était bon soldat, bon officier, prit la fuite, personne ne l'attaqua, ne le poursuivit, ne lui fit une offense : on le laissa fuir en le plaignant. Les peuples ne se révoltent pas deux fois. »

M. Thiers n'était pas le seul écrivain qui indiquât un changement de dynastie comme la solution la plus facile et la plus avantageuse pour les destinées du pays. M. Mignet établissait à la même époque dans les colonnes du *National* un parallèle entre la révolution anglaise et la révolution de 1789. Il s'attachait à prouver que la nation anglaise avait fait en 1688 une simple modification de personnes pour compléter une révolution de principes opérée en 1640; « elle avait placé sur un trône tout fait une famille qui avait la foi nouvelle, ajoutait-il. L'Angleterre fut si peu révolutionnaire à cette époque, que, respectant autant qu'il se pouvait le droit antique, elle choisit la famille la plus proche parente du prince déchu. »

Cette fois l'opposition ne prenait pas la peine de dissimuler le but qu'elle se proposait d'atteindre : indiquer la crise qui se préparait comme un simple changement dynastique. M. Thiers déclarait souvent que la révolution de 1789 n'était pas à refaire.

« Nous nous sommes dit qu'il n'y avait plus de Bastille à prendre, écrivait-il, plus de trois ordres à confondre, plus de nuit du 4 août à faire, plus rien qu'une charte à exécuter avec franchise, et des ministres à renverser en vertu de cette charte. Ce n'est pas là sans doute une besogne bien facile, mais enfin elle n'a rien de sanglant, elle est toute légale ; bien coupables seraient ceux qui lui donneraient les caractères sinistres qu'elle n'a pas aujourd'hui! »

Quelques jours plus tard, le même écrivain exprimait d'une manière plus claire encore ses vues sur l'avenir :

« La France doit être bien désenchantée des personnes, écrivait M. Thiers; elle a aimé le génie, et elle a vu ce que lui a coûté cet amour. Des vertus simples, modestes, solides qu'une bonne éducation peut toujours assurer chez l'héritier du trône, qu'un pouvoir limité ne saurait gâter, voilà ce qu'il faut à la France, voilà ce qu'elle souhaite, et cela encore pour la dignité du trône, beaucoup plus que pour elle, car le pays avec ses institutions bien comprises et pratiquées n'a rien à craindre de qui que ce soit. »

A la suite de ces divers articles, le *National* fut cité devant les tribunaux, mais la condamnation qu'il encourut ne modéra pas la nuance ardente de son opposition à la dynastie régnante. Chaque jour ses attaques devenaient plus pressantes, plus directes; il avançait dans son œuvre, il assiégeait la royauté, le cercle d'investissement se rétrécissait de plus en plus, l'opposition se cantonnait dans la légalité comme dans une citadelle et fermait toutes les issues à la monarchie en lui disant : Sortez; une seule porte restait ouverte, et c'était la porte des mesures extra-légales. Les défis, les provocations des adversaires de la dynastie devenaient incessants. C'est ainsi que le *Messager* insérait à la fin de février la note suivante : « On annonce qu'une ordonnance dont nous ignorons le contenu a été envoyée deux fois dans la soirée du 27 au *Moniteur* et deux fois retirée. » Le *Moniteur* protestait en vain qu'il n'avait rien reçu de ce genre, l'effet n'en était pas moins produit sur l'opinion, et chaque jour on attendait le coup d'État, en s'indignant à la pensée que le gouvernement eût le projet de conspirer contre les libertés publiques[1]. A ces défis des journaux libéraux, les journaux de droite opposaient des provocations d'un autre genre. La *Gazette* déclarait qu'il était des circonstances où le pouvoir du Roi pouvait s'élever au-dessus des lois. Les feuilles royalistes répétaient que le « Roi était l'instrument de la souveraineté éternelle qui est Dieu. » Elles ajoutaient « qu'un coup d'État était quelque chose de sacré et de régulier, lorsque le Roi agissait dans l'intérêt général du peuple, et même en apparence contre les lois.

« La partie est engagée ! s'écriait un organe de la droite. Il faut qu'on sache ce qu'il y a des deux côtés dans le jeu. Eh bien, de notre côté c'est la royauté, de l'autre, c'est l'usurpation... Nous avons à jouer notre dernier coup, ce sera le dernier jeu joué contre la révolution. L'enjeu est la monarchie. Mieux vaut périr avec honneur dans six mois que périr misérablement dans deux ans. »

Les hommes de la droite ne se contentaient pas d'exposer ces théories excessives dans les journaux ; quelques écrivains publiaient des brochures pour exhorter le gouvernement à sortir par un coup de violence de sa position difficile[2]. Ainsi, au lieu de chercher à amener une conciliation dans la lutte engagée entre la prérogative royale et la prérogative parlementaire, les royalistes envenimaient la situation ; au lieu de servir

---

1. « Il n'y avait plus ni repos ni trêve, écrit M. Hatin, dans son *Histoire de la Presse française sous la Restauration*. Il faut avouer que si, par impossible, le ministère avait eu la velléité de renoncer à son coup d'État, il en eût été fort empêché par le harcèlement même et le défi de ces sommations incessantes. » (*Histoire de la Presse française*. Tome VIII, p. 526.)

2. Un de ces écrivains, M. Cottu, publia à cette époque une brochure intitulée : *De la Nécessité d'une dictature*. Nous en extrayons le passage suivant, qui donnera une idée de l'exagération des théories développées par les amis imprudents du pouvoir royal : « Qui doute aujourd'hui que si, le 8 août dernier, au lieu de créer un ministère dont la composition seule devait exciter la fureur des révolutionnaires, la royauté, comme j'en avais donné le conseil, se fût hardiment précipitée sur la révolution, la royauté ne l'eût écrasée du premier choc... La couronne devait disposer ses machines dans le silence, préparer

la royauté, qu'ils croyaient défendre, la violence de leur lan[gage] nuisait à la cause monarchique, et l'attitude de la pres[se] royaliste poussait le pouvoir aux coups d'État, aussi bien q[ue] l'attitude de la presse hostile ; celle-ci cherchait à imposer [au] ministère par ses défis journaliers, et le ministère, qui rê[vait] dès lors une ordonnance contre la presse, la faisait poursui[vre] pour signaler ses excès à l'opinion. Les investigations malve[il]lantes des journaux s'étendaient jusqu'aux députés dont ils [si]gnalaient les actes et les relations, dont ils publiaient les vot[es] anciens, en appelant sur eux l'animadversion publique. L'u[na]nimité de la presse était faite pour pousser le ministère [à] prendre des mesures énergiques. Quel que fût le parti qu[’il] adoptât, il était presque assuré du refus du concours d[es] chambres.

L'époque de l'ouverture de la session approchait. Le mini[s]tère se résolut à présenter seulement aux chambres le budg[et] et deux lois : la première sur la réduction de l'intérêt d[u] capital 5 p. 100, loi dont nous avons énuméré les avantage[s]; la seconde était relative à l'amortissement et à l'emploi d[es] fonds que le nouveau système financier laisserait sans emplo[i]. Chaque ministre avait dû s'occuper activement des projets q[ui] se rattachaient à celui du ministre des finances et devaient [en] être le complément. Quelques autres lois, relatives à des intérê[ts] spéciaux, étaient destinées seulement à utiliser les momen[ts] des chambres pendant la durée de l'examen préparatoire [de] la loi de finances. Les grandes questions intérieures, telles q[ue] l'organisation communale et départementale, les modificatio[ns]

sa nouvelle loi d'élection, ses proclamations, ses ordonnances transitoires, [fit] tout à coup éclater, déclarer la sûreté de l'État compromise et, en vertu de l'a[r]ticle 14 de la Charte, se revêtir du pouvoir constituant et rétablir l'harmo[nie] dans toutes les parties du gouvernement. Tout cela se serait accompli s[ans] obstacle, sans résistance et aux acclamations générales de tous les amis de l'o[r]dre et de la liberté.

Trojaque nunc stares, Priamique arx alta maneres. »

à opérer dans le système électoral, la répression de la licence de la presse, devaient être réservées pour la session suivante.

Ce fut dans les réunions qui précédèrent l'ouverture des chambres qu'un grave problème de politique extérieure trouva sa solution : nous voulons parler de l'expédition d'Alger, qui se décida à cette époque. Cette expédition, dont les suites devaient être si glorieuses, était résolue sous le ministère le plus impopulaire de la Restauration. L'opinion profondément surexcitée, la presse enivrée de colère, la chambre élective engagée dans la lutte de la prérogative parlementaire contre la prérogative royale, ne voyaient plus dans toutes les questions qu'un terrain d'opposition. Partout, toujours, au dehors, au dedans, on cherchait des armes contre un ministère destiné à périr. Par cela seul qu'il devait avoir la direction d'une expédition contre Alger si cette expédition était tentée, les objections allaient devenir plus nombreuses, les obstacles plus grands. Chose triste à dire : l'esprit de parti portant atteinte au patriotisme, il y avait des hommes qui craignaient les succès du ministère, au point de craindre ceux de la France.

L'expédition d'Alger était devenue inévitable ; tous les moyens de transaction étaient épuisés. Des menaces étaient sorties de la bouche même du Roi dans les discours d'ouverture des deux précédentes sessions. Si elles ne recevaient point une prompte exécution, la dignité royale était compromise, et l'influence morale de la France éprouvait un grave échec, car il restait démontré aux yeux de l'Europe que sa volonté allait au delà de sa puissance. L'expédition d'Alger devait donc être et fut en effet une des préoccupations les plus vives du ministère Polignac et surtout des deux ministres qui devaient avoir la part principale à cette entreprise, le général de Bourmont comme ministre de la guerre, et le baron d'Haussez comme ministre de la marine.

Au mois d'octobre 1829, le prince de Polignac avait songé à faire accomplir l'expédition par le pacha d'Égypte. Le Roi agréa d'abord ce projet. Méhémet-Ali s'engageait à réduire Alger ainsi que Tunis et Tripoli, à prendre possession de ces trois régences, à les gouverner en payant un tribut au sultan, et à y établir une administration régulière et protectrice du commerce de toutes les nations. On représentait, à l'appui de ce projet, que la France aurait avantage à voir grandir dans la Méditerranée l'influence de l'Égypte, qui, formée par ses exemples et ses hommes depuis le commencement du siècle, était disposée à accepter son impulsion, tandis que Constantinople, peu accessible à notre politique, obéissait tour à tour à l'ascendant de la Russie ou à celui de l'Angleterre. Quoique cette considération ne fût pas sans valeur, elle ne rachetait point le double inconvénient de donner une solution musulmane au lieu d'une solution chrétienne à la question d'Alger, et de faire venger par une épée d'emprunt l'injure de la France. L'excessive prétention du pacha d'Égypte fit manquer cette combinaison. Il n'avait d'abord été question que de prêter à Méhémet-Ali des vaisseaux français pour transporter ses troupes ; il objecta qu'il ne pourrait se présenter devant des populations musulmanes sous un pavillon chrétien, et demanda qu'on lui donnât les vaisseaux en toute propriété. Le roi repoussa d'une manière absolue cette demande, en disant que jamais des bâtiments qui avaient porté le pavillon français ne porteraient, de son aveu, un autre pavillon. On songea alors à une armée d'occupation égyptienne, se dirigeant sur Alger par terre. L'Angleterre, jalouse de voir la puissance égyptienne prendre des accroissements sur la Méditerranée et son intimité avec nous se resserrer, fit inutilement des démarches très-puissantes auprès du cabinet des Tuileries pour le déterminer à renoncer à cette idée, puis s'adressa directement à Méhémet-Ali, et, moitié par conseil, moitié par menaces, elle l'obligea à

emander l'agrément de la Porte, et, plus tard, à renoncer au
raité qu'il avait signé avec nous. Dans le conseil du 31 janvier 1830, l'expédition directe faite par la France elle-même
ontre Alger fut résolue; on laissait à Méhémet-Ali le soin de
éduire Tripoli et Tunis. Ce ne fut qu'au mois d'avril suivant
ue le pacha d'Égypte nous avertit qu'il renonçait à coopérer,
nême dans cette mesure, à notre entreprise.

Ainsi, dans les conseils du roi Charles X, la question d'Alger
traversa trois phases : dans la première, on avait espéré arriver à une solution par un blocus, et cet espoir s'était prolongé
jusqu'à l'échec de la mission du comte de la Bretonnière ; dans
la seconde, on avait cherché les moyens de réduire Alger sans
entreprendre une grande expédition, et c'est alors que l'idée
de recourir à la Porte ottomane, idée bientôt modifiée par de
nouvelles instructions, puis celle d'acheter le concours militaire
du pacha d'Égypte, avaient été accueillies. Ce ne fut que lorsque ces deux expédients eurent échoué qu'on en vint nécessairement à la pensée de diriger une grande expédition vers
la côte d'Afrique. Le récit curieux des délibérations intimes du
conseil, révélées par les papiers du baron d'Haussez[1] et les
témoignages des hommes le plus activement mêlés aux affaires, mettent hors de doute un point d'histoire générale jusquelà controversé : c'est que l'expédition d'Alger ne fut point
entreprise par la Restauration comme une mesure de politique
intérieure commandée par les circonstances difficiles où se
trouvait le ministère de M. de Polignac, mais comme une
mesure d'honneur et d'intérêt national devant laquelle le gouvernement, qui avait tenté toutes les autres voies, ne pouvait
plus reculer sans déserter ses devoirs.

Quand le ministère eut résolu de faire l'expédition d'Alger
exclusivement avec les forces de la France, il voulut naturel-

1. Voir ces détails, trop circonstanciés pour être reproduits ici, dans notre *Histoire de la conquête d'Alger*, p. 135 et suivantes.

lement prendre l'avis de l'homme de mer qu'on regardait, non sans raison, comme le plus compétent dans la question; M. Dupetit-Thouars, déjà consulté par le précédent cabinet, se trouvait indiqué. Ce fut à lui et à M. Gay de Taradel que le baron d'Haussez s'adressa.

Il introduisit M. Dupetit-Thouars dans une commission réunie sous sa présidence et composée du vice-amiral Jacob, du contre-amiral Roussin, du vice-amiral de Mackau, directeur du personnel, du baron Tupinier, directeur des ports, et du capitaine de vaisseau Latreyte. Cette commission avait adopté un plan qui consistait à envoyer une armée de 30,000 hommes sur quatre cents navires de commerce escortés par six frégates. Le capitaine Dupetit-Thouars combattit vivement ce projet; il exposa que la condition essentielle du succès était de jeter tout d'abord sur la plage un grand nombre d'hommes organisés et prêts à combattre. Or, ce n'était qu'en embarquant la plus grande partie de l'armée et du matériel sur des vaisseaux de guerre qu'on pouvait remplir cette condition.

M. Dupetit-Thouars développa ses idées dans un rapport lumineux [1] où l'instruction, aidée par l'expérience du rivage et de la mer, indiquait avec une remarquable précision le plan à suivre pour l'expédition, les moyens de transport, les précautions à prendre, le mode et le lieu du débarquement, le temps qu'il devait durer, les mesures à appliquer aussitôt qu'il serait opéré. La lecture de ce mémoire fit une impression profonde sur la commission, qui adopta à l'unanimité le plan de M. le capitaine Dupetit-Thouars.

Le gouvernement n'avait rien omis pour entourer sa résolution de toutes les lumières qui pouvaient assurer le succès de l'entreprise. Trois commissions avaient été nommées pour

---

1. Voir ce rapport, *Histoire de la conquête d'Alger*, p. 20 et suivantes.

étudier la question : l'une à la marine, l'autre à la guerre, la troisième aux affaires étrangères, à cause des difficultés diplomatiques que soulevait l'expédition. Ces trois commissions avaient travaillé séparément. Quand le plan du capitaine Dupetit-Thouars eut été adopté par la commission de la marine, il y eut une réunion générale des trois commissions. Le conseil des ministres se rallia tout entier au plan de M. Dupetit-Thouars, et c'est ainsi que son rapport devint le point de départ de l'expédition d'Alger.

La politique française ne bornait pas sa sollicitude aux préparatifs de l'expédition d'Alger. Elle s'occupait en même temps du règlement des affaires de la Grèce et de sa constitution définitive. Les puissances signataires du traité du 6 juillet décidèrent que la Grèce serait érigée en principauté, et que son souverain ne pourrait être choisi dans les familles souveraines des trois puissances signataires du traité du 6 juillet. En attendant l'élection du roi des Grecs, le pouvoir restait entre les mains du comte Capo-d'Istria ; les trois puissances s'engageaient à lui payer un subside, sans lequel il ne lui était pas possible de s'opposer au retour des désordres qui avaient désolé cette malheureuse contrée. C'était seulement avec l'aide des ressources pécuniaires que lui avaient fournies les dons volontaires des philhellènes de l'Europe et les avances fort considérables, faites par M. Eymard, que M. Capo-d'Istria avait satisfait aux exigences financières de l'État.

Chacune des trois puissances proposait un candidat pour la couronne de Grèce en excluant ceux des deux autres. La France désigna d'abord le prince Othon, second fils du roi de Bavière; la jeunesse de ce prince permettait d'espérer qu'élevé en Grèce, il en adopterait les habitudes, l'esprit et le langage. En outre, l'éloignement du pays natal du jeune prince enlevait toute crainte de voir l'influence du gouvernement bavarois dominer la politique de la Grèce ; les communications directes sont impossibles entre ces deux contrées, dont l'une n'a pas de littoral, tandis que l'autre est presque entièrement entourée par la mer.

L'Angleterre, appuyée par la Prusse, proposait le prince Frédéric d'Orange en faisant valoir son âge, son expérience et sa grande fortune qui lui permettrait de ne pas devenir une charge pour l'État hellénique.

La Russie, sans désigner de candidat, excluait le choix d'un prince catholique, redoutant l'influence que pourraient exercer sur la Grèce les États catholiques riverains de la Méditerranée. C'est ainsi qu'elle repoussa la candidature du prince Jean de Saxe, présenté par la France. La France excluait à son tour le prince Frédéric d'Orange, par la double considération des rapports de famille et d'intérêts qui existaient entre l'Angleterre et les Pays-Bas.

C'est à la suite de ces diverses propositions que l'on accueillit la candidature du prince Léopold de Saxe-Cobourg, gendre du roi d'Angleterre : l'adoption de cette candidature violait la clause expresse du traité préliminaire qui excluait les prétentions des familles souveraines signataires du traité du 6 juillet. Le parlement d'Angleterre avait assuré au prince Léopold une dotation de 60 mille livres sterling. Les dépenses personnelles du prince étaient donc assurées sans qu'il eût besoin d'une nouvelle subvention.

Une considération puissante tint longtemps en suspens l'assentiment de la France : cette considération, c'était la crainte de paraître, en accédant à ce choix, obéir à l'impulsion de l'Angleterre; on connaissait d'autre part les dispositions défavorables de la nation anglaise et surtout du roi George IV à l'égard du prince Léopold. Les difficultés véritables ou feintes que le gouvernement anglais fit surgir pour contrarier les vues du prince contribuèrent à lui donner en France une sorte de popularité; et lorsque sa désignation fut avouée, l'opposition n'attaqua pas sa candidature quoiqu'elle fût appuyée par le ministère.

Le prince Léopold vint en France, il eut des conférences avec plusieurs des ministres, et s'adressa ensuite au Roi. Il lui dit que c'était de lui seul qu'il voulait tenir la couronne de Grèce, que personne n'en douterait si le Roi prenait l'initiative de sa candidature. Le prince Léopold promettait à Charles X qu'il agirait toujours de manière à lui prouver sa reconnaissance. Le Roi céda, et le duc de Laval, son ambassadeur à Londres, reçut l'ordre de proposer le prince Léopold à la Conférence qui, après quelques hésitations, finit par l'agréer.

Quelques mois plus tard, le prince Léopold fit en France un second voyage où il se montra plus exigeant. Il demandait 60 millions à titre d'emprunt et la main d'une des filles du duc d'Orléans ; les trois puissances lui accordaient 30 millions. Il jugea que cette somme était insuffisante, et il écrivit au Roi pour se désister de sa candidature. Cette lettre demeura sans réponse. Quant au duc d'Orléans, il répondit qu'aucune de ses filles ne se sentait de vocation pour régner sur la Béotie. Ainsi se termina une négociation qui avait occupé, pendant trois mois, les principales cours de l'Europe.

Il importait d'exposer ces deux points de politique extérieure afin d'expliquer deux passages du discours royal, dont la rédaction occupait les conseils des ministres au mois de février 1830.

1. Nous empruntons ces détail au Journal inédit de M. de Guernon-Ranville.

IV

OUVERTURE DE LA SESSION DE 1830. — LE DISCOURS ROYAL CONTIENT UNE MENACE ADRESSÉE A LA MAJORITÉ DE LA CHAMBRE. — DISCUSSION DE L'ADRESSE A LA CHAMBRE DES PAIRS. — DISCOURS DE M. DE CHATEAUBRIAND EN FAVEUR DE LA LIBERTÉ DE LA PRESSE. — L'AMIRAL VERHUEL ATTAQUE L'EXPÉDITION PRÉPARÉE CONTRE ALGER. — LA CHAMBRE DES DÉPUTÉS SE CONSTITUE. — M. ROYER-COLLARD EST DÉSIGNÉ PAR LE ROI POUR PRÉSIDER LA SESSION. — M. GAUTIER EST CHOISI POUR RÉDIGER L'ADRESSE AU ROI.

Le ministère, irrité des attaques incessantes de la presse, effrayé du déchaînement de l'opinion, croyait qu'il était de son devoir de combattre, par des mesures énergiques, la violence de l'opposition qui le menaçait. Les députés arrivaient à Paris. Leurs propos, leur contenance devant les ministres, ne laissaient à ceux-ci aucune illusion sur la marche que prendrait la session. Les députés de la droite étaient favorablement disposés, mais les plus modérés des députés de la gauche ne firent pas même aux ministres les visites d'usage, et déclarèrent l'intention où ils étaient de s'établir en opposition ouverte. La majorité était évidemment hostile au cabinet, et il n'avait, pour la rallier, que des moyens dont l'usage lui était interdit. En face de cet état de choses, le ministère jugea qu'il manquerait au caractère défensif que le roi avait attribué à sa formation, s'il débutait, dans ses rapports avec les chambres, par un acte qui pût être pris pour un signe de faiblesse. Cette considération prévalut dans la majorité du conseil. Le Roi croyait de son devoir d'exprimer dans le discours d'ouverture une pensée forte, positive, énergique. Charles X avait le sentiment du péril dont le menaçait l'opposition à outrance, enveloppée du manteau général de la coalition. Il s'exagérait peut-être la place qu'elle y tenait, parce qu'il était difficile, à cause de la violence de la polémique, de faire les distinctions qu'on a faites depuis.

Cependant, ainsi que M. Guizot l'a écrit : « Les sociétés secrètes, inactives et non résignées, étaient toujours là prêtes, dès qu'une circonstance favorable se présenterait, à reprendre leur travail de conspiration et de destruction. D'autres adversaires, plus légaux, mais non moins redoutables, épiaient toutes les fautes du Roi et de son gouvernement, et les commentaient assidûment devant le public, attendant et faisant pressentir des fautes bien plus graves qui amèneraient des circonstances suprêmes. Dans les masses populaires, les vieux instincts de méfiance et de haine pour tout ce qui rappelait l'ancien régime et l'invasion étrangère, continuaient de fournir aux ennemis de la Restauration, des armes et des espérances inépuisables. »

Ces aveux, consignés dans les Mémoires de M. Guizot, aident à expliquer l'attitude que le gouvernement royal crut devoir prendre.

Le ministère avait toujours été convaincu que l'énergie était une condition indispensable à son existence. En conséquence, la majorité du conseil décida que le discours royal contiendrait une menace dirigée contre l'opposition. MM. de Courvoisier et de Chabrol refusèrent d'abord leur assentiment à cette décision. Le Roi obtint leur sanction, et le garde des sceaux, chargé de la rédaction définitive du discours d'ouverture, y inséra enfin cette phrase fameuse qui servit de prétexte au refus de concours de la Chambre des députés et devint le point de départ d'une scission entre le gouvernement royal et la nation. Certes, le pouvoir devait, en ouvrant la session législative, se montrer digne, sans faiblesse et résolu ; mais son attitude toute défensive n'aurait rien dû avoir de provoquant. La France ressemblait à cette époque à un baril de poudre sur lequel les partis se promenaient en agitant des flambeaux. Il fallait bien que de l'une des mains l'étincelle tombât ; mais les esprits sensés regrettèrent que le discours du trône contînt une première étincelle.

Par ce seul fait, le pouvoir se plaçait sur le chemin des mesures extra-légales. Le Roi espérait que sa fermeté imposerait une respectueuse déférence à la chambre; et qu'elle s'arrêterait devant une menace du gouvernement; le président du conseil partageait cette illusion qu'il avait contribué à faire naître.

Quelques jours avant l'ouverture de la session, le Roi proclama dans un chapitre de ses ordres le duc de Nemours, le prince Amédée de Broglie, le comte de Durfort, le comte Roy, le marquis d'Ecquevilly, le marquis de Conflans, le comte Bordesault et le comte de Cossé. Ces prodigalités, à l'approche des moments de crise, désarment et affaiblissent le pouvoir qui les accordent.

La veille de la séance royale, le 1er mars 1830, la messe du Saint-Esprit fut célébrée selon la coutume. Il ne se trouvait dans l'assistance qu'un très-petit nombre de députés, tous de la droite. Les banquettes des pairs n'étaient pas beaucoup plus garnies. Dans le trajet qui sépare les Tuileries de Notre-Dame, le Roi fut accueilli avec beaucoup de froideur.

Le lendemain, jour de l'ouverture des chambres, les places destinées aux pairs et aux députés étaient presque toutes occupées. Jamais l'affluence n'avait été aussi considérable. Les tribunes étaient également remplies; une foule inquiète et émue envahissait toutes les avenues du Louvre. La famille royale, le corps diplomatique tout entier, assistaient à cette séance, qui surpassait en solennité les séances des années précédentes [1]. On sentait vaguement dans l'air que ce jour-là un acte décisif allait être accompli.

Le moment est venu de donner la substance du discours royal, qui fut un événement politique, puisqu'il devint, aux yeux de l'opposition, le point de départ de la lutte suprême engagée entre la prérogative royale et la prérogative parlementaire.

Le Roi jetait d'abord un regard satisfait sur l'état de la France au dehors.

Jamais, en effet, sa position devant l'Europe n'avait été plus florissante. La paix était consolidée entre la France et ses alliés; la guerre était éteinte en Orient; l'intervention amicale des puissances avait préservé l'empire ottoman des malheurs qui le menaçaient, maintenu l'équilibre et affermi les anciennes relations des États. La Grèce indépendante allait être gouvernée par un prince dont le choix faisait connaître les vues désintéressées et pacifiques des souverains. Relativement à la question d'Alger, le Roi déclarait que l'insulte faite au pavillon français par une puissance barbaresque ne resterait pas longtemps impunie. Une réparation éclatante allait satisfaire l'honneur de la France.

Passant à l'examen des questions intérieures, le Roi exprimait sa satisfaction de voir que, malgré la diminution éprouvée sur les revenus de 1829, si on les comparait à ceux de l'exercice précédent, ils avaient surpassé les évaluations du budget. Il annonçait ensuite une loi relative à l'amortissement, cette loi était liée à un plan de remboursement ou d'échange, capable de concilier l'intérêt dû aux contribuables avec la justice qu'attendaient également ceux qui avaient placé leurs

---

1. Un journal du temps raconte que le Roi, en quittant l'estrade, avait laissé tomber son chapeau qu'il tenait à la main, et que M. le duc d'Orléans, en s'empressant de le relever, avait mis un genou en terre pour le présenter à Charles X.

capitaux dans les fonds publics: Venait enfin le paragraphe du discours qui devait provoquer le refus de concours de la chambre élective.

« Messieurs, dit le roi, le premier besoin de mon cœur est de voir la France, heureuse et respectée, développer toutes les richesses de son sol et de son industrie, et jouir en paix des institutions dont j'ai la ferme volonté de consolider les bienfaits; comme roi, la charte a placé les libertés publiques sous la sauvegarde des droits de ma couronne; ces droits sont sacrés : mon devoir envers mon peuple est de les transmettre intacts à mes successeurs.

« Pairs de France, députés des départements, je ne doute pas de votre concours pour opérer le bien que je veux faire : vous repousserez avec mépris les perfides insinuations que la malveillance cherche à propager; si de coupables manœuvres suscitaient à mon gouvernement des obstacles que je ne veux pas prévoir, je trouverais la force de les surmonter dans ma résolution de maintenir la paix publique, dans la juste confiance des Français, et dans l'amour qu'ils ont toujours montré pour leur Roi[1]. »

Le Roi lut le discours avec assurance. Lorsqu'il arriva à la phrase décisive, il éleva la voix en affectant d'appuyer sur les mots les plus saillants, afin que sa ferme volonté fût comprise par tous les assistants. A peine avait-il quitté son trône, que des colloques animés s'établirent entre les pairs et les députés. Des éloges et des blâmes, également exagérés, étaient échangés des deux côtés de la salle.

Dès le 3 mars, les appréciations du discours royal commencèrent à remplir les colonnes des journaux. Les feuilles de droite, avec leur lyrisme accoutumé, célébraient le discours

---

1. M. de Guernon-Ranville avait proposé d'introduire dans le discours d'ouverture un amendement dont l'adoption eût produit un effet favorable. Il trouvait que, dans le dernier paragraphe, le Roi parlait trop de son pouvoir et de sa volonté ; il proposait donc de le modifier ainsi qu'il suit : « Je trouverais la force de surmonter les obstacles dans ma résolution de maintenir la paix publique et dans le loyal appui que j'ai le droit d'attendre des deux chambres. » L'amendement fut rejeté.

d'ouverture comme « l'expression des sentiments personnels du Roi, une nouvelle profession de foi aussi sacrée que les serments de Reims. » Les journaux d'opposition commentaient différemment les paroles royales. A leurs yeux il était l'œuvre du ministère de contre-révolution. Aucune des paroles du Roi ne trouvait grâce devant eux; ils voyaient dans les déclarations faites au sujet de la politique extérieure autant de concessions arrachées par les puissances étrangères; ils étendaient leur blâme à l'expédition d'Alger. Leur fureur éclatait quand ils arrivaient à l'analyse de la dernière partie du discours royal. Quoi! le ministère osait supposer qu'il existait des manœuvres menaçantes pour le trône et pour les droits de la couronne. A ces soupçons injurieux l'indignation publique répondait en demandant l'éloignement d'un ministère aussi odieux qu'antinational. Il fallait lui susciter des obstacles dans les voies constitutionnelles; les pairs de France et les députés avaient un devoir rigoureux à remplir; ils répondraient au défi ministériel en faisant connaître au Roi la vérité tout entière, et le refus du budget viendrait, s'il le fallait, confirmer cette vérité.

La chambre des pairs se réunit le lendemain de la séance d'ouverture, sous la présidence du marquis de Pastoret, nommé à cette fonction demeurée vacante par la mort de M. d'Ambray. Les secrétaires de la haute chambre furent choisis parmi les libéraux[1]; dans la même séance, le président désigna les membres chargés de rédiger le projet d'adresse en réponse au discours du trône. Ils représentaient les diverses nuances de l'opinion. C'étaient MM. Lainé, de Doudeauville, de Latour-Maubourg, Marbois de Panisse, Siméon et de Talaru.

On répandit d'abord le bruit que la majorité des pairs se dé-

---

1. Les secrétaires élus furent MM. de Bouillé, de Laplace, le vicomte d'Aulnay le maréchal Maison.

clarerait opposée au système ministériel et blâmerait le dernier paragraphe du discours royal. On ajoutait que les pairs n'étaient pas d'accord sur la réponse qui devait être faite au discours d'ouverture. Les membres les plus modérés de la haute chambre conseillèrent à leurs collègues d'éviter une discussion dont les résultats n'étaient pas clairement définis. Il paraissait plus sage de répondre au paragraphe dans lequel le gouvernement se montrait résolu à surmonter seul les obstacles qui menaçaient le trône, en rappelant au ministère l'obligation qui lui était faite de rester dans les voies parlementaires et constitutionnelles. Le 9 mars, M. le comte Siméon présenta à la haute chambre le projet d'adresse. La leçon était enveloppée sous les formes d'un dévouement respectueux, mais elle n'en était pas moins contenue dans la réponse au discours royal.

Cette réponse était ainsi conçue :

« Le premier besoin de V. M. est de voir la France jouir en paix de ses institutions. Elle en jouira, Sire. Que pourraient, en effet, des insinuations malveillantes contre la déclaration si expresse de votre volonté, de maintenir, de consolider ses institutions? La monarchie en est le fondement; les droits de votre couronne y resteront inébranlables; ils ne sont pas moins chers à votre peuple que ses libertés. Placées sous votre sauvegarde, elles fortifient les liens qui attachent les Français à votre trône et à votre dynastie et les leur rendent nécessaires. La France ne veut pas plus de l'anarchie que son Roi ne veut du despotisme. Si des manœuvres coupables suscitaient à votre gouvernement des obstacles, ils seraient bientôt surmontés, non pas seulement par les pairs, ces défenseurs héréditaires du trône et de la charte, mais aussi par le concours simultané des deux chambres, et par celui de l'immense majorité des Français; car il est dans le vœu et dans l'intérêt de tous que les droits sacrés de la couronne demeurent invariables et soient transmis inséparablement des libertés nationales aux successeurs de V. M. et à nos derniers neveux, héritiers de notre confiance et de notre amour! »

Les autres parties de l'adresse ne contenaient qu'une paraphrase du discours royal. La haute chambre évitait cependant de donner un assentiment décisif aux questions de politique extérieure; quant au projet de conversion des rentes annoncé par le Roi, l'adresse rappelait au ministère le devoir qui lui incombait « de rester également favorable aux intérêts des contribuables, des capitalistes et de l'État, en évitant de s'écarter du respect dû aux droits individuels et des principes de justice qui avaient fondé et élevé si haut le crédit. »

Seul M. de Chateaubriand se fit entendre dans la discussion du projet d'adresse. Il déclara qu'il s'abstiendrait de prendre part au vote, parce que l'adresse n'infligeait pas un blâme assez direct à la politique inaugurée par le discours d'ouverture.

« Jamais je n'ai tant désiré la paix, dit-il, il a fallu six mois entiers de provocations, il a fallu m'entendre traiter d'apostat et de renégat par ordre ou par permission pour que je me crusse obligé de m'expliquer. Je désire quatre choses pour mon pays : la religion sur les autels de saint Louis, la légitimité sur le trône d'Henri IV, la liberté et l'honneur pour tous les Français. »

M. de Chateaubriand ajouta que, dès le premier instant de la formation du ministère du 8 août, il avait prévu que la composition de ce cabinet inquiéterait les intérêts publics; il craignait que les ministres, en voulant trouver la France ancienne dans la France nouvelle, « ne missent la réalité en péril pour saisir ou pour combattre des chimères. » L'état du pays n'inquiétait pas l'illustre écrivain; il s'affligeait des bruits de coups d'État répandus dans le public, ces bruits venaient de recevoir une sorte de confirmation dans le discours royal. Le ministère était trop faible pour se lancer dans des mesures extraordinaires, et rien dans l'état de la France ne justifiait des alarmes aux yeux de M. de Chateaubriand saisi ce jour-là d'un accès d'optimisme.

La crise ministérielle du 8 août était la cause de tout le mal.

Avant cette date fatale, la France jouissait du plus profond repos; le Roi, entouré d'amour et de respect, n'avait plus qu'à jouir du spectacle des bienfaits qu'il avait répandus sur [ses] peuples. « Tout principe de mouvement était détruit dans [les] masses, affirma M. de Chateaubriand; elles avaient obtenu [ce] qu'elles avaient demandé : la liberté et l'égalité par et devant la loi. Où étaient-ils, ces grands ennemis de la légitimité contre lesquels la résistance des anciens ministres se trouvait insuffisante? Chose désirable, en effet, pour les vrais partisans [de] la liberté qu'une usurpation républicaine ou monarchique dont le premier acte forcé serait d'ôter à la France la liberté de la presse et la liberté de la parole. » La liberté de la presse semblait à l'orateur le palladium de la prospérité du pays et [de] la stabilité du gouvernement.

« Il y a une force dont j'oserai me vanter, parce que, le cas échéant, je ne tirerais pas cette force de moi, mais de la nature des choses, s'écria-t-il : qu'on mette devant moi une usurpation quelconque, qu'on me laisse écrire : je ne demande pas un an pour ramener [le] Roi ou pour élever mon échafaud ! »

Par un mirage étrange, M. de Chateaubriand se croyait revenu au temps où sa plume, plus puissante qu'une épée, valait une armée au roi Louis XVIII! Mais, les circonstances étaient bien différentes, et le grand écrivain employait alors la puissance de son talent à attaquer le gouvernement de [la] Restauration; le libéralisme amoncelait des ruines sans songer à remplacer par des institutions meilleures le gouvernement qu'il avait hâte de renverser. La vraie puissance de la presse libre est une puissance de destruction. Un éminent publiciste de la Restauration qui appartenait à la grande école libérale [et] constitutionnelle, M. Charles Dunoyer, en a depuis fait l'aveu.

« Nous n'avons fait servir la liberté, quand nous l'avons eue, qu'à battre en brèche l'autorité, a-t-il dit, et il semble que nous ne l'ayons desirée jamais que pour nous en faire une arme irrésistible, un moyen d'une efficacité singulière non pour réformer des abus, mais pour détruire, tantôt tel régime politique, tantôt tel autre : montrant ainsi que toutes nos entreprises politiques avaient pour unique objet la conquête du pouvoir. Il était difficile, assurément, d'être animé d'un esprit plus funeste à la liberté même, et l'on comprendra sans peine que, s'il est un moyen de la rendre odieuse aux gouvernements, c'est de l'employer comme nous l'avons fait si souvent, à les outrager, à les diffamer, à les perdre en considération, et finalement à les renverser [1]. »

Il nous a semblé que ces graves paroles, sorties de la bouche d'un publiciste libéral, serviraient de contre-partie à l'apothéose de la liberté de la presse contenue dans le discours de M. de Chateaubriand, qui exagérait les bienfaits illusoires de la liberté de la presse illimitée sans déplorer ses abus réels. L'orateur parlait enfin de la possibilité d'un coup d'État.

« Nobles pairs, s'écria-t-il, toute révolution venant d'en bas est aujourd'hui impossible, mais cette révolution peut venir d'en haut; elle peut sortir d'une administration égarée dans ses systèmes, ignorante de son pays et de son siècle ! Je renferme mes pensées; je contiens mes sentiments; je ne développe rien; je n'approfondis rien; je ne lève point le voile qui couvre l'avenir; je laisse ce discours incomplet, parce que mon attachement à la légitimité arrête et brise mes paroles. Royaliste, je n'hésite point sur les rangs où je dois me placer aujourd'hui; je demanderais seulement qu'on m'indiquât le poste où je devrais consommer mon sacrifice, si un seul mot de Charles X ne pouvait dissiper les périls et les ténèbres que l'on a répandus sur la France... Les dernières lignes du discours de la couronne ne justifient que trop la triste prévoyance qui m'a obligé d'interrompre une carrière aussi conforme à mes goûts qu'à mes habitudes. On a pris mes regrets pour du repentir; je le conçois, il y a des hommes qui auraient des remords d'abandonner la fortune. Quant à moi, messieurs, j'étais peu fait pour tant d'éclats, d'honneurs, de richesses. Je suis rentré dans mon obscurité, comme ces émigrés, mes anciens compagnons d'armes, que je retrouvai sur la route de Gand. Il semblait que l'exil nous était naturel; nous avions la sérénité de la bonne conscience, la satisfaction du devoir accompli, nous suivions le Roi! »

1. *Le Second Empire et une Nouvelle Restauration.* T. II, p. 123.

Après avoir évoqué le souvenir de sa fidélité aux Bourbons exilés et malheureux, M. de Chateaubriand termina son discours en déclarant le projet d'adresse « insuffisant dans les circonstances données. »

Aucun des ministres présents ne répondit à l'orateur.

L'amiral Verhuel attaqua l'expédition d'Alger comme absurde, impossible. Cet illustre marin, qui dans d'autres temps avait noblement servi la France, prit la parole pour chercher des excuses à l'insulte faite au pavillon parlementaire porté par la *Provence* lors de la mission du commandant de la Bretonnière, et représenta un débarquement comme impossible au moment où l'expédition était décidée; la confiance du dey s'augmentait, et le découragement pouvait se répandre dans la marine à laquelle une voix si autorisée répétait qu'on l'engageait dans une entreprise à peu près impossible.

« En admettant, dit l'amiral Verhuel, l'arrivée sans encombre, sans dispersion de la totalité de la flotte, elle trouvera sur la côte d'Afrique une plage ouverte, sans aucun port, sans aucun abri, où le plus léger mouvement de mer rend toute opération de débarquement extrêmement difficile même dans les plus beaux jours de l'été. La brise de mer y survient régulièrement le matin et dure jusque très-tard dans l'après-midi; la mer brise fortement sur la plage et les rochers, et n'est souvent calmée que par les vents de terre et du soir; ainsi on n'aura que la nuit pour opérer le débarquement. Et qu'on ne perde pas de vue qu'un seul de ces coups de vent, qui sont assez fréquents sur la côte de la Barbarie, même au milieu de l'été, peut disperser et mettre à la côte tous les bâtiments de transport et exposer l'armée à la plus affreuse détresse. J'ai enduré dans la baie d'Alger une tempête si violente et qui avait tellement élevé la mer que la bôme de la voile d'artimon enfonçait le grand canot qui traînait derrière le vaisseau. »

L'opposition, qui avait décrié l'expédition d'Alger à la fin du ministère Martignac, renouvelait ses attaques de mauvaise foi contre cette expédition, à laquelle la France ne pouvait plus renoncer sans humiliation, puisque les Barbaresques avaient insulté son glorieux pavillon.

Le projet d'adresse fut adopté à l'unanimité des voix, moins une seule ; c'était celle de M. de Chateaubriand. Le 9 mars l'adresse de la chambre des pairs fut présentée à Charles X. Le Roi répondit aux pairs que la haute chambre avait parfaitement compris et senti tout l'ensemble de son discours. Il termina sa réponse en disant :

« Je compte sur vous, messieurs, comme vous devez compter sur mon inébranlable fermeté, et j'aime à ne pas douter, comme vous m'en donnez l'espérance, que les deux chambres s'uniront à moi pour assurer et consolider le bonheur de mon peuple. »

La chambre des pairs, en répondant à une phrase dans laquelle le roi parlait de son pouvoir royal, par une protestation d'attachement à la charte, voulait faire entendre au ministère qu'elle désapprouverait toute mesure extra-légale. Mais sa réponse prudente ne semblait engager ouvertement sa responsabilité dans aucun sens. Aussi, de prime abord, tout le monde en parut satisfait. Après la révolution de 1830, M. Royer-Collard dit à M. Guizot : « Si la chambre des pairs eût parlé plus clair, elle eût peut-être arrêté le Roi sur le penchant de l'abîme et empêché les ordonnances. » Cette assertion est contestable.

La chambre des députés s'était réunie le 3 mars. L'ancienne salle des séances tombait en ruines ; une salle provisoire avait été élevée dans le jardin du palais Bourbon. C'est dans cette nouvelle enceinte que les députés s'assemblèrent sous la présidence de M. Labbey de Pompières, doyen d'âge[1].

---

1. « La nouvelle chambre qu'on élève sera une chapelle ardente pour la monarchie, » écrivait M. de la Mennais pendant la construction de la salle provisoire. Il disait vrai.

La chambre procéda à la formation des bureaux : on remarqua que, sur neuf candidats à la présidence des bureaux, six furent choisis dans la gauche, deux dans la nuance de M. de Martignac, pas un dans la nuance ministérielle. On vérifia dans la même séance les pouvoirs des nouveaux députés, MM. Hernoux, Laugier de Chartrouse, Legendre Bosc., Planelli de la Valette, Berryer, de Pignerolles et Guizot. Quelques observations sur ces deux dernières élections furent faites et réfutées. On avait hâte d'arriver sur le terrain et d'en venir à la lutte.

La séance du 4 mars devait être décisive ; la chambre allait organiser son bureau définitif. L'assemblée se composait de 361 membres ; la droite et le centre droit réunissaient 150 membres ; la gauche et le centre gauche en comptaient 175. Mais toutes les voix de la droite n'étaient pas assurées à la politique du gouvernement : la majorité des membres du centre droit avait vu avec déplaisir la création du ministère Polignac. 4 mars, le ministère constata sa faiblesse en voyant les résultats du vote de la chambre. Dès le premier tour, les suffrages partagèrent ainsi : M. Royer-Collard obtint 225 voix, M. Casimir Périer, 190, M. Sébastiani, 177, M. de Berbis, 131, M. Lalot, 129. Ces cinq députés étaient évidemment nommés par la coalition de la défection et la gauche. Venaient ensuite M. Agier, qui réunit 118 voix, MM. de Chantelauze et de Latours qui obtinrent 116 voix, M. Pardessus, 112, M. Seguy, 100. En ajoutant à ces suffrages les 47 voix données à M. Gautier, on peut se rendre un compte exact du nombre des députés qui n'avaient pas voulu aller jusqu'à MM. Royer-Collard, Sébastiani et Casimir Périer. Le premier tour de scrutin n'avait assuré la majorité qu'à MM. Royer-Collard et Casimir Périer ; le second tour donna la majorité à M. de Lalot. On recourut à un troisième tour de scrutin : 367 votants prirent part au vote. M. Agier réunit 206 voix, Sébastiani, 200, M. de M. Berbis,

170, M. de Lastours, 144 ; les deux premiers furent proclamés quatrième et cinquième candidats.

Le scrutin qui décida l'élection des vice-présidents fut aussi disputé. Au premier tour, M. Dupin obtint la majorité absolue. Le 17 mars, la chambre choisit comme vice-présidents MM. Bourdeau, de Cambis et de Martignac, de préférence à MM. Dupin aîné, Dupont de l'Eure et Girod de l'Ain. Ce fut une concession de la gauche, payée sans doute par la promesse du refus de concours. Le 8 mars, les secrétaires définitifs furent élus : c'étaient MM. Jacqueminot, de Preissac, Dumarralhach et Eugène d'Harcourt. Tous appartenaient à l'opposition. Le même jour arriva l'ordonnance royale qui désignait M. Royer-Collard pour occuper le fauteuil de la présidence. Quelques membres du conseil auraient préféré M. Casimir Périer, venu le second en liste, à M. Royer-Collard. Les ministres objectèrent qu'il était plus habile de nommer toujours le premier en liste, et firent observer que la nomination d'un membre de l'extrême gauche produirait un effet défavorable sur les royalistes de la province.

M. Labbey de Pompières, doyen d'âge, fit lecture de l'ordonnance royale ; il ajouta que l'absence du président obligeait à remettre son installation au lendemain. En effet, M. Royer-Collard avait quitté la salle. M. Labbey de Pompières voulait prononcer quelques paroles en cédant le fauteuil au président choisi par le Roi. Ce censeur impitoyable avait manifesté l'intention de saisir l'occasion qui s'offrait à lui pour parodier le discours de la couronne, il voulait dire que « la chambre des députés saurait transmettre ses droits à ses successeurs, et qu'elle saurait au besoin renouveler le serment du jeu de paume. » Il communiqua son projet à M. Royer-Collard, qui lui demanda de renoncer à ces paroles inconvenantes ; les chefs de la gauche, MM. de la Fayette, Dupont de l'Eure et Benjamin Constant parlèrent dans le même sens à

M. Labbey de Pompières, qui céda aux instances de ses amis. Le lendemain, l'installation de M. Royer-Collard eut lieu. Le doyen d'âge, en lui transmettant le fauteuil de la présidence, exprima la satisfaction qu'il ressentait, en voyant « monter au fauteuil pour la troisième fois le citoyen dont la science profonde et surtout l'attachement à la charte constitutionnelle avaient motivé les votes de ses collègues et mérité la confiance du monarque. » La réponse de M. Royer-Collard fut empreinte d'une tristesse qui ressemblait au découragement.

« Messieurs, dit-il, en reprenant des fonctions aussi difficiles qu'elles sont honorables, j'obéis au Roi et à la chambre. Cette pensée me tiendra lieu d'une confiance que je ne trouverais pas en moi-même; elle m'assure que votre bienveillance ne m'abandonnera pas, et je m'efforcerai de la mériter. »

Le jour même de l'installation de M. Royer-Collard, la chambre se constituait en séance publique, et nommait dans ses bureaux les commissaires de l'adresse. Tous appartenaient à l'opposition : deux venaient du parti de la défection, c'étaient MM. de Preissac et Gautier; les autres étaient issus de la gauche : c'étaient MM. Étienne, Kératry, Dupont de l'Eure, Pelletier d'Aulnay, de Sade et Dupin. Selon la coutume, le président faisait partie de la commission d'adresse. « La commission l'aurait volontiers chargé de la rédaction de l'adresse, écrit M. de Barante dans la *Vie politique de M. Royer-Collard;* mais ce n'eût pas été convenable. M. Étienne était de la commission; il s'était plus d'une fois acquitté de cette tâche avec habileté et convenance. La commission l'aurait sans doute chargé de cette tâche. M. Royer pensa qu'il était plus à propos de confier cette rédaction à un député connu pour royaliste et qui, dans des circonstances difficiles, avait fait preuve de dévouement à la cause royale. M. Gautier fut donc choisi; ce fut lui qui écrivit l'adresse. Elle ne fut pas dictée par M. Royer-Collard, mais il l'inspira; il en pesa les paroles, sachant quelle portée pouvait avoir un mot plutôt qu'un autre. Ce fut pour lui un travail douloureux. Je me souviens des angoisses, des scrupules, des agitations qui le troublaient. Rien peut-être ne sauvera la royauté, disait-il; mais si elle doit être sauvée, c'est en la retirant de la voie qui la conduit à l'abîme[1]. »

La monarchie, en effet, était arrivée à un moment de crise. Le Roi avait demandé aux chambres de lui assurer leur concours pour travailler au bien de ses peuples : l'opposition était résolue à répondre à cet appel par un refus. Jamais discussion plus solennelle et plus importante ne s'était présentée. Selon une parole prononcée plus tard à la chambre, « les députés de 1830, en voulant renverser un ministère, allaient briser un trône[2]. »

---

1. *Vie politique de M. Royer-Collard*, tome II, p. 416.
2. M. Pagès prononça cette parole dans la séance du 18 mars 1831.
Les esprits clairvoyants prévoyaient, dès le mois de mars, les conséquences que le conflit intervenu entre la prérogative royale et la prérogative parlementaire pourrait amener. M. de la Mennais écrivait le 9 mars à Mme la comtesse de Sneufft : « On en est à savoir si ce sont les députés qui renverront les ministres ou les ministres qui renverront les députés; car il paraît clair qu'il faut nécessairement que les uns ou les autres s'en aillent, et comme il y a résistance des deux côtés, que M. de Polignac tient ferme et qu'il s'accroche fortement à la royauté, la lutte pourra devenir assez vive et amener ce qu'on appelle vulgairement une révolution. » *Corresp. de la Mennais*, t. II, p. 124.

V

RÉDACTION DE L'ADRESSE. — DISCUSSION GÉNÉRALE. — M. DELABORDE ATTAQUE L'EXPÉDITION D'ALGER. — RÉPLIQUE DU BARON D'HAUSSEZ. — SUITE DE LA DISCUSSION DE L'ADRESSE. — AMENDEMENT DE M. DE LORGERIL. — DÉBUTS PARLEMENTAIRES DE MM. GUIZOT ET BERRYER. — L'AMENDEMENT LORGERIL EST REJETÉ. — L'ADRESSE DU REFUS DE CONCOURS EST ADOPTÉE PAR 221 VOIX.

Les premiers jours de la discussion furent consacrés à peser le degré d'énergie qu'il conviendrait de donner à la rédaction de l'adresse. Le 14 mars, MM. Dupin, Étienne et Gautier se rendirent à une réception des Tuileries, et le Roi leur adressa la parole avec une bienveillance qui fut remarquée. On en concluait déjà que le projet d'adresse était adopté, et que l'hostilité de la commission contre le ministère s'était laissé fléchir. La rédaction de l'adresse occupa les séances des 15 et 16 mars. Les membres de la commission étaient assaillis de questions, au sortir des délibérations secrètes. Un d'eux, M. de Preissac, répondit à un curieux que l'adresse des députés serait « plus *raboteuse* que celle des pairs. » L'anxiété était grande, l'attente fiévreuse dans la chambre, quand vint le moment d'entendre la lecture du projet. Plus de quatre cents députés assistaient à la séance; tous les ministres étaient à leur banc, à l'exception de M. de Courvoisier, retenu chez lui par une indisposition. Les députés et les ministres devaient tous avoir une part de responsabilité dans la lutte qui s'ouvrait, tous avaient tenu à être à leur poste.

Le président lut le projet d'adresse au milieu d'un profond silence. Les premiers paragraphes paraphrasaient seulement le discours royal. La chambre se félicitait de la paix rétablie en Orient; elle faisait des vœux pour la prospérité de la Grèce; elle exprimait le désir de voir finir les maux qui affligeaient le Portugal; elle répondait d'une façon évasive au sujet de l'expédition d'Alger, annoncée dans le discours royal; elle voyait dans la réduction des revenus publics un symptôme dont la gravité l'affligeait; la loi d'amortissement proposée serait l'objet de ses études approfondies. Là n'était pas le terrain de la lutte engagée entre la prérogative royale et la prérogative parlementaire : ces deux principes vivaient dans un haineux voisinage, ils s'armaient l'un contre l'autre. La guerre était dans les prémisses; la bataille devait se trouver dans les conclusions. Les rédacteurs de l'adresse avaient cru atténuer le coup décisif qu'ils allaient porter à l'autorité du Roi, en faisant précéder leur refus de concours d'une apologie des droits sacrés de la couronne. Ils déclaraient que l'intégrité des prérogatives royales était nécessaire à la conservation de ces droits. A la suite de ces protestations venaient des remercîments adressés au Roi, dont le gouvernement avait rendu à la France son ancienne prospérité. Enfin l'adresse se terminait par les paragraphes suivants :

« Il est une condition nécessaire à l'accomplissement de ce bienfait et sans laquelle il demeurerait stérile : c'est la sécurité de l'avenir. Accourus à votre voix de tous les points de votre royaume, nous vous apportons de toutes parts, Sire, l'hommage d'un peuple fidèle qui révère en vous le modèle accompli des plus touchantes vertus. Sire, ce peuple chérit et respecte votre autorité; quinze ans de paix et de liberté, qu'il doit à votre auguste frère et à vous, ont profondément enraciné dans son cœur la reconnaissance qui l'attache à votre royale famille. Sa raison, mûrie par l'expérience, lui dira que c'est surtout en matière d'autorité que l'antiquité de la possession est le plus saint de tous les titres, et que c'est pour son bonheur, autant que pour votre gloire, que les siècles ont placé votre trône dans une région inaccessible aux orages. Sa conviction s'accorde donc avec son devoir pour lui présenter les droits sacrés de votre couronne comme la plus sûre garantie de ses libertés et l'intégrité de vos prérogatives comme nécessaire à la conservation de ses droits.

« Cependant, Sire, au milieu des sentiments unanimes de respect et d'affection dont votre peuple vous entoure, il se manifeste dans les esprits une vive inquiétude qui trouble la sécurité dont la France avait commencé à jouir, altère les sources de sa prospérité, et pourrait, si elle se prolongeait, devenir funeste à son repos. Notre conscience, notre honneur, la fidélité que nous vous avons jurée et que nous vous garderons toujours, nous imposent le devoir de vous en dévoiler la cause.

« Sire, la charte que nous devons à la sagesse de votre auguste prédécesseur, et dont Votre Majesté a la ferme volonté de consolider le bienfait, consacre comme un droit l'intervention du pays dans la délibération des intérêts publics. Cette intervention devait être, elle est en effet indirecte, sagement mesurée, circonscrite dans des limites sagement tracées et que nous ne souffrirons jamais que l'on ose tenter de franchir; mais elle est positive dans son résultat, car elle fait du concours permanent des vues politiques de votre gouvernement avec les vœux de votre peuple la condition indispensable de la marche régulière des affaires publiques. Sire, notre loyauté, notre dévouement, nous condamnent à vous dire que ce concours n'existe pas.

« Une défiance injuste des sentiments et de la raison de la France est aujourd'hui la pensée fondamentale de l'administration; votre peuple s'en afflige parce qu'elle est injurieuse pour lui, il s'en inquiète parce qu'elle est menaçante pour ses libertés.

« Cette défiance ne saurait approcher de votre noble cœur. Non, Sire, la France ne veut pas plus de l'anarchie que vous ne voulez du despotisme; elle est digne que vous ayez foi dans sa loyauté comme elle a foi dans vos promesses.

« Entre ceux qui méconnaissent une nation si calme, si fidèle, et nous qui, avec une conviction profonde, venons déposer dans votre sein les douleurs de tout un peuple jaloux de l'estime et de la confiance de son Roi, que la haute sagesse de Votre Majesté prononce! Ses royales prérogatives ont placé dans ses mains les moyens d'assurer entre les pouvoirs de l'État cette harmonie constitutionnelle, première et nécessaire condition de la force du trône et de la grandeur de la France. »

On comprend quelle agitation cette lecture produisit dans la chambre. Avant l'ouverture de la discussion, l'assemblée demanda à entendre une seconde fois la lecture du projet. La discussion s'ouvrit ensuite. M. de Lépine parla le premier au nom de la droite. Il pria les députés de modérer l'expression de leurs sentiment d'hostilité contre le ministère. Il exhorta ses collègues « à sortir des voies effrayantes que huit mois de licence et de fermentation avaient préparées, » et s'efforça de dissiper la défiance que le centre et la gauche ressentaient pour la droite. Il déclara que la droite voulait l'entière exécution de la charte, l'intégrité des libertés publiques. Les députés de droite partageaient la fierté de leurs adversaires, à la pensée que le trône les jugeait dignes de participer à sa puissance législative. La droite craignait seulement de voir la liberté parlementaire compromise par l'abus qu'on voulait en faire. Il est un point de doctrine incontestable, c'est qu'on ne peut donner ce qu'on n'a pas ; de ce principe l'orateur déduisait la conclusion suivante, bien éloignée de la théorie du suffrage universel qui confère la puissance aux masses :

« La souveraineté ne se confère pas aux supérieurs par les inférieurs. Si l'autorité arrivait aux princes par leurs sujets, les princes n'auraient pas d'autorité ; si la justice n'avait de mission que par les justiciables, elle n'aurait pas de mission. Enfin, remontant à l'origine de toute société humaine, la famille, que serait l'autorité paternelle constituée par les enfants et tirant son droit de leurs suffrages ? Le droit de régir les familles et les nations vient de plus haut !

M. de Lépine rejetait l'adresse qui contenait, à ses yeux, une atteinte formelle aux droits du Roi de choisir ses ministres et une violation de la charte.

M. Agier, qui avait appartenu à l'ancien parti de la défection, appuyait au contraire le projet d'adresse.

« La chambre a un devoir impérieux à remplir, dit-il ; elle doit dissiper les craintes dont on fatigue le trône en le menaçant d'une révolution, mettre un terme aux inquiétudes qu'on répand en France par la menace du pouvoir absolu. Quelques intrigants veulent seulement une catastrophe dont ils pourraient profiter. Le grand nombre désire l'ordre, le calme, afin de continuer à jouir des bienfaits du Roi. Si le pouvoir est déconsidéré, il faut attribuer cet affaiblissement au mauvais choix des agents de l'administration, aux intrigues ambitieuses, aux élévations subites de quelques favoris sans mérite et aux calomnies des écrivains d'extrême droite qui insultent la magistrature et la chambre sans que le ministère public songe à les poursuivre. »

M. Agier citait à l'appui de son affirmation *un mémoire adressé au conseil du Roi* par M. Madrolle, qui invoquait la nécessité de refaire la loi des élections en vertu d'une ordonnance.

« Les excès du pouvoir absolu nous ont rendu la légitimité, s'écria M. Agier en terminant, et ce serait par les mêmes excès qu'on voudrait nous la ravir encore! »

M. de Conny croyait au danger que courait la monarchie. Il dénonça la faction antimonarchique qui menaçait la France de périls imminents.

« Cette faction triompha au moment de l'attentat du 21 janvier, dit-il, elle se montra de nouveau au 20 mars; son dogme de prédilection, c'est la souveraineté populaire. »

On désignait les hommes de la droite sous le nom de contre-révolutionnaires. Les vœux des hommes de droite n'appelaient pas un retour à l'ancien régime, détruit sans retour. La droite acceptait la charte, œuvre royale, et voyait dans toute conspiration contre la royauté un attentat contre la charte. Mais le pouvoir ne devait pas subir les caprices de cette puissance qu'on appelle l'opinion publique; il devait au contraire, par son habileté, lui imprimer une direction grande et généreuse. Si le pouvoir s'abaissait à ramper aux pieds de l'opinion publique, il ne serait plus le pouvoir, il aurait abdiqué son caractère, il aurait méconnu sa noble destination, car il cesserait d'exercer sur les peuples une pression morale. M. de Conny indiquait ensuite quelle était la mission du ministère du 8 août: il devait « consolider l'œuvre de la Restauration, combattre l'esprit de faction, fonder un vaste système d'enseignement basé sur l'accord de la religion, des sciences et des lettres, extirper des Codes et des lois l'arbitraire et le despotisme de la République et de l'Empire, inaugurer un système de recrutement militaire qui ne rappelât plus aux campagnes la conscription de l'Empire. Si le ministère du 8 août marchait dans les voies de celui qui l'avait précédé, ses destinées étaient écrites. « Les ministres précédents sont tombés parce qu'ils n'ont pas compris les conditions du pouvoir, ajouta M. de Conny ; ils ont tenu d'une main timide le gouvernail, et le gouvernail s'est brisé entre leurs mains. » La conclusion de ce discours était le rejet de l'adresse.

M. de Montbel présenta la justification de la conduite du ministère ; à ses yeux, les seuls coupables étaient ceux qui cherchaient à égarer l'opinion publique par les assertions les plus odieuses, qui invoquaient contre le gouvernement des mesures préventives qu'ils prétendaient avoir en horreur, et s'efforçaient d'entraîner la population dans une association coupable. Le Roi signalait les manœuvres de cette association quand il avait parlé des obstacles qu'il cherchait à surmonter. L'adresse exigeait la révocation des ministres : que deviendraient alors les articles 13 et 14 de la charte ; où serait l'indépendance du pouvoir exécutif, si, à l'avenir, le Roi recevait des ministres imposés par la majorité des chambres? En cas de désaccord entre les chambres, à laquelle des deux devrait-il obéir ? Le Roi ne voulait pas, ne pouvait pas accorder la concession qui lui était demandée ; ses droits étaient sacrés ; il voulait les transmettre intacts à ses successeurs.

Le moment était mal choisi pour évoquer à la tribune le spectre de l'article 14, en vertu duquel on admettait que, dans des circonstances vaguement caractérisées, la charte pouvait être suspendue ou modifiée par un acte de la volonté royale. Pour soutenir la lutte engagée entre la prérogative parlementaire et la prérogative royale, la royauté n'avait que la lettre stérile d'un article 14, vaine formule écrite sur un morceau de papier; la chambre avait dans le refus d'impôt un article 14 pratique. La chambre devait donc vaincre; elle allait vaincre dans l'ordre moral par le refus de concours, derrière lequel apparaissait le refus d'impôt. Dès lors on arrivait à la lutte armée qui devait se terminer par l'arbitraire ministériel ou le triomphe complet de la prérogative parlementaire. Ce fut le dernier dénoûment qui intervint.

M. Benjamin Constant s'efforça de prouver que l'adresse n'attaquait en rien l'autorité royale et qu'elle signalait seulement les défiances qui agitaient le pays.

« La royauté, dit-il, a dans les mains une ressource constitutionnelle dont elle peut user: c'est la dissolution de la chambre. La chambre dit que de tristes antécédents l'obligent à ne se point confier dans les ministres actuels. La sagesse royale choisira entre les députés et les ministres.

« Nous n'attaquons pas la prérogative royale, nous demandons qu'elle rétablisse l'harmonie entre les pouvoirs, ou en renvoyant les ministres, ou en en appelant à la nation. »

L'orateur reprochait au ministère son inertie, son immobilité; les seuls actes qu'il avait accomplis étaient de nature à alarmer la chambre. Il avait prodigué des encouragements aux journaux semi-officiels, qui avaient dit qu'il fallait sauver la monarchie malgré elle, sans elle.

En même temps, le ministère faisait exécuter de rigoureuses poursuites contre les organes de l'opposition. C'était à cette tactique du ministère qu'il fallait attribuer la naissance des associations qualifiées de coupables par le pouvoir.

« Elles sont la déclaration que dans toutes les circonstances nous n'obéirons qu'à la charte, s'écria M. Benjamin Constant. Ces déclarations sont tout aussi innocentes, tout aussi motivées que les déclarations de ceux qui disent que dans toutes les circonstances ils défendront la monarchie. Oui, messieurs, nous et tous les citoyens qui prendront conseil de nous, nous ne payerons aucun impôt qui n'aura pas été voté conformément à la charte, et par là nous rendrons service à la liberté et à la dynastie, à la dynastie que ne cessent de compromettre ses prétendus amis. »

M. de Courvoisier était malade, le prince de Polignac peu exercé aux luttes de la tribune, M. de Guernon-Ranville fut chargé de répondre au discours de M. Benjamin Constant. Il fit remarquer que l'adresse était une sorte de sommation faite au roi de choisir entre ses ministres et la chambre.

« En effet, dit-il, les ministres sont les hommes du Roi, dépositaires de la pensée du gouvernement; c'est à eux qu'est confié le mandat de développer cette pensée; à eux aussi est remise sous leur responsabilité personnelle toute l'action du pouvoir exécutif dont le Roi seul est la source. Or comment concevoir d'une part que la volonté du Roi puisse recevoir la moindre atteinte dans l'indépendance du choix de mandataires aussi intimes, comment admettre cet étrange renversement d'idées dont le résultat serait de contraindre dans le chef suprême de l'État ce qu'il y a de plus libre au monde : la confiance? »

Prescrire au Roi de retirer sa confiance aux hommes qu'il en a jugés dignes, ajoutait M. de Guernon-Ranville, ne serait pas moins odieux que de le forcer à recevoir des mandataires qui ne posséderaient pas cette confiance. En admettant ce principe, on arriverait au résultat suivant : le pouvoir royal serait forcé d'accepter pour ministres les hommes qu'une majorité, systématiquement organisée, lui désignerait comme seuls dignes de la confiance de la chambre. Pouvoir essentiellement législatif, les chambres n'exerçaient aucune action directe sur l'administration dont les choix sont réservés au souverain. Cependant par le vote des lois, les chambres exercent une immense influence sur toutes les parties de l'administration; en rejetant les lois proposées, elles avertissent le chef de l'É[tat] que le système de son gouvernement n'est point en harm[onie] avec leurs principes, et le mettent ainsi dans la nécessité, o[u de] changer ses ministres, ou de briser avec une majorité ho[stile.]

« Le projet d'adresse ne s'arrête pas à cette voie indirecte et l[égale,] continua M. de Guernon. Il propose de dire au Roi : Choisissez e[ntre] nous et vos ministres; nous ne connaissons pas leurs doctrines, [nous] ignorons leurs principes en matière de gouvernement; leur apti[tude] nous est inconnue, n'importe, nous décidons qu'il y a incompati[bilité] entre eux et nous, nous ne voulons ni les entendre ni examiner [les] lois qu'ils nous proposeront dans l'intérêt du pays : un seul intérêt [nous] domine en ce moment, c'est d'éloigner des hommes qui nous sont [an]tipathiques; prononcez entre eux et nous.

« Je ne crains pas de dire, messieurs, le jour où la couronn[e se] laisserait ainsi dominer par les chambres, le jour où de par[eilles] injonctions pourraient être faites et reçues, la monarchie con[sti]tutionnelle aurait cessé d'exister; bientôt nous n'aurions pl[us de] trône, ni charte, ni chambre; l'anarchie la plus violente, l'ana[rchie] recommencerait ses sanglantes aberrations. »

L'histoire, qui est l'expérience écrite de l'humanité, [est] remplie de témoignages confirmant les prévisions du [mi]nistre de l'instruction publique; il alla chercher ses exem[ples] dans l'histoire d'Angleterre, et évoqua ensuite le souvenir [de] Louis XVI, qui avait cédé au désir de satisfaire les vœux p[ré]tendus de la nation :

« On sait, ajouta M. de Guernon, et l'histoire retracera en trait[s de] sang quels furent les fruits de cette pieuse faiblesse. »

On reprochait au ministère de se défier de la France, s[ans] qu'on pût citer une preuve à l'appui d'une pareille accusati[on;] M. de Guernon cherchait la réfutation de ces calomnies d[ans] les paroles mêmes du discours royal, expression de la pen[sée] ministérielle ; le Roi avait seulement déclaré qu'au besoin il puiserait la force de protéger les libertés dans la juste confiance des Français et l'amour qu'ils avaient toujours manifesté pour leurs rois.

Les ministres se présentaient devant la chambre pour être absous de l'odieuse imputation que le projet d'adresse faisait peser sur eux.

« Après nous avoir absous, ajouta M. de Guernon, vous déciderez, dans votre impartiale sagesse, s'il vous convient de déclarer à la face de la France que vous voulez, en son nom, refuser votre confiance à des hommes auxquels l'opposition la plus violente ne peut reprocher que d'avoir obtenu la confiance du monarque.

« Quelle que soit votre délibération, nous vous devons une franche déclaration de principes. Appelés au timon des affaires par la volonté du Roi, nous ne l'abandonnerons que par les ordres de Sa Majesté. Nous nous présentons à vous la charte à la main ; fidèles aux loyales inspirations du père de la patrie, nous marcherons invariablement dans les voies constitutionnelles. Ni les outrages ni les menaces ne nous feront dévier de cette ligne que nous tracent l'honneur et le devoir. Si, par faiblesse ou par erreur, nous étions assez malheureux pour conseiller au Roi des mesures attentatoires à l'indépendance de la couronne ou aux franchises nationales, la réprobation de nos concitoyens et la juste sévérité des chambres feraient promptement justice de ces coupables écarts ; nous acceptons sans réserve cette responsabilité. »

Le discours de M. de Guernon produisit une profonde impression sur la chambre. Il eut un succès complet. M. Dupin aîné lui répondit que l'adresse ne méconnaissait pas les droits du Roi, puisqu'elle était empreinte de sentiments de vénération pour la maison de Bourbon et qu'elle présentait la légitimité comme une nécessité sociale. M. Dupin constatait qu'une vive inquiétude troublait la sécurité du pays. Il en indiquait la cause dans la défiance que l'administration actuelle nourrissait contre la France et dans la défiance réciproque que la France avait conçue contre les hommes placés à la tête des affaires publiques.

On trouvait un indice de cette défiance du ministère jusque dans le discours de la couronne.

Le gouvernement constitutionnel faisait du concours des deux chambres avec le ministère la condition indispensable de la marche régulière des affaires. En acceptant les formes de ce gouvernement, il fallait en subir les conséquences : le régime parlementaire est un gouvernement d'accord et de majorité. On avait accusé l'adresse de gêner la prérogative royale en demandant, ou le renvoi des ministres, ou la dissolution de la chambre. La droite voyait dans l'adresse une sommation faite au roi :

« L'adresse ne porte pas atteinte à la liberté du Roi, s'écria M. Dupin, elle déclare le fait en laissant à sa sagesse le soin de remédier au mal; lorsque les ministres dans le discours de la couronne, en parlant des obstacles qu'on voudrait leur susciter, n'avaient annoncé pour les réprimer que l'emploi de la force, l'opposition avait pensé qu'il lui était permis de parler de la loi....

« Nous avons indiqué, comme seuls praticables, les moyens légaux, les moyens constitutionnels. Là est la prérogative royale que rien ne peut gêner ni altérer. Car le Roi est absolu dans sa prérogative, en ce sens que, lorsqu'elle est exercée dans les limites tracées par la loi, nul ne peut y apporter retard ni refus. »

M. Dupin ajouta que l'adresse n'exigeait pas le renvoi des ministres; ceux-ci pouvaient retourner contre la chambre l'exercice de la prérogative en conseillant au Roi la dissolution.

« Un mot, et nous nous séparons, dit-il. Un mot, et, sujets toujours fidèles, nous retournerons dans nos foyers, reportant l'honneur que nous avons apporté dans cette enceinte, en nous rendant le témoignage que nous avons fait pendant deux sessions tout le bien qu'il nous a été possible d'opérer. En effet, nous avons doté le pays de deux lois qu'il faudra violer avant de pouvoir essayer de l'asservir : la loi qui flétrit les fraudes et la loi qui les éclaire du flambeau de la publicité. »

Le langage de l'orateur se modifia en terminant son discours, et, descendant de la sphère des principes dans le monde pratique des faits, il s'efforça de détruire une objection présentée par la droite contre l'adresse. On avait dit, de ce côté de l'assemblée, qu'il fallait attendre les œuvres des ministres pour les juger. Le plan de l'opposition à outrance, qui attaquait de parti pris tous les actes de l'administration, fut clairement révélé par un aveu de M. Dupin que l'histoire doit enregistrer :

« On dit, s'écria-t-il, que les ministres pourront proposer de bonnes lois et qu'il faut les attendre à l'œuvre pour les juger ; eux-mêmes parlent de leurs intentions *constitutionnelles*. Voici ma réponse : « Les ministres, que l'opinion publique réprouve, ces hommes que mes convictions condamnent, vinssent-ils à nous les mains pleines de bonnes lois, de ces lois que la nation attend et réclame depuis si longtemps, eh bien ! je les repousserais en disant : *Timeo Danaos et dona ferentes*. Oui, eussiez-vous les mains pleines de présents, vous êtes pour nous *Danaos*. »

A la suite du discours de M. Dupin, on demanda la clôture de la discussion générale. Cependant deux orateurs se firent encore entendre. M. de Chantelauze attaqua l'adresse, il la trouvait injurieuse, inconstitutionnelle et hostile à la royauté. On invoquait l'exemple du 5 septembre 1816 ; l'orateur déclara que, si une épreuve de ce genre était utile, « il fallait un 5 septembre monarchique, unique moyen de mettre un terme à la licence de la presse, à la violence des passions politiques et aux inquiétudes du pays. » Les conclusions de M. Lepelletier d'Aulnay furent opposées à celles de M. de Chantelauze : le langage de l'extrême droite ne pouvait avoir aucune analogie avec celui de la gauche.

On passa à la délibération particulière des paragraphes de l'adresse.

Les trois premiers paragraphes passèrent sans difficulté; le quatrième avait rapport aux négociations annoncées pour amener la réconciliation des princes de la maison de Bragance. A cette occasion, M. Hyde de Neuville, ambassadeur de France à Lisbonne pendant les dernières années du règne de Jean VI, prit la parole, en voulant, dit-il, offrir aux ministres une heureuse occasion de rendre hommage au grand principe de la légitimité.

« L'Angleterre, fidèle à sa politique égoïste, paraissait disposée à reconnaître dom Miguel, tout en flétrissant sa conduite; la politique de la France devait être plus généreuse.

« Je ne demande pas aux ministres de s'expliquer sur les négociations qui ont lieu à Rio-de-Janeiro, ajouta M. Hyde de Neuville. Ces négociations paraissent avoir pour but d'amener une réconciliation entre le droit et le fait, entre la légitimité et l'usurpation. Plein de respect pour la prérogative royale, je me borne à demander une explication sur une question qui ne peut être soumise aux chances, aux calculs, aux combinaisons de la diplomatie, au moins par les ministres du Roi très-chrétien. »

Le prince de Polignac répondit qu'il regrettait de ne pouvoir satisfaire la curiosité de M. Hyde de Neuville : celui-ci devait s'en tenir aux paroles du Roi. Le président du Conseil ne pouvait dire qu'une chose, « c'est que les relations politiques de la France, interrompues à Lisbonne, n'avaient pas été renouées, et que si le principe de la légitimité était gravé dans le cœur de M. Hyde de Neuville, il ne l'était pas moins dans le sien. »

Cette réponse équivoque amena une courte réplique de M. Hyde de Neuville, puis le paragraphe concernant le Portugal fut adopté et la discussion des paragraphes suivants renvoyée au lendemain.

Les premiers moments de la séance du 16 mars furent employés à l'examen d'un rapport sur l'élection de M. Dudon, député de la Loire-Inférieure. De vives réclamations s'élevèrent au sujet de la destitution de M. de Sesmaisons, destitution motivée seulement, disait l'opposition, par l'hostilité que M. de Sesmaisons avait montrée quand il s'était agi de l'élection de M. Dudon. Cette destitution paraissait à l'opposition une véritable atteinte à la liberté des suffrages. M. de Polignac repoussa maladroitement ces plaintes en répondant, au milieu des exclamations de la gauche, qu'il y avait dans ce reproche un anachronisme, puisque M. de Sesmaisons n'avait été destitué qu'après l'élection de M. Dudon.

« C'est là une belle concession, s'écria M. Sébastiani; ne fallait-il pas le destituer avant? » Le ministre de l'intérieur se servit assez gauchement du droit qu'avait le Roi d'influencer les élections, sans motiver la destitution de M. de Sesmaisons. L'admission de M. Dudon fut prononcée, mais le mauvais effet de cet engagement dut nuire au gouvernement dans la réponse qu'allait faire la chambre au discours du Roi qui réclamait son concours.

Après la clôture de cet incident, la discussion de l'adresse recommença. M. Alexandre Delaborde qui, l'année précédente avait déjà montré une vive hostilité au sujet de l'expédition projetée contre Alger, renouvela ses attaques. Il accusait à la fois le gouvernement français d'injustice envers le dey, de témérité à cause de la difficulté de l'entreprise représentée comme très-périlleuse, presque comme impossible, de faiblesse devant l'étranger. La passion politique, peu difficile avec elle-même, s'attache plus, dans tous les temps, à multiplier les reproches qu'à les choisir et à les concilier[1].

---

1. Au mois d'avril 1830, après la prorogation de la chambre, M. Delaborde publia un écrit dans lequel étaient réunis, et aggravés par l'amertume du langage, toutes les objections, tous les reproches, toutes les préventions, tous les blâmes accumulés par les journaux de l'opposition contre l'expédition d'Afrique. Cet écrit, intitulé : *Au Roi et aux chambres sur les véritables causes de la rupture avec Alger et sur l'expédition qui se prépare*, se terminait ainsi :

En présence de ces récriminations et de ces reproches, le gouvernement comprit la nécessité de reproduire, en les complétant, les explications données, et d'établir que l'expédition d'Alger était nécessaire, juste et possible.

M. d'Haussez, ministre de la marine, se chargea de cette tâche dans sa réponse à M. Delaborde. Il rappela tous les faits qui avaient amené la rupture entre la France et le gouvernement d'Alger. Le dey avait formé le projet de chasser la France de ses possessions sur la côte d'Afrique et de détruire ses établissements; il avait violé les priviléges de la pêche du corail, assurée à la France par des traités. M. d'Haussez énumérait ainsi les différents griefs du gouvernement français contre la régence d'Alger :

Le refus de se conformer au désir général des nations et de cesser un système de piraterie qui rend l'existence actuelle de la régence d'Alger dangereuse pour tous les pavillons qui naviguent dans la Méditerranée.

De graves infractions aux règlements arrêtés d'un com-

« Cette guerre est-elle juste ? Non. Le dey réclame, on le vole ; il se plaint, on l'insulte ; il se fâche, on le tue ! Cette guerre est-elle utile ? Est-il avantageux à la France de prendre Alger sans pouvoir le garder ? Qui pourrait le penser ? Cette guerre est-elle légale ? Le texte littéral de la charte se prêterait-il à l'opinion que, dans l'absence des chambres, on peut dépasser le budget de cent millions ? Une voix s'élèverait plus haute, plus ancienne que la charte, celle de la morale publique et du droit naturel. Elle assignerait les ministres à comparaître à la barre de la France et de l'humanité : à la barre de la France, qui a le droit de lui demander compte de la vie de ses enfants ; qui leur dirait : Varus, rends-moi mes légions ! Varus, rends-moi mes trésors ! Elle prendrait pour témoins ces nouveaux Palinure, laissés sans tombeaux sur une terre ennemie ; elle accuserait les auteurs de cette entreprise même si elle réussissait ; elle les accuserait d'avoir trompé le Roi et les chambres sur des droits qui n'existaient pas ; sur une insulte qui n'était pas une offense de la part d'un barbare ; elle les accuserait d'avoir entrepris, dans une saison défavorable et en infraction à nos droits, une guerre dont rien ne démontre ni l'urgence ni l'opportunité. »

C'est au bruit de ces accusations, de ces attaques et de ces sombres pronostics que le gouvernement royal faisait les préparatifs d'une grande et difficile expédition.

mun accord avec la France pour la visite des bâtiments de mer. La fixation arbitraire de différents droits et redevances malgré les traités.

Le pillage de plusieurs bâtiments français et celui de deux navires portant pavillons romains, malgré l'engagement pris de respecter ce pavillon. Le renvoi violent du consul général du Roi à Alger en 1814, la violation du domicile de l'agent consulaire à Bône en 1825. Enfin la prétention qui décida la rupture des deux États : une convention passée le 17 octobre 1819 avec les maisons algériennes, Bacri et Busnach, approuvée par le dey, avait fixé à sept millions de francs le montant des sommes que la France devait à ces maisons. L'article 4 de cette convention donnait aux sujets français, qui se trouvaient eux-mêmes créanciers de Bacri et de Busnach, le droit de mettre opposition au trésor royal sur cette somme pour une valeur équivalente à leurs prétentions, et ces prétentions devaient être jugées par les cours royales de Paris et d'Aix. Les sujets du Roi ayant déclaré pour 2 millions et demi de réclamations, 4 millions et demi avaient été payés à Bacri et Busnach, et le reste laissé à la caisse des dépôts et consignations, en attendant que les tribunaux eussent prononcé.

Les années 1824 et 1825 s'étaient passées dans l'examen de ces réclamations portées devant nos cours royales ; mais le dey, impatient de voir arriver les 7 millions, écrivit en octobre 1826 au ministre des affaires étrangères du Roi une lettre, par laquelle il le sommait de faire passer immédiatement à Alger les 2 millions et demi, prétendant que les créanciers français vinssent justifier devant lui leurs réclamations.

M. le baron de Damas, alors ministre des affaires étrangères, n'ayant pas jugé à propos de répondre lui-même à une lettre si peu convenable, se borna à faire connaître au consul général que la demande du dey était inadmissible, attendu qu'elle était contraire à la convention du 17 octobre 1819.

M. d'Haussez rappela ensuite la double insulte faite au consul de France le 30 avril 1827, et au pavillon français au mois de juillet 1829. Il répondit aux objections qu'on élevait à trois points de vue contre l'expédition : le défaut de temps pour faire les préparatifs, les difficultés du débarquement, les chances plus ou moins favorables des opérations de terre. Après avoir épuisé toutes les objections, M. d'Haussez repoussa les insinuations tendant à faire supposer que le gouvernement français avait sollicité de l'Angleterre l'autorisation de venger l'honneur de la France.

A la suite de ces explications péremptoires la cause paraissait entendue ; M. de Marçay tenta cependant de rappeler encore les difficultés de l'expédition. Mais la chambre adopta le paragraphe relatif à Alger, et passa rapidement sur les trois paragraphes suivants. Lorsqu'on arriva au septième paragraphe, relatif à la politique intérieure, la discussion se ranima ; M. de Sainte-Marie demanda la suppression entière de cette partie de l'adresse. M. de Cordoue réclama, au contraire, le maintien des paragraphes qui parlaient de l'inquiétude généralement répandue en France. M. de la Boullaye dénonçait la contradiction qui existait entre les termes et le but de l'adresse :

« Les premières phrases parlent de la sollicitude éclairée du Roi, dit-il, et pourtant il résulte des dernières phrases qu'il ne sait pas choisir ses ministres.

« Cette adresse est, en effet, un acte d'accusation contre eux, et une accusation transportée dans une adresse est une violation de la charte. »

M. Dupin aîné répondit à M. de la Boullaye que la chambre n'avait jamais failli au ministère Martignac, quand il lui présentait des lois constitutionnelles et utiles au pays, comme les lois sur la presse et sur les élections ; puis le paragraphe fut adopté à une forte majorité.

C'est lorsque la chambre fut arrivée à ce point de la discussion que M. de Lorgeril, député du centre droit, présenta un amendement inspiré, dit-on, par M. de Courvoisier. Cet amendement, sans exprimer aussi positivement le refus de concours, le laissait clairement pressentir, en supprimant seulement les paroles qui articulaient nettement ce refus. On espérait que l'adoption de cet amendement rallierait les opinions modérées de la chambre et ramènerait un ministère issu des centres. Il était ainsi conçu :

« Cependant notre honneur, notre conscience, la fidélité que nous vous avons jurée et que nous vous garderons toujours, nous imposent le devoir de faire connaître à Votre Majesté qu'au milieu des sentiments unanimes de respect et d'affection dont votre peuple vous entoure, de vives inquiétudes se sont manifestées à la suite des changements survenus depuis la dernière session. C'est à la haute sagesse de Votre Majesté qu'il appartient de les apprécier et d'y apporter le remède qu'elle croira convenable. Les prérogatives de la couronne placent dans ses mains augustes les moyens d'assurer cette harmonie constitutionnelle aussi nécessaire à la force du trône qu'au bonheur de la France. »

Ce fut à l'occasion de la proposition Lorgeril que M. Guizot fit son premier discours à la tribune. L'opposition allait trouver dans cet orateur remarquable un secours efficace. Le contraste qui existait entre cette parole si grave, si éloquente, et la nullité parlementaire du président du conseil fut remarqué de tout le monde. Jetant un coup d'œil rapide sur la marche suivie par le ministère Polignac, M. Guizot déclarait que ce ministère avait failli à sa mission. Il avait été formé, au nom du pouvoir menacé, de la prérogative royale compromise, des intérêts de la couronne mal compris et mal soutenus par ses prédécesseurs, et depuis son avénement le pouvoir avait perdu en confiance et en énergie tout autant que le public en sécurité.

« L'autorité sur les esprits, l'ascendant moral, cet ascendant qui convient si bien dans les pays libres, car il détermine les volontés sans leur commander, lui a échappé, dit M. Guizot.

« Le gouvernement du Roi est, plus que tout autre, appelé à le posséder. Il ne tire point son droit de la force. Nous ne l'avons point vu naître, nous n'avons pas contracté avec lui ces familiarités dont il reste toujours quelque chose, envers des pouvoirs à l'enfance desquels ont assisté ceux qui leur obéissent. Qu'a fait le ministère actuel de cette autorité morale qui appartient naturellement au gouvernement du Roi? L'a-t-il habilement employée et agrandie en l'employant? Ne l'a-t-il pas, au contraire, gravement compromise en la mettant aux prises avec les craintes qu'il a fait naître et les passions qu'il a suscitées? »

M. Guizot déplorait, au nom de l'opposition constitutionnelle, les résultats de la marche politique suivie depuis sept mois.

« Les hommes les plus étrangers à tout esprit d'opposition en sont réduits à faire de l'opposition, dit-il; ils en font malgré eux. Ils voudraient rester toujours unis au gouvernement du Roi, et il faut qu'ils s'en séparent; ils voudraient le soutenir, et il faut qu'ils l'attaquent. Ils ont été poussés hors de leur propre voie. La perplexité qui les agite, c'est le ministère qui l'a faite; elle durera, elle redoublera tant que nous aurons affaire à lui.....

« On nous dit que la France est tranquille, que l'ordre n'est point troublé. Il est vrai, l'ordre matériel n'est point troublé; tous circulent librement, paisiblement; aucun bruit ne dérange les affaires.....

« La surface de la société est tranquille, si tranquille que le gouvernement peut fort bien être tenté d'en croire le fond parfaitement assuré, et lui-même à l'abri de tout péril. Nos paroles, la franchise de nos paroles, voilà le seul avertissement que le pouvoir ait à recevoir parmi nous, la seule voix qui se puisse élever jusqu'à lui, dissiper ses illusions. Gardons-nous d'en atténuer la force; gardons-nous d'énerver nos expressions: qu'elles soient respectueuses, qu'elles soient tendres, c'est notre devoir, et personne n'accuse votre commission d'y avoir manqué; mais qu'elles ne soient pas timides et douteuses. La vérité a déjà assez de peine à pénétrer jusqu'au cabinet des rois; ne l'y envoyons point faible et pâle, qu'il ne soit pas plus possible de la méconnaître que de se méprendre sur la loyauté de nos sentiments. Je vote contre tout amendement et pour le projet de la commission.

Il nous a semblé que les traits principaux du premier discours politique de M. Guizot, discours qui révélait une véritable puissance parlementaire, devaient être conservés par l'histoire.

La chambre entendit ensuite M. de Berbis qui appuyait la proposition Lorgeril, combattue par le général Sébastiani.

Aux yeux de M. Sébastiani, l'adresse se bornait à exposer l'état du pays :

« Le pays est agité par de vives inquiétudes, dit M. Sébastiani; la commission attribue la naissance de ces inquiétudes au ministère du 8 août 1829. Le ministère a été choisi dans la portion des royalistes exagérés.

« Le besoin de la vérité, d'une vérité entière est senti par ceux même qui appuient l'amendement; tous appellent de leurs vœux un changement d'administration. Si la vérité est un devoir, pourquoi l'éluder par un amendement qui ne la présenterait que sous un demi-jour ? »

M. Sébastiani, tout en respectant le droit qu'avait le Roi de choisir ses ministres, indiquait les limites que la raison et l'utilité publique traçaient à ce droit :

« Les choix de la couronne, dit-il, doivent nécessairement tomber sur des hommes qui inspirent assez de confiance pour rallier autour de l'administration l'appui des chambres. Ainsi déterminé, le cercle dans lequel peut se mouvoir la prérogative royale est assez étendu pour qu'elle ne soit jamais gênée dans ses mouvements. Lorsque les conseillers de la couronne ne jouissent pas de cette confiance nécessaire à l'action et à la force du gouvernement, leur devoir est de résigner leur charge. »

M. Pas de Beaulieu, qui faisait partie de l'opposition, appuya cependant l'amendement Lorgeril. Comme ses collègues, il regrettait la formation du ministère du 8 août, qui avait jeté dans les esprits de l'inquiétude et du malaise. Mais la presse, exagérant cet état d'anxiété, avait prédit des coups d'État et des mesures extra-légales :

« Loin de toucher à la prérogative royale, s'écria-t-il, fortifions-la, au contraire ; il est plus que temps ! Non, la France ne voudra pas que le Roi rende son épée ! »

A cet instant de la discussion, la chambre tout entière fit silence pour écouter un nouvel orateur qui allait prendre la parole. C'était M. Berryer, qui, se levant de sa place, se dirigeait vers la tribune. La renommée de son talent l'avait précédé à la chambre ; à l'occasion de l'adresse de 1830, son éloquence allait recevoir le baptême du feu parlementaire. M. Berryer combattit l'amendement Lorgeril ; le projet d'adresse ne répondait pas au discours de la couronne ; il parlait vaguement, et sans en expliquer les causes, d'une vive inquiétude qui troublait la sécurité du pays, altérait sa prospérité et menaçait de devenir funeste à son repos.

Les premiers mots de son discours révélèrent un maître.

« Vous accusez le Roi personnellement d'avoir formé un nouveau ministère, s'écria-t-il ; c'est-à-dire qu'un acte de la volonté royale, le seul acte de la puissance exécutive qui ne puisse être l'objet d'aucune responsabilité, est présenté comme la cause de la douleur de tout un peuple. Envoyez donc au Roi, envoyez au Roi votre grande députation pour lui dire : Sire, l'usage que vous avez fait de vos prérogatives trouble notre sécurité, altère notre prospérité et peut devenir funeste à notre repos [1]. »

Les interruptions de la gauche éclatèrent à ces mots ; des

---

1. M. de la Mennais exprimait, lui aussi, dans une lettre adressée au marquis de Coriolis, la pensée que son ami M. Berryer avait développée à la tribune : « .... Ce qui ne se repose pas, c'est la révolution, écrivait M. de la Mennais le 24 mars 1830. Bien qu'il lui reste peu de chemin à faire, elle est infatigable : la voilà qui se met à causer constitutionnellement avec le Roi ou avec la couronne si vous l'aimez mieux, et je crois en effet ce dernier mot plus parlementaire. Elle lui dit avec politesse, car elle s'est formée depuis trente ans : « Sire, vous avez de l'esprit, un tact parfait, un jugement sûr ; c'est « dommage qu'avec cela vous ne sachiez ce que vous faites. » (Corresp. de la Mennais. T. II, p. 126.)

cris : *A l'ordre! à l'ordre!* retentirent dans la salle. M. Berryer ne se laissa pas arrêter par ces rumeurs significatives :

« Vos interpellations ne me troublent pas, continua-t-il, elles me satisfont. L'horreur que la chambre exprime contre les conséquences nécessaires de la rédaction proposée donne l'assurance que le projet va être rejeté. S'il y a irrévérence dans la rédaction du projet, il y a aussi inconstitutionnalité dans l'alternative où l'on veut placer le Roi. La chambre n'a pas le droit de demander sa propre dissolution! Il y a quelque chose d'effrayant et qui contriste le cœur dans cette résolution d'une assemblée qui demande sa propre ruine ; qui, trahissant la confiance des électeurs, veut se soustraire aux devoirs qu'elle a à remplir envers le Roi, envers le pays, envers elle-même. Et c'est au moment où ces devoirs sont les plus impérieux que, par une étrange inconséquence, elle voudrait délaisser le poste qu'on lui a confié !

« Si les ministres inspirent de la défiance, si les députés sont alarmés sur leurs intentions secrètes, qu'ils restent pour surveiller leurs actes et déjouer leurs projets ! »

L'éloquent orateur exprimait un juste étonnement en constatant que le projet d'adresse célébrait la complète sécurité du pays et l'unanimité des sentiments des Français avant le 8 août 1829. Il rappela les paroles de M. de Martignac, qui, à la précédente session, avait montré du doigt l'anarchie comme le terme fatal vers lequel l'opposition à outrance conduisait la France. Les circulaires de M. Bourdeau, ministre de la justice, destinées à arrêter ou à réprimer la licence de la presse, étaient autant d'exemples servant à prouver que le ministère du 8 août n'avait pas trouvé le pays dans cet état de calme et de parfaite quiétude dont parlait l'adresse :

« Qu'importe maintenant, s'écria M. Berryer en terminant, quand les droits du Roi sont blessés, quand la couronne est outragée, que votre adresse soit remplie de protestations de dévouement, de respect et d'amour ! Qu'importe que vous disiez : Les prérogatives du Roi sont sacrées, si, en même temps, vous prétendez le contraindre dans l'usage qu'il doit en faire ? Ce triste contraste n'a d'autre effet que de reporter la pensée vers des temps de funeste mémoire, Il rappelle par quel chemin un roi malheureux fut conduit, au milieu des serments d'obéissance et des protestations d'amour, à changer contre la palme du martyre le sceptre qu'il laissa choir de ses mains. Je ne m'étonne pas que, dans leur pénible travail, les rédacteurs du projet aient dit qu'ils se sentaient condamnés à tenir au Roi un semblable langage. Et moi aussi, plus occupé du soin de l'avenir que des ressentiments du passé, je sens que, si j'adhérais à une telle adresse, mon vote pèserait à jamais sur ma conscience comme une désolante condamnation. »

Ainsi parla M. Berryer, et, au sortir de cette séance, M. Royer-Collard, ce grand juge des choses de l'esprit, tirant l'horoscope de cette nouvelle lumière qui se levait dans les assemblées, s'écria : « C'est plus qu'un discours, c'est un événement; une nouvelle puissance s'élève. »

Le prince de Polignac avait été frappé, comme tout le monde, de ce merveilleux début. A l'issue de la séance, où M. Berryer s'était fait entendre, il lui offrit le titre de sous-secrétaire d'État; mais celui-ci, avec cette modestie mêlée de confiance qui sied au vrai talent, répondit :

« A l'heure qu'il est, ce titre est au-dessus de mes prétentions; dans la session prochaine il sera peut-être au-dessous de mes services. »

Le discours de M. Berryer termina la discussion de l'adresse. L'amendement Lorgeril n'obtint qu'une trentaine de voix. M. Sosthènes de la Rochefoucauld essaya, sans aucune chance de succès, de faire accueillir un amendement de sa façon. Personne ne l'appuya. Les cinq derniers paragraphes du projet obtinrent une majorité égale. La nuit arrivait, il était près de sept heures du soir quand on procéda au vote sur l'ensemble de l'adresse. Le moment était solennel. La lueur de quelques lampes répandait une lumière incertaine dans la salle ; un député, M. de Puymaurin, déclara alors que « l'adresse serait une œuvre de ténèbres. » Le dépouillement du scrutin se prolongea jusqu'à sept heures et demie. Les ministres et les députés attendirent les résultats du scrutin. Le nombre des votants était de 402 : 221 voix se prononcèrent en faveur du projet ; 111 voix se déclarèrent opposées à l'adresse. La majorité qui adoptait l'adresse était donc de 110 voix, majorité à laquelle on pouvait ajouter les 30 voix qui s'étaient ralliées à l'amendement Lorgeril, ce qui réduisait à 150 le nombre de voix sur lesquelles le ministère pouvait compter.

Le pouvoir avait perdu la bataille ; la prérogative parlementaire l'emportait sur la prérogative royale. La nouvelle de la défaite ministérielle se répandit promptement dans le public. Les libéraux exaltèrent leur triomphe ; les royalistes considéraient l'adoption de l'adresse comme le dernier attentat à la prérogative royale, comme une déclaration de guerre de la chambre contre le trône :

« L'adresse, disait un journal royaliste, a mis la pensée et l'insolence du parti libéral à découvert. On va voir si le trône s'abaissera devant lui. »

Cette mémorable discussion avait laissé deviner le plan que l'opposition s'était tracé pour la session. Elle accorderait au ministère toutes les lois d'utilité générale qu'il proposerait, mais elle ne les accorderait qu'après avoir fait valoir le sacrifice que la chambre faisait de son animadversion à l'intérêt public. On retrancherait du budget les dépenses qui s'appliquaient à des objets contre lesquels on avait excité les passions populaires, comme la solde des troupes suisses et d'une partie de la garde royale, notamment des gardes du corps, le traitement du haut clergé et celui des principaux fonctionnaires. La chambre ferait des réductions sans s'occuper de l'effet qu'elles produiraient sur les budgets spéciaux de chaque ministère, afin d'obtenir cette popularité que les masses ne refusent jamais à ceux qui les flattent. L'opposition accorderait le budget en privant le gouvernement des moyens de l'employer, et arriverait ainsi à faire changer le ministère. Pendant le cours de cette importante discussion, deux talents parlementaires de premier ordre s'étaient révélés, et ces deux talents, d'un genre si opposé, se faisaient valoir mutuellement l'un l'autre par le contraste de leur éloquence : nous avons nommé MM. Berryer et Guizot.

VI

LE CONSEIL DES MINISTRES, EN APPRENANT L'ADOPTION DE L'ADRESSE, SONGE A LA DISSOLUTION DE LA CHAMBRE. — RÉPONSE DE CHARLES X A LA DÉPUTATION CHARGÉE DE LUI PRÉSENTER L'ADRESSE. — PROROGATION DE LA CHAMBRE. — BANQUETS OFFERTS AUX 221 DÉPUTÉS QUI AVAIENT VOTÉ L'ADRESSE. — ENTREVUE DE M. DE VILLÈLE AVEC LE ROI. — DÉMARCHE TENTÉE AU NOM DES CENTRES PAR MM. HUMANN ET DE MAR-HALLAC, AUPRÈS DE M. DE VILLÈLE. — LA DISSOLUTION DE LA CHAMBRE EST ARRÊTÉE. — MM. DE CHABROL ET DE COURVOISIER SONT OPPOSÉS AU RECOURS A L'ARTICLE 14.

La discussion de l'adresse avait un douloureux retentissement dans le conseil des ministres. On ne pouvait plus se le dissimuler, le cabinet n'avait pas la majorité dans les chambres. Alors un des membres du conseil, le baron d'Haussez, ouvrit l'avis de chercher à ramener, par tous les moyens, fût-ce par ceux que Walpole avait employés avec avantage dans le parlement d'Angleterre, le nombre de voix nécessaires au ministère pour avoir la majorité. L'adresse des deux cent vingt et un venait d'être votée. La chambre avait déclaré, sans qu'il y eût une loi présentée, et avant toute discussion préalable, que le concert avait cessé entre le gouvernement et l'assemblée. M. d'Haussez représentait qu'un déplacement de vingt-cinq voix rendrait la majorité au ministère. Or il avait fait sonder les hommes qu'il croyait les plus disposés à opérer ce mouvement de conversion, partie en raison de la crainte que leur inspirait la révolution, partie en raison des avantages pécuniaires qu'on leur faisait pressentir :

« Nous connaissions, a-t-il écrit, le tarif des consciences, il n'était pas très-élevé. »

M. d'Haussez proposa de faire passer 40 voix de l'opposition au ministère, moyennant quelques places et trois millions d'argent ; on se les serait procurés en exploitant les coupes de bois de la liste civile. M. d'Haussez avait pratiqué à l'avance les esprits, il était sûr de son fait.

Le Roi et le Dauphin n'attendirent pas l'opinion du conseil pour repousser la proposition qu'ils taxèrent d'immorale. Le ministre de la marine objecta qu'il s'agissait d'éviter d'irréparables malheurs, en ramassant, pour combattre les ennemis de la royauté, des armes que ceux-ci ne laisseraient certainement point par terre. L'opposition avait 221 voix, le gouvernement 180 ; l'opposition, en perdant 40 voix n'en conserverait plus que 181 ; si le ministère acquérait ces 40 voix, il en réunirait 220 ; un coup d'État deviendrait donc inutile. Mais rien ne put vaincre les loyales répugnances du Roi et de son fils [1].

Il ne restait plus qu'une dernière ressource, la dissolution de la chambre, et, si les colléges électoraux renvoyaient la même chambre, et que le pouvoir voulût persister dans les mêmes voies, un coup d'État contre la majorité.

La séance du conseil des ministres fut tout entière employée, le 17 mars, à peser les avantages et les inconvénients qu'une pareille mesure devait naturellement apporter. L'opposition voulait forcer le Roi à changer son ministère, parce qu'elle

---

1. Ces détails sont empruntés aux Mémoires inédits du baron d'Haussez.

pensait que le gouvernement, après avoir épuisé toutes les nuances politiques au ministère, serait peut-être obligé de revenir au centre gauche. La chambre, ayant forcé sur ce point la prérogative royale, se rendrait maîtresse des choix par le moyen indirect de l'élimination. Le Roi déclara qu'il ne se soumettrait jamais à une semblable prétention, qui ne tendrait à rien moins qu'à confondre les pouvoirs et à réduire la couronne au dernier degré d'avilissement.

« Les chambres, dit-il, ont un moyen constitutionnel d'exprimer que le ministère ne possède pas leur confiance, c'est de repousser ses propositions; mais elles manquent à leurs devoirs, elles usurpent sur la puissance royale, lorsqu'elles viennent déclarer qu'elles ne veulent pas concourir avec tels ou tels ministres dont elles ne peuvent même connaître les intentions.

« D'ailleurs, quel ministère pourrait s'entendre avec cette chambre? Lorsque je voulus changer le ministère Martignac, dont les concessions nous menaient tout droit à une révolution, j'en parlai à M. Royer-Collard, et lui demandai quels étaient les hommes qui, à son avis, auraient le plus d'influence sur la majorité de la chambre. Il me répondit que personne au monde ne pourrait se flatter d'exercer la moindre influence sur cette chambre; qu'elle était divisée en tant de fractions diverses, qu'aucun ministère ne serait capable d'y former une majorité tant soit peu solide, et que je pouvais nommer qui bon me semblerait, sans crainte d'avoir à me dire que j'aurais pu mieux choisir. Dernièrement encore, quand il vint me remercier de sa nomination à la présidence, je lui ai demandé s'il était toujours dans la même opinion. — Plus que jamais, m'a-t-il dit, il n'y a pas de ministère qui puisse faire le bien avec une telle assemblée. Une majorité s'y formera accidentellement, sur un point ou sur un autre, mais sans consistance, sans stabilité, le mieux serait de la dissoudre. Voilà ce que m'a dit M. Royer-Collard, je crois qu'il a raison; mais, du reste, voyez, messieurs, le parti que vous jugerez bon de prendre[1]. »

Tout le conseil exhorta le Roi à dissoudre la chambre. Seul M. de Guernon-Ranville émit un autre avis. Que fera-t-on,

---

[1]. Nous copions textuellement les paroles du Roi dans le Journal inédit de M. de Guernon.

observa-t-il, si les électeurs renvoient une chambre pareille ou plus hostile? Le Roi, en se prononçant formellement en faveur du ministère existant, priverait la monarchie de la dernière ressource dont elle pût disposer : un changement de cabinet. Ainsi les colléges électoraux deviendraient les juges suprêmes de la lutte engagée entre le pouvoir royal et l'opposition.

M. de Guernon ajoutait avec raison qu'une chambre centre gauche serait plus redoutable qu'une chambre extrême gauche, parce que, n'effrayant pas, elle réunirait plus de sympathies dans la nation. Son avis était donc d'attendre que la chambre brisât la charte en refusant le budget. La chambre aurait ainsi anéanti toutes les combinaisons électorales. Alors le Roi rentrerait dans la plénitude de son droit constituant et pourrait aviser aux moyens de sauver l'État.

M. de Guernon exprimait ici, sans le savoir, l'avis de M. de Villèle. L'ancien président du conseil écrivait, le 17 février, que la prorogation de la chambre après l'adresse serait une mesure impolitique et faite pour accroître les difficultés de la situation au lieu de les atténuer. Il retardait son retour à Paris, craignant toujours l'ajournement ou même la dissolution de la chambre, mesures qu'il combattait par les meilleures raisons du monde, et au milieu desquelles il craignait de se trouver à Paris sans aucun moyen de les empêcher ou de les réparer.

La prorogation d'une assemblée est un premier pas fait vers sa dissolution. M. de Montbel, songeant à cette éventualité de l'avenir, consulta M. de Villèle sur l'opportunité de la dissolution de la chambre; l'ancien président du conseil lui répondit « de ne pas se lancer légèrement dans une mesure aussi chanceuse avec l'égarement actuel de l'opinion. »

M. de Montbel ne se rangea pas pour cette fois à l'avis de son ami. Il trouvait également que le jugement de M. de Guernon était empreint d'un pessimisme exagéré. Le ministre de l'intérieur avait confiance dans les départements et pensait que, si le Roi leur adressait une proclamation comme Louis XVIII l'avait fait en 1816, cette intervention royale assurerait aux élections un résultat favorable au ministère. Une discussion s'engagea à ce sujet au conseil entre M. de Montbel et M. de Guernon-Ranville ; ce dernier fit observer avec raison que « l'intervention des tiers dans la formation des listes avait donné à l'opposition une puissance énorme, dont elle avait profité à l'aide des sociétés directrices.

« Les royalistes sont timides et ne se font pas inscrire, ajouta M. de Guernon. L'opposition éloigne des listes une foule de gens honnêtes qui se fatiguent d'une lutte désagréable par la publicité qu'elle donne aux affaires de famille les plus secrètes. La proclamation qui a réussi en 1816 ne réussirait pas en 1830. L'union du peuple dont parle M. de Montbel, je regrette de le dire devant le Roi, n'est qu'une chimère. »

Cette honnête déclaration plut à Charles X, qui pourtant ne céda pas à ces justes raisonnements.

« Vous avez émis franchement votre opinion, dit-il au ministre de l'instruction publique, c'est très-bien ; il faut dire ici tout ce qu'on pense. J'aime la vérité, et je veux qu'on me la dise sans déguisement. »

Puis il ajouta, en pressant le bras de M. de Guernon et en lui faisant un signe de tête accompagné d'un de ces sourires qui n'appartenaient qu'à lui : « C'est la presse qui est la cause de tout le mal [1]. »

Le Roi, d'accord avec le ministère, prit la résolution de proroger la chambre. Il déclara qu'il ne pouvait maintenir une assemblée qui venait de refuser son concours à un ministère possédant toute la confiance royale. Cette résolution fut adoptée

---

1. Journal inédit de M. de Guernon-Ranville.

dans le conseil du 17 mars, après la discussion dont nous venons de parler.

La réponse du Roi à l'adresse des députés restait à discuter. Le projet primitif de cette réponse émanait du Roi seul[1].

« J'ai rempli mon devoir de Roi, en recevant l'adresse que vous venez de me présenter, disait-il. Vous avez connu mes intentions dans mon discours d'ouverture et dans ma réponse à l'adresse de la chambre des pairs. Je n'en varierai jamais. Retournez, messieurs, dans la salle de vos séances; mes ministres vous feront connaître mes volontés. »

La réponse du Roi fut modifiée d'après l'avis d'un des ministres, qui proposa d'y ajouter une phrase de nature à lui donner un caractère plus énergique. Tandis que cette réponse était résolue, on faisait courir dans le public le bruit que Charles X refusait d'entendre l'adresse.

Le 18 mars à midi, la députation chargée de la présenter au Roi fut introduite dans la salle du trône. Chose digne de remarque, cette adresse fut lue au Roi par M. Royer-Collard, qui avait dit dans d'autres circonstances :

« Le jour où il sera établi en fait que la chambre peut repousser les ministres du Roi et lui en imposer d'autres, qui seront ses propres ministres, et non les ministres du Roi, ce jour-là, c'en est fait, non-seulement de la charte, mais de cette royauté qui a protégé nos pères... Ce jour-là, nous serons en république. »

M. Royer-Collard prononça l'adresse d'un ton calme; il chercha plutôt à déguiser la fermeté du dernier paragraphe, en donnant à sa voix une inflexion respectueuse. Le Roi entendit cette lecture avec calme et dignité; son émotion ne se trahit pas. Ce fut d'une voix sonore et assurée qu'il répondit :

---

1. Ce projet de réponse, écrit de la main du Roi lui-même, se trouve dans les Mémoires inédits de M. de Guernon-Ranville.

« Monsieur, j'ai entendu l'adresse que vous me présentez au nom de la chambre des députés.

« J'avais droit de compter sur le concours des deux chambres pour accomplir tout le bien que je méditais; mon cœur s'afflige de voir que les députés des départements déclarent que, de leur part, ce concours n'existe pas.

« Messieurs, j'ai annoncé mes intentions dans mon discours d'ouverture de la session, ces résolutions sont immuables, l'intérêt de mon peuple me défend de m'en écarter.

« Mes ministres vous feront connaître mes intentions. »

La réponse du Roi produisit beaucoup d'effet. L'assemblée réunie autour de Charles X présentait un aspect imposant. Le Roi s'était entouré à dessein d'un cortége brillant et nombreux composé des hauts fonctionnaires, des grands dignitaires de l'État. Les députés chargés de présenter l'adresse au Roi étaient frappés du grand spectacle qu'offrait à leurs yeux la majesté du trône. En se retirant, M. Royer-Collard, s'entretenant avec ses collègues de l'effet qu'avait produit sur lui la réponse du Roi, s'exprima ainsi :

« C'est une chose vraiment grande et imposante qu'un Roi sur son trône. Je n'en ai jamais été autant frappé que je le suis aujourd'hui[1]. »

L'ordonnance de prorogation fut portée à la chambre le 19 mars. Une affluence à la fois curieuse et inquiète se pressait dans les tribunes. Le ministre de l'intérieur remit au président l'ordonnance royale; M. Royer-Collard en fit la lecture au milieu d'un profond silence :

« La session de 1830, de la chambre des pairs et de la chambre des députés, est prorogée au 1er septembre, dit le président. Aux termes de la loi, la chambre prorogée se sépare à l'instant. »

La chambre des députés reçut cette notification sans éton-

---

1. *Vie politique de Royer-Collard.* T. II, p. 422.

nement et sans murmures, mais non sans un vif mécontentement. Des cris de *vive le Roi* éclatèrent à droite, quelques cris de *vive la charte* retentirent à gauche ; d'une tribune publique s'échappa le cri de *vive la constitution!* Un député de la droite demanda au président de faire évacuer les tribunes.

« Il n'y a plus de chambre, » répondit M. Royer-Collard, en quittant le fauteuil de la présidence.

L'ordonnance de prorogation fut portée à la chambre des pairs par M. de Polignac ; elle fut reçue avec calme, mais elle produisit une profonde impression. Jusqu'alors le Roi n'avait pas donné la preuve d'une grande énergie, il manifestait pour la première fois une volonté persévérante. Les royalistes ultra voyaient dans cette décision une tentative d'émancipation royale, tandis que les libéraux entrevoyaient l'avenir avec une sorte de crainte.

Le roi espérait que cette énergique manifestation de sa volonté intimiderait l'opposition ; il se trompait. A compter de ce moment, la presse redoubla ses violences, et les libéraux renoncèrent aux ménagements que la prudence seule leur avait fait garder jusque-là. « Les journaux ne gardèrent plus aucune mesure, écrit M. de Barante dans la *Vie politique de M. Royer-Collard* ; leur langage devint explicite. Ils ne cachaient ni leurs désirs ni leurs espérances[1]. *Le roi règne et ne gouverne pas* était devenu le symbole des doctrines hautement professées par les écrivains politiques les plus accré-

---

1. *Vie politique de M. Royer-Collard.* T. I, p. 424.
M. de la Mennais, sans indiquer le parti que le pouvoir aurait dû prendre en face de l'opposition des chambres, critiquait amèrement la mesure à laquelle il venait de s'arrêter : « Notre gouvernement, écrivait-il, croit que reculer, c'est vivre. La question, telle qu'il l'a posée, nous place entre la république et l'arbitraire de cour ; à tout prendre, j'aime mieux la première, parce que j'aime

dités. On disait que l'Angleterre, en 1688, n'avait point fait une révolution, et avait seulement changé de dynastie. L'association *Aide-toi, le ciel t'aidera*, prévoyant de prochaines élections, s'occupait à prendre les moyens de nature à y faire dominer son influence. »

En face de ces périls nouveaux, ajoutés aux dangers anciens, un des ministres, M. le baron d'Haussez, proposa au conseil de prendre des mesures capables de prévenir ou de réprimer les mouvements que la faction ultra-libérale ne manquerait pas d'exciter. Ces moyens défensifs consistaient à opposer des associations royalistes aux associations formées partout dans un sens d'opposition. M. d'Haussez émettait l'avis de s'assurer de l'esprit des troupes ; de remplacer les commandants militaires et les chefs d'administration dont l'énergie et la fidélité laisseraient des doutes ; de renforcer les garnisons de Paris et des principales villes, de manière à ôter jusqu'à la pensée d'y semer des troubles ; enfin de réunir à peu de distance de Paris, sous le prétexte de les exercer à de grandes manœuvres, les troupes qui, chaque année, formaient les camps de Saint-Omer et de Lunéville. Le conseil approuva les projets du ministre de la marine. Le président du conseil dit qu'il les examinerait, mais que des affaires plus urgentes réclamaient ses soins : il n'en fut plus question. M. d'Haussez rappela plusieurs fois au souvenir du prince de Polignac la nécessité d'adopter des mesures défensives : celui-ci lui fit toujours la même réponse[1].

Les libéraux ne perdaient aucune occasion de faire parler d'eux. Bientôt tous les départements offrirent des banquets

---

mieux la fièvre que la mort, ou la paralysie qui y mène. Tout le monde s'attend à la dissolution de la chambre ; comment les électeurs la recomposeront-ils? Selon toute apparence, telle qu'elle est maintenant ; et alors, que fera-t-on? Personne ne le sait et les ministres moins que tout autre. La crise sera terrible, voilà ce qu'il y a de clair. » (*A madame la comtesse de Sneufft*, 27 mars 1830. T. II, p. 130.)

1. Mémoires inédits du baron d'Haussez.

et firent des ovations à ceux d'entre les députés qui avaient voté l'adresse des 221. Paris, la ville d'où part l'initiative de toutes les démonstrations populaires, donna la première l'exemple. Le 1ᵉʳ avril, un banquet fut offert par sept cents électeurs aux députés de la capitale qui avaient voté l'adresse. M. Odilon-Barrot, vice-président, remercia les députés « d'avoir refusé au ministère un concours qui eût été une complicité :

« Vous pouvez compter de nouveau sur le suffrage des électeurs, dit-il ; si l'on venait à braver la sainteté des lois, le courage des citoyens ne vous manquerait pas. Dans cette lutte, entre l'égalité et le privilège, entre le règne des lois et celui du bon plaisir et de la force aveugle, la victoire ne peut être incertaine. »

A la fin de cette réunion, le toast accoutumé ne fut pas porté au Roi, mais aux trois pouvoirs. La salle du banquet était ornée de guirlandes de fleurs reliées entre elles par 221 couronnes. Cette allusion au nombre des votants de l'adresse n'était pas voilée ; les provinces suivirent l'impulsion donnée par la capitale, on frappa une médaille commémorative en l'honneur des 221 députés, que la presse libérale désignait dans ses colonnes sous le nom de *Sauveurs de la patrie*.

Le ministère répondit à ces démonstrations hostiles par la destitution de quelques-uns des fonctionnaires dont l'opposition à ses vues était connue de tous. M. de Suleau, préfet de la Moselle, remplaça dans ses fonctions de directeur général de l'administration et des domaines M. Calmon, qui avait voté l'adresse des 221. Quelques préfets, hostiles au ministère d'extrême droite comme ils avaient été opposés au ministère de droite, furent également destitués ou mis à la retraite [1].

---

1. C'étaient MM. de Riccé, préfet du Loiret, de Lezardière, préfet de la Mayenne, de Beaumont, préfet du Doubs, Feutrier, préfet de Lot-et-Garonne, d'Arros, préfet de la Haute-Loire et Fumeron d'Ardeuil, préfet du Var.

Ces mesures insignifiantes devenaient inutiles par leur peu d'étendue. Au même moment, le ministère eut un succès partiel dans l'élection de M. de Guernon-Ranville, nommé quelques jours après la prorogation de la chambre par le département de Maine-et-Loire, en remplacement de M. de la Bourdonnaye, élevé à la pairie. M. de Vatimesnil, qui s'était présenté comme candidat de l'opposition dans le même collége, échoua.

Les débats de plusieurs procès de presse occupèrent les premiers jours qui suivirent la prorogation de la chambre. Ils étaient intentés par le ministère public au *National*, au *Globe*, au nouveau *Journal de Paris* et au *Journal du commerce*. Le gérant du *Globe* fut condamné, le 3 avril, à quatre mois de prison et 2,000 fr. d'amende pour excitation à la haine et au mépris du gouvernement; le gérant du *National*, à trois mois d'emprisonnement et 1,000 fr. d'amende pour le même délit, tandis que des écrivains d'extrême droite, favorables aux maximes d'absolutisme, étaient généralement acquittés par la cour royale. Les sympathies du gouvernement éclataient clairement, quoique le *Moniteur* contînt de temps en temps des articles disant que le ministère n'avait aucun organe officiel, et que sa politique n'était pas exprimée par les feuilles royalistes.

Ce fut à cette époque que M. de Villèle, cédant aux instances de ses amis, revint à Paris. Le jour même de son arrivée, il reçut la visite de MM. de Chabrol, de Peyronnet, Forbin, Olivier, la Panouze. M. de Peyronnet vint le pressentir, afin d'apprendre quelles étaient ses intentions à l'égard du Roi. L'ancien garde des sceaux savait que quelques membres du ministère auraient salué avec bonheur le retour de M. de Villèle. La conversation de ces deux hommes d'État, dont l'un devait si peu de temps après rentrer aux affaires, n'est pas dénuée d'intérêt et contient plus d'un enseignement. M. de Peyronnet dit à l'ancien président du conseil « qu'il se faisait tant de fautes, qu'il lui paraissait probable que M. de Villèle les inspirait dans le but de se faire désirer au ministère comme la seule ressource restant au Roi et au pays :

« Je lui répondis qu'il me connaissait mal s'il me croyait ainsi capable de jouer le rôle de Mazarin, écrit M. de Villèle sur son Carnet, et bien peu sage, s'il me jugeait assez fou pour ambitionner de rentrer au ministère après l'épreuve faite, quand nous étions sortis, de la faiblesse de caractère du Roi, après que la plupart des moyens de défense de la couronne avaient été abandonnés à l'ennemi par le ministère qui nous avait succédé. L'influence des factions sur les colléges électoraux légalisée par l'intervention des tiers, la liberté de la presse rendue dominante par l'abandon de la censure facultative et, par-dessus tout, l'expérience faite de la faiblesse de caractère du Roi, rendaient tout retour impossible. Je lui demandai s'il pensait que, dans cette situation, on pût rétablir le respect pour l'autorité royale sans quelque grand acte de force et de fermeté ; que, quant à moi, je ne pensais pas qu'il pût en être autrement, et que je plaindrais de toute mon âme ceux qui seraient au ministère quand on y aurait recours ; qu'en conséquence, loin de jouer le rôle qu'il supposait, je ne songeais qu'à m'en retourner chez moi. Je l'engageai à se tenir en garde contre les tentatives qui seraient faites pour le faire entrer dans un ministère qui ne pourrait que se perdre [1]. »

Un découragement extrême s'emparait de l'esprit de plusieurs membres du ministère. MM. de Guernon, de Courvoisier et de Chabrol reconnaissaient hautement que le ministère n'était point à la hauteur de la tâche que les circonstances lui imposaient :

« Nous l'avons déclaré souvent avant la réunion des chambres, et nous en sommes encore plus convaincus depuis cette courte épreuve : nous ne sommes point en force pour soutenir la lutte de tribune qui va bientôt s'ouvrir, écrivait M. de Guernon dans son Journal. Il nous paraît d'ailleurs trop certain que des influences en dehors du conseil nous poussent vers de mauvaises voies. Il n'y a dans notre marche ni en-

---

1. Papiers politiques de M. de Villèle (*Documents inédits*).

semble ni fermeté. Nous avançons sur une ligne indécise, sans plan, sans système arrêté; nous vivons au jour le jour dans une confiance aveugle, tandis que l'orage se forme et nous menace de toutes parts. Cet état de choses ne peut durer. Il faut ou un changement dans le ministère ou un changement dans le système, si tant est qu'il existe un système. »

Deux jours après son arrivée à Paris, M. de Villèle fut invité à se rendre au jeu du Roi; il se trouva tout dépaysé au château par le nombre des invités qui ne venaient pas autrefois à ces sortes de réunions. Quand le Roi eut fait le tour de la salle, le premier gentilhomme de la chambre qui le guidait aperçut l'ancien président du conseil qui se tenait en arrière et avertit le Roi de sa présence. Le Roi s'avança alors vers lui, en disant tout haut : « Pourquoi se faire si petit quand on est si grand? »

« Je restai confondu d'abord, écrit M. de Villèle sur son Carnet; mais comme en me quittant le Roi me dit tout haut, de manière à être entendu de tout le monde : « Vous aurez votre audience pour mercredi « à midi, » et que je n'en avais pas demandé, je vis à l'instant tout ce que ce petit manége signifiait. M. de Polignac voulait afficher sa puissance, montrer surtout qu'il ne craignait pas un retour d'influence de ma part sur le Roi. J'en fus peu troublé, n'y prétendant pas.

Le Roi reçut M. de Villèle avec une grande bonté mêlée d'un peu de gêne.

« Je lui ai dit tout ce que je pensais sur tous les sujets dont il a bien voulu m'entretenir, ainsi que je le faisais, étant au ministère, écrit-il, mais je n'ai pris l'initiative sur aucun. »

Il était évident que le rappel de M. de Villèle n'entrait pas dans les combinaisons du prince de Polignac. Il redoutait le retour d'un homme d'État dont le talent incontestable triompherait bientôt des préventions suscitées contre lui dans l'opinion, et qui aurait repris facilement dans l'esprit et dans l'affection du Roi la place qu'il y avait longtemps occupée. On cessa donc de songer à un remaniement ministériel immédiat; mais les centres ne renonçaient pas à espérer le retour de M. de Villèle. Nous trouvons la preuve de ce désir des centres dans une démarche faite à cette époque auprès de l'ancien président du conseil par MM. Humann et de Mar-Hallac. M. de Villèle les trouva chez lui au retour de l'audience royale. Nous lui laisserons la parole pour raconter les détails de cette entrevue, dernière tentative faite par la majorité de la chambre pour se rapprocher du pouvoir royal ; les détails de cette démarche de l'opposition loyale et constitutionnelle appartiennent à l'histoire :

« Rentré chez moi, écrit M. de Villèle, j'y trouvai deux visites auxquelles je ne m'attendais guère : MM. Humann et de Mar-Hallac ; le premier se disant député du centre gauche et le deuxième du centre droit de la chambre, pour m'offrir, au nom des députés siégeant avec eux, de m'apporter l'engagement écrit et signé par tous, c'est-à-dire par un nombre supérieur à la majorité de la chambre, de faire passer le budget que je leur apporterais, si le Roi voulait me charger de former un nouveau ministère et se contenter, pour cette session, de cette loi indispensable qui donnerait à l'opinion le temps de se calmer, et au Roi d'aviser au moyen de rétablir l'harmonie entre lui et la chambre des députés. Pour justifier cette étrange proposition, ils m'avouèrent nettement avoir compté que le Roi reculerait devant leur adresse, et se déclarèrent bien désespérés de l'avoir votée depuis qu'ils apercevaient les conséquences fatales qui pourraient en résulter pour le pays et pour eux-mêmes, qui étaient las de révolutions. Ils avaient le repos de leurs familles et la sécurité de leur fortune à ménager, et croyaient tout cela compromis par l'imprudence d'un seul homme, M. de Polignac. Ils ajoutèrent : « C'est un homme qui se croit prédestiné à sauver la France; si vous eussiez assisté comme nous à la discussion de l'adresse, vous seriez convaincu comme nous que ce n'est pas avec la conservation du gouvernement représentatif qu'il peut espérer le faire. C'est par un coup d'État qu'il le tentera; encore, s'il avait ce qu'il faut pour réussir ! Nous sommes assez désabusés sur l'application des formes représentatives à notre pays pour conserver beaucoup de regrets de leur modification dans un sens plus monarchique; mais il le manquera et va nous jeter en révolution. C'est ce que nous voulons éviter par la démarche que nos collègues nous ont chargés de faire auprès de vous. Vous le savez, nous ne partageons pas vos opinions politiques. Nous offrons de voter le budget que vous nous apporterez, si le Roi vous charge de renouveler son ministère et de nous porter cette seule loi. Nous ne pouvons pas faire un pas au delà de cet engagement. Mais il donnera, nous le répétons, au Roi, le temps de laisser calmer les passions et le dégagera des insensés auxquels il s'est livré; enfin il parera aux dangers les plus menaçants de la révolution. Nous croyons faire acte de bons Français en vous faisant cette proposition, et nous espérons que Sa Majesté en jugera de même. »

« Je leur fis remarquer sur-le-champ que j'étais le dernier de ceux auxquels ils dussent adresser cette proposition, puisque, repentants qu'ils étaient d'avoir tenté d'imposer au Roi le changement de son ministère, ils me demandaient d'ajouter à cet acte, de m'imposer moi-même à lui et à mon pays, comme unique moyen d'obtenir de la chambre le budget; je ne pouvais, ils le sentaient bien, dire un mot au Roi, et même à qui que ce fût, de leur proposition, je leur en garderais le secret et, pour ma part, je verrais avec joie ramener l'union entre les pouvoirs dont la division pouvait amener la perte du pays.

« Ce fut une fatalité que la visite de ces deux hommes de bien ne m'eût pas été faite avant l'audience que je venais d'avoir du Roi. Ils eussent, dans tous les cas, reçu de moi la même réponse; je n'en devais ni ne pouvais en faire d'autre. Mais, n'ayant pas sollicité moi-même cette audience, j'aurais pu, sans m'exposer à la moindre défiance, raconter au Roi ce qui venait de m'être dit, faire ainsi porter sur celui à qui elle appartenait, puisque seul il pouvait prononcer, la responsabilité de l'acceptation ou du refus d'une ouverture qui eût peut-être évité la chute d'un trône et vingt années de révolution à mon pays.

« Dans la situation donnée, je ne pouvais, sans tomber dans le mépris et l'intrigue, donner aucune suite à cette proposition, ni en m'en ouvrant à Montbel, le collègue de M. de Polignac, ni en réclamant une autre audience du Roi ni en tentant de décider M. de Polignac lui-même à se retirer. Le malheur voulut, je le répète, qu'au lieu de suivre mon audience aux Tuileries, la visite de ces Messieurs ne l'eût pas précédée, car je n'aurais pas eu probablement la force de me taire dans le tête à tête chez le Roi, sur un sujet qui touchait de si près ses plus chers intérêts. Ma parole, ma conviction d'homme de bien m'aurait enhardi à risquer peut-être de perdre dans son estime, plutôt que de l'exposer, lui et mon pays, à tout ce que nous avons vu se réaliser depuis [1]. Quoi qu'il en soit, je m'estime heureux de pouvoir consigner ici les noms et l'acte honorable et loyal de ces deux hommes de bien, et les dispositions d'un assez grand nombre de leurs collègues pour faire majorité dans la chambre, sans les défectionnaires qu'un arrangement de ce genre aurait rejetés dans l'opposition [2]. »

M. de Polignac ne crut pas pouvoir se dispenser de faire une démarche pour solliciter, sans rien préciser, le retour de M. de Villèle, retour qu'il ne désirait pas. Il vint le voir, et lui avoua l'insuffisance du ministère pour surmonter la crise du moment; il lui offrait donc d'y entrer pour l'aider dans la lutte qui s'ouvrirait au retour des chambres, en lui disant que la présidence du conseil ne ferait pas obstacle, du moins de sa part, à cette combinaison. M. de Villèle lui répondit qu'un acte de ce genre ne lui semblait devoir amener aucun bon résultat, et que rien au monde ne pourrait le faire rentrer au ministère. Il lui fit observer que ni l'intérêt du Roi, qui aurait l'air de reculer devant le refus de concours en opérant un tel changement dans la composition de son ministère, ni l'intérêt du pays, qui n'y verrait qu'une combinaison fallacieuse et éphémère d'intérêts personnels bientôt en opposition sans aucun principe commun ni aucune chance de durée, ne gagnerait à ce changement. Pour prouver au prince de Polignac sa ferme résolution de ne jamais consentir à un pareil arrangement, M. de Villèle lui apprit qu'il allait quitter Paris sans même attendre que sa famille pût l'accompagner à Morville. « Je

1. M. de Villèle paraît avoir ignoré ce qui a été rapporté par M. le général de Saint-Priest, qui le tenait du comte de Chabrol, ancien ministre de la marine et des finances, à M. le comte de Neuville. Ce dernier assure que M. Humann, après le refus de M. de Villèle de faire connaître au Roi les propositions qu'il avait été chargé de lui faire par ses amis de la chambre des députés, était venu trouver M. de Chabrol pour le prier d'en parler au Roi qui lui avait répondu : « C'est un tour de Villèle, mais je l'attrapperai bien ; je ne lui parlerai que de son Midi. »
2. Papiers politiques de M. de Villèle (*Documents inédits*).

crus devoir le prendre sur ce ton, pour dégager ma responsabilité de toute participation aux retards du gouvernement dans l'adoption de mesures plus efficaces, écrit M. de Villèle sur son Carnet. J'ajoutai que, dans un moment où l'ajournement de la chambre allait précipiter le pays dans les provisoires, la lutte établie entre le gouvernement et la chambre, celle des colléges électoraux et la licence de la presse exigeaient les plus prompts remèdes; les ministres actuels pouvaient seuls espérer s'entendre et exécuter sans dislocation les combinaisons devenues nécessaires, puisqu'ils étaient seuls solidaires des mesures prises jusque-là. »

De son côté, M. de Chabrol s'efforça, sans aucun espoir de succès, de tenter d'ébranler une résolution qu'il approuvait. Il savait bien que M. de Villèle n'accepterait pas plus sa proposition qu'il n'avait accueilli celle de M. de Polignac; mais ces démarches simultanées avaient été concertées entre les membres du conseil. M. de Chabrol se plaignit avec amertume à son ancien collègue de l'impuissance du ministère, qui avait à souffrir de l'influence exercée sur le Roi par les courtisans étrangers. M. de Villèle connaissait d'expérience cette sorte de souffrance :

« M. de Chabrol me raconta, écrit-il, qu'il existait un petit escalier dérobé aux Tuileries, conduisant du rez-de-chaussée au cabinet du Roi, par lequel, sans que personne, autre qu'un seul confident, pût s'en douter, on conduisait au Roi ceux qu'il voulait voir en secret. Depuis mon départ Chabrol, Frayssinous, Berthier, Polignac, et sans doute beaucoup d'autres avaient eu par cette voie de fréquentes conférences avec Sa Majesté, soit en tête à tête, soit entre plusieurs appelés. C'était là qu'avaient été préparés les divers changements de ministère et les principaux actes du gouvernement.

« Je le remerciai de sa confiance et le renvoyai à la réponse positive que j'avais déjà faite à M. de Polignac pour lui prouver que, sans connaître la partie secrète de la position, je n'avais pas hésité à me refuser insensiblement à prendre la moindre part à une administration établie sur des intrigues que je soupçonnais et dirigée par des hommes aussi connus de moi que MM. de Berthier et de Polignac. Nous nous séparâmes le plus tôt que la politesse nous le permit, heureux d'être débarrassé, lui de faire, moi d'entendre de si pénibles confidences [1]. »

Ces deux visites, suivies de celles de MM. d'Haussez, de Guernon et de Blacas, firent courir à Paris le bruit de la rentrée de M. de Villèle au ministère. M. Berryer vint à son tour presser l'ancien président du conseil de se rattacher à l'administration de M. de Polignac. Cette démarche de M. Berryer fit croire à M. de Villèle que le nouveau député avait eu quelque connaissance des dispositions des centres. Le soir, le salon de M. de Villèle se trouvait trop petit pour contenir la foule des visiteurs intéressés qui venaient saluer l'aurore de son retour au ministère.

Le 7 avril 1830, M. de Villèle rencontra M. de Peyronnet à un dîner chez M. Ollivier. M. de Peyronnet, dont les idées s'étaient étrangement modifiées dans le mois qui venait de s'écouler, souleva la question de la rentrée de M. de Villèle au ministère; il établit que son ancien collègue ne devait pas hésiter à reprendre un portefeuille.

M. de Villèle réfuta cette assertion. M. de Peyronnet s'emporta, et il déclara qu'il regardait le refus de M. de Villèle comme une erreur de sa part, erreur d'autant plus déplorable qu'elle serait funeste au Roi et au pays.

« M. de Castelbajac essaya aussi de me répondre, écrit M. de Villèle au Carnet duquel nous empruntons ces détails; nos amis, à l'unanimité, se prononcèrent contre son système, et je me retirai bien convaincu que Peyronnet, depuis qu'il avait su de moi-même que je n'agissais pas souterrainement et d'accord avec le Roi pour faire faire les fautes que commettait le ministère, s'était arrangé avec M. de Polignac pour redevenir ministre sous lui. Il mettait pour condition à son entrée au ministère qu'on lui donnât le département de l'intérieur, et se portait fort d'obtenir de bonnes élections, pourvu qu'on les retardât jusqu'après

---

1. *Documents inédits.*

la réussite de l'expédition contre Alger. Une fois nouée, cette intrigue marcha assez promptement pour que M. de Montbel, que je vis le 8 avril, m'annonçât qu'il avait été pressé par M. de Polignac de céder son ministère à Peyronnet et de reprendre l'instruction publique [1]. »

Les journaux royalistes s'emparèrent bientôt de ce nouveau projet. La *Quotidienne*, dans son numéro du 8 avril, publia un article destiné à soutenir l'utilité de ce mouvement; la *Gazette de France* répondit en démontrant les inconvénients que la rentrée de M. de Peyronnet amènerait : on lançait ainsi une nouvelle pomme de discorde dans les rangs des royalistes déjà si divisés.

La rentrée de M. de Peyronnet fut ajournée. Cependant M. de Polignac continuait à presser M. de Montbel, afin que, si l'occasion se présentait, il cédât le ministère de l'intérieur à l'ancien garde des sceaux. M. de Villèle, consulté par M. de Montbel, lui conseilla de donner sa démission, plutôt que de consentir à changer encore de ministère, en ajoutant que l'insistance qu'on mettait à placer M. de Peyronnet à l'intérieur annonçait un projet de coup d'État, « jeu périlleux pour lequel la belle âme de son ami n'était pas faite. » Après avoir déploré son impuissance à retenir la monarchie sur la pente où elle glissait, M. de Villèle repartit pour Toulouse le 12 avril. Quand, à son arrivée, ses amis le questionnèrent sur l'état du terrain qu'il venait de quitter, il répondit: « La monarchie m'a fait l'effet d'une place minée et contre-minée dans tous les sens, que la moindre étincelle doit faire sauter. » Les événements justifièrent ces paroles prophétiques.

Lorsque le conseil des ministres discuta les mesures qu'il conviendrait de prendre à la suite de la prorogation de la chambre, les avis furent partagés. M. de Montbel engageait

---

1. Papiers politiques de M. de Villèle (*Documents inédits*).

le Roi à dissoudre sans tarder la chambre qui lui avait refusé son concours: le gouvernement manifesterait ainsi une ferme intention de suivre les voies constitutionnelles et rassurerait les esprits contre les coups d'État. M. de Polignac travaillait au contraire à faire retarder la dissolution et la réélection jusqu'à la rentrée de M. de Peyronnet au ministère de l'intérieur. Le caractère aventureux de l'ancien garde des sceaux inspirait plus de confiance au président du conseil que celui de M. de Montbel. Il pensait que M. de Peyronnet l'aiderait puissamment dans la partie des élections, et en cas de non-succès le seconderait dans l'exécution d'un coup d'État [1]. Les ministres songeaient déjà aux résultats des futures élections. Ils admettaient deux hypothèses : ou la chambre nouvelle apporterait une majorité au gouvernement, ou cette chambre arriverait plus hostile que celle de l'adresse. Dans le premier cas, le gouvernement était décidé à proposer diverses modifications à la législation électorale, et notamment une loi plus efficace contre la licence de la presse. Quant au second cas, la majorité du conseil s'obstinait à le considérer comme une hypothèse irréalisable et n'arrêta rien. Le prince de Polignac se bornait à dire que le Roi aviserait, si une circonstance imprévue se présentait. MM. de Courvoisier, de Chabrol et de Guernon ne partageaient pas l'étrange sécurité du prince de Polignac et auguraient mal de l'avenir qui se préparait. Le président du conseil était persuadé que le ministère ne pouvait sortir vainqueur du combat engagé qu'en recourant à une mesure extraordinaire, en un mot par l'application de l'article 14 de la charte. Un jour, M. de Guernon cherchait à convaincre M. de Polignac qu'avec de la prudence et de la fermeté le ministère obtiendrait une majorité suffisante pour atteindre la fin de la session : « Une

---

1. C'est de ce moment que date la rupture de la *Gazette* avec le prince de Polignac. M. de Genoude disait alors en parlant du président du conseil : « C'est un Phaéton qui conduit le pays. »

majorité, répondit le prince, j'en serais bien fâché, je ne saurais qu'en faire[1]. » MM. de Bourmont et d'Haussez suivaient à ce moment la ligne du président du conseil. M. de Montbel ne se résignait qu'avec des répugnances extrêmes à l'emploi de mesures sortant de la voie commune. M. de Chabrol n'admettait qu'une circonstance de nature à faire excuser le recours à l'article 14 : c'était le cas où les exigences de la chambre nouvelle jetteraient le ministère dans l'alternative de compromettre l'honneur et la sûreté du trône par de honteuses capitulations, ou de le sauver par des actes extra-légaux. Quant à M. de Courvoisier, il rejetait toute possibilité d'un recours à des mesures extraordinaires. Leur emploi ne lui paraissait pas suffisamment autorisé par l'article 14 de la charte. Il lui semblait que lorsque les colléges électoraux auraient répondu à l'appel du Roi, quelles que fussent les exigences de la chambre nouvelle, le Roi n'aurait plus qu'à se soumettre. Cette souveraineté de l'assemblée était à ses yeux une des conséquences directes du principe représentatif. A la suite de plusieurs séances du conseil des ministres, le Roi décida, le 21 avril, que la dissolution de la chambre serait notifiée publiquement le 16 mai, époque à laquelle M. le Dauphin reviendrait du Midi, et que les colléges électoraux seraient convoqués du 23 au 25 juin.

1. Journal inédit de M. de Guernon.

VII

RAPPORT CONFIDENTIEL PRÉSENTÉ AU ROI PAR LE PRÉSIDENT DU CONSEIL. — SITUATION DES FINANCES DE LA FRANCE AU MOIS DE MARS 1830. — FERDINAND VII CHANGE L'ORDRE DE SUCCESSION ÉTABLI EN ESPAGNE. — PRÉPARATIFS DE L'EXPÉDITION D'ALGER. — MAUVAIS VOULOIR DE L'ANGLETERRE. — ORDONNANCE DE DISSOLUTION DE LA CHAMBRE DES DÉPUTÉS.

On avait souvent reproché au prince de Polignac de n'avoir aucun plan politique arrêté; il est vrai que le président du conseil hésitait sur le choix des moyens à employer pour faire sortir le ministère de l'impasse où il se trouvait. Cependant, vers la fin de janvier 1830, il avait conçu un plan, qui, à ses yeux, était de nature à détourner le danger qui menaçait le trône.

« Je proposai au Roi, écrit-il, de rentrer franchement et complétement dans les limites posées par l'acte fondamental, en faisant disparaître les atteintes successives que les partis s'accusaient mutuellement, et non sans quelque fondement, d'avoir porté depuis quinze ans à la charte. Le Roi devait annoncer cette intention dans le discours d'ouverture. Une ordonnance aurait ensuite fait cesser tous les abus qu'un simple usage avait tolérés. De ce nombre se trouvait le mode introduit dans la discussion des amendements. Des projets de loi eussent été en même temps soumis aux chambres dans le but de détruire les abus que des actes législatifs avaient déjà consacrés, tels que la septennalité, le double vote dans les élections, » etc., etc.

Le prince de Polignac espérait que l'adoption de ce plan réduirait ses adversaires au silence en les obligeant à jeter le masque. Ce projet ne fut pas adopté par le conseil: on craignit qu'il ne soulevât une double opposition des deux côtés de la chambre.

Le président du conseil ne pouvait établir de rapports directs avec la gauche. Il eut l'idée de se servir de M. Ternaux pour nouer des relations avec cette partie de l'assemblée. M. Ternaux était le seul membre de la gauche avec lequel il eût des rapports, parce que ce député suivait au ministère l'affaire relative à la prise du navire espagnol *la Velos Marianna*. M. Ternaux consentit à faire connaître à ses collègues les projets du prince de Polignac; il prit note des articles de la charte auxquels on devait revenir, mais il ne se rendit au ministère que la veille du jour fixé pour l'ouverture des chambres.

« Je ne pus donc, écrit M. de Polignac dans ses *Études politiques*, exécuter mon plan, quelque favorable que fût la réponse apportée par M. Ternaux; pouvais-je m'attendre à l'adresse des 221, quand l'opposition savait par M. Ternaux quelles étaient mes dispositions? »

Le plan présenté par le prince de Polignac fut discuté dans deux conseils des ministres et dans un conseil présidé par le Roi. M. de Courvoisier le combattit en disant que, si son adoption était désirable, en revanche son exécution était impossible, surtout quant au point concernant la stricte application de l'article 14 relatif au vote des amendements. Il fit observer avec raison que l'usage illégal sans doute, mais introduit depuis plus de quinze ans dans la chambre, l'avait accoutumée à regarder l'article 46 comme abrogé. Après une seconde délibération, le projet fut définitivement rejeté. C'était, d'après les ordres du Roi, qu'il avait été soumis au conseil; lorsqu'il apprit ce rejet, il voulut interroger lui-même les ministres sur les motifs de cette exclusion :

« Quand vint mon tour de donner mon avis, écrit le prince de Polignac, le Roi se pencha vers moi et il me dit : « Vous voyez qu'il faut abandonner ce plan, il n'y a ici que deux personnes, vous et moi, qui voulions son adoption. — Votre Majesté a oublié d'ajouter, répondis-je, que ces deux personnes ne sont autres que le Roi et le président du conseil [1]. »

Certes, l'observation de Charles X était bien celle d'un Roi constitutionnel : ce prince, qu'on a représenté rêvant toujours l'absolutisme, inclinait au contraire son opinion devant celle de ses ministres, car la faiblesse était le trait principal de son caractère.

La situation du pays continuait à préoccuper le président du conseil; quand il eut vu son plan rejeté, il résuma ses appréciations politiques sur l'état intérieur de la France dans un rapport confidentiel qu'il présenta au Roi le 14 avril 1830. Le prince de Polignac, tout en constatant une certaine agitation intérieure, déclarait que personne ne regardait comme sérieusement possible le renversement de l'ordre de choses établi par la Restauration. Quand il s'agissait de conclure et d'indiquer un remède à opposer à l'agitation qu'il déplorait sans pouvoir l'expliquer autrement que par l'influence malsaine de la presse et des comités directeurs, le prince de Polignac déclarait qu'il n'était pas au pouvoir du gouvernement d'apporter, sans le secours des chambres, un remède efficace à cet état de choses. Cette agitation, il ne la voyait que dans les grandes villes; le peuple ne la partageait pas, il restait absorbé dans la préoccupation des intérêts matériels garantis par les institutions existantes, la presse quotidienne lui paraissait la seule coupable :

« La presse quotidienne entretient presque seule l'agitation des esprits, écrivait le prince de Polignac; elle dissimule les étroites limites

---

1. Notes manuscrites laissées par le prince de Polignac et communiquées par son fils.

dans lesquelles le mouvement est circonscrit. Elle fait illusion à quelques-uns sur la nullité des motifs de cette inquiétude. »

Ainsi le président du conseil, tout en souhaitant ardemment le maintien de la maison de Bourbon sur le trône de France, prenait, par un étrange mirage, son appréciation personnelle et celle de son entourage pour la véritable expression de l'opinion publique. Il ne parlait pas de l'existence des sociétés secrètes « inactives et non résignées, et toujours prêtes, dès qu'une circonstance se présenterait, à reprendre leur travail de conspiration et de destruction [1]. » Comme nous l'avons dit souvent, il y avait alors deux oppositions : l'opposition légale et parlementaire qui demandait seulement des réformes, tandis qu'une autre partie de l'opposition n'avait qu'un objet en vue : le renversement de la maison de Bourbon.

Le prince de Polignac cherchait si l'on pouvait attribuer l'agitation publique à la crainte du renversement des institutions existantes :

« Rien ne saurait faire concevoir cette crainte, disait-il. Le Roi, dont la parole renferme toutes les garanties, a fait connaître sa volonté de maintenir ces institutions. Son gouvernement s'est appliqué à exécuter scrupuleusement la volonté du monarque. Aucun acte de l'autorité n'a prêté au moindre reproche d'inconstitutionnalité ; à cet égard, le ministère ne veut d'autre témoignage que celui d'une opposition vigilante et toujours partiale qui n'a pu, depuis huit mois, trouver une seule occasion de relever la violation d'une loi. Toutes les lois sont respectées,

---

[1]. Un journal de Bordeaux publiait, au mois de février 1830, l'avis suivant, émané du comité secret de Paris, et adressé à ses délégués en province. Cette citation servira à prouver que les sociétés secrètes étendaient partout leurs ramifications à la fois invisibles et puissantes. Voici cet extrait :

« Le comité actuel est spécialement chargé de faire tous ses efforts pour organiser, dans tous les chefs-lieux de départements et dans toutes les villes de France où il jugera convenable de le faire, des sociétés politiques correspondant avec la société de Paris. Il pourra ainsi, quand et comme il avisera, se mettre en rapport avec les sociétés politiques actuellement existantes. »

non-seulement littéralement d'après leur texte, mais loyalement d'après leur esprit.

Le président du conseil, qui devait trois mois plus tard signer les ordonnances de juillet, ne prédisait, du reste, aucune chance de succès à une tentative de coup d'État :

« Il faudrait d'ailleurs, disait-il, pour imputer raisonnablement aux ministres du Roi le projet de renverser nos institutions, qu'ils eussent quelque espoir d'y réussir. Or, personne ne sait mieux que les chefs de l'administration quelles profondes racines ces institutions ont jetées dans le cœur des Français. »

Le prince de Polignac énumérait ensuite les avantages que les institutions constitutionnelles assuraient aux Français :

« Les Français ont besoin d'activité, disait-il, et nos lois leur offrent une carrière dans laquelle cette activité peut s'exercer sans danger, et même avec profit pour la chose publique. Les Français éprouvent, d'un côté, un vif attachement pour l'égalité devant la loi, de l'autre, une soif véritable de distinctions. Nos institutions concilient d'une manière très-habile ce double sentiment, et lui donnent une satisfaction complète. Les hommes les plus influents par leur rang ou par leur fortune attachent un juste prix à la participation que leur qualité de pairs ou de députés leur donne à l'autorité législative ; les propriétaires d'un ordre inférieur trouvent dans l'exercice de moindres prérogatives un contentement d'autant plus vif, qu'il ne leur est pas interdit d'aspirer à une haute position. »

M. de Polignac, tout en déclarant que les ministres du Roi rejetaient bien loin le projet de renverser les institutions représentatives et qu'un pareil acte n'aurait aucune chance de succès, admettait cependant le cas d'une déviation momentanée à ces institutions :

« L'attachement des électeurs pour la charte est déjà si puissant et si solidement établi, disait-il, que si, par le concours de circonstances encore imprévues et d'événements auxquels la prudence humaine ne saurait parer, une déviation quelconque de nos institutions devenait nécessaire, cette déviation, fût-elle légère et ne pouvant être que momentanée, ne serait favorablement accueillie qu'autant qu'il deviendrait évident pour la conscience publique qu'elle assurerait, d'une manière immuable pour l'avenir, les bases sur lesquelles repose le système actuel de notre gouvernement; on ne se soumettrait à leur suspension passagère que dans l'espoir d'en assurer la jouissance à la postérité la plus reculée. »

Quoique le prince de Polignac indiquât la possibilité d'un coup d'État comme une des éventualités de l'avenir, il ne pensait pas que cette déviation « légère et momentanée » aux institutions existantes pût être considérée comme une violation du principe constitutionnel. Il croyait, au contraire, qu'un recours à l'article 14 assurerait l'existence future du gouvernement représentatif. On peut juger, par le vague même de ses expressions, que le cas où la monarchie devrait recourir à ce remède violent n'était pas clairement défini dans son esprit. Le président du conseil cherchait une consolation aux inquiétudes qu'il avait signalées en jetant un regard satisfait sur la situation de la France à l'extérieur, et en constatant l'état prospère de l'industrie, de l'agriculture et du commerce. Jamais le crédit public n'avait été dans un état si florissant. Les fonds avaient dépassé de beaucoup le pair de leur capital fictif; il fallait attribuer ce résultat à la fidélité du gouvernement royal à remplir ses engagements. A l'intérieur, la France recueillait également le fruit de la politique sage et désintéressée de ses souverains. Respectée par tous les États, elle n'en voyait aucun disposé à intervenir, même d'une manière détournée, dans les affaires du royaume. Le président du conseil exposait en ces termes la situation de la France devant l'Europe, au mois d'avril 1830 :

« L'Espagne doit à la France la fin de ses guerres civiles et les pas qu'elle commence à faire vers une meilleure situation. La Grèce doit au

Roi son existence, et lui devra plus qu'à tout autre souverain les garanties sur lesquelles reposera son avenir. Nous n'avons nulle part demandé d'avantages matériels, de priviléges exclusifs; mais la reconnaissance des peuples et des gouvernements est venue nous chercher. Nos rapports avec la Russie et avec la Prusse sont établis sur les bases d'une parfaite cordialité; si nous ne trouvons pas dans l'Autriche et l'Angleterre autant de bonne volonté et de disposition à se réjouir de notre prospérité, nous n'avons du moins aucun motif de craindre une opposition quelconque à nos plans. Les États inférieurs de l'Allemagne sont portés à se rapprocher le plus possible de la France et à s'en rapporter à son arbitrage dans leurs dissensions intérieures. Les États italiens viennent de nous accorder de la meilleure grâce le concours et les facilités dont nous pouvons avoir besoin pour l'expédition d'Alger.

« Dans l'Orient nous maintenons nos anciens priviléges, nous exerçons notre patronage sur les populations catholiques, et nous nous réservons par là une influence considérable dans toutes les parties de l'empire Ottoman. Le pacha d'Égypte, le prince le plus éclairé et l'un des chefs les plus puissants de l'Orient, nous témoigne autant de déférence que le lui permet sa position de musulman et de vassal de la Porte. En Amérique, notre situation est aussi satisfaisante que les révolutions fréquentes de cette région pouvaient permettre de l'établir. »

Après la lecture de ce résumé qui expose d'une manière si exacte la situation extérieure de la France en 1830, on ne peut se défendre d'un sentiment de regret et de sympathique admiration pour le gouvernement qui, en quinze années, avait su faire oublier, en les réparant, les désastres du premier Empire, et élever si haut la fortune de notre pays, que sa position en Europe excitait l'envie des autres nations. Où nous serions-nous arrêtés si la révolution de juillet, en intervenant, n'était venue brouiller les cartes heureuses que la France tenait entre ses mains, et d'un seul bond nous faire redescendre de si haut!

Le président du conseil parlait avec regret des projets de loi qui auraient été présentés aux chambres, si le Roi ne s'était pas vu obligé de recourir à la prorogation.

« Mais les plans conçus par le Roi ont été contrariés par une opposition qui ne devait point être prévue, puisque rien ne la justifiait, disait le prince de Polignac. C'est à cette opposition seule que le pays doit attribuer le retard apporté à l'exécution des intentions bienveillantes du souverain. Privé de la possibilité de réaliser des améliorations en l'absence des chambres, le ministère ne peut que persévérer dans les voies légales dont il ne s'est pas écarté un seul instant, et laisser à la raison publique le soin de prononcer entre une conduite irréprochable et des imputations purement gratuites. »

Le président du conseil attribuait les difficultés qui entravaient la marche du gouvernement du Roi à l'hostilité de la presse, au mauvais esprit d'une partie du corps électoral, et aux menées des comités directeurs, sur l'organisation desquels il donnait des détails précis; il déclarait, en terminant son rapport, qu'il n'était pas au pouvoir du gouvernement du Roi d'apporter, sans le secours des chambres, un remède efficace à cette double source d'agitation.

Il était impossible d'assurer une plus sévère répression de la licence de la presse. Quant aux comités-directeurs, le ministère ne pouvait requérir aucune peine contre leurs membres, pour le seul fait de leur association.

Le gouvernement devait donc « se borner à s'efforcer d'éloigner tout prétexte de mécontentement pour le présent et de crainte pour l'avenir. Or, le gouvernement croyait qu'il en était ainsi. »

On voit que les conclusions du rapport ministériel n'étaient pas de nature à apporter une solution aux difficultés qui arrêtaient la marche du gouvernement. On arrivait au moment où une scission profonde entre la prérogative parlementaire et la prérogative royale s'accomplissait, et le président du conseil, jetant un regard satisfait sur la partie de la route parcourue sous son administration, sans reconnaître que le chemin suivi pour arriver au but était mal choisi, puisqu'il en avait éloigné la monarchie, proclamait ses avantages en déclarant que, pour garantir le présent et l'avenir, le pouvoir royal devait continuer à suivre la même voie. Si le remède n'avait pas réussi, c'est qu'il n'était pas approprié à la nature du mal et au tempérament du malade : M. de Polignac ne s'en montrait pas moins disposé à continuer à l'administrer au pays.

Le président du conseil, après avoir constaté le refus de concours de la chambre élective, songea à chercher dans la chambre des pairs un appui pour la royauté ; il voulait donner à la chambre haute une influence politique dans les élections et dans la formation des conseils généraux. Ce projet devait être présenté à la chambre des députés : M. de Polignac espérait que, si l'assemblée élective le rejetait, la chambre des pairs offensée se rapprocherait du trône. Il semble que cette intention de donner à la haute chambre une part d'influence active dans les affaires de l'État soit une réminiscence des institutions aristocratiques de l'Angleterre. On se rappelle que le rêve favori du prince de Polignac était de donner à la France la constitution politique de la Grande-Bretagne, constitution dont il avait admiré les avantages pendant son séjour à Londres. Il soumit son plan à M. de Sémonville, grand référendaire de la chambre des pairs. Celui-ci déplora avec le président du conseil l'abaissement dans lequel le second pouvoir de l'État était tombé dans l'opinion publique, et lui promit de consulter ses collègues :

« Il revint quelques jours après, écrit le prince de Polignac, et me remit une note, laquelle indiquait comme moyen d'influence sociale à donner à la chambre des pairs, et comme étant l'expression du désir de ses membres, l'autorisation, pour leurs fils aînés, d'entrer dans la salle du trône avec un habit vert-pomme [1]. »

La chambre des pairs, peu habituée au combat, voulait assister sans armes à la lutte, se réservant d'assurer son concours

---

1. Voir *Études politiques*, p. 267.

à celui des deux partis qui l'emporterait. Ainsi la royauté ne devait trouver d'appui ni dans la chambre élective ni dans la haute chambre. Dès lors on pouvait prévoir que ses propres forces ne lui suffiraient pas pour triompher.

C'est donc l'agonie de la monarchie qu'il nous reste à décrire; mais Dieu réservait à la monarchie légitime, cette royale mourante, la consolation de laisser à la France comme un legs glorieux une situation financière et diplomatique incomparable. La Restauration, au moment de disparaître de la scène politique, pouvait jeter un regard satisfait sur sa vie et reconnaître que sa journée avait été bien remplie. Elle avait trouvé la France ruinée par deux invasions successives, menacée du démembrement. La menace du démembrement n'avait été écartée qu'à l'apparition de Louis XVIII sur le territoire français. La Restauration, après avoir rétabli les finances du pays, présentait son dernier budget, qui se soldait par un excédant de recettes. Au mois de mars 1830, M. de Chabrol, ministre des finances, constata dans un rapport l'état des finances de la France. Nous reproduirons quelques-uns des chiffres contenus dans le rapport de M. de Chabrol; les chiffres sont aux finances ce que les faits sont à l'histoire.

Quinze années seulement s'étaient écoulées depuis la chute de l'Empire, dont la Restauration avait accepté la ruineuse succession. Pendant ces quinze années, par la sécurité qu'elle avait donnée aux intérêts, elle avait augmenté les ressources du pays et les recettes de l'État; par sa fidélité aux engagements, elle avait fondé le crédit. A l'aide de l'impôt et du crédit, elle avait payé 700,000,000 de contributions de guerre, les frais d'une occupation de 150,000 hommes pendant trois ans, 250,000,000 de réclamations particulières, 630,000,000 d'arriéré, sommes énormes sous un gouvernement dont le budget n'atteignait pas un milliard. Malgré ces charges immenses du passé, elle avait trouvé les ressources nécessaires pour soutenir les intérêts de la grandeur et de la puissance de la France dans quatre questions capitales : l'intervention en Espagne, l'intervention en Grèce, les éventualités de la question turco-russe et l'expédition d'Alger.

Elle avait fixé le budget ordinaire des dépenses de la France, en prenant la moyenne des exercices de 1821 à 1827, à une somme annuelle de 932,766,288 fr. Les dettes de toute nature, l'amortissement, les pensions, les dotations, les non-valeurs des quatre contributions, les remboursements et les restitutions, les primes, la liste civile, absorbaient une somme de 371,264,116 fr. Tous les services publics se trouvaient dotés sur la somme de 661,502,172 fr. La dette flottante ne s'élevait pas au delà de 133,000,000, desquels il fallait déduire la créance de 58,000,000 que nous avions sur l'Espagne. Lorsqu'on rapproche ces chiffres des sommes fabuleuses auxquelles se sont élevés depuis ce temps le budget et la dette publique, on ne peut croire que quarante années seulement nous séparent de ces budgets modiques, et l'on serait plutôt porté à penser que l'état des finances de la France, constaté par le dernier ministère de la Restauration, est le bilan financier d'un gouvernement idéal. Et pourtant, l'opposition est si injuste, que, dans ce temps-là même, on criait à la dilapidation des deniers publics, et que les ministres intègres qui avaient préparé cet heureux état de choses étaient dénoncés à l'opinion comme des prodigues et des imprévoyants. M. le marquis d'Audiffret, dans son livre sur le budget de la France, constate ainsi la prospérité des finances avant la révolution de Juillet :

« Les dettes antérieures à 1815 avaient été intégralement soldées, dit-il. Le budget annuel offrait un excédant de ressources de 80,000,000, consacrés à l'amortissement des effets publics ou à des améliorations progressives. Tous les capitaux inscrits par la Restauration, soit pour le maintien de la maison de Bourbon sur le trône d'Espagne, soit pour la réparation de la plus ruineuse des spoliations révolutionnaires, soit pour le salut des chrétiens de la Morée, avaient été rachetés en totalité par l'action journalière de l'amortissement. Cette réserve précieuse avait légalement acquis au trésor, et par conséquent rayé de son passif, 31,000,000 de rentes ou près de 700,000,000 de capital, appartenant aux événements qui avaient précédé le rétablissement de l'ordre et de la paix générale. C'est ainsi qu'au mois de juillet 1830, l'État ne se trouvait plus débiteur que de 162,000,000 de rentes sur les 192,000,000 qui avaient si lourdement grevé le début de l'administration des finances à la suite des désastres de 1815. La France était parvenue en quelques années, de la profonde détresse où l'avaient plongée les malheurs de la guerre, au plus haut degré de la prospérité publique. »

Dans ses dernières années, la Restauration se trouvait donc avoir préparé le pays aux éventualités de l'avenir, en mettant à la disposition de sa puissance politique des finances bien réglées, un crédit établi par une longue fidélité aux engagements et soutenu par l'action de l'amortissement, dont la dotation primitivement fixée à 40,000,000 avait acquis, par l'adjonction des rentes rachetées au capital primitif, une puissance de 80,000,000 de rentes; ressource précieuse, qui permettait, en cas de besoin, de disposer d'une somme de 40,000,000 de rentes, soit en capital au pair 800,000,000, sans charger les contribuables et sans manquer aux engagements pris avec les créanciers de l'État. En même temps, la Restauration avait émis un principe fécond, celui de l'abaissement de l'intérêt de la rente, qui ne pouvait manquer de prévaloir et d'alléger le budget ordinaire d'une somme annuelle de 30 à 40,000,000, sans ajouter encore que, par là, elle avait mis la France dans la seule voie où elle pût trouver les moyens de lutter avec avantage, soit au point de vue industriel et commercial, soit même au point de vue politique avec l'Angleterre; car si l'argent est, comme on l'a dit, le nerf de la guerre, celui qui se procure l'argent à meilleur compte fera la guerre plus puissamment et la soutiendra plus longtemps. Pour ne rien omettre, outre les ressources nouvelles que la Restauration avait procurées au pays par l'accroissement annuel des produits des taxes indirectes, accroissement qui s'élevait à 212,000,000[1], et par l'étendue et la solidité du crédit, elle lui avait ménagé, en cas de besoin, les ressources d'un impôt direct soulagé par un dégrèvement de 92,000,000, dégrèvement qui, dans un temps de crises, aurait permis de demander de nouveaux sacrifices à la propriété foncière, dotée par surcroît d'une valeur réelle et replacée dans des conditions d'unité, de consistance et de force par la loi d'indemnité.

Cet exposé n'est pas une utopie rétrospective : c'est l'histoire écrite avec la rigoureuse exactitude des chiffres. Voici comment M. de Chabrol rendait compte de cette situation dans le rapport présenté au Roi le 15 mars 1830 :

« Toutes les dettes sur les anciens exercices sont soldées ou couvertes par des moyens suffisants, et les budgets courants ou futurs offrent, dès à présent, des fonds libres et de grandes espérances d'amélioration.

« Le régime d'ordre et d'économie qui s'est établi dans les diverses parties du service a déjà produit de nombreuses épargnes qui ont allégé le poids de nos sacrifices ; j'ai la satisfaction d'avoir pu montrer à Votre Majesté que l'administration des finances était entrée franchement dans cette carrière, et qu'elle y avait déjà recueilli plus de 30,000,000, par des perfectionnements successifs dans les différentes branches de son travail ; j'espère aussi avoir démontré, par les développements que je viens de présenter sur le système de nos contributions publiques, qu'il sera possible incessamment d'en améliorer les tarifs, et d'en obtenir des tributs non moins abondants et plus faciles à supporter.

« L'espérance d'un nouvel accroissement de nos revenus ne se change-t-elle pas en certitude, lorsque l'on suit les progrès de cette augmentation rapide et soutenue qui a élevé nos impôts indirects de 212,000,000, pendant les quinze années de prospérité qui sont dues au retour de la paix et à la paternelle sollicitude de nos Rois : et que ne devons-nous pas attendre de l'activité industrielle d'une population dont les efforts sont tous dirigés vers l'intérêt général? Nous pouvons

---

1. *Le Budget*, par M. d'Audiffret.

retrancher aussi de nos dépenses les utiles économies que l'ordre et la simplification du système administratif nous permettraient de réaliser avec une sage lenteur, et sans nuire à la bonne exécution des services. Nous verrons s'affaiblir chaque année les charges temporaires que nous imposent encore la dette viagère, les pensions, les secours, les demi-soldes des militaires. Une épargne de plus de quarante millions nous est assurée par l'extinction graduelle de ces divers articles. Nous n'obtiendrons pas moins de la conversion de nos rentes 5 p. 100, et des fonds que l'élévation des cours rendrait disponibles sur l'amortissement de notre dette fondée. Nous avons enfin surmonté les circonstances les plus difficiles, nous sommes entièrement quittes de toutes les obligations qu'elles avaient fait contracter à la France, et nous sommes appelés aujourd'hui à recevoir le prix de tant d'efforts et de tant de persévérance...

« Je ne crois pas que l'intérêt bien entendu des contribuables conseille de réserver exclusivement à des dégrèvements d'impôts les importants résultats de la réduction et de l'extinction de nos dettes anciennes, surtout après l'allégement de 92 millions qui a déjà été accordé à la propriété ; et je pense qu'il sera plus utile de les consacrer à la dotation, jusqu'à présent trop insignifiante, de plusieurs services qui ont pour but d'enrichir et d'honorer la France. C'est ainsi qu'on satisferait au besoin, chaque jour plus pressant, de compléter les établissements civils et hydrauliques de la marine ; de fournir à la défense de nos frontières tous les fonds nécessaires pour garantir la sécurité et l'indépendance du pays ; c'est ainsi qu'on pourrait appliquer à l'achèvement de nos routes et de nos canaux les subsides indispensables pour établir, entre toutes les parties de la France, des communications faciles qui favoriseraient le travail, ouvriraient de nouveaux débouchés à ses produits, et réaliseraient pour l'avenir toutes les espérances de la Restauration... »

Telle était la situation financière de la France officiellement constatée le 15 mars 1830.

Dans toutes les grandes questions extérieures, en Espagne, en Grèce, la France avait repris son ascendant souverain. Un décret rendu par Ferdinand VII le 29 mars 1830, et décidant qu'à défaut d'enfants mâles dans la ligne directe, les filles succéderaient au trône, devint l'objet d'une longue délibération dans le conseil des ministres. L'ambassadeur du Roi de France à Madrid protesta contre ce décret qui changeait la loi semisalique établie par Philippe V, et annulait les droits des deux frères de Ferdinand VII.

D'après l'ancienne Constitution espagnole, les filles succédaient à la couronne à défaut d'héritier mâle au même degré. Philippe V voulut donner à l'Espagne la loi de succession française; en 1713, il rendit un décret dans ce but. Les cortès le repoussèrent à l'unanimité; elles furent dissoutes. Philippe V songea à faire enregistrer l'acte royal par le conseil de Castille; le conseil refusa. Alors Philippe V exigea que chacun des membres de ce conseil déposât par écrit sa sanction à la nouvelle loi; ce moyen illégal réussit. En 1789, Charles IV, ayant un fils d'une santé délicate, songea à faire revivre l'ancienne loi espagnole. Il réunit les députés aux Cortès et leur proposa l'abolition de la loi salique; cette abolition fut adoptée à l'unanimité. La reine ayant eu d'autres enfants, le décret devint inutile et tomba en désuétude. Ferdinand VII, après son second mariage, fit rechercher ce décret. On ne retrouva pas la minute de la main du roi Charles IV, mais seulement la délibération approbative du conseil, à laquelle le roi d'Espagne donna la sanction royale par une pragmatique du 30 mars 1830.

Charles X comprit que la promulgation de ce décret pourrait exercer une influence funeste sur les destinées de l'Espagne; des complications politiques auraient pu en résulter. Afin d'éviter de donner à ce changement de l'ordre de succession établi en Espagne les proportions d'une querelle politique, Charles X ne voulut y voir qu'une affaire de famille. Espérant que Ferdinand VII se rendrait à l'avis unanime de la maison de Bourbon, il résolut de concerter avec le roi des Deux-Siciles le plan de conduite qu'il conviendrait d'adopter. Il n'y avait pas lieu de protester au nom de la branche régnante en France, puisque les deux couronnes de France et d'Espagne ne pouvaient jamais être réunies sur une seule tête. Mais le duc d'Orléans avait tout intérêt à ce que le Roi protestât contre le décret du 30 mars; le maintien de la loi salique en Espagne était pour lui une véritable question d'intérêt dynastique. Le décret de Ferdinand VII frappait de nullité la renonciation faite par Philippe V au trône de France, en son nom et au nom de ses descendants mâles. C'était seulement en vertu de cette renonciation que Philippe d'Anjou avait acquis des droits à la couronne d'Espagne. Le duc d'Orléans craignait que si ce droit était enlevé aux descendants de Philippe d'Anjou, ils songeassent à réclamer le droit que la loi salique française leur donnait à la couronne de France, et, comme petits-fils de Louis XIV, ils passaient avant la branche d'Orléans.

Le conseil des ministres de France décida que le duc d'Orléans devait protester, en son propre nom, contre la mesure de Ferdinand VII, comme son trisaïeul avait protesté en 170. contre le testament de Charles II[1]. Le Roi de France s'abstint de prendre une décision immédiate. Il se réservait de réunir

---

1. Le duc d'Orléans se préoccupait vivement du changement de l'ordre de succession en Espagne : « Le duc d'Orléans me rendait de fréquentes visites le matin au ministère des affaires étrangères, écrit M. de Polignac dans ses *Études politiques*. Il me remettait diverses notes tendant à prouver que Ferdinand VII n'avait pas le droit d'abolir, par un simple décret, un ordre de succession reconnu par toute l'Europe et garanti par des traités. Il me pressait vivement d'engager le Roi à prendre quelques mesures propres à rétablir les choses en Espagne dans leur ancien état. S. A. R. prêchait un converti; mais je devais encore garder le silence sur les projets que méditait le Roi. Le duc d'Orléans crut sans doute que je ne partageais pas entièrement son opinion sur ce point, car il me dit un jour : « Ce n'est pas seulement comme Français « que je prends un vif intérêt à cette question, c'est aussi comme père. Dans « le cas, en effet (ce qui n'arrivera jamais de mon temps) où nous aurions le malheur de perdre M. le duc de Bordeaux sans qu'il laissât d'enfant, la couronne « reviendra à mon fils aîné, pourvu que la loi salique soit maintenue en Espagne; car, si elle ne l'était pas, la renonciation de Philippe V au trône de « France, en son nom et au nom de ses descendants mâles, serait frappée de nullité, puisque ce n'est qu'en acte de cette renonciation que les descendants de « ce prince ont acquis un droit incontestable à la couronne d'Espagne; mais, si « ce droit leur est enlevé, ils peuvent réclamer celui que leur donne la loi

toute la maison de Bourbon en un conseil de famille et de lui soumettre la question du changement de l'ordre de succession en Espagne. La révolution de Juillet, en intervenant, empêcha la réalisation de ce projet.

Malgré l'injuste opposition que les chambres et la presse avaient faite à l'expédition d'Alger, les préparatifs de cette grande et difficile entreprise s'achevaient au mois de mars 1830.

Cette opposition s'était manifestée dans la marine, et les chefs les plus accrédités eux-mêmes portaient leurs objections hostiles jusque dans le sein du conseil des ministres. Il faut, pour être juste, tenir compte d'une circonstance qui rendait cette entreprise tout autrement difficile alors qu'elle ne le serait aujourd'hui. On commençait à peine alors à appliquer la vapeur à la marine, c'était donc avec des bâtiments à voiles qu'il fallait opérer. La vapeur appliquée à la marine, c'est toute une révolution qui rend les embarquements et les débarquements faciles à des bâtiments qui portent en eux leur moteur au lieu d'être obligés de le demander au vent. L'expédition d'Alger avait lieu la veille de cette révolution. Cette circonstance augmente singulièrement le mérite des hommes qui la firent, et explique en partie l'hésitation de ceux qui doutaient du succès.

L'époque la plus favorable à l'expédition était le mois de mai. Au seizième siècle, André Doria avait dit à Charles-Quint : « Il y a trois ports excellents en Afrique, juin, juillet et

« lique française à l'héritage de Louis XIV. Or, comme petits-fils de Louis XIV,
« ils passent avant mes enfants. » Tels furent les propres mots de M. le duc d'Orléans, ajoute M. de Polignac. Son raisonnement était juste ; aussi n'ai-je pu comprendre le motif qui, depuis la révolution de Juillet, l'a poussé à méconnaître les droits de Charles V à la couronne d'Espagne, attendu que, dans sa propre opinion, il ne pouvait se dissimuler que, conformément à la vieille loi salique en vigueur chez nous depuis neuf siècles, au lieu d'un prétendant à la couronne qu'il porte aujourd'hui, il s'en était créé dix de plus. » (*Études historiques*, page 425, note IXe.)

août. » Il importait de suivre l'avis de l'illustre homme de mer. On avait d'abord pensé à l'amiral Roussin pour commander l'expédition d'Alger; mais à un conseil tenu en présence des ministres, il déclara que le ministre de la marine ne trouverait pas un officier général qui voulût accepter ce commandement. L'amiral Duperré, qui fut chargé du commandement maritime, montra lui-même de l'opposition à l'expédition d'Alger, et s'il n'alla point jusqu'à conseiller l'abandon de l'entreprise comme impossible, il en conseillait au moins l'ajournement, en affirmant qu'on ne pourrait être prêt cette année même pour accomplir l'expédition dans une saison favorable.

Cependant elle était résolue depuis la fin de janvier. On avait reconnu que le débarquement dans la presqu'île de Sidi-Feruch était praticable; que le trajet entre Sidi-Feruch et Alger avec un équipage de siége n'offrait pas des obstacles invincibles, que les fortifications d'Alger du côté de la terre ne tiendraient pas plus de trois semaines contre les attaques de l'artillerie, et qu'enfin les préparatifs de l'expédition pouvaient être achevés dans l'espace de six mois. Le baron d'Haussez, qui conduisit ces préparatifs avec une activité et une intelligence peu commune, affirmait dès le 8 février qu'il serait en mesure de fournir le 15 mai les bâtiments de guerre et de transport qui lui étaient demandés, et en outre, si les événements de mer ne contrariaient pas sa marche, il promettait d'être prêt le 10 mai.

L'amiral Duperré résumait pendant ce temps, dans une lettre adressée au ministre de la marine, ses préventions contre l'expédition, à la tête de laquelle il allait être placé.

L'événement, en tournant à la gloire de son habileté, allait démentir ses prévisions sinistres. Le Roi, par une lettre close du 12 mars, confirma la nomination de l'amiral Duperré au commandement en chef de l'armée navale; ce choix avait l'assentiment de la marine qui plaçait la plus grande confiance dans le vice-amiral Duperré. Le 1ᵉʳ avril, il était à Toulon. Le Dauphin, auquel le Roi semblait vouloir laisser la désignation du chef de l'expédition, proposa au choix royal trois officiers généraux pour avoir le commandement en chef de l'armée de terre et la direction générale de l'entreprise. C'étaient le maréchal duc de Raguse, le général Clausel et le comte de Bourmont.

Le maréchal de Raguse avait prié M. de Villèle de demander ce commandement au Roi pour lui dans l'audience qu'il eut pendant l'hiver de 1830. Le commandement fut donné au comte de Bourmont, et cette circonstance eut un malheureux résultat en plaçant l'intérim de la guerre entre les mains du prince de Polignac qui n'avait ni la position, ni les connaissances, ni la capacité nécessaire pour diriger un pareil ministère dans des circonstances aussi difficiles.

Les armements étaient pressés avec une intelligente activité; dès le 15 mars, les ports de l'Océan avaient fait partir près de la moitié des bâtiments qui leur étaient demandés, et avant la fin du mois il ne restait plus que deux vaisseaux et trois frégates à envoyer des ports de Brest et de Lorient.

Il y avait une vive émulation parmi les officiers de tout grade et parmi les soldats eux-mêmes pour faire partie de l'armée expéditionnaire. On fut obligé de refuser des officiers qui demandaient à servir sans aucun grade, et des sous-officiers qui auraient voulu servir comme simples soldats. Toute l'armée aurait voulu entrer dans les trois divisions, placées sous le commandement en chef du général de Bourmont[1]. On dut faire un choix. Le lieutenant général Berthezène fut nommé au

---

1. L'effectif de l'armée de terre donnait les chiffres suivants :
États-majors : 110 hommes et 246 chevaux.
Infanterie : 30,410 hommes et 219 chevaux.
Cavalerie : 539 hommes et 493 chevaux.

commandement de la première division, le lieutenant général de Loverdo fut placé à la tête de la deuxième division, le commandement de la troisième division fut confié au général duc Des Cars.

Les trois brigades de la première division étaient placées sous les ordres des généraux Poret de Morvan, Achard, Clausel. MM. les généraux Danrémont, Munck d'Uzer et Colomb d'Arcines commandaient les brigades de la seconde division; les trois brigades de la troisième division étaient commandées par les généraux de Berthier, Hurel, comte de Montlivaut.

Le maréchal de camp de Lahitte commandait le génie, le maréchal de camp Valazé commandait l'artillerie; le lieutenant général Després fut désigné pour commander l'état-major général; son sous-chef d'état-major était le maréchal de camp Tolozé.

Le baron Denniée dirigeait le service de l'intendance. On le voit, le comte de Bourmont avait essayé, par la composition de l'armée d'Afrique, de donner satisfaction aux services de toutes les dates, sans distinction d'opinions, et de réunir, à l'occasion d'une grande expédition, les officiers, quelle que fût leur origine militaire, dans l'unité d'un dévouement commun au Roi et à la France. Le lieutenant général Berthezène venait de Waterloo; le lieutenant général de Loverdo datait aussi des guerres impériales, comme le maréchal de camp

---

Artillerie : 2,815 hommes et 1,246 chevaux.
Génie : 1,345 hommes et 117 chevaux.
Train des équipages militaires : 882 hommes et 1,302 chevaux.
Ouvriers d'administration : 688 hommes.
Gendarmerie : 123 hommes et 31 chevaux.
Officiers d'administration et employés : 429 hommes et 354 chevaux.
Ce qui donnait un total de 37,331 hommes et 4,008 chevaux.
Le parc d'artillerie de siège se composait de 82 pièces de gros calibre et de 9 mortiers.
(*Précis historique et administratif de la campagne d'Afrique*, par le baron Denniée, intendant en chef de l'armée d'expédition. — Paris, 1830.)

Poret de Morvan, vieux soldat de l'empire, qui, malgré ses infirmités, avait réclamé avec insistance la faveur de commander une brigade. Le lieutenant général Valazé avait des idées d'opposition. Le lieutenant général Des Cars, les généraux de brigade de Berthier, de Lahitte et Colomb d'Arcines, qui, tout en appartenant par de beaux services militaires aux armées impériales, étaient dévoués de cœur au Roi comme à la patrie, représentaient l'élément royaliste de l'armée.

Le 25 avril, le baron d'Haussez fit annoncer au Roi que toute la flotte était réunie dans les ports de mer en devançant ainsi de quinze jours l'époque fixée. « Ce fut ma seule réponse aux doutes qui s'étaient élevés, ma seule vengeance aux contrariétés que j'avais éprouvées, » écrit le ministre de la marine. La flotte destinée à l'expédition d'Alger s'élevait à 675 bâtiments [1]. Cet armement immense devait prendre la mer dans les premiers jours de mai.

Le vice-amiral Duperré avait demandé et obtenu, pour

On comptait, dans la flotte expéditionnaire, 102 bâtiments qui se décomposaient ainsi :
  Trois vaisseaux de 74 armés en guerre.
  8 vaisseaux armés en flûtes.
  3 frégates de premier rang (vaisseaux rasés) armées en guerre.
  5 frégates de premier rang armées en guerre.
  6 frégates de deuxième rang armées en guerre.
  3 frégates de troisième rang armées en guerre.
  7 frégates armées en flûtes.
  7 corvettes de 20 canons.
  14 bricks de 20 canons.
  12 bricks de 16 canons et au-dessus. (Deux de ces bricks, le *Silène* et l'*Aventure*, qui faisaient partie du blocus, firent naufrage sur la côte d'Afrique avant le départ de l'expédition.)
  1 canonnière brick.
  7 corvettes de charge.
  7 gabares.
  8 bombardes.
  7 bateaux à vapeur.
  2 goëlettes.
  1 transport.
  1 balancelle.

commandant en second, le contre-amiral de Rosamel. Le contre-amiral Mallet était major général. Le capitaine de vaisseau Hugon commandait la flottille et le convoi.

L'administration et l'intendance unissaient leurs efforts à ceux de l'armée et de la flotte, et les préparatifs de tous genres étaient conduits avec la même intelligence. Tout avait été prévu, rien n'avait été omis de ce qui pouvait contribuer à assurer le succès de cette expédition d'Alger, qui allait au moins jeter un peu de gloire sur les funérailles de cette monarchie, bien digne, après avoir tenu d'une main si vaillante l'épée de la France pendant tant de siècles, de mourir, comme l'a dit le poëte, dans un jour de victoire. La prévoyante administration n'avait rien omis de ce qui pouvait améliorer le sort de ses soldats. Qu'on nous permette de rappeler ici les précautions de tous genres que la dernière administration de la restauration avait prises dans cette circonstance! L'intendance avait fait distribuer aux troupes un sac de campement par homme, un bidon en bois pour le vin, un en fer-blanc pour l'eau, une toile de shako en toile de coton blanc pour préserver la tête des effets du soleil, et une couverture pour trois hommes; 33,000 ceintures de laine dans la prévision des froides nuits qui, sur la côte septentrionale de l'Afrique, succèdent aux jours brûlants, complétaient cette distribution. L'armée emportait avec elle pour deux mois d'approvisionnements. Ces colis avaient reçu une double enveloppe imperméable, afin de pouvoir être jetés à la mer, si la flotte était obligée par le temps de s'éloigner du rivage avant d'avoir débarqué les approvisionnements. On calculait que les courants qui portent à la côte se chargeraient, le cas échéant, de transmettre à l'armée les vivres nécessaires, prévision d'une sagacité singulière, justifiée par l'événement.

Tandis que les préparatifs s'exécutaient d'une manière satisfaisante, le gouvernement n'avait rien omis pour faciliter le succès de l'expédition par des missions secrètes en Afrique [1], et il avait dû ouvrir avec les grandes puissances de l'Europe des négociations pour exposer l'objet de l'armement organisé sur de si grandes proportions dans les ports de la Méditerranée. La Turquie ne croyait pas au succès de nos armes; pendant la période de nos préparatifs, elle soutenait la conversation ouverte sur la question d'Alger, sans penser que cette affaire pût avoir des conséquences sérieuses. Quant aux autres puissances, le gouvernement français avait compris que, dans la question de l'expédition d'Afrique, il pouvait avoir pour lui les États-Unis d'Amérique, les marines secondaires de l'Europe, intéressées à l'anéantissement de la piraterie, et qui nous autorisèrent à passer des contrats avec leurs marines marchandes pour le transport de nos troupes en Afrique; les grandes puissances continentales, satisfaites de voir l'intérêt de notre politique entrer dans les voies maritimes et coloniales. Il avait aperçu non moins clairement, dès le principe, qu'il avait contre lui l'Angleterre, alarmée par le projet d'une expédition française en Afrique.

Cette conviction motivée devint le mobile de toute sa politique. A l'origine, elle consista à opposer les sentiments sympathiques des États-Unis et de toutes les puissances chrétiennes au mauvais vouloir de l'Angleterre, et dans la suite à faire de la question d'Afrique une question de politique générale et chrétienne, pour éviter de la laisser dégénérer en une question d'intérêt personnel entre la France et l'Angleterre. Vers la fin de 1829, lorsque le gouvernement français négociait avec Méhémet-Ali, pour qu'il se chargeât de diriger une expédition contre Alger, il avait trouvé l'Angleterre en travers de sa politique. Le gouvernement anglais fit entendre alors au

---

1. MM. Raimbert, d'Aubignos, et Gérardin avaient été envoyés à Tunis, au mois d'avril 1830, afin de sonder les dispositions du dey de Tunis. La France pouvait compter sur la neutralité sympathique de Tunis et de Maroc.

duc de Laval, notre ambassadeur à Londres, que l'Angleterre considérerait comme irrégulière et menaçante pour la Porte, l'alliance conclue par un de ses sujets avec une puissance étrangère; qu'elle n'approuvait pas la France d'étendre sa vengeance aux régences de Tunis et de Tripoli, et qu'elle l'engageait à vider elle-même son différend. Le cabinet français, qui s'attendait à cette opposition, y répondit par une fin de non-recevoir exprimée dans les termes les plus catégoriques. L'Angleterre prit alors un biais, elle amena le pacha d'Égypte à rompre le traité déjà plusieurs fois modifié. Charles X, prenant au mot le conseil de l'Angleterre, résolut donc de conquérir Alger en employant exclusivement les forces de la France, et, le 4 février, il envoyait à toutes les puissances de l'Europe une note qui résumait ainsi la politique de la France :

« Le but de l'entreprise est la destruction de l'esclavage, de la piraterie et des tributs sur toute la côte d'Afrique, la sécurité de la navigation de la Méditerranée à rétablir; le besoin de rendre le rivage méridional de cette mer à la production, à la civilisation, au commerce, à la libre fréquentation de toutes les nations. »

Les puissances riveraines de la Méditerranée se déclarèrent satisfaites de cette explication; seule, l'Angleterre ne l'était pas, et l'ambassadeur d'Angleterre demanda des explications précises au gouvernement français. Le Roi fit répondre de manière à lever tous les scrupules de l'Angleterre, qui soupçonnait à la France des intentions conquérantes. La note du prince de Polignac au duc de Laval refusait poliment de souscrire à l'engagement réclamé par l'Angleterre, qui insistait déjà pour que la France renonçât formellement à conserver la conquête qu'elle pourrait faire en Afrique. Cette circulaire du président du conseil fut envoyée à tous les cabinets de la chrétienté. Le gouvernement royal offrait de se

« concerter en conseil avec toutes les puissances sur le nouvel ordre de choses, qui devrait remplacer à Alger le régime détruit. » Un congrès général de la chrétienté, réuni relativement à la question d'Alger, eût été favorable à la France. Les États-Unis, l'Autriche, la Prusse, la Russie, n'avaient aucun motif de craindre les accroissements de la France dans la Méditerranée, et les petites puissances riveraines de cette mer, qui avaient toutes sortes de raisons pour les souhaiter, eussent voté en sa faveur. La voix solitaire de l'Angleterre, seule intéressée à ne point laisser entre nos mains ce point important qui sépare Malte de Gibraltar, se serait donc trouvée annulée par la coalition de toutes les autres voix de l'étranger. Le cabinet de Saint-James le comprit. Dans la note du 12 mars 1830, il ne vit ni une garantie ni un engagement de nature à rassurer la politique anglaise et à engager la France. La réponse des puissances de l'Europe à la note du 12 mars fut exposée par le prince de Polignac dans le conseil du 21 mars. Voici le résumé de cette séance consigné par le baron d'Haussez et le comte de Guernon-Ranville sur leur carnet ministériel :

« Les puissances continentales du Nord approuvent sans réserve aucune, et nous félicitent du service que nos succès rendront à l'humanité entière; elles seconderont loyalement les mesures que nous voudrons prendre.

« Le roi de Sardaigne voudrait bien être affranchi du tribut qu'il paye aux pirates et des avanies continuelles qu'ils font éprouver au commerce de ses sujets; mais il voit avec inquiétude l'accroissement de la puissance française dans la Méditerranée; il voudrait du moins avoir part au gâteau, en concourant d'une manière quelconque à l'entreprise.

« Les petites puissances d'Italie sont à merveille. L'Espagne est embarrassée. Elle craindrait notre voisinage en Afrique, presque autant que celui des Barbaresques; elle ne peut cependant nous refuser l'abri de ses ports dans une entreprise aussi éminemment utile à la chrétienté. Elle serait aussi fort tentée d'y prendre part d'une manière active; mais la dépense serait au-dessus de ses moyens, et force lui sera de se borner à nous fournir un lieu de dépôt pour nos malades et un port de ralliement au besoin.

« Sur le reste, elle fera ce que nous voudrons.

« Quant à l'Angleterre, sa jalousie naturelle ne lui permet pas de voir, sans inquiétude, notre marine s'engager dans une entreprise dont le succès sera si glorieux, si profitable : elle nous suscite des obstacles, elle prétend avoir le droit d'exiger des explications sur le but de l'entreprise et les résultats que nous espérons en obtenir. A toutes ces demandes, les réponses de notre président ont été nobles et fermes; le Roi les a complétement approuvées. Sa Majesté a trouvé les prétentions de la Sardaigne et de l'Espagne inadmissibles, et a terminé par ces paroles : « La France insultée n'a besoin de l'aide de personne pour
« se venger... Quant aux Anglais, nous ne nous mêlons pas de leurs
« affaires, qu'ils ne se mêlent pas des nôtres ! Tout ce que je puis faire
« pour l'Angleterre, c'est de ne pas avoir écouté ce que j'ai trop en-
« tendu. »

A mesure que le moment de l'expédition approchait, la mauvaise humeur de l'Angleterre grandissait. Son ambassadeur à Paris, lord Stuart, poursuivait tous les membres du cabinet, dans ses conversations particulières, d'observations auxquelles son caractère violent et altier donnait quelquefois le ton de la menace. Le baron d'Haussez raconte ainsi une conversation qu'il eut à la fin d'avril 1830 avec lord Stuart :

« Plusieurs fois, dit-il, l'ambassadeur d'Angleterre chercha à entamer la question avec moi, quoique je lui disse que, le côté diplomatique de cette affaire n'étant pas dans mes attributions, je ne pouvais ni ne voulais m'en occuper. Un jour qu'il m'avait pressé fortement, et sans plus de succès que de coutume, il ajouta que ces questions n'avaient pour objet que la confirmation de ce qu'il savait ; qu'il avait découvert que nous ne songions pas sérieusement à l'expédition et que nos préparatifs ne tendaient qu'à faire peur au dey et à l'amener à composition.

« — Ce serait peine perdue, lui répondis-je; dans son insouciance turque, le dey ignore peut-être que nous nous proposons de l'attaquer, et, s'il le sait, il s'en remet à Dieu du soin de le défendre. Au reste, je puis vous déclarer, parce que nous n'en faisons pas mystère, que c'est très-sérieusement que nous faisons des préparatifs. Le Roi veut que l'expédition se fasse et elle se fera. — Vous croyez donc que l'on ne s'y opposera pas ? — Sans doute. Qui l'oserait ? — Qui ? Nous les premiers!

« — Milord, lui dis-je avec une émotion qui approchait fort de la colère, je n'ai jamais souffert que, même vis-à-vis de moi, simple individu, on prît un ton de menace ; je ne souffrirai pas davantage qu'on se le permette à l'égard du gouvernement dont je suis membre. Je vous ai déjà dit que je ne voulais pas traiter cette question diplomatiquement ; vous en trouverez la preuve dans les termes que je vais employer : La France se moque de l'Angleterre... La France fera, dans cette circonstance, ce qu'elle voudra sans souffrir de contrôle ni d'opposition. Nous ne sommes plus au temps où vous dictiez des lois à l'Europe. Votre influence était appuyée par vos trésors, vos vaisseaux et une habitude de domination. Tout cela est usé. Vous ne compromettrez pas ce qui vous reste de cette influence en allant au delà de la menace. Si vous voulez le faire, je vais vous en donner les moyens. Notre flotte, déjà réunie à Toulon, sera prête à mettre à la voile dans les derniers jours de mai. Elle s'arrêtera, pour se rallier, aux îles Baléares ; elle opérera son débarquement à l'ouest d'Alger. Vous voilà informé de sa marche. Vous pourrez la rencontrer si la fantaisie vous en prend ; mais vous ne le ferez pas ; vous n'accepterez pas le défi que je vous porte, parce que vous n'êtes pas en état de le faire. Ce langage, je n'ai pas besoin de vous le répéter, n'a rien de diplomatique. C'est une conversation entre lord Stuart et le baron d'Haussez, et non une conférence entre l'ambassadeur d'Angleterre et le ministre de la marine de France. Je vous prie cependant de réfléchir sur le fond que le ministre des affaires étrangères pourrait vous traduire en d'autres termes, mais sans rien changer au sens [1]. »

C'est sur ce ton que la Restauration, à la veille de sa chute, répondait aux menaces de l'Angleterre ; mais le cabinet de Saint-James ne se considérait pas encore comme battu par la diplomatie française. Au mois de mai 1830, le cabinet des Tuileries eut à répondre à la menace que fit le duc de Wellington de porter la question d'Alger devant le parlement, et de jeter l'alarme dans toute l'Europe sur les vues de la France. Le prince de Polignac répondit à cette menace, le 5 mai 1830, par la dépêche suivante :

« Il est évident qu'après la publicité et l'effet qu'aurait une mani-

---

1. Mémoires inédits du baron d'Haussez.

festation de cette valeur, la France, loin de céder à ces exigences qu'elle n'aurait pas cru fondées dès le principe, serait forcée de revendiquer au contraire le libre exercice de tous les droits qui découlent de l'état de guerre, et de se renfermer, quant aux chances de l'avenir, dans la réserve qu'elle n'a quittée que par un sentiment de bienveillance pour ses alliés. »

A quelques jours de là, lord Aberdeen ordonnait à lord Stuart de lire au prince de Polignac une dépêche dans laquelle se trouvait la phrase suivante : « La persistance de la France à refuser les explications qu'on lui demandait fera retomber sur elle toutes les conséquences de ce refus. »

Le ministre français, en entendant lire cette dépêche, dit froidement à l'ambassadeur d'Angleterre :

« Toutes les cours de l'Europe ont été satisfaites de nos communications; si notre refus d'en donner d'autres devait entraîner des conséquences, la responsabilité appartiendrait tout entière à ceux qui les auraient provoquées par leurs exigences. »

Au moment du départ de la flotte française, le gouvernement crut devoir renouveler ses communications aux puissances chrétiennes. A la date du 12 mai, une seconde note explicative fut envoyée à tous les ambassadeurs français pour être communiquée aux cabinets. La conduite diplomatique de la France demeurait invariable. Elle avait offert au début des préparatifs l'entente européenne, le concert de la France avec toutes les puissances sur les moyens de réaliser la pensée chrétienne et civilisatrice qui était un des deux buts de l'expédition française; elle l'offrait encore au moment où la flotte mettait à la voile. La note du 12 mai ajoutait seulement, déclaration grave, que le Roi était fermement résolu à ne pas poser les armes, à ne pas rappeler ses troupes d'Alger, tant que le but national aussi bien que le but général de l'expédition ne serait pas réalisé par le redressement de nos griefs, le rétablissement de nos droits, le payement d'une indemnité de guerre, ce qui annonçait à l'avance à tous les cabinets non-seulement une expédition, mais une occupation dont la France se réservait de fixer seule la durée. Enfin, c'était le mot le plus décisif, le cabinet des Tuileries déclarait à la chrétienté tout entière et à l'Angleterre elle-même, qui n'avait cessé de vouloir le lier par des engagements, qu'il entrerait dans les conférences, s'il en ouvrait, *libre de tout engagement antérieur*. L'Angleterre le comprit ainsi, et les ministres anglais répondirent en ces termes à la circulaire du 12 mai :

« Toutes les protestations de désintéressement disparaissent devant un système qui, sous prétexte d'indemnité, admet toutes les chances d'envahissement et de conquête et arrive à une occupation indéfinie des pays envahis, en leur imposant le payement de charges supérieures à leurs ressources. C'est une imitation de la politique russe. Nous n'ignorons pas que l'esprit d'ambition et de conquête est en France un sentiment naturel réveillé avec une nouvelle ardeur, et que le gouvernement, de quelque couleur qu'il soit et qu'il puisse devenir, sera forcé de céder à une impulsion si générale et si impérieuse. »

Enfin, pendant que notre flotte voguait déjà vers l'Afrique, le cabinet anglais envoya au cabinet français une nouvelle note dans laquelle il cherchait à établir le droit de suzeraineté de la Porte sur la régence d'Alger, et « appelait la plus sérieuse attention du gouvernement français sur la nécessité où il était de respecter ce droit. » C'était une mise en demeure. Le prince de Polignac l'écarta par ce simple et laconique billet :

« Le soussigné a l'honneur d'accuser réception, à Son Excellence, de la note qu'elle a bien voulu lui faire passer, en réponse aux communications que la France avait faites à l'Angleterre ainsi qu'aux autres puissances alliées, relativement aux affaires d'Alger. Ces communications ne demandent aucun nouveau développement; le soussigné ne peut que s'y référer. »

Il était évident que les deux puissances touchaient à une rupture, comme au commencement de la guerre d'Espagne. Les dispositions hostiles de l'Angleterre étaient si marquées, que l'ambassadeur de France reçut l'ordre de demander des explications au cabinet anglais. La réponse de lord Aberdeen au duc de Laval fut loin d'être rassurante :

« Nous avons eu jusqu'à présent, lui dit-il, la modération de ne pas adresser des ordres à notre escadre que nous eussions pu envoyer croiser vers les côtes qui sont menacées et prendre station à Gibraltar; mais nous serions prêts au besoin. »

On allait entrer dans l'ordre des faits; les paroles devenaient inutiles. La France agissait; il fallait de deux choses l'une : ou que l'Angleterre ordonnât à sa flotte de courir sur la nôtre, ou qu'elle se résignât à voir l'expédition d'Alger s'accomplir.

Avant que l'armée expéditionnaire quittât le rivage de la France, le Roi témoigna le désir de voir M. le Dauphin passer en revue l'armée et la flotte réunies à Toulon.

« M. le Dauphin arriva le 5 mai à Marseille, écrit le baron d'Haussez dans ses *Mémoires*. Il fit son entrée à cheval, ayant à ses côtés le ministre de la guerre et moi. Les marques de l'enthousiasme le plus expressif lui furent prodiguées. Partout où il paraissait c'était une affluence à laquelle les rues, les fenêtres des maisons, les toits mêmes, ne suffisaient pas. Partout, des larmes de joie, des mains étendues, des drapeaux agités. La population était, littéralement parlant, dans un état d'ivresse folle. Je fis remarquer à M. le Dauphin l'énergie des acclamations dont il était l'objet : « Je le vois comme vous, répondit-il
« avec un léger accent de tristesse, mais je doute qu'il y ait beaucoup
« d'électeurs parmi ceux qui m'accueillent si bien. » Mot plein de sens, dont la justesse put être appréciée quelques jours après.

« Dans la nuit suivante, je partis pour Toulon où je précédai le prince de quelques heures. Le premier accueil qui l'attendait dans cette ville fut moins chaleureux que celui qu'il avait reçu à Marseille. On attribua avec assez de raison cette différence au refus du prince de faire son entrée à cheval. Les princes ne devraient jamais oublier que le peuple aime les spectacles, et que, leur présence en étant un, il leur tient compte de l'éclat et de l'apparat dont ils s'entourent, et des occasions qu'ils cherchent de le voir et d'être vus de lui. M. le Dauphin put s'en apercevoir aux acclamations que sa présence excita lorsque, le surlendemain, il sortit à cheval pour passer la revue de la première division de l'armée d'expédition. »

Le 5 mai avait été fixé pour la revue de la flotte.

« A son entrée dans la rade, écrit le baron d'Haussez, le prince fut frappé du magnifique spectacle qu'elle présentait. Cent bâtiments de guerre, tous pavoisés et disposés dans un ordre admirable, six cents bâtiments de transports, entre lesquels circulaient des milliers de barques, occupaient le centre de cet immense tableau, dont le cadre était formé par des collines couvertes d'une immense population. M. le Dauphin monta à bord de la *Provence*, vaisseau amiral; il se rendit ensuite au Polygone où l'on fit exécuter un simulacre de débarquement qui lui donna une idée exacte des moyens que la marine comptait employer dans cette opération. »

M. le Dauphin fut accueilli avec le même enthousiasme à Marseille, où il passa en revue la seconde division de l'armée de terre, et il le retrouva également à Aix, où il passa en revue la troisième division. C'était le dernier sourire que la fortune adressait au prince, objet de ces acclamations. Il y a de ces journées après lesquelles il faudrait mourir, si le christianisme ne nous enseignait pas la grandeur et l'utilité morale des épreuves. Qui aurait vu cette flotte immense qui couvrait au loin la rade, cette belle et valeureuse armée, cette population enthousiaste du Midi, qui, pleine du souvenir des maux qu'elle avait eus à souffrir des Barbaresques, saluait à la fois cette guerre comme une glorieuse entreprise et presque comme une sainte croisade, aurait promis non-seulement à l'armée française un éclatant triomphe, mais à la monarchie française un long et brillant avenir. La fortune, comme le soleil, a quelquefois de si beaux couchants, qu'ils rappellent l'aurore.

Après le départ du Dauphin, le général en chef de l'expédition adressa un ordre du jour à la troupe. Pendant que le général de Bourmont parlait aux soldats des travaux qu'ils allaient entreprendre pour la gloire de la France et les progrès de la civilisation chrétienne, le Roi écrivait aux évêques en leur demandant de prier Dieu de bénir les armes de la France. Au moment d'aller venger la blessure faite à son honneur, la France monarchique s'agenouillait pour implorer l'assistance du Dieu des armées, qui tant de fois, de Bouvines à Rocroy, avait protégé son glorieux drapeau.

VIII

RETRAITE DE MM. DE COURVOISIER ET DE CHABROL. — MM. DE PEYRONNET, DE CHANTELAUZE ET CAPELLE ENTRENT AU MINISTÈRE — INCENDIES EN NORMANDIE. — LES BOURBONS DE NAPLES A PARIS. — FÊTE DE LA TRANSLATION DES RELIQUES DE SAINT VINCENT DE PAUL. — MORT DE GEORGE IV, ROI D'ANGLETERRE. — LE PRINCE DE SAXE-COBOURG REFUSE DÉFINITIVEMENT LA COURONNE DE GRÈCE.

La question d'une modification ministérielle était sans cesse agitée dans le conseil des ministres. Dès le 24 avril, M. de Courvoisier exprima l'avis que cette mesure devait être adoptée sur-le-champ. Il fit observer que, si le Roi voulait choisir de nouveaux ministres dans le côté droit et l'extrême droite, il fallait qu'une épreuve décisive mît au grand jour la force de cette fraction. « Il est des noms dont l'apparition aux affaires serait un grand danger dans les circonstances qui se préparent, » ajouta-t-il. Le garde des sceaux cita les noms de MM. de Berthier et de Peyronnet. MM. de Montbel et de Guernon-Ranville combattaient l'idée d'une modification immédiate : les travaux préparatoires des élections étaient bien commencés; les préfets transmettaient des renseignements assez satisfaisants. N'y aurait-il pas une imprudence grave à changer l'administration avant de connaître le résultat final des élections? M. de Montbel avait reçu au commencement du mois de mai les rapports complets de soixante-trois départements : on espérait à cette époque environ trente-cinq voix de majorité. Quant au président du conseil, il était partisan d'une modification ministérielle immédiate.

Pendant le voyage de M. le Dauphin dans les provinces du Midi, M. d'Haussez, qui l'accompagnait, vit à l'empressement que le prince mettait à ouvrir les dépêches de Paris, et à y répondre par le télégraphe, qu'une affaire importante se traitait. Le Dauphin mit bientôt M. d'Haussez dans sa confidence. Le Roi consultait son fils sur un parti qu'il semblait avoir à peu près adopté : le remplacement de deux de ses ministres par M. de Peyronnet et par un autre personnage dont le choix n'était pas encore déterminé.

Le ministre de la marine songea d'abord à suivre ses deux collègues dans leur retraite : il n'approuvait pas les vues politiques de l'ancien garde des sceaux. Le Dauphin fit observer à M. d'Haussez que l'expédition d'Alger n'était pas achevée, et que le ministre de la marine, qui l'avait préparée avec tant d'intelligence et d'habileté, ne pouvait, en quittant le ministère, laisser à un autre la part d'honneur qui lui revenait de cette entreprise. Cette considération fut plus forte que les scrupules de M. le baron d'Haussez, et quand, à son retour à Paris, il vit que le Roi serait affecté de sa retraite, il ne songea plus à quitter le ministère. MM. de Courvoisier et de Chabrol annoncèrent à M. d'Haussez que leur départ était irrévocable; ils ajoutèrent qu'on leur avait laissé voir que leurs services n'étaient plus indispensables à la cause royale. De leur côté, ils s'étaient prononcés clairement afin que le Roi prît un parti; ils avaient émis une opinion contraire à la dissolution de la chambre, en exprimant le vœu de voir arriver au conseil un ou deux membres issus du centre gauche. La majorité du ministère s'était opposée à cette combinaison. MM. de Chabrol et de Courvoisier ne voulurent pas prendre l'initiative de la retraite, parce que cet acte constituait à leurs yeux une sorte de désertion dans un moment de péril pour la monarchie; le prince de Polignac leur ayant fait des ouvertures suffisantes, ils offrirent leur démission.

Le 16 mai, l'ordonnance de dissolution de la chambre parut. Les départements qui n'avaient qu'un collége électoral étaient convoqués le 23 juin; dans les autres départements, les colléges d'arrondissement devaient se réunir le 3 juillet; les colléges des départements étaient convoqués le 20 juillet. L'ouverture de la nouvelle chambre était fixée au 3 août: c'est ainsi que les hommes disposent parfois d'un avenir qui ne doit pas leur appartenir. Le 19 mai, parut au *Moniteur* une ordonnance royale qui nommait M. de Chantelauze, premier président de la cour de Grenoble, garde des sceaux, en remplacement de M. de Courvoisier; M. de Montbel passait aux finances, et laissait l'intérieur à M. de Peyronnet. La direction générale des ponts et chaussées, séparée du département de l'intérieur, formait un nouveau ministère, à la tête duquel on plaçait M. le baron Capelle, alors préfet de Versailles. Déjà, au mois d'août 1829, le portefeuille de l'instruction publique avait été offert à M. de Chantelauze, qui le refusa une première fois. Envoyé à la chambre par le département de la Loire, son talent d'orateur aussi bien que la hauteur de son caractère l'avaient fait remarquer entre tous ses collègues. On n'a pas oublié que ce fut sur son rapport qu'en 1828 la chambre prit en considération la proposition de soumettre à la réélection les députés promus à des fonctions publiques[1].

Depuis deux mois, M. de Chantelauze refusait le périlleux honneur qu'on lui offrait. M. le Dauphin, en passant par Grenoble, décida le premier président à devenir garde des sceaux, en lui faisant comprendre que le Roi attribuait son refus à la crainte de changer une place agréable et inamovible pour une situation amovible par essence. M. de Chantelauze, que ce soupçon offensait justement, obéit au Roi. Ce fut malgré lui qu'il accepta la haute position qu'on lui offrait.

« Je me résigne à être victime, écrivait-il à son frère. » Il ajouta en parlant à un de ses amis : « Je vais jouer ma tête pour une haute fortune[2]. »

La pensée du retour de M. de Peyronnet avait été un aimant puissant pour attirer M. de Chantelauze aux affaires, car le nouveau garde des sceaux avait une haute confiance dans l'habileté et la politique de M. de Peyronnet.

---

1. M. de Chantelauze avait fait ses débuts comme avocat au barreau de Lyon, où il acquit une juste renommée. Dès 1814, il avait publié un écrit remarquable, empreint d'un esprit sagement libéral et d'un dévouement éclairé à la monarchie constitutionnelle. Il occupa successivement les postes d'avocat général à Lyon, de procureur général à Douai et à Riom ; enfin, il avait été nommé premier président à la cour de Grenoble, et, dans ces différents emplois, son caractère intègre et impartial avait laissé d'honorables souvenirs. Plus d'une fois il avait favorisé de son appui des mesures libérales. Lorsqu'à la suite des ordonnances du 16 juin, le garde des sceaux lui prescrivit de diriger des poursuites contre un évêque de son ressort, M. de Chantelauze n'hésita pas à lui représenter l'impolitique injustice de ces attaques à la liberté religieuse qui ne portent jamais bonheur aux gouvernements. Il ne voulut pas s'y associer. Il attendait sa révocation pour prix de sa résistance, sa révocation ne vint pas. (V. l'Éloge de M. de Chantelauze, par M. Sauzet.)

2. M. de Chantelauze annonça sa nomination à son frère par la lettre suivante :

Paris, 18 mars 1830.

« Ma présence à Paris doit, mon cher ami, te causer quelque surprise. Tu en éprouveras davantage demain, à la lecture du *Moniteur*, qui contiendra ma nomination de garde des sceaux. Je la regarde comme l'événement le plus

Le Roi se félicitait d'être parvenu à vaincre les répugnances de M. de Chantelauze ; il se montrait également satisfait de la rentrée de M. de Peyronnet. « C'est, disait Charles X, l'homme qui peut le mieux réussir dans les élections ; il donnera un coup de fouet à l'opinion[1]. » Il aurait fallu que le coup de fouet ne fût pas assez violent pour servir de prétexte à l'attelage, qui ne demandait qu'un prétexte pour s'emporter et verser l'équipage tout entier. M. de Peyronnet rentrait au conseil avec cette confiance en lui-même qui lui avait nui si souvent ; il était rassuré sur le sort du navire dont il avait longtemps désiré tenir le gouvernail. Lorsque ses collègues exprimaient leurs craintes sur les résultats des élections qui allaient s'ou-

---

malheureux de ma vie, et il n'est rien que je n'aie fait pour y échapper. Voilà bientôt un an que je résiste ; nommé ministre le 17 avril dernier, j'ai été assez heureux pour faire agréer mon refus. Pendant mon dernier séjour ici, j'ai également fait échouer de semblables tentatives à Grenoble ; c'est le 30 avril que j'ai reçu les ordres du Roi. M. le Dauphin, à son passage, m'a vivement pressé ; j'ai été ferme dans mon refus, et je croyais la chose finie à mon avantage, mais, le 12 de ce mois, une dépêche télégraphique m'a prescrit de me rendre à Paris. Arrivé depuis trois jours, je n'ai pas perdu un instant pour empêcher un choix aussi peu convenable qu'utile. Mes excuses n'ont pas été goûtées, et je cède à des ordres qui ne permettent que l'obéissance. Ainsi, regarde-moi comme une victime à immoler et plains-moi. »

1. Je trouve, dans les Papiers politiques de M. de Guernon-Ranville, des détails curieux sur les circonstances qui ont précédé et suivi l'entrée de M. de Chantelauze au ministère. Ces détails sont pris sur les lèvres mêmes de M. de Chantelauze qui les donna à son collègue, devenu son compagnon de captivité au donjon de Vincennes, après la révolution de 1830. Laissons-lui la parole : « Lorsque le Roi eut résolu de congédier le ministère Martignac, dit-il à M. de Guernon, nous fûmes appelés, la Bourdonnaye, Montbel et moi, pour donner notre avis sur la composition projetée d'un nouveau ministère ; nous eûmes de nombreuses réunions, et, après avoir examiné la composition de la chambre, convaincus qu'aucun ministère ne pourrait s'y former une majorité, nous conseillâmes au Roi d'appeler aux affaires le prince de Polignac, vers lequel le portait déjà son inclination. Montbel et la Bourdonnaye désirèrent entrer dans le nouveau cabinet ; le Roi me proposa à moi-même le ministère de la justice, mais je refusai, et conseillai de placer là M. Ravez, et, à son refus, Courvoisier. Lorsque la Bourdonnaye se retira, on m'offrit encore d'entrer au ministère. Je refusai, parce que j'étais convaincu qu'il n'y avait moyen de sortir de la crise qu'en recourant à l'article 14, et que je savais que ce parti vigoureux ne con-

vrir, il les traitait de pessimistes, et leur affirmaient que tout irait pour le mieux :

« Il avait un ton tranchant et affirmatif, qui semblait repousser toutes les assertions qui ne venaient pas de lui, écrit M. d'Haussez dans ses *Mémoires inédits*, et il avait été sans doute deviné par l'auteur des *Lettres persanes*, lorsqu'il disait de deux pédants : « La conversation de l'un se résumait à ceci : « Ce que je dis est vrai, parce que je le dis ; » celle de l'autre : « Ce que l'on dit n'est pas vrai, parce que je ne l'ai « pas vu ou entendu. »

Quant à M. Capelle, le titulaire du nouveau ministère, c'était un protégé du Roi, et il passait pour un habile agent électoral.

Les ministres démissionnaires reçurent des marques de la munificence royale. M. de Chabrol, à sa première sortie du ministère, avait eu tout ce qu'il pouvait espérer. La pension de M. de Courvoisier fut portée à 20,000 fr. L'ordonnance du 19 mai contenait en outre la nomination de MM. Becquey, de

viendrait ni aux autres ministres ni au Dauphin. Au mois d'avril 1830, le Roi me fit de nouveau proposer les sceaux que Courvoisier voulait remettre, et je persistai dans mon refus. Enfin, au mois de mai, le Dauphin, en revenant de Toulon, se détourna pour passer à Grenoble et me faire de nouvelles propositions. Je résistai d'abord ; mais, lorsque j'eus exposé mon système au Dauphin et qu'il m'eut dit que mes vues étaient celles du Roi et du prince de Polignac, je me laissai gagner; seulement, je mis pour condition expresse à mon entrée au conseil que Peyronnet y entrerait en même temps ; je n'avais pas eu de relations personnelles avec lui ; je savais même que le Roi et le Dauphin éprouvaient une grande répugnance à le rappeler aux affaires, mais je le regardais comme un homme d'exécution ; il avait montré assez de fermeté dans son ministère ; il avait d'ailleurs du talent de tribune et de l'expérience, et, sous ces rapports, il me paraissait convenir aux plans que je proposais. Cette condition acceptée par le Dauphin, je le suivis presque immédiatement à Paris. Au moment même de la modification ministérielle, il fut question de s'assurer que le recours à l'article 14 n'éprouverait pas de difficultés lorsqu'il serait proposé au conseil, et, pour cela, on eut l'idée de faire prendre l'engagement écrit aux trois nouveaux ministres, Peyronnet, Capelle et moi, d'appuyer cette mesure dans le conseil, mais ensuite on pensa qu'une parole suffisait ; en effet, nous nous y engageâmes formellement. » (*Mémoires inédits du comte de Guernon-Ranville.*)

Courvoisier, de Berthier et de Balainville comme ministres d'État et membres du conseil privé.

Le remaniement ministériel avait été résolu sans que les membres du conseil, que ce changement n'atteignait pas directement, eussent été prévenus. Le 19 mai, le prince de Polignac se rendit chez M. de Guernon-Ranville, et lui annonça que le Roi leur avait donné trois nouveaux collègues. Le ministre de l'instruction publique ne douta pas de son remplacement ; il exprima au président du conseil la reconnaissance qu'il éprouvait d'être délivré d'un si grand poids. M. de Polignac expliqua à son collègue dans quel sens le remaniement ministériel s'était opéré. Le ministre de l'instruction publique pria alors M. de Polignac de proposer son remplacement au Roi, mais le président du conseil lui répondit que sa demande ne serait pas accueillie par le Roi, qui ne voulait plus entendre parler d'un seul changement :

« Une retraite volontaire dans les circonstances où nous nous trouvons paraîtrait si honteuse, ajouta-t-il, que M. de Montbel s'est résigné à prendre le ministère des finances, qu'il ne voulait pas, et que M. de Chabrol a demandé qu'on ne dît pas dans l'ordonnance qu'il avait donné sa démission. D'ailleurs, je suis sûr que le Roi ne recevrait pas votre démission. — Je resterai, si le Roi l'exige, répondit M. de Guernon ; mais souvenez-vous de ce que je vous dis : le ministère que vous venez de former n'en a pas pour trois mois d'existence. — Bah ! bah ! répondit le président du conseil en quittant M. de Guernon, vous êtes l'homme aux difficultés ; vous verrez que nous marcherons à merveille et que tout ira bien[1]. »

La magistrature judiciaire éprouvait une vive aversion pour M. de Peyronnet ; on ne pouvait songer à lui confier les sceaux ; il le comprit lui-même et demanda le portefeuille de l'intérieur. Il fallut obtenir le désistement de M. de Montbel.

---

1. *Mémoires inédits* de M. de Guernon.

Aux premières tentatives que M. de Polignac fit auprès de lui, M. de Montbel déclara qu'il suivrait ses deux collègues dans la retraite. Ce n'était pas là qu'on voulait en venir : il s'agissait de transformer le ministre de l'intérieur en un ministre des finances. M. de Montbel refusa énergiquement ; le sentiment de sa dignité personnelle pouvait se trouver offensé de la prétention qu'exprimait M. de Peyronnet de le remplacer à l'intérieur. Le roi intervint, M. de Montbel motiva son refus sur le tort qu'il se ferait en promenant de ministère en ministère des aptitudes qui n'étaient pas universelles. La retraite de cet homme honorable aurait ajouté encore à l'impopularité de M. de Peyronnet et au fâcheux effet que son retour aux affaires devait produire. Le Roi fit venir une seconde fois M. de Montbel, et lui dit :

« Je vous demande d'accepter par amitié, par dévouement pour ma personne ; mais, d'ailleurs, je l'exige comme roi. L'ordonnance est faite ; elle sera signée demain et envoyée au *Moniteur*. J'espère qu'après cela vous n'aurez pas le triste courage de m'affliger par un refus public[1]. »

M. de Montbel se soumit à l'ordre du Roi. Il voulut expliquer à ses amis quel était le motif qui le retenait au ministère après un mouvement opéré dans un sens qu'il n'approuvait pas, et il écrivit à cette occasion une longue lettre à M. de Villèle. Celui-ci blâmait son ami d'avoir cédé aux instances royales ; mais l'ancien président du conseil lui-même n'avait pas su se retirer à temps de la scène politique. Dans sa lettre à M. de Villèle, M. de Montbel entrait dans des détails sur les circonstances qui avaient précédé et accompagné la modification ministérielle. Il lui apprit que depuis longtemps il y avait un travail entre M. de Peyronnet et M. de Polignac ;

---

1. Journal inédit de M. de Guernon.

et que la défiance régnait entre les membres du ministère; M. de Guernon-Ranville avait dit au prince de Polignac :

« Nous n'avons ni plan ni direction; il est impossible d'aller ainsi; c'est une position ridicule, et par suite coupable. »

Le prince en prit occasion de déclarer qu'il fallait s'entendre même sur les mesures extra-légales, et il fit subir à ces collègues un interrogatoire dans lequel M. de Courvoisier répondit qu'il fallait suivre la même marche jusqu'aux élections :

« Après les élections, ajouta-t-il, le Roi ne doit pas faire des individus du ministère une question essentielle. Quelle que soit la chambre, il ne doit pas céder sur les principes, mais il faut faciliter des accommodements en sacrifiant des hommes. Du reste ayant, par l'état de ma santé, manqué dans une première occasion, pour ne pas exposer le Roi aux inconvénients de ne pas être défendu dans des circonstances graves, je me retirerai avant la fin de la session ainsi que Chabrol. Je serais heureux de me trouver dans une combinaison où figurerait M. de Villèle, avec des hommes de même caractère, mais je ne consentirai jamais à siéger avec MM. de Peyronnet, de Vitrolles, Dudon, » etc.

Après la publication de l'ordonnance de dissolution, M. de Polignac vint trouver M. de Montbel. « Il faut, lui dit-il, que la modification ait lieu. Chantelauze est nommé garde des sceaux; Capelle aux finances. — Capelle ! répondit M. de Montbel; il vaudrait autant le nommer archevêque de Paris. — Il y a longtemps que j'ai l'intention de diviser le ministère de l'intérieur, reprit le prince de Polignac : Peyronnet aura l'administration départementale et communale, la police générale, les élections, les arts, sciences, lettres, commerce, agriculture. Vous aurez les travaux publics. — Non, répondit M. de Montbel, conservez le ministère tel qu'il est. Il est tout simple que le Roi ait plus de confiance dans les connaissances et les talents de M. de Peyronnet qu'en moi. Ce qui n'est pas simple, c'est que, sans que j'en aie eu connaissance, on ait disloqué le ministère qui m'est confié et qu'on ait de moi une assez mauvaise opinion pour croire que je subirai d'être relégué dans une direction générale érigée en ministère par égard pour moi. »

Le lendemain de cette conversation avec le président du conseil, M. de Montbel eut une première entrevue avec le Roi et le supplia de lui rendre sa liberté. Le Roi l'embrassa en pleurant et lui demanda de lui faire ce sacrifice. M. de Montbel persista dans son refus, et il écrivit à Charles X en lui exprimant sa ferme résolution de quitter les affaires. M. de Polignac vint trouver une seconde fois M. de Montbel. Il lui dit que le Roi était très-affecté de sa lettre et qu'il ne consentirait pas à son éloignement qui, dans la circonstance actuelle, serait funeste au gouvernement. M. de Montbel déclara alors que le changement ministériel allait gâter toute la situation, et que si l'on voulait le reculer jusqu'après les élections, il consentirait à rester au ministère. Le prince de Polignac alla chez le Roi et répondit à son collègue que la chose était trop avancée pour qu'on pût reculer, mais que M. de Chabrol demandait à ce que M. de Montbel le remplaçât aux finances.

M. de Montbel répondit qu'il ne consentirait jamais à remplir une telle fonction.

Le Roi reçut successivement MM. de Courvoisier, de Chabrol et de Montbel. Quand ce dernier arriva à Saint-Cloud, le Roi le retint pendant plus d'une heure ; il chercha à ébranler sa résolution en lui disant qu'il lui causait un profond chagrin :

« Ce que je vous ai demandé comme ami, je vous l'ordonne comme Roi, ajouta-t-il. Votre retraite inexplicable me nuirait beaucoup, parce que vous êtes généralement estimé. L'ordonnance est signée, votre nom y est ; je vais la mettre au *Moniteur*. Vous ne me refuserez pas alors. »

M. de Montbel parut interdit :

« Vous me donnez un ordre, dit-il; mais du moins, promettez-moi d'accepter ma démission quand je vous l'offrirai. — Eh bien, oui, répondit le Roi.

Après s'être ainsi engagé, le nouveau ministre des finances fut dans un trouble extrême. Il se plaignit au président du conseil de la manière dont le Roi l'avait violenté. Charles X, pour calmer les scrupules de son ministre, lui écrivit le billet suivant:

« Au nom de Dieu, calmez-vous, mon cher Montbel; songez que je vous ai donné un ordre positif, que je vous ai promis de vous entendre, si, dans la suite, ce que Dieu ne permettra pas, vous persistiez dans les sentiments qui vous dominent aujourd'hui. L'ordonnance est envoyée au *Moniteur*, il n'y a plus rien à faire[1]. »

M. de Montbel prévint ses collègues qu'il se chargeait malgré lui d'une administration qui lui était inconnue. M. de Chabrol devait venir travailler tous les jours avec lui pour le mettre au courant. Le Roi pensait avec raison que la probité scrupuleuse du ministre des finances serait une garantie pour les gens d'affaires. A compter de ce changement, une plus grande contrainte régna au conseil, tout se faisait avec défiance. Les ministres sentaient qu'ils ne pourraient se soutenir longtemps ainsi.

Les amis politiques de M. de Montbel ne lui pardonnèrent pas d'être resté au ministère; M. de Villèle lui-même le jugeait sévèrement; il disait que la démission donnée après les élections ne ferait plus rien à l'affaire, et que, dans aucun cas, son ami ne serait en état de soutenir la session comme ministre des finances :

« Il a manqué de raison, de fermeté et surtout de dignité; c'est ce qu'on excuse le moins, écrivait-il sur son Carnet. Je pense qu'il n'a plus rien à faire que ce qu'il a dit; mais cela ne le relèvera en rien, et ne sera

---

1. Ces détails sont empruntés aux Papiers politiques de M. de Villèle.

d'aucune utilité à personne, et il ne le fera pas plus alors qu'il ne l'a fait en cette occasion décisive. Ma conviction est que nous marchons à une débâcle dans laquelle personne ne conservera les moyens de nous remettre à flot [1]. »

La modification ministérielle qui ramenait M. de Peyronnet aux affaires fit redoubler la fureur de l'opposition. Le Roi, en croyant remonter la pente qui menait à la révolution, se rapprochait chaque jour de l'abîme. La rentrée de M. de Peyronnet fournit un prétexte aux déclamations dirigées contre le gouvernement. Elle fut considérée comme une expression de dédain pour le pays. On se servit de cet événement pour alarmer ceux qui ne partageaient pas les craintes de l'opposition à outrance, et qui crurent comprendre alors le motif qui amenait un conflit. A compter de ce moment, la lutte prit chaque jour un caractère plus alarmant, et les rangs des libéraux, grossis du nombre de tous ceux qui jusque-là n'appartenaient à aucun des deux partis, formèrent une armée redoutable par l'audace aussi bien que par le nombre. Les fureurs des journaux de l'opposition redoublèrent. Presque tous s'accordaient à dire que les nouveaux ministres n'étaient arrivés aux affaires qu'en prenant l'engagement formel de seconder les projets de coups d'État du président du conseil. Quelques royalistes se faisaient l'écho de ces bruits, qui parvenaient jusque dans le conseil.

Le 20 mai, les trois nouveaux ministres assistèrent pour la première fois au conseil. Le Roi, en s'adressant plus particulièrement à eux, leur dit :

« Messieurs, je dois vous faire connaître en peu de mots quel est le système que je veux suivre, et que j'ai déjà développé : ma ferme volonté est de maintenir la charte. Je ne veux m'en écarter sur aucun point; mais je ne souffrirai pas que d'autres s'en écartent. J'espère que la chambre des députés sera composée d'hommes sages, assez amis de

---

[1]. Papiers politiques de M. de Villèle.

leur pays pour seconder mes intentions. S'il en était autrement, je saurais, sans sortir de la ligne constitutionnelle, faire respecter ma prérogative, que je regarde comme la meilleure garantie de la tranquillité publique et du bonheur de la France. Voilà mes intentions, c'est à vous de les seconder, chacun dans la partie d'administration qui lui est confiée. »

L'esprit de la révolution gagnait tous les grands centres de population. Bientôt une terrible panique vint désoler et exaspérer les campagnes. Des incendies considérables éclatèrent simultanément sur divers points du territoire français. Il semble que le feu, cet engin de destruction dont le ciel et l'enfer se servent également pour châtier les coupables, devait paraître de tout temps comme le signe extérieur qui annonce et précède les convulsions sociales. En 1789, en 1830 comme en 1848, l'incendie ravagea les provinces du royaume : ce n'était qu'un prélude. En 1830, les départements de la Manche et du Calvados furent particulièrement éprouvés. Les populations fiévreusement agitées accusèrent bientôt le ministère, considéré comme le seul obstacle au bonheur de la France, d'appeler à son aide le crime d'organiser l'incendie pour amener une diversion capable de faire oublier les manœuvres électorales des comités libéraux[1].

---

1. Après la révolution de Juillet, lorsque le prince de Polignac fut arrêté, on le conduisit à Saint-Lô, chef lieu du département de la Manche. Là, un des membres du petit gouvernement provisoire, qui s'était installé dans cette ville après le départ du préfet, lui dit avoir vu un billet conçu en ces termes : « Tel jour, on mettra le feu à telle ferme. Signé : le prince de Polignac. » (*Études historiques*, p. 275.)

Dans la correspondance, M. de la Mennais parle de ces incendies. Il constate qu'une sorte de solidarité semble exister entre les coupables : « Ce qu'il y a de plus effrayant, dit-il, c'est que les scélérats qui parcourent les campagnes ont nécessairement presque en chaque lieu des complices qui leur procurent des moyens de vivre et un asile, ce qui prouve une grande organisation adroitement formée. L'objet évident est d'agiter le peuple, de le soulever et de lui mettre les armes à la main. En plusieurs endroits, on est parvenu à persuader aux paysans que ce sont les nobles qui font brûler leurs fermes. On ne sait comment cela finira. Malgré un grand nombre d'arrestations, il ne paraît pas qu'on ait obtenu des révélations importantes. » (*Correspondance de la Mennais*. T. II, p. 143.)

Les journaux de l'opposition à outrance, auxquels tous les moyens paraissaient bons quand ils étaient de nature à avancer l'œuvre de destruction qu'ils voulaient consommer, propageaient cette odieuse calomnie que les populations rurales acceptaient avec leur crédulité accoutumée.

Les incendies éclataient le plus souvent la nuit sur des granges, sur des chaumières isolées ou sur des meules de grains. Des hommes, portant une blouse de paysan par-dessus des habits bourgeois, exhortaient des malheureux, souvent des enfants, à mettre le feu à des bâtiments qu'ils leur désignaient. Les chaumières les plus humbles n'étaient pas épargnées. Ces sinistres causèrent d'abord une sorte de panique dans les campagnes; après la panique vint la révolte. Les incendiaires parcouraient les campagnes et semaient des lettres anonymes dans lesquelles les villes mêmes étaient menacées. Les départements demandèrent à organiser eux-mêmes leur défense; partout on songeait au rétablissement de la garde nationale; tous les hommes réclamaient des armes, afin de poursuivre les ennemis invisibles que la gendarmerie ne pouvait atteindre. Cet état de choses émut le conseil des ministres. On songea d'abord à l'établissement d'une ou de plusieurs cours prévôtales sur les lieux mêmes où les crimes avaient lieu; mais on ne pouvait établir de cour prévôtale qu'en vertu d'une loi ou de l'application de l'article 14 de la charte. M. de Guernon-Ranville demanda qu'on envoyât dans les départements dévastés un ou deux régiments de la garde. Le prince de Polignac repoussa cet avis, il craignait qu'un si grand déploiement de force n'effrayât les populations. On restait ainsi dans une inaction dangereuse, et chaque jour les incendies devenaient plus nombreux. Les rapports adressés au garde des sceaux étaient inquiétants; les paysans accusaient hautement le gouvernement de favoriser les incendiaires, et ils voyaient dans sa lenteur même à réprimer les crimes une sorte de complicité morale. Les ministres triomphèrent enfin de l'hésitation du prince de Polignac, et, le 16 mai, il fut décidé que deux bataillons de grenadiers et deux escadrons de chasseurs seraient envoyés dans les départements de la Manche et du Calvados. Ce déploiement de forces, quelque insuffisant qu'il fût, servit au moins à rassurer les populations en leur montrant que le gouvernement, loin d[e] pactiser avec les incendiaires, avait entendu les gémisse[-]ments des habitants des campagnes[1]. Le ministère avait tro[p] tardé à apporter un remède efficace à cet état de choses. Déjà dans plusieurs départements, sous prétexte de veiller à [la] sûreté publique, la garde nationale s'était formée ; dans tou[te] la France, son souvenir était évoqué. On réclama d'abord [sa] réorganisation pour calmer la panique des campagnes ; bient[ôt] on parla de son rétablissement comme d'une garantie donn[ée] au pays contre les projets d'envahissement que l'on suppos[ait] au pouvoir.

Les événements se pressaient : on allait arriver au déno[ue]ment du drame. L'atmosphère politique était chargée d'u[ne] électricité menaçante : on sentait que la foudre approchait.

C'est au milieu de cette situation redoutable que le roi [de] Naples visita le Roi de France à Paris, en revenant d'Espag[ne.] M[me] la duchesse de Berry alla recevoir son père à Chambo[rd] et elle lui fit les honneurs du château au nom de son fils. [La] première entrevue des deux monarques eut lieu le 12 mai. [Le] voyage des Bourbons d'Italie en France fut le signal de fê[tes] splendides. M. le duc d'Orléans, qui tenait de si près a[ux] Bourbons d'Italie, voulut célébrer leur arrivée en France.

---

1. Il résulte d'un réquisitoire présenté à la cour de Caen par le procu[reur] général que 35 accusés des deux sexes furent traduits devant la cour d'ass[ises.] Huit furent condamnés à mort, sept à des peines temporaires, vingt fu[rent] acquittés. Aucun des condamnés ne fut exécuté ; ils reçurent, à diverses [épo]ques, des lettres de commutation de peine. L'un d'eux avait été reco[nnu] coupable de six incendies.

l'on prépara tout au Palais-Royal pour une soirée dont les magnificences devaient laisser un long souvenir.

Les familles royales de France et des Deux-Siciles y étaient invitées : deux rois, les princes, les princesses, les illustrations de l'armée, les puissances de la tribune, le ministère et l'opposition, la gauche, la droite, les centres, se pressaient dans les vastes salons du duc d'Orléans. Les terrasses, couvertes d'orangers et de fleurs de toute espèce, semblaient continuer les salons par des jardins suspendus. C'était une féerie que la merveilleuse illumination qui, de loin, faisait ressembler le Palais-Royal à un palais enchanté. La soirée était magnifique, tout respirait l'allégresse. Au milieu de cette atmosphère de lumière, de fleurs et d'harmonie, Charles X se prit à penser à sa flotte, qui traversait dans ce moment les mers pour aller conquérir Alger. Il s'avança vers une croisée, et, levant les yeux vers un ciel calme, uni et pur : « Messieurs, dit-il, voici un beau temps pour ma flotte d'Alger. Dans ce moment, mon armée doit toucher la côte d'Afrique. » Tandis que le vieux Roi prononçait ces paroles, il y avait dans les vastes salons d'autres conversations et d'autres discours. On raisonnait sur les difficultés de la situation ; on ne voyait point d'issue pacifique au problème brûlant qui consumait la société. Au milieu des riantes têtes qui passaient et repassaient, couronnées de fleurs, en suivant les sons de l'orchestre, on apercevait de temps à autre des figures graves et des fronts plissés qui semblaient faire tache sur la fête. Tous les acteurs du grand drame qui se préparait étaient là : les vaincus à côté des vainqueurs, les accusés à côté des juges. Enfin quelqu'un [1] disait, dans l'embrasure d'une fenêtre, au prince qui donnait la fête : « C'est vraiment ici une fête napolitaine : on y danse sur un volcan. » Le Roi parcourut les salles, au milieu d'une haie de pairs et de

---

1. M. de Salvandy.

députés de l'opposition qui se montraient sur son passage avec une affectation offensante. Charles X s'en montra justement blessé. Tandis que dans l'intérieur des salons on se livrait avec sécurité au plaisir, il y eut dans les jardins une espèce d'émeute. On arracha les arbustes, on entassa les chaises et l'on y mit le feu. Les flammes en montant firent croire à un incendie, et le vieux Roi, au moment où il parlait de la gloire qui allait illustrer ses armes, put apercevoir, du haut de la terrasse, l'émotion populaire qui régnait au dehors, image frappante de ce qui se préparait.

Le roi de Naples quitta Paris sans laisser de ces marques de faveur dont les princes sont ordinairement prodigues en pareil cas. Le roi Charles X dit spirituellement à ce sujet :

« Mon cousin aura pensé qu'il n'avait pas d'*ordre* à donner chez moi. »

« La vieillesse anticipée du roi de Naples, écrit M. d'Haussez dans ses Mémoires, son costume étrange, qui ressemblait à celui des invalides, l'énorme embonpoint de la reine, qui faisait ressortir la maigreur des dames d'honneur qui l'accompagnaient, eût prêté en d'autres temps à des plaisanteries malignes, dans un pays où la raillerie est un besoin de l'esprit. Mais personne ne songeait à la moquerie : les préoccupations étaient ailleurs ; les plaisanteries qui circulaient étaient sombres et amères. Le Roi lui-même fut frappé de voir que les Parisiens avaient laissé échapper une si belle occasion de raillerie.

« Un jour que je causais avec Charles X de la situation de l'esprit public, et que, sans parvenir à les lui faire partager, je lui exprimais les craintes que j'avais sur l'avenir, j'ajoutai : « Une preuve de la préoccupation générale, c'est que la cour la plus ridicule qui ait jamais existé est depuis huit jours à Paris, et que, hors des salons de la plus haute société, personne ne songe à s'en moquer. Certes, en d'autres temps, on ne leur eût pas épargné les sarcasmes. — Vous avez raison, reprit le Roi, si l'on ne profite pas d'une si belle occasion de railler, c'est qu'il y a dans les têtes des choses bien sérieuses. Cette considération, toute frivole qu'elle est, me touche davantage que les remarques plus graves qui l'ont précédée [1]. »

---

1. Mémoires inédits du baron d'Haussez.

Le drame qui se préparait absorbait toutes les préoccupations, occupait toutes les intelligences; l'esprit public n'était plus à la moquerie.

Les Bourbons d'Italie avaient à peine quitté Paris, lorsqu'eut lieu une cérémonie religieuse que les libéraux dénoncèrent comme un retour aux coutumes du moyen âge: nous voulons parler de la translation des reliques de saint Vincent de Paul, l'immortel fondateur des Filles de la Charité, cet apôtre dont les œuvres toujours vivantes cherchent et trouvent des consolations pour toutes les misères humaines. Pendant la Révolution, le corps de saint Vincent de Paul avait été préservé par de pieuses mains, car les disciples de Robespierre et de Marat n'auraient pas épargné les restes de celui qui, au nom de Dieu proscrit par la Terreur, soulageait les pauvres, soutenait les faibles et les souffrants. L'archevêque de Paris voulut que ces saintes reliques fussent portées processionnellement de Notre-Dame à la chapelle des Lazaristes, dont le vénérable saint avait été le fondateur. Aux yeux des ultra-libéraux, qui accusaient les missionnaires de France d'appeler de tous leurs vœux les coups d'État et de tenir entre leurs mains les réseaux invisibles de la Congrégation, cette fondation était un crime qui pesait sur la mémoire de saint Vincent de Paul en effaçant le souvenir de ses incomparables vertus. Les reliques du saint avaient été enfermées dans une châsse d'argent massif, admise en 1828 à la dernière exposition de l'industrie française. Une immense procession suivit les dépouilles mortelles de celui qu'on avait appelé autrefois Monsieur Vincent. Le clergé de Paris, précédé de son archevêque et suivi des frères de la Doctrine chrétienne et des sœurs de la Charité, composait le cortège qui traversa les quais et les rues, ornés de tentures, de feuillages et de fleurs. Plusieurs évêques, de hauts personnages en costume d'apparat, suivaient la procession. La musique de la garde royale et de la garnison alternait avec les chants du clergé. Les restes de saint Vincent de Paul restèrent exposés pendant plusieurs semaines dans la chapelle des Lazaristes: le Roi et la famille royale y vinrent prier, et une médaille commémorative de cette solennité religieuse fut frappée et vendue. Certes, il n'y avait là rien d'extraordinaire. Dans notre siècle d'égalité, n'était-ce pas honorer le peuple que de rendre un hommage public au saint qui avait consacré toute son existence à rechercher les misères humaines et à les soulager? Pendant le cours de sa vie, Vincent de Paul avait souvent rappelé aux grands de ce monde que les humbles et les petits étaient leurs égaux devant le Dieu qui, pour réhabiliter la pauvreté, a voulu naître dans une crèche. Mais l'égalité enseignée au nom du christianisme n'était pas celle que les ultra-libéraux prêchaient; ils ne virent dans cette cérémonie qu'un soi-disant retour aux coutumes du moyen âge et un véritable triomphe décerné au chef de ces terribles missionnaires de France, dont le fantôme leur semblait le seul péril qui menaçât le pays. On fit remarquer au peuple que les plus hauts personnages marchaient, dans la procession, derrière le clergé, ce qui semblait indiquer un acte de vasselage du pouvoir envers la Congrégation; à cette occasion les journaux libéraux rappelèrent les cérémonies du jubilé de 1827, et les processions dans lesquelles le Roi marchait escorté du clergé, comme un captif gardé par ses vainqueurs.

Certes, nous n'avons pas la pensée de blâmer cet hommage public rendu à la mémoire du fondateur des Filles de la Charité; mais le moment était mal choisi pour une cérémonie de ce genre. Le ministère aurait dû prévoir que l'opposition, qui cherchait partout des armes pour lutter contre le gouvernement dans les élections qui se préparaient, s'emparerait de cette circonstance. Le Roi et la famille royale étaient allés vénérer les reliques de saint Vincent de Paul. La presse répéta alors que le Roi était engagé dans les ordres et disait la messe; sur les pièces de monnaie même, on l'affublait du petit collet.

On dénonça le lien de solidarité qui unissait le pouvoir à la Congrégation, que l'opposition représenta comme une association bien autrement redoutable pour le pays que celle des comités directeurs. Il importait avant tout de soustraire les élections à l'influence souveraine du parti prêtre. C'est avec de pareilles phrases qui, par leur vague absurdité, plaisent aux masses, qu'on animait le peuple contre la maison de Bourbon.

Un mois avant que la révolution éclatât en France, un changement de règne eut lieu en Angleterre. La nouvelle de la mort de George IV arriva à Paris le 28 juin 1830. Sa longue et douloureuse agonie avait duré plus d'un mois, et chaque jour on s'attendait à Londres à apprendre la fin du roi. Il s'éteignit, le 26 juin, au château de Windsor. George IV avait occupé pendant plus de dix années le trône d'Angleterre : en comprenant sa régence dans son règne, il avait été plus de dix-neuf ans à la tête du gouvernement. Son règne n'avait pas été sans gloire. Il avait terminé une guerre pleine de périls pour son pays, et il laissait l'Angleterre dans un état de paisible prospérité, après quinze années de paix. Son frère, le duc de Clarence, alors âgé de soixante-cinq ans, lui succéda sous le nom de Guillaume IV. La princesse Victoria, fille du duc de Kent et nièce du prince Léopold, alors âgée de douze ans, devenait l'héritière présomptive du trône. Au même moment, le prince Léopold notifia aux trois puissances qu'il renonçait définitivement au trône de Grèce qu'il avait sollicité si longtemps, trouvant que les subsides que lui accordaient l'Angleterre et la France n'étaient pas assez considérables. Il écrivit au roi de France pour lui notifier cette résolution ; sa lettre excita le mécontentement de Charles X et du Dauphin. Elle exprimait cependant des sentiments de reconnaissance pour le Roi : le prince espérait que les motifs de son refus seraient appréciés par le roi de France. Il exposait ces motifs en rappelant l'insuffisance de la délimitation des frontières de la Grèce, et la pénurie absolue des finances du nouvel État.

Ces points de politique étrangère étaient alors des questions bien secondaires pour la France. Ses regards se portaient seulement vers la côte d'Afrique, sur laquelle notre brillante armée allait débarquer. On attendait fiévreusement les nouvelles, car on connaissait toutes les difficultés que notre flotte aurait à vaincre pour opérer le débarquement. Le moment est venu de raconter les périls et les succès de cette expédition, legs suprême de la Restauration à la France. Il était réservé aux Bourbons, en quittant la France pour la troisième fois, d'emporter au moins la consolation d'avoir ajouté, au moment même de leur chute, une page glorieuse à l'histoire de leur pays, et de réussir là où Charles-Quint lui-même avait échoué.

IX

EXPÉDITION D'ALGER. — EMBARQUEMENT A TOULON. — DÉBARQUEMENT SUR LA COTE D'AFRIQUE. — BATAILLE DE STAOUÉLI. — COMBAT DÉFENSIF DE SIDI-KALEF. — L'ARMÉE FRANÇAISE DEVANT ALGER. — REDDITION DU FORT DE L'EMPEREUR. — PRISE D'ALGER. — LA FRANCE GARDE ALGER MALGRÉ L'ANGLETERRE. — EXPÉDITIONS DE BLIDAH, BONE ET TRIPOLI. — LA NOUVELLE DES ÉVÉNEMENTS DE JUILLET ARRIVE A ALGER.

Au moment où l'expédition française se préparait à mettre à la voile, on peut dire qu'il y avait deux centres d'activité, deux esprits en France.

Tandis qu'à Paris et dans tous les départements du centre, de l'est et du nord, la lutte ouverte entre la prérogative royale et la prérogative parlementaire absorbait exclusivement l'attention publique, à mesure qu'on se rapprochait de Toulon en particulier et en général du littoral de la Méditerranée, on se trouvait entraîné dans le courant des idées qui se portaient vers l'Afrique. Il n'y avait là qu'une question ouverte, qu'un sujet de conversation : Alger. Quand partirait-on ? Combien durerait la traversée ? Quel jour descendrait-on sur le littoral algérien ? Tels étaient les seuls objets de la préoccupation : on ne doutait pas de la victoire.

L'élan était le même parmi les troupes et dans la population. Pour la population méridionale les Barbaresques étaient des ennemis personnels. C'était sa longue injure qu'on allait venger, ainsi que les douloureuses avanies subies par les générations précédentes. La foi catholique, si vive dans ces contrées, donnait une nouvelle intensité à ce sentiment qui s'exaltait jusqu'à l'enthousiasme. Dans l'armée, fatiguée d'une longue paix, on saluait l'expédition d'Afrique comme une glorieuse chance de combats, de périls, de triomphes, de faits d'armes héroïques, de fortunes militaires. La France, comme l'a dit Chateaubriand, est un soldat qui se réveille au bruit de la trompette. Cet esprit belliqueux s'était réveillé à la nouvelle de l'expédition d'Afrique. Le renom d'imprenable, si longtemps mérité par Alger, le lointain mystérieux dans lequel on apercevait ces rivages mal connus, la différence des climats, des mœurs, des races, des productions du sol, devenaient un attrait de plus pour la curiosité belliqueuse des soldats français qui allaient chercher des champs de bataille sur cette terre où tout paraissait nouveau et merveilleux.

L'empressement avait été grand pour entrer dans l'armée expéditionnaire, et l'exemple était parti de haut. Le général en chef emmenait quatre de ses fils avec lui. Les jeunes héritiers des plus grandes familles de France avaient brigué l'honneur de figurer dans les rangs de l'armée, afin d'aller chercher en Afrique ce baptême du feu qui sied si bien aux rejetons des races militaires.

Comme à l'époque de la campagne d'Égypte, un assez grand nombre d'artistes, enflammés du désir d'explorer à la suite de l'armée une contrée peu connue, avaient demandé à faire partie de l'expédition. On remarquait parmi eux le colonel Langlois, peintre d'histoire, et MM. Gudin et Isabey.

Les puissances étrangères avaient presque toutes désiré que leurs armées fussent représentées dans l'armée expéditionnaire, et chaque gouvernement avait choisi pour cette honorable mission ses plus brillants officiers. Ce désir, accueilli avec empressement par le gouvernement français, conservait à la guerre le caractère européen qu'il avait voulu lui donner. Le colonel de Filosoloff représentait la Russie, le prince Frédéric de Schwartzenberg était envoyé par l'Autriche, le colonel Guerrero de Torres représentait l'Espagne. Il semblait que toutes les nations qui avaient eu à souffrir des pirateries d'Alger envoyassent des témoins pour assister à son châtiment et à sa chute. L'embarquement des troupes par divisions commença le 11 mai 1830. Le comte de Bourmont pressait vivement le vice-amiral Duperré, parce qu'il espérait investir Alger avant l'époque fixée pour le payement du tribut par le bey de Constantine, ce qui aurait permis à celui-ci de ne pas joindre ses troupes à l'armée du dey dont les forces auraient été ainsi diminuées. Le vice-amiral Duperré agissait avec la lenteur circonspecte de l'expérience qui craint de laisser quelque chose au hasard. Le mauvais temps retarda de trente-six heures l'embarquement; il fut terminé le 17 mai. C'était presque le même jour que, trente-deux ans auparavant, la flotte française partait pour l'expédition d'Égypte sous les ordres du général Bonaparte. Ainsi s'éveillaient comme des échos dans nos annales les dates de gloire.

On n'attendait qu'un vent favorable pour donner l'ordre du

départ; ce vent se fit désirer pendant sept jours, qui furent pour nos jeunes officiers sept jours d'impatience fiévreuse.

Enfin, le 25 mai au matin, un changement eut lieu dans l'état de l'atmosphère. A une heure, l'ordre ardemment attendu de mettre à la voile fut donné à la première division du convoi. Le départ de cette première division causa dans l'armée une allégresse inexprimable. Il se fit tout à coup un immense mouvement dans la flotte. On hissait les embarcations, les gabiers étaient dans les hunes, les voiles se déployaient, les soldats aidaient à l'envi les marins à lever les ancres. Enfin on partait. Celui qui dispose de la mer et des vents envoyait à cette vaillante armée la seule chose qu'elle demandait, la brise favorable qui devait la conduire à Alger.

Deux heures après, à trois heures de l'après-midi, les escadres appareillèrent, et à cinq heures tous les bâtiments du Roi étaient au large.

Le coup d'œil que la flotte offrait à la terre et celui que la terre offrait à la flotte au moment du départ étaient magnifiques. La population de Toulon, grossie par des milliers d'étrangers, couvrait au loin les hauteurs du fort Lamalgue et toutes celles qui dominent la rade, et semblait assise sur un immense amphithéâtre drapé des couleurs les plus variées et éclairé par les tons brillants d'un soleil d'été. La flotte s'ébranlait peu à peu, chaque vaisseau levait l'ancre à son tour en décrivant une courbe et se rapprochait du rivage comme pour lui dire adieu; puis il s'éloignait, les voiles au vent, et allait prendre en pleine mer son ordre de bataille. L'armée s'avançait au centre, divisée en deux escadres qui marchaient parallèlement. La première, tenant la gauche, était conduite par le vaisseau amiral *la Provence*, qui marchait en tête; la seconde, tenant la droite, était conduite par le vaisseau *le Trident*, sur lequel le contre-amiral Rosamel avait mis son pavillon. Chaque escadre avait à sa suite une division de quatre bâtiments. En queue des deux escadres marchaient sur deux colonnes de front six bateaux à vapeur ; le septième, *le Hussard*, surveillait les poudres. C'étaient les courriers de la flotte et comme les aides de camp de l'amiral.

Le 26 mai, au matin, on signala vers l'est deux frégates qui venaient du sud. L'une était française, l'autre turque, portant le pavillon amiral au grand mât. La frégate française, traversant à toutes voiles les colonnes de la flotte, gagna la tête pour communiquer avec la *Provence*, qui s'arrêta, tandis que le reste de l'armée navale continua à marcher. On vit bientôt l'officier qui commandait la *Duchesse-de-Berry*, c'était le nom de la frégate française, descendre de son bord dans un canot, puis monter sur le vaisseau amiral. Presque aussitôt après, un officier de la *Provence* fut envoyé vers la frégate turque, dont un personnage paraissant fort élevé en dignité descendit à son tour pour se rendre à bord du vaisseau amiral, qui salua le bâtiment turc de vingt et un coups de canon. Il y resta une demi-heure en conférence avec le commandant en chef de l'expédition et le vice-amiral Duperré. Ces allées et ces venues avaient excité à un haut point la curiosité de l'armée. La curiosité fut bientôt satisfaite. Le capitaine de Kerdrain, commandant de la *Duchesse-de-Berry*, avait apporté au vice-amiral Duperré les dépêches de M. Massieu de Clairval, commandant du blocus d'Alger, qui rendait compte de son refus de permettre l'entrée du port à Tahir-Pacha, envoyé de la Porte Ottomane près du dey ; du désir témoigné par ce personnage de se rendre à Toulon et du parti pris par le commandant du blocus de le faire escorter par une frégate de sa division. Le chef musulman avait reçu, disait-il, l'ordre de se rendre à Alger pour décider le dey à demander la paix ; il allait en France afin de proposer la médiation de la Turquie au gouvernement français. Le commandant en chef et le vice-amiral Duperré invitèrent Tahir-

Pacha à continuer sa route pour Toulon, afin de présenter au gouvernement français des propositions qu'il ne leur appartenait pas de discuter, chargés qu'ils étaient de soumettre Alger par la force des armes, et non d'écouter les conditions conciliatrices que l'ambassadeur de la Porte pouvait avoir à présenter. On reconnaît ici le résultat des démarches de l'Angleterre. Tant que la France n'avait pas été en mesure d'agir, la Porte n'était point intervenue. Maintenant que l'expédition était en voie d'exécution, elle proposait sa médiation pour l'arrêter.

Tahir-Pacha, arrivé à Toulon, adressa inutilement à M. de Polignac une longue dépêche dans laquelle, sans rien préciser, sans donner au gouvernement français aucune des satisfactions auxquelles il avait droit, il semblait mettre le roi de France et le dey d'Alger sur le pied d'une égalité injurieuse pour le premier, en conseillant la modération aux deux parties et en se présentant comme un pacificateur chargé par le sultan d'arbitrer souverainement leur querelle. Cette démarche tardive et cette proposition inacceptable demeurèrent sans résultat.

La flotte française rencontra le 29 mai le brick *le Rusé*, venant du sud. Le commandant du brick donna des détails sur la perte des deux bricks français *la Silène* et *l'Aventure*, événement douloureux dont la première nouvelle avait été apportée par le commandant de la *Duchesse-de-Berry*. Le 30 mai, la *Provence* n'était plus qu'à 65 milles de la côte d'Afrique. La joie était grande sur les bâtiments, on croyait le moment du débarquement venu. Le 31, on aperçut le cap Caxine : la brise était faible et soufflait de l'est, le temps était brumeux; l'amiral, n'ayant point encore rallié la flotte de débarquement, fit virer de bord. Le 1ᵉʳ juin, on était aussi près de Majorque que de la côte d'Afrique; l'amiral prit la résolution d'aller mouiller dans la baie de Palma, d'y rallier les escadres et d'attendre un moment favorable pour se rapprocher d'Alger. Cette marche rétrograde provoqua dans l'armée de terre une explosion de mécontentement contre l'amiral. L'amiral avait été induit en erreur par une fausse interprétation donnée à une dépêche de M. Massieu de Clairval; c'est pour cela qu'il opérait une marche rétrograde. Il avait envoyé demander comment était le vent. M. Massieu de Clairval répondit qu'il ventait très-frais de l'est et qu'il avait été obligé de faire prendre deux ris. L'amiral Duperré, qui ne connaissait pas la côte, ignorait que ce temps était excellent pour débarquer dans la baie de Sidi-Ferruch, dont les eaux tout à fait à l'abri de ce vent sont, quand il souffle, unies comme de l'huile.

Ce retard dans l'expédition causa une grande inquiétude à Paris, et les esprits pessimistes augurèrent mal du succès final des opérations commencées avec tant de lenteur. A ce moment, le commandant en chef reçut des renseignements utiles sur l'intérieur de l'Afrique. M. Gerardin, envoyé en mission en Afrique, rapporta des nouvelles favorables de Tunis; celles de Constantine étaient moins rassurantes; le dey de Constantine était attendu le 5 ou le 6 juin à Alger. On assurait qu'un corps de 13,000 hommes marchait sous ses ordres. Le contingent du bey d'Oran était attendu à la même époque. La lenteur de la traversée faisait ainsi échouer une des combinaisons du général en chef, qui espérait surprendre Alger avant l'arrivée des contingents arabes.

L'armée navale avait attendu plusieurs jours la flotte de débarquement; le 6 juin elle arriva dans la baie de Sidi-Ferruch; le 7 juin, le général de Bourmont annonçait le départ de la flotte dans un ordre du jour adressé à l'armée. Le 9 juin l'on mettait à la voile. L'armée navale était pleine de confiance et d'espoir. Malgré les menaces de l'Angleterre, ses vaisseaux étaient restés immobiles et n'avaient point essayé de nous barrer le chemin.

Vers le temps où notre flotte quittait Palma, lord Stuart, ambassadeur d'Angleterre, était venu avertir le prince de Polignac que l'amiral anglais qui commandait les forces maritimes de l'Angleterre dans la Méditerranée lui avait mandé qu'il rappelait à lui tous les bâtiments de guerre placés dans la partie de la Méditerranée que devait traverser notre flotte, afin d'éviter tout soupçon que son gouvernement voulût entraver notre marche. Les chemins étaient donc ouverts. Le 12 juin, Alger et le cap Caxine apparurent à notre armée. A cette vue, un immense cri de *vive le roi!* s'éleva sur la flotte. On espérait que l'action allait commencer. Mais le vent était violent, la mer difficile, et l'amiral Duperré jugea que, dans ces circonstances, la prudence ordonnait de différer le débarquement. Cet ordre mécontenta l'armée expéditionnaire, qui brûlait de joindre l'ennemi. Le 12 juin, dans l'après-midi, une vive explication eut lieu entre le commandant de la flotte et le commandant en chef : cette explication décida le sort de l'entreprise ; le débarquement allait commencer. Le 13 juin, les montagnes, puis les murailles blanches d'Alger et le rivage couvert de jardins qui l'entoure, apparurent aux regards à travers la brume épaisse qui règne habituellement sur cette côte. Peu à peu, la brume tomba, les objets devinrent plus visibles. Les soldats sortis de leur prison étaient rangés en bon ordre sur le pont, le sac sur le dos, le fusil au pied, et leurs armes luisantes comme dans un jour de revue.

On croyait généralement que la côte était hérissée de batteries et que les apprêts d'une vigoureuse défense attendaient l'armée française. Cependant on n'apercevait aucun mouvement sur la côte. N'était-ce pas une embûche? Le *Dragon* et la *Cigogne* reçurent l'ordre d'approcher de la côte pour reconnaître le mouillage. Une grande reconnaissance permit d'apercevoir un camp établi à une lieue environ du rivage. En avant du camp, on découvrit quelques batteries que le

Nageur réduisit au silence. Des groupes de cavaliers arabes galopaient le long du rivage, comme s'ils avaient voulu donner en spectacle la vitesse de leurs chevaux. Peu à peu leur nombre s'accrut; du haut des hunes, on vit de longues colonnes se diriger vers le point du rivage menacé; on évalua le nombre de ces cavaliers à trois ou quatre mille. Du reste, aucun préparatif apparent de défense. Ceux qui, dans notre armée, avaient fait la campagne de Morée signalaient seulement à leurs camarades des points blancs apparaissant dans le lointain : c'étaient les tentes des Arabes. A huit heures du soir, les trois escadres, la première division de combat et la flottille de débarquement avaient jeté l'ancre. L'opération du mouillage s'exécuta sans que l'ennemi songeât à l'entraver.

Tandis que tout dans le camp français se préparait pour l'action, que se passait-il dans le camp opposé? Le long blocus avait diminué les forces du dey, et à mesure que les préparatifs de l'expédition française avançaient, la confiance de Hussein-Pacha faisait place à une sombre anxiété. Le commerce était arrêté, les opérations maritimes étaient suspendues. La population, courbée sous le joug de la milice, relevait la tête et demandait chaque jour au dey de nouveaux priviléges. L'émir flattait ses sujets et s'efforçait de surexciter le fanatisme musulman. Il exhortait le peuple à ne pas redouter les chrétiens et à compter sur l'appui d'Allah. Pour donner satisfaction aux Arabes, il destitua le grand muphti, qui était d'origine turque, et le remplaça par un Arabe. De leur côté, les Turcs étaient inquiets, sombres et mécontents. Les affaires d'Hussein semblaient prendre une fâcheuse tournure; dans cette espèce de gouvernement, la force est le principe, l'affaiblissement est un titre de déchéance, le malheur presque un crime. En outre, les avances du dey envers la population indigène déplaisaient à la milice. Peu de temps avant l'expédition française, une conspiration mi-politique, mi-domestique, était sortie de tous ces éléments de mécontentement. Le premier jour de la fête du Baïram, les conjurés, parmi lesquels on comptait quarante-six janissaires, armés chacun d'un poignard et d'un pistolet, devaient se rendre à la Casaubah sous prétexte de porter leurs hommages au dey, qui recevait indistinctement ce jour-là tous ceux qui se présentaient pour lui baiser la main. Au milieu même de la cérémonie, ils avaient le projet de se précipiter sur Hussein-Pacha et ses ministres, de les mettre à mort et de proclamer ensuite leur chef Mustapha-Fetcha. La veille même du jour marqué, un des conspirateurs dénonça ses complices au dey. Au bout d'une heure, les sept principaux instigateurs du complot étaient étranglés. Hussein-Pacha se contenta d'exiler les autres ; mais, à partir de ce jour, il éprouva pour les janissaires une défiance profonde, mêlée de haine.

On avait fait à Alger de grands préparatifs de défense du côté de la mer; une suite de forts et de bastions prolongée à droite et à gauche, dans un espace de six ou sept lieues, présentait une formidable ligne de batteries. L'entrée du port était fermée par trois fortes chaînes; au fond du port se trouvaient les navires algériens, protégés par un bon nombre de chaloupes canonnières, dont dix étaient armées de mortiers, douze de pièces de gros calibre. Mais les préparatifs faits du côté de la terre étaient moins bien entendus et insuffisants. Le dey avait sur la force de l'armée turque et l'infériorité des troupes françaises les illusions de l'ignorance; il croyait la milice invincible et n'avait aucune idée de l'art des sièges; il pensait pouvoir tenir des armées entières dans la Casaubah, où il avait entassé des provisions et des munitions. Il négligea donc de fortifier la ville. L'avarice venant à s'ajouter aux illusions d'une confiance présomptueuse, il ne voulut pas réunir trop tôt les contingents arabes pour ne pas avoir à les nourrir, de sorte qu'une partie des troupes était à cinq et même à dix lieues du rivage; les autres, dans les provinces, attendaient un ordre de marche, quand la flotte française fut signalée à l'horizon.

Le tableau que présentait la flotte française, vue des terrains de la ville, était admirable et terrible. Le vent du matin, qui soufflait dans un sens favorable, lui permettait de marcher, toutes ses voiles déployées, vers la ville; puis, lorsqu'elle ne fut plus qu'à quelques lieues, on la vit changer de direction, tourner vers le sud et défiler majestueusement devant Alger, comme si elle voulait mesurer d'un regard son ennemi avant de l'attaquer. Le nombre, la force des bâtiments de guerre frappèrent les musulmans d'épouvante; mais il y avait parmi les spectateurs des cœurs qui battaient d'une joie secrète: c'étaient ceux des prisonniers et des esclaves chrétiens. Pour les musulmans, l'arrivée de la flotte française, c'était la domination étrangère et la conquête; pour les esclaves chrétiens et les prisonniers, c'était la patrie et la liberté.

Pendant qu'Alger était dans l'attente, la nuit du 13 au 14 juin se passa sur la flotte du Roi en préparatifs. On distribua à la troupe les cinq jours de vivres que chaque homme devait porter sur lui; puis on prit les dispositions nécessaires pour mettre, à la pointe du jour, l'armée à terre. Le temps était beau, la mer calme, et, à la faible clarté que jetait la lune, on voyait la mer se couvrir d'embarcations. Le soleil, en se levant, trouva l'armée prête à débarquer. La flotte occupait la baie ouest de Sidi-Ferruch, en face de la plage, qui, vue du bord, présentait l'aspect d'un amphithéâtre s'élevant lentement vers le sud-est. La pente méridionale de la colline, au sommet de laquelle s'élevait le tombeau d'un marabout, apparaissait à gauche avec ses accidents de terrain, formée d'un nombre infini de monticules d'un sable noirâtre, mouvant, presque impalpable, parsemé d'aloès, de lentisques et de plantes rampantes. De ce côté, non plus qu'au centre de la presqu'île, où pourtant on apercevait à fleur d'eau une batterie maçonnée, les Algériens ne s'étaient réservé aucun moyen de défense. C'était à l'opposé de la colline, le long et en dehors de l'isthme, qu'ils avaient établi leur artillerie, à droite de la flotte, sur le premier gradin de l'amphithéâtre. Les bricks *la Bayonnaise, la Badine* et *l'Actéon*, mouillés dans la baie de l'Est, étaient postés de manière à prendre à revers ces batteries de l'ennemi, tandis que le *Sphinx* et le *Nageur*, mouillés en face, attendaient le premier rayon du jour pour les attaquer de front, afin de protéger le débarquement. Les troupes étaient dans les chalands. Les deux premières brigades de la première division, commandées par les généraux Poret de Morvan et Achard, devant descendre à terre les premières, étaient rangées en ligne et attendaient le signal. A la pointe du jour, le signal impatiemment attendu est donné. Le canon tonne des deux côtés, les chalands s'avancent vers le rivage sous le feu de l'ennemi, auquel celui des bâtiments embossés répond; à une certaine distance du littoral, on met les matelots dans l'eau pour en mesurer la hauteur, et lorsqu'ils n'en ont plus que jusqu'à la ceinture, les capitaines font sauter leurs compagnies à la mer; marins, soldats, tous se jettent à la fois. En un instant, le littoral est couvert de nos troupes qui se forment promptement avec le plus grand ordre sous le feu des batteries ennemies. Le fort de Sidi-Ferruch, la batterie de Torre-Chica, sont occupés; deux marins y arborent le drapeau blanc.

A six heures et demie le débarquement était terminé.

La première division était déjà formée par masse en bataillons et attendait les ordres. Le général en chef commanda au général Berthezène de se porter en avant, en pivotant sur sa gauche, pour débusquer l'ennemi qui, placé en dehors de l'isthme, sur les premières hauteurs de la rampe qui monte vers Alger, incommodait l'armée de son feu. Il était debout sur une dune et causait avec son chef d'état-major, le général Després, tout en suivant du regard le mouvement qu'il venait d'ordonner, lorsqu'un boulet vint tomber à ses pieds et le couvrit de sable, ainsi que tous ceux qui étaient à ses côtés. Il fut aussitôt entouré par l'état-major, et ce mouvement fit croire à l'ennemi que ses coups avaient été funestes aux Français, car les boulets se succédèrent à la même place avec une rapidité et une justesse remarquables.

Le général Poret de Morvan, à la tête de sa brigade, composée des 2ᵉ et 4ᵉ légers et 3ᵉ de ligne, débusqua rapidement l'ennemi de toutes ses positions et s'empara de ses batteries. Les généraux Achard et Clouet lièrent leurs mouvements à celui du général Poret de Morvan, de sorte que le général Berthezène, une fois maître des positions ennemies, occupa avec sa division un arc de cercle, dont la gauche s'appuyait à la mer, et la droite se liait à la première division. A onze heures, le combat avait cessé, et l'ennemi fuyait de toutes parts, en laissant dans nos mains treize pièces de canon et deux mortiers.

Ainsi le premier pas de notre armée sur la terre d'Afrique était un succès. Ce débarquement, pour lequel le vice-amiral Duperré demandait un mois, quand son esprit ouvert aux objections de la théorie mesurait de loin les difficultés, son habileté pratique, aux prises avec elles, l'avait exécuté en quelques heures.

« Nous avons perdu vingt hommes, écrivait le général en chef; aucun officier n'a été atteint. L'aspect du terrain est sablonneux et légèrement onduleux, de fortes broussailles le couvrent presque dans toutes ses parties. La presqu'île est un rocher calcaire, sur lequel s'élève un santon auquel les Espagnols ont donné le nom de Torre-Chica (petite tour). Elle est destinée à servir de dépôt à nos approvisionnements de toute espèce. Le général Valazé y a tracé un retranchement qui aura peu de développement, et dont la construction est déjà commencée. »

Tandis que des dépêches respirant la joie et la confiance partaient pour la France, l'Aga-Effendi, débusqué des hauteurs de Sidi-Ferruch qu'il occupait avec plusieurs milliers d'hommes, envoyait un messager avertir le dey du débarquement des Français. Le dey répondit à l'Aga-Effendi en lui envoyant l'ordre de gagner les hauteurs de Staouéli qui bornent et dominent la plaine de Sidi-Ferruch, et de s'y maintenir à tout prix en attendant les forces que les beys et les cheiks allaient lui amener. Le général algérien exécuta cet ordre. Il prit position sur le plateau de Staouéli, y dressa plusieurs batteries de canons de gros calibre, résolu à rester sur la défensive. La position de Sidi-Ferruch forcée et le débarquement effectué, Staouéli était la seconde position où l'on pouvait essayer d'arrêter notre marche vers Alger.

La nouvelle de l'heureux débarquement de notre armée sur la côte d'Afrique fut reçue avec acclamation dans la partie méridionale de la France qui regarde la Méditerranée ; mais elle fit à Paris moins d'impression qu'elle n'en aurait fait dans d'autres circonstances. Une opposition nombreuse et ardente était trop engagée dans la lutte pour ne point voir avec appréhension tous les événements de nature à donner au gouvernement de la confiance et de la force. Depuis le départ de la flotte, la malveillance n'avait cessé de semer des bruits alarmants sur le sort de notre armée, et une crédulité passionnée les avait accueillis ; la nouvelle du débarquement, arrivée à Toulon le 17 juin au soir et transmise à Paris le lendemain 18 à quatre heures du matin, fit tomber pour un moment ces bruits, qui se renouvelèrent bientôt. Il y eut cependant de la joie parmi les nobles cœurs, qui savent, à quelque opinion qu'ils appartiennent, sympathiser avec les événements utiles à la cause de l'humanité, de la justice et de leur pays. Le Roi, qui avait tant de sujets de tristesse et d'appréhension à l'intérieur, et voyait grandir les difficultés sous les pas d'un ministère plus propre à les provoquer et à les aggraver qu'à les diminuer ou à les surmonter malgré ses bonnes intentions, apprit avec bonheur ce premier succès de nos armes. Il lui semblait que la satisfaction donnée à l'honneur français désarmerait l'opposition, et que la chambre nouvelle, sortie d'élections accomplies au bruit de nos succès en Afrique, serait plus conciliante que la chambre précédente. Dans le palais de Saint-Cloud, dont les bonnes nouvelles désapprenaient le chemin, les Bourbons se réjouissaient des premiers succès de notre armée, gages heureux d'un triomphe plus décisif.

L'armée avait conquis sa place sur le rivage. Elle était à un peu plus de cinq lieues d'Alger. Le territoire qui l'en séparait n'avait rien d'uniforme et pouvait être divisé en portions bien distinctes. Du littoral jusqu'à Staouéli, c'est le Sahel, la plage, le maquis indéfini, inhabité. Un peu au delà, vers Sidi-Kalef, commence la banlieue d'Alger. C'est le Fhas, contrée verdoyante, accidentée, montagneuse, couverte de jardins, de haies, de maisons de campagne, entrecoupée de ravins profonds, boisés et presque impraticables, et habitée par une population de Turcs, de Maures d'origine andalouse et de Koulouglis.

Le moment de marcher en avant n'était pas encore venu. Il fallait attendre le débarquement du matériel et assurer d'abord à l'armée une position fortement retranchée. Aussitôt après le débarquement, le génie, sous la direction du général Valazé, commença des ouvrages qui, fermant à la gorge la presqu'île de Sidi-Ferruch, devaient la transformer en un camp retranché.

L'armée occupa, en avant du camp retranché, les positions dont elle s'était emparée le 14 juin. Le général Clouet, qui avait poursuivi le plus longtemps l'ennemi, l'avait rejeté au delà de l'Oued-el-Bagrass. Notre gauche se trouvait accoudée sur la baie de l'Est, le centre était placé près d'un mamelon qui dominait les deux routes d'Alger; la droite, à l'extrémité du plateau. La première division, commandée par le général Berthezène, formait la gauche et le centre; la deuxième division, commandée par le général Loverdo, formait la droite; la troisième division, sous les ordres du général des Cars, occupait le camp retranché.

Les premiers bivacs furent rudes. La fraîcheur humide des nuits parut aller au delà de ce qu'on en avait dit. Pendant ces premiers jours l'ennemi montra environ 4,000 fantassins et 6,000 cavaliers, tous armés de fusils, troupe incapable de tenir en ligne, mais redoutable dans les escarmouches et habile à faire la guerre d'embuscades et de surprises, surtout contre une armée dénuée de cavalerie, car on n'avait pu encore débarquer les chevaux. Dès le 15 juin, toute l'artillerie de campagne était débarquée. On en profita pour écarter les tirailleurs ennemis qui, en rampant comme des serpents, se glissaient à travers les broussailles, et atteignaient de leur feu un certain nombre d'hommes. Les obusiers surtout produisirent un grand effet moral sur les Arabes, et les rendirent moins hardis à s'approcher de nos campements.

Des deux côtés on se tâtait avant d'en venir aux engagements sérieux. C'étaient de continuelles escarmouches, des combats d'avant-postes, des pointes impétueuses suivies de retraites rapides avec des retours offensifs. Les Arabes ne faisaient pas de prisonniers. Tout soldat qui s'écartait ne reparaissait plus; ses camarades trouvaient son corps sanglant et mutilé, le tronc seul restait, la tête avait été portée au dey qui rétribuait largement ceux qui lui apportaient ce sinistre trophée, les premiers jours du débarquement, de sorte que le fanatisme musulman était encore excité par l'attrait de la cupidité.

Dans la nuit du 15 au 16 juin, une tempête qui s'éleva sur la mer faillit détruire notre flotte. L'inquiétude fut grande sur terre; les officiers se souvenaient du désastre de Charles-Quint, dont les espérances, après un débarquement heureux, avaient été aussi ruinées par une tempête. Dans ce péril, on n'oublia point la précaution qu'on avait prise de donner de doubles enveloppes imperméables aux caisses et aux ballots, afin de les lancer à la mer si le mauvais temps empêchait les vaisseaux d'approcher de la côte. Les caisses d'approvisionnements, lancées à la mer, vinrent échouer sur le rivage : ainsi la mer avait, pendant la tempête, continué, comme un serviteur soumis, le débarquement des approvisionnements que les embarcations ne pouvaient plus faire, et la prévoyance humaine s'était servie d'un obstacle comme d'un moyen.

Les 17 et 18 juin, on continua l'opération du débarquement. Au dehors, jusqu'au 18 juin au soir, il n'y eut que des escarmouches. Cependant le feu était presque continuel. Les Arabes arrivaient sur nos avant-postes de toute la vitesse de leurs chevaux, le corps penché en avant sur l'encolure pour donner moins de prise, ils s'arrêtaient à une petite distance, tiraient leur coup de fusil, puis tournant bride rejoignaient les leurs au galop. La longueur de leurs armes à feu leur donnait une supériorité de portée très-marquée sur nos fusils de munition. Ce ne fut qu'avec des fusils de rempart qu'on parvint à leur ôter cet avantage. Ces combats journaliers nous coûtaient de cinquante à quatre-vingts hommes. La perte de l'ennemi, supposée plus considérable, ne pouvait être exactement évaluée, parce que les Arabes n'abandonnaient jamais un homme blessé ou tué sur le champ de bataille; une corde attachée à la selle de leurs chevaux, ou un bâton armé d'un crochet en fer, leur servait à entraîner ceux des leurs qui tombaient blessés ou tués. Ils aimaient mieux les avoir morts que de les laisser vivants dans les mains des chrétiens.

L'immobilité forcée de l'armée française avait donné à l'armée algérienne le temps de réunir ses renforts et lui avait rendu la confiance. Dans la journée du 18, plusieurs Bédouins, portant des bâtons surmontés d'étoffe blanche en signe de paix, se présentèrent aux avant-postes français. Ils venaient, disaient-ils, traiter pour leurs tribus disposées à prendre l'engagement de se retirer, pourvu qu'on leur promît de respecter la religion, les femmes, et de leur laisser la propriété de leurs troupeaux. Ils donnèrent à notre armée des renseignements importants. Des forces considérables étaient arrivées au camp de Staouéli. L'Aga, gendre du dey, s'y trouvait avec les meilleures troupes de la régence, l'infanterie des janissaires. Les beys de Titery et de Constantine l'avaient rejoint avec leurs contingents. On pouvait évaluer à 50,000 hommes les forces réunies sous son commandement. Le camp de Staouéli, où se réunissaient les forces ennemies, était à moins d'une heure de nos lignes. Dans la nuit du 18 juin, on vit l'ennemi travailler avec beaucoup d'activité entre Staouéli et nos positions à des ouvrages en terre, évidemment destinés à être armés de batteries pendant la nuit. Le général en chef ne pouvait se méprendre sur la portée de ces préparatifs. Il prévit qu'il serait attaqué le lendemain et prit toutes ses dispositions pour bien recevoir l'ennemi.

Il faut se représenter ici les positions des deux armées : l'armée française, qui n'avait que ses deux premières divisions en ligne, formait en avant de la presqu'île un arc convexe obliquement posé, le centre en avant, les deux extrémités de l'arc rentrant et venant s'appuyer, celle de gauche vers la baie de l'Est, celle de droite vers la baie de l'Ouest. Le général Berthezène occupait la gauche et le centre, et le général Loverdo occupait la droite ; à l'extrême gauche, la brigade Clouet. Le centre était occupé par la brigade Poret de Morvan ; les brigades Danrémont et d'Uzer formaient l'extrême droite de l'armée ; dans la baie de l'Ouest le gros de la flotte appuyait notre droite. La troisième brigade de la deuxième division formait la réserve.

Le plan des Turcs était de nous tourner par notre gauche,

de nous couper de la presqu'île et de nous cerner en prenant à revers la vallée de Sidi-Ferruch. L'armée ennemie se forma donc comme un croissant aux ailes recourbées qui débordait les deux ailes de notre ligne, et qui, engageant sa droite contre notre gauche et refusant sa gauche tandis que nous refusions notre droite, devait porter son principal effort contre les brigades Clouet et Achard. Nous avions à peu près 20,000 hommes en ligne à opposer aux 50,000 hommes de l'armée ennemie. Le 19 juin au matin, notre gauche fut attaquée avec beaucoup de résolution par l'infanterie turque; le général Clouet attendait l'ennemi qui croyait le surprendre : il le reçut à cinquante pas avec un feu de mitraille, le fit charger de trois côtés à la fois, et le mit en déroute. Alors les Turcs attaquèrent notre point le plus faible, situé à l'extrême gauche. Ils furent reçus par une fusillade à bout portant ; sans reculer, ils continuèrent leur attaque de flanc et de front avec une nouvelle furie. Un instant, le 28e plia. Alors le général d'Arcines, commandant la réserve, se plaça lui-même à la tête des renforts qu'il envoya au brave colonel Mounier grièvement blessé.

A la vue de ce secours, le 28e se reforma de lui-même. Le général d'Arcines prit l'offensive, et rejeta les Turcs dans le ravin. La brigade Clouet vint s'unir à la brigade d'Arcines pour l'aider à poursuivre l'ennemi à la baïonnette et à le déloger des buissons, des ravins et des rochers où il s'était embusqué. Bientôt le général d'Arcines franchit le ravin et continua son mouvement à l'extrême gauche. En même temps, le centre repoussait l'attaque dirigée contre sa position par le contingent d'Oran, et la droite avait raison du contingent de Constantine. Alors un feu de tirailleurs commença sur toute la ligne. Le général en chef arriva en ce moment sur le champ de bataille. Sa première intention avait été de se borner à repousser l'attaque; mais, lorsqu'il vit la tournure que prenait la première phase de la journée, il résolut de pousser plus loin son avantage et de s'emparer du camp de Staouéli. Il ordonna au général Valazé d'ouvrir une route suivant les mouvements de l'armée, et au baron Denniée de faire arriver le soir même au camp de Staouéli, par la route qu'on commençait, les chevaux attelés et chargés de munitions et de vivres.

Le général Bourmont expédia aux différents chefs les ordres nécessaires pour que l'armée prît l'offensive. Bientôt notre ligne de bataille changea d'aspect. Nous formions un croissant. Les ailes marchaient toujours, forçant à la retraite les colonnes qui leur étaient opposées; le centre, dirigé par le général en chef en personne et le général Berthezène, s'avançait sur les redoutes et les batteries ennemies.

Le camp des Arabes tomba bientôt en notre pouvoir; 400 tentes y étaient dressées. L'ennemi nous laissa, outre les munitions et les approvisionnements, 100 chameaux, des canons et des drapeaux. Le général Achard poursuivit les fuyards jusqu'au mont Caïourt, à trois mille mètres en avant de Staouéli. La victoire était complète; l'armée française, après s'être tenue vigoureusement sur la défensive au début, avait pris l'offensive à son tour avec un irrésistible élan. Le moment le plus vif de la bataille avait été celui de l'attaque de nos retranchements. C'est dans cette action que nous fîmes nos principales pertes. D'après les rapports rectifiés, nous eûmes, dans le combat de Staouéli, 530 hommes mis hors de combat, sur lesquels 57 morts et 473 blessés. On estima que la perte des Algériens dans ce combat s'élevait presque au décuple de la nôtre. L'aga des janissaires, gendre du dey, fut au nombre des morts. Le lendemain de la victoire de Staouéli était un dimanche; on célébra la messe sur un autel improvisé dans le camp de Sidi-Ferruch, au pied de la hauteur que couronne le marabout.

La consternation fut grande dans Alger à la nouvelle de la

victoire des Français; mais, avant la fin du jour, la panique se dissipa; le dey commanda aux troupes éparses de se réunir, et fit installer une garnison de 2,000 hommes au fort de l'Empereur, qui, construit au sud de la ville, la protégeait contre les Français. Le 20 juin, les troupes réunies pour couvrir Alger s'élevaient à 20,000 hommes. Ils étaient sous le commandement de Mustapha, bey de Titery, le plus habile des généraux africains, qui, bien décidé à éviter une bataille rangée, commença à harceler nuit et jour l'armée française, dont il ne pouvait s'expliquer l'immobilité dans sa position de Staouéli. Cette immobilité s'explique pourtant. Le général en chef avait renoncé avec peine à pousser plus avant la victoire de Staouéli; mais, averti par l'histoire, il avait pensé qu'il importait surtout de ne point faire un pas en avant qui pût être suivi d'un pas rétrograde; or, les moyens de transport, les vivres, les munitions même, tout lui manquait encore pour entreprendre le siége d'Alger. L'amiral Duperré avait décidé que la flottille du convoi séjournerait à Palma; avant l'arrivée des vivres et des approvisionnements on ne pouvait tenter d'avancer.

Obligé de suspendre le cours de ses succès, le général en chef n'omit rien de ce qui pouvait les consolider. Le chemin improvisé sous la direction du général Valazé entre Sidi-Ferruch, qui demeura la place de dépôt, et le camp retranché établi à Staouéli, fut perfectionné dans les cinq jours qui suivirent la bataille. Cette route militaire offrait du rivage à Staouéli un développement de 8,000 mètres sur une largeur de 10 mètres. Les retranchements destinés à fermer la presqu'île furent achevés et armés de 24 pièces de canon. Deux redoutes s'élevèrent, en outre, pour protéger le parcours de la ligne qui reliait Sidi-Ferruch à Staouéli.

Du 19 au 24 juin, il y eut quelques légères escarmouches; le 24 juin, les Africains, s'avançant en force, présentèrent un front très-étendu. L'attaque, tentée contre nos avant-postes, fut repoussée en un instant. Le général Berthezène suivit vivement l'ennemi avec la première division; les Algériens s'arrêtèrent sur les hauteurs qui se lient au mont Boudjaréa et aux collines d'Alger. Le général en chef lança la division Berthezène et la brigade Danrémont au milieu des haies, des vignes, des habitations, qui font de cette contrée comme le jardin d'Alger. La première division ne rencontra point de résistance sérieuse et atteignit rapidement la ligne extrême des vergers sur laquelle elle devait s'arrêter. La brigade Danrémont eut à surmonter de plus grandes difficultés de terrain et une résistance plus obstinée. Le courage, l'intelligence et l'ardeur des artilleurs triomphèrent de tout; nos troupes arrivèrent au delà de l'Oued-el-Call. Elles allaient continuer leur mouvement offensif, lorsqu'une poudrière éclata presque sous les pieds de nos voltigeurs. Le général en chef ordonna aux troupes de faire halte sur le plateau qui domine l'Oued-el-Call. Ce fut dans ce combat, livré à Sidi-Kalef, que le général en chef perdit un de ses fils, Amédée de Bourmont, officier de grande espérance, grièvement blessé en abordant à la baïonnette un parti nombreux qui tournait la gauche de sa section.

Jusqu'à l'arrivée de la flottille d'approvisionnement, le général en chef était décidé à se borner à repousser les attaques de l'ennemi. A partir du combat du 24 juin, le tiraillement fut continuel. La troisième division, chargée de défendre le point le plus vulnérable de notre position, prit la part la plus vive à ces combats journaliers, dans lesquels les Turcs de la milice, tous hommes d'élite, et les Koulouglis, montrèrent des qualités militaires qui ne furent dépassées que par celles de nos soldats. Le duc des Cars, commandant la troisième division, mérita et obtint dans ces journées laborieuses les suffrages de toute l'armée. Les journées des 25, 26, 27 et 28 juin se passèrent, pour la troisième division, en combats défensifs incessants. Toutes nos positions furent vigoureusement attaquées par un ennemi nombreux qui déploya de 7 à 8,000 hommes contr la brigade de gauche du général des Cars; mais nos positions, plus vigoureusement défendues encore, nous restèrent. Pendant ce temps, la première division avait à faire des efforts énergiques pour se maintenir dans sa position.

Le 26 juin, dès le point du jour, une ligne de cavaliers arabes vint décharger ses fusils sur nos avant-postes; dix minutes après, un autre groupe de cavaliers recommença la même manœuvre. Ce manége dura jusqu'à midi. Vers le milieu du jour, on vit 3,000 cavaliers se réunir et s'avancer sur notre infanterie, précédés de Kabyles qui, faisant l'office de l'artillerie, ouvrirent, à petite distance, un feu meurtrier sur le 4ᵉ léger, afin de frayer à la cavalerie arabe un chemin dans nos bataillons. A la faveur de ce feu, les Arabes fondirent sur nos lignes, et plusieurs cavaliers pénétrèrent dans les rangs en sabrant les fantassins. Il fallut que le 2ᵉ léger, qui formait la réserve, chargeât vivement l'ennemi pour dégager le 4ᵉ léger.

Tous ces combats n'étaient que le prélude de la grande opération militaire, qui devait s'engager devant Alger aussitôt après l'arrivée de la flottille d'approvisionnement. Le 25 juin, les deux dernières divisions du convoi entrèrent dans la baie de Sidi-Ferruch. Le débarquement des chevaux, sans lesquels le transport des pièces de siége ne pouvait commencer, se fit dans la journée même. Dans la journée du 27, les généraux Valazé et Lahitte annoncèrent au général en chef que le génie et l'artillerie seraient en mesure pour le 28 juin. Aussitôt, le général de Bourmont donna des ordres afin que le lendemain, à la pointe du jour, l'armée attaquât les positions ennemies. Le duc des Cars reçut l'ordre d'attaquer par la gauche avec les deux premières brigades de sa division; c'est de ce côté que l'ennemi avait réuni le plus de forces. L'attaque de la droite fut confiée à la deuxième et à la troisième brigade de la division Berthezène; l'attaque du centre, à la première et à la troisième brigade de la division Loverdo. Le général en chef confiait l'attaque du centre à la division Loverdo, en lui indiquant comme direction le consulat d'Espagne; l'attaque de droite à la division Berthezène, en lui donnant comme point de direction une ligne passant à droite du même consulat; l'attaque de gauche à la division des Cars, en lui donnant comme direction le Boudjaréa. L'exécution de ce plan devait avoir pour résultat d'envelopper le fort de l'Empereur, pris à gauche par le duc des Cars, qui, maître des hauteurs du Boudjaréa, devait descendre pour l'investir au nord-ouest; pris de front par la division de Loverdo, qui, se portant par la grande route et par un terrain formant plateau et presque chaussée, devait l'investir au midi; pris à droite par le baron Berthezène, qui, se portant par des chemins de traverse dans la direction de l'est, de manière à couper les routes de la Métidjah et de Constantine, c'est-à-dire les communications principales, devait compléter l'investissement au sud-est.

Le 29 juin, à la pointe du jour, l'armée s'ébranla en colonnes serrées. Chaque colonne était formée d'un régiment; les divisions étaient à leur rang de bataille, c'est-à-dire la première à droite, la deuxième au centre et la troisième à gauche. La division des Cars mit, dès cinq heures du matin, les Turcs en pleine déroute. A quatre heures du matin, la division Loverdo atteignit les hauteurs occupées la veille par l'ennemi. Le général d'Arcines poussa devant lui les Arabes; bientôt il gravit une nouvelle hauteur, du faîte de laquelle il aperçut la mer et le fort Bab-Azzoun. Quelques instants après, il découvrit le château de l'Empereur. A cette vue, les soldats saisis d'ardeur précipitèrent leur marche et, chassant devant eux les Arabes, ils parvinrent à la hauteur des consulats de Hollande et de Suède sous le canon du fort de l'Empereur. La division Berthezène arrivait à la même heure à Byrben-Atheia, au-dessous et à l'est du consulat de Suède. Les ordres de l'état-major général avaient jusque-là le même objet; ils tendaient à reporter les deux divisions sur la gauche, en imprimant ainsi un mouvement prononcé au gros de l'armée vers la division des Cars et le mont Boudjaréa, dont elle occupait les hauteurs. Mais une erreur topographique sur la position d'Alger et du château de l'Empereur fit bientôt transmettre à l'armée des ordres contradictoires. Dans la première phase de la journée, tous les mouvements s'accordaient avec la position véritable d'Alger : tous les ordres donnés entre cinq et six heures du matin tendaient au contraire à reporter l'armée vers la gauche. A sept heures du matin, le général en chef reconnut que l'état-major général s'était trompé sur la véritable position d'Alger, des contre-ordres furent alors envoyés aux divisions Loverdo et des Cars. On arriva plus lentement au but; mais on y arriva. Un vif enthousiasme éclata parmi les troupes françaises quand elles aperçurent Alger la guerrière, ses minarets, son port, ses murailles blanches, ses redoutables batteries. Des acclamations s'élevèrent sur toute la ligne, et l'armée française salua cette proie qu'elle était venue chercher à travers tant de fatigues et de si loin. On apercevait entre la ville et le fort de l'Empereur un nombreux rassemblement de troupes. Du côté de la porte Bab-Azzoun, le rivage était couvert d'habitants qui sortaient en toute hâte de la ville, emportant leurs effets les plus précieux. Les consuls européens, réunis au consulat des États-Unis, envoyèrent offrir leurs services au général en chef de l'armée française; ils abdiquaient dès lors leurs fonctions auprès d'un gouvernement condamné à mourir. Le comte de Bourmont prescrivit au général Valazé de reconnaître immédiatement le point où l'on pourrait ouvrir la tranchée la nuit suivante, et décida qu'on armerait six batteries contre le fort de l'Empereur. Le fort, que les Arabes nommaient *Soultan Calassi*, se dressait comme une sentinelle avancée au sud d'Alger, et presque au sommet du promontoire au pied duquel se trouve la ville. Une voie romaine, passant sur le front du fort de l'Empereur, conduisait à l'angle inscrit que forme Alger en s'éloignant du rivage et au sommet duquel s'élève la citadelle de la Casaubah. Alger était protégée à droite, du côté du rivage, par le fort des Vingt-Quatre-Heures, et plus loin, dans la même direction, par le fort des Anglais; à gauche, du côté du rivage, par le fort de Bab-Azzoun. Le fort de l'Empereur, éloigné de 800 mètres de la ville, était le seul ouvrage avancé qui défendît la Casaubah. La forme de ce fort était un carré long. Ses murailles en maçonnerie offraient à peu près quarante pieds d'élévation sur dix pieds d'épaisseur. Une tour ronde, s'élevant au centre de la plate-forme, dominait l'ensemble des fortifications, armées de cent vingt bouches à feu. La ville même d'Alger avait pour défense un mur à l'antique, haut de 25 pieds, terme moyen, garni de distance en distance de tours de forme carrée et couronné d'ouvertures qui présentaient un peu plus de 200 embrasures de canon. La citadelle de la Casaubah, résidence du dey, lieu où il enfermait le trésor de la régence, s'élevait au sommet du triangle que forme la ville qu'elle domine. Il semble que l'esprit du gouvernement algérien se retrouvât empreint jusque dans la construction de cette forteresse. La Casaubah menaçait encore plus Alger qu'elle ne le protégeait. Dominant la ville et dominé lui-même par le petit plateau et les côtes en arrière, cet instrument de pouvoir absolu semblait plutôt destiné à foudroyer la ville, dans le cas d'une révolte intérieure, qu'à repousser une attaque du dehors. La marche des opérations se trouvait indiquée. Il fallait d'abord réduire le fort de l'Empereur. Si la réduction de ce fort n'entraînait pas la reddition de la ville, on aurait à faire le siège de la Casaubah. A la suite d'une exploration militaire, on renonça à l'investissement complet d'Alger. Il aurait fallu 8,000 hommes de plus pour compléter cet investissement; or on ne pouvait songer à détacher aucun corps de l'armée de siége, qui ne comptait que trente bataillons. La porte Bab-Azzoun demeura donc libre comme le chemin de Constantine. L'inconvénient qui pouvait en résulter n'était pas grave : on ne songeait point à prendre Alger par un blocus, et l'on comprenait que, les Français une fois maîtres du fort de l'Empereur, cette porte pourrait servir à laisser sortir des fuyards, mais non à laisser entrer des secours, car les Arabes et les Kabyles ne viendraient point se placer sous le feu de l'artillerie française qui commanderait la place.

Le 30 au matin, le feu de l'ennemi commença avec violence ; son tir fut si soutenu, que l'on dut évacuer le point le plus rapproché du fort. Les Turcs prirent cette retraite partielle pour une fuite et ils exécutèrent une sortie ; ils furent repoussés vigoureusement par les compagnies de garde. En même temps, ils attaquèrent la maison du consulat de Suède, où l'on construisait une batterie, et pendant un moment ils en demeurèrent maîtres. Un bataillon du 49ᵉ les aborda à la baïonnette, les en chassa et les précipita dans le ravin. A la suite de ce combat, le plan d'attaque générale fut ainsi arrêté: Les premières tranchées, ouvertes à 600 mètres, entouraient d'un cercle irrégulier la face nord-ouest. Les Français placèrent aux côtés sud-ouest et nord-ouest vingt-six pièces de canon de gros calibre. En outre, la brigade Achard avait quatre pièces de position placées sur un mamelon, et dont le feu portait dans l'intérieur du fort de l'Empereur, en commandant les communications avec la Casaubah. Cette batterie, qui soutenait la batterie de Saint-Louis, devait faire beaucoup de mal à l'ennemi.

Le quartier général s'établit en arrière des consulats de

Hollande et d'Espagne. Cinq brigades étaient employées au siége; quatre brigades à la chaîne d'observation. La première et la deuxième brigade de la division des Cars se trouvaient à la droite du quartier général, partie la plus menacée par les troupes qui pouvaient venir de la porte ou du fort de Bab-Azzoun. La brigade Danrémont était placée en avant de la division des Cars. La brigade Achard occupait, sur l'extrême gauche de l'armée de siége, une position d'où elle dominait le fort des Vingt-Quatre-Heures, le faubourg et le fort de Bab-el-Oued. Le reste de l'armée assurait les communications de Sidi-Ferruch à la nouvelle position. Une brigade de la deuxième division occupait le camp de Sidi-Ferruch; une brigade de la première division, Staouéli; une brigade de la troisième division observait la route de Coléah et les débouchés de Hidra. Les travaux préliminaires du siége exigèrent quatre jours, pendant lesquels l'armée eut à souffrir d'un tiraillement continuel et de quelques attaques corps à corps. Pendant le jour, l'artillerie ennemie tirait peu; la nuit seulement, elle nous lançait des bombes, en faisant précéder chaque projectile de cris sauvages. Presque toutes ces bombes éclataient en l'air. Mais les tirailleurs turcs et arabes se glissaient, à la faveur des broussailles, dans les ravins qui se trouvaient à la gauche, et ils nous blessèrent un assez grand nombre d'hommes. On peut évaluer pendant ces quatre jours notre perte à 200 hommes par jour.

Le moment approchait où l'armée française serait en mesure de prendre l'offensive. Le 3 juillet, les travaux étant presque achevés, le comte de Bourmont écrivit au commandant de l'armée navale, pour l'inviter à faire opérer une diversion ou une fausse attaque sur la ville d'Alger, et à y jeter quelques bombes au moment où l'armée de terre investirait le fort de l'Empereur. Cette démonstration eut lieu le 1er juillet. Ce ne fut qu'un spectacle, mais il fut beau. La canonnade se renouvela dans la journée du 3 juillet, sans résultats matériels; la mer engloutissait presque tous les boulets; la flotte et les batteries ne tiraient point à portée. Lorsque les Algériens virent que ces formidables détonations n'étaient suivies d'aucun résultat et que les boulets n'arrivaient pas jusqu'à eux, leur terreur profonde fit place à une aveugle confiance. L'impuissance de la flotte et l'inaction apparente de l'armée de terre, qui achevait les travaux d'approche, leur rendirent encore une fois l'espoir; on les entendit s'écrier que, puisque nous manquions de canons, ils nous en enverraient; et, dans la nuit du 3 au 4 juillet, ils assaillirent en grand nombre la batterie du Dauphin. On se battit corps à corps, et, après un court et vif engagement, les artilleurs français contraignirent les Algériens à la retraite. L'illusion que leur ignorance entretenait ne pouvait durer plus longtemps; les faits allaient se charger de la dissiper. Le 4 juillet 1830, à la pointe du jour, tout était prêt pour l'attaque. Les compagnies étaient à leur poste; dix pièces de vingt-quatre, six pièces de seize, quatre mortiers de dix pouces, six obusiers de huit pouces étaient en batterie. A quatre heures du matin, une fusée, partie du quartier général, donna le signal de l'attaque; à l'instant les batteries furent démasquées, et le feu commença sur toute la ligne. Dès les premières volées, les boulets de seize et de vingt-quatre firent voler en éclats les pierres des murailles et des embrasures. Le fort de l'Empereur riposta vigoureusement. La milice turque ne démentit pas son vieux renom de vaillance. Pendant trois heures, le tir continua de part et d'autre avec la même vivacité. A sept heures du matin, le feu des forts commença à se ralentir sensiblement. Les batteries turques, jonchées de cadavres, étaient presque désertes. Quelques pièces seulement tiraient encore; à huit heures, le feu de l'ennemi était complétement éteint. Le nôtre continua de ruiner les défenses. L'ordre de battre en brèche allait être donné, lorsqu'à dix heures une explosion épouvantable fit disparaître une partie du château ; des flammes, des nuages de fumée et de poussière s'élevèrent à une hauteur prodigieuse, et des pierres furent lancées dans toutes les directions. Quand ce nuage immense retomba avec la poussière et la fumée qui obscurcissaient l'horizon, on vit que la tour principale était détruite de fond en comble. Le général Hurel ne perdit pas un moment pour franchir l'espace qui séparait nos troupes du château. Trois compagnies du 35ᵉ, s'élançant sous sa conduite au pas de course, y entrèrent par la brèche et en prirent possession. Les ruines fumantes du fort offraient l'image du chaos. La face nord-ouest était entièrement écroulée, ainsi que la plate-forme et la tour ; les murailles, restées debout, présentaient de larges fentes semblables à des cicatrices. Çà et là, des débris de toute espèce, entremêlés de membres humains, car les défenseurs du fort ne s'étaient pas retirés à temps. Un de nos soldats, impatient de voir le drapeau blanc flotter sur la forteresse, ôta sa chemise et la hissa au sommet de la tige brisée d'un dattier qui s'élevait dans l'intérieur du fort. C'est par l'apparition de ce pavillon improvisé avec une gaieté française que l'armée apprit la reddition du fort de l'Empereur. On sut bientôt que les Algériens eux-mêmes avaient fait sauter la forteresse après l'avoir évacuée ; un seul Algérien exécuta ce projet désespéré.

Les batteries de la ville et celles des forts tiraient sur les débris du château de l'Empereur, que l'artillerie et le génie mirent en quelques instants à l'abri d'une surprise. Au moment où nos troupes prenaient possession du fort, des nuées d'Arabes se répandirent sur nos derrières, s'emparèrent des maisons que nous venions d'abandonner et essayèrent de couper la ligne de nos communications. Ils tentèrent même deux attaques sérieuses, l'une contre le parc d'artillerie et de génie, l'autre contre les bivacs de la troisième division. Dans ces deux engagements ils furent vigoureusement repoussés. Ce fut leur dernier effort. Quand ils virent en notre pouvoir le *Soultan-Calassi* qu'ils regardaient comme le meilleur rempart d'Alger la Guerrière, ils cessèrent de croire à la fortune du dey, et leur rapide cavalerie, s'éloignant à toutes brides, alla porter sur tous les points de la Régence la nouvelle de notre victoire avec celle de la chute de cette domination redoutée qui avait si longtemps pesé sur les tribus.

Dans l'après-midi, deux des plus riches Maures d'Alger se présentèrent au château de l'Empereur de la part du dey pour traiter de la paix. Le général en chef dicta au général Desprès la capitulation dont voici le texte :

« Le fort de la Casaubah et tous les autres forts qui dépendent d'Alger et le port de cette ville seront remis aux troupes françaises le 5 juillet à dix heures du matin.

« Le général en chef s'engage envers S. A. le dey d'Alger à lui laisser sa liberté et la possession de toutes ses richesses personnelles.

« Le dey sera libre de se retirer avec sa famille et ses richesses dans le lieu qu'il aura fixé. Tant qu'il sera à Alger, il y sera, lui et sa famille, sous la protection du général en chef de l'armée française. Une garde garantira la sûreté de sa personne et celle de sa famille. Le général en chef assure à tous les soldats de la milice les mêmes avantages et la même protection.

« L'exercice de la religion mahométane restera libre ; la liberté des habitants de toutes les classes, leur religion, leurs propriétés, leur commerce, leur industrie, ne recevront aucune atteinte. Leurs femmes seront respectées ; le général en chef en prend l'engagement sur l'honneur.

« L'échange de cette convention sera faite le 5, avant dix heures du matin. Les troupes françaises entreront aussitôt après dans la Casaubah et dans tous les autres forts de la ville. »

Le dey accepta sincèrement les conditions imposées. Son premier mouvement avait été de s'ensevelir sous les ruines de sa domination et sous les débris de sa ville, et il est vraisemblable que, si on l'avait poussé à bout, il l'eût fait. Quand il vit que notre victoire était humaine, qu'elle n'atteignait en lui que le souverain et qu'elle ménageait l'homme, il se résigna à sa mauvaise fortune, et, avec le fatalisme musulman, il accepta loyalement son sort.

Dans la soirée du 4 juillet 1830, le gouvernement algérien, qui avait si longtemps bravé l'Europe, tomba en dissolution. Vaincu par la guerre au dehors, il abdiqua tacitement au dedans. Il n'y avait plus alors ni ville ni sujets, il y avait une ville prise qui attendait ses vainqueurs.

Le camp français était dans l'enivrement de la victoire. Le lendemain de la prise de la ville, le noble drapeau de la France devait flotter sur les murailles d'Alger, en prenant la place du drapeau de la piraterie. L'armée était pleine d'espoir dans l'avenir de la monarchie française. C'est chose si belle que la victoire, qu'elle illumine de ses rayons les lointaines perspectives de l'avenir. Comment résister à la France qui venait d'accomplir si rapidement une entreprise jugée impossible par l'Angleterre? Où ne conduirait-on pas cette jeune armée qui déployait, à son début, toutes les qualités de ses devanciers : le courage que rien n'étonne, l'intelligence qui déjoue les obstacles, l'élan qui les surmonte, de sorte que les vétérans de nos vieilles guerres reconnaissaient et assuraient en elle, dès ses premiers pas, la race héroïque venue de Rocroi à Fontenoy, de Fontenoy aux Pyramides et à Austerlitz, et d'Austerlitz à Alger.

Le 5 juillet, l'armée française fit son entrée à Alger et délivra les prisonniers chrétiens retenus dans le bagne d'Alger. A midi, le général en chef entrait dans la Casaubah. C'était à la fois un palais et un antre. La Casaubah présenta aux regards étonnés de nos soldats une enceinte irrégulière, fermée par des murailles d'une grande élévation, blanchies à la chaux, sans issues, sans jours, crénelées à la mauresque, et desquelles s'échappaient par de profondes embrasures ouvertes sans symétrie, sans alignement, de longs canons dont l'embouchure était peinte en rouge. C'était sous une galerie qui entourait une cour intérieure que se trouvaient les salles renfermant le trésor. Une commission fut chargée d'en faire l'inventaire. Une somme de 48,684,527 francs en monnaie d'or et d'argent fut trouvée dans le trésor. En outre nous devenions maîtres de 1,900 bouches à feu, d'immenses approvisionnements en poudre, plomb et projectiles, de magasins de laine considérables. Les maisons et les métairies dont le gouvernement devenait propriétaire représentaient une valeur très-considérable.

Ainsi la guerre d'Alger, contre l'usage de toutes les guerres, se soldait, non par une dépense, mais par un produit net en espèces, indépendamment des avantages de la conquête. Les dépenses des ministères de la guerre et de la marine s'élevaient, au mois d'octobre 1830, à 43,500,000 francs. Il y avait une différence en faveur du trésor de plus de 5 millions, sans tenir compte du matériel de guerre. C'était donc plus qu'un triomphe gratuit, c'était une victoire lucrative.

Le 7 juillet 1830, le dey vint rendre visite au commandant en chef à la Casaubah. Le dey, si récemment dépouillé de puissance, venait, dans son propre palais, visiter son vainqueur, qui, le matin même, avait perdu son fils. Il y avait dans ce spectacle des vicissitudes humaines quelque chose qui remuait profondément les cœurs.

Hussein-Pacha était un homme d'environ 65 ans. Sa taille était petite, ses formes musculeuses; sa figure avait ce caractère de dignité que donne l'habitude du commandement. Il portait un costume d'une simplicité élégante, le burnous des Arabes jeté négligemment sur ses épaules, et pour coiffure un cachemire cramoisi contourné en turban. Son cortège se composait de Turcs et de Maures de distinction. Une compagnie de grenadiers avait été envoyée à Hussein-Pacha comme garde d'honneur, et plusieurs officiers de l'état-major du général en chef allèrent au-devant de lui pour le mener aux portes du palais. Il s'avança avec noblesse au-devant du général en chef, qui fit quelques pas à sa rencontre. L'entrevue fut amicale. Le dey demanda à être transporté à Livourne avec une suite qui se composait de cent et quelques personnes. M. de Bourmont lui dit qu'une frégate allait être mise à sa disposition, et qu'il pourrait y faire charger ce qui lui appartenait. Le lendemain, le général en chef lui rendit sa visite. Le dey remercia M. de Bourmont de ses bons procédés, et le pria d'assurer le roi de France de sa reconnaissance éternelle pour la générosité avec laquelle il usait de la victoire :

« J'avais été toujours persuadé de la justice de ma cause, dit-il, mais je reconnais que je m'étais trompé, puisque j'ai été vaincu; je dois me résigner à la volonté de Dieu ! On m'a représenté comme un homme cruel et féroce; que l'on consulte mes sujets, et surtout les plus pauvres, et l'on aura la preuve du contraire, car je leur ai fait du bien. Je vous les recommande. Je sais que vous avez perdu un fils, je vous plains, et j'apprécie d'autant plus votre douleur, que la fortune de la guerre ne m'a pas non plus épargné, et qu'un neveu, que j'aimais tendrement, m'a été enlevé; mais nous devons nous résigner à la volonté de Dieu. C'est à Naples que je désire me retirer. Je pars avec la conviction que le roi de France ne m'abandonnera pas. Il est généreux, puisqu'il vous a commandé ce que vous faites. »

La frégate *la Jeanne-d'Arc* fut mise à la disposition du dey, qui arriva sans encombre au lieu de sa destination.

Après la prise d'Alger, le commandant en chef de l'expédition envoya plusieurs dépêches au Dauphin en lui adressant le tableau des grâces qu'il sollicitait pour l'armée d'Afrique; il insistait, en outre, sur la convenance de donner une gratification de plusieurs mois de solde à l'armée. Les réponses du gouvernement français étaient rares : le gouvernement s'enfonçait de plus en plus dans la crise qui allait aboutir aux ordonnances de juillet. Sous le coup de cette fièvre morale qui précède et précipite les résolutions décisives, il n'accordait plus qu'une attention distraite aux affaires d'Algérie, remettant, après la solution des affaires intérieures, le soin des mesures à prendre pour l'armée d'expédition. Dans les époques de troubles et de révolution il ne faut jamais remettre au lendemain les affaires, encore moins la justice. Le gouvernement royal aurait dû se hâter d'être équitable envers l'armée, comme il s'était hâté d'être victorieux. Les dépêches du comte de Bourmont n'étaient pas destinées à arriver à leur adresse. La vapeur qui les portait marchait vite; mais il y avait quelqu'un qui marchait plus vite encore, c'était la révolution. Le général en chef, auquel ses collègues avaient laissé ignorer le coup d'État qu'ils préparaient, ne pouvait s'expliquer ces retards et ce long silence. Il souffrait de ne pouvoir annoncer à l'armée les récompenses impatiemment attendues.

Cependant le cabinet des Tuileries s'occupait de la question diplomatique qui reparaissait après la prise d'Alger. Après comme avant la conquête, nous ne devions avoir de difficultés sur ce point qu'avec le cabinet anglais; les autres cabinets se bornaient à nous envoyer des félicitations.

Que ferait-on d'Alger? Telle était la grave question qui venait se poser devant le gouvernement royal. Il ne se hâta pas de la résoudre. Fidèle à la politique qu'il avait suivie jusque-là, le ministère se borna, dans les premiers moments, à maintenir la complète indépendance de la France.

Après la victoire, ce doute sur le parti définitif qu'on tirerait d'Alger se prolongea dans les conseils du Roi, avec la même résolution de ne pas prendre d'engagement.

Le ministère, préoccupé de la situation intérieure qui devenait de jour en jour plus menaçante, se borna, pendant quelques jours encore, à maintenir la liberté d'action de la France. Cependant il prit les mesures nécessaires pour achever la conquête de la régence d'Alger. Le baron d'Haussez, autorisé par le Roi, chargea l'amiral Duperré de s'entendre avec le général en chef, pour s'emparer d'Oran, de Bône et des autres ports de la régence. Il ordonnait, en outre, à l'amiral Rosamel de se présenter amicalement devant Tunis dont le bey était bien disposé, et avec des formes menaçantes devant Tripoli, où nous avions à craindre de la résistance, afin d'exiger de ces deux États la signature de traités par lesquels ils s'engageraient à abolir à jamais l'esclavage des chrétiens, à rendre les esclaves qu'ils auraient, et à n'augmenter ni les fortifications de leurs places, ni le nombre et la force de leurs bâtiments de guerre. C'est ainsi que le gouvernement royal donnait toute son extension à la victoire de la France.

Le 19 juillet 1830, il prit vis-à-vis de l'Angleterre une attitude tout à fait tranchée. Ce jour-là même, le duc de Laval lut à lord Aberdeen une dépêche dans laquelle le cabinet des Tuileries annonçait au cabinet de Londres « que M. de Bourmont, en prenant possession d'Alger, avait rétabli les consuls européens dans leurs attributions, et rouvert les relations commerciales interrompues depuis plusieurs mois entre cette ville et les pays étrangers. » Cet acte de souveraineté annonçait d'une manière qui n'avait rien d'équivoque que le gouvernement royal n'était pas disposé à renoncer à son droit de conquête, et cette signification, adressée par le cabinet des Tuileries au cabinet de Londres, équivalait à une prise de possession. En effet, vers le 20 juillet 1830, le gouvernement français prit la résolution définitive de conserver Alger. Le moment des demi-mesures était passé pour un ministère qui se préparait, à cette heure même, à lancer les ordonnances de juillet. Il fut donc décidé, dans le conseil des ministres, que la France conserverait sa conquête d'Alger. L'Angleterre, avertie à la fois par les actes publics de M. de Bourmont et par les refus persistants du cabinet des Tuileries de prendre aucun engagement relativement à Alger, ne conservait plus aucun doute sur la résolution de la France. Voici quelles furent les dernières paroles qu'échangèrent le 25 juillet 1830, dernier jour de la restauration, lord Aberdeen et le duc de Laval, qui se disposait à faire un voyage en France. Le ministre anglais déclara que jamais la France, ni sous la république ni sous l'empire, n'avait donné à l'Angleterre des sujets de plaintes aussi graves que ceux qu'elle avait reçus depuis un an.

Puis, au moment de dire adieu au duc de Laval, il ajouta : « Je me sépare de vous avec plus de peine que jamais, car peut-être ne sommes-nous plus destinés à nous revoir. »

Le duc de Laval saisit sa pensée, et lui répondit : « J'ignore, milord, ce que vous pouvez espérer de la générosité de la France ; mais, ce que je sais, c'est que vous n'obtiendrez jamais rien par les menaces. »

C'est la veille de la chute de la restauration, il faut s'en souvenir, que l'Angleterre, alléguant les graves sujets de plainte que la restauration lui avait donnés, la déclarait plus coupable envers le cabinet de Londres que la république et que l'empire, qui cependant lui avaient fait une rude guerre, et laissait apercevoir la possibilité d'une rupture. Si l'Angleterre se plaignait le 25 juillet 1830, c'est qu'à cette époque la restauration ne l'avait pas satisfaite. Si le dernier jour de la restauration voyait lord Aberdeen se séparer de notre ambassadeur par un menaçant adieu, c'est que le dernier jour de la restauration arrivait sans qu'elle eût souscrit cet engagement que le cabinet de Londres n'avait cessé de réclamer. Ce fait a tous les caractères de l'évidence aux yeux de l'histoire.

Pendant que le cabinet des Tuileries tranchait ainsi la question diplomatique relative à Alger, le général de Bourmont s'occupait activement des mesures qu'il croyait propres à amener la soumission générale de l'Algérie. C'est dans cette intention qu'il entreprit une espèce de promenade militaire sur Blidah, ville située environ à 12 lieues d'Alger au pied du Petit-Atlas. Cette ville avait été le théâtre de grands désordres; les Kabyles l'avaient pillée au commencement de la campagne, ils semblaient se disposer à la piller de nouveau, et la partie maure de la population réclamait la protection de la France. Le général en chef crut qu'il n'était pas inutile de faire voir aux populations de l'intérieur que les troupes françaises ne songeaient point à s'éloigner du littoral, et cette considération le décida à se porter sur Blidah avec 12 ou 15,000 hommes et quatre pièces de campagne. L'expédition de Blidah ne fut pas heureuse. Les Kabyles, embusqués dans des jardins, entouraient nos bivacs; l'ennemi s'approcha à portée de pistolet, avec les projets évidents de couper la retraite à notre colonne. Bientôt, cependant, les Arabes, chargés par nos chasseurs, furent contraints de se présenter à une distance plus considérable, et l'ennemi, intimidé par les charges de notre cavalerie, par le feu de l'artillerie et par celui des tirailleurs, s'éloigna. La lutte ne cessa qu'à la nuit. Les Kabyles ne disparurent qu'à Sidi-Kaïd. La troupe mit sept heures à faire quatre lieues. Pendant cette marche, qui fut un long combat, la colonne conserva l'ordre le plus parfait et s'avança sans être un instant entamée, sans laisser un traînard en arrière et en emportant avec elle ses morts et ses blessés.

L'expédition de Blidah fut entreprise d'une manière inopportune, après un avis trop tardif pour qu'on pût le suivre, car il n'arriva que la veille du jour où l'expédition devait partir. Cependant, si on l'eût brusquement contremandée, les Arabes et les Kabyles auraient considéré ce pas en arrière comme un acte de faiblesse et de peur. On s'exagéra beaucoup, à cette époque, les inconvénients de cette journée. Au fond, elle mit plutôt en lumière notre situation véritable en Algérie qu'elle ne fut la cause de cette situation. Nous avions pris la ville d'Alger, nous y avions détruit la domination turque; nous n'étions pas les maîtres de la régence et des tribus arabes et kabyles de l'intérieur, qui ne pliaient qu'avec peine sous l'organisation turque détruite par le fait de la conquête. Nous l'apprîmes ce jour-là, parce que nous sortîmes d'Alger pour nous avancer dans l'intérieur du pays; mais, un jour ou l'autre, il aurait bien fallu l'apprendre. La prise d'Alger était un fait accompli; la guerre d'Afrique commençait. Dans cette marche vers Blidah, suivie d'une retraite rapide, opérée en ordre, et dans laquelle la supériorité de la discipline donna au courage exercé d'une poignée d'hommes l'avantage sur une multitude d'ennemis, l'image de la longue guerre qui nous attendait sur la terre où nous venions de descendre apparaissait à la France.

Seulement la rapidité de cette retraite enfla la confiance des Kabyles et des Arabes qui la prirent pour une fuite, et les hommes qui avaient cru que tout était fini avec et par la prise d'Alger s'attristèrent en apercevant des obstacles qu'ils n'avaient point soupçonnés. Ce fut là le sentiment qui domina dans l'armée. Elle voyait se rouvrir la carrière qu'elle croyait avoir fermée.

L'expédition de Blidah eut un autre inconvénient. La confiance revint au bey de Titery qui avait fait sa soumission, et qui cependant nourrissait, dit-on, un secret mécontentement contre la France, parce que, dans la cérémonie de son investiture, on n'avait pu lui remettre le sabre d'honneur qu'on lui destinait et qui fut volé dans la Casaubah peu d'instants avant la cérémonie. Il est vraisemblable que le bruit accrédité de l'échec de nos troupes à Blidah, et les événements de la politique générale qui obligèrent le commandant en chef à faire évacuer Bône et Oran, eurent plus de part à la résolution de Mustapha. Il s'était soumis à la force : quand il nous crut faibles, il releva contre nous le drapeau.

Les expéditions dirigées contre Bône, Tripoli, Oran, amenèrent la soumission du bey d'Oran. Seule, l'expédition de

Bougie ne répondit pas aux espérances conçues. Dans les villes où la domination turque avait son siége, et surtout dans celles qui, situées sur la côte, étaient accessibles à nos vaisseaux, il y avait une disposition évidente à accepter la souveraineté de la France. Bône, Oran, se soumettaient; le bey de Titery avait donné l'exemple à cette soumission; mais les Turcs et les habitants des villes, surtout des villes maritimes, montraient seuls cet empressement à nous appeler. A Blidah, à Bône, comme à Oran, nous avions trouvé les tribus de la campagne, arabes ou kabyles, prêtes à se lever en armes contre nous. Cela se comprend. Les Turcs considérèrent dans les premiers moments la chute d'Alger comme l'arrêt de mort de leur puissance dans toutes les provinces de la régence; les Maures ou Hadars, habitants des villes, populations peu belliqueuses, cherchaient une protection; mais les tribus arabes et les tribus kabyles surtout, races guerrières et indépendantes, qui n'avaient jamais accepté qu'à demi la domination turque, regardaient sa chute comme le signal de l'émancipation et levaient le drapeau contre nous.

Ce fut dans les derniers jours de juillet 1830 que le bey d'Oran reconnut recevoir du roi de France, Charles X le Victorieux, l'investiture du beylik. Toutes les dérisions de la fortune, cet aveugle instrument de la clairvoyante Providence, et toutes les vanités des choses humaines, sont écrites dans ce rapprochement que l'histoire rencontre sans le chercher, au détour d'un récit de guerre et d'administration, comme une de ces croix qui, placées au bord d'une route, font songer le voyageur ému aux choses qui passent et aux choses qui demeurent.

Pendant que, sur le sol d'Afrique, tout était plein de la gloire du roi Charles X, les événements de juillet s'accomplissaient en France. Dès les derniers jours de juillet, les correspondances entre le gouvernement et le commandant en chef s'étaient

ralenties. On eût dit qu'il se faisait un de ces silences pré[curseurs]
seurs des orages et des grands événements. Le courrier [qui]
apportait au commandant en chef les insignes du maréch[al]
était seul arrivé; une vague tristesse régnait dans l'armé[e;]
ses yeux, la prise d'Alger avait terminé sa mission milit[aire;]
elle ressentait cette fatigue qu'on éprouve quand, arriv[é au]
but, on n'est plus animé par l'excitation de la lutte. L'ab[sence]
de nouvelles de France causait à tous un étonnement [mêlé]
d'inquiétude. Les vents n'étaient pas contraires, le temps [avait]
été constamment beau, et les bâtiments qui venaient [d'Es]
pagne et d'Italie arrivaient sans obstacles dans la baie. P[our]
quoi ne voyait-on paraître aucun bâtiment venant des [côtes]
de France? Cette question était sur les lèvres de tous ceu[x qui]
pouvaient parler, dans la pensée de ceux que les devoi[rs de]
leur position obligeaient à se taire. Tous les soirs, les offi[ciers,]
montés sur les terrasses des maisons, interrogeaient avec [de]
longues vues les profondeurs de l'horizon et y cherch[aient]
une voile qui ne paraissait pas. En effet, la conquête d'A[lger]
devait être le testament politique de la Restauration. Le [vieux]
drapeau de la France, qui allait, pour la troisième fois, céd[er la]
place au drapeau tricolore, devait emporter au moins une [con]
solation dans son exil. Cet antique témoin de tant de jou[rnées]
héroïques, qui avait abrité tant de dévouements sublimes, [tant]
de triomphes historiques, en disparaissant une première [fois]
en 1789, avait laissé à la France le territoire national f[rançais]
tout entier. Lorsque le drapeau tricolore tomba en 1815 [sous]
les désastres de l'empire, il laissa au drapeau blanc le p[atri]
moine moral de l'honneur et de la gloire militaire; il ne [lui]
transmit aucune conquête territoriale ajoutée à la v[ieille]
France; après avoir tout gagné, il avait tout perdu. Le [dra]
peau blanc, avant de disparaître en 1830 dans une jou[rnée]
d'émeute, abritait de ses plis la dernière conquête d[e la]
France.

X.

SITUATION DU GOUVERNEMENT ROYAL AU MOMENT DES ÉLECTIONS. — DIVISIONS DES ROYALISTES. — INFLUENCE DES COMITÉS LIBÉRAUX. — PROCLAMATION ADRESSÉE PAR CHARLES X AUX ÉLECTEURS. — LES PREMIERS RÉSULTATS DES ÉLECTIONS SONT DÉFAVORABLES AU GOUVERNEMENT. — LA QUESTION DU RECOURS A L'ARTICLE 14 EST AGITÉE DANS LE CONSEIL. — LES RÉSULTATS GÉNÉRAUX DES ÉLECTIONS SONT HOSTILES AU GOUVERNEMENT. — LE RECOURS A L'ARTICLE 14 DE LA CHARTE EST RÉSOLU DANS LE CONSEIL DES MINISTRES.

La lutte entre la prérogative parlementaire et la prérogative royale arrivait à sa période décisive : on était au mois de juin 1830 ; la campagne électorale allait s'ouvrir. Les élections des colléges d'arrondissement étaient fixées au 23 juin, celles des colléges de département au 3 juillet.

Le Roi, effrayé des périls qui menaçaient le trône, pensait qu'il était de son devoir d'opposer une digue aux flots de l'opposition qui montaient, montaient toujours. La formation du ministère Polignac avait été, dans l'esprit de Charles X, une mesure de sauvetage. Le Roi, aussi bien que le président du conseil, étaient décidés à jouer jusqu'au bout un rôle d'énergie, et à tenir d'une main ferme le sceptre royal que l'administration de M. de Martignac avait remis chancelant entre les mains de ses successeurs. Mais le ministère d'extrême droite était le moins propre à assurer au Roi la majorité des chambres et les suffrages du pays. Les événements le lui apprirent trop tard, et lorsque la lutte entre le principe parlementaire et la prérogative royale était trop vivement engagée des deux côtés, pour qu'on pût songer même à la conclusion d'un armistice. Dès lors il n'y eut plus qu'une suite de combats dans lesquels la royauté ne pouvait que succomber. A tant d'années de distance, on se demande comment le conflit entre la prérogative royale et la prérogative parlementaire ne put être évité. Ce conflit devait être fatal aux deux partis, car il était facile de voir que l'un y périrait et que l'autre serait compromis par l'excès même de son triomphe; si un accord entre les deux camps politiques avait pu se conclure, le régime parlementaire eût été fondé en France.

Les adversaires de la restauration comme ses amis gémissent depuis longtemps sur les résultats du conflit qui amena l'avénement de la branche d'Orléans; ils reconnaissent que la révolution de 1848 était contenue en germe dans la révolution de 1830. Un des serviteurs les plus éclairés de la monarchie de juillet, M. P. Sauzet, a déploré en ces termes l'excès du triomphe de la prérogative parlementaire en juillet 1830 :

« Les forces de la victoire, a-t-il dit, sont condamnées souvent à lutter contre les périls de l'exemple, et la sagesse la plus dévouée ne suffit pas toujours à conjurer de nouvelles catastrophes. L'expérience a enseigné plus d'une fois la solidarité indissoluble de ces grandes institutions de monarchie et de liberté, qui sont la sauvegarde des peuples. Heureux ceux qui les savent conserver inviolables, et contre les coups d'État, qui sont les révolutions des rois, et contre les révolutions qui sont les coups d'État des peuples! »

M. Sauzet parle ensuite, avec un sentiment de patriotique regret, des immenses avantages qu'une transaction entre les deux partis aurait apportés à la France :

« On se figure, dit-il, ce qu'une telle réconciliation eût pu donner à la patrie de liberté féconde, de fixité sociale et d'autorité politique. On aime à se représenter ce qu'eût pu être la France, unissant les traditions des siècles aux conquêtes du siècle, armée de toutes ses forces et couronnée de toutes ses grandeurs qui, même séparées, ont laissé de si nobles traces dans nos annales, et qui ont donné tour à tour trente-quatre années de paix et de liberté sans exemple dans son histoire.

« Mais ces regrets rétrospectifs, si patriotiques dans leur source, ne tiennent compte ni des temps ni des hommes. Tant d'années de discordes avaient porté leurs fruits : les exigences comme les résistances s'étaient accrues sans mesure ; les défiances étaient devenues invincibles, les antipathies irrévocables, les passions frémissantes, les partis avaient poussé le cri de guerre. La fatalité qui avait si longtemps divisé la France entraînait tout le monde aux abîmes [1]. »

Il nous a semblé que ces paroles, sorties d'une bouche si autorisée, serviraient à faire apprécier la surexcitation des partis avant la révolution de 1830, et les suites désastreuses de cette révolution.

La question était ainsi posée après l'adresse des 221 : le Roi avait demandé le concours des chambres pour accomplir les mesures d'amélioration que réclamait le bonheur de ses peuples ; ce concours venait de lui être refusé. Deux partis restaient à prendre : ou bien dissoudre l'assemblée qui refusait son aide à la royauté en refusant son appui au ministère choisi par le roi, ou bien laisser la prérogative parlementaire primer la prérogative royale, changer le ministère parce que sa physionomie déplaisait à l'assemblée, et en choisir un autre dans lequel la nuance du centre gauche aurait dominé. Nous l'avons dit, Charles X ne faisait pas la distinction, alors difficile à établir, entre l'opposition légale et parlementaire qui demandait seulement des réformes, et l'opposition à outrance qui visait au renversement de la branche aînée de la maison de Bourbon. Il s'était donc résolu à adopter le premier de ces deux partis, espérant, contre toute espérance, qu'une nouvelle chambre lui apporterait une majorité vraiment impossible à réunir. Il semble que, dans les circonstances données, il eût été plus politique de recourir à une mesure de conciliation. Le cabinet n'inspirait aucune confiance à l'opinion. M. de Polignac n'avait ni la position, ni les connais-

---

1. Cette citation est empruntée à *l'Éloge de Ravez*, par M. P. Sauzet.

sances, ni les capacités nécessaires pour diriger le mini[stère]
dans des circonstances inextricables; il ne pouvait réso[udre]
les difficultés représentatives et constitutionnelles qui ava[ient]
contraint le gouvernement à dissoudre la chambre; on [pré]
voyait qu'il tenterait de les trancher par un coup d'État, e[t les]
coups d'État qui réussissent quelquefois au commencem[ent]
d'un régime, échouent presque toujours quand on les ten[te à]
la fin d'un règne pour ressaisir le pouvoir qu'on n'a pa[s su]
conserver. En outre, les royalistes étaient divisés sur c[ette]
question politique comme sur toutes les autres. La nua[nce]
de M. de Polignac ne répondait pas à la majorité des o[pi]
nions de la droite. La désunion était dans le parti royali[ste;]
l'entourage intime du Roi le compromettait aux yeux de [ses]
amis eux-mêmes comme il avait compromis le comte d'Ar[tois.]
Ceux qui avaient l'oreille et le cœur de Charles X étaient [des]
hommes pressés qui, à toute force, voulaient arriver à tor[t ou]
à raison. Les intrigues étaient fréquentes; elles avaient [em]
barrassé jadis la marche du pilote expérimenté qui s'app[elait]
M. de Villèle; elles formaient un obstacle insurmontable [à la]
marche du ministère d'extrême droite, qui était loin d'o[ffrir]
un tout homogène. Les royalistes de la droite proprem[ent]
dite s'irritaient de la préférence exclusive que Charles X [ma]
nifestait pour l'extrême droite. Le rappel de M. de Peyron[net]
ne contribua pas à calmer les divisions qui séparaient e[ntre]
eux les royalistes. L'irritation était générale; tous les es[prits]
tournaient à l'amertume, même les meilleurs. L'antagoni[sme]
de la *Quotidienne* et de la *Gazette de France* allait cha[que]
jour grandissant. La *Quotidienne* s'efforçait de rendre le [re]
tour de M. de Villèle aux affaires impossible, en laissant [en]
tendre que sa personnalité puissante portait de l'ombrag[e à]
celle du monarque. M. de Peyronnet, écrivant dans ce jou[rnal]
sous le voile du pseudonyme, attaquait M. de Villèle, af[fir]
mant qu'il s'était retiré bénévolement en 1828, pouvant r[ester]

ter, et croyant que c'était l'intérêt de la couronne ; il insinuait que l'ancien président du conseil pourrait rentrer plus tard aux affaires sans offusquer le Roi, c'est-à-dire sous M. de Polignac, et sans doute avec la protection de M. de Peyronnet :

« Laissons triompher ces gens-là, écrivait M. de Villèle à sa femme ; leur règne ne sera malheureusement pas long. Nous nous estimerions trop heureux d'être sauvés par eux. Mais ils nous jettent au contraire dans le désordre et la confusion, et s'ils se font petits auprès du Roi, ce n'est que pour faire peser sur lui la responsabilité de leur absurdité. L'entrée de M. de Peyronnet a redoublé la rage et la force des ennemis, refroidi et divisé les bons. Aussi, t'abuses-tu étrangement sur le résultat des élections. Montbel n'y entendait pas grand'chose, mais il attirait au Roi, au lieu d'en éloigner, par son caractère conciliant et honorable. Celui-ci n'est pas plus administrateur que l'autre, et a un caractère et une réputation auxquels personne ne se fiera. D'ailleurs, ces mouvements perpétuels au ministère font que personne n'a de confiance dans le gouvernement. »

Ainsi la droite proprement dite était opposée au système ministériel ; l'incendie allait éclater, et les éléments monarchiques ne se réunissaient pas pour courir aux pompes et arrêter le mal avant qu'il fût sans remède. La *Gazette de France* ripostait à la *Quotidienne* en faisant remarquer l'incapacité radicale des hommes qui entouraient le Roi, et en essayant de prouver à la France que les royalistes n'étaient pas représentés par les hommes placés à la tête des affaires, par ceux qu'on rencontrait dans les bureaux de la *Quotidienne*. La *Gazette*, qui demeurait fidèle à M. de Villèle, indiquait chaque jour son retour au ministère comme la seule chance de salut qui restât à la royauté.

La droite divisée, et par cela seul impuissante, ne pouvait apporter un concours efficace au pouvoir dans la campagne électorale qui s'ouvrait. Au commencement du mois de mai, les correspondances des préfets promettaient des résultats assez satisfaisants; ils faisaient espérer au ministère une majorité de trente à quarante voix. La nouvelle de la dissolution de la chambre, prévue depuis longtemps, causa du mécontentement parmi les royalistes eux-mêmes.

Le *Moniteur* du 3 juin contenait un article dont le style, la forme et le but trahissaient M. de Peyronnet pour auteur. Cet article, imprudent dans les circonstances données, commençait ainsi : « Le Roi doit-il céder? Non certes. Céder, ce serait effacer une disposition précise et formelle de la charte. » L'écrivain officiel continuait en développant ce thème :

« La faiblesse, disait-il, compromet le sort du gouvernement : les gouvernements faibles se perdent plus tôt que les gouvernements méchants et injustes; l'histoire est là tout près de nous pour nous l'apprendre. Le Roi comprend sa dignité, nos intérêts et ses serments. Le Roi ne cédera pas. Sa résolution est fermement arrêtée; quand lui-même ne l'eût pas déclarée immuable, elle se révélerait plus forte et plus évidente que jamais dans la nouvelle organisation du ministère. C'est en présence de l'appel aux colléges électoraux que le Roi développe, étend et fortifie sa pensée par l'usage du droit de choisir ses ministres dans le sens où il lui plaît, droit que quelques mutins osent lui contester. C'est le Roi fort et jaloux. »

Ces provocations produisaient un effet déplorable dans les rangs des royalistes qui n'appartenaient pas à la nuance de M. de Polignac. « Une lutte formidable est engagée entre une majorité factieuse en possession de la majorité des conseils électoraux et le Roi, écrivait M. de Villèle sur son Carnet, et les troupes sont dispersées, et le ministre de la guerre est en Afrique. Quelle imprévoyance! Jamais pareil aveuglement n'a précédé et amené plus clairement la chute d'un gouvernement. »

Le *Moniteur* du 6 juin contenait une circulaire adressée par le nouveau directeur de l'enregistrement et des domaines, M. de Suleau, à ses subordonnés. Elle dépassait toutes celles qu'on avait publiées jusqu'alors à l'occasion des élections. On lisait, dans cette circulaire, le passage suivant :

« Il n'est aucun fonctionnaire qui puisse se méprendre aujourd'hui sur la nature des obligations qu'imposerait au gouvernement du Roi le refus de répondre à son appel, refus qui, en le déshéritant de sa bienveillance, le condamnerait même à redouter sa justice. »

A ces menaces stériles du pouvoir, les libéraux répondaient en étendant l'action des sociétés secrètes et de la société *Aide-toi, le ciel t'aidera*. Dans tous les départements, cette réunion puissante avait ses ramifications, ses affiliés; les journaux publiaient la liste des candidats adoptés par les libéraux. Dans chaque chef-lieu d'arrondissement, des commissions consultatives et gratuites étaient chargées d'éclairer et de diriger les votes des libéraux, de rappeler leurs droits, et de provoquer sur les listes la radiation des électeurs ministériels qui s'y trouvaient. Des jeunes gens, sorte de commis voyageurs d'un nouveau genre, affiliés à la société, parcouraient les campagnes, visitaient les électeurs, sollicitaient les votes et promettaient aux infirmes, aux vieillards et aux habitants de la campagne des moyens de transport pour le jour où devait avoir lieu l'élection [1]. Le gouvernement connaissait l'existence de ces comités. « Le ministère n'ignore pas, avait écrit le prince de Polignac dans son *Rapport au Roi*, qu'il existe une association qui s'intitule sans détour comité électoral. La composition de ces clubs est connue au ministère de l'intérieur. Les listes de plusieurs d'entre eux ont été imprimées dans leurs propres journaux à l'occasion des élections partielles de 1828 et des six premiers mois de 1829. Ces comités exercent sur les listes élec-

---

1. Ces détails sont empruntés à l'*Histoire de la Restauration* de M. de Vaulabelle, t. VIII, p. 128.

torales une inquisition permanente, favorisée par le droit que la loi accorde aux tiers d'intervenir dans les préparations relatives à la composition de ces listes. Le comité, qui surveille chacune d'elles, s'applique à rendre aussi facile et aussi prompte que possible l'admission de chaque électeur présumé mal pensant, et, au contraire, à entraver dans le même degré l'inscription ou le maintien sur la liste des royalistes avérés. Circonvenir les électeurs douteux est une autre tâche du comité. Enfin, il veille à ce que les voix du parti ne se divisent pas. »

Partout, le mot d'ordre des comités était le même : réélire avant tout les 221 députés qui avaient voté l'adresse du refus de concours. Les électeurs entendirent l'appel des comités libéraux. L'intervention de ces comités donna lieu à un grand nombre de procès; les décisions des tribunaux furent généralement favorables aux réclamations des électeurs libéraux. Dans vingt départements, le gouvernement ajourna les élections, afin de donner à un grand nombre d'électeurs le temps et les moyens de faire valoir leurs droits. Les élections des colléges d'arrondissement furent remises dans ces départements au 12 juillet; celles des colléges de département au 19 juillet. On évitait ainsi de donner la priorité aux élections dans lesquelles le triomphe de l'opposition était assuré. Le retour des 221 députés dans les départements devenait le signal de fêtes, de rassemblements; partout les libéraux leur ménageaient des entrées triomphales, leur offraient des banquets ou des sérénades. Ces manifestations n'avaient pas lieu sans opposition de la part des autorités royalistes; quelquefois le tumulte était à son comble, et ces réunions prenaient le caractère d'une véritable émeute. C'est ainsi que le retour à Angers de MM. Guilhem et d'Andigné de la Blanchaye devint l'occasion de scènes regrettables entre les libéraux et les royalistes. En revanche, l'élection de M. de

Preissac, l'un des 221, dans le Tarn-et-Garonne, causa un soulèvement à Figeac et à Montauban. Il était rare que dans des tumultes de ce genre le dernier mot restât à l'autorité.

Le gouvernement n'avait que des moyens impuissants à opposer à l'action de la société *Aide-toi, le ciel t'aidera*, et des comités libéraux. Les journaux royalistes s'efforçaient de répondre aux attaques de l'opposition. M. de Peyronnet entrait souvent lui-même en lice sous le voile du pseudonyme. Il ne craignait pas de déclarer que les coups d'État devenaient légitimes quand ils avaient pour but la consolidation de la constitution. Le *Moniteur* du 9 juin reproduisait in-extenso un article du journal *l'Universel*, qui répondait aux attaques que les journaux de l'opposition avaient prodiguées à l'article de M. de Peyronnet, inséré dans le *Moniteur* du 3 juin. Cette réponse se terminait par cette citation d'un discours de M. Royer-Collard en 1815 : « Le jour où il sera établi en fait que la chambre peut repousser les ministres du Roi et lui en imposer d'autres qui seront ses propres ministres, et non les ministres du roi, ce jour-là, c'en est fait non-seulement de la charte, mais de cette royauté indépendante qui a protégé nos pères... Ce jour-là nous serons en République. »

Mais ces plaidoyers du gouvernement défendant sa propre cause n'étaient que des palliatifs impuissants. Le ministère pensa alors qu'une proclamation adressée par le Roi aux électeurs produirait un effet puissant sur les esprits. Louis XVIII, sous le ministère Richelieu, avait eu recours à ce moyen pour rallier la majorité de la chambre. On agita dans le conseil la question de savoir si la proclamation porterait seulement la signature du Roi : il fut décidé que le président du conseil contresignerait la proclamation. Le but de cet appel du Roi aux électeurs était de rassurer l'esprit public sur les desseins qu'on attribuait au ministère. Le Roi voulait déclarer qu'il ne céderait pas à l'opposition, mais protester en même temps de son respect pour la charte. Cette mesure avait l'inconvénient de faire intervenir le Roi lui-même dans le débat au lieu de laisser le ministère lutter seul contre l'opposition ; elle retirait à la royauté sa dernière ressource : un changement ministériel après les élections. M. de Peyronnet avait été chargé de la rédaction primitive de la proclamation, à laquelle le Roi fit lui-même de nombreux changements.

Voici cette proclamation :

« Français, la dernière chambre des députés a méconnu mes intentions. J'avais droit de compter sur son concours pour faire le bien que je méditais, elle me l'a refusé. Comme père de mon peuple, mon cœur s'en est affligé. Comme Roi, j'en ai été offensé : j'ai prononcé la dissolution de cette chambre.

« Français, votre prospérité fait ma gloire, votre bonheur est le mien. Au moment où les colléges électoraux vont s'ouvrir sur tous les points de mon royaume, vous écouterez la voix de votre Roi. Maintenir la charte constitutionnelle et les institutions qu'elle a fondées a été et sera toujours le but de mes efforts. Mais, pour atteindre ce but, je dois exercer librement et faire respecter les droits sacrés qui sont l'apanage de ma couronne. C'est en eux qu'est la garantie du repos public et de nos libertés. La nature du gouvernement serait altérée si de coupables atteintes affaiblissaient mes prérogatives. Je trahirais mes serments si je le souffrais.

« A l'abri de ce gouvernement la France est devenue florissante et libre ; elle lui doit ses franchises, son crédit et son industrie. La France n'a rien à envier aux autres États, et ne peut aspirer qu'à la conservation des avantages dont elle jouit.

« Rassurez-vous donc sur vos droits : je les confonds avec les miens, et je les protégerai avec une égale sollicitude. Ne vous laissez pas égarer par le langage insidieux des ennemis de notre repos. Repoussez d'indignes soupçons et de fausses craintes qui ébranleraient la confiance publique et pourraient exciter de graves désordres. Les desseins de ceux qui propagent ces craintes échoueront, quels qu'ils soient, devant mon immuable résolution. Votre sécurité, vos intérêts, ne seront pas plus compromis que vos libertés. Je veille sur les uns comme sur les autres.

« Électeurs, hâtez-vous de vous rendre dans vos colléges ! Qu'une négligence répréhensible ne les prive pas de votre présence ! Qu'un même sentiment vous anime ! qu'un même drapeau vous rallie ! C'est votre Roi qui vous le demande; c'est un père qui vous appelle. Remplissez vos devoirs, je saurai remplir les miens. »

Cette proclamation, dans laquelle le Roi protestait à la fois de son respect pour la charte et de sa volonté immuable de maintenir ses droits, deux promesses qui semblaient alors incompatibles, ne produisit pas l'effet qu'on en avait attendu. Dès le 13 juin, le conseil des ministres constatait avec douleur que les chances électorales diminuaient chaque jour. Le Roi lui-même commençait à perdre ses illusions. Il raconta à ses ministres qu'un Anglais de haute distinction, tenant au parti radical, lui avait rapporté la conversation suivante qu'il avait eue avec le général Sébastiani : « Le Roi est généralement aimé, avait dit ce dernier, mais la dynastie des Bourbons ne convient plus à la France. Nous ferons les plus grands efforts pour nous en débarrasser, et, si nous réussissons, nous assurerons à cette famille une existence honorable en pays étranger, à Rome, par exemple. »

Cependant le ministère avait choisi les présidents des colléges parmi les royalistes modérés ; sur ses listes on trouvait même quelques-uns des députés qui avaient voté l'adresse du refus de concours, entre autres, M. Favard de Langlade. M. de Villèle avait été désigné comme à l'ordinaire pour présider le grand collége de la Haute-Garonne, et, sous ce chef habile et expérimenté, ces élections mal préparées, mal combinées, réussirent au delà de toute espérance.

M. Royer-Collard, en lisant la liste des présidents de colléges, disait que du mouvement des élections devait sortir une chambre qui passerait l'attente commune.

« Et quoi après? ajoutait-il. Je ne le sais pas; nous sommes pressés entre des impossibilités contraires. J'en appelle à l'imprévu et à la Providence[1]. »

1. M. de la Mennais prévoyait que la nuance libérale serait de beaucoup la plus forte dans les élections. « Je crois que les préfets se trompent et que le

Les résultats des élections des 23 et 24 juin motivèrent [les] alarmes des royalistes. La confiance de M. de Peyron[net] s'ébranlait. Les résultats qui arrivaient à sa connaiss[ance] étaient tous ou presque tous en faveur de l'opposition[, on] annonçait la réélection des 221 ; le meilleur titre au choi[x des] électeurs était le vote de l'adresse censurée par le Roi même :

« Les innombrables difficultés suscitées aux électeurs royalistes [par] la Société Aide-toi, le ciel t'aidera en avaient éloigné un grand no[mbre] des colléges, écrivait un des ministres, M. de Guernon-Ranville [dans] son Carnet. Les procès s'étaient multipliés à tel point, que, les c[ours] royales ne suffisant plus à leur expédition, il avait fallu ajourne[r de] quelques jours les élections de vingt départements, dont les lis[tes] seraient trouvées incomplètes, si on n'avait donné aux cours r[oyales] le temps de statuer sur les procès intentés. Le Roi était triste ; les [résul]tats, faciles à prévoir, l'affligeaient et l'inquiétaient [1]. »

On put constater dans le *Moniteur* du 26 juin que les é[lec]tions des colléges d'arrondissement, ou colléges uniques, [as]suraient à l'opposition une majorité des deux tiers. [Sur] 198 députés, 110 des 221 étaient réélus. Le ministère ré[ussit] à faire passer 57 de ses candidats, élus sur 31 libéraux pl[us ou] moins prononcés. Une chambre aussi mauvaise que la [pré]cédente s'annonçait :

« Voilà donc le Roi dans une situation pire que celle où il était [avant] l'adresse du refus de concours, écrivait M. de Villèle à sa femme, [les] auteurs de cette adresse se trouvent non-seulement réélus mais app[uyés, le] libéralisme sera plus fort qu'ils ne l'ont annoncé dans la chambre nou[velle,] écrivait-il le 25 juin. Le pouvoir n'a plus ni racine, ni appui réel dans l[a na]tion ; aussi ses défenseurs à gages ne savent-ils dire autre chose sinon [qu'il] « y a guerre entre la majorité de la France et le Roi, et que ceux que le Roi [a faits] « doivent se déclarer pour lui dans cette guerre. » On n'ira pas bien lo[in avec] toutes ces raisons-là. » (Corresp. de Lamennais, t. II, page 149, à M. le c[omte] de Sneufft.)

1. Carnet de M. de Guernon-Ranville.

vés par leurs électeurs d'avoir signifié au Roi leur refus de concourir aux affaires publiques avec M. de Polignac et ses collègues. Voilà la France livrée à de nouvelles convulsions, soit par la tentative d'un coup d'État de la part de M. de Polignac, soit par l'asservissement du Roi à la majorité factieuse de la chambre élue. Je ne vois pas ce que l'on pourra faire pour relever le gouvernement. »

Ce fut le 29 juin, trois jours après les élections des colléges d'arrondissement, qu'eut lieu dans le conseil la première discussion sur la convenance du recours à l'article 14 de la charte. M. de Chantelauze prit l'initiative de la proposition de recourir à l'article 14. Il soumit les projets suivants au jugement de ses collègues : « ou suspendre entièrement le régime constitutionnel et gouverner par ordonnance jusqu'au rétablissement du gouvernement sur des bases vraiment monarchiques, ou déclarer nulle l'élection des votants de l'adresse, ou casser la nouvelle chambre aussitôt que les élections seraient terminées, et en faire élire une autre d'après un système électoral établi par une ordonnance et que l'on combinerait de manière à donner aux royalistes une majorité certaine dans les colléges. Avant tout, disposer les troupes de manière à placer des garnisons de 20 à 30,000 hommes dans les quatre principales villes du royaume, Paris, Lyon, Bordeaux et Rouen, en déclarant au préalable ces villes en état de siége. »

Après une longue discussion, les jurisconsultes du conseil tombèrent d'accord ; ils décidèrent que le Roi pouvait prendre toutes les mesures extra-légales qui lui paraîtraient nécessaires pour sauver l'État menacé d'un danger imminent, et tel que la législation existante était insuffisante à garantir le salut public. Il y avait alors lieu à l'application de la haute loi politique : *salus populi suprema lex*. M. de Guernon-Ranville s'efforça de démontrer que la suspension du régime constitutionnel n'était pas suffisamment motivée par la nomination d'une chambre factieuse, et que cette mesure outre-passerait les bornes du droit exceptionnel, fondé ou plutôt reconnu par l'article 14. Il ajouta que l'annulation d'un certain nombre d'élections serait un 18 fructidor à la fois dangereux et stérile; en outre, cette annulation réduirait la chambre au-dessous du nombre des députés exigés pour la validation des opérations. On serait donc obligé de recourir à de nouvelles élections. La dissolution de la chambre nouvelle avant sa réunion, c'est-à-dire avant d'avoir acquis la preuve légale de l'hostilité qu'on lui supposait, serait une mesure hasardeuse; quant à la dissolution immédiate des colléges électoraux, il n'y fallait pas songer. M. de Chantelauze soutint son plan au conseil; M. de Peyronnet se rallia à l'avis de M. de Guernon, et déclara que le moment de recourir aux mesures extrêmes que proposait le garde des sceaux n'était pas venu. Cependant l'inquiétude de la majorité du conseil grandissait, à mesure qu'on approchait du jour décisif; il était évident que la partie engagée serait perdue par la royauté; quelques membres du conseil cherchaient encore à se faire des illusions. Le Roi était profondément affecté, on voyait clairement que les événements trompaient toutes ses prévisions. Mais son esprit n'était pas abattu, et sa résolution de combattre jusqu'au bout paraissait irrévocablement arrêtée. Les ministres offrirent au Roi de se retirer; il voulut les conserver, pensant que cette concession nouvelle serait un avantage de plus donné à l'opposition.

Ce fut pendant les luttes électorales où se décidaient les destinées de la monarchie, que la nouvelle de la prise d'Alger arriva à Paris, le 9 juillet, dans la matinée. Le baron d'Haussez, qui avait pris une large part au succès de l'entreprise, eut l'honneur de porter cette grande nouvelle au Roi :

« En apprenant la prise d'Alger, écrit le baron d'Haussez dans ses Mémoires inédits, le Roi s'avança vers moi en me tendant les bras. Comme je m'inclinais respectueusement pour lui prendre la main et la baiser : « Aujourd'hui, me dit-il, on s'embrasse; » et S. M. me pressa contre son cœur avec effusion et avec bonté. C'était, hélas ! le dernier moment de bonheur que cet excellent prince devait éprouver. »

La nouvelle de la prise d'Alger causa à Paris une vive émotion. Les bruits de gloire sont toujours les bienvenus en France, et les esprits les plus prévenus ne sauraient se défendre d'un premier mouvement de joie, à la vue d'une belle page ajoutée à notre histoire militaire par l'héroïsme de nos soldats. Mais ce sentiment ne dura qu'un moment, et les passions politiques prirent aussitôt le dessus. La Bourse, ce thermomètre financier qui marque les oscillations de l'opinion, demeura à peu près immobile [1], et deux jours après l'arrivée de cette nouvelle, quand le *Te Deum* fut chanté à Notre-Dame, l'impression produite par cet événement avait disparu. Plus encore, le jour même où le canon des Invalides annonça la nouvelle de l'issue glorieuse de l'expédition, la candidature de l'amiral Duperré, commandant les forces navales de la France devant Alger, échoua dans Paris, et celle du baron d'Haussez qui, comme ministre de la marine, avait préparé le succès de l'expédition, fut repoussée dans neuf départements.

Le dimanche 11 juillet, le Roi se rendit, à quatre heures de l'après-midi, à Notre-Dame.

« L'effet produit par notre conquête était déjà amorti, écrit tristement le baron d'Haussez dans ses Mémoires ; tout était morne et silencieux autour du cortége. Quelques cris, évidemment achetés, partis de groupes isolés au milieu d'une population impassible, firent les seuls frais de la joie publique. Dans une telle occasion, le silence du peuple était significatif. Le Roi le comprit et en fut affecté. Ses yeux cherchaient vainement des figures sur lesquelles on pût surprendre quelque

---

[1]. Plusieurs historiens ont dit qu'il y eut une baisse à la Bourse le jour où la nouvelle de la prise d'Alger fut affichée : c'est une erreur. Nous avons vérifié les cotes du vendredi 9 juillet 1830. Le 5 p. 100, ouvert à 105,40, ferme à 105,45 ; le 3 p. 100, ouvert à 79,50, ferme à 79,90. Le premier de ces fonds était la veille, 8 juillet, à 105, et le second à 79,05.

apparence de l'enthousiasme que devait exciter un tel événement. À son retour, il était triste; on voyait qu'il aurait volontiers donné les palmes que son armée venait de cueillir pour les acclamations si franches, si unanimes, que son retour excitait en 1814. »

Ce symptôme effraya tous les esprits sérieux, et ne leur permit plus de conserver d'illusions. L'opposition avait fait de si grands progrès, que la victoire elle-même, d'ordinaire si bien reçue en France, devenait impopulaire, par cela seul qu'elle prenait sa date sous le ministère du 8 août. L'espérance de distraire les esprits des préoccupations intérieures par la gloire du dehors avait donc disparu. Les passions politiques, absorbées dans leurs haines, n'entendaient même plus le bruit du canon qui annonçait nos triomphes. Ceux qui jusque-là avaient persisté à croire à la possibilité d'un rapprochement commencèrent à désespérer de la fortune de la maison de Bourbon et de celle de la France.

L'opposition, qui se servait de toutes les armes pour combattre le gouvernement de Charles X, exploita quelques phrases à double entente contenues dans le mandement par lequel l'archevêque de Paris annonçait qu'un *Te Deum* serait chanté pour remercier Dieu de la victoire des armées françaises :

« Trois semaines ont suffi pour humilier et réduire à la faiblesse d'un enfant ce musulman naguère si superbe, écrivait Mgr de Quélen. Ainsi soient traités partout et toujours les ennemis de notre seigneur roi; ainsi soient confondus tous ceux qui osent se soulever contre lui ! »

Lorsque le Roi vint à Notre-Dame, l'archevêque de Paris lui adressa quelques paroles qui furent regardées, par les libéraux, comme un véritable encouragement donné par le clergé aux projets de coups d'État qu'on attribuait au ministère, projets dont l'archevêque de Paris aurait eu connaissance :

« La main du Tout-Puissant est avec vous, Sire, dit le prélat; que votre grande âme s'affermisse de plus en plus; votre confiance dans le divin secours et dans la protection de Marie mère de Dieu ne sera pas vaine. Puisse V. M. en recevoir bientôt une nouvelle récompense ! Puisse-t-elle bientôt venir remercier le Seigneur d'autres merveilles non moins douces, non moins éclatantes ! »

Ces vagues paroles de l'archevêque de Paris, jointes aux quelques phrases des mandements publiés par plusieurs prélats au moment des élections, furent habilement exploitées par les libéraux. Ils ne doutèrent plus que les mesures extra-légales fussent arrêtées, et que l'archevêque de Paris ne fût entré dans le complot formé par la royauté contre les libertés publiques. L'arme menaçante de la congrégation, s'immisçant dans la politique et disposant des destinées de la France, fut de nouveau mise à profit. Il importait de se presser et de mettre promptement en jeu les batteries les plus puissantes : on arrivait au 15 juillet, et les élections étaient fixées au 19 du même mois.

A l'occasion de la prise d'Alger, les forts de la halle et les ouvriers du port vinrent féliciter le Roi. L'un d'eux, s'avançant vers Charles X, lui dit :

« Charbonnier est maître chez lui, Sire, soyez maître aussi dans votre royaume ! »

Les libéraux s'emparèrent de cette phrase et dénoncèrent avec fureur l'alliance de la royauté avec le peuple et les allures démagogiques que prenait la monarchie. Les journaux royalistes, de leur côté, insistèrent plus que de raison sur l'apostrophe du charbonnier : c'était une maladresse. Le *National* chercha à cette occasion une véritable querelle au gouvernement; il accusa le petit-fils de Louis XIV de descendre dans les couches inférieures de la population pour y chercher un appui, et de se jeter dans les bras de la populace [1].

Le 19 juillet, les électeurs de Paris se portèrent à une majorité de sept huitièmes sur les candidats les plus hostiles au gouvernement. Les élections ajournées dans vingt départements n'apportèrent pas des résultats plus favorables au ministère. Par une bizarre coïncidence, le même jour le Roi reçut les félicitations des premiers corps de l'État à l'occasion de la prise d'Alger et il apprit les malheureux résultats des élections. Tous les députés de Paris appartenaient à l'opposition; sur 8,845 votants, ils avaient réuni 7,314 suffrages [2]. La chambre élective se composait de 428 députés; l'opposition avait réussi dans 270 colléges, le ministère ne conservait que 145 voix; les deux parties revendiquaient également les treize députés qui avaient voté l'amendement Lorgeril. La défaite était complète. A mesure que les courriers, en se succédant, appor-

---

1. Voici les passages les plus saillants de cet article : « Quand on s'est mis en opposition avec l'esprit public dans un pays, quand on ne peut s'entendre ni avec les chambres qui le représentent légalement, ni avec les organes tout aussi légaux de la presse, il faut bien trouver dans la nation une autre nation que celle qui lit les journaux, qui s'anime aux débats des chambres, qui dispose des capitaux, commande l'industrie et possède le sol. Il faut descendre dans ces couches inférieures de la population où l'on ne rencontre plus d'opinion, où l'on trouve à peine quelque discernement politique, et où fourmillent par milliers des êtres bons, droits, simples, mais faciles à tromper et à exaspérer, qui vivent au jour le jour, et, luttant à toutes les heures de leur vie contre le besoin, n'ont ni le temps ni le repos de corps et d'esprit nécessaires pour songer quelquefois à la manière dont se gouvernent les affaires du pays. Voilà la nation dont il plairait à nos contre-révolutionnaires d'entourer la couronne. Et, en effet, c'est dans les bras de la populace qu'il faut se jeter quand on ne veut plus de l'avis du peuple! » Ceux qui parlaient du jugement du peuple avec tant de mépris le 22 juillet proclamèrent sa souveraineté huit jours plus tard; si les libéraux étaient de bonne foi le 30 juillet, ils parlaient évidemment contre leur conviction dans l'article que nous venons de citer.

2. Les députés élus à Paris étaient MM. Mathieu Dumas, Demarçay, Eusèbe de Salverte, de Corcelles, de Schonen, Chardel, Bavoux et Charles Dupin.

taient ces nouvelles écrasantes, la confiance du président du conseil faisait place à une ferme résolution de lutter jusqu'au bout. Cette confiance, qui espérait contre l'espérance même, étonnait tout le monde, et lord Stuart disait, le 1ᵉʳ juillet, à un ami :

« Chaque fois que je vais aux affaires étrangères, je crois entrer dans le paradis des fous de Milton. Ces fous sont dans une situation déplorable, ajoutait-il, mais ils se croient toujours à merveille[1]. »

L'expression paraît sévère; mais on comprend que l'étrange sécurité du président du conseil ait pu inspirer ce blâme. Cependant les événements marchaient. Le Roi venait de succomber dans la lutte qu'il n'avait pas craint d'entreprendre lui-même, ainsi qu'il le déclarait dans sa proclamation aux électeurs. Le centre gauche avait remporté la victoire et réunissait toutes les chances pour amener l'omnipotence de la chambre des députés. La devise connue, *le roi règne et ne gouverne pas*, allait être mise en pratique. La France, placée comme elle l'était alors en Europe, pouvait-elle marcher longtemps avec le gouvernement des États-Unis? Là était la question.

M. de Villèle n'augurait rien de bon de la situation. Les ministres lui paraissaient seuls coupables des malheurs qui attendaient la monarchie française :

« Il est très-probable que les ministres vont entraîner le malheureux prince et le pays dans des coups d'État, mal préparés, mal conçus, mal reçus et mal soutenus, écrivait-il le 9 juillet, et il y a de quoi compromettre la légitimité, notre honneur et notre salut. Ils vont continuer ce qu'ils ont si bien commencé, user tous les moyens de sortir par des voies légales, pacifiques et sûres, de la fâcheuse position dans laquelle on se trouve.

---

1. Papiers politiques de M. de Villèle.

« C'est ainsi que, pour provoquer une mauvaise adresse de la part de la chambre, ils ont terminé le discours du Roi par une bravade. C'est ainsi qu'au lieu de chercher dans le cours de la dernière session un moyen de ramener la chambre ou de la faire se déclarer tellement forcenée et factieuse que les électeurs ne l'auraient pas renommée, ils l'ont ajournée pour perdre du temps, cassée ensuite trop tôt à leur gré, mais trop tard en effet pour qu'elle ne revînt pas telle que nous la voyons. C'est ainsi qu'après la dissolution et comme pour indisposer encore davantage les colléges électoraux, ils ont rappelé M. de Peyronnet, et ajourné tant d'élections sans autre profit que celui d'offrir à l'ennemi le moyen de nommer ceux des siens qui auraient succombé dans leurs colléges. Enfin, ils dissoudront la nouvelle chambre, suspendront la liberté de la presse et convoqueront une autre assemblée par ordonnance [1]. »

L'ancien président du conseil prévoyait que la marche suivie par le ministère le conduirait à recourir à des mesures extra-légales. Il déplorait l'emploi de ces moyens hasardeux, qu'à ses yeux l'état de la situation ne justifiait pas. Il pensait qu'avant de se jeter dans de telles extrémités le gouvernement devait épuiser tous les moyens légaux, et mettre de son côté par la sagesse de sa conduite tous les gens paisibles et modérés, en évitant de les exaspérer par des bravades et des imprudences.

« Si le gouvernement ne prend pas ces précautions préalables, ajoutait M. de Villèle, il arrivera que le jour où la royauté acculée voudra dominer la presse, la magistrature se refusera à la seconder, et les voies administratives deviendront insuffisantes pour la conjurer. Quand on voudra réélire une autre chambre avec les grands colléges, par exemple, les électeurs n'oseront pas s'y rendre ; les présidents refuseront cet honneur, l'ancienne chambre prétendra exister encore et jouir seule de la légalité, et l'opinion froissée soutiendra, de son omnipotence, ces diverses prétentions. On aura usé et brisé, en en abusant, la dernière ressource de l'ordre et de la royauté. »

1. Papiers politiques de M. de Villèle.

Certes, personne ne pouvait nier la gravité de la situation. L'influence de l'opposition avait dicté les choix des élections; il y avait un camp de l'opposition très-décidé à ne jamais transiger avec la royauté. Les sociétés secrètes n'étaient plus inactives; leurs membres parcouraient les provinces et représentaient le gouvernement des Bourbons comme le seul obstacle au bonheur de la France. Les rapports les plus inquiétants parvenaient chaque jour au ministère; on lui disait que des tentatives ayant pour but d'ébranler les troupes avaient été faites dans les casernes. Enfin, dix mille poignards introduits clandestinement dans Paris avaient été saisis chez un armurier, qui refusa de déclarer le lieu de leur fabrication, ni de quelles mains il les avait reçus; on apprit que dix mille autres étaient incessamment attendus. Le ministère pensa alors que l'opposition se préparait à une guerre civile. En même temps les violences des journaux redoublaient; ils invoquaient sans cesse la révolution de 1688, et faisaient des rapprochements journaliers entre la situation des Stuarts en 1688 et celle des Bourbons en 1830, appelant à grands cris un changement de dynastie, sans remarquer que l'Europe de 1830 était placée à l'opposite de l'Europe de 1688. En effet, Louis XVIII et Charles X avaient relevé la grandeur extérieure de la France que Napoléon avait laissée ensevelie sous son désastre, tandis que Charles II et Jacques II avaient diminué la fortune extérieure de l'Angleterre que Cormwell avait portée et maintenue si haut. La France de 1830 était révolutionnaire et antireligieuse, tandis que l'Angleterre de 1688 était protestante zélée et même fanatique, pleine d'attachement pour la hiérarchie aristocratique, et qu'elle n'avait laissé aux passions de la place publique aucune influence sur la décision du parlement.

Arrivé au moment de la crise décisive, il faut l'avouer, l'esprit du roi Charles X se troubla. Il se crut acculé à l'article 14 [1]. Certes, mieux eût valu cent fois louvoyer avec la difficulté, changer de ministère, tâcher d'attirer à soi les hommes les plus modérés de l'opposition et de séparer l'opposition loyale et constitutionnelle de l'opposition révolutionnaire et à outrance, que de se jeter dans les extrémités périlleuses d'un coup d'État. Le roi Charles X ne crut pas la chose possible. Il pensa que la sûreté de sa couronne l'obligeait à recourir aux mesures extra-légales. Ces mesures ne pouvaient que précipiter sa chute; mais le Roi était de bonne foi dans la conviction qu'il accomplissait un devoir rigoureux, mais nécessaire, en recourant à l'article 14 de la charte.

C'était un malheur que l'article 14 eût été écrit dans la charte, car il rendait l'octroi de la charte précaire et douteux, puisqu'il admettait que, dans certaines circonstances, vaguement caractérisées, elle pourrait être suspendue par un acte de la volonté royale; mais enfin il y était écrit. Plusieurs fois, dans les rapports des deux chambres, cet article avait été invoqué comme s'il donnait à la royauté la faculté d'une dictature temporaire. Comme nous l'avons dit, ce fut un grand malheur que le roi Charle X y ait eu recours; mais il était de bonne foi dans l'opinion que la nécessité des circonstances l'y obligeait.

Au conseil tenu le 6 juillet, M. de Peyronnet déclara à ses

---

[1]. Au mois de juillet, M. de la Mennais appréciait justement la situation du gouvernement royal : « Il est peu probable, écrivait-il, que le Roi se résolve à pousser les choses aux dernières extrémités; cela ne mènerait qu'à la guerre civile, et l'on ne doit pas se faire illusion sur ses résultats. Le prestige de la royauté est complétement détruit; elle ne pourrait compter dans cette lutte que sur la force, et quelle force a-t-elle? Rien qu'un noyau, plus faible chaque jour, de vieux royalistes dans la Vendée et dans la Bretagne. Je ne vois que l'armée; et qu'est-ce que l'armée contre une nation? Et croit-on qu'elle consente longtemps à faire le métier de bourreau? Les opinions, qui sont partout, ne sont pas d'ailleurs arrêtées à la porte d'une caserne; elles fermentent sous le shako du voltigeur comme sous la toque de l'avocat, et quand le signal sera donné, les baïonnettes seront libérales comme le scrutin et la tribune. » (*Correspondance de la Mernais*, t. II, p. 151.)

collègues qu'il ne voyait de moyen de salut pour la royauté que dans un sage recours à l'article 14. Il indiqua alors les mesures qu'il croyait de nature à conjurer le péril qu'il signalait, et proposa un plan dont les ministres attribuèrent l'idée première à M. de Polignac, qui défendit avec chaleur le projet de son collègue de l'intérieur. D'après le plan de M. de Peyronnet, le Roi aurait convoqué, sous le nom de grand Conseil de France, une assemblée composée d'un certain nombre de pairs, de députés, de magistrats, de membres des conseils généraux, constitués sous la présidence du Dauphin. Le Roi aurait exposé à cette assemblée les obstacles qu'éprouvait le gouvernement, en lui demandant de chercher les moyens capables de les vaincre. MM. de Polignac et d'Haussez appuyèrent d'abord ce stérile projet, en disant que cette idée leur paraissait offrir au trône et à la nation toutes les garanties désirables et porter avec elle la solution facile de toutes les difficultés. MM. de Montbel, de Guernon et Capelle firent observer avec raison qu'une telle réunion, pâle copie de l'assemblée des notables de 1788, serait sans qualité aucune, sans la moindre autorité aux yeux de la nation. Impuissante pour faire le bien, elle pourrait entraver le gouvernement, et présenter de nouvelles difficultés ; ses avis ne donneraient aucune force aux décisions à prendre, et si elle les improuvait, l'opposition achèverait d'accabler le pouvoir malheureux et désarmé. M. de Peyronnet se rallia bientôt à l'avis de ses collègues, et l'unanimité des voix du ministère rejeta le projet du grand Conseil de France. Le ministre de l'intérieur proposa alors de dissoudre la chambre nouvelle aussitôt que les élections seraient terminées et de procéder à la formation d'une autre chambre, en modifiant diverses parties de la législation électorale, et en faisant coïncider cette mesure avec la suspension de la liberté de la presse. Le nouveau projet de M. de Peyronnet prévalut dans le conseil ; à dater de ce moment, les ordonnances du 25 juillet étaient arrêtées en principe. Seul M. de Guernon-Ranville combattit la proposition du ministre de l'intérieur :

« Des mesures extra-légales, dit-il, ne peuvent être justifiées que par des provocations directes et violentes de l'opposition. Or, rien n'annonce que les 221 rapportent le même esprit, et puisque les colléges auxquels la couronne en a appelé les renvoient à la chambre, il est de la sagesse du Roi de les entendre ou se justifier d'un vote irréfléchi, ou dévoiler entièrement leurs projets hostiles en persistant dans leurs premières dispositions. Alors seulement il y aura lieu de recourir à l'article 14, car il sera évident que tout gouvernement est impossible sans une modification profonde du système électoral. Il importe d'ailleurs de distinguer entre les deux fractions principales dont se composent les votants de l'adresse : l'une, et c'est l'extrême gauche presque tout entière, a agi dans des vues purement révolutionnaires ; l'autre n'a vu dans cet engagement avec le ministère qu'un simple débat de personnes. Cette dernière fraction est royaliste au fond, et l'on ne peut douter qu'éclairée par la fermeté du Roi, et effrayée par les progrès de l'esprit révolutionnaire, elle n'apporte à la chambre des dispositions moins hostiles ; peut-être même est-on fondé à espérer qu'elle se résignera à prêter appui au ministère en appréciant les dangers d'une plus longue résistance[1]. »

La majorité du ministère exprima un avis différent de celui de M. de Guernon-Ranville. Le 7 juillet, le président du conseil fit connaître au Roi la décision des ministres : le recours à l'article 14 était admis comme une nécessité de la situation. M. de Ranville persévéra dans son opinion ; il exposa ses idées en présence du Roi et du Dauphin. Ce prince déclara que le plan du ministre de l'instruction publique lui semblait le plus légal et le plus sûr, mais que, la majorité en adoptant un autre, on ne pouvait songer à s'arrêter au premier projet. Le Roi sanctionna ensuite l'avis de la majorité, et il convint

---

1. Mémoires inédits de M. de Guernon-Ranville.

avec ses ministres, de la nécessité de recourir à l'article 14. Charles X motiva ainsi son opinion :

« L'esprit de la révolution, dit-il, subsiste tout entier dans les hommes de la gauche. En attaquant le ministère, c'est à la royauté qu'ils en veulent, c'est le système monarchique qu'ils veulent renverser. J'ai malheureusement plus d'expérience sur ce point que vous, Messieurs, qui n'avez pas vu la révolution. Je me souviens de ce qui se passa alors ; la première reculade que fit mon malheureux frère fut le signal de sa perte. Ils lui faisaient aussi des protestations d'amour et de fidélité ; ils lui demandaient seulement le renvoi de ses ministres. Il céda, et tout fut perdu. Ils feignent de n'en vouloir qu'à vous. Ils me disent : Renvoyez vos ministres, et nous nous entendrons. Je ne vous renverrai pas : d'abord parce que j'ai pour vous tous, Messieurs, de l'affection et que je vous accorde toute ma confiance ; mais aussi parce que, si je cédais cette fois à leur exigence, ils finiraient par nous traiter comme ils ont traité mon frère, non pas qu'ils nous conduiraient à l'échafaud, car nous nous battrions, et ils nous tueraient à cheval ! Ainsi, Messieurs, marchons avec fermeté sur la ligne que nous nous sommes tracée, et occupez-vous sans délai de régler les moyens d'application du système que vous avez conçu [1]. »

C'est ainsi que le mirage du passé obscurcissait la vue du Roi ; le spectre sanglant de 1793 lui apparaissait ; il voulait éviter de tomber comme son frère Louis XVI était tombé ; il lui semblait voir une parfaite similitude entre la France de 1789 et la France de 1830, entre sa situation et celle de Louis XVI. L'histoire, qui est l'expérience écrite de l'humanité, sert rarement aux rois et aux peuples. Ils veulent rejouer la partie perdue dans le passé, sans songer qu'ils n'ont pas les mêmes cartes dans les mains, et que leur situation n'est pas semblable à celle des souverains et des peuples dont ils étudient l'histoire. Ils s'attachent à éviter les écueils sur lesquels leurs pères sont venus se briser, mais le temps en mar-

[1]. Nous copions textuellement ces paroles du Roi dans les Mémoires inédits de M. de Guernon.

chant leur en a suscité d'un caractère différent, contre lesquels ils viennent échouer. En examinant exclusivement la route parcourue par leurs pères, ils négligent d'étudier leur propre chemin et tombent à leur tour. Les causes de ces chutes fréquentes dans l'histoire ne sont pas identiques, mais leurs résultats sont les mêmes, puisque tous les régimes ont été successivement renversés.

Après avoir entendu les paroles du Roi, M. de Peyronnet proposa trois projets d'ordonnances : l'une suspendait la liberté de la presse et interdisait toute publication périodique sans l'autorisation spéciale du gouvernement; la seconde ordonnance dissolvait la chambre; la troisième établissait un nouveau système électoral, revenant aux dispositions de la charte que les lois précédentes avaient modifiées. En prenant l'initiative de ces mesures, les ministres ne croyaient pas violer la charte, leur bonne foi était absolue comme celle du Roi :

« Je le déclare dans toute la sincérité de mon âme, écrit M. d'Haussez dans ses Mémoires inédits, jamais l'idée de procéder au renversement de la charte par les mesures que l'on devait prendre n'a été exprimée ni même indiquée dans le conseil; jamais on n'a agi dans une autre pensée que celle de sauver le trône menacé et de restituer à la charte son esprit, ses conséquences monarchiques et son action. Ce respect pour notre pacte fondamental s'est fait remarquer dans les mesures qui ont été prises. Un seul point excepté, l'abrogation des lois par des ordonnances, son texte, le plus positif, le plus littéral, a été consulté. »

Les ministres croyaient donc sauver le trône en recourant aux mesures extra-légales. L'action des sociétés politiques, les calomnies des journaux qui atteignaient la personne même du Roi, apparaissaient aux membres du conseil comme les signes avant-coureurs d'une guerre civile. Il importait de prendre un parti :

« La couronne, a écrit le prince de Polignac, convaincue du danger imminent qui menaçait l'État, ne pouvant plus s'abuser sur les projets de ses ennemis, ayant perdu toute action sur les ressorts brisés du gouvernement représentatif, et voyant un égal péril à ouvrir la session ou à tenter de nouvelles élections, se résolut à puiser dans son sein la force qui lui était nécessaire pour sortir de cette impasse forcée. Elle eut donc recours à l'article 14. C'était son droit; je dis plus, c'était son devoir. »

Le président du conseil croyait donc accomplir un devoir rigoureux en recourant à l'article 14. Le péril lui paraissait imminent, il fallait le conjurer à tout prix.

Plusieurs fois, dans les rapports des chambres, la puissance conférée au Roi par cet article de la charte avait été en quelque sorte constatée. Dès 1822, on lisait dans un rapport présenté à la chambre, et ayant pour objet l'examen du projet de loi sur la police des journaux :

« Le Roi s'est réservé, par l'article 14 de la charte, la faculté de faire toutes les ordonnances nécessaires pour la sûreté de l'État. »

En 1828, la commission de la chambre des pairs avait déclaré, dans son rapport sur la loi de la presse, qu'en dehors des sessions le Roi avait toujours, en vertu des droits inhérents à sa couronne, le moyen de préserver l'État d'un danger imminent :

« La charte réserve au Roi le droit de faire les règlements et ordonnances nécessaires pour l'exécution des lois et la sûreté des lois, avait dit M. le comte Siméon dans ce rapport ; s'il y a danger imminent, la dictature, pour y pourvoir en l'absence des chambres, lui appartient. »

Pendant les premières années de la Restauration, Louis XVIII avait eu recours à des mesures extra-légales, notamment lors de la dissolution de la chambre introuvable. Les ministres de Charles X tiraient de ces exemples du passé un encouragement pour le présent et l'avenir. Cette déduction n'était pas logique. Si, en 1816, l'opposition avait approuvé la dissolution de la chambre introuvable, c'est parce que cette mesure était prise contre les royalistes. Si, en 1830, Charles X avait eu recours à l'article 14 en faveur des libéraux, la publication des ordonnances de juillet n'aurait soulevé aucune difficulté dans ce camp : l'opposition attendait qu'une provocation, venue du pouvoir, permît à la révolution de passer de l'ordre des idées dans le monde des faits; la royauté eut le tort de lui fournir un prétexte.

Si, en 1815, le roi Louis XVIII avait invoqué l'article 14 en faveur du pouvoir royal, il aurait eu quelque chance de réussir. Les coups d'État réussissent parfois au commencement d'un règne : c'est un essai qu'on tente; la liberté absolue n'a pas amené les résultats qu'on en attendait, on essaye alors du régime autoritaire. En 1815, les souvenirs de l'invasion amenée par les désastres du premier Empire étaient encore présents à toutes les mémoires. La France, après avoir respiré un instant sous la première Restauration, avait vu revenir, avec Napoléon, la guerre, la défaite, l'invasion. A la suite des Cent-Jours, les plaies du pays avaient été plus profondément creusées; on avait même parlé d'une mutilation du territoire français, et c'était seulement à l'apparition du Roi de France que les prétentions exorbitantes des ennemis avaient disparu.

La France était venue demander à Louis XVIII de la tirer de l'abîme où elle gisait, meurtrie et ensanglantée; elle lui demandait de faire disparaître le minotaure des guerres impériales qui, depuis plus de dix ans, dévorait la fleur des générations nouvelles. Elle lui demandait de remettre l'ordre dans ses finances ruinées; elle allait au Roi de France, parce qu'il était le seul qui pût lui rendre sa place en Europe, le seul dont l'avénement au trône ne fût pas le résultat d'une intrigue, et la France avait assez des aventures et des aventuriers; elle savait ce que ces essais ruineux lui avaient coûté d'or et de sang, elle avait soif d'ordre, de stabilité, d'honnêteté, de paix; c'est pour cela qu'elle tournait les regards vers le Roi. Elle aurait accepté en 1815 les conditions du roi Louis XVIII, qui lui eussent paru bien douces en les comparant au despotisme impérial dont il venait la sauver.

En 1830, la position était bien différente. Depuis quinze années, l'aurore du gouvernement parlementaire s'était levée à l'horizon politique; les Français, accoutumés à ce régime de liberté, avaient oublié le despotisme impérial, et, par une réaction facile à concevoir, leurs aspirations, longtemps comprimées sous un joug de fer, les portaient vers une terre promise, vers un gouvernement idéal, où la liberté politique serait indéfinie comme les vagues aspirations de l'âme humaine vers l'idéal divin. En 1830, on ne pensait plus aux maux du passé, la prospérité présente les faisait oublier : l'ordre le plus admirable régnait dans les finances; la France avait repris son rang de grande puissance en Europe; elle était au moment de faire réviser en sa faveur les traités de 1815 faits contre elle. Par une inconcevable injustice, les Français, au lieu d'attribuer au gouvernement des Bourbons les biens réels dont ils avaient fait jouir le pays, en étaient venus à les considérer comme un obstacle au mieux désirable. Il était facile de prévoir que la France, rendue à elle-même par quinze années de prospérité, n'accepterait pas ce que la France, affaiblie, vaincue, humiliée, malheureuse, aurait accueilli en 1815. Les ministres de Charles X n'avaient pas tenu compte de ce changement, dont il fallait chercher la source dans les bienfaits mêmes de la monarchie condamnée à périr.

En constatant l'étendue de ses échecs dans la partie des élections, le gouvernement pensa qu'un rapprochement entre le pouvoir et ses adversaires devenait impossible. Il était, en effet, difficile d'opérer une réconciliation, quand, d'un côté, le pouvoir, d'autant plus alarmé qu'il savait que l'on conspirait contre lui, voyant les mêmes symptômes de résistance dans tous les votes, supposait que la même pensée de conspiration animait tous les cœurs; quand, d'un autre côté, l'opposition, d'autant plus redoutable qu'elle était loin de conspirer tout entière, s'indignait à la vue d'un ministère formé en dehors des conditions de la majorité, et prenant les précautions de la monarchie pour des menaces, la poussait elle-même, par une opposition systématique, à sortir du gouvernement représentatif. Le malheur, c'est qu'il y avait une conspiration embusquée dans la charte. La royauté, pour aller jusqu'à cette conspiration, crut nécessaire d'ouvrir violemment le sanctuaire que la classe moyenne considérait comme le palladium de ses libertés. Les ordonnances de juillet furent l'expression de cette situation. La publication des ordonnances fut l'étincelle à la lueur de laquelle la révolution alluma l'incendie qui dévora la royauté française ; mais depuis longtemps la révolution attendait cette étincelle.

Le roi Charles X croyait fermement que le recours aux mesures extra-légales était le seul moyen de salut qui restât à la monarchie. « Peu de jours avant les ordonnances de juillet, le comte Pozzo di Borgo eut une audience du Roi, écrit M. Guizot dans ses Mémoires. Il le trouva assis devant son bureau, les yeux fixés sur la charte, ouverte à l'article 14. Charles X lisait et relisait cet article, y cherchant avec une inquiétude honnête le sens et la pensée qu'il avait besoin d'y trouver. »

Les ministres étaient également pénétrés de l'opportunité des mesures auxquelles ils allaient recourir. La déclaration du prince de Polignac à ce sujet n'est pas équivoque :

« Si je n'eusse partagé, a-t-il dit, la croyance qu'un péril imminent menaçait le trône en 1830, et si, d'un autre côté, je n'eusse pas été convaincu que des exemples précédents avaient couvert de leur sanction les mesures conseillées à la couronne, aucune influence, quelque élevée qu'elle eût été, aucune considération politique ne m'eût arraché un concours que mon devoir m'aurait commandé de refuser. J'ai donc agi par conviction. Les ordonnances de juillet m'ont paru constitutionnelles, elles sont telles encore à mes yeux[1]. »

M. le baron d'Haussez ne s'exprime pas moins clairement dans ses Mémoires. Après avoir énuméré les périls qui menaçaient l'existence de la monarchie, il continue ainsi :

« C'était à une mesure énergique, et qui émanât du pouvoir royal, qu'il fallait demander les moyens de préserver le trône, alors que, par la fausse interprétation qu'on lui donnait, la loi lui refusait son appui. Comme tous les partis extrêmes, cette détermination avait des dangers ; mais elle était sage, parce qu'elle était nécessaire. Jamais circonstances ne semblaient plus faites pour motiver l'application d'un article de conservation, réservé par la sagesse du législateur, pour le cas où aucun moyen de salut ne se trouverait dans l'ordre ordinaire des choses. Telle fut l'opinion du conseil, telle fut la source d'une résolution dont les conséquences pèseront toujours sur le cœur des ministres, mais jamais sur leur conscience, parce qu'ils l'ont jugée indispensable et dictée par le devoir le plus rigoureux[2]. »

Nous rappellerons, pour la justification des ministres du 8 août, que quelques-uns de ceux qui les blâmèrent le plus vivement après leur catastrophe les y poussaient avant l'événement.

Citons un fait à l'appui de cette assertion.

Dans la journée du 15 juillet 1830, M. d'Haussez alla faire une visite à M. de Sémonville. Ce dernier l'accompagna jusque dans la pièce qui précédait son salon. Là, après s'être préalablement assuré que personne ne pouvait l'entendre, il lui dit à voix basse :

---

1. *Études politiques*, p. 285.
2. Mémoires inédits du baron d'Haussez.

« Eh bien, où en êtes-vous? — Notre position est connue de toute la France, répondit M. d'Haussez; mieux qu'un autre vous pouvez la juger. — Je la juge du côté de l'attaque, mais du côté de la défense, non. Vous ne faites rien, et votre inaction perd la monarchie, la France, l'Europe. Appelés pour agir, vous restez stationnaires. Vous n'êtes pas dans l'esprit de votre rôle; le temps, les occasions, vous laissez tout échapper. — Mais les députés, mais les pairs, mais la presse! — Avec des mais, on ne fait rien. Les députés, les pairs, je ne puis vous dire le parti qu'ils prendront, cela dépendra de celui que vous prendrez vous-mêmes. Arrangez-vous de manière à être les plus forts avec le peuple; finissez-en une bonne fois avec la presse, et moquez-vous du reste. En politique, quand le drame est joué, on applaudit le dénoûment, quel qu'il soit; on ne siffle que les mauvais auteurs [1]. »

C'est ainsi que ceux qui devaient blâmer le plus sévèrement les ordonnances, après l'événement, poussaient le ministère à ces fâcheuses extrémités qui mettent sur une carte les destinées des gouvernements et des peuples, sans se rendre compte que le ministère n'était pas organisé pour jouer cette dangereuse partie, et que, dans l'état où étaient les esprits, toutes les chances étaient contre lui.

De leur côté, les écrivains d'extrême droite ne cessaient d'exhorter le Roi et ses ministres à l'emploi des mesures extra-légales, et une polémique ardente s'engageait à ce sujet dans les journaux. On pouvait diviser alors les politiques en deux camps : les uns exagéraient le principe du gouvernement représentatif jusqu'à pousser les destinées de la France vers une imitation de la révolution de 1688, tandis qu'un petit nombre exagéraient le principe d'autorité jusqu'à vouloir ramener le pays à un régime de pouvoir sans contrôle. Ils développaient la lettre et l'esprit de l'article 14, déclarant que la royauté devait en finir avec les agitateurs, et disant que, de par sa naissance, Charles X avait reçu le droit et le devoir de montrer la toute-puissance de la prérogative royale et de tenter ce qu'il croirait utile au salut de son peuple. A ces pro-

---

1. Mémoires inédits du baron d'Haussez.

vocations regrettables, les écrivains du *National* répondaient en prédisant un coup d'État qui serait suivi d'une crise semblable à celle qui avait détrôné Jacques II[1].

En assistant à cette lutte dans laquelle la fermentation des idées devenait si grande, les esprits sagaces prévoyaient que la forme politique apportée par la Restauration allait se briser en cédant à l'action de bouillonnements intérieurs comme ces vaisseaux trop faibles pour résister au travail d'un vin nouveau.

Lorsque le conseil eut admis comme une nécessité de la situation le recours à l'article 14, M. de Chantelauze fut chargé de la rédaction d'un rapport destiné à exposer les dangers que le gouvernement royal avait à vaincre. Le ministre de la justice traça à cette occasion un tableau saisissant des périls que la liberté de la presse faisait courir à la monarchie. En effet, la liberté de la presse, comme ces breuvages puissants, qui fortifient quand ils n'enivrent pas, donnait le vertige à cette société française, qui avait encore de dures épreuves à traverser avant d'apprendre ce qu'il faut à un peuple de mesure dans l'usage de ses droits, de respect envers les lois, de fidélité aux traditions, de soumission à l'autorité,

---

1. Dans son numéro du 21 juillet, le *National* publiait l'article suivant : « Des bruits sinistres se sont répandus aujourd'hui dans Paris. Malgré l'incrédulité générale qui s'est manifestée jusqu'ici, on a paru frappé de l'idée qu'un coup d'État allait être tenté avant la fin du mois. Les feuilles ministérielles vont se récrier au mot de coup d'État et prétendre, suivant l'ordinaire, qu'on n'en veut pas faire. Nous entendons par coup d'État ne pas réunir la chambre, casser les élections, fonder un nouveau système électoral par ordonnance ; tout cela, fait en s'appuyant ou non sur l'article 14, avec un motif ou un autre, est pour nous un coup d'État. Voilà ce qu'on croyait ce soir comme à peu près arrêté pour la fin du mois. On disait encore, la presse menacée la première dans cette invasion du pouvoir absolu. Cela ne nous étonnerait point ; car, dans le mouvement qui vient d'avoir lieu en France, la presse a l'honneur qu'elle ne désavoue pas, d'être le principal coupable. Mais elle résistera, elle se fera condamner s'il le faut, et protestera de tous ses moyens contre la violation des lois. Elle n'a pas de gendarmes, mais elle a du courage, et c'est une puissance qu'on n'opprimera jamais impunément. »

de patience dans ses griefs et de tempérance dans le redressement même des abus, pour être impunément libre.

Nous exposerons ici les traits principaux de ce brillant réquisitoire contre la liberté de la presse. M. de Chantelauze signalait à l'indignation publique la malveillance active, ardente, infatigable des journaux, qui travaillaient à ruiner tous les fondements de l'ordre et à ravir à la France le bonheur dont elle jouissait sous le sceptre de ses Rois :

« Habile à exploiter tous les mécontentements, disait-il, et à soulever toutes les haines, la presse fomente parmi les peuples un esprit de défiance et d'hostilité envers le pouvoir, et cherche à semer partout des germes de troubles et de guerre civile. Les passions politiques commencent à émouvoir les masses populaires. Ces agitations sont presque exclusivement produites et excitées par la liberté de la presse. Depuis 1814, les journaux n'ont cessé d'attaquer les divers ministères qui se sont succédé. Les sacrifices de tout genre, les concessions de pouvoir, les alliances de parti, rien n'a pu les soustraire à cette destinée. »

Le garde des sceaux démontrait ensuite que la presse s'applique par des efforts soutenus, persévérants, à relâcher tous les liens d'obéissance et de subordination, à user les ressorts de l'autorité publique, à la rabaisser, et à lui créer partout des embarras et des résistances. Elle préludait à l'anarchie dans l'État par l'anarchie dans les doctrines. Elle dénaturait les faits les plus simples, qui ne parvenaient plus à la connaissance des lecteurs que défigurés de la manière la plus odieuse. La presse aspirait à diriger les débats des chambres ; elle dominait la chambre des députés, poursuivant de ses insultes les membres dont le vote paraissait incertain ou suspect.

M. de Chantelauze rappelait l'attitude des libéraux à l'occasion de l'adresse du refus de concours qu'ils avaient eux-mêmes provoquée. L'expédition d'Alger, dont la gloire jetait un éclat si pur sur la couronne de France, avait été elle-même critiquée avec violence par la presse. Les journaux avaient discuté avec un dénigrement systématique les causes de cette entreprise, les moyens, les préparatifs, les chances de succès de l'expédition. La presse hostile s'était attachée à publier tous les secrets de l'armement, à porter à la connaissance de l'étranger l'état des forces de la France, le dénombrement de ses troupes, celui de ses vaisseaux, l'indication des points de stations, les moyens à employer pour dompter l'inconstance des vents et pour aborder à la côte. Tout avait été divulgué, comme pour ménager à l'ennemi une défense plus assurée :

« Nulle force n'est capable de résister à un dissolvant aussi énergique que la presse, continuait M. de Chantelauze. A toutes les époques où elle s'est dégagée de ses entraves, elle a fait invasion dans l'État. Sa destinée est de recommencer la révolution dont elle proclame hautement les principes. Placée et replacée à plusieurs intervalles sous le joug de la censure, elle a ressaisi chaque fois la liberté pour reprendre son ouvrage interrompu. »

Le garde des sceaux déplorait l'action malsaine que les journaux exerçaient sur les mœurs et sur le caractère de la nation :

« Une polémique ardente, disait-il, mensongère et passionnée, remplie de scandale et de haine, donne une fausse direction aux esprits, les remplit de préventions et de préjugés, les détourne des études sérieuses, excite parmi nous une fermentation toujours croissante et pourrait par degrés nous ramener à la barbarie.

« Contre tant de maux, la loi et la justice sont également réduites à proclamer leur impuissance. L'insuffisance ou plutôt l'inutilité des précautions établies dans les lois en vigueur est démontrée par les faits. Ce qui est également démontré par les faits, c'est que la sûreté publique est compromise par la licence de la presse. Il est temps, il est plus que temps d'en arrêter les ravages. »

M. de Chantelauze terminait cet éloquent réquisitoire contre la liberté de la presse en suppliant le Roi d'élever la seule digue capable de contenir les flots de la licence qui gagnaient chaque jour du terrain :

« L'esprit de l'article 8 de la Charte est manifeste, disait le garde des sceaux; il est certain que la charte n'a pas concédé la liberté des journaux et des écrits périodiques. Le droit de publier ses opinions personnelles n'implique sûrement pas le droit de publier par voie d'entreprise les opinions d'autrui. En 1819, à l'époque même où un système contraire prévalut dans les chambres, il y fut hautement proclamé que la presse périodique n'était point régie par l'article 8. »

Dans quelles conditions devait s'opérer ce retour à la charte? Le garde des sceaux indiquait au Roi le recours à l'article comme le seul rempart dont la force pût protéger la monarchie. Le recours aux mesures extra-légales était aux yeux de M. de Chantelauze un devoir que Charles X devait remplir :

« Il ne faut pas s'abuser, disait le ministre de la justice, nous ne sommes plus dans les conditions ordinaires du gouvernement représentatif. Les principes sur lesquels il a été établi n'ont pu demeurer intacts au milieu des vicissitudes politiques. Une démocratie turbulente qui a pénétré jusque dans nos lois, tend à se substituer au pouvoir légitime. Elle dispose de la majorité des élections par le moyen des journaux et le concours d'affiliations nombreuses. Elle a paralysé, autant qu'il dépendait d'elle, l'exercice régulier de la plus essentielle prérogative de la couronne, celle de dissoudre la chambre élective. Par cela même, la constitution de l'État est ébranlée.

« Le droit comme le devoir d'en assurer le maintien est l'attribut inséparable de la souveraineté. Nul gouvernement sur la terre ne resterait debout s'il n'avait le droit de pourvoir à sa sûreté. Ce pouvoir est préexistant aux lois, parce qu'il est dans la nature des choses. Ce sont là des maximes qui ont pour elles et la sanction du temps et l'aveu de tous les publicistes de l'Europe.

« Ces maximes ont une sanction plus positive encore, celle de la charte elle-même. L'article 14 a investi le Roi d'un pouvoir suffisant, non sans doute pour changer nos institutions, mais pour les consolider et les rendre plus immuables.

« D'impérieuses nécessités ne permettent plus de différer l'exercice de ce pouvoir suprême; le moment est venu de recourir à des mesures qui rentrent dans l'esprit de la charte, mais qui sont en dehors de l'ordre légal, dont toutes les ressources ont été inutilement épuisées. Ces mesures, Sire, vos ministres, qui doivent en assurer le succès, n'hésitent pas à vous les proposer, convaincus qu'ils sont que force restera à la justice. »

La cause était donc entendue pour le ministère, résolu à se jeter dans les voies périlleuses d'un coup d'État, en donnant ainsi à la royauté le tort d'avoir désespéré la première de la légalité. On ne pouvait nier l'existence de l'article 14 ; mais chaque parti l'interprétait à sa façon et croyait y lire ce qu'il voulait y trouver[1]. Les ministres eux-mêmes, en reconnaissant la nécessité de l'emploi des mesures extra-légales, n'étaient pas tous d'accord sur les moyens d'application de l'article 14. Lorsque les trois ordonnances, auxquelles le rapport de M. de Chantelauze servait d'exposé des motifs, furent soumises au conseil pour la première fois, une vive discussion s'engagea entre les ministres. La première de ces ordonnances suspendait la liberté de la presse ; elle établissait qu'à l'avenir tout journal ou écrit périodique ne pourrait paraître

---

1. Après la révolution de juillet, les ennemis de la Restauration eux-mêmes reconnurent que Charles X, par l'emploi de l'article 14, n'avait pas littéralement violé la charte. Le *National* s'exprimait ainsi à ce sujet : « La charte, octroyée sans l'article 14 eût été une absurdité. Ceux qui avaient voulu la légitimité et la Restauration devaient vouloir jusqu'au bout que le Roi ne pût rendre son épée... Charles X n'a pas violé littéralement l'article 14 par les ordonnances de juillet. » (*National*, août et octobre 1833.)

La *Tribune* fit le même aveu en mars 1833 : « Si Charles X par ordonnance avait aboli l'hérédité de la pairie, la gabelle, le double vote, il eût violé ouvertement les lois, et cependant les libéraux et le peuple eussent applaudi au Roi parjure... Pourquoi les ordonnances étaient-elles mauvaises ? Parce qu'elles étaient le boulevard de la royauté... Ou il faut reconnaître la légalité des ordonnances faites en vertu de l'article 14, ou il faut nier la charte de Louis XVIII. M. de la Fayette déclare que l'article 14 réservait formellement la souveraineté au Roi toutes les fois qu'il s'agissait de la sûreté de l'État et que le Roi seul était juge des circonstances dans lesquelles il devait revendiquer le pouvoir souverain. Ceux qui ont réduit la révolution de juillet à une misérable chicane de légalité ont plaidé la cause de la dynastie déchue ; les ordonnances étaient strictement légales, et elles étaient une nécessité de position. » A son tour, M. Guizot s'exprima ainsi à la chambre des députés le 29 décembre 1830 : « Quand la charte parut en 1814, que fit le pouvoir ? Il eut soin de déposer, dans le préambule, le mot octroyé, et dans le texte, l'article 14, qui donnait la faculté de faire des ordonnances pour la sûreté de l'État, c'est-à-dire qu'il s'attribuait avant la charte un droit antérieur et extérieur à la charte ou autrement un pouvoir souverain, constituant, absolu. »

qu'en vertu d'une autorisation spéciale obtenue séparément par les imprimeurs et les rédacteurs. Cette autorisation serait révocable et devrait être renouvelée tous les trois mois. Les préfets pourraient accorder et retirer provisoirement l'autorisation aux journaux publiés dans leur département. Voici les principales dispositions de cette ordonnance :

« Nul écrit au-dessous de vingt feuilles ne paraîtra qu'avec l'autorisation du ministre de l'Intérieur à Paris et des préfets dans les départements. Tout journal ou écrit publié sans autorisation sera immédiatement saisi ; les presses et les caractères qui auront servi à leur impression, placées dans un dépôt public et sous scellés, seront mis hors de service ; les mémoires sur procès et les mémoires des sociétés savantes ou littéraires devront se soumettre à l'autorisation préalable, s'ils traitent en tout ou en partie de matières politiques. »

L'ordonnance sur la presse remettait en vigueur plusieurs articles de la loi du 28 octobre 1814, qui avait suspendu l'article 8 de la charte.

La seconde ordonnance dissolvait la chambre nouvellement élue.

La troisième ordonnance changeait le système électoral.

Voici le texte de la troisième ordonnance :

« La chambre des députés sera exclusivement composée de députés des départements.

« Chaque département aura le nombre de députés qui lui est attribué par l'article 36 de la charte. Ils seront élus, et la chambre sera renouvelée dans la forme et pour le temps fixé par l'article 37 de la charte.

« Les colléges électoraux se diviseront en colléges d'arrondissement et colléges de département. Les colléges d'arrondissement se composeront de tous les électeurs dont le domicile politique sera établi dans l'arrondissement. Les colléges de département se composeront du quart le plus imposé des électeurs du département. Chaque collége d'arrondissement élira un nombre de candidats égal au nombre des députés du département. Les sections du collége d'arrondissement pourront être assemblées dans des lieux différents ; chaque section élira un candidat et procédera séparément.

« Les présidents des sections du collége d'arrondissement seront choisis, par le préfet, parmi les électeurs de l'arrondissement. Le collége de département élira les députés. La moitié des députés devra être choisie dans la liste générale des candidats proposés par les colléges d'arrondissement. La liste des électeurs sera arrêtée par le préfet en conseil de préfecture. Elle sera affichée cinq jours avant la réunion des colléges. Les réclamations sur la faculté de voter, auxquelles il n'aura pas été fait droit par les préfets, seront jugées par la chambre des députés en même temps qu'elle statuera sur la validation des opérations électorales. Nul ne sera admis dans le collége ou section de collége, s'il n'est inscrit sur la liste des électeurs qui en doivent faire partie. Les électeurs voteront par bulletins de liste. Chaque bulletin contiendra autant de noms qu'il y aura de nominations à faire. Les électeurs écriront leur vote sur le bureau ou l'y feront inscrire par l'un des scrutateurs.

« Conformément à l'article 46 de la charte, aucun amendement ne pourra être fait à une loi s'il n'a été proposé ou consenti par nous, et s'il n'a été renvoyé et discuté dans nos bureaux. »

La troisième ordonnance supprimait les députés d'arrondissement et réduisait le nombre des députés à 258 ; elle abolissait la septennalité en fixant à cinq années la durée du mandat électotoral ; elle abaissait le cens électoral en composant exclusivement le cens d'éligibilité d'après les contributions foncière, personnelle et mobilière. Les colléges d'arrondissement présentaient les candidats; les colléges de département nommaient les députés. Les colléges de département étaient tenus de choisir la moitié des députés dans la liste des candidats proposés par les conseils d'arrondissement. L'intervention des tiers était supprimée ; les préfets recouvraient leur influence sur les élections, influence que la loi de 1828 leur avait enlevée. L'ordonnance retirait enfin aux tribunaux la compétence dans les questions concernant le droit électoral.

Une quatrième ordonnance replaçait au conseil d'État plusieurs membres éloignés sous les deux derniers ministères[1]; elle accordait le titre de conseiller d'État honoraire à M. Bergasse, qui passait alors pour un partisan des mesures extralégales[2].

Le 24 juillet, lorsque ces projets furent présentés au conseil, une vive discussion s'engagea entre les ministres. Les ordonnances avaient été improvisées, l'une par M. de Chantelauze, l'autre par M. de Peyronnet. Jamais, dans l'éventualité probable d'un coup d'État, le prince de Polignac n'avait songé à prendre l'avis de ses collègues sur ce sujet si important. Il avait parlé de l'opportunité d'un recours à l'article 14 sans avoir choisi de concert avec les autres membres du ministère le plan de défensive royale qu'il conviendrait d'adopter. Il était persuadé que l'exécution de ces mesures ne susciterait aucun obstacle à la royauté. M. d'Haussez fit observer au conseil que l'ordonnance sur la presse, telle qu'on l'avait conçue, était inexécutable. Elle aurait donné lieu à une lutte permanente entre le pouvoir et la magistrature, lutte dans laquelle le pouvoir n'aurait pas le dernier mot, car l'opposition ne manquerait pas de prendre une part active au combat :

« L'ordonnance sur la presse paraissait un moyen de presser le dénoûment de la question, écrit M. d'Haussez dans ses Mémoires. Il s'agissait de savoir si l'on était en mesure de la faire juger en faveur

---

1. MM. Delaveau, de Vaublanc, Dudon, Forbin des Issarts, de Frenilly, Franchet-Desperey, de Castelbajac, Sirieys de Marinhac, Cornet-d'Incourt, de Villebois, de Formont, de Conny, furent rappelés au conseil d'État par cette ordonnance.

2. La coïncidence qu'on remarqua entre la publication des ordonnances de juillet et la nomination de M. Bergasse au conseil d'État fit classer tout d'abord M. Bergasse, parmi les inspirateurs du coup d'État, et le *Constitutionnel* l'accusa d'être un obscur partisan du despotisme. M. de Gaillard, dans son *Éloge de M. Bergasse*, affirme que « M. Bergasse ne conseilla pas les ordonnances de juillet ; il n'en soupçonnait pas même le projet, ajoute M. L. de Gaillard, et il aurait blâmé M. de Polignac comme il avait blâmé MM. Maupeou et Loménie de Brienne. » (Voy. *Éloge de Nicolas Bergasse*, p. 76.)

du gouvernement. J'adressai, à ce sujet, au président du conseil, de nouvelles questions qui parurent lui causer de la contrariété. La résistance à l'exécution de cette ordonnance était imminente. J'insistai donc près du président du conseil pour connaître les forces dont il pourrait disposer. Ses réponses furent évasives jusqu'à ce que, pressé par mon refus d'adhérer à la délibération si le renseignement que je demandais ne m'était pas fourni d'une manière satisfaisante, il me dit qu'il y avait 18,000 hommes et 40 pièces d'artillerie à Paris, Courbevoie, Rueil, Saint-Denis et Vincennes, et que 12,000 hommes de la garde et de régiments sur lesquels il pouvait compter seraient à Paris en dix heures. Je fis observer que dix heures, que deux jours même ne suffiraient pas pour appeler à Paris la réserve composée de régiments en garnison à Compiègne, à Beauvais, à Rouen, à Orléans. Mes observations ébranlaient plusieurs de mes collègues, lorsque, revenant à son argument de prédilection, le président du conseil nous dit : « Ou vous reconnaissez la mesure utile, ou elle ne vous paraît pas telle : dans le premier cas, il faut l'adopter avec ses inconvénients et ses dangers; dans le second, il faut laisser aller les choses et en subir les conséquences. »

L'ordonnance électorale donna lieu à un débat encore plus animé. M. d'Haussez fit observer qu'on sortait sans raison de l'ordre légal, le pouvoir n'obtiendrait du nouvel ordre de choses aucun avantage capable de balancer les inconvénients réels et les dangers d'une mesure si hasardeuse. Le président du conseil répondit à ses observations en jetant le projet d'ordonnance devant lui et en l'engageant à en faire un autre :

« Je n'avais ni le temps ni la volonté de me livrer à ce travail, écrit M. d'Haussez. J'offris mes idées pour modifier le plan qui était tracé, et j'en réclamai l'examen. Le président dit que nous étions trop pressés par les événements pour nous arrêter minutieusement sur les moyens de les combattre, que mes observations pouvaient être fondées, mais qu'elles étaient inopportunes[1]. »

M. de Guernon-Ranville, mécontent de la réponse de M. de Polignac, lui déclara qu'à sa place il remplacerait les 22 ar-

1. Mémoires inédits du baron d'Haussez.

ticles de l'ordonnance électorale par un seul paragraphe ainsi conçu :

« Les députés de chaque département seront nommés par le préfet. »

Cette opposition de plusieurs ministres n'arrêta pas le président du conseil : il déclara qu'il allait prendre les voix. Les ministres opposants eux-mêmes donnèrent leur assentiment à des mesures qu'ils réprouvaient. M. d'Haussez refusa d'abord sa voix, et une vive discussion s'engagea de nouveau entre le président du conseil et le ministre de la marine; mais, entraîné par une sorte de point d'honneur qui lui faisait considérer comme une espèce de lâcheté de décliner sa part d'un péril auquel ses collègues s'exposaient, il donna son adhésion au projet :

« Ce ne fut pas sans hésitation que je me décidai, écrit-il dans ses Mémoires; au moment de voter, je portai mes regards autour de la salle avec une affectation qui fut remarquée par le prince de Polignac : « Que cherchez-vous ? me dit-il. — Le portrait de Strafford, » lui répondis-je [1]. »

C'était avec cette inconcevable légèreté que le prince de Polignac improvisait un coup d'État dont il ne prévoyait pas les suites terribles. Il ne songeait pas à organiser la défense contre une attaque qui ne lui semblait pas probable. Les forces militaires étaient dispersées sur différents points du territoire; les camps de Saint-Omer et de Lunéville réunis formaient un effectif de 25,000 hommes, qu'on aurait pu diriger sur Paris; mais un mouvement de troupes si considérable eût pu donner l'éveil sur les mesures qu'on préparait. Une autre circonstance exigeait l'immobilisation des troupes de Saint-Omer et de Lunéville; peu de jours avant la promulgation des

1. Mémoires inédits du baron d'Haussez.

ordonnances, le ministère apprit l'entrée prochaine de 30,000 Prussiens sur le territoire belge. Le roi des Pays-Bas, effrayé des progrès que l'esprit révolutionnaire faisait parmi ses sujets, négociait secrètement l'intervention de la Prusse dans ses États. La dignité de la France ne pouvait supporter l'immixtion de la Prusse dans les affaires de la Belgique, et le ministre français résidant à Bruxelles déclara au gouvernement belge que, si un seul soldat prussien foulait le sol des Pays-Bas, les deux camps de Saint-Omer et de Lunéville, immédiatement levés, seraient dirigés à marches forcées sur Bruxelles. Les troupes de Saint-Omer et de Lunéville demeurèrent donc dans leur camp respectif jusqu'au moment où l'on fut assuré que les représentations de la France avaient produit leur effet à Bruxelles [1].

Le président du conseil ne jugea pas à propos d'entretenir les puissances étrangères des déterminations qu'il avait prises. Aucune communication officielle ne fut faite aux États de l'Europe, dont l'attitude, dans les événements qui allaient suivre, aurait pu avoir une si grande influence sur l'avenir. Le prince de Polignac prévoyait l'opposition des cabinets européens. Sa préoccupation dominante était de veiller à ce que le secret des ordonnances fût gardé jusqu'à leur publication. Cependant les cours de l'Europe pressentaient que des événements extraordinaires allaient s'accomplir en France [2].

---

[1]. Après la chute de la Restauration, le 25 et le 26 août 1830, un soulèvement eut lieu en Belgique, qui secoua le joug de la Hollande et proclama son indépendance.

[2]. Le coup d'État était prévu depuis longtemps en Russie. M. de Courvoisier raconte ainsi, dans une lettre adressée à M. Guizot, une conversation qu'il eut avec M. Pozzo di Borgo, avant de rentrer dans la vie privée : « Avant de quitter les sceaux, je causais avec M. Pozzo di Borgo de l'état du pays et des périls dont s'entourait le trône. « Quel moyen, me dit-il un jour, d'éclairer « le Roi et de l'arracher à un système qui peut de nouveau bouleverser l'Europe « et la France ? — Je n'en vois qu'un, lui répondis-je, c'est une lettre de la « main de l'empereur de Russie. — Il l'écrira, dit-il ; il l'écrira de Varsovie où

Le 23 juillet, lord Stuart arrivait à Paris comme pour observer la révolution. M. de Mortemart, ambassadeur de France à Saint-Pétersbourg, revenait en même temps à Paris. Ces deux personnages politiques avaient eu l'éveil du coup d'État qui se préparait. Ils interrogèrent M. de Polignac à ce sujet. Celui-ci s'efforça de dissiper leurs soupçons. M. de Mortemart apportait au Roi une lettre dans laquelle Mme de Nesselrode exposait à Charles X le plan des ordonnances qu'on allait publier. Le Roi, à cette lecture, déclara que ce plan n'existait que dans l'imagination de Mme de Nesselrode.

Cependant, le 24 juillet, lorsque le projet fut adopté par l'unanimité des voix du conseil, les ministres comprirent la gravité des mesures qui avaient été adoptées, et plusieurs d'entre eux assurèrent le lendemain que leur sommeil avait été souvent interrompu par les réflexions auxquelles une démarche si périlleuse pour le trône et pour eux donnait lieu. Ils s'étaient avancés et personne n'osait proposer de reculer. Convaincus des dangers que courait le monarque, ils avaient espéré les conjurer, mais le moyen qu'ils employaient était si hasardeux qu'ils pouvaient douter de ses résultats. Leur position était bien difficile : s'ils ne se décidaient pas à agir, on les accuserait de timidité, de lâcheté ; ils acceptaient donc leur part de responsabilité, en se rendant compte du péril qu'eux-mêmes allaient courir. Le prince de Polignac les avait rassurés en leur affirmant que les mesures militaires étaient prises pour que la résistance qu'on pouvait craindre fût à l'instant réprimée.

« il doit se rendre. » Puis nous en concertâmes la substance. « M. Pozzo di Borgo m'a dit souvent que l'empereur Nicolas ne voyait de sécurité pour les Bourbons que dans l'accomplissement de la charte. » « Je doute que l'empereur Nicolas ait écrit lui-même au Roi Charles X, ajoute M. Guizot aux *Mémoires* duquel nous empruntons ces détails ; mais ce que son ambassadeur à Paris disait au garde des sceaux de France, il le disait, lui aussi, au duc de Mortemart, ambassadeur du roi à Saint-Pétersbourg : « Si on sort de la charte, on va à une « catastrophe ; si le Roi tente un coup d'État, il en supportera seul la respon- « sabilité. » (*Mémoires de M. Guizot*, t. I, p. 366.)

SIGNATURE DES ORDONNANCES DE JUILLET.

e 25 juillet, les ordonnances furent présentées à la signature du Roi ; ce jour-là même, les bruits du coup d'État prenaient plus de consistance dans le public.

M. de Vitrolles se rendit à Saint-Cloud le 25 juillet au matin. Il vit plusieurs ministres, et il eut avec M. de Guernon-Ranville la conversation suivante :

« Je ne vous demande pas le secret du conseil, dit M. de Vitrolles; mais je vous engage à bien réfléchir avant de prendre des mesures décisives. Le moment ne serait pas bien choisi; une grande fermentation agite les esprits à Paris, et l'on ne peut prévoir quelles seraient les suites d'un mouvement populaire. »

M. de Vitrolles donna à M. de Guernon des détails qui l'étonnèrent d'autant plus que le ministre de l'intérieur n'avait pas communiqué au conseil un seul des renseignements apportés par M. de Vitrolles.

« En quittant Vitrolles, j'ai cherché Mangin et l'ai questionné longuement sur les dispositions de Paris, écrit M. de Guernon dans son Journal. Toutes ses réponses ont été rassurantes. Il a fini par me dire : Je me doute du motif qui excite vos sollicitudes ; mais tout ce que je puis vous dire, c'est que, quoi que vous fassiez, Paris ne bougera pas; marchez hardiment, je réponds de Paris sur ma tête, j'en réponds. »

A l'issue de cette conversation entre le préfet du police et le ministre de l'instruction publique, le conseil s'ouvrit. M. de Chantelauze fit d'abord la lecture de son rapport que tous les assistants s'accordèrent à louer. Le Roi voulut entendre par deux fois la lecture des ordonnances sur la presse et sur les élections. Lorsque cette lecture fut terminée, tous les ministres restèrent silencieux; le Roi se tourna alors vers M. le Dauphin :

« Vous avez entendu, lui dit-il. — Oui, mon père. — Qu'en pensez vous? — Lorsque le danger est inévitable, il faut l'aborder franchement et aller tête baissée. On périt ou l'on se sauve. — C'est votre avis, Messieurs? reprit le Roi en promenant ses regards autour de la salle. — Oui, Sire, répondit un des ministres (le baron d'Haussez), nous sommes d'accord sur la fin, mais non sur les moyens. Je reconnais que la mesure est indispensable, mais je reconnais en même temps que l'on n'a pas de moyens suffisants pour la faire réussir. »

Il reproduisit alors les observations qu'il avait présentées la veille dans sa discussion avec le prince de Polignac.

« Vous ne voulez donc pas signer, lui dit le Roi. — Je signerai, Sire, répondit M. d'Haussez, parce que je considérerais comme une lâcheté d'abandonner dans une telle circonstance la monarchie et le Roi. Mais je déclare que je me rallie, non à ma conviction, mais à la responsabilité de mes collègues[1]. »

Le Roi parut alors absorbé dans une profonde réflexion; il resta pendant quelques minutes la tête appuyée sur une de ses mains, tandis que de l'autre il tenait sa plume suspendue au-dessus des ordonnances. Il sortit enfin de sa rêverie en disant: « Plus j'y pense, et plus je demeure convaincu qu'il est impossible de faire autrement. » Puis il signa; tous les ministres contre-signèrent en silence. Pendant ce temps M. de Peyronnet présentait au Roi l'ordonnance de dissolution de la chambre, et celle qui convoquait une chambre nouvelle au 28 septembre suivant. On parla ensuite du cas où l'apparition des ordonnances, qui devaient être publiées le lendemain au *Moniteur*, donnerait lieu à quelque mouvement populaire. Le président du conseil répondit qu'il ne craignait aucun événement fâcheux, mais qu'en toute hypothèse il y avait à Paris des forces suffisantes pour assurer la paix publique. Avant

---

1. Journal politique de M. de Guernon-Ranville. (*Documents inédits.*)

de se retirer, le Roi adressa aux ministres les paroles suivantes :

« Voilà de grandes mesures ! Il faudra beaucoup de courage et de fermeté pour les faire réussir. Je compte sur vous; vous pouvez compter sur moi. Notre cause est commune. Entre nous, c'est à la vie et à la mort[1]. »

Après cette mémorable séance, MM. de Montbel et de Guernon-Ranville quittèrent ensemble Saint-Cloud, et traversèrent à pied le bois de Boulogne. Les paroles qu'ils échangèrent furent graves et tristes :

« Nous venons d'engager une partie dans laquelle nous avons mis nos têtes pour enjeu, dit M. de Guernon-Ranville à M. de Montbel; mais, quoi qu'il arrive, notre conscience sera tranquille, car nous n'avons en vue que le service du Roi et le bonheur de la France. »

La principale préoccupation du Roi et du président du conseil était de tenir les ordonnances secrètes jusqu'au moment de leur publication, qui devait avoir lieu simultanément dan le *Moniteur* et dans le *Bulletin des Lois*. Le *Moniteur* devait publier les ordonnances le 26 juillet au matin. Le Roi, le Dauphin et le prince de Polignac étaient convaincus que, pour réussir, un coup d'État devait éclater comme une bombe, surprendre et intimider les partis en les prenant à l'improviste. Les précautions les plus minutieuses étaient prises pour que la lecture du *Moniteur* apprît seule au public l'existence des ordonnances; en revanche on ne songeait pas à concerter des mesures capables de réprimer les troubles qu'une telle publication devait naturellement exciter. Le secret des délibérations

---

1. Ces détails sont empruntés aux *Mémoires inédits* du baron d'Haussez et au *Journal inédit* de M. de Guernon-Ranville.

du conseil avait été si bien gardé, que le 25 juillet, dans la soirée, le Dauphin, se promenant de long en large, disait en se frottant les mains :

« Je connais quelqu'un qui sera bien étonné demain en lisant le *Moniteur*, c'est Champagny. »

Or M. de Champagny était en réalité, dans ce moment, le ministre de la guerre.

Les princes, pas plus que le président du conseil, n'appréciaient les conséquences probables du coup d'État. Personne ne songeait à organiser les forces militaires dont on pouvait encore disposer. La plus belle et la plus sûre partie de l'armée était employée à l'expédition d'Alger, le reste aux champs de manœuvres de Saint-Omer et de Lunéville ; plusieurs régiments de la garde étaient disséminés en Normandie. La garnison de Paris se composait de 11,500 hommes. En outre, dans un rayon de quatre lieues, à Vincennes, Saint-Denis, Sèvres, Versailles, se trouvait un effectif de 5,500 hommes de toutes armes [1]. On avait songé à réunir ces forces dans un camp

---

[1]. Nous donnerons ici l'état des troupes dont le gouvernement pouvait disposer le 25 juillet. Ces chiffres sont empruntés à une brochure du temps intitulée : *La garde royale pendant les événements du 26 juillet au 5 août 1830*, par un officier de l'état-major. Ces chiffres concordent avec ceux que le prince de Polignac indique dans ses *Études historiques*. Les voici :

1re division militaire (à Paris). Garde royale, infanterie : 3 régiments, 1er, 3e, 7e suisses, 8 bataillons, 3,800 hommes.

Cavalerie : 2 régiments, lanciers et cuirassiers, 8 escadrons, 800 hommes.

Artillerie : 2 batteries, 12 pièces, déduction des obusiers, 150 hommes.

Ligne, infanterie : 5e, 50e, 53e et 15e léger, 11 bataillons, 4,400 hommes.

Fusiliers sédentaires : 11 compagnies, 1,100 hommes.

Gendarmerie d'élite et municipale : 700 hommes.

Ces forces composaient un effectif de 11,500 hommes, divisés en 19 bataillons et 8 escadrons.

Dans la banlieue :

A Vincennes : 6 batteries d'artillerie de la garde de 6 pièces chacune, 1 bataillon du 2e régiment de la garde royale, 500 hommes.

Saint-Denis : 2 bataillons du 2e régiment de la garde royale, 500 hommes.

qu'on aurait organisé aux environs de Paris, mais le président du conseil jugea que cette disposition pourrait faire pressentir l'importance des mesures qu'on préparait.

Au moment même où la publication des ordonnances était résolue, le comte de la Rochejaquelein vint proposer au président du conseil de se mettre à la disposition du Roi, en ajoutant qu'en cas de danger la Bretagne saurait se soulever encore et combattre pour le Roi. Il promettait d'organiser promptement sa troupe ; mais, au préalable, deux conditions devaient être remplies par le gouvernement : « M. de la Rochejaquelein demandait le remplacement du commandant de la division militaire par un autre officier dont il indiquait le nom, écrit M. de Polignac dans ses *Études politiques*, et l'envoi d'un régiment à Saumur qui n'était pas alors ville de garnison, pour garder le dépôt d'armes qui s'y trouvait. » Ces conditions ne furent pas acceptées et la négociation échoua. Le président du conseil a avoué lui-même qu'il ne prévoyait pas qu'une résistance sérieuse serait opposée à l'exécution des ordonnances :

« Le péril qui menaçait la France était, je dois en convenir, plus profond que je ne l'avais cru, a-t-il écrit dans ses *Études politiques*. Certes, si l'avenir m'eût été dévoilé, j'eusse insisté pour que le Roi se rendît sur la terre classique de la fidélité française, et c'est de Bourbon-Vendée qu'eussent été signées les ordonnances de juillet. »

Le secret le plus profond entoura donc les projets d'ordon-

Courbevoie : Le 3ᵉ bataillon du 4ᵉ régiment de la garde royale, 1,000 hommes.
Versailles : 3 bataillons de la garde royale, 12 escadrons de la garde royale 1,100 hommes.
La première division militaire comprenait, en outre
Compiègne : 1 escadron de dépôt.
Corbeil : Idem.
Melun : 6 escadrons de la garde.
Fontainebleau : 6 escadrons de la garde.
Orléans : 3 bataillons de la garde royale suisse.

nances. Le 25 juillet au soir seulement, on avertit le rédacteur en chef du *Moniteur* qu'il recevrait des articles fort étendus qui ne seraient terminés qu'au milieu de la nuit et devraient être insérés dans le numéro du lendemain.

Vers onze heures du soir, M. de Chantelauze fit mander M. Sauvo, rédacteur du *Moniteur*. Il lui remit le rapport et les ordonnances. M. Sauvo parcourut les pièces :

« Qu'en pensez-vous, lui demanda M. de Montbel qui était présent
« — Dieu sauve le Roi et la France ! » répondit le rédacteur du *Moniteur*. Et il ajouta en se retirant : Messieurs, j'ai cinquante-sept ans, j'ai vu toutes les journées de la révolution, et je me retire avec une profonde terreur. »

XI

JOURNÉE DU 26 JUILLET. — EFFET PRODUIT PAR LA PUBLICATION DES ORDONNANCES. — PROTESTATION DES JOURNALISTES. — RÉUNION DE QUELQUES DÉPUTÉS CHEZ M. DELABORDE. — INSIGNIFIANCE DES MESURES ADOPTÉES PAR LE COMMANDANT DE LA PLACE DE PARIS. — *JOURNÉE DU 27 JUILLET.* — PREMIERS RASSEMBLEMENTS AU PALAIS ROYAL. — LUTTE AUX BUREAUX DU *NATIONAL* ET DU *TEMPS*. — PREMIÈRES DISPOSITIONS PRISES PAR LE MARÉCHAL DE RAGUSE. — RÉUNION DES DÉPUTÉS CHEZ M. CASIMIR PÉRIER. — LA MISE EN ÉTAT DE SIÉGE DE PARIS EST RÉSOLUE.

Le 26 juillet au matin, le Roi et le Dauphin quittèrent Saint-Cloud ; ils allèrent à la chasse, pendant que les ordonnances apparaissaient au *Moniteur*, sans s'inquiéter de l'effet que cette publication produirait sur la population de Paris.

---

1. Ces détails sont rapportés par M. de Barante dans la *Vie politique de M. Royer-Collard*, t. II, p. 437.

Cette insouciance prouvait clairement leur aveuglement et la fascination dont on était parvenu à les entourer. Ces malheureux princes allèrent chasser à courre dans la forêt de Rambouillet, ils y dînèrent et ne revinrent à Saint-Cloud que pour l'heure du coucher. Une ordonnance, datée du 25 juillet, plaçait le duc de Raguse, major général de la garde royale, à la tête de la première division militaire [1]. Le maréchal portait depuis longtemps le titre de gouverneur de la première division militaire; mais il portait ce titre sans en remplir les fonctions. Le choix de ce personnage politique n'était pas habile. Le duc de Raguse se trouvait dans une position fausse vis-à-vis de l'armée et des partis. L'armée voyait toujours en lui le général qui avait fait ouvrir aux alliés les portes de Paris [2], et son nom évoquait un des plus pénibles souvenirs de l'histoire contemporaine. On aurait dû attendre, pour lancer les ordonnances, que le maréchal Marmont ne fût plus de service comme major général de la garde, en remplacement du général Coutard, alors aux eaux pour sa santé. M. de Bourmont, au moment de partir pour l'Afrique, avait conjuré M. de Po-

---

[1]. Donnons ici quelques détails sur les forces dont le gouvernement pouvait disposer au moment de la révolution de Juillet. L'effectif de l'armée française en temps de paix portait, en 1830, un chiffre de 240,000 hommes; mais les réductions que la chambre infligeait chaque année au budget de la guerre ne permettaient pas de maintenir les cadres au complet; un cinquième des soldats, c'est-à-dire 50,000 hommes, se trouvaient en permanence dans leurs foyers en vertu de congés illimités. En outre, il fallait déduire du chiffre indiqué plus haut 34,000 hommes qui combattaient en Algérie; le chiffre réel des troupes que le gouvernement avait à sa disposition pour occuper les places de guerre sur les frontières et réprimer les désordres qui pouvaient se manifester sur divers points du territoire était de 156,000 hommes. Ces différents corps d'armée étaient éloignés de Paris, et le coup d'État avait été improvisé avec une telle rapidité, qu'entre le moment où les ordonnances parurent et le triomphe de l'insurrection, on n'eut pas le temps de faire venir les troupes qui auraient pu prêter un secours efficace à la garde royale.

[2]. Les anciens soldats de l'empire avaient fait un jeu de mots sur le nom du duc de Raguse. Lorsqu'ils voulaient dire qu'un homme avait trahi, ils disaient : Il a *ragusé*.

lignac de ne prendre aucun parti avant le retour de l'armée expéditionnaire. On aurait eu ainsi sous la main une armée enivrée de sa victoire, et pleine de confiance en l'avenir de la monarchie sous le drapeau de laquelle elle venait de triompher. Le ministère avait à sa disposition et sur les lieux le duc de Bellune si profondément dévoué à la cause monarchique, si influent sur les troupes d'une armée qu'il avait créée lui-même en harmonie avec ses principes. Mais on lui avait aliéné l'esprit du duc d'Angoulême, au point que Louis XVIII, obligé d'opter entre son neveu et le maréchal, l'avait éloigné du ministère de la guerre. On fut donc réduit à confier la défense de la capitale au maréchal qui, pour la seconde fois, semblait voué fatalement à présider à la chute du gouvernement qui lui avait confié le soin de sa conservation.

Le 26 juillet, dans la matinée, le duc de Raguse vint trouver M. Arago à l'Institut, et ne lui cacha pas son opposition aux mesures rendues publiques par le *Moniteur*. « Eh bien, vous le voyez, dit le maréchal, les insensés, ainsi que je le prévoyais, ont poussé les choses à l'extrême. Du moins, vous n'aurez à vous affliger que comme citoyen et comme bon Français : combien ne suis-je pas plus à plaindre, moi qui, en ma qualité de militaire, serai peut-être obligé de me faire tuer pour des actes que j'abhorre et pour des personnes qui, depuis longtemps, semblent s'étudier à m'abreuver de dégoût [1]. » Le maréchal de Raguse était donc tout à fait opposé aux ordonnances : il ne devait pas être disposé à réprimer fortement une insurrection provoquée par des actes qu'il blâmait.

Depuis la formation du ministère Polignac, l'opposition accusait le gouvernement de préparer des coups d'État, et, de

---

1. Déposition de M. Arago dans le procès des ministres.

son côté, le gouvernement s'attendait à voir éclater une conspiration politique; les deux partis, semblables à deux adversaires en présence, s'observaient l'un l'autre, en attendant qu'un des deux donnât le signal du combat. Le 26 juillet au matin, le public vit quelle main avait attaqué la première. Lorsque la publication des ordonnances fut un fait accompli, Paris conserva tout d'abord son aspect habituel. En parcourant les rues les plus populeuses, on ne voyait pas d'attroupements, on ne remarquait pas même de groupes au-dessous des placards qui renfermaient les ordonnances; chacun semblait vaquer à ses affaires. Le peuple ne s'ébranlait pas, et dans la soirée même les bals des barrières reçurent leurs hôtes accoutumés. Quelques personnes crurent voir une sorte de résignation passive dans le silence que gardait l'opposition; on aurait pu comparer ce calme apparent à la pesanteur qui règne dans l'atmosphère lorsqu'un orage se prépare.

La Bourse, ce fidèle thermomètre des oscillations de l'atmosphère politique, jeta la première un cri de détresse. Le 5 pour cent, qui, le 24 juillet, avait fermé à 105 fr. 15 c., s'abaissa le 26 juillet à 101 fr. 50 c. Le 3 pour cent, qui s'était élevé le 24 juillet à 79 fr., s'abaissa le 26 juillet à 75 fr. 60 c. C'était une baisse de près de quatre francs. Elle causait bien des ruines, et c'est avec justice qu'un écrivain de ce temps a dit : « Dans les lignes du *Moniteur* ceux-ci lisaient des millions perdus, ceux-là des millions gagnés. »

Les journalistes, directement atteints par l'ordonnance sur la presse, se réunirent, dès le 26 juillet, résolus à lutter contre l'exécution de cette ordonnance. Ils consultèrent MM. Dupin aîné, Odilon Barrot, Mauguin, Barthe, Mérilhou; ceux-ci leur conseillèrent une protestation immédiate. Quarante-quatre écrivains réunis aux bureaux du *National*, ce journal d'avant-poste créé pour l'attaque, signèrent une protestation dans laquelle ils établissaient l'illégalité des ordonnances, et engageaient les députés élus à se réunir le 3 août, date primitivement fixée pour leur convocation.

Un journaliste, qui bientôt après devint un homme d'État, M. Thiers, fut chargé par ses collègues de rédiger la protestation.

Elle était ainsi conçue :

« On a souvent annoncé depuis six mois que les lois seraient violées, qu'un coup d'État serait frappé. Le bon sens public se refusait à le croire. Le ministère repoussait cette supposition comme une calomnie. Cependant le *Moniteur* a publié enfin ces mémorables ordonnances qui sont la plus éclatante violation des lois. Le régime légal est donc interrompu, celui de la force est commencé.

« Dans la situation où nous sommes placés, l'obéissance cesse d'être un devoir. Les citoyens appelés les premiers à obéir sont les écrivains des journaux; ils doivent donner les premiers l'exemple de la résistance à l'autorité qui s'est dépouillée du caractère de la loi.

« Les raisons sur lesquelles ils s'appuient sont telles, qu'il suffit de les énoncer.

« Les matières que règlent les ordonnances publiées aujourd'hui sont de celles sur lesquelles l'autorité royale ne peut, d'après la charte, prononcer toute seule. La charte (art. 8) dit que les Français en matière de presse seront tenus de se conformer aux lois; elle ne dit pas aux ordonnances. La charte (art. 35) dit que l'organisation des colléges électoraux sera réglée par les lois; elle ne dit pas par les ordonnances.

« La couronne avait elle-même jusqu'ici reconnu ces articles, elle n'avait point songé à s'armer contre eux, soit d'un prétendu pouvoir constituant, soit du pouvoir faussement attribué à l'art. 14.

« Toutes les fois, en effet, que des circonstances, prétendues graves, lui ont paru exiger une modification, soit au régime de la presse, soit au régime électoral, elle a eu recours aux chambres. Lorsqu'il a fallu modifier la charte pour établir la septennalité et le renouvellement intégral, elle a eu recours non à elle-même, comme auteur de cette charte, mais aux chambres.

« La royauté a donc reconnu, pratiqué elle-même ces articles 8 et 35, et ne s'est point arrogé à leur égard, ni une autorité constituante, ni une autorité dictatoriale qui n'existent nulle part.

« Les tribunaux qui ont droit d'interprétation ont solennellement reconnu ces mêmes principes. La cour royale de Paris et plusieurs autres ont condamné les publicateurs de l'association bretonne, comme auteurs d'outrages envers le gouvernement. Elle a considéré comme un outrage la supposition que le gouvernement pût employer l'autorité des ordonnances là où l'autorité de la loi peut seule être admise.

« Ainsi le texte formel de la charte, la pratique suivie jusqu'ici par la couronne, les décisions des tribunaux, établissent qu'en matière de presse et d'organisation électorale, les lois, c'est-à-dire le Roi et les chambres, peuvent seuls statuer.

« Aujourd'hui donc, des ministres criminels ont violé la légalité. Nous sommes dispensés d'obéir. Nous essayons de publier nos feuilles sans demander l'autorisation qui nous est imposée. Nous ferons nos efforts pour qu'aujourd'hui au moins elles puissent arriver à toute la France.

« Voilà ce que notre devoir de citoyen nous impose, et nous le remplissons.

« Nous n'avons pas à tracer ses devoirs à la chambre illégalement dissoute. Mais nous pouvons la supplier, au nom de la France, de s'appuyer sur son droit évident et de résister autant qu'il sera en elle à la violation des lois. Ce droit est aussi certain que celui sur lequel nous nous appuyons. La charte dit (art. 50) que le Roi peut dissoudre la chambre des députés; mais il faut pour cela qu'elle ait été réunie, constituée en chambre, qu'elle ait soutenu enfin un système capable de provoquer sa dissolution. Mais, avant la réunion, la constitution de la chambre, il n'y a que des élections faites. Or, nulle part, la charte ne dit que le Roi peut casser les élections. Les ordonnances publiées aujourd'hui ne font que casser les élections; elles sont donc illégales, car elles font une chose que la charte n'autorise pas. Les députés élus, convoqués pour le 3 août, sont donc bien et dûment élus et convoqués. Leur droit est le même aujourd'hui qu'hier. La France les supplie de ne pas l'oublier. Tout ce qu'ils pourront pour faire prévaloir ce droit, ils le doivent. Le gouvernement a perdu aujourd'hui le caractère de légalité qui commande l'obéissance. Nous lui résistons pour ce qui nous concerne; c'est à la France à juger jusqu'où doit s'étendre sa propre résistance [1]. »

[1]. La protestation des journalistes portait les signatures suivantes :
MM. Thiers, Mignet, Chambolle, Peysse, Albert Stapfert, Dubochet, Rolle, rédacteurs du *National*; Gauja, gérant du *National*.
Chatelain, Alexis de Jussieu, Avenel, J.-P. Dupont, avocat; Guyot, Moussette, rédacteurs; Valentin de la Pérouse, gérant du *Courrier français*.
Ch. de Rémusat, B. Dejean, de Guizard, rédacteurs du *Globe*; P. Leroux, gérant du *Globe*.
J.-B. Baude, Busoni, Barbaroux, Haussmann, Dussard, Senty, A. Billiard, Chalas, rédacteurs du *Temps*; J. Coste, gérant du *Temps*.

Le 27 juillet cette protestation parut en tête du *National* et du *Temps*.

Le 26 juillet, quelques députés s'étaient réunis chez M. Casimir Périer. Un des députés présents proposa à ses collègues de protester contre les ordonnances au nom de la chambre nouvelle. Les assistants répondirent qu'ils n'avaient pas qualité pour agir en tant que députés avant le 3 août, jour fixé pour la réunion de l'assemblée. Devant cette objection, on décida que les députés de Paris prendraient l'initiative de la résistance, et M. Delaborde promit de les rassembler chez lui le soir même.

Les bureaux du *National* étaient le centre où les éléments d'opposition vinrent tout d'abord se réunir et se confondre. A la réunion de quelques députés succéda celle des électeurs influents sous la présidence de MM. Treilhard et Mérilhou. Le bouillant M. de Schonen, trouvant que les moyens de résistance proposés, le refus de l'impôt et la réorganisation de la garde nationale, étaient insuffisants, s'écria « que le moment de la discussion était passé, qu'il importait d'agir, de traduire en actes les principes proclamés depuis longtemps, d'opposer la violence à la violence et de repousser la force par la force. » Dans les réunions politiques, un avis timide n'est jamais accueilli avec faveur, une provocation à la révolte est toujours la bienvenue ; aussi M. de Schonen fut-il applaudi et fortement appuyé par les électeurs présents. Passer des paroles aux actes était le désir des chefs d'avant-poste de l'opposition. L'organisation du refus de l'impôt fut immédiatement décidée :

Larréguy, rédacteur du *Commerce*; Bert, gérant.
Léon Pillet, gérant du *Journal de Paris*.
Auguste Fabre, Ader, rédacteurs de la *Tribune des départements*.
Sarrans jeune, gérant du *Courrier des électeurs*.
Bohain, H. Roqueplan, rédacteurs du *Figaro*.
Vaillant, gérant du *Sylphe*.

des commissions allaient être formées dans chacun des arrondissements de Paris pour arriver à ce but. Cette décision ne satisfit pas les assistants; ils réclamèrent ouvertement l'insurrection et la réorganisation de la garde nationale. M. Thiers, qui avait pris dans l'assemblée le rôle de modérateur, répondit qu'on ne s'insurgeait pas avec rien : le peuple ne remuait pas. En effet, Paris restait calme; au Palais-Royal, quelques jeunes gens, montés sur des chaises, avaient essayé en vain d'exciter le peuple à la révolte en lisant à haute voix les ordonnances. Des groupes se formaient autour d'eux, mais ces groupes étaient composés presque exclusivement de curieux. Dans cette première partie de la journée, personne ne répondait aux appels à l'insurrection.

Dans la soirée du 26 juillet quatorze députés se réunirent chez M. Delaborde[1]. M. Bérard prit l'initiative d'une demande de protestation au nom de la chambre nouvellement élue. MM. de Schonen et Bernard appuyèrent cette proposition. MM. Casimir Périer et Villemain la combattirent en objectant que les députés présents n'étaient pas en nombre suffisant pour prendre une telle résolution; la proposition Bérard fut rejetée, et toute résolution à prendre fut ajournée à la réunion du lendemain. Les députés convinrent de se retrouver le lendemain chez M. Casimir Périer. Ce ne fut pas sans répugnance que M. Casimir Périer consentit à voir sa maison devenir le centre d'où partirait la résistance, car il subissait les événements : M. Casimir Périer était opposé aux mesures extrêmes; pendant les journées qui suivirent, il tint tête le plus longtemps qu'il put aux passions émues, et plus tard il subit la révolution qu'il aurait voulu empêcher. Mais, pressé par ses collègues, il n'osa refu-

---

1. C'étaient : MM. Bavoux, Bernard, Bérard, Chardel, Daunou, Delaborde, Jacques Lefèvre, Marchal, Mauguin, Persil, Casimir Périer, Vassal, de Schonen et Villemain.

ser de prêter son salon pour la réunion qui devait avoir lieu le lendemain.

Le journée du 26 juillet avait été calme. Le soir, entre sept et huit heures, des rassemblements se formèrent sur les places du Palais-Royal et du Carrousel. Les ministres en furent avertis. MM. de Peyronnet, d'Haussez, de Montbel, étaient réunis chez le président du conseil. Ils se décidèrent à se rendre chez M. de Chantelauze qui était souffrant, pour conférer sur les mesures à prendre. M. d'Haussez demanda au prince de Polignac quels ordres il avait donnés pour assurer le maintien de l'ordre; le président du conseil lui répondit d'une manière évasive. A 9 heures, les ministres entendirent des cris partant de la rue Castiglione; un groupe d'environ 150 personnes, composé d'un nombre à peu près égal d'hommes du peuple et de jeunes gens paraissant appartenir aux écoles de droit et de médecine et au commerce, s'y était formé. Ils marchaient aux cris de : *Vive la charte, à bas les ministres!* ils quittèrent la place Vendôme, et se dirigèrent vers la rue de la Paix. Dans ce moment même on vint apprendre à M. de Montbel que les vitres du ministère des finances avaient été brisées. M. de Polignac, inquiet pour l'hôtel de la présidence, voulut s'y rendre. M. d'Haussez l'accompagna. Les deux ministres montèrent dans la même voiture. Malgré l'obscurité de la nuit qui descendait, ils furent reconnus dans la rue des Capucines. Aussitôt des cris de : *A bas les ministres! à bas Polignac!* retentirent, et une grêle de pierres assaillit la voiture du côté où se trouvait le baron d'Haussez :

« Je fus atteint à la poitrine et à la main droite, écrit-il dans ses *Mémoires*, et un éclat de glace tombé sur une de mes jambes fit couler du sang en assez grande abondance. Nos gens n'étaient pas moins exposés que nous. Le cocher pressa ses chevaux, qu'heureusement on ne songea pas à arrêter, et nous entrâmes dans la cour de l'hôtel de la présidence, dont les gendarmes de garde parvinrent à fermer les portes. Une demi-heure après, le rassemblement s'était dispersé de lui-même. »

MM. de Polignac et d'Haussez se rendirent chez le comte de Wall, commandant de la place de Paris, afin de connaître les mesures qu'il avait prises, et de les modifier si elles paraissaient insuffisantes. Les deux ministres trouvèrent les hommes qui formaient le poste de l'hôtel de l'état-major, si rapprochés de l'hôtel de la présidence, les uns étendus sur des lits de camp, les autres assis devant la porte. Ils n'avaient pas été informés de ce qui s'était passé à quelques centaines de pas du poste. Le comte de Wall était couché :

« Il ignorait, écrit M. d'Haussez, qu'une demi-heure avant notre arrivée, un rassemblement avait traversé la place sur laquelle son hôtel est placé, qu'il avait brisé les vitres de l'hôtel des finances, situé à une centaine de mètres, et qu'à une distance à peu près égale il avait manqué d'assassiner deux ministres : — « Ce ne sera rien, nous dit « M. de Wall, je vais faire faire des patrouilles. Avant deux heures, elles « seront en mouvement. — Avez-vous beaucoup d'hommes prêts à pren- « dre les armes, lui demandai-je? — 50 par régiment. — Et combien « de régiments? — Trois. Les régiments de la garde ne sont pas sous « mes ordres. — Le major général de la garde est-il prévenu? dis-je au « prince de Polignac qui écrivait. — Je lui envoie un ordre. — Ce n'était « pas encore fait? — Vous vous inquiétez toujours. » Je rentrai au ministère de la marine à minuit, très-peu rassuré sur l'effet que devait produire la mise en mouvement de 150 hommes de la garnison de Paris et l'ordre donné au major général d'en faire sortir probablement autant [1]. »

En étudiant les réponses du prince de Polignac lors du procès des ministres, on demeure convaincu que le président du conseil pensait que la publication des ordonnances ne pouvait exciter qu'un trouble léger et passager; c'est pour cette raison que les mesures de répression qu'il adoptait ont

---

1. Mémoires inédits du baron d'Haussez.

un caractère d'insignifiance qui prouve de sa part un étrange aveuglement. Dès le 26 juillet cependant, les principaux commerçants et industriels de la ville de Paris, réunis à l'Hôtel de ville pour le renouvellement des membres du tribunal du commerce, ayant été excités par les chefs de l'opposition à outrance, s'étaient décidés à fermer à l'instant même leurs ateliers, en jetant ainsi leurs ouvriers dans la résistance déjà organisée. C'était là un symptôme qu'il aurait fallu observer pour juger de la violence de l'insurrection qui allait éclater.

Ce fut seulement le 27 juillet que l'insurrection commença à donner signe de vie. Le 26 juillet au soir, M. de Guernon-Ranville vit encore la foule des solliciteurs remplir les salons. Les courtisans venaient apporter au ministère des félicitations, plus ou moins sincères, sur des mesures qu'au fond du cœur ils désapprouvaient, mais dont le succès leur paraissait assuré.

Le 27 juillet, malgré les premiers symptômes de résistance qui avaient signalé la journée de la veille, le roi et les ministres n'éprouvaient pas de craintes sur l'issue finale de la lutte engagée entre la prérogative royale et la prérogative parlementaire. Les heures en se succédant ramenaient pour Charles X et pour le président du conseil le cours de leurs occupations accoutumées. Le 27 juillet, le Roi reçut encore en audience particulière l'évêque de Beauvais, le marquis de Dampierre et le marquis de Dreux-Brézé. Il travailla avec son ministre de l'intérieur et M. de la Bouillerie, il reçut d'un graveur russe la gravure faite par lui d'un portrait de l'impératrice Catherine. Le président du conseil discutait pendant ce temps une adjudication au ministère de la guerre. Ainsi, jusqu'au dernier moment, on conservait à Saint-Cloud l'illusion la plus complète sur la portée du mouvement qui s'organisait. Pendant ce temps, l'insurrection s'organisait et recrutait des bras parmi les ouvriers congédiés par les chefs d'ateliers et les industriels. Les ouvriers imprimeurs, atteints par l'ordonnance relative à la presse, excitaient les hommes du peuple à l'insurrection. Tous attribuaient au pouvoir la responsabilité de la décision prise par les chefs d'ateliers. On sait que les peuples ont pour axiome favori le proverbe qui dit : « Notre ennemi, c'est notre maître. » Les jeunes gens, toujours prêts lorsqu'il s'agit de faire du bruit, et qui voient dans une émeute une occasion bien choisie pour faire parler d'eux, et les étudiants qui sortaient du collége, remplis de haine pour les rois et d'enthousiasme pour les républiques de Rome et d'Athènes qui avaient vu naître les hommes de génie dont les chefs-d'œuvre excitaient leur juste admiration, exhortaient les ouvriers à secouer le joug de la tyrannie royale. Ces grands mots de liberté, d'égalité et de fraternité ont toujours le pouvoir d'électriser les masses qui ne songent pas qu'il est aussi impossible d'établir l'égalité sociale que l'égalité des tailles; tous réclament l'égalité avec leurs supérieurs, tout en exigeant qu'une ligne de démarcation soit bien établie entre eux et leurs inférieurs.

Les déclamations des ouvriers imprimeurs et des jeunes gens commençaient à trouver de nombreux auditeurs dans la foule, et ceux-là même qui ne savaient pas lire se déclaraient résolus à défendre à outrance la liberté de la presse.

Les journaux royalistes méconnaissaient autant que le ministère l'étendue du mouvement qui se préparait. Ils parurent le 27 juillet ayant obtenu l'autorisation exigée par la nouvelle ordonnance. Ils célébraient le triomphe de la royauté sur la révolution, représentant les ordonnances comme des mesures de salut qui « venaient d'écraser les ennemis du trône et de l'autel. »

Dans les circonstances données, cette prose lyrique venait mal à propos; au moment de la publication des ordonnances, M. de Polignac aurait dû répéter aux écrivains royalistes cette phrase de M. de Talleyrand : « Surtout, messieurs, pas de zèle ! »

Le *Constitutionnel* et les *Débats* ne voulurent pas demander l'autorisation devenue exigible; ils s'abstinrent de paraître. De tous les journaux c'étaient les plus répandus, et leur silence fut compris.

Le *National* et le *Temps*, ces porte-drapeaux de la nuance la plus ardente de l'opposition, parurent sans autorisation; ils publièrent en tête de leurs colonnes la protestation que nous avons citée. L'autorité essaya inutilement d'arrêter la distribution de ces journaux. Ils furent enlevés par milliers, distribués dans tous les quartiers de Paris, et arrivèrent dans les départements les plus éloignés, apportant avec eux les germes de l'incendie qui allait bientôt s'étendre à la province.

Le 26 juillet, l'imprimeur du *Journal du Commerce* refusa de continuer l'impression de cette feuille. Le tribunal de première instance, présidé par M. de Belleyme, lui ordonna de continuer provisoirement l'impression du *Journal du Commerce*, « attendu que l'ordonnance du 25 juillet n'avait pas encore été publiée dans la forme légale. » L'opposition vit dans cet arrêt une sanction donnée à la résistance par le tribunal lui-même. Le 27 juillet, l'arrêt rendu par le tribunal du commerce dans un cas analogue, suscité par le refus de l'imprimeur du *Courrier français* de continuer l'impression de ce journal, eut un caractère plus tranché. Le tribunal déclara, par la voix de son président M. Ganneron, que l'ordonnance sur la presse, étant contraire à la charte, « ne saurait être obligatoire, ni pour la personne sacrée et inviolable du Roi, ni pour les citoyens aux droits desquels elle portait atteinte. En conséquence, l'imprimeur était condamné à reprendre dans les 24 heures l'impression du *Courrier Français*. » On le voit, la résistance qu'on avait cru vaincue relevait la tête, et, comme la marée montante, elle gagnait du terrain.

Le préfet de police fit évacuer le Palais-Royal qui était devenu le quartier général de la résistance. A l'aspect des gendarmes parcourant les rues, les marchands, effrayés des cris séditieux qui remplissaient l'air de clameurs menaçantes, commencèrent à fermer leurs boutiques.

L'autorité voulut faire exécuter l'ordonnance sur la presse, violée par le *National* et par le *Temps*. Les presses de ces deux journaux rebelles devaient être démontées et mises hors de service. Mais, si la police était décidée à veiller à l'exécution des ordonnances, les rédacteurs du *National* et du *Temps* n'étaient pas moins résolus à opposer la force à la force et la violence à la violence : les bureaux du *National* étaient situés rue Neuve-Saint-Marc, ceux du *Temps* rue de Richelieu ; les bureaux des deux feuilles libérales étaient donc rapprochés comme leurs doctrines. En entendant annoncer les agents de l'autorité, les rédacteurs du *National* s'enfermèrent dans leurs bureaux, décidés à laisser enfoncer les portes. Un commissaire de police les fit ouvrir et ordonna à un serrurier du quartier de mettre les presses du journal hors de service. Les journalistes représentèrent à l'ouvrier qu'il allait se rendre complice d'un délit puni par les lois. Celui-ci hésita alors, et ce ne fut que sur les injonctions renouvelées du commissaire de police qu'il consentit à démonter la presse. Après avoir fait exécuter l'ordonnance, le commissaire se retira. Les presses du *National* furent bientôt remontées et mises au service de l'insurrection.

L'autorité se porta ensuite aux bureaux du *Temps*, où la résistance prit un caractère encore plus tranché. Toute la rédaction, les employés de l'imprimerie, étaient rangés devant la porte des ateliers. M. Baude, gérant du journal, portant la parole au nom de la rédaction, déclara qu'il n'ouvrirait pas les portes. Il accusa le commissaire de police de se rendre coupable d'un vol par effraction, et il le menaça de le traduire devant la cour d'assises, en rappelant que les presses du journal étaient placées sous la protection de la loi. Le commissaire de police requit un serrurier et lui ordonna de forcer les portes de l'imprimerie. Alors M. Baude, ouvrant le Code pénal, lut à haute voix l'article 384, qui punit des travaux forcés le vol par effraction. A cette lecture, l'ouvrier intimidé se retira. Le commissaire de police menaça M. Baude de le faire arrêter : celui-ci lui répondit en lui lisant l'article 341 du Code pénal, qui punit des travaux forcés l'arrestation arbitraire. Un second serrurier fut requis. M. Baude lui demanda s'il voulait devenir le complice d'un crime, et lui relut l'article 384 du Code pénal; l'ouvrier, effrayé de la responsabilité qu'il allait encourir, se retira. La lutte se prolongea ainsi longtemps, sans qu'on pût trouver un homme au dévouement assez hardi pour braver l'article 384, dont la lecture était faite solennellement à chaque ouvrier par M. Baude. Le commissaire de police en fut réduit à requérir le serrurier qui rivait les fers des forçats : ce fut lui qui ouvrit les portes de l'imprimerie et démonta les presses du *Temps*. Cette lutte avait attiré la foule curieuse et inquiète qui remplissait les abords du Palais-Royal. Les actes de violence accomplis au nom de l'autorité exaspéraient les assistants, et les rédacteurs du *Temps* leur semblaient des victimes injustement persécutées par la tyrannie, tandis qu'ils regardaient les agents de police comme des malfaiteurs qui foulaient aux pieds les lois de la propriété. Les gendarmes de service contenaient avec peine cette foule, qui venait de passer de la curiosité à l'hostilité. Bientôt, voulant user de représailles, les assistants se portèrent vers les bureaux des feuilles royalistes et brisèrent les presses des journaux qui défendaient les ordonnances.

Le 27 juillet au matin, le Roi annonça au maréchal Marmont qu'il était nommé gouverneur de la 1re division militaire. La responsabilité des événements n'incombe au duc de Raguse qu'à partir du 27 juillet à midi, au moment où il vint prendre ses lettres de service chez le président du conseil. Il manifesta tout d'abord l'intention de concentrer sur Paris les forces militaires dont il pouvait disposer. Pendant que le duc de Raguse prenait ses premières dispositions, l'effervescence populaire se manifestait de toutes parts; des groupes d'ouvriers, dirigés par des étudiants, se formaient dans les rues les plus fréquentées, en poussant de loin en loin des cris de : *Vive la charte! A bas les ordonnances! A bas les ministres!* Les rassemblements se formaient principalement dans le jardin du Palais-Royal, où des jeunes gens lisaient à haute voix le *National*. Plusieurs charges de cavalerie ne purent parvenir à dégager le jardin. Une maison en démolition, située vis-à-vis du *café de la Régence*, servait de retranchement aux insurgés, qui assaillaient la troupe à coups de pierres, et faisaient armes des décombres qui étaient à leur portée. Débusqués de ce retranchement, les insurgés se portèrent à l'hôtel des affaires étrangères, dans l'intention de l'assiéger : un fort piquet de gendarmerie le gardait. Des pierres furent lancées contre l'hôtel, dans lequel les ministres étaient réunis, et quelques tentatives furent faites pour forcer les portes. Les gendarmes de garde dissipèrent les attroupements et firent quelques prisonniers. Déjà ces groupes commençaient à briser sur leur passage les enseignes sur lesquelles les armes du Roi et des princes étaient représentées, et on parlait de faire des barricades. Plusieurs boutiques d'armuriers furent pillées par la foule. Un officier de la marine dit alors avec raison à M. d'Haussez : « Paris ressemble à un vaisseau au moment du branle-bas. »

La foule qui encombrait le Palais-Royal et la rue du Lycée continuait à assaillir les gendarmes à coups de pierres : il fallut l'ordre réitéré de l'officier qui commandait le peloton pour décider la troupe à tirer. A la seconde injonction, l'ordre fut exécuté : quatre insurgés tombèrent; l'un était mortellement atteint. Les autres reculèrent en criant : *Vengeance! Aux armes!*

En voyant couler le sang, la foule passa de l'hésitation à la fureur: plusieurs voitures de briques, placées à la portée des insurgés, leur fournirent des armes nouvelles avec lesquelles ils attaquaient la gendarmerie. Il était alors six heures du soir. La garde royale vint apporter un secours nécessaire à la gendarmerie et à la ligne, dont les efforts demeuraient impuissants. Des coups de feu répondirent à la grêle de pierres qui tombaient sur la troupe; ils étaient tirés par un détachement du 5e régiment de ligne qui entrait dans la rue Saint-Honoré par la rue de Rivoli. Cette décharge coûta la vie à un jeune étudiant anglais, nommé Folks, qui était allé se réfugier à l'*Hôtel Royal*, situé à l'angle de la rue des Pyramides. Il avait eu l'imprudence de se mettre à la fenêtre pour suivre les progrès du mouvement insurrectionnel: une des premières balles l'atteignit.

Tandis que les premières décharges des journées de juillet retentissaient dans l'air, une trentaine de députés arrivaient chez M. Casimir Périer, au rendez-vous désigné la veille. Il importait que l'opposition constitutionnelle prît un parti en face des événements qui se précipitaient. Les journalistes avaient protesté dès le 26 juillet, contre l'apparition des ordonnances: que feraient les députés? Pour arriver à la demeure de M. Casimir Périer, les députés avaient dû traverser des groupes d'étudiants, qui manifestaient le désir d'être introduits auprès du maître de la maison. Celui-ci qui, jusqu'à la fin, resta opposé à l'insurrection, refusait de recevoir ces jeunes gens: la gendarmerie dispersa les groupes. La timidité des députés réunis chez M. Casimir Périer ressemblait à de la frayeur; ils ne voulaient prendre la responsabilité d'aucune décision. M. Labbey de Pompières accepta la présidence de la réunion; ce fut en vain que M. Bérard proposa la rédaction d'une protestation: la presque unanimité de l'assemblée déclara que le moment d'un pareil acte n'était pas arrivé, et qu'une telle résolution ne devait pas être adoptée à la légère[1]. La réunion était déjà avancée lorsque M. Villemain vint rejoindre ses collègues. Leur pâleur le frappa :

« Je ne m'attendais pas, leur dit-il, à voir tant de poltrons réunis. »

La discussion fut longue; les députés se demandèrent d'abord si les ordonnances empêcheraient les chambres de se réunir le 3 août, et si la charte donnait au Roi le pouvoir de dissoudre une assemblée avant sa constitution? Le Roi avait-il le droit de casser les élections, quand la majorité de ces élections étaient hostiles à la monarchie? Tous les assistants déclarèrent que les ordonnances étaient inconstitutionnelles, et que les ministres devaient être mis en accusation pour avoir édicté des mesures attentatrices aux droits des chambres. Mais leur unanimité s'arrêta là, et, lorsqu'il fut question de prendre une décision, des avis contradictoires furent émis. Les plus modérés proposaient de présenter au Roi une adresse respectueuse pour solliciter de lui une audience, non en qualité de députés, mais comme simples citoyens français, et de le supplier de rapporter les ordonnances en lui faisant le récit des événements terribles dont elles devenaient le prétexte; quelques députés, d'un avis encore plus timide, conseillaient de se borner à attendre les prochaines élections, dans lesquelles l'opposition ne saurait manquer de prévaloir. D'autres assistants exprimaient un avis opposé; ils voulaient rédiger une protestation au nom

---

[1]. Les journaux du temps rapportent que les députés présents à cette réunion étaient MM. Mauguin, Bavoux, Chardel, Lobau, Voisin de Gartempe, Persil, Louis, Dupin aîné, Charles Dupin, Bérard, Méchin, Casimir Périer, Odier, Lefèvre, Vassal, Audry de Puyraveau, Sébastiani, Gérard, Villemain, Guizot, Auguste Saint-Aignan, de Laborde, Labbey de Pompières, Baillot, Bertin de Vaux, Delessert, Marschal, Duchaffaut, Milleret, Mathieu Dumas, Salverte, de Schonen.

de la chambre élue. « Les ordonnances qui ont violé les lois ne peuvent annuler les élections et effacer leur caractère, disaient-ils; nous sommes donc résolus à refuser le payement de l'impôt, en joignant ainsi la protestation de l'acte à la parole. » Aucune décision n'était prise, et la discussion continuait sans amener de résultats, lorsqu'on vint annoncer l'arrivée d'une députation des électeurs de Paris, conduite par MM. Boulay de la Meurthe et Mérilhou. Les porteurs de paroles de cette députation indiquèrent l'insurrection comme le seul moyen de résistance qu'on pût opposer à l'exécution des ordonnances; ils annoncèrent que les électeurs les plus influents étaient résolus à entrer dans le mouvement, et demandaient aux députés présents de se mettre à leur tête. La maison de M. Casimir Périer devenait ainsi, malgré lui, le quartier général de l'insurrection; les gendarmes et la cavalerie étaient obligés de dissiper par la force les rassemblements qui se formaient dans la rue et autour de la maison. Les députés déclarèrent bientôt la séance close; ils se séparèrent sans avoir pris un parti, en décidant qu'ils se réuniraient le lendemain chez M. Audry de Puyraveau, 40, rue du faubourg Poissonnière. Quelques assistants promirent d'apporter à cette réunion un projet de protestation, rédigé au nom de la chambre élective.

Pendant cette réunion de parlementaires prudents, les premières barricades s'élevaient dans la rue Saint-Honoré, à l'angle de la rue de Rohan, et dans la rue de Richelieu, à l'angle de la rue de l'Échelle.

En même temps, le duc de Raguse prenait possession de son commandement militaire. Il ordonna aux troupes de sortir de leurs casernes et de se porter vers le Carrousel, la place Louis XV et les boulevards. Chaque régiment de la ligne fit sortir un bataillon : deux de ces bataillons occupèrent les boulevards Saint-Denis et Saint-Martin; la place de la Bastille fut protégée par le 50e de ligne et le 1er de cuirassiers de la garde. La garde fournit deux bataillons par régiment : trois de ces bataillons occupèrent la place du Carrousel et la place du Palais-Royal ; deux autres gardèrent la place Louis XV ; le 6ᵉ bataillon de la garde protégeait le ministère des affaires étrangères. Un détachement du 5ᵉ de ligne occupait depuis le matin cette position ; le duc de Raguse lui ordonna d'aller se placer sur la place Vendôme ; le 15ᵉ léger fut envoyé au Pont-Neuf. La cavalerie fournit deux escadrons de lanciers et de cuirassiers qui, de concert avec les gendarmes d'élite, devaient exécuter des patrouilles, et détruire sur leur passage les barricades qui se multipliaient. Les troupes avaient reçu l'ordre de ne faire feu qu'après avoir été attaquées ; partout cet ordre fut rigoureusement exécuté. Les insurgés accueillaient la ligne avec des cris enthousiastes. Aussi cette troupe refusa-t-elle de tirer sur le peuple, dont les groupes menaçants remplissaient la rue Saint-Honoré.

Un détachement de la garde, précédé par des gendarmes et quelques lanciers, se dirigea vers la première barricade élevée à l'angle de la rue de l'Échelle. Avant de tirer, le commandant fit une sommation à la foule ; une grêle de pierres lui répondit. Une première décharge fut alors dirigée en l'air, puis le détachement traversa la barricade et repoussa la foule. Une seconde décharge tua ou blessa quelques hommes du peuple. Le feu de peloton atteignit un vieillard. Les insurgés promenèrent son cadavre sanglant dans les rues, afin d'exciter l'indignation de la foule. Quelques blessés, traînés ainsi par les insurgés, qui ne voyaient dans les souffrances des victimes qu'un spectacle de nature à animer les vengeances populaires, moururent dans la soirée. Cet horrible spectacle produisit l'effet qu'on en attendait : l'insurrection, qui le matin n'était qu'une émeute, avait recruté sur son chemin tous les curieux et tous les oisifs ; le soir, elle menaçait de devenir une révolution. Les barricades détruites se relevaient rapidement derrière les pas des soldats; le tumulte s'était étendu à la place du Châtelet, au faubourg Saint-Antoine, aux quartiers du Temple et du Château-d'Eau. Les insurgés occupèrent dans la soirée du 27 juillet l'Imprimerie royale, placée dans le quartier du Temple, en enlevant ainsi au gouvernement un puissant moyen de faire entendre sa voix au peuple.

Des rassemblements nombreux se formèrent aux environs de l'Hôtel de ville. A cinq heures, ils se mirent en mouvement, et se déployèrent sur les boulevards, depuis la Bastille jusqu'à la porte Saint-Denis. Sur différents points, des engagements eurent lieu entre les troupes et les révoltés, sans amener dans les deux camps d'autres résultats que la perte de quelques hommes. A neuf heures, les insurgés mirent le feu aux baraques de bois qui servaient de corps de garde sur la place de la Bourse; les gendarmes qui remplissaient le corps de garde se virent assaillis à coups de pierres et contraints d'opérer leur retraite. Plusieurs barrières furent également détruites par le feu, et les lueurs sinistres de ces incendies éclairaient seules la ville de Paris, plongée dans les ténèbres par le bris des réverbères. Cette obscurité profonde allait favoriser les préparatifs de l'insurrection : on se souvient que la destruction des réverbères était un des moyens adoptés, en 1822, par les Ventes des Carbonari.

Cependant, des patrouilles fréquentes parcouraient la ville; elles arrivèrent à rendre une sorte de calme aux boulevards des Italiens, au boulevard Poissonnière et au quartier du Palais-Royal. La nuit, en répandant ses ombres sur la grande cité, ramenait en vain avec elle l'heure du repos. L'insurrection veillait. Par un aveuglement inconcevable, l'autorité ordonna aux troupes de rentrer dans les casernes vers onze heures du soir. Le gouvernement semblait abandonner la partie en laissant le champ libre aux préparatifs des insurgés.

Ils allaient profiter de la nuit pour se procurer des armes et s'organiser définitivement.

De son côté, le mouvement parlementaire commençait à s'accentuer. A la réunion timide qui avait eu lieu dans la journée chez M. Casimir Périer succéda une réunion plus ardente tenue chez M. Cadet-Gassicourt. On prévoyait que le lendemain la lutte deviendrait générale et l'assemblée s'efforçait de se mettre au diapason du bruit de la fusillade qui retentissait au loin. La réunion était plus nombreuse que celle de la matinée. Les hommes ardents y dominaient ; ils réclamaient la lutte à outrance ; un des assistants s'écria « qu'il importait de mettre hors la loi tous les ennemis de la nation, le Roi et les gendarmes. » Le rôle de président d'une telle assemblée n'était pas facile. MM. Maurice Duval et Chevallier le remplirent successivement. L'excitation et le désordre grandissaient ; M. Thiers s'efforçait vainement de ramener la discussion sur le terrain de la résistance légale. La réunion, avant de se séparer, décida que les douze comités qui devaient organiser le refus de l'impôt seraient constitués et chargés dans chaque arrondissement de diriger la résistance et de préparer l'insurrection, dans le cas où le peuple entendrait les appels à la révolte. Ces comités devraient réunir des munitions, des armes, et rassembler la garde nationale. Les membres des comités élus appartenaient pour la plupart à l'ancienne société des Carbonari.

Pendant que les proportions de l'insurrection devenaient formidables, quelles étaient les mesures défensives adoptées par le gouvernement? Le 27 juillet, à onze heures du matin, le conseil fut réuni chez M. de Polignac, et il fut décidé que le ministère resterait établi en permanence à l'hôtel de la présidence [1]. La première mesure que le conseil crut

---

1. Alors situé à l'angle de la rue des Capucines et des Boulevards.

devoir adopter fut la mise en état de siége de Paris. Ainsi, le ministère se trouva déchargé de la responsabilité des événements militaires : la ville passait sous l'autorité absolue du duc de Raguse.

La mise en état de siége de Paris fut le seul acte de vigueur que le conseil des ministres accomplit; il s'abandonna ensuite entièrement à la direction du maréchal, sans même se concerter avec lui. Le préfet de la Seine et le préfet de police ne présentèrent aux ministres aucun rapport sur la situation.

MM. de Peyronnet et de Guernon-Ranville furent chargés de rechercher dans le Bulletin des lois les dispositions sur lesquelles l'ordonnance de mise en état de siége devait être appuyée. Ces dispositions étaient extraites des lois du 8 juillet 1791 et du 26 mars 1807. M. de Guernon engagea le duc de Raguse à publier le lendemain matin une proclamation, afin d'apprendre aux Parisiens que, la ville étant déclarée en état de siége, le maréchal prendrait toutes les mesures militaires de nature à comprimer les agitateurs ou à les réprimer sévèrement s'ils osaient troubler la paix publique. Le ministre de l'instruction publique rédigea lui-même cette proclamation. En outre, dans la journée du mardi, M. Billot, procureur du Roi près le tribunal de première instance, avait lancé quarante-quatre mandats d'amener destinés aux signataires de la protestation insérée le matin dans le numéro du *National*. Il est inutile d'ajouter que les poursuites ne furent pas même entamées.

Dès que le duc de Raguse s'occupa de la distribution des troupes, il reconnut les erreurs de calcul faites par le prince de Polignac :

« Au lieu de 18,000 hommes annoncés, écrit le baron d'Haussez dans ses *Mémoires*, il ne s'en trouvait dans Paris même que 8,000, parmi lesquels figuraient trois régiments d'infanterie dont les dispositions n'étaient pas très-assurées, et dont les colonels n'étaient pas connus, même de nom, par le commandant en chef. Un égal désappointement eut lieu à l'égard de l'artillerie : huit pièces de canon seulement se trouvaient à l'École militaire. On fut obligé d'employer ces ressources, tout insuffisantes qu'elles parussent, contre le mouvement qui se préparait. La défection des troupes de ligne devait diminuer encore le lendemain les forces de répression que le gouvernement avait à sa disposition. »

Pendant ces deux premières journées, les ministres commirent la faute de tromper le Roi sur la gravité du mouvement. « Ce n'était qu'une émeute, disaient-ils ; toutes les mesures étaient prises, la monarchie n'était pas en danger. » Sous prétexte de ne point alarmer le Roi, on évitait de l'avertir. Les premières nouvelles qui annonçaient les progrès de l'insurrection arrivèrent à Saint-Cloud le mardi dans la soirée, et trouvèrent le Roi et le Dauphin occupés tranquillement à jouer au whist. Le lendemain mercredi, à cinq heures du matin, le prince de Polignac porta à la signature du Roi l'ordonnance qui mettait Paris en état de siége. L'ordonnance fut remise ensuite au duc de Raguse. La proclamation, que M. de Guernon avait rédigée, fut affichée sur quelques murs ; mais partout elle se trouva déchirée par des mains invisibles. Les ministres ne s'avouaient pas encore que l'émeute prenait les proportions d'une révolution. Ils pensaient que la mise en état de siége de Paris et l'arrivée des quelques régiments placés à Versailles, Courbevoie et Saint-Denis, suffiraient pour effrayer le peuple et faire rentrer les révoltés dans l'ordre.

L'insurrection ne restait pas oisive. Les révoltés réunissaient des projectiles de toute sorte : ils portaient ces projectiles dans les étages supérieurs des maisons, car ils comptaient se retrancher dans les lieux élevés comme dans des forteresses pour assaillir la troupe. Pendant la nuit, des proclamations qui appelaient le peuple aux armes et à la vengeance furent répandues dans tous les quartiers de Paris.

XII

28 JUILLET. — LES ORDONNANCES FURENT SEULEMENT LE PRÉTEXTE DE L'INSURRECTION. — LE CONSEIL DES MINISTRES S'ÉTABLIT EN PERMANENCE AUX TUILERIES. — DISPOSITIONS ADOPTÉES PAR LE MARÉCHAL MARMONT. — RÉUNION DE DÉPUTÉS CHEZ M. AUDRY DE PUYRAVEAU. — DÉPUTATION ENVOYÉE AUPRÈS DU DUC DE RAGUSE. — MARCHE ET EFFORTS INFRUCTUEUX DE LA TROUPE. — RÉUNIONS DE DÉPUTÉS CHEZ MM. BÉRARD, AUDRY DE PUYRAVEAU, LAFFITTE. — MISSION DU COLONEL KOMIEROWSKI A SAINT-CLOUD. — RETRAITE DES TROUPES SUR LES TUILERIES.

29 JUILLET. — PROCLAMATION DU DUC DE RAGUSE. — DÉMARCHE DE MM. DE SÉMONVILLE ET D'ARGOUT. — RÉCIT DE MM. DE SÉMONVILLE ET D'HAUSSEZ. — ÉVACUATION DU LOUVRE ET DES TUILERIES. — INEXPLICABLE RETRAITE DES TROUPES SUR SAINT-CLOUD. — MISSION DU GÉNÉRAL DE COETLOSQUET. — DERNIÈRE RÉUNION DU CONSEIL DES MINISTRES. — FORMATION D'UN NOUVEAU MINISTÈRE. — PILLAGE DES TUILERIES, DE L'ARCHEVÊCHÉ ET DU MONASTÈRE DU MONT VALÉRIEN. — HÉROÏQUE DÉFENSE DES SUISSES A LA CASERNE BABYLONE. — NOMINATION D'UNE COMMISSION MUNICIPALE.

Lorsque le jour fut venu, le maréchal Marmont ordonna aux hommes qui occupaient les postes dont les révoltés ne s'étaient pas rendus maîtres, d'aller renforcer les troupes qui avaient passé la nuit dans les casernes. L'exécution de cet ordre allait laisser bien des points sans défense; les insurgés profitèrent de cette retraite pour forcer les magasins d'armes: l'émeute de la veille devenait une formidable insurrection. L'histoire de la révolution de Juillet est toujours restée présente à la mémoire de la génération qui parvenait alors à l'âge d'homme, et dont les rangs ont été depuis si éclaircis par la main de la mort. Jusqu'à la fin de leur carrière, les survivants de cette génération se souviennent de ces journées chaudes de colère où, sous l'ardeur d'un soleil d'Afrique, toute une multitude se rua aux batailles civiles. Ils revoient, par la pensée, les rues de Paris hérissées de barricades, cette population de soldats que l'Empire, en se retirant, avait semée dans toutes les professions et dans tous les métiers, enivrée de l'odeur de la poudre, et saisissant le mousquet pour venir encore une fois jouer à la guerre, l'enfance avec son insouciance de périls, la jeunesse avec l'ardeur de ses passions politiques, l'industrie fermant ses ateliers et jetant le poids des classes ouvrières dans la balance. Tous les hommes de cette époque ont gardé le souvenir de cette guerre de rues et de carrefours, de barricades prises et reprises; ils croient entendre encore le canon tonnant à coups précipités, le bruit de la mousqueterie, le tocsin de Notre-Dame dont la grande voix mugissait, ébranlée par les mains populaires; puis, quelques figures parlementaires pâles et tristes, se glissant dans l'ombre, apparaissent devant leurs regards. La puissance de leurs souvenirs ranime cette bataille qui n'eut que des épisodes, ce tableau qui n'avait que des détails. Au milieu de la ville, dans la plupart de ses quartiers muette et vide, dans un petit nombre d'autres remplie par le tumulte de la guerre, les hommes de la génération de 1830 voient encore la garde royale s'avançant à pas lents, sans colère, mais aussi sans peur, franchissant des obstacles qui se relevaient derrière elle et obtenant des avantages sans résultats et des triomphes inutiles.

Si l'on cherche les causes qui mirent ces masses en mouvement, sans doute on doit reconnaître que les ordonnances de juillet furent le signal du vaste soulèvement dont Paris devint le théâtre; mais il faut en montrer plus haut les véritables mobiles. La grande méprise de la royauté et de la bourgeoisie, qui se craignaient sans avoir des motifs sérieux de se craindre, telle fut l'occasion de la crise. Quant aux éléments de la catastrophe, ce fut d'abord une conspiration essentiellement restreinte, mais toujours prête à tout, mais permanente, qui se cantonna dans la légalité comme dans une citadelle, jusqu'au moment où, l'émeute venant à éclater, elle en fit une révolution. Il faut ajouter encore l'occasion favorable d'une crise commerciale et industrielle qui, mettant trois ou quatre grandes maisons de Paris au désespoir, les détermina à précipiter leurs ouvriers dans l'insurrection avec la pensée que leur fortune politique sauverait peut-être leur fortune commerciale du naufrage. Enfin, il existait dans les classes populaires un sentiment confus d'indignation et de colère contre l'invasion européenne à laquelle les désastres du premier empire et les malheurs des temps avaient livré la France. Les calomnies perfides d'une presse peu scrupuleuse sur le choix des moyens, corrompant ce sentiment noble et patriotique en lui-même, avaient fini par persuader à ces populations que la Restauration et l'étranger étaient solidaires, tandis que, suivant la parole de M. Bignon, loin d'avoir causé l'invasion, la Restauration, au contraire, en allégea le poids et en rendit les conséquences moins funestes au pays. Comme nous l'avons déjà dit, au moment où la Restauration tomba, la France, après avoir payé les arriérés formidables de l'empire, avait rétabli ses finances, avait repris au dehors son rang de grande puissance, et les traités de 1815, faits contre nous, allaient être remaniés en notre faveur. La responsabilité de la révolution de Juillet et des malheurs qui l'ont suivie incombe à cette opposition à outrance qui ne songeait qu'à battre en brèche l'autorité, espérant avoir part aux dépouilles de cette illustre mourante qu'on appelait la monarchie française. Ainsi, une double méprise de la royauté et de la bourgeoisie, une conspiration restreinte, et à côté du mauvais vouloir des ennemis de la royauté, les fautes du ministère, une vaste crise commerciale, un préjugé populaire, telles furent les causes qui enfantèrent la révolution de Juillet.

On a représenté, depuis, la classe moyenne comme ayant accompli cette révolution ; mais on ne la vit guère sur le champ de bataille. Des jeunes gens aux têtes ardentes, heureux de pouvoir rêver en plein soleil de république ; les élèves de l'École polytechnique, qui, sentant l'odeur de la poudre, ouvraient avec l'empressement de leur âge à la guerre qui frappait à leur porte, sans songer que quelques mois plus tard ils seraient allés chercher à la frontière des combats plus utiles, des victoires plus françaises ; des journalistes enfin, poussés aux dernières extrémités par la loi de la presse, tels furent les combattants qui se détachèrent de la classe moyenne pour prendre part à la révolution de Juillet.

Le mercredi 28 juillet, dès six heures du matin, les ministres se réunirent en conseil. Les rapports qui leur parvenaient prenaient un caractère plus alarmant encore que ceux de la veille. On leur disait que le 5e régiment de ligne manifestait hautement l'intention de ne pas se battre, que les dispositions d'ensemble de la troupe de ligne inspiraient peu de confiance, et que la population de Paris tout entière semblait disposée à prendre parti pour l'insurrection. Une grande exaspération contre le président du conseil régnait dans la ville. Dès le matin, le peuple se porta avec fureur vers l'hôtel de la présidence : les ministres n'y étaient plus. En présence de ces graves événements, le conseil avait été s'établir aux Tuileries dans l'appartement du major général de la garde. A onze heures, les ministres se rendirent à pied au palais des Tuileries. Les rues qui y conduisaient étaient occupées par des troupes.

A dix heures, la fusillade avait commencé sur plusieurs points : le mouvement insurrectionnel prenait une effroyable extension. Quelques hommes en habit bourgeois se mêlaient aux groupes des soldats, et leur faisaient distribuer de l'eau-de-vie et du vin. M. d'Haussez fit à cette occasion une observation au colonel d'un des régiments; celui-ci répondit «qu'il ne savait comment interdire à des soldats, qui depuis la veille n'avaient ni mangé ni bu, d'accepter les offres de ces étrangers. » Ainsi, on n'avait pas songé à assurer la nourriture de la troupe; jusqu'au dernier moment, on avait cru faire exécuter aux soldats une simple promenade militaire, et la persistance et les succès de l'émeute avaient été des avertissements perdus pour l'autorité.

Avant de résumer ici les dispositions prises par le commandant en chef, nous allons donner un rapide exposé des progrès de l'insurrection dans la matinée du 28 juillet; nous examinerons ensuite l'ensemble des mesures opposées à cet état de choses. Des barricades étaient élevées dans presque toutes les rues de Paris; ces barricades, construites à l'aide de voitures renversées, de bois de construction, de tonneaux remplis de pavés, dont on formait des murs de quatre ou cinq pieds de hauteur, donnaient à la résistance qu'on avait à vaincre un aspect formidable. Les insurgés désarmaient à la fois les pompiers, les fusiliers sédentaires, les corps de garde isolés; ils menaçaient l'Arsenal, dont ils se rendirent facilement maîtres. Ils se divisèrent de manière à pénétrer presque en même temps au dépôt d'armes situé sur la place de Saint-Thomas d'Aquin, à la poudrière des Deux-Moulins et à la prison militaire de l'Abbaye, dont ils ouvrirent les portes. Bientôt l'Hôtel de ville, protégé par un poste de douze hommes, renforcé de *quatre* soldats, fut occupé par le peuple. Une fois les portes enfoncées, les insurgés montèrent au beffroi et sonnèrent le tocsin; ils descendirent le drapeau blanc placé au faîte de l'horloge, et le remplacèrent par un drapeau tricolore surmonté d'un crêpe. Avant midi, le duc de Raguse apprit que le drapeau tricolore était arboré à l'Hôtel de ville, et qu'un gouvernement insurrectionnel voulait s'y établir. Le drapeau blanc, sous les plis duquel les victoires de la France étaient venues si souvent s'abriter, allait céder une troisième fois la place au drapeau tricolore, dont les triomphes et les gloires devaient demeurer stériles pour le pays. Bientôt le drapeau tricolore couronna également les hauteurs de Notre-Dame, et la voix du bourdon de la vieille cathédrale retentit tout le jour, appelant le peuple aux armes.

Le 28 au matin, le duc de Raguse écrivit à Charles X qu'il ne s'agissait plus seulement de réprimer une émeute, mais d'arrêter une révolution[1]. Cette lettre n'arriva pas jusqu'au Roi, et le malheureux prince n'apprit la gravité des circonstances que dans l'après-midi du 28 juillet, par le colonel de Komierowski, dont nous aurons à raconter la mission.

A chacun de ses pas, l'insurrection gagnait du terrain; quelle répression énergique allait-on opposer à cette marche triomphante? L'ordre avait été donné au régiment de la garde placé à Versailles et à Saint-Denis de diriger sur Paris ses forces disponibles. En même temps trois escadrons de grenadiers à cheval arrivaient de Versailles. Ces deux contingents se rejoignirent aux Champs-Élysées; ils formaient sur ce point un effectif qui s'élevait à 3,000 hommes d'infanterie et à 600 hommes de cavalerie. Chaque soldat était muni d'une trentaine de cartouches. La place du Carrousel fut occupée par cinq ba-

---

1. La lettre adressée au roi par le duc de Raguse a été citée comme document lors du procès des derniers ministres de Charles X; elle était ainsi conçue: « Mardi, 7 heures du matin. — J'ai déjà eu l'honneur de rendre compte à Votre Majesté de la dispersion des groupes qui ont troublé la tranquillité de Paris. Ce matin, ils se reforment plus nombreux et plus menaçants. Ce n'est plus une émeute, c'est une révolution. Il est urgent que Votre Majesté prenne des mesures de pacification. L'honneur de la couronne peut encore être sauvé; demain peut-être il ne serait plus temps. Je prends pour la journée d'aujourd'hui les mêmes dispositions que celles d'hier. Les troupes seront prêtes à midi; mais j'attends avec impatience les ordres de Votre Majesté. »

taillons de la garde royale, trois escadrons de lanciers et deux pièces de canon; deux bataillons suisses allèrent prendre position sur la place Louis XV; le 6ᵉ régiment de la garde devait protéger le boulevard de la Madeleine; le 1ᵉʳ régiment de la garde, renforcé de deux compagnies de lanciers, fut posté sur le boulevard des Capucines; les cuirassiers casernés aux Célestins furent chargés de répondre aux émeutiers du faubourg Saint-Antoine, et de garder les boulevards jusqu'à la porte Saint-Denis. Les mouvements des régiments de la ligne devaient coïncider avec ceux des cuirassiers. Les trois régiments de ligne reçurent la mission d'occuper la place Vendôme et les boulevards jusqu'à la place de la Bastille; la garde du Panthéon, du Palais de justice et de l'Hôtel de ville, fut confiée au 15ᵉ léger. On voit que le premier plan du duc de Raguse était purement défensif; ses efforts se bornaient à assurer les communications des troupes entre elles en occupant les grandes voies qui reliaient la porte Saint-Denis au Panthéon, les Tuileries aux boulevards du Nord, la rue Saint-Honoré au marché des Innocents, l'Hôtel de ville au faubourg Saint-Antoine. Ce plan laissait le Louvre et les Tuileries, c'est-à-dire le centre de la position, sans protection suffisante. Le maréchal recevait à chaque instant des rapports d'une alarmante gravité: on lui annonçait qu'un peloton de la garde, qui se dirigeait sur l'Hôtel de ville, avait été attaqué par le peuple et n'avait dû son salut qu'à l'arrivée d'un bataillon entier, qui n'était parvenu à le dégager qu'en perdant plusieurs hommes; on lui disait que des barricades obstruaient presque toutes les rues et arrêtaient les mouvements des troupes. En présence de cet état de choses, le duc de Raguse modifia son plan primitif, et se résolut à tenter un effort, sans attendre que les insurgés eussent entouré les troupes de façon à rendre leurs mouvements impossibles. Le nombre des soldats était inférieur à celui des émeutiers. Le duc de Raguse divisa ses forces en quatre colonnes, en donnant à chacune de ces colonnes des instructions différentes.

La première colonne, placée sous les ordres du général Talon, était composée d'un bataillon du 3ᵉ régiment de la garde, renforcé de 150 lanciers, d'un bataillon suisse et de deux pièces de canon. Partie de la place Vendôme, elle reçut l'ordre d'aller jusqu'à la place de la Bastille. Le 5ᵉ de ligne, placé au Pont-Neuf, avait reçu l'ordre de seconder les mouvements de cette colonne, qui devait se rendre ensuite sur la place de l'Hôtel de ville.

La seconde colonne, commandée par le général de Quinsonnas, était formée de deux bataillons du 3ᵉ régiment de la garde, renforcés d'un détachement de trente gendarmes et de deux canons; elle reçut l'ordre d'enlever les barricades des rues Saint-Honoré et Saint-Denis, d'aller occuper le marché des Innocents; elle devait rayonner ensuite sur les quais de la rive droite de la Seine, et traverser la place de Grève en gardant ses communications avec les boulevards et les quais.

La troisième colonne, commandée par le général de Saint-Chamans, était formée de deux bataillons du 1ᵉʳ régiment de la garde, auxquels on joignit deux escadrons de lanciers et deux pièces de canon. Elle avait reçu l'ordre de suivre la rue de Richelieu et les boulevards jusqu'à la place de la Bastille, de redescendre ensuite la rue Saint-Antoine et de se diriger sur l'Hôtel de ville où elle devait rejoindre le corps du général Talon.

La quatrième colonne, placée sous les ordres du général Saint-Hilaire, se composait d'un bataillon d'infanterie de la garde, de deux escadrons de grenadiers appuyés de deux pièces de canon; partie des Champs-Élysées, elle devait parcourir les boulevards jusqu'à la rue de Richelieu, puis revenir à son point de départ.

En outre, le général de Wall, à la tête du 5ᵉ régiment de ligne et d'un détachement de gendarmerie, alla s'établir sur la place des Victoires afin d'assurer les communications entre cette position et la place Vendôme, qui était occupée par un régiment de ligne.

Cette dispersion des troupes laissait pour toute protection aux Tuileries, au Palais-Royal, au Louvre et à la Banque de France, deux bataillons de la garde et quelques gendarmes. Une réserve, composée d'un régiment arrivé de Saint-Denis, d'un bataillon venu de Ruéil, et de 300 cuirassiers qu'on avait fait venir de Versailles, stationnait aux Champs-Élysées.

Les chefs de colonnes avaient reçu l'ordre d'essayer de dissiper les attroupements et d'enlever les barricades, en employant d'abord la cavalerie; de ne recourir à l'infanterie que dans le cas où la résistance deviendrait trop vive; d'essuyer la fusillade des insurgés avant de faire feu, et de ne répondre à l'attaque qu'après avoir reçu une fusillade d'au moins cinquante coups.

On a vu que, dans le plan du maréchal Marmont, les différentes colonnes devaient se prêter un appui mutuel; mais elles étaient trop éloignées les unes des autres et trop faibles dans leur isolement pour vaincre l'insurrection; le commandant en chef aurait dû prévoir que ces colonnes parviendraient difficilement à se rejoindre, environnées comme elles l'étaient d'obstacles qui rendaient leur marche lente et pénible. Ces colonnes devaient parcourir un certain cercle, puis revenir au quartier général, après avoir détruit sur leur route les barricades et dissipé les attroupements. Elles avaient à traverser des rues fort étroites, et les insurgés, qui avaient envahi les étages supérieurs des maisons, allaient faire essuyer aux soldats une véritable grêle de coups de feu, tirés des fenêtres et du fond des allées obscures. Des femmes et des enfants secondaient les émeutiers, en jetant sur la tête des troupes une pluie de projectiles de toute sorte, des tuiles, des pavés, et jusqu'à des meubles. Il devenait presque impossible aux troupes de riposter à des ennemis cachés dont les mains invisibles les fusillaient presque à bout portant. La guerre des rues, guerre redoutable, apparaissait à la troupe avec ses obstacles et ses surprises. Il était facile de prévoir que le découragement s'emparerait bientôt de ces soldats, affaiblis par le manque de nourriture, et réduits à l'impuissance par la rareté des munitions; les obstacles une fois vaincus semblaient se relever comme par enchantement sous leurs pas, et ils voyaient la défection éclaircir leurs rangs, tandis que ceux des insurgés devenaient à chaque instant plus serrés et plus compactes.

Vers midi, au moment même où les quatre colonnes se mettaient en mouvement, quelques députés se réunissaient chez M. Audry de Puyraveau; ils venaient discuter les formes de la protestation à rédiger au nom de la chambre. Jusqu'alors le mouvement des parlementaires n'avait pas trouvé de chefs; dans cette réunion il en rencontra deux : nous avons nommé MM. de la Fayette et Laffitte. A la nouvelle des émeutes causées par la publication des ordonnances, M. de la Fayette avait quitté son château de la Grange; M. Laffitte venait également d'arriver à Paris, pour assister à la révolution qui se préparait et diriger au besoin le mouvement insurrectionnel. M. Laffitte, dans toute cette campagne, allait être le Warwick habile de l'orléanisme; en effet, il faisait partie du groupe de politiques qui évoquaient sans cesse le souvenir de la révolution de 1688, en appelant de tous leurs vœux un changement de dynastie. Dès le 28 juillet à huit heures du matin, en arrivant à Paris, il avait envoyé un exprès au duc d'Orléans pour prévenir le prince de l'état de choses dans la capitale, en le suppliant de bien prendre garde aux *filets de Saint-Cloud*. M. Laffitte allait devenir le promoteur du mouvement parlementaire.

La réunion s'ouvrit [1]; M. Guizot présenta un projet de

1. Les députés présents à cette réunion étaient MM. de la Fayette, Mauguin, Laffitte, Sébastiani, Villemain, Daunou, Chardel, de Schonen, Gérard, Casimir Périer, Lobau, Louis, Guizot, Dupin, Odier, Vassal, Marschal, Delaborde, Audry de Puyraveau.

protestation. Ce projet fut adopté quelques heures plus tard ; on supprima seulement les expressions d'amour et de fidélité pour le Roi qui dans l'après-midi devinrent superflues, car la révolution marchait à pas de géant. Des jeunes gens armés, auxquels des ouvriers s'étaient joints, environnaient la maison de M. Audry de Puyraveau ; ils venaient pour rappeler aux députés que, défendue par le peuple, la réunion ne devait pas hésiter à prendre en main le drapeau de l'insurrection.

On entendait dans les rues voisines le bruit de la fusillade qui s'engageait entre les troupes et le peuple. M. Casimir Périer représenta à ses collègues, occupés à discuter les termes de la protestation, que leur premier devoir était de tenter d'arrêter l'effusion de sang. Appuyé par M. Sébastiani, il proposa qu'une députation fût envoyée au duc de Raguse pour lui demander d'accorder une trêve qui permît aux députés et aux grands corps constitués d'aller exprimer au Roi les regrets que la population éprouvait à la vue des événements qui ensanglantaient la capitale. M. de la Fayette adopta l'idée de la députation à la condition que cette députation se bornerait « à ordonner au duc de Raguse, au nom de la loi et sous sa responsabilité personnelle, de faire cesser le feu. » M. Laffitte, qui présidait la réunion, fut chargé de choisir les membres de la députation ; il désigna à cet effet MM. Casimir Périer, Gérard, Lobau et Mauguin. M. Laffitte déclara qu'il porterait lui-même la parole. Après avoir adopté ce parti, la réunion se sépara et les membres de la députation s'éloignèrent ; ils devaient apporter la réponse du maréchal à leurs collègues chez M. Bérard ; les députés changeaient à chaque fois le lieu de leur rendez-vous. Chaque parti avait sa réunion particulière : les admirateurs de l'épopée impériale délibéraient chez le général Gourgaud ; la loge des *Amis de la vérité* ne restait pas inactive. La restauration, condamnée à périr, voyait en ce jour néfaste tous ses ennemis se réunir contre elle ; tous s'entendaient dans leur soif de destruction insensée, quoique les programmes politiques des ennemis de la branche aînée fussent bien divers.

Tandis que les réunions des parlementaires se succédaient, le conseil des ministres demeurait enfermé aux Tuileries, sans recevoir de renseignements précis sur les événements.

Cependant, vers midi, des feux de mousqueterie et d'artillerie, très-rapprochés des Tuileries, apprirent au conseil que la troupe n'avait pas été loin pour rencontrer l'ennemi. La fréquente répétition des décharges, la lenteur avec laquelle le bruit s'éloignait, faisaient deviner la vigueur de la résistance.

Quelques royalistes dévoués parvinrent jusqu'aux ministres et leur apprirent que les communications étaient interceptées par les barricades que le peuple se hâtait d'élever derrière les troupes, pour leur ôter la possibilité d'échapper, en se retirant, à un feu de mousqueterie et à une grêle de pierres, de meubles, d'objets de toute espèce qui, lancés des fenêtres, causaient des ravages affreux dans les rangs. Ces rapports ajoutaient que plusieurs bataillons refusaient de tirer et que le peu d'effet produit par le feu de la ligne laissait penser que cette troupe tout entière évitait de rendre meurtriers des coups qu'elle tirait à regret.

Ceux qui remplissaient à ce moment les salles des Tuileries sentaient déjà qu'une révolution était dans l'air :

« Le mouvement qui se faisait remarquer dans le château, écrit le baron d'Haussez dans ses *Mémoires*, était actif, mais silencieux. Les gens dont on remarquait naguère l'air important semblaient chercher à passer inaperçus; les aides de camp même ne coudoyaient personne pour se faire ouvrir le passage. On s'abordait avec un mot, souvent avec un signe; mais ce signe, ce mot, exprimaient de l'inquiétude. Le président du conseil, dont l'attitude n'annonçait plus cette confiance dans le succès, cette attente de je ne sais quelle intervention sur laquelle il semblait compter pour suppléer à des combinaisons qu'il affectait de dédaigner, était rêveur. Il parcourait l'appartement, s'asseyait, écrivait, sortait, rentrait et ne répondait à aucune des questions qui lui étaient adressées. M. de Chantelauze était abattu et pensif; M. de Peyronnet traitait avec dédain la résistance dont l'opiniâtreté nous était démontrée par le bruit des décharges qui retentissaient de tous côtés; M. de Montbel ne cherchait pas à dissimuler son inquiétude. Quant au baron Capelle, il proposait l'adoption des mesures les plus violentes. Tantôt, il voulait faire tirer à mitraille; puis, réfléchissant à l'effet que devait produire un boulet dont il évaluait la portée, il le voyait renverser une maison dans laquelle il s'enfonçait, après avoir emporté je ne sais combien de bras, de têtes, de jambes. Sa fureur, exprimée à voix basse, après que les portes ouvertes eurent été soigneusement refermées, était accompagnée de gestes et de démonstrations et avait un air si plaisant, que notre sérieux, tout commandé qu'il fût par la circonstance, n'y tenait pas et que souvent nous nous surprenions à rire [1]. »

Dans la matinée du 28 juillet, le duc de Raguse donna au colonel de Foucauld l'ordre de faire arrêter huit députés, parmi lesquels étaient MM. Eusèbe de Salverte, la Fayette, Laffitte et Audry de Puyraveau. Cet ordre fut bientôt retiré par le maréchal lui-même; il dit qu'il y aurait trahison à faire arrêter des hommes dont les envoyés venaient lui faire des propositions pacifiques, et il déchira l'ordre que lui rendit le colonel de Foucauld. Vers deux heures, en effet, la députation arrivait auprès du maréchal Marmont. Il était seul. M. Laffitte porta la parole. Il peignit en termes énergiques l'état affreux de la capitale, les dangers qui en résulteraient pour la tranquillité du pays et pour la sûreté du trône. Dans sa déposition, lors du procès des ministres, M. Laffitte a ainsi raconté son entrevue avec le maréchal :

« M. le duc de Raguse m'écouta avec un sentiment bien prononcé de

1. Mémoires inédits du baron d'Haussez.

bienveillance et aussi avec un sentiment non moins prononcé de ce qu'il regardait comme son devoir d'obéir aux ordres qu'il avait reçus ; il crut que le seul moyen de s'entendre et d'arrêter l'effusion du sang était d'obtenir d'abord de la population de Paris obéissance à l'autorité. Je lui dis que, lorsque tous les droits du pays avaient été violés, il ne fallait pas s'attendre à cette obéissance ; que nous ne pouvions exercer quelque influence sur les masses qu'en annonçant, pour première condition, le changement du ministère et le retrait des ordonnances. M. le duc de Raguse montra des sentiments fort honorables en nous parlant de la difficulté de sa position, de ce qu'il regardait comme une fatalité de sa vie ; il nous dit qu'il partageait nos sentiments, mais qu'il était enchaîné par le devoir. »

Lorsque le maréchal Marmont eut déclaré qu'il n'avait pas qualité pour accepter la proposition des députés, ceux-ci demandèrent à parler au prince de Polignac. Le conseil était assemblé dans une pièce voisine ; le maréchal alla trouver le président du conseil. Ces deux personnages causèrent longtemps dans l'embrasure d'une fenêtre ; le prince de Polignac répondit enfin au duc de Raguse « qu'il ne pouvait accueillir la proposition faite par la députation, attendu que les cinq députés n'auraient pas assez d'autorité pour faire ratifier cet arrangement par ceux-là mêmes au nom desquels ils prétendaient stipuler. » Il se retrancha, comme à l'ordinaire, derrière l'autorité royale, en disant qu'il ferait connaître au Roi l'objet de la mission des parlementaires. Les députés se retirèrent, attendant la réponse qui devait arriver de Saint-Cloud. Dans sa déposition lors du procès des ministres, M. Laffitte déclare que les députés se montraient bien décidés à se jeter corps et biens dans le mouvement si cette réponse n'était pas favorable à la cause du peuple.

Les négociateurs et les donneurs de conseils se succédaient auprès du duc de Raguse. M. Arago avait précédé les députés ; il conseilla au maréchal de se rendre aussitôt à Saint-Cloud, et de déclarer à Charles X qu'il ne pouvait plus conserver le commandement si le Roi n'accordait le retrait des ordonnances et le renvoi du ministère. Les conseils donnés par M. Arago furent interrompus par l'arrivée des députés. Pendant que le maréchal recevait la députation, M. Arago causa avec M. Delarue, aide de camp du duc de Raguse. Il le pria de dire au maréchal qu'il le verrait le lendemain, si la troupe n'avait pas passé tout à fait du côté du peuple. M. Delarue répliqua qu'il n'avait reçu aucun renseignement qui pût faire craindre une telle défection. M. Arago lui affirma alors qu'en parcourant divers quartiers il avait vu des soldats fraterniser avec le peuple. M. Delarue alla communiquer ce fait au prince de Polignac. Il revint peu après en s'écriant : « Nous sommes perdus, notre premier ministre n'entend même pas le français. Quand il a appris que les troupes fraternisaient avec le peuple, il a dit : « Eh bien, il « faut faire tirer sur ces troupes [1]. »

Tandis que M. Arago s'efforçait d'attirer le duc de Raguse du côté de la défection, un vieux et fidèle serviteur de la monarchie, le duc de Bellune, arrivait aux Tuileries et venait proposer ses services au Roi, en offrant d'entrer dans l'armée, non plus comme maréchal de France, mais comme simple volontaire. Son expérience lui faisait deviner le péril que courait la monarchie.

En effet, la marche des colonnes mises en mouvement à midi rencontrait des difficultés qu'on n'avait su ni prévoir ni dominer. La tactique employée contre les troupes royales eût vaincu des efforts beaucoup plus considérables que ceux qu'on opposait à l'insurrection. Les émeutiers coupaient les rues par des fossés, derrière lesquels ils entassaient des meubles, des pavés et des voitures. Tandis que les soldats étaient occupés à forcer ces retranchements, on en pratiquait de semblables

---

[1]. Déposition de M. Arago devant la cour des pairs.

dans l'espace qu'ils venaient de parcourir, de manière à empêcher la retraite ou à la rendre difficile et très-dangereuse. Des détachements nombreux furent ainsi coupés et forcés de capituler ; presque tous se virent obligés à se jeter dans des rues détournées, et compromirent l'ensemble des opérations. Dans le faubourg Saint-Antoine, un régiment de cavalerie, se trouvant ainsi séparé de la colonne dont il formait la tête, fut contraint de prendre la route de Vincennes. Cette circonstance aurait pu fournir l'occasion de ramener dans Paris l'artillerie laissée à Vincennes ; mais le régiment de cavalerie, trouvant toutes les communications coupées, ne put rentrer dans Paris.

Le moment est venu d'indiquer les mouvements exécutés par les quatre colonnes que nous avons laissées à leur point de départ. Leur marche ne devait être qu'un combat continuel. La colonne commandée par le général Saint-Hilaire devait, on s'en souvient, éclairer les Champs-Élysées et les boulevards jusqu'à la rue de Richelieu, puis revenir aux Champs-Élysées. Seule, cette colonne put remplir son itinéraire. Un de ses bataillons, qui suivait la rue Royale, reçut cependant une fusillade partie des échafaudages qui entouraient l'église de la Madeleine, alors en construction. Des voltigeurs franchirent les barricades, et débusquèrent les insurgés armés qui étaient réfugiés jusque dans l'église. La troupe revint à son point de départ, après avoir laissé sur sa route quelques postes détachés.

La colonne commandée par le général Talon avait reçu la mission d'aller occuper l'Hôtel de ville. Partie du Carrousel, elle suivit les quais des Tuileries, du Louvre et de l'École ; arrivée au Pont-Neuf, elle rallia deux bataillons du 15e de ligne. Ces deux bataillons auraient dû seconder les mouvements de la garde ; mais déjà leurs dispositions paraissaient incertaines. Le général Talon ordonna à un chef de bataillon du 15ᵉ léger de tirer sur les insurgés qui couvraient la place de Grève; le chef de bataillon répondit à ce commandement en faisant exécuter un demi-tour à ses pelotons : « J'ai l'ordre de repousser la force par la force, dit-il; on ne m'attaque pas, je reste tranquille. »

Depuis le matin, le quartier de la place de Grève était le théâtre de rassemblements tumultueux. Au moment même où le général Talon faisait exécuter à sa troupe le mouvement que nous venons de rappeler, une forte colonne d'insurgés, précédée de jeunes gens que dirigeaient d'anciens militaires, déboucha sur le pont Notre-Dame par la rue Planche-Mibraye; des tambours formaient la tête du cortége. Le pont Notre-Dame était occupé par un détachement de lanciers commandé par le capitaine de Pazzis [1]. Il donna à ses cavaliers l'ordre de grimper sur les trottoirs du pont; deux pièces d'artillerie furent mises en batterie pour balayer la rue Planche-Mibraye. Aux premiers coups de canon, les insurgés se sauvèrent dans toutes les directions; il ne restait plus un seul homme sur la place de Grève quand le capitaine de Pazzis y arriva derrière la première pièce de canon. Une seconde décharge fit évacuer la place de l'Hôtel de ville; au bruit du canon qui retentissait, le peuple, qui occupait l'Hôtel de ville depuis le matin, se retira. Des sapeurs d'infanterie grimpèrent alors au sommet de l'Hôtel de ville et, au cri de *vive le Roi!* précipitèrent d'en haut sur le pavé les trois drapeaux de couleur différente qui, par leur réunion, formaient un drapeau tricolore. Bientôt, un bataillon du 50ᵉ de ligne et un escadron de cuirassiers de la garde, qui se retiraient devant l'émeute, vinrent rejoindre les troupes du général Talon à l'Hôtel de ville. L'infan-

---

1. Nous rectifions le récit que divers historiens ont fait du combat de la place de Grève d'après les notes manuscrites que M. le capitaine marquis de Pazzis a bien voulu nous communiquer, et dont il nous a certifié l'authenticité précise.

terie manquant de cartouches, le général Talon envoya demander des munitions au maréchal; celui-ci lui expédia deux caissons de cartouches escortés par un bataillon des Suisses de la garde; ce bataillon eut à supporter le feu des insurgés embusqués dans les maisons de la rive gauche de la Seine; une trentaine d'hommes furent ainsi atteints.

Le 15ᵉ léger devait assurer la position des troupes placées sur la place de l'Hôtel de ville et soutenir le peloton de la garde placé à l'entrée de la rue des Arcis. Mais, comme nous l'avons dit, la résistance de ce régiment était molle, et son attitude favorisait les progrès de l'émeute. Le général Talon, voyant ses mouvements entravés par des barricades, ses soldats atteints par les tirailleurs embusqués de l'autre côté du pont, pensa que l'offensive devenait impossible pour des troupes déjà découragées et peu nombreuses; en conséquence, il se borna à défendre la position qu'il occupait et fit mettre ses soldats à l'abri dans l'Hôtel de ville. Ce grand bâtiment, alors entouré de rues étroites, pouvait être attaqué de plusieurs côtés à la fois : en avant, de côté et en arrière par la rue de la Mortellerie. Les émeutiers n'osèrent s'y hasarder dans la journée. Vers huit heures du soir seulement, une colonne d'insurgés s'aventura par le pont suspendu; deux volées de mitraille les mirent en déroute. Le chef de cette colonne, qui tomba mort à la tête de ses hommes, leur avait crié, quelques secondes avant d'être atteint : *Souvenez-vous, mes amis, que je me nomme Arcole!* C'est en l'honneur de ce souvenir que le pont Notre-Dame, débaptisé, porte maintenant le nom d'un chef d'insurgés [1].

Par une inconcevable négligence, on avait laissé les troupes

---

[1]. Nous suivons encore ici la version que M. le marquis de Pazzis nous a donnée. On voit que, d'après cet officier présent dans toute cette affaire, l'Hôtel de ville ne fut ni pris ni repris par les insurgés. Ils l'occupèrent seulement dans la nuit après la retraite des troupes.

manquer de cartouches ; on vit ainsi un peloton de la g[arde]
royale, chargé de défendre le pont de la Grève, de[meurer]
une heure entière l'arme au bras, en recevant le feu des ré[voltés]
sans pouvoir riposter.

La colonne du général Talon avait rempli une partie d[e son]
itinéraire ; mais elle se voyait pour ainsi dire enfermée d[ans la]
position qu'elle occupait, et elle épuisait inutilement ses [car-]
touches pour se défendre sans pouvoir avancer d'un [pas]
et communiquer, soit avec le quartier général, soit [avec]
les autres colonnes ; les lignes de tirailleurs qui l'entou[raient]
changeaient la position de l'Hôtel de ville en un vér[itable]
camp retranché, et rendaient impossible toute jonctio[n de]
la colonne du général Talon avec celle du général S[aint-]
Chamans.

La colonne commandée par le général de Quinsonnas [avait]
reçu la mission d'aller occuper le marché des Innocents [et de]
rayonner de cette position sur les boulevards et sur les q[uais.]
Elle suivit la rue Saint-Honoré et traversa quelques bar[rica-]
des dont les défenseurs semblaient se replier à l'aspect [des]
troupes. La lutte véritable commença à l'arrivée de la col[onne]
sur le marché des Innocents. Des coups de feu partis de to[utes]
les fenêtres l'accueillirent ; une grêle de pierres, de pav[és,]
de meubles, lancés sur la tête des soldats, accompagn[a la]
fusillade. Le feu des Suisses répondit au feu des insur[gés,]
ces derniers évacuèrent bientôt la place des Innocents [et les]
Suisses s'y établirent. Le général Quinsonnas crut que ce [pre-]
mier avantage lui permettait de détacher de la colonn[e un]
bataillon et deux pièces d'artillerie qu'il envoya du côté d[e la]
rue Saint-Denis, en donnant aux soldats l'ordre d'enlever [les]
barricades qui obstruaient la rue et de débusquer les insurg[és]
qui, réfugiés dans les allées obscures des maisons, assaillai[ent]
les troupes d'une vive fusillade. Cet ordre, facile à donne[r,]
était plus difficile à exécuter. On ne pouvait se servir de can[on]

dans la rue Saint-Denis, à la fois étroite et tortueuse; les barricades arrêtaient à chaque pas les mouvements de la troupe qui marchait sous une grêle de balles. Arrivé auprès de l'église Saint-Leu, le colonel de Pleineselve, qui dirigeait le bataillon, eut son cheval tué sous lui et fut lui-même grièvement blessé. Ce brave officier se fit placer sur un brancard et continua à commander son bataillon; après une marche meurtrière il arriva à la porte Saint-Denis. La petite colonne espérait rejoindre à cet endroit le 50e de ligne; mais une partie de ce régiment avait reçu l'ordre d'aller renforcer la colonne du général Talon et la défection s'était mise dans ses rangs. Le colonel de Pleineselve, voyant qu'il ne devait attendre aucun secours étranger, résolut de tenter un suprême effort pour dégager sa troupe. Elle ne pouvait plus songer à revenir à son point de départ, ni espérer avancer sur les boulevards, coupés à chaque pas par des barricades élevées à l'aide de grands arbres qu'on avait abattus et placés en travers du chemin. Après avoir fait une halte auprès de la porte Saint-Denis, halte pendant laquelle le commandant fit panser les blessures de ses soldats en oubliant les siennes, il donna à sa troupe l'ordre de remonter la rue du faubourg Saint-Denis et regagna les Champs-Élysées par les boulevards extérieurs. C'est ainsi qu'il sauva son bataillon [1].

La colonne du général de Quinsonnas occupait une position pleine de périls sur la place du marché des Innocents; elle avait épuisé ses munitions pour se maintenir dans une situation intenable. Séparée du quartier général par les barricades et par les flots croissants d'une foule armée, elle ne pouvait faire connaître sa détresse au maréchal de Raguse. Un aide de camp du général de Quinsonnas parvint cependant, à l'aide d'un

1. Au bout de quelques jours de souffrance, le colonel de Pleineselve mourut des suites de ses blessures; il emportait en mourant la consolation suprême d'avoir réussi, en donnant sa vie, à sauver celle de ses soldats.

déguisement, jusqu'aux Tuileries. Il exposa au maréchal les périls que courait la colonne; celui-ci lui répondit qu'il n'avait pas de renforts à lui envoyer : réponse désespérante! Cependant, il ordonna au bataillon du 15⁰ léger, toujours posté au Pont-Neuf, de se porter au marché des Innocents. Une partie du bataillon exécuta seulement cet ordre. Dès que la petite troupe voulut forcer une des barricades placées à l'entrée de la rue des Prouvaires, les insurgés commencèrent le feu. Malgré la violente fusillade qui accueillait leur mouvement progressif, les soldats s'emparèrent d'une barricade; elle fut relevée derrière leurs pas. Ils avancèrent jusqu'au marché des Prouvaires; arrivés en cet endroit, la fusillade devint si meurtrière, que le commandant, pensant qu'il ne pourrait dégager à lui seul la colonne du général de Quinsonnas, ordonna un mouvement de retraite. Aussitôt que le bataillon commença à se replier, le feu des émeutiers cessa. En apprenant l'insuccès du bataillon du 15⁰ léger, le maréchal de Raguse ordonna au seul bataillon suisse dont il pût disposer au Carrousel de se porter au marché des Innocents [1]. La marche de ce bataillon ne fut qu'un combat long et meurtrier; il traversa la rue de la Monnaie, suivit la rue des Prouvaires, puis atteignit la pointe Saint-Eustache. A ce point, le commandant se méprit sur la direction qui conduisait le plus rapidement au marché des Innocents ; il s'engagea dans la rue Montorgueil, puis suivit la rue Mandar et n'atteignit le marché des Innocents qu'après avoir perdu un cinquième de ses hommes. La position de M. de Quinsonnas n'était plus tenable, ses soldats avaient épuisé leurs cartouches ; les Suisses partagèrent leurs munitions avec les troupes. La nuit arrivait ; le commandant profita du renfort apporté par les Suisses pour opérer sa retraite. Les deux bataillons suivirent la rue Saint-Denis, fran-

---

1. Ce bataillon était commandé par M. de Maillardoz.

chirent plusieurs barricades; des décharges de mousqueterie les poursuivaient. Les Suisses avançaient intrépidement à la tête de la colonne, frayant le chemin à la cavalerie et aux pièces d'artillerie. La troupe gagna la place du Châtelet et atteignit les quais; la fusillade la suivit, les coups de feu partaient de la rive gauche de la Seine et causaient des vides nombreux dans les rangs. On fut obligé de recourir à l'artillerie pour disperser les lignes de tirailleurs qui occupaient le quai Malaquais à la hauteur de l'Institut, qui porte encore sur sa façade les traces des boulets. La colonne de Quinsonnas prit enfin position au Louvre et y resta.

La marche de la colonne Saint-Chamans ne fut pas couronnée de plus de succès que celle des autres colonnes. Elle avait suivi la rue de Richelieu et les boulevards au milieu d'une foule considérable; aucune détonation n'inquiéta sa marche jusqu'à la porte Saint-Denis. Alors plusieurs coups de feu, tirés par des individus placés sur la plate-forme de l'arc de triomphe, retentirent; un officier, qui commandait le peloton de lanciers formant l'avant-garde, fut atteint. Le général fit repousser la foule à l'arme blanche. A la hauteur de la rue Saint-Martin, la fusillade devint plus violente; il s'agissait d'enlever une forte barricade; les insurgés qui la défendaient déchargèrent leurs armes sur la tête des Suisses. Il fallut deux coups de canon et un feu de peloton pour disperser les révoltés; la troupe traversa la barricade que le peuple releva derrière elle. La fusillade escorta la colonne qui, continuant à avancer, arriva à la place de la Bastille. Une foule compacte remplissait cette vaste place; les femmes et les enfants s'y trouvaient en grand nombre. Le général de Saint-Chamans s'avança vers eux et les exhorta à regagner leurs maisons. Ils répondirent qu'ils n'avaient plus ni pain ni ouvrage. Le général distribua de l'argent qu'il avait sur lui; de rares cris de : *Vive le Roi!* retentirent. Ils furent bientôt étouffés par les cris mille fois répétés de : *Vi[ve la] charte! à bas les ministres!* Le général de Saint-Chamans donna à la troupe de dissiper la foule ; la place se trouva bie[n] dégagée, et les insurgés débordèrent dans les rues e[nvi]ronnantes. Des barricades avaient été élevées à l'entrée d[e la] rue Saint-Antoine et sur la place de Birague. A l'arrivé[e de] la troupe sur cette place, des coups de feu partis des fen[êtres] atteignirent plusieurs soldats et un officier. C'était le sig[nal] que les insurgés réfugiés dans les rues voisines attendaie[nt;] à compter de ce moment, les décharges se multiplièrent [; la] garde répondit au feu.

Le général de Saint-Chamans envoya alors deux détach[e]ments en reconnaissance : le premier avait l'ordre de se dirig[er] vers l'Hôtel de ville par la rue Saint-Antoine ; le second dev[ait] se rendre à la barrière du Trône. Le premier détachement [fut] accueilli dans la rue Saint-Antoine par une véritable grêle [de] tuiles, de pavés, de bouteilles cassées, de bûches et de meub[les] lancés de tous les étages des maisons sur la tête des troup[es] arrêtées à chaque instant par des barricades. Les hommes [et] les chevaux tombaient morts ou blessés ; le passage [de] l'artillerie devenait impossible. Le général de Saint-Chama[ns] comprit alors qu'il sacrifiait inutilement la vie de ses homme[s] sans avoir aucune chance de forcer le passage.

Le second détachement, formé d'infanterie, était arrivé [à] la barrière du Trône, après avoir enlevé cinq barricades q[ue] les insurgés relevaient derrière les pas des soldats. Le géné[-] ral de Saint-Chamans, voyant ses communications interrompu[es] avec l'Hôtel de ville, se résolut à retourner aux Tuileries ; [il] passa la Seine au pont d'Austerlitz, et ordonna à un déta[-] chement de cuirassiers d'aller avertir les troupes qui l'atten[-] daient à l'Hôtel de ville de ne plus espérer son secours. Aprè[s] une marche lente et pénible, la colonne Saint-Chamans rentr[a] aux Tuileries, épuisée de fatigue et de faim.

On se battait encore dans les rues voisines du Palais-Royal. Le 53ᵉ de ligne, chargé de combattre les insurgés dans la rue Croix-des-Petits-Champs, n'opposait qu'une résistance dérisoire aux efforts de l'émeute; la défection se propageait dans ses rangs et tout le poids de la lutte retombait sur la garde royale. Les soldats de la ligne tiraient en l'air pendant que les munitions manquaient à la garde, et ils fraternisaient avec les hommes du peuple.

Ainsi, cette journée de combats, loin d'amener un résultat favorable à la cause royale, voyait à son déclin la révolution maîtresse sur tous les points. Les communications des colonnes entre elles avaient été coupées; les troupes ne pouvaient songer à se maintenir dans les positions qu'elles avaient occupées un instant pour les abandonner ensuite au peuple, qui les conservait définitivement. Les munitions manquaient aux soldats tandis que la poudrière du faubourg Saint-Marceau et la Manutention étaient tombées au mains des insurgés. Le défaut absolu d'approvisionnement et la défection des troupes de ligne jetaient le découragement dans les rangs de la garde, qui, restée fidèle, avait à supporter à elle seule toute la fatigue des combats [1].

L'insurrection avait le dessus partout; cependant les parlementaires n'étaient pas encore rassurés sur l'issue finale de l'action, et dans la partie de la ville abandonnée par les troupes, on n'espérait pas encore un succès définitif pour la cause de

---

[1]. Les troupes firent des prisonniers dans la journée du 28 juillet. Tous étaient porteurs de cartes ou signes de reconnaissance qui semblaient indiquer une organisation préparée depuis longtemps. Ces cartes triangulaires portaient d'un côté une signature, de l'autre une date remontant aux derniers mois de 1829, ou aux premiers mois de 1830, avec des inscriptions analogues aux mots d'ordre de la première Révolution : *Liberté, Égalité, Fraternité*.

Ce détail est également rapporté dans les *Études politiques* du prince de Polignac et dans le *Journal* de M. de Guernon-Ranville.

Voyez aussi l'écrit intitulé : *La Garde royale pendant les journées de juillet*, p. 58 et 59.

l'insurrection. Les réunions des parlementaires se multipliaient. La députation chargée d'aller demander au duc de Raguse la cessation de la lutte vint apporter la réponse du maréchal chez M. Bérard. Les députés présents étaient peu nombreux; ils paraissaient effrayés de l'intensité du mouvement insurrectionnel et craignaient de prendre une part de responsabilité dans les événements qui devenaient à chaque instant plus graves[1]. M. Coste, gérant du *Temps*, apporta à la réunion une épreuve de la protestation Guizot; il s'agissait de la signer. Déjà, dans la matinée, les députés réunis chez M. Audry de Puyraveau avaient refusé de sanctionner cette protestation en y apposant leur signature. La même discussion se renouvela chez M. Bérard. Un des assistants proposa alors à ses collègues d'imprimer à la suite de la protestation une liste contenant les noms d'un certain nombre de députés, en indiquant que la protestation avait été adoptée en leur présence. Cette proposition fut adoptée. On dressa une liste de soixante-trois noms : les membres de la réunion ne voulaient par porter à eux seuls la responsabilité de l'acte qu'ils allaient accomplir. M. Laffitte dit alors : « C'est cela : si nous sommes vaincus, ils nous démentiront; si nous sommes vainqueurs, il y aura émulation pour avoir signé[2]. »

La réunion se sépara ; elle devait se reconstituer une troisième fois dans la soirée, chez M. Audry de Puyraveau. Douze à quinze députés y arrivèrent à la nuit. La maison était entourée d'hommes du peuple et protégée par des barricades. Les députés délibéraient dans une petite salle; la lueur dou-

---

1. MM. Mauguin, Laffitte, Audry de Puyraveau, Bavoux, la Fayette, Gérard, Sébastiani, Villemain, Casimir Périer, Lobau, Marschal, de Laborde, Vassal, Duchaffaut, étaient présents à cette réunion.
2. Ces détails sont empruntés aux *Souvenirs politiques* de M. Bérard.
La protestation Guizot parut le lendemain dans un journal ; elle reproduisait, sous une forme différente, les idées contenues dans la protestation des journalistes.

teuse d'une lampe les éclairait à demi. De temps à autre, les éclairs de la fusillade brillaient à leurs yeux, le bruit sourd du canon se mêlait dans l'air à la plainte du tocsin et des cloches des églises, qui gémissaient toujours, comme pour tinter à la fois l'agonie de la monarchie et l'agonie de tant de vies humaines sacrifiées bien inutilement à la passion politique. Les rapports les plus contradictoires arrivaient à l'assemblée [1]; aussi les députés hésitaient-ils sur le parti qu'il convenait de prendre. Les uns désiraient la fin de la lutte; les autres se déclaraient résolus à seconder les efforts du peuple et à adopter son drapeau. MM. Sébastiani et Méchin appartenaient au premier camp; MM. de la Fayette, Laffitte, Delaborde et Mauguin composaient le second. M. Sébastiani s'écriait qu'à ses yeux « le seul drapeau national serait toujours le drapeau blanc; » M. Audry de Puyraveau déclarait qu'il était disposé à arborer la cocarde tricolore et à se jeter dans la mêlée; MM. Mauguin, la Fayette, Laffitte, Delaborde et Bavoux se montraient résolus à prendre les armes, à diriger le mouvement et à constituer à l'Hôtel de ville un gouvernement provisoire. Il était impossible d'arriver à une solution conciliatrice avec des avis si opposés. Les députés s'accusaient mutuellement de lâcheté et de témérité; encore une fois, l'assemblée se sépara sans avoir rien décidé. Il était près de minuit, on convint de se revoir le lendemain matin chez M. Laffitte; ce dernier ne cachait pas à ses collègues que le dénoûment qu'il appelait de tous ses vœux était la royauté du duc d'Orléans.

Tandis que la révolution faisait à Paris des progrès si rapides, quels avertissements parvenaient à Saint-Cloud?

---

1. Cette réunion était composée de MM. de la Fayette, Mauguin, Bavoux, Delaborde, Guizot, Bérard, Sébastiani, Chardel, Méchin, Bertin de Vaux, Louis, Laffitte.

Dans la première partie de la journée, des royalistes plus dévoués qu'éclairés avaient entretenu les illusions du Roi. Ils lui disaient qu'on exagérait le mal; quelques courtisans ne craignaient pas d'affirmer que les troupes royales s'étaient rendues maîtresses de l'insurrection dont les chefs étaient arrêtés. Lorsque les cinq députés chargés de demander au duc de Raguse de faire cesser le feu eurent quitté les Tuileries, le maréchal envoya un exprès au Roi; cet exprès, c'était le colonel de Komierowski. Il était chargé de rendre compte à Charles X de l'état de Paris et de lui remettre une dépêche[1]. Arrivé à Saint-Cloud, il dit au Roi que Paris

---

1. La dépêche du duc de Raguse était conçue en ces termes : « J'ai mis mes différentes colonnes en mouvement à l'heure indiquée. Le général Talon est à la place de Grève. J'ai une communication assurée avec lui par un bataillon qui occupe le débouché du Pont-Neuf. Le général Saint-Chamans marche par les boulevards pour s'établir place de la Bastille. Le général de Wall, parti de la place Vendôme, occupe avec ses troupes la place des Victoires. Malgré tout cela, tout l'espace entre lui et moi est rempli de groupes insurgés, et nous ne pouvons communiquer que par la place Vendôme. Le général Quinsonnas est arrivé au marché des Innocents; mais après avoir tourné et détruit plusieurs barricades et refoulé dans la rue Saint-Denis tout ce qui s'opposait à sa marche, de nouveaux groupes se sont reformés derrière lui, et je ne puis avoir de ses nouvelles que par des officiers déguisés.

« Dans la marche des troupes, partout les groupes se sont dispersés à leur approche; mais, dans presque toutes les rues, des coups de fusil sont partis des fenêtres de toutes les maisons; les troupes assaillies ont riposté, et leur marche partout n'a été qu'un combat.

« Les troupes ne sauraient courir le risque d'être forcées dans leurs positions; mais je ne dois pas vous cacher que la situation devient de plus en plus grave.

« A l'instant où j'allais fermer ma lettre, se sont présentés chez moi MM. Casimir Périer, Laffitte, Mauguin, le général Gérard et le général Lobau. Ils m'ont dit qu'ils venaient me demander de faire cesser le feu. Je leur ai répondu que je leur faisais la même prière; mais ils mettent pour condition à leur coopération la promesse du rapport des ordonnances. Je leur ai répondu que, n'ayant aucun pouvoir politique, je ne pouvais prendre aucun engagement à cet égard. Après une assez longue conversation, ils se sont bornés à me demander de rendre compte de leur demande à V. M. Je pense qu'il est urgent que V. M. profite sans retard des ouvertures qui lui sont faites. » Cette dépêche est citée dans le rapport fait par le comte de Bastard, et lu à la cour des pairs lors du procès des derniers ministres de Charles X.

entier était en armes, que ce n'était pas la populace mais la population tout entière qui se soulevait, et que, près de Chaillot, des coups de fusil avaient été tirés contre lui, non par la populace, mais par des hommes d'une classe plus élevée. Après avoir lu la dépêche, Charles X fit appeler le colonel de Komierowski; il le chargea de dire au duc de Raguse « de tenir ferme, de réunir ses forces sur le Carrousel et sur la place Louis XV et d'agir avec des masses. » Évidemment, le Roi ne se rendait pas compte de la gravité de la situation; il croyait voir dans la démarche faite par les députés un aveu d'impuissance, et pensait que le rapport de M. de Komierowski était entaché d'exagération. Il se trompait, mais il était trompé par d'autres renseignements bien différents qu'on lui apportait d'autre part. L'homme est ainsi fait; il croit facilement à la possibilité de la réalisation de ses désirs. On n'accueille jamais avec empressement une vérité cruelle; de tous les trésors, l'illusion est celui qui survit jusque sur les ruines de l'espérance. Dans la soirée du 28 juillet, le Roi et le président du conseil ne reçurent pas de nouveaux rapports. Cependant, le Roi fit ordonner aux gardes du corps de se tenir prêts à monter à cheval; les élèves de Saint-Cyr reçurent également l'ordre de se rendre à Saint-Cloud avec leur artillerie. Les régiments de la garde en garnison à Beauvais, à Orléans, à Rouen et à Caen, furent rappelés à Paris; les troupes qui formaient les camps de Saint-Omer et de Lunéville furent également dirigées sur Paris. Ces mesures paraissaient encore à Saint-Cloud des mesures de précaution; la cour conservait son aspect accoutumé, et, le 28 juillet, le jeu du Roi eut encore lieu dans la soirée.

L'opposition à outrance trouvait que les événements ne marchaient pas assez vite. Les députés n'avaient pris aucune décision dans leurs différentes réunions; quelques journalistes et des jeunes gens, craignant que la timidité des chefs du mouvement parlementaire ne vînt à entraver les progrès de l'insurrection, annoncèrent, dans une affiche qu'ils placardèrent au coin des rues, que Charles X avait quitté Saint-Cloud, et qu'un gouvernement provisoire, composé du général la Fayette, du duc de Choiseul et du général Gérard, était formé.

Cette création, sortie de l'imagination de quelques hommes de l'opposition à outrance, soutint le moral des insurgés.

Lorsque le colonel de Komierowski rentra dans Paris, le général Talon se maintenait encore à l'Hôtel de ville. Un officier parvint jusqu'à lui sous un déguisement, et lui apporta l'ordre d'opérer sa retraite sur les Tuileries. La nuit arrivait, mais elle n'était pas encore descendue à l'horizon. Pour la seconde fois, les cartouches des soldats étaient épuisées; le général Talon se résolut à attendre l'obscurité complète pour exécuter l'ordre du maréchal. Avec la nuit, le combat cessa; les soldats gardèrent leurs postes sans recommencer l'attaque; les insurgés, profitant de l'obscurité, sortirent des maisons qui leur avaient servi de forteresses pendant le jour. Minuit sonnait lorsque la retraite commença : la colonne se forma comme un convoi funèbre ; les cloches tintaient toujours et mêlaient leurs voix plaintives aux gémissements des blessés ; l'avant-garde seule fut munie de cartouches. Le bruit qu'elle fit en détruisant la barricade de la rue Pelletier provoqua quelques coups de fusil tirés de la rive gauche de la Seine. La colonne ne répondit pas au feu. En passant au Pont-Neuf, elle retrouva le 15e léger, dont l'inaction avait été fatale à la cause royale; puis elle rallia le 50e de ligne et continua sa route ; à une heure du matin, elle atteignit les avant-postes du duc de Raguse. Le découragement commençait à gagner les soldats de la garde, qui voyaient leurs longs et courageux efforts restés stériles. Ils avaient lutté pendant douze heures, sans vivres, presque sans munitions, et, à la fin de cette journée, ils devaient se replier, emportant leurs blessés à la nuit. Arrivés aux Tuileries, les soldats manquèrent de vivres; on trouva chez les boulangers du quartier quelques centaines de livres de pain, qui servirent à distribuer un quart de ration à deux ou trois bataillons. Les caves du château fournirent un peu de vin; c'est avec cette nourriture insuffisante qu'on espérait relever le moral de troupes à jeun depuis la veille, et découragées par leur insuccès de la journée.

Aussitôt après le départ du général Talon, les insurgés occupèrent de nouveau l'Hôtel de ville.

Dans la soirée du 28 au 29 juillet, les troupes se trouvaient donc concentrées autour des Tuileries. Le maréchal Marmont, en annonçant au prince de Polignac que toutes les forces militaires étaient réunies aux Tuileries, l'engagea à donner cette nouvelle au Roi, en ajoutant que la position qu'il occupait était inexpugnable et qu'il pourrait y tenir trois semaines. Le prince de Polignac transmit fidèlement au Roi le message du commandant en chef [1]. Les pertes de la troupe en cette journée s'élevaient à 2500 hommes, tués, blessés, ou égarés; ces derniers étaient les plus nombreux. Le duc de Raguse déclara aux ministres que, n'ayant plus de forces suffisantes pour recommencer le lendemain une attaque, il se bornerait à défendre le Louvre et les Tuileries que leur isolement rendait susceptibles de quelque résistance, et à entretenir ses communications avec Saint-Cloud. Il ajouta qu'il se tiendrait sur la défensive jusqu'à l'arrivée des renforts qu'on demandait de tous les côtés [2].

---

1. Voyez *Études politiques* du prince de Polignac, p. 314 et 315.
2. Le maréchal Marmont était surveillé de près aux Tuileries par les instigateurs de la Révolution; voici ce que le général de Coëtlosquet racontait à ce sujet : « Le 28 juillet au soir, je vins offrir mes services au maréchal, et j'eus avec lui une longue conversation dans laquelle il me dit qu'il était bien malheureux et que sa position était cruelle. J'abondai dans son sens et je lui

Le baron d'Haussez émit alors l'avis que le Roi devrait se porter à marches forcées avec sa maison militaire vers la Loire, et gagner la Bretagne où il trouverait des troupes fidèles. Cet avis fut repoussé; rien n'était encore assez désespéré aux yeux des ministres pour recourir à ce moyen extrême. Celui qui, soulevant en ce moment le voile de l'avenir, aurait montré du doigt la noire silhouette du *Great-Britain* voguant quelques jours plus tard vers l'Angleterre emmenant à toutes voiles la famille royale de France, aurait été regardé comme un pessimiste ou un imposteur.

Pendant la nuit, des hommes du peuple dirigés par des élèves de l'École polytechnique élevèrent des barricades qui entourèrent le Carrousel, de manière à couper les mouvements de la troupe sur trois côtés; seul le chemin de la retraite restait libre. D'autres insurgés fabriquaient des cartouches ou distribuaient des munitions. L'insurrection préparait pour le lendemain une vigoureuse attaque, tandis que, dans le camp royal, on ne songeait plus qu'à se tenir sur la défensive.

Presque toutes les troupes étaient réunies sur la rive droite. Elles furent disposées dans l'ordre suivant : deux bataillons suisses protégeaient la Bourse; deux bataillons de la garde défendaient le Palais-Royal, la rue Saint-Honoré et la rue de Rivoli; deux régiments de la ligne et la gendarmerie occupaient la rue de Castiglione, la place Vendôme et la rue de la Paix; cent hommes de la garde se tenaient à l'entrée de la Banque; un bataillon suisse protégeait le Carrousel, et trois bataillons de la garde bivouaquaient dans le jardin des Tuileries au grand scandale du gouverneur du château, M. de

---

conseillai de prendre des mesures énergiques. Mais il était sans cesse entouré; le fameux Arago, entre autres, ne le perdait pas de vue, et on prétendait que, si Marmont eût donné des ordres décisifs, il devait lui brûler la cervelle. » (*Détails communiqués par le marquis de Pazzis.*)

Glandevez, qui demandait grâce pour les allées du jardin récemment sablées[1].

Pendant la nuit, deux bataillons de la garde et un régiment de chasseurs à cheval étaient arrivés de Versailles ; la surveillance du boulevard des Capucines, de la rue Royale et des Champs-Élysées leur fut confiée. Ce renfort, évalué à 1500 hommes, d'infanterie et à 600 hommes de cavalerie, compensait à peine les pertes de la veille.

Les six escadrons de lanciers de la garde furent rangés en bataille dans la cour intérieure des Tuileries. Deux bataillons de la garde, à effectif réduit, furent placés en avant des grilles ; deux pièces de canon, qui séparaient les bataillons de la garde, protégeaient l'arc de triomphe ; la porte de la grille située derrière l'arc de triomphe restait ouverte.

Le 29 juillet, dès cinq heures du matin, les feux de mousqueterie commencèrent à retentir et les postes isolés furent enlevés. Dans la matinée, les Invalides et l'École militaire tombèrent au pouvoir des insurgés. A sept heures du matin, le Louvre, défendu par deux bataillons de la garde suisse commandés par MM. de Salis et de Maillardoz, fut attaqué. Une fusillade, qui s'étendait d'une rive de la Seine à l'autre, tuait des hommes sur le quai des Tuileries ; les insurgés occupaient les maisons situées sur la droite de la rue Saint-Honoré, du Palais-Royal à Saint-Roch, et compromettaient ainsi la position du Louvre et des Tuileries.

Le ministère était assemblé en permanence à l'état-major ; les maires de Paris et la cour royale furent invités à rejoindre le conseil des ministres. La cour royale ne répondit pas à cet appel ; deux maires de Paris seulement, MM. Petit et Hutteau d'Origny, accoururent à l'état-major. En attendant l'arrivée de la cour royale, le maréchal Marmont rédigea une proclama-

---

1. Ces détails sont empruntés aux Mémoires inédits du baron d'Haussez.

tion destinée à annoncer aux Parisiens une suspension d'armes, pendant laquelle la cour royale et la municipalité de Paris iraient faire auprès du Roi une démarche de conciliation. Le maréchal, enfermé au Louvre, ne disposait d'aucun moyen de publicité pour répandre cette proclamation; ces paroles de paix ne pouvaient dépasser le cercle de fer qui étreignait les troupes. On connut seulement la proclamation dans le camp royaliste, et, tandis que le maréchal annonçait une suspension d'armes, la lutte acharnée continuait.

C'est au moment où le général en chef croyait à une suspension d'hostilités que deux nouveaux négociateurs, MM. de Sémonville et d'Argout, se présentèrent à l'état-major. Le ministère, en présence des terribles résultats qui avaient suivi la publication des ordonnances, venait de se résoudre à aller conseiller au Roi leur retrait. Avant de se rendre à Saint-Cloud, les ministres demandèrent au maréchal ce qu'il pensait de sa position militaire :

« Vous pouvez dire au Roi, leur répondit-il, que, quoi qu'il arrive et sans avoir besoin de nouveaux renforts, la population de Paris tout entière s'armât-elle contre moi, je puis tenir ici pendant quinze jours; cette position est inexpugnable [1]. »

L'arrivée des négociateurs suspendit le départ des ministres.

C'est à la déposition de M. de Sémonville devant la chambre de pairs, lors du procès des ministres, que nous emprunterons les détails de son entrevue avec le maréchal Marmont et le président du conseil; cette déposition est fertile en renseignements sur les causes secrètes de l'abandon avec lequel le Roi et la famille royale ont subi la révolution. M. de Sémonville déclare n'avoir connu les ordonnances que par le *Moniteur*.

---

1. Journal politique de M. de Guernon-Ranville.

Pressentant les malheurs qui allaient résulter de cette publication, il réunit dans la soirée du 28 juillet quinze ou dix-huit pairs, qui cherchèrent les moyens de conjurer la catastrophe. M. de Sémonville convint avec M. d'Argout de se revoir le lendemain. Le jeudi, à cinq heures du matin, ils se retrouvèrent au jardin du Luxembourg, et, sachant que les ministres étaient réunis à l'hôtel de l'état-major, ils s'y rendirent. Ils trouvèrent le maréchal dans un désespoir visible ; ils le prièrent d'aller chercher M. de Polignac qu'il ramena. Aussitôt que M. de Sémonville aperçut le président du conseil, il l'interpella si haut, que les ministres accoururent ainsi que les officiers réunis dans une pièce voisine. Dans sa déposition devant la cour des pairs, M. de Sémonville a conservé les détails de son entrevue avec le président du conseil :

« Je lui demandai, dit-il, en présence de tous, la révocation immédiate des ordonnances ou du moins, d'ici à ce que le Roi l'eût prononcée, la démission et la dispersion des ministres. On fit alors évacuer le local par tous les militaires. Il ne resta que M. de Glandevez, qui entrait et sortait à chaque instant, MM. de Girardin, d'Argout et les ministres. M. de Polignac se retrancha derrière l'autorité royale avec un calme inouï et une politesse constante. Les autres ministres avaient beaucoup de réserve ; mais leur attitude annonçait leurs dispositions conciliantes. Ils avaient l'air d'être sous une influence et sous un pouvoir supérieur à leur volonté. (C'est celle du Roi que M. de Sémonville veut désigner.) — M. de Polignac a demandé à délibérer avec ses collègues ; on y a consenti. »

Pendant l'absence du président du conseil, MM. de Sémonville et d'Argout supplièrent le maréchal de finir lui-même la scène d'horreur qui ensanglantait la capitale ; il s'en défendit. En ce moment arriva un envoyé d'un poste assailli et en danger, dont le chef faisait demander la permission de tirer à mitraille, seul moyen de se dégager. Le maréchal refusa l'autorisation :

« Alors, continue M. de Sémonville, voyant que la délibération se prolongeait au delà du temps nécessaire pour prendre une décision, nous sollicitons le maréchal de s'emparer des ministres et de les constituer prisonniers. Il hésite ; M. de Glandevez lui offre de les arrêter lui-même. Le maréchal allait signer l'ordre, quand la porte s'ouvrit ; M. de Peyronnet parut, et ce coup décisif fut manqué. Il ne restait plus qu'à partir pour Saint-Cloud. Le maréchal écrivit quelques lignes au Roi ; M. de Girardin s'offrit pour porter la lettre, de manière à ce qu'elle précédât notre arrivée à Saint-Cloud. Nous quittâmes les Tuileries. A quelque distance, nous rencontrâmes un homme qui nous dit : « Allez vite ! » en nous montrant qu'on nous suivait. Nous jetons les yeux en arrière, nous voyons une voiture portant les ministres et faisant tous ses efforts pour nous dépasser. Nous arrivâmes en même temps et nous dîmes à M. de Polignac, avant qu'il entrât au château, que nous voulions bien lui laisser l'honneur de faire révoquer les ordonnances et que nous attendions l'effet de sa démarche. Peu après, un huissier du cabinet m'invite à entrer ; je trouvai M. de Polignac à la porte extérieure du cabinet. « Vous m'accusez, dit-il ; j'ai dit au Roi que « vous étiez là, c'est à vous de parler le premier. »

M. de Sémonville rend compte en ces termes de son entrevue avec le Roi :

« Je crois, dit-il, j'ai toujours cru que les dispositions du Roi, que je voulais combattre en entrant dans son cabinet, étaient personnelles, anciennes, profondes, méditées, le résultat d'un système tout à la fois politique et religieux. Si j'avais eu un doute à cet égard, il aurait été entièrement dissipé par ce douloureux entretien. Toutes les fois que j'ai approché du système du Roi, j'ai été repoussé par son inébranlable fermeté ; il détournait les yeux des désastres de Paris, qu'il croyait exagérés dans ma bouche, et les détournait de l'orage qui menaçait sa tête et sa dynastie. Je ne suis parvenu à vaincre sa résolution qu'après avoir passé par son cœur ; lorsque, après avoir tout épuisé, j'ai osé le rendre responsable envers lui-même du sort qu'il pouvait réserver à Madame la Dauphine, peut-être éloignée à dessein en ce moment ; lorsque je le forçai d'entendre qu'une heure, une minute d'hésitation pouvait tout compromettre, si les désastres de Paris parvenaient sur son passage, dans une commune ou dans une cité, et que les autorités ne pussent pas la protéger. Je le forçai d'entendre que lui-même la condamnait au seul malheur qu'elle n'eût pas encore connu : celui des outrages d'une population irritée. Des pleurs ont alors sillonné les yeux du Roi ; au même instant sa sérénité a disparu, sa tête s'est baissée sur sa poitrine ; il m'a dit d'une voix basse, mais très-émue : « Je vais « dire à mon fils d'écrire et d'assembler le conseil. »

Qu'on nous permette de rapporter ici, à côté de M. de Sémonville, le récit d'un témoin de son entrevue avec le Roi : nous voulons parler de M. le baron d'Haussez. Le ministre de la marine avait appris, de la bouche même du maréchal Marmont, que deux régiments de la ligne refusaient de se battre, et que leur défection laissait la place Vendôme et la rue de la Paix à découvert. Les insurgés s'étaient aussitôt répandus dans ce quartier, et d'une maison située vis-à-vis de la rue Saint-Honoré, ils tiraient sur les fenêtres de la salle où les ministres étaient réunis ; un grand nombre de balles la traversèrent. A neuf heures, le maréchal informa le ministre de la marine qu'on avait dû dégarnir la colonnade du Louvre pour envoyer un des bataillons suisses occuper la rue Castiglione, la rue de la Paix et la place Vendôme, que l'abandon des troupes de ligne laissait sans défense. Par suite de ces événements, l'ensemble de la position des troupes se trouvait compromis. Le baron d'Haussez s'offrit alors pour aller prendre les ordres du Roi ; le général de Girardin l'accompagna. Ils arrivèrent à Saint-Cloud après avoir essuyé un feu bien nourri qui partait des jardins Beaujon et avoir couru le risque d'être arrêtés par des bandes de paysans réunis à la hauteur de la barrière de l'Étoile et dans le village de Boulogne. Laissons la parole à M. le baron d'Haussez et opposons son récit à la déposition de M. de Sémonville :

« Comme je descendais de cheval, écrit-il dans ses *Mémoires*, je rencontrai MM. de Sémonville, d'Argout et de Vitrolles. Ils me dirent qu'ils étaient porteurs de paroles de pacification ; que les conditions qu'ils venaient proposer, plus satisfaisantes qu'on ne pouvait l'espérer dans la circonstance présente, étaient de nature à sauver le fond et la forme, la couronne et sa dignité; mais que les moments pressaient, que le moindre retard pouvait compromettre le succès de leur mission, dernière tentative que le parti ennemi consentît à faire.

« Je fus introduit chez le Roi, et, après lui avoir rendu un compte exact des événements, je le priai de recevoir la députation. Ce ne fut pas sans peine que je l'y décidai. Le Roi m'ordonna de rester près de lui. Les députés demandèrent au Roi de promettre satisfaction au peuple sur quelques points qu'ils indiquaient. Ces points étaient : le renvoi des ministres et leur remplacement par un conseil à la tête duquel serait le duc de Mortemart, et dont MM. le général Gérard et Casimir Périer feraient partie; le choix des autres membres appartiendrait au Roi. Les négociateurs réclamaient en outre une amnistie complète pour les événements qui avaient eu lieu, amnistie que le corps municipal de Paris, la cour de cassation, la cour royale, viendraient demander au Roi. Charles X hésitait. M. de Sémonville se jeta à ses pieds, pleura, fit tout ce qu'il fallait pour l'attendrir; cette comédie fut répétée avec quelques variantes par M. d'Argout. Le Roi finit par promettre de prendre les propositions en considération; il s'engagea à envoyer immédiatement M. de Mortemart avec des pleins pouvoirs, et décida que le conseil s'assemblerait après la messe, qui fut célébrée à l'heure accoutumée. »

M. d'Haussez rencontrait donc une dernière fois M. de Sémonville à Saint-Cloud. Quelques jours avant la publication des ordonnances, on se souvient qu'il avait dit au ministre de la marine :

« Arrangez-vous de manière à être les plus forts. Quand le drame est joué, le public applaudit le dénoûment quel qu'il soit; il ne siffle que les mauvais acteurs. »

M. de Sémonville appliquait en ce moment la morale de son discours.

On a vu que, dans sa déposition, M. de Sémonville représentait le Roi comme ayant eu dans l'affaire des ordonnances une résolution personnelle, profonde, ancienne, méditée, résultat d'un système tout à la fois politique et religieux. Rien n'est plus contraire à la vérité, à la possibilité même, pour quiconque a pu connaître et apprécier le caractère et les idées de Charles X. Nous citerons à l'appui de cette affirmation l'opinion de M. de Villèle, en rappelant que nul homme n'avait été plus à portée que l'ancien président du conseil d'étudier et par conséquent de connaître le caractère du Roi.

M. de Villèle ne doute pas que M. de Sémonville n'ait eu pour but dans sa déposition de courtiser la révolution qui venait de s'opérer, en s'efforçant de prouver qu'elle était indispensable et justifiée par le caractère despotique, rétrograde et bigot du Roi :

« J'ai été à même d'apprécier le caractère de Sémonville, écrit M. de Villèle. Il a voulu en outre, en sacrifiant le Roi exilé, éviter l'odieux de charger les accusés présents et tombés à la discrétion de leurs ennemis. On retrouve le même motif dans la cause à laquelle Sémonville attribue le succès de sa démarche : faire verser des larmes au Roi et lui faire concéder le retrait des ordonnances, sur la supposition absurde des dangers imaginaires qu'allait courir Madame la Dauphine dans son retour des eaux de Vichy, est une fausseté, ainsi que l'observa sur-le-champ M. de Peyronnet.

« J'ai été, plus que tout autre, en état de juger si Charles X a rendu les ordonnances d'après un système personnel, ancien, médité, système irrévocable et sur lequel on prétendrait justifier son expulsion. Selon moi, on devrait bien plutôt imputer ces mesures à la faiblesse qu'à la ténacité, à l'embarras de la situation et à l'influence d'un favori qu'à une résolution personnelle, ancienne et profonde. La trop grande facilité, la faiblesse, tels étaient les deux défauts de son caractère : ces défauts sont bien graves chez un Roi [1]. »

Ceux qui ont étudié la vie du comte d'Artois se rallieront au jugement exprimé par M. de Villèle.

Après la messe, le conseil des ministres s'ouvrit. Le Roi semblait animé d'un courage inspiré par la résignation plutôt que par la volonté de résister à un mouvement qui lui sem-

---

1. Papiers politiques de M. de Villèle (*Documents inédits*).

blait irrésistible. Il était calme et exprimait ses idées aussi clairement qu'à l'ordinaire. M. le Dauphin ne partageait pas le calme du Roi ; il paraissait agité, et ses mouvements brusques et saccadés laissaient deviner son émotion. Les ministres étaient abattus. Le Roi exposa l'état des choses d'après les renseignements qu'il tenait de MM. de Sémonville, d'Argout, de Vitrolles et d'Haussez. Le Dauphin exprima le doute que la situation fût aussi sombre qu'on l'avait représentée. Alors M. d'Haussez répéta qu'il croyait nécessaire de négocier avec MM. de Sémonville et d'Argout, sans traiter effectivement en ajoutant que le Roi pourrait profiter de la suspension d'armes pour se porter en toute hâte vers la Loire, ou à la rencontre des camps de Saint-Omer et de Lunéville, dont les troupes marchaient sur Paris. Le Dauphin interrompit les considérations du ministre de la marine :

« Monsieur d'Haussez, s'écria-t-il, je n'aime pas les conseils timides ; le meilleur parti, le plus digne, c'est de se faire tuer. »

M. d'Haussez répondit au prince que, vu l'état de découragement où était l'armée, il trouverait peu de monde disposé à le suivre s'il prenait ce parti désespéré. M. de Guernon-Ranville combattit fortement l'opinion de M. d'Haussez, qui conseillait au Roi de se retirer sur la Loire. Il soutint avec raison que l'on reconnaissait la partie perdue en s'éloignant de Paris. On ignorait encore si le maréchal Marmont serait contraint d'évacuer la ville. En admettant cette hypothèse, on ne devait pas, en traitant avec les insurgés, sanctionner la révolte et se priver ainsi des moyens d'attaquer la capitale avec les troupes qui en seraient sorties et celles qu'on appelait de tous les côtés.

Pendant qu'on délibérait ainsi, le général du Coëtlosquet qui arrivait de Paris demanda à être introduit auprès du Roi. Il entra. Il paraissait fort ému et fut quelque temps sans pouvoir parler. On lisait sur sa physionomie qu'il apportait de mauvaises nouvelles :

« Je le vois encore, écrit M. d'Haussez dans ses *Mémoires*, appuyé contre les rayons de la bibliothèque, sans cravate, défiguré par la poussière, et pouvant à peine se soutenir. Il venait annoncer que tout se perdait à Paris et que le Louvre était envahi par le peuple[1]. »

Nous allons tâcher d'expliquer cet événement qui paraît inexplicable. On n'a pas oublié que la défection du 5ᵉ et du 53ᵉ de ligne laissait la position de la rue Castiglione et de la rue Saint-Honoré sans défense. Le maréchal Marmont avait ordonné au bataillon suisse, commandé par M. de Salis de se porter à l'entrée de la rue de Castiglione, afin de garder le passage de la rue Saint-Honoré et des Tuileries. On se souvient qu'une suspension d'armes avait été annoncée à la troupe et que cette suspension d'armes ne fut pas acceptée par les insurgés. Cependant, le feu se ralentit un moment : à peine entendait-on un coup de fusil en cinq minutes, et les troupes royales purent croire que cet essai de pacification avait réussi; de leur côté, elles suspendirent les hostilités. Alors quelques insurgés, n'entendant plus le bruit de la mousqueterie, profitèrent de la retraite des troupes du colonel de Salis pour escalader la colonnade du Louvre et pour aller occuper les galeries; un seul bataillon suisse gardait la cour intérieure du Louvre. Tout à coup les insurgés, maîtres des galeries du musée, firent feu sur les Suisses. Quoique surpris par cette attaque imprévue, lorsqu'ils croyaient à l'exécution loyale d'une suspension d'armes, les Suisses répondirent au feu. Ils tentèrent même d'opérer une sortie par le pont des Arts, en essayant d'arrêter la marche d'une colonne venue de la rive

---

1. Ces détails sont empruntés aux Mémoires inédits du baron d'Haussez.

gauche de la Seine. Pendant ce temps, quelques insurgés pénétraient dans la galerie de peinture et commençaient à tirer sur les troupes qui occupaient le Carrousel. Alors les Suisses quittèrent le Louvre et se replièrent sur les Tuileries. Les insurgés débouchèrent sur le Carrousel en poussant des cris de triomphe; les Suisses, poursuivis, accélérèrent leur retraite en ripostant faiblement aux décharges des Parisiens. Le trouble de leur imagination ne permettait pas aux Suisses de juger sainement l'état de la situation; ils auraient pu devenir facilement les maîtres du mouvement : en effet, à ce moment, les insurgés étaient moins nombreux que les soldats.

Un détachement de 50 gendarmes d'élite stationnait à gauche de l'arc de triomphe des Tuileries. Tout à coup les tambours battent, les trompettes sonnent; les gendarmes s'élancent et disparaissent par le passage du pavillon de l'Horloge. A la vue des Suisses, arrivant à toute vitesse et poursuivis par les assiégeants, les deux bataillons de la garde qui stationnaient en avant des Tuileries, se dirigent précipitamment vers l'arc de triomphe de la grille d'entrée. Le général Talon commanda alors aux lanciers qui occupaient la cour intérieure des Tuileries d'exécuter un mouvement de retraite par les ailes pour venir défiler par le pavillon de l'Horloge. Cette manœuvre, difficile à opérer dans ce passage étroit, se trouva encore compliquée par l'ordre de faire passer en tête l'étendard du 4e escadron de lanciers que cet escadron ne voulait pas abandonner; un cheval, en s'abattant, augmenta la confusion. L'infanterie prit cette confusion pour une fuite; elle suivit le mouvement de retraite qu'elle crut général. Il n'y eut pas de résistance sérieuse de la part des troupes affolées par une panique. Le commandant du pavillon de Flore, chargé de surveiller le pont Royal, vit tout à coup que la cour des Tuileries était au pouvoir des insurgés. A la tête de sa petite troupe il courut sur eux à la baïonnette, les chassa un instant de la cour et protégea la retraite.

Le maréchal de Raguse, témoin de cette panique inexplicable, ordonna alors aux deux bataillons qui occupaient la Banque et le Palais-Royal, de suivre le mouvement de retraite dont les Suisses avaient donné l'impulsion.

Ce mouvement était presque inexécutable pour les soldats placés dans les maisons de la rue Saint-Honoré, aux angles des rues de Rohan et de l'Échelle. Un peloton du 3º régiment de la garde, qui occupait une maison de la rue de Rohan, ne put parvenir à se dégager; les insurgés massacrèrent impitoyablement les officiers et les soldats. En se retirant, les Suisses lançaient au hasard quelques décharges aux insurgés; une de ces décharges atteignit un jeune rédacteur du *Globe*, M. Farcy.

Aussitôt que les Tuileries furent évacuées par les troupes, le torrent révolutionnaire remplit le château.

Le maréchal rallia ses troupes à la barrière de l'Étoile qu'il fit fermer; les régiments se reformèrent à peu près en cet endroit, et la retraite continua avec moins de désordre. Des Parisiens, embusqués en tirailleurs, harcelaient la marche des colonnes; à Chaillot et à Passy, le peuple disputa aux troupes le passage des barrières. Le pont de Neuilly avait été barricadé de manière à rendre la marche de la cavalerie impossible. Arrivée en cet endroit, la cavalerie dut redescendre jusqu'à la porte Maillot; puis les troupes, traversant le bois de Boulogne, continuèrent leur route vers Saint-Cloud.

Quand le général de Coëtlosquet eut donné ces tristes nouvelles au Roi, Charles X lui demanda s'il croyait tout perdu. Le général répondit :

« Tout, non, Sire, mais bien Paris; la manière dont les troupes en sont sorties ne permet pas d'espérer que l'on puisse tenter de les y faire rentrer. »

Lorsqu'on étudie l'histoire des journées de Juillet, on ne peut comprendre la raison qui motiva l'ordre d'évacuer Paris. Il semblait qu'après avoir tenté en vain de soumettre la ville pendant trois jours, on reconnût que les efforts étaient inutiles et qu'on se retirât du théâtre de la lutte pour faire cesser un combat désormais sans objet. Cette faute fut capitale dans les négociations qui suivirent. On consuma le temps, si précieux, à parlementer, à temporiser lorsqu'il fallait agir. Il fallait traiter quand on avait en main un reste de forces, et on se laissait peu à peu dépouiller de ces débris de puissance qui pouvaient rendre les conditions meilleures. La royauté n'était plus au jeu, elle ne pouvait plus disputer la partie. En maintenant les troupes à Paris, elle aurait fait les conditions de l'arrangement qui serait intervenu ; en éloignant les troupes, elle ne devait plus même être admise à subir les conditions de l'insurrection.

Après le départ du général de Coëtlosquet, les ministres gardèrent d'abord le silence. Le Roi rompit ce silence en invitant le conseil à prendre une décision.

Le prince de Polignac demanda à ses collègues s'ils approuvaient le retrait des ordonnances. Seul, M. de Guernon-Ranville combattit la concession qu'on allait arracher au Roi. A ses yeux cet acte de faiblesse équivalait à une abdication [1] :

« J'aurais accordé hier, dit-il, ce que je refuserais maintenant. Cette transaction, acceptable lorsqu'il s'agissait d'arrêter à tout prix l'effusion du sang, ne serait plus aujourd'hui qu'une lâcheté gratuite. Quelle apparence y a-t-il que les révoltés, maîtres en ce moment des Tuileries, ne repousseront pas avec dédain le sacrifice qu'on vient leur offrir ? Il y a d'ailleurs une exagération manifeste à prétendre que la monarchie est renversée par le succès du mouvement révolutionnaire à Paris. La majorité de l'armée est fidèle, et si la royauté ne s'aban-

---

1. Nous empruntons les détails de cette scène au *Journal* inédit de M. de Guernon-Ranville, et aux *Mémoires* inédits du baron d'Haussez.

donne pas elle-même, elle triomphera de toute nouvelle tentative révolutionnaire. Si pourtant le trône légitime doit encore une fois tomber, qu'il tombe du moins avec honneur ; la honte seule n'a pas d'avenir ! Que le Roi se contente donc de retirer l'ordonnance de dissolution de la chambre nouvellement élue ! »

Le Dauphin déclara qu'il eût été disposé à se ranger à l'opinion du ministre de l'instruction publique, et qu'il regrettait que la majorité en décidât autrement :

« Je ne doute pas, ajouta-t-il, que si nous sommes obligés de prolonger la lutte, nous trouverons de nombreuses ressources dans la fidélité des provinces ; mais, fussions-nous abandonnés de tous, ce jour dût-il être le dernier de notre dynastie, nous saurions honorer notre chute en périssant les armes à la main ! »

La discussion continua ; le Dauphin, voyant que l'avis de la majorité allait prévaloir, entra dans une profonde méditation :

« Voilà, dit-il, une belle occasion pour réaliser un désir que j'ai depuis longtemps et suivre l'exemple que nous a donné mon oncle Victor-Emmanuel. Mais non, ajouta-t-il, c'est impossible : le duc de Bordeaux est là ; nous ne pouvons abandonner ses droits et traiter pour lui ; il n'y faut plus penser. »

Le Roi prit alors la parole :

« Messieurs, dit-il, on m'impose l'obligation de renvoyer des ministres qui ont toute ma confiance et toute mon affection, pour en prendre d'autres qui me sont donnés par mes ennemis. Me voilà dans la position où était mon malheureux frère en 1792 ; j'aurai seulement sur lui l'avantage d'avoir moins longtemps souffert : en trois jours, tout aura été terminé avec la monarchie ; quant au monarque, sa fin sera la même. Puisqu'il le faut, je vais faire appeler le duc de Mortemart et l'envoyer à Paris ; je le plains de s'être attiré la confiance de mes ennemis. S'il a eu des torts, en voilà une punition bien cruelle. Chacun a ses chagrins, ajouta-t-il après une courte pause ; un de ceux que je sens le plus vivement, c'est cette cruelle séparation. »

La voix de Charles X était altérée par les larmes; il sortit. Un instant après, le duc de Mortemart entra chez le Roi; leur conversation dura quelques minutes. Le Roi reparut ensuite dans la pièce où les ministres étaient rassemblés :

« Messieurs, leur dit-il, il faut que vous et moi nous buvions le calice jusqu'à la lie. Qui de vous contre-signera l'ordonnance de la nomination des ministres qu'on m'impose, et celle qui rapporte les ordonnances du 25 juillet? »

Le prince de Polignac refusa positivement sa signature. M. de Chantclauze, malgré sa répugnance, fut obligé de rédiger et de contre-signer l'ordonnance qui conférait la présidence du conseil au duc de Mortemart; celui-ci devait contre-signer à son tour celle qui lui donnerait des collègues :

« Nous sûmes qu'il était porteur de pouvoirs illimités, écrit M. le baron d'Haussez dans ses *Mémoires*. Nous n'adressâmes pas de questions au Roi à ce sujet, afin de lui épargner le chagrin de convenir que le sort des ministres ne devait pas occuper le négociateur, de peur de faire échouer la négociation; nous avions fait le sacrifice de notre existence, celui de notre curiosité nous coûta peu. »

A la suite de ce conseil, il fut arrêté que le ministère des affaires étrangères serait confié au duc de Mortemart, le département de l'intérieur à M. Casimir Périer, le ministère de la guerre au général Gérard, et que les troupes de la première division militaire passeraient sous les ordres immédiats du Dauphin.

M. de Guernon-Ranville proposa à ce prince un plan défensif, et de nature à concentrer l'incendie dans son foyer en isolant la ville de Paris du reste du royaume. Les événements, qui se succédaient avec la rapidité de l'éclair, ne permirent pas de tenter la réalisation de ce plan.

La séance du conseil venait d'être levée quand le maréchal Marmont arriva à Saint-Cloud. Il se présenta devant le Roi et ne fit que confirmer les tristes nouvelles apportées par le général de Coëtlosquet, en cherchant toutefois à dégager sa responsabilité personnelle :

« J'ai la douleur d'annoncer à S. M. que je n'ai pu maintenir son autorité dans Paris, dit-il ; les Suisses que j'avais chargés de la défense du Louvre, saisis d'une terreur panique, ont abandonné ce poste important. Entraîné moi-même dans une déroute générale, je n'ai pu rallier mes bataillons qu'à l'Étoile, et j'ai donné l'ordre de retraite sur Saint-Cloud. Une balle, dirigée contre moi, a tué le cheval d'un officier placé à mes côtés ; je regrette qu'elle ne m'ait pas traversé la tête : la mort me serait moins affreuse que le triste spectacle dont je viens d'être témoin. »

Charles X accueillit avec bonté le maréchal, qui voulait faire peser sur les Suisses la responsabilité de l'incompréhensible évacuation de la capitale.

A compter du moment de la retraite des troupes sur Saint-Cloud, Paris resta sous la domination exclusive du parti de la révolte. Les échappés de la Conciergerie, qui s'étaient mêlés au peuple, organisèrent le pillage des Tuileries ; mais les insurgés s'unirent bientôt aux gardiens du château pour faire respecter les objets précieux qui s'y trouvaient.

Maîtres des Tuileries, les émeutiers descendirent le drapeau blanc qui flottait au sommet du pavillon de l'Horloge, et le remplacèrent par le drapeau tricolore.

Dans toutes les crises populaires, les insurgés se portent presque en même temps aux Tuileries et à l'archevêché. En 1830, on se contenta de piller le palais archiépiscopal ; plus tard, la révolution ne trouva pas dans le pillage une satisfaction suffisante, il lui fallut le sang de l'archevêque de Paris, et, par deux fois, elle a assouvi sa soif sanglante.

On répandait, en 1830, sur le compte de Mgr de Quélen des calomnies qui, par leur absurdité même, devaient plaire au peuple. On disait que l'archevêque de Paris, déjà accusé d'avoir favorisé le coup d'État, avait été vu escorté d'un détachement de jésuites qui cherchaient à tirer sur le peuple. On répétait même que le vénérable prélat avait caché 25,000 fusils dans sa voiture. La foule se rua vers le palais archiépiscopal. Rien ne fut épargné : la profanation porta ses mains sacriléges jusque sur les ornements et les vases sacrés de la chapelle; les objets d'art, le mobilier, tout fut détruit, jeté dans la Seine[1], ou consumé dans un grand feu allumé dans la cour. L'établissement de Montrouge fut, lui aussi, dévasté. Au moment même où les insurgés se portaient aux Tuileries, une troupe d'émeutiers montait au mont Valérien, pour piller le couvent des missionnaires de France. Nous sommes demeuré à la fois attristé et surpris, en gravissant depuis ces pentes escarpées, de cette puissance de la passion politique et de la rage humaine qui avaient pu se conserver intactes pendant ce long et pénible trajet, sans que la réflexion vînt les calmer, sans que le temps les affaiblît, sans que le spectacle du cimetière, qu'il faut traverser, et l'atmosphère glacée de cette région sépulcrale parvinssent à les refroidir; de telle sorte que, en arrivant sur le sommet de la montagne, ces Vandales avaient assez de colère pour briser les chapelles et abattre la croix; ces meurtriers, sinon de fait mais au moins d'intention, assez de fureur pour faire feu sur le R. P. Rauzan, qui leur disait : « Mes enfants, que me voulez-vous ? »

Les troupes placées sur la rive gauche de la Seine pouvaient difficilement exécuter l'ordre du maréchal Marmont et se

---

1. L'archevêché était situé dans l'île Notre-Dame, sur l'emplacement que l'on a converti en un square.

replier sur Saint-Cloud. Le bataillon qui gardait l'École militaire parvint jusqu'au pont de Grenelle et gagna le bois de Boulogne. Mais deux cents Suisses qui formaient le dépôt de la caserne Babylone ne purent pas opérer une sortie ; le commandant Dufay, qui servait la France depuis plus de trente ans, était placé à leur tête. Sur la rive gauche de la Seine, les insurgés avaient fait de la place de l'Odéon leur quartier général ; des élèves de l'École polytechnique dirigeaient leurs mouvements. Deux colonnes d'insurgés étaient allées renforcer les assaillants du Louvre et des Tuileries ; une troisième colonne, commandée par MM. Charras, Vaneau, Lacroix et Ouvrier, tous élèves de l'École polytechnique, marcha sur la caserne Babylone. L'intrépide Dufay refusa de capituler devant l'émeute ; il plaça ses soldats aux fenêtres et dans la cour, et le siége de la caserne commença. Il dura plusieurs heures en amenant des pertes des deux côtés ; l'élève Vaneau tomba mortellement frappé. Les insurgés envoyèrent un parlementaire ; on ne le reçut pas, et le drapeau noir fut arboré. Alors les émeutiers résolurent de recourir à l'incendie afin de forcer les Suisses à se rendre devant cet ennemi terrible qu'on appelle le feu. Le génie du mal n'avait pas encore découvert le pétrole ; des bottes de paille et des fagots arrosés de térébenthine servirent à réaliser le sinistre projet que l'imagination pervertie des insurgés avait enfanté. La flamme et la fumée aveuglèrent bientôt les assiégés ; secondés par les lieutenants Halter, Couteau et Saunteron, ils tentèrent d'opérer une sortie et s'élancèrent à travers la flamme, la baïonnette en avant. Les insurgés se précipitèrent vers eux, et un combat corps à corps s'engagea ; les Suisses refusèrent de se rendre ; ils furent impitoyablement massacrés. Le brave commandant Dufay périt, et son corps fut traîné dans les rues par les insurgés. Quelques Suisses seulement parvinrent à échapper au massacre; la caserne envahie par le peuple fut livrée au pillage.

La lutte héroïque de la caserne Babylone devait être l'adieu des Suisses à la France; comme leurs pères en 1792, ils tinrent jusqu'au bout le serment qu'ils avaient prêté au Roi, et moururent pour lui, en donnant à la ligne un exemple qui fut perdu pour elle : l'histoire des émeutes qui se sont succédé en France depuis que l'ère des oscillations politiques fut rouverte en juillet 1830 est là pour le prouver.

Tant que les troupes royales avaient occupé Paris, l'attitude des députés présents dans la capitale avait été équivoque et indécise. On avait plutôt délibéré qu'agi; les signatures avaient manqué aux protestations; toutes les propositions violentes avaient rencontré des contradicteurs, les hommes d'ordre avaient élevé la voix contre les mesures extrêmes. Mais, lorsque Paris fut évacué, tout changea de face.

Le 29 juillet, une première réunion eut lieu à six heures du matin chez M. Laffitte. Elle n'était pas nombreuse, et les députés présents, doutant encore du résultat final de la lutte, montraient une grande indécision; cependant plusieurs des assistants avaient déjà revêtu l'uniforme de la garde nationale licenciée en 1827, et songeaient à réorganiser cette milice qui semble prédestinée à jouer un rôle néfaste dans toutes les révolutions.

A midi, les députés étaient rassemblés pour la seconde fois chez M. Laffitte; ils savaient que l'Hôtel de ville était retombé au pouvoir des insurgés. M. Laffitte insista pour qu'une direction, une impulsion décisive fût donnée au mouvement du peuple. M. de la Fayette venait de déclarer que, pressé par ses collègues, il accepterait volontiers le commandement de la garde nationale, lorsque la nouvelle de l'évacuation du Louvre et des Tuileries par les troupes royales parvint à la réunion. Cette nouvelle produisit une vive émotion. Les députés déclarèrent que, Paris étant livré à lui-même, il importait de former un gouvernement provisoire, digue nécessaire à opposer à l'anarchie qui menaçait de dominer la situation.

Le commandement des forces de Paris fut confié au général de la Fayette ; il s'adjoignit le général Gérard, puis il alla s'installer à l'Hôtel de ville. Déjà la révolution était un fait accompli : le drapeau tricolore flottait au sommet de la grande porte de l'Hôtel de ville ; le peuple avait brisé les bustes de Louis XVIII et de Charles X et déchiré les tentures fleurdelisées qui recouvraient les murailles. Quand M. de la Fayette fut arrivé, les généraux Gérard et Pajol, suivis d'un état-major improvisé, parcoururent les différentes rues de Paris, et rallièrent sur leur passage plusieurs régiments dont la défection était assurée [1]. Ils furent accueillis aux cris de : Vivent la patrie et la liberté !

Quoique la nouvelle de la retraite des troupes royales sur Saint-Cloud enhardît les députés qui formaient la réunion Laffitte, le 5ᵉ de ligne, en déchargeant ses armes à la porte de l'hôtel Laffitte, causa une si grande terreur dans l'assemblée, que les députés, croyant à une trahison, se dispersèrent.

Lorsque la réunion fut reconstituée, le triomphe de l'insurrection était assuré dans tout Paris. On procéda alors à la nomination d'une commission municipale, chargée de veiller aux intérêts généraux et de prendre les mesures de nature à assurer le salut du pays, MM. Jacques Laffitte, Casimir Périer, Gérard, Lobau, Mauguin et Odier furent élus au scrutin secret. Le général Gérard et M. Odier refusèrent de faire partie de ce gouvernement provisoire. MM. de Schonen et Audry de Puyraveau les remplacèrent.

1. Trois régiments de la ligne, les 5e, 53e et 50e, passèrent du côté de l'insurrection dans les journées du 28, 29 et 30 juillet. Le 3e régiment de la garde fut réduit le 31 juillet par suite d'une défection partielle. Le 1ᵉʳ août, trois régiments de grosse cavalerie abandonnèrent la cause royale. Les régiments qui passèrent à l'insurrection dans les journées de juillet furent au nombre de neuf.

Après la création de cette commission municipale, la séance fut levée; les députés convinrent de se retrouver à huit heures du soir et les membres du gouvernement provisoire se rendirent à l'Hôtel de ville où M. de la Fayette les attendait.

La marche du général la Fayette vers l'Hôtel de ville avait été une longue ovation; son entrée avait été saluée par des décharges d'artillerie et des acclamations enthousiastes. M. de la Fayette, voulant flatter la foule qui l'entourait, plaça un ruban tricolore à sa boutonnière; tous ceux qui composaient son escorte suivirent cet exemple.

Vers quatre heures, la commission municipale vint rejoindre M. de la Fayette. Les souvenirs du vieil Hôtel de ville de 1789, qui entouraient les membres du gouvernement provisoire, soufflaient dans leur âme une véritable fièvre de dictature. Ces quelques hommes voulurent tirer les dernières conséquences d'une victoire inespérée. D'une question sociale ils firent d'abord une question de personnes. Une foule ardente les entourait, toute joyeuse de jouer à la révolution comme elle avait joué à la bataille. Au milieu de cet entraînement se rencontra M. de la Fayette. Il était dans la destinée de cet homme, ayant bien des défauts sans avoir un seul vice, amoureux des décorations de la puissance plutôt que de la puissance elle-même, de n'usurper jamais, dictateur à courte échéance, que pour abdiquer. Il était plutôt le grand maître des cérémonies de toutes les révolutions que révolutionnaire dans l'âme, et il s'entendait mieux à conduire un cortége qu'à diriger un parti; son âme de vieillard s'épanouit à la vue de ces scènes populaires qui rajeunissaient sa caducité politique. Cet Hôtel de ville paré des trois couleurs, cette foule, ce bruit, ces orateurs, ces armes, ce désordre, cette nuit éclairée de mille feux, tout lui fit illusion; il crut qu'un feuillet de l'histoire de 1789, venant à se détacher, était tombé en 1830 pour réjouir ses derniers regards, et, lorsqu'il s'agissait de prononcer une parole d'avenir, il se mit à rêver du passé. Ce rêveur politique n'avait pas acquis d'expérience en avançant dans la vie, et les terribles événements de la révolution de 1789 ne lui avaient servi ni d'exemple ni de leçon. Son esprit léger restait le même ; il se reportait toujours au temps de la *Déclaration des droits de l'homme*. Les crimes de la Terreur lui semblaient des malheurs, des accidents; mais il rappelait sans cesse que l'histoire des naufrages ne décourage pas les pilotes expérimentés. Le navire dont le pavillon l'avait séduit en 1789 apparaissait une seconde fois, en 1830, à l'horizon politique, M. de la Fayette y remontait en oubliant que déjà le même navire avait causé le naufrage d'un grand peuple. Singulière destinée que celle de ce rêveur ! En effet, il y eut dans sa vie deux moments rapides où ses rêves devinrent des arrêts politiques : 1789 vit le premier; 1830, le second. Étrange exemple des caprices de la fortune, qui va prendre par la main une idole, et la place sur le piédestal de l'histoire, mais destinée qui se comprend quand on va au fond des choses. M. de la Fayette eut la position de son génie : jamais il ne fut un pouvoir ; deux fois il fut un interrègne. C'était l'homme du monde le plus propre à occuper la puissance sans la prendre.

Lorsque la commission municipale fut installée à l'Hôtel de ville, elle s'occupa immédiatement de la réorganisation de la garde nationale ; en même temps elle publia un ordre du jour pour engager les troupes à se rendre dans un camp qu'on allait établir à Vaugirard, en garantissant qu'il ne serait fait aucun mal aux soldats, et que chaque militaire, « traité en frère par le peuple, recevrait ration et logement, en attendant des ordres ultérieurs. » M. de la Fayette déclarait dans une seconde proclamation que la population de Paris était prête à fraterniser avec les militaires qui reviendraient vers elle. En outre, le gouvernement provisoire exhortait les commerçants à rouvrir leurs boutiques, les ouvriers à reprendre leurs travaux, et M. Laffitte faisait distribuer aux insurgés de l'argent et des vivres. Les services publics furent réorganisés dans la soirée : M. le baron Louis fut placé à la tête de l'administration des finances, M. Alexandre Delaborde à la préfecture de la Seine, M. Bavoux à la préfecture de police, M. Chardel à la direction des postes, M. Marschal à la direction des télégraphes. Dans la nuit du 29 au 30 juillet, les diligences et les courriers, dont le service avait été suspendu pendant deux jours, partirent, ornés du drapeau tricolore ; ils distribuèrent en province le numéro du *Moniteur* qui annonçait le succès de l'insurrection. En même temps, les signaux du télégraphe répandaient partout la nouvelle de la victoire de la révolution.

MM. de Sémonville, d'Argout et de Vitrolles ignoraient, en quittant Saint-Cloud, la formation de la commission municipale ; ils se disposaient à se rendre chez M. Laffitte, où ils espéraient rencontrer le général Gérard, nommé ministre de la guerre, lorsqu'on leur annonça qu'un gouvernement provisoire, dont le général Gérard faisait partie, siégeait à l'Hôtel de ville. Ils s'y rendirent aussitôt. Il était plus de huit heures du soir lorsque les trois négociateurs furent introduits dans la salle des délibérations. M. de Sémonville prit la parole : il annonça au nom du Roi que les ordonnances du 25 juillet étaient rapportées ; qu'un nouveau ministère, présidé par le duc de Mortemart, avait succédé au ministère Polignac, et que la session législative devait s'ouvrir le 3 août. Ces nouvelles furent accueillies avec la plus grande froideur. M. Casimir Périer répondit que la commission n'avait pas une autorité suffisante pour faire accepter les propositions du Roi ; en conséquence, le gouvernement provisoire renvoya MM. de Sémonville et d'Argout à la réunion des députés siégeant chez M. Laffitte. M. Casimir Périer leur donna un laissez-passer devenu indispensable. Avant le départ de M. de Sémonville, M. de la Fayette s'approcha de lui et lui demanda s'il avait stipulé à Saint-Cloud le remplacement du drapeau blanc par le drapeau tricolore :

« Je n'y ai pas songé, répondit M. de Sémonville; mais que voulez-vous faire de cette guenille révolutionnaire? — Une révolution, répondit M. de la Fayette; si nous ne l'obtenons pas, nous n'aurons fait qu'une émeute. »

En sortant de l'Hôtel de ville, M. d'Argout se rendit chez M. Laffitte; il annonça aux députés que le Roi retirait les ordonnances, renvoyait le ministère, et que M. de Mortemart était chargé de former un autre cabinet. Le duc de Mortemart devait paraître le soir même pour présenter officiellement les propositions du Roi à la réunion des députés. M. d'Argout, avant de se retirer, insista sur la nécessité de conserver Charles X, si l'on ne voulait s'exposer à voir l'Europe coalisée se réunir encore une fois contre la France.

La majorité des députés présents trouvait les concessions royales suffisantes. M. Laffitte fit alors observer que la communication de M. d'Argout n'avait aucun caractère officiel; il ajouta que « Charles X ne pouvait rentrer à Paris, couvert du sang des Parisiens, et qu'il importait de substituer à une dynastie incorrigible et usée une dynastie nouvelle et plus libérale. » L'assemblée comprit que cette dynastie n'était autre que la branche d'Orléans. La proposition de M. Laffitte ne reçut tout d'abord aucun encouragement. Les députés déclarèrent qu'ils attendraient, pour prendre une décision, l'arrivée du chef du nouveau cabinet, M. le duc de Mortemart. L'histoire, dans son impartialité, doit redire qu'une lourde part de responsabilité incombe, à partir de ce moment, à ce personnage politique. Le Roi avait choisi M. de Mortemart, parce qu'il le regardait comme une des personnifications d'une aristocratie mêlée au mouvement des idées contemporaines; il pensait que le nouveau ministre apporterait dans les importantes affaires qu'il aurait à traiter les tempéraments d'un esprit conciliant et modéré, également éloigné des extrémités de la politique. Évidemment, la mission fut plus grande que le caractère de l'homme auquel elle était confiée. M. de Mortemart aurait dû quitter Saint-Cloud dans l'après-midi du 29 juillet, après la signature des nouvelles ordonnances : sous un prétexte inexplicable, il différa son départ jusqu'au lendemain matin. Sa mission l'effraya ; il n'aurait pas dû l'accepter. Son absence perdit tout. Dans ces heures brûlantes, la passion agissante l'emporta sur la sagesse même de M. Casimir Périer, qui opposait la prévoyante résistance de son jugement si droit et si éclairé à l'emportement des révolutionnaires qui grondait autour de lui. Au moment décisif, c'est tout d'être présent. Si M. de Mortemart s'était rendu le 29 juillet à la réunion Laffitte, il aurait pu traiter avec les doctrinaires et ceux d'entre les députés qui, comme M. Casimir Périer, demandaient seulement des réformes : au lieu de cela, il passa la nuit à Saint-Cloud. Le Roi le croyait à Paris, et attendait avec anxiété le résultat des démarches de son envoyé. Vers onze heures du soir, Charles X, inquiet de ne recevoir aucune dépêche du duc de Mortemart, expédia à Paris le général de Girardin et M. Arthur de la Bourdonnaye ; ils ne purent trouver le duc de Mortemart, resté paisiblement à Saint-Cloud, tandis qu'on l'attendait à la réunion Laffitte. Il était déjà tard pour être écouté dans la soirée du 29 juillet ; le lendemain, quand M. de Mortemart arriva à Paris, la révolution était faite. Le nom du duc d'Orléans était venu compliquer encore la situation.

L'émeute des trois journées précédentes avait livré Paris et les deux pouvoirs parlementaires à eux-mêmes ; mais la révolution n'était pas faite encore le 29 juillet : elle n'était peut-être ni dans la pensée de la chambre élective, ni dans les désirs de la classe moyenne. Il y avait alors deux puissances qui, plus fortes que les chambres, contribuèrent d'une manière décisive à changer l'émeute de juillet en révolution. Ces deux puissances se personnifiaient en deux noms propres : celui de M. de la Fayette et celui de M. Laffitte. M. Laffitte représentait dans la chambre ce qu'on pouvait appeler la conspiration ; M. de la Fayette, par le souvenir de ses antécédents révolutionnaires, représentait dans le pays la république. Le premier de ces deux hommes allait se servir de la terreur qu'inspirait le second, et faire de l'Hôtel de ville et de M. de la Fayette un épouvantail, une espèce de tête de Méduse qu'il présenta à la chambre et à la classe moyenne, pour les précipiter dans la combinaison qu'il voulait faire prévaloir. La chambre et la classe moyenne se trouvèrent amenées à accepter, à désirer même le succès de la combinaison de M. Laffitte, par crainte d'une combinaison pire : elles laissèrent faire une révolution, précisément parce qu'elles n'étaient pas révolutionnaires. Le spectre de la république effrayait les honnêtes gens timides ; la royauté du duc d'Orléans allait leur être présentée comme une réaction monarchique.

XIII

JOURNÉE DU 30 JUILLET. — ABSENCE INEXPLICABLE DU DUC DE MORTEMART. — LE NOM DU DUC D'ORLÉANS EST PRONONCÉ. — ATTITUDE DE CE PRINCE PENDANT LES TROIS JOURNÉES. — UNE COMMISSION EST ENVOYÉE AU DUC D'ORLÉANS POUR LE DÉCIDER A VENIR A PARIS. — LE DUC DE MORTEMART ARRIVE A LA CHAMBRE DES PAIRS. — M. DE SUSSY EST CHARGÉ DE COMMUNIQUER LES DÉCRETS DU ROI A LA CHAMBRE DES DÉPUTÉS. — CES DÉCRETS NE SONT PAS REÇUS. — LE DUC D'ORLÉANS EST NOMMÉ PAR LES DÉPUTÉS LIEUTENANT GÉNÉRAL DU ROYAUME. — M. DE

SUSSY A L'HOTEL DE VILLE. — INQUIÉTUDES DU ROI A SAINT-CLOUD. — ORDRE DU JOUR DU DUC DE RAGUSE. — JOURNÉE DU 31 JUILLET. — DÉPART DU ROI POUR TRIANON. — LE DUC D'ORLÉANS ARRIVE A PARIS. — M. DE MORTEMART EST MANDÉ AU PALAIS-ROYAL. — LE DUC D'ORLÉANS ACCEPTE LES FONCTIONS DE LIEUTENANT GÉNÉRAL DU ROYAUME. — PROCLAMATIONS DE LA COMMISSION MUNICIPALE ET DE LA CHAMBRE DES DÉPUTÉS. — LE DUC D'ORLÉANS A L'HOTEL DE VILLE. — LE DAUPHIN VA REJOINDRE LE ROI A TRIANON. — DÉPART DE LA FAMILLE ROYALE POUR RAMBOUILLET.

Le 30 juillet au matin, les insurgés, devenus les maîtres de Paris, creusèrent des fosses profondes pour enterrer les morts qui furent ensevelis à l'endroit même où ils étaient tombés. Tandis que les vainqueurs parlaient de leur gloire, en exaltant le triomphe de la liberté, des femmes et des enfants allaient reconnaître à la Morgue leur mari ou leur père. Au sourd grondement du canon avait succédé dans la ville le bruit entrecoupé des sanglots.

Le mouvement insurrectionnel qui dominait Paris craignait qu'à Saint-Cloud on ne recommençât les hostilités. Les insurgés savaient que la garde royale, les gardes du corps, les élèves de l'école de Saint-Cyr, occupaient les hauteurs et les routes qui conduisaient à la capitale. Ils n'ignoraient pas que les troupes du camp de Saint-Omer arrivaient à marches forcées sur Paris. Dans la crainte d'une attaque les insurgés barricadèrent toutes les voies qui conduisaient à Paris, et multiplièrent les moyens de défense dans l'intérieur de la ville. En effet, un mouvement offensif venu de Saint-Cloud aurait pu changer la situation; la garde royale, à peu près ralliée, occupait le pont de Saint-Cloud et la partie du parc la plus rapprochée de la Seine. Les élèves de Saint-Cyr, dont l'exaltation était extrême, en raison surtout de la rivalité qui existait entre leur École et l'École polytechnique, gardaient les portes du petit parc. Le 5e et le 58e, et quelques bataillons de la garde occupaient Sèvres; la cavalerie était échelonnée sur les deux routes qui conduisent de Saint-Cloud et de Sèvres à Versailles.

Le 29 juillet, la réunion des députés avait attendu M. de Mortemart jusqu'à minuit. Il ne parut pas; les événements marchèrent pendant la nuit; les manœuvres des partisans du duc d'Orléans grandirent dans l'ombre, et tout arrangement avec la branche aînée de la maison de Bourbon fut déclaré inacceptable.

Quelques écrivains du *National*, parmi lesquels nous citerons MM. Thiers, Mignet et Laregay, vinrent rejoindre à six heures du matin les députés siégeant à l'hôtel Laffitte. Ils se décidèrent à sonder les dispositions du public par une proclamation orléaniste; M. Thiers la rédigea, et il fut convenu que le *National*, le *Courrier* et le *Commerce* la publieraient à la fois. MM. Thiers et Mignet distribuèrent à la foule le panégyrique du duc d'Orléans; ils furent étonnés de la froide réception que reçut tout d'abord leur proclamation[1]. Le nom du premier prince du sang n'était pas sympathique aux masses.

Pendant les quinze années de la Restauration, le duc d'Orléans s'était placé entre le libéralisme et la cour; fidèle à la position politique qu'il avait adoptée, il se trouva, durant la lutte de Juillet, entre Paris et Saint-Cloud. La révolution était dans Paris, la royauté dans la ville la plus voisine de

---

1. Voici le modèle d'une de ces proclamations :

« Charles X ne peut plus rentrer dans Paris; il a fait couler le sang du peuple. La République nous exposerait à d'affreuses divisions; elle nous brouillerait avec l'Europe.

« Le duc d'Orléans est un prince dévoué à la cause de la Révolution.

« Le duc d'Orléans ne s'est jamais battu contre nous.

« Le duc d'Orléans était à Jemmapes.

« Le duc d'Orléans a porté au feu les couleurs tricolores; le duc d'Orléans peut seul les porter encore, nous n'en voulons pas d'autre.

« Le duc d'Orléans s'est prononcé et accepte la charte comme nous l'avons toujours voulue et entendue.

« C'est du peuple français qu'il tiendra sa couronne. »

cette capitale : M. le duc d'Orléans se tint à Neuilly, dans la banlieue.

Au début de l'action, M. Laffitte avait dit :

« Nous touchons à un drame dont le dénoûment sera la royauté du duc d'Orléans. »

Ce prince avait, en effet, une notoriété publique qui rendait sa situation exceptionnelle, et si les vainqueurs de Juillet songeaient à lui, c'est qu'ils avaient besoin de lui. Sa conduite laissait deviner qu'il se prêterait à tout ce qu'on ferait pour lui, mais sans lui. Il avait prononcé, en 1815, une parole qui le peint tout entier : « Je ne ferai rien pour obtenir violemment la couronne, avait-il dit ; mais si elle tombe, je la ramasserai. »

On comptait qu'il allait appliquer la morale de son discours.

Le duc d'Orléans n'aurait pas conçu à lui seul le plan d'une conspiration savamment ourdie ; il laissait travailler ses partisans, se réservant d'apparaître au premier plan quand la situation serait mûre. Il était gêné dans ses rapports avec les Tuileries; le souvenir du vote régicide de son père le poursuivait partout, et l'excès même des bontés du roi Charles X l'embarrassait. Il choisissait de préférence la société des hommes les plus marquants de la gauche. Il ne se contentait pas de la position exceptionnelle que lui garantissait son titre de premier prince du sang : il cherchait par tous les moyens possibles à se rendre populaire. Ses manières, ainsi que celles des membres de sa famille, étaient prévenantes jusqu'à l'affectation. Il faisait élever ses fils dans les colléges, espérant jeter ainsi pour eux dans l'avenir les jalons d'une popularité dont il comptait se servir pour ébranler, sinon pour renverser le trône de la branche aînée. On lui tenait compte de l'accueil qu'il faisait à tous ceux qui l'approchaient et de la liberté qu'il laissait au duc de Chartres de paraître dans toutes les réunions en faisant la plus complète abnégation de son rang. Tout le préparait donc au rôle qui lui était réservé et dont il avait le pressentiment [1].

Les députés réunis à l'hôtel Laffitte se résolurent à envoyer un message au duc d'Orléans. M. Odilon Barrot avait passé une partie de la nuit à décider M. de la Fayette, qui rêvait à l'établissement de la république, à favoriser la candidature du premier prince du sang; cette combinaison avait reçu l'assentiment du dictateur populaire. Les choses étant arrivées à ce point, M. Laffitte rappelant au prince qu'il lui avait entendu déclarer qu'il ne voulait plus quitter la France ni émigrer, lui envoya dire qu'il fallait choisir entre une couronne et un passe-port. MM. Thiers et Schœffer furent chargés de se rendre à Neuilly pour avertir le prince de la marche des événements.

---

[1]. Nous empruntons aux Mémoires inédits du baron d'Haussez la plupart de ces détails sur le caractère du duc d'Orléans.

Louis XVIII, qui avait trouvé la conduite du duc d'Orléans pendant les Cent-Jours très-équivoque, le surveillait du regard. Il avait tracé, en 1821, le portrait du duc d'Orléans. Nous trouvons, dans les Mémoires inédits du baron d'Haussez, une copie de ce portrait. On ne saurait blâmer, dans ce petit morceau, qu'un éloge excessif de Mme de Genlis. Voici ce portrait écrit par Louis XVIII :

« Le duc d'Orléans a reçu une éducation excellente. On l'a élevé en homme et il le doit à une femme : c'est le chef-d'œuvre de Mme de Genlis. Il débuta prince, puis se fit jacobin, ensuite soldat, citoyen des États-Unis d'Amérique, maître de mathématiques, voyageur pédestre ; plus tard hôte de l'Angleterre, naturalisé Sicilien, sollicitant en Espagne un rôle quelconque, et en définitive redevenu prince du sang, il porta successivement les noms de duc de Valois, de duc de Chartres, d'Égalité et de duc d'Orléans.

« C'est un prince sage, si économe qu'il semble être avare : il n'en est rien. Son seul désir, c'est que sa nombreuse famille soit riche. Je ne l'ai jamais aperçu où je l'aurais voulu. Est-ce sa faute ou la mienne ?

« Depuis sa rentrée, il est chef de parti, et il n'en fait mine. Son nom est un drapeau de menaces, son palais un point de ralliement. Il ne se remue pas, et cependant je m'aperçois qu'il chemine. Cette activité sans mouvement m'inquiète. Comment s'y prendre pour empêcher de marcher un homme qui ne fait aucun pas ? C'est un problème qu'il me reste à résoudre. Je voudrais bien n'avoir pas à en laisser la solution à mon successeur. » (Mémoires inédits du baron d'Haussez.)

La réunion des parlementaires tint sa dernière séance à l'hôtel Laffitte dans la matinée du 30 juillet; les députés résolurent de constituer à l'avenir leur réunion au Palais-Bourbon.

La séance fut ouverte à 11 heures et demie. La question de savoir si l'assemblée recevrait le duc de Mortemart fut agitée. M. Mauguin demanda l'ajournement de cette question, en faisant observer qu'elle n'était pas ouverte, puisque M. de Mortemart n'avait pas encore paru : il ne devait pas paraître. En revanche, MM. Thiers et Schœffer revenaient de Neuilly. Le duc d'Orléans étant absent, la duchesse avait reçu les envoyés de la chambre. La princesse parut d'abord effrayée de la proposition qu'on venait lui faire ; sa première réponse fut une dénégation, un refus indigné qu'on ait pu supposer que le duc d'Orléans accueillerait l'offre d'un trône appartenant au roi Charles X, si rempli de bontés pour la branche cadette de sa maison. L'entrevue prenait une tournure inattendue, lorsque Madame Adélaïde, sœur du duc d'Orléans, entra. Elle apprécia fort la proposition des députés et indiqua aux deux envoyés le Raincy comme le lieu de la retraite du premier prince du sang. MM. Thiers et Schœffer s'y rendirent. Ils trouvèrent le duc d'Orléans et l'exhortèrent à les accompagner à Paris. Le duc leur promit de les suivre, et, précédé de M. de Montesquiou à cheval, il monta en effet dans une voiture. Au bout de peu de temps, M. de Montesquiou, n'entendant plus la voiture, se retourna et la vit qui regagnait le Raincy. Ce ne fut que dans la soirée du 30 juillet qu'on put décider le duc d'Orléans à rentrer au Palais-Royal.

En revenant à Paris, M. Thiers se rendit au Palais-Bourbon, où il annonça que le duc d'Orléans et sa famille approuvaient la résistance de Paris. Cette nouvelle produisit un grand effet sur l'assemblée ; les partisans du duc d'Orléans représentèrent alors le spectre rouge, la république sociale, comme l'avenir immédiat qui menaçait la France en l'absence d'un pouvoir régulier. A Saint-Cloud, on allait de faute en faute; la royauté, destinée à périr, s'abandonnait elle-même. L'introuvable duc de Mortemart ne paraissait pas; il fallait, ou se constituer en république, ou accueillir la candidature du duc d'Orléans. Le temps pressait; les députés, que les souvenirs de la République de 1793 et de la Terreur poursuivaient comme des fantômes sanglants, résolurent qu'une commission de cinq députés serait envoyée à la chambre des pairs, pour arrêter, de concert avec cette assemblée, les termes d'un message qu'on adresserait au duc d'Orléans pour le conjurer de se rendre à Paris et d'accepter les fonctions de lieutenant général du royaume [1].

Le duc de Mortemart arriva dans l'après-midi à la chambre des pairs. Il se plaignit amèrement de la fatigue qu'il éprouvait, et du long trajet qu'il avait dû faire par la grande chaleur pour parvenir jusqu'au palais du Luxembourg. L'assemblée n'était pas nombreuse; on ne comptait pas plus de vingt pairs dans la salle. MM. de Broglie et de Choiseul étaient présents ainsi que M. de Chateaubriand. Les deux premiers se prononçaient ouvertement en faveur de la révolution. M. de Chateaubriand proposait une transaction avec Charles X, en stipulant seulement que la liberté de la presse serait sauvegardée, et le grand écrivain, se ressouvenant de la parole de Louis XVIII, qui s'était écrié jadis « que la plume de l'auteur du *Génie du christianisme* lui avait valu une armée, » répétait : « Si la légitimité est renversée, je ne vous demande qu'une plume et deux mois pour relever le trône. » Dans sa confiance illimitée en son génie, M. de Chateaubriand oubliait qu'il est plus facile d'entretenir un édifice que de le laisser

---

1. Cette commission était composée de MM. Augustin Périer, Sébastiani, Guizot, Benjamin Delessert et Hyde de Neuville.

tomber pour le reconstruire ensuite, selon le procédé de Descartes, par la seule puissance du raisonnement et de la logique.

Les pairs pressèrent le duc de Mortemart de remplir la mission dont le Roi l'avait chargé. Il s'agissait d'annoncer à la chambre des députés et à l'Hôtel de ville la révocation des ordonnances et la formation d'un ministère. Mais le nouveau président du conseil, alléguant son extrême fatigue, pria un des pairs d'aller transmettre les communications royales à la chambre des députés et à la commission municipale. M. de Sussy s'offrit pour remplir cette mission. Il se rendit au Palais-Bourbon et fit à la tribune la lecture des décrets qui révoquaient les ordonnances et nommaient un nouveau ministère. M. Laffitte, président de l'assemblée, refusa de recevoir ces communications en disant que la chambre n'était pas réunie officiellement. Il conseilla à M. de Sussy de porter les décrets du roi à l'Hôtel de ville. M. de Sussy se rendit alors auprès de M. de la Fayette. Pendant l'absence de M. de Sussy, M. Odilon Barrot entra, et, montant à la tribune, il déclara que si, en 1815, la charte avait été une concession de la couronne, les temps étaient changés, et qu'en 1830 la couronne devait être une concession de la souveraineté nationale. Cette théorie, qui conférait l'autorité souveraine au peuple, était faite pour flatter les masses. On agita la question de la déchéance de Charles X. C'est à la suite de cette discussion que l'assemblée se résolut à envoyer cinq commissaires à la chambre des pairs. Les députés décidèrent ensuite, à la majorité moins trois voix, que « le seul moyen de rétablir l'ordre et la paix était d'appeler le duc d'Orléans aux fonctions de lieutenant général du royaume. La déclaration de la chambre des députés était conçue dans les termes suivants :

« La réunion des députés actuellement à Paris a pensé qu'il était urgent de prier S. A. R. Mgr le duc d'Orléans de se rendre dans la capitale pour y exercer les fonctions de lieutenant général du royaume et de lui exprimer le vœu de conserver les couleurs nationales; elle a, de plus, senti la nécessité de s'occuper sans relâche d'assurer à la France, dans la prochaine session des chambres, toutes les garanties indispensables pour la pleine et entière exécution de la charte. »

Une commission de douze membres fut chargée de porter cette déclaration au Palais-Royal.

A l'Hôtel de ville, M. de Sussy trouva M. de la Fafayette entouré des jeunes partisans de la république : ceux-ci ne se montraient pas disposés à accueillir la candidature du duc d'Orléans; ils auraient désiré un changement plus radical dans l'ordre de choses. Ils avaient rédigé une adresse pour réclamer le maintien du gouvernement provisoire, et un membre de la députation se disposait à lire cette adresse à M. de la Fayette, lorsque M. de Sussy arriva. Il exposa à M. de la Fayette l'objet de sa démarche. C'est alors que celui-ci fit la fameuse réponse que l'histoire a conservée : « Hier, il eût été temps; aujourd'hui, il est trop tard, » réponse qui doit faire attribuer aux lenteurs de M. de Mortemart une lourde part dans la responsabilité des événements. La commission municipale refusant de recevoir les ordonnances, M. de Sussy dut les remporter. M. de la Fayette lui donna une lettre pour M. de Mortemart, lettre dans laquelle il parlait en termes vagues de la démarche de M. de Sussy.

Tandis que le dénoûment de la révolution était préparé à Paris, la journée se passait à Saint-Cloud dans de mortelles angoisses. A chaque instant des nouvelles de plus en plus désastreuses arrivaient, et il semblait que la royauté, encore entourée de puissants éléments de défense, avait complétement désespéré d'elle-même. Le Roi, croyant que le retrait des ordonnances et la nomination d'un ministère libéral satisferaient les exigences des révoltés, attendait d'heure en heure les députations pacifiques promises par MM. de Sémonville et d'Argout, et des lettres du duc de Mortemart. On avait su dans le château que M. de Mortemart emportait à Paris des ordonnances qui nommaient un nouveau ministère. A compter de ce moment, les courtisans, fidèles à leur conduite traditionnelle dans ces sortes de circonstances, évitèrent les anciens ministres, en affectant de les rendre seuls responsables des événements.

Dans la soirée, quelques-uns des ministres parcoururent les bivouacs; partout, sur leur passage, ils furent frappés de la contenance abattue des troupes. A chaque pas, ils trouvaient des fusils, des sabres abandonnés. En approchant du pont de Sèvres, ils remarquèrent du mouvement : c'était le 15e de ligne qui passait à l'ennemi. Tout à coup, ils entendirent battre le tambour; puis un grand silence se fit; il fut bientôt suivi des cris de : *Vive le Roi! Vive la charte!* Aux questions des ministres, les soldats répondirent qu'on venait de lire un ordre du jour du duc de Raguse, annonçant qu'au moyen de concessions auxquelles le Roi donnait son adhésion, l'harmonie allait être rétablie entre Paris et le gouvernement, et qu'en attendant, les hostilités devaient cesser.

Les ministres, étonnés de n'avoir pas été avertis de cette grave détermination, allèrent demander au Roi quelles étaient les conditions de cet armistice; ils virent avec surprise que le Roi lui-même ignorait l'existence de l'ordre du jour lu aux troupes. Charles X ordonna à M. le baron d'Haussez d'aller informer le Dauphin de ce qui se passait. En apprenant que le duc de Raguse, qui, pendant la lutte des jours précédents, n'avait fait parvenir aucun ordre du jour aux Parisiens, venait de lancer une proclamation, sans avoir pris l'avis du Roi, le Dauphin crut à quelque chose de plus que de la faiblesse de la part du maréchal. Il le fit appeler, et une scène très-vive eut lieu entre eux :

« Ils était seuls dans le salon vert de Saint-Cloud, écrit M. de Guernon-Ranville, dans son *Journal*; les explications du duc de Raguse ne satisfirent pas le Dauphin, qui s'écria : « Est-ce que vous voulez « nous trahir aussi? » A ces mots, le maréchal porta la main à son épée. Le prince vit le mouvement; il s'élança en avant, et, voulant arracher l'épée du fourreau, il se blessa légèrement à la main ; puis, la jetant sur le parquet, il saisit le maréchal au collet, le renversa sur un canapé en appelant à lui les gardes qui se trouvaient dans la pièce voisine. En ce moment l'officier de service, accouru au bruit, ouvrait la porte du salon ; le prince lui ordonna de conduire le maréchal aux arrêts forcés dans sa chambre. Le Roi, instruit de cette scène étrange, en fit quelques reproches au Dauphin, et lui demanda de se réconcilier avec Marmont. On le fit appeler immédiatement; il fit quelques excuses au prince, qui lui répondit : « J'ai eu moi-même des torts envers vous; mais votre épée m'a tiré du sang, ainsi nous sommes quittes... » Et il lui tendit la main [1]. »

Dans la nuit, le Roi fit appeler le baron d'Haussez, et lui annonça qu'il allait se rendre à Trianon [2]. C'était le duc de Raguse qui lui conseillait de prendre ce parti. A trois heures du matin, on partit. Le Dauphin restait à Saint-Cloud avec l'infanterie de la garde; il devait rejoindre la famille royale le lendemain. La marche du cortége royal ressemblait à la marche d'un convoi funèbre. Tout à coup, Charles X aperçut sur la route un groupe d'officiers et quelques soldats pressés autour d'un drapeau : c'étaient les quelques militaires restés dévoués dans le 5e régiment de ligne. Plus loin, deux cents lanciers de la garde, dont on distinguait à peine l'uniforme sous la couche de poussière qui le recouvrait, vinrent saluer le Roi à son passage. Telles étaient les seules consolations qui fussent réservées au petit-fils de Louis XIV se rendant à Versailles.

Pendant que Charles X marchait sur Trianon, le duc d'Orléans, après avoir reçu plusieurs messages de M. Laffitte

---

1. Journal inédit de M. de Guernon-Ranville.
2. Mémoires inédits du baron d'Haussez.

qui le pressait de prendre une décision, arrivait au Palais-Royal. Les députés qui, dans la soirée, avaient été lui porter la déclaration de la chambre jusque dans son palais, ne le trouvèrent pas. Le duc d'Orléans voulait encore retarder son arrivée à Paris. M. Laffitte lui déclara que c'était à l'instant même qu'il devait paraître. Le prince, qui avait passé la nuit du 29 au 30 dans un kiosque situé au milieu de son parc du Raincy, était de retour à Neuilly. Dans la nuit du 30 au 31 juillet, il se rendit au Palais-Royal. A peine arrivé, il fit demander M. de Mortemart en lui faisant dire qu'il voulait le voir dans l'intérêt de la cause du Roi. Cette dernière considération décida M. de Mortemart à accepter le rendez-vous du premier prince du sang. Un officier, porteur du message du duc d'Orléans, fut chargé de conduire le nouveau président du conseil dans le lieu où se trouvait le prince. Les approches du Palais-Royal étaient encombrées de bandes armées, bivouaquées sur la place, dans les cours et dans les rues adjacentes [1]. M. de Mortemart fut d'abord introduit dans l'appartement de M. Oudard, secrétaire du duc d'Orléans. Tout y était brisé par les balles. M. Berthois le conduisit ensuite dans une pièce écartée, où se tenait le prince. Le duc d'Orléans, dès qu'il aperçut M. de Mortemart, s'écria :

« Duc de Mortemart, si vous voyez le Roi avant moi, dites-lui qu'ils m'ont amené de force à Paris; mais que je me ferai mettre en pièces plutôt que de me laisser poser la couronne sur la tête. Le Roi m'accuse, sans doute, parce que je ne suis point allé à Saint-Cloud. J'en suis fâché; mais j'ai été instruit que, dès mardi soir, on excitait le Roi à me faire arrêter, et je vous avoue que je n'ai point voulu aller me jeter dans un guêpier. D'une autre part, je redoutais que les Parisiens ne vinssent me chercher. Je me suis renfermé dans une retraite sûre et connue seulement de ma famille; mais, hier soir, une foule d'hommes ont envahi Neuilly et m'ont demandé au nom de la réunion des députés. Sur la réponse que j'étais absent, ces hommes ont déclaré à la duchesse qu'elle allait être conduite à Paris avec tous ses enfants et

---

1. Voir les Mémoires de M. Mazas.

qu'elle resterait prisonnière jusqu'à ce que M. le duc d'Orléans reparût. La duchesse, effrayée sur sa position, tremblant pour ses enfants, m'a écrit un billet très-pressant avec prière de revenir le plus tôt possible. Cette lettre m'a été portée par un homme dévoué. Je n'ai point balancé en la recevant, et je suis arrivé pour délivrer ma famille ; ils m'ont amené ici fort avant dans la soirée. »

Le duc d'Orléans apprit à M. de Mortemart que la réunion des députés l'avait nommé lieutenant général du royaume afin de sauver la France de la république que M. de la Fayette voulait faire proclamer à l'Hôtel de ville. Il demanda au nouveau président du conseil si, au nom du Roi, il pouvait reconnaître le titre dont l'assemblée venait de l'investir. M. de Mortemart répondit « qu'il avait protesté la veille contre cet acte, comme ministre, quoique, en qualité de Français, il le jugeât très-propre à sauver la patrie en mettant un frein à l'anarchie. » Il promit au prince de faire connaître au Roi l'état réel des choses et de lui demander de l'investir de pouvoirs de nature à lui faciliter de nouvelles et plus importantes négociations[1].

Il semble que la présence du Roi près de la capitale était nécessaire pour donner au duc d'Orléans la force et le pouvoir de refuser le trône. Huit jours après cette conversation, la journée du 9 août, en lui mettant la couronne sur la tête, changea en révolution ce qu'on pouvait encore appeler jusque-là la grande émeute de Juillet.

Le duc d'Orléans avait remis au duc de Mortemart un billet destiné à expliquer au Roi la situation dans laquelle il se trouvait ; quelques heures plus tard, il le lui redemanda. Les termes de ce billet auraient pu devenir embarrassants pour le lieutenant général du royaume[2].

1. Les détails de cette entrevue du duc d'Orléans avec le duc de Mortemart sont empruntés aux *Mémoires pour servir à l'histoire de la Révolution de 1830*, publiés par M. Mazas, secrétaire du duc de Mortemart.
2. Voici le billet du duc d'Orléans : « M. de Mortemart dira à V. M. comment

Le 31 juillet au soir, M. de Vitrolles était venu annoncer à Saint-Cloud que les concessions de la couronne étaient repoussées, et qu'un gouvernement provisoire offrait au duc d'Orléans le titre et les fonctions de lieutenant général du royaume. Charles X était persuadé que le premier prince du sang n'accepterait pas les propositions de la révolution. « Le souvenir de son père est présent à sa pensée, » avait dit le Roi à M. de Conny, qui s'étonnait de ne pas voir le duc d'Orléans à Saint-Cloud dans la journée du 30 juillet.

Lorsque la commission des députés vint présenter au duc d'Orléans le message de la chambre qui le pressait de prendre le titre et les fonctions de lieutenant général du royaume, le prince répondit en hésitant : « J'ai avec Charles X des liens de famille qui m'imposent des devoirs personnels et d'une nature assez étroite pour m'imposer la nécessité de réfléchir mûrement avant de briser ces liens. Le danger n'est pas imminent. A Saint-Cloud, on ne songe pas à reprendre les hostilités. »

Lorsque le duc d'Orléans connut les dispositions favorables du Roi envers lui, ses scrupules furent bientôt levés, et il consentit à accepter la haute fonction qu'on lui offrait. Il annonça son acceptation aux Parisiens par le manifeste suivant :

« Habitants de Paris, les députés de la France, en ce moment réunis à Paris, m'ont exprimé le désir que je me rendisse dans cette capitale pour y exercer les fonctions de lieutenant général du royaume. Je n'ai pas balancé à venir partager vos dangers, à me placer au mi-

l'on m'a amené ici par force. J'ignore jusqu'à quel point ces gens-là pourront user de violence à mon égard ; mais si, dans cet affreux désordre, il arrivait qu'on m'imposât un titre auquel je n'ai jamais aspiré, que Votre Majesté soit persuadée que je ne recevrai toute espèce de pouvoir que temporairement et dans le seul intérêt de notre maison ; j'en prends ici l'engagement formel envers Votre Majesté.

« Ma famille partage mes sentiments à cet égard.

« Votre fidèle sujet,
« Louis-Philippe d'Orléans.

« Palais-Royal, 31 juillet 1830. »

lieu de votre héroïque population et à faire tous mes efforts pour vous préserver des calamités de la guerre civile et de l'anarchie. En rentrant dans la ville de Paris, j'ai pris avec orgueil les couleurs glorieuses que vous avez reprises et que j'avais moi-même longtemps portées; les chambres vont se réunir, et aviseront aux moyens d'assurer le règne des lois et le maintien des droits de la nation.

« La charte sera désormais une vérité. »

M. Laffitte décida ensuite le duc d'Orléans à se rendre à l'Hôtel de ville. On hésitait encore à Paris sur le parti qu'on devait prendre : en effet, si la décision rendue par M. de la Fayette avait été présentée et acceptée comme une déchéance absolue prononcée contre Charles X et le Dauphin, une autre combinaison restait possible, la royauté du duc de Bordeaux avec le duc d'Orléans pour régent. Telle avait été la première pensée de MM. de Sémonville et d'Argout. MM. de Chateaubriand, de Talleyrand, Casimir Périer, le maréchal Macdonald et les modérés de l'opposition constitutionnelle appuyaient cette combinaison. On y pensait si sérieusement, qu'on fit écrire dans ce sens par les ambassadeurs à leurs cabinets respectifs. Ce n'était pas ce dénoûment qu'avaient rêvé M. Laffitte et les partisans du duc d'Orléans. Ce prince, qui se souvenait de la régence de son aïeul et des crimes de son père, refusa formellement tout d'abord de se prêter à cet arrangement. Depuis longtemps l'idée de jouer le rôle qu'avait accepté son aïeul hantait son esprit comme un mauvais rêve. Dans le fond, son caractère égoïste et défiant ne se souciait pas de tromper ceux qui l'appelaient au pouvoir ; il aurait fait beaucoup pour obtenir la couronne, il ne voulait rien faire pour l'éviter. Un jour que le Roi Louis XVIII examinait devant lui cette chance de l'avenir, le duc d'Orléans lui répondit :

« Moi, régent, Sire, plutôt retourner en Sicile ! plutôt l'exil à jamais ! On peut tout supporter, excepté le pouvoir, au prix d'une accusation perpétuelle d'empoisonnement ! Non, Sire, tant de malheurs n'arriveront pas pour m'en infliger un plus grand; mais je ne le subirai pas, et, devant ces institutions que j'aime, devant la liberté de la presse et les factions qui en abusent, jamais je ne serai le nouveau Philippe d'Orléans d'un nouveau Louis XV. »

Que le régent d'Orléans, craignant les calomnies qui devaient s'élever contre lui, quoique un homme de quelque fermeté d'âme sache les braver pour exercer un droit et encore plus pour remplir un devoir, eût repoussé le fardeau du pouvoir, qu'il se fût réfugié en Sicile pour échapper aux angoisses de cette responsabilité, en laissant Louis XV à Versailles, on le comprend. Mais, si le régent d'Orléans, dans la crainte d'être accusé injustement de tramer l'empoisonnement de son pupille, l'avait envoyé en Sicile et se fût établi lui-même à Versailles en s'emparant du trône, s'il avait employé ce moyen héroïque d'écarter de sa vie cette odieuse accusation d'empoisonnement qui lui arracha des larmes, il aurait compromis sa plus belle gloire devant l'histoire. La vie de Louis XV en effet et son tranquille avènement à la puissance sont le plus beau titre d'honneur du régent d'Orléans, et c'est grâce à cela que, malgré le cynisme de ses mœurs et l'effronterie de quelques-unes de ses paroles, la postérité a adopté sur lui le jugement de Louis XIV, qui, sans s'arrêter à cette affectation de perversité, dit un jour : « Mon neveu n'est qu'un fanfaron du crime. » Il semble qu'il n'eût pas été nécessaire au duc d'Orléans de prendre le trône de son pupille pour prouver qu'il ne voulait pas prendre sa vie.

Il est vrai que les circonstances où l'aïeul de Louis-Philippe préféra la régence au règne étaient très-différentes de celles où Louis-Philippe préféra le règne à la régence. Ce serait bien mal apprécier la situation des esprits et des choses en 1830, et méconnaître les tendances naturelles de l'esprit humain, que de représenter comme une tâche aisée, sans obstacles et sans contradiction, celle que le premier prince du sang aurait assumée en essayant d'être régent. L'œuvre était difficile, mais il n'appartient à personne de dire qu'elle était impossible puisqu'elle n'a pas été tentée. Si les vainqueurs des trois journées venaient au duc d'Orléans, c'est qu'ils avaient besoin de lui, c'est qu'il avait cette grande existence de premier prince du sang, cette quasi-hérédité, comme on disait à cette époque, qui lui donnait une place exceptionnelle dans la situation. Or celui dont on a besoin peut toujours, jusqu'à un certain point, imposer des conditions. Qu'aurait-on pu faire sans lui? Une république? La situation n'était pas mûre pour cela. Une autre monarchie? Où était le monarque? Était-ce par hasard M. de la Fayette ou M. Benjamin Constant? Si le duc d'Orléans avait donné l'exemple de la résistance à la passion révolutionnaire, il eût trouvé des auxiliaires prêts à le seconder. Certes, Casimir Perier ne lui eût pas manqué, et M. Guizot avoue de son côté, avec une gravité de paroles qui ne laisse rien à ajouter, qu'il eût préféré une autre solution que la royauté du duc d'Orléans à la situation créée par la révolution de Juillet [1].

Le duc d'Orléans, s'il avait voulu entrer dans les vues de régence, aurait trouvé de l'appui parmi les doctrinaires; les frères Bertin, nous l'avons su d'une source qui ne peut laisser dans notre esprit aucun doute sur l'exactitude de l'information, avaient fait offrir, à la chambre des pairs, le *Journal des Débats* pour soutenir cette combinaison. Si elle avait

---

[1]. « C'eût été certainement un grand bien pour la France, a écrit M. Guizot, et, de sa part, un grand acte d'intelligence, comme de vertu politique, que sa résistance se renfermât dans les limites du droit monarchique et qu'elle ressaisît ses libertés sans renverser le gouvernement. On ne garantit jamais mieux le respect de ses propres droits qu'en respectant les droits qui les balancent; et, quand on a besoin de la monarchie, il est plus sûr de la maintenir que d'avoir à la fonder. » Puis il ajoute encore : « La royauté de M. le duc de Bordeaux, avec M. le duc d'Orléans pour régent, eût été la solution la plus constitutionnelle et aussi la plus politique. » (*Mélanges historiques et politiques*, par M. Guizot, préface, p. xxiii.)

réussi, la liberté politique se trouvait fondée en France, car le parti parlementaire aurait montré la qualité la plus utile et la plus rare, celle sans laquelle on ne fonde rien : la modération dans la victoire. Maître de lui comme de la situation, il aurait prouvé à tous qu'il était capable et digne de gouverner, et je ne crois pas qu'il aurait fait défaut au duc d'Orléans, si celui-ci avait voulu marcher dans cette voie. Mais on ne fit rien de pareil.

Le gouvernement provisoire rédigea une première proclamation dans laquelle le nom du duc d'Orléans n'était pas encore prononcé; il fallait satisfaire l'émeute encore menaçante dans la rue, et flatter les partisans de la république. Ceux-ci trouvaient que le dénoûment du drame révolutionnaire arrivait trop tôt, et que la monarchie du duc d'Orléans serait encore une monarchie. La proclamation de la commission municipale commençait par ces mots impliquant à eux seuls la victoire de l'émeute de Juillet : *Charles X a cessé de régner sur la France*[1].

---

1. Voici le texte de ce manifeste dont la violence contre la personne du Roi paraîtrait incompréhensible, si l'on ne se rappelait que c'est la passion politique qui parle en un jour de révolution :

« Habitants de Paris,

« Charles X a cessé de régner sur la France ! Ne pouvant oublier l'origine de son autorité, il s'est toujours considéré comme l'ennemi de notre patrie et de ses libertés, qu'il ne pouvait comprendre.

« Après avoir sourdement attaqué nos institutions par tout ce que l'hypocrisie et la fraude lui prêtaient de moyens, lorsqu'il s'est cru assez fort pour les détruire ouvertement, il avait résolu de les noyer dans le sang des Français. Grâces à votre héroïsme, les crimes de son pouvoir sont finis !

« Quelques instants ont suffi pour anéantir ce gouvernement corrompu, qui n'avait été qu'une conspiration permanente contre la liberté et la prospérité de la France. La nation seule est debout, parée de ces couleurs nationales qu'elle a conquises au prix de son sang ; elle veut un gouvernement et des lois dignes d'elle.

« Quel peuple au monde mérite mieux la liberté ! Dans le combat vous avez été des héros : la victoire a fait connaître en vous ces sentiments de modération et d'humanité qui attestent à un si haut degré les progrès de notre civilisation. Vainqueurs et livrés à vous-mêmes, sans police et sans magistrats,

Cette proclamation prodiguait l'injure au gouvernement royal et ne ménageait pas les louanges à l'*héroïque* population de Paris; elle mettait ainsi en pratique le *væ victis* des anciens. De son côté, M. de la Fayette multipliait les ordres du jour à la garde nationale rétablie officiellement le 30 juillet, et instituait une garde nationale mobile composée de volontaires. Cette création éphémère ne dura qu'une semaine; le gouvernement comprit bientôt les dangers que lui susciterait une troupe privilégiée et révolutionnaire. L'idée de la garde mobile n'en était pas moins mise en circulation : elle devait faire son chemin dans le monde.

La chambre avait choisi parmi ses membres une députation chargée d'aller chercher l'acceptation du duc d'Orléans; l'assemblée se réunit pour recevoir le rapport de ses envoyés. La séance prit cette fois des formes plus solennelles. M. Laffitte occupa le fauteuil de la présidence; MM. Guizot, Villemain, Bérard et Benjamin Constant, remplirent les fonctions de secrétaires.

La proclamation du duc d'Orléans fut accueillie avec enthousiasme. M. Laffitte demanda à ses collègues si, dans la situation où se trouvait Paris, il ne conviendrait pas qu'un acte quelconque, sous le titre d'adresse ou de proclamation, émanât de la

---

vos vertus ont tenu lieu de toute organisation; jamais les droits de chacun n'ont été plus religieusement respectés.

Habitants de Paris,

Nous sommes fiers d'être vos frères : en acceptant des circonstances un mandat grave et difficile, votre commission municipale a voulu s'associer à votre dévouement et à vos efforts; ses membres éprouvent le besoin de vous exprimer l'admiration et la reconnaissance de la patrie.

Leurs sentiments, leurs principes, sont les vôtres ; au lieu d'un pouvoir imposé par les armes étrangères, vous aurez un gouvernement qui vous devra son origine. Les vertus sont dans toutes les classes; toutes les classes ont les mêmes droits ; ces droits sont assurés.

Vive la France! Vive le peuple de Paris! Vive la liberté !

LOBAU, AUDRY DE PUYRAVEAU, MAUGUIN, DE SCHONEN.

réunion pour apprendre et expliquer à la capitale et à la France ce que les députés avaient cru devoir faire dans l'intérêt de la chose publique :

« Nous avons été tous surpris par des événements qu'il ne nous était pas donné de prévoir, dit-il; nous nous croyions sous l'empire de la charte. Forts de l'opinion publique, nous attendions le 3 août. Vous le savez, nos lettres closes nous ont été remises en même temps que les ordonnances du 25. Ces ordonnances ont détruit la charte; au règne des lois elles ont substitué la guerre civile; de là les catastrophes et les prodiges dont Paris a été le théâtre. Ne vous paraît-il pas convenable de dire à la France ce que vous avez cru devoir faire dans ces solennelles circonstances? Il ne s'agissait plus, pour vous, de légalité; vous n'aviez plus à remplir vos devoirs ordinaires de députés: il s'agissait de sauver la patrie, de sauver les propriétés publiques et privées. En expliquant votre conduite et vos actes, vous recueillerez les actions de grâces et les bénédictions publiques. »

Cette habile péroraison d'une harangue dans laquelle l'orateur cherchait à légitimer la révolution, en la montrant comme une mesure de sagesse et de modération adoptée dans le seul but d'épargner à la France les malheurs et les crimes de la république sociale, fut reçue avec acclamation par les députés. Ils décidèrent à l'unanimité qu'il importait de rédiger une proclamation dans le sens indiqué par M. Laffitte. M. Labbey de Pompières demanda qu'il y fût déclaré que Paris avait sauvé et reconquis la liberté; M. Eusèbe de Salverte ajouta que ce manifeste devait contenir l'énumération des garanties que le peuple était en droit de réclamer; il proposa d'adopter, en la modifiant, la déclaration de la chambre des Cent-Jours. MM. de Corcelles et Benjamin Constant exprimèrent le même avis. Ce dernier se chargea de soumettre au bureau l'énumération des garanties qu'il croyait indispensables.

MM. Guizot, Villemain, Bérard et Benjamin Constant furent chargés de la rédaction de la proclamation; M. Guizot vint la lire ensuite à la tribune.

Cette proclamation, adressée à tous les Français, donnait à

la France tout entière une part de responsabilité dans les événements dont Paris avait seul pris l'initiative; elle annonçait le triomphe définitif de la souveraineté du peuple sur la prérogative royale; elle faisait entrer dans les lois l'ordre de choses révolutionnaire[1]. Le peuple dictateur conférait au lieutenant général du royaume le droit d'administrer le pays jusqu'au moment où, la séve révolutionnaire venant à monter de nouveau dans les veines du peuple, il briserait dans un jour

1. Voici le texte de cette proclamation :

« Français,

« La France est libre. Le pouvoir absolu levait son drapeau, l'héroïque population de Paris l'a abattu, Paris attaqué a fait triompher par les armes la cause sacrée qui venait de triompher en vain dans les élections. Un pouvoir usurpateur de nos droits, perturbateur de notre repos, menaçait à la fois la liberté et l'ordre; nous rentrons en possession de l'ordre et de la liberté. Plus de craintes pour les droits acquis, plus de barrière entre nous et les droits qui nous manquent encore. Un gouvernement qui, sans délai, nous garantisse ces biens est aujourd'hui le premier besoin de la patrie. Français, ceux de vos députés qui se trouvent déjà à Paris se sont réunis, et, en attendant l'intervention régulière des chambres, ils ont invité un Français, qui n'a jamais combattu que pour la France, M. le duc d'Orléans, à exercer les fonctions de lieutenant général du royaume. C'est à leurs yeux le plus sûr moyen d'accomplir promptement, par la paix, le succès de la plus légitime défense. Le duc d'Orléans est dévoué à la cause nationale et constitutionnelle; il en a toujours défendu les intérêts et professé les principes. Il respectera nos droits, car il tiendra de nous les siens. Nous nous assurerons par des lois toutes les garanties nécessaires pour rendre la liberté forte et durable :

« Le rétablissement de la garde nationale, avec l'intervention des gardes nationaux dans le choix des officiers;

« L'intervention des citoyens dans la formations des administrations départementales et municipales;

« Le jury pour les délits de presse;

« La responsabilité légalement organisée des ministres et des agents secondaires de l'administration;

« L'état des militaires légalement assuré;

« La réélection des députés promus à des fonctions publiques;

« Nous donnerons enfin à nos institutions, de concert avec le chef de l'État, les développements dont elles ont besoin;

« Français, le duc d'Orléans lui-même a déjà parlé, et son langage est celui qui convient à un pays libre : « Les chambres vont se réunir, nous dit-il; elles « aviseront aux moyens d'assurer le règne des lois et le maintien des droits de « la nation. La charte sera désormais une vérité. »

d'émeute le sceptre fragile qu'il plaçait en un jour de révolution entre les mains du nouveau roi des Français.

Les députés, réunis au nombre de quatre-vingt-onze, adoptèrent la proclamation ; elle parut dans le *Moniteur* du 1er août. La liste des noms des députés présents à la séance terminait la proclamation. Cette liste était précédée de la formule accoutumée : « étaient présents les députés dont les noms suivent. » On voit que, jusqu'au dernier moment, les parlementaires restaient fidèles à leur système de prudence.

Aussitôt que les termes de la proclamation furent décidés, les députés se dirigèrent vers le Palais-Royal. M. Laffitte vint lire au duc d'Orléans la proclamation adressée *aux Français*. Le prince répondit que les doctrines politiques consacrées dans cette adresse avaient toujours été les siennes :

« Je travaillerai au bonheur de la France, dit-il, avec vous et par vous, comme un bon père de famille. Je gémis sur les déplorables circonstances qui me forcent à accepter la haute mission que les députés me confient et dont j'espère me rendre digne. Messieurs, nous allons nous rendre à l'Hôtel de ville. »

Avant de quitter le Palais-Royal, le duc d'Orléans se montra à la fenêtre donnant l'accolade à M. Laffitte ; il fut salué par des acclamations. Ces scènes d'attendrissement dont Louis-Philippe, le digne élève de Mme de Genlis, était si prodigue, plaisaient au peuple amateur de spectacles ; le drame allait finir en idylle. A l'accolade du Palais-Royal succéda bientôt l'accolade de l'Hôtel de ville.

Le duc d'Orléans comprenait qu'il importait de dominer promptement le parti de l'Hôtel de ville. En effet, deux mouvements avaient jusque-là cheminé chacun dans leur sens : le mouvement parlementaire et le mouvement de l'Hôtel de ville. Il s'agissait de savoir à qui demeureraient les résultats de la victoire. Si l'Hôtel de ville avait marché sur le palais Bourbon, tout était dit. Mais l'Hôtel de ville fit un peu dans cette occasion ce qu'avait fait Saint-Cloud : il attendit. Or, dans les révolutions, attendre, c'est abdiquer. M. Laffitte prît aussitôt l'offensive et conduisit M. le duc d'Orléans vers cet Hôtel de ville qui savait vaincre, mais qui ne savait pas profiter de sa victoire. Le prince fut accueilli, sur son passage, aux cris de *vive le duc d'Orléans ! vive le lieutenant général ! vive la Fayette !* Quelques cris de *vive la République !* se firent aussi entendre. Le cortége du duc d'Orléans n'avait rien d'imposant ; les députés, les huissiers de la chambre, et quelques officiers de la garde nationale le composaient. M. Laffitte, porté sur une chaise à porteurs, le suivait. Il gagnait la bataille des parlementaires, comme le maréchal de Saxe à Fontenoy, porté sur une litière. Les partisans du nouveau pouvoir ne marchaient pas sans crainte ; ils redoutaient un coup de main des républicains. Mais, comme nous l'avons dit, la situation n'était pas mûre pour la république.

M. de la Fayette, accompagné de son état-major et de la commission municipale, vint au-devant du prince ; celui-ci, traversa la foule, en s'appuyant d'un côté sur le bras de M. Laffitte, de l'autre sur le bras de M. de la Fayette.

Arrivé sur le haut du perron, M. de la Fayette donna l'accolade au lieutenant général du royaume ; cet embrassement décida du sort de S. A. R. et de celui de la France, en entraînant les masses, dont les dispositions pouvaient tout d'un coup passer de la surprise et de la défiance à une de ces subites colères qui soulèvent les flots de la place publique, comme ceux de l'Océan. L'Hôtel de ville se suicida dans cet embrassement ; à compter de cette épreuve, le mouvement parlementaire prit le dessus ; les hommes d'action cédèrent la place aux hommes de parti, et ils se trouvèrent sans force et sans emploi au milieu de la situation qu'ils venaient de laisser échapper.

Le duc d'Orléans, arrivé à la grande salle, salua une seconde fois la foule, M. de la Fayette était son fidèle acolyte. Le prince tenait à la main un drapeau tricolore qu'il agita plusieurs fois. Un cri d'enthousiasme accueillit cette nouvelle scène décorative. M. Viennet, député de l'Hérault, relut ensuite au duc d'Orléans la proclamation des députés; le prince répondit :

« Je déplore, comme Français, le mal fait au pays et le sang versé ; comme prince, je suis heureux de contribuer au bonheur de la nation. »

C'est à la suite de cette courte harangue qu'un officier, M. Dubourg, montrant au lieutenant général la place de Grève, qui disparaissait sous les pas des hommes armés et les canons qui gardaient les barricades, lui dit :

« Monseigneur, vous connaissez nos besoins et nos droits; si vous les oubliez, nous vous les rappellerons. »

Cette apostrophe déconcerta le duc d'Orléans : la journée du 24 février 1848 lui apparaissait sans doute dans les lointaines perspectives de l'avenir.

M. de la Fayette lui exposa ensuite, dans une sorte de catéchisme, ses théories gouvernementales; à toutes les questions, le néophyte politique répondait avec une soumission d'esprit incomparable : un trône allait devenir la récompense de cette foi en l'évangile politique de M. de la Fayette [1].

---

1. M. de la Fayette a raconté ainsi son entretien avec le duc d'Orléans :
« Après la visite du nouveau lieutenant général à l'Hôtel de ville, je crus trouver dans l'autorité et la confiance populaire dont j'étais investi le droit et le devoir d'aller m'expliquer franchement, au nom de ce même peuple, avec le roi projeté. « Vous savez, lui dis-je, que je suis républicain et que je re-
« garde la constitution des États-Unis comme la plus parfaite qui ait existé. —

Lorsqu'on demanda au lieutenant général du royaume de sanctionner les garanties promises au peuple dans la proclamation des députés, le prince répondit avec habileté que toutes ces modifications lui semblaient justes, raisonnables, mais qu'il était condamné à ne pouvoir rien proposer :

« Je ne prendrai pas la couronne, ajouta-t-il; je la recevrai de la chambre aux conditions qu'il lui conviendra de m'imposer. Des modifications à la charte, quelles qu'elles soient, ne peuvent donc être faites que par elle seule. »

On a donné depuis à la proclamation du 31 juillet le nom de programme de l'Hôtel de ville. C'était une sorte de pacte entre le pouvoir qui allait être fondé et l'insurrection encore souveraine. Après la scène du 31 juillet, l'Hôtel de ville abdiqua en faveur du Palais-Royal. L'insurrection disparut de la scène, et il n'y eut plus qu'un centre d'action groupé autour du lieutenant général du royaume.

Tournons un instant nos regards vers Trianon, où le Roi, entouré de ses ministres, de la duchesse de Berry et de ses enfants, attendait l'arrivée du Dauphin resté à la tête des troupes royales. Le Dauphin quitta Saint-Cloud un peu avant midi, suivi d'une dizaine de pièces d'artillerie et d'une troupe de 12,000 hommes. Un profond découragement s'était emparé

« Je pense comme vous, répondit le duc d'Orléans ; il est impossible d'avoir passé
« deux ans en Amérique et de n'être pas de cet avis. Mais croyez-vous, dans la
« situation de la France et d'après l'opinion générale, qu'il convienne de l'adop-
« ter ? — Non, lui dis-je : ce qu'il faut aujourd'hui au peuple français, c'est un
« trône populaire entouré d'institutions républicaines, tout à fait républicaines.
« — C'est bien ainsi que je l'entends, » repartit le prince. Cet engagement mutuel, qu'on appellera comme on voudra, mais que je m'empressai de publier, rallia autour de nous et ceux qui ne voulaient pas de monarque et ceux qui en voulaient un tout autre qu'un Bourbon. »

Ce dialogue est extrait d'une lettre adressée, en 1831, aux électeurs de Meaux, par M. de la Fayette.

de son âme : il ramenait des troupes nombreuses, mais leurs dispositions étaient équivoques; dans la matinée, le prince en avait eu la preuve. Il occupait l'entrée du pont de Sèvres, du côté du village, avec un bataillon de la garde et des lanciers; les insurgés, placés à l'autre extrémité du pont, tentèrent de forcer le passage. Le prince, s'avançant vers eux, les engagea à ne pas commencer une lutte dans laquelle ils seraient écrasés. Une vive fusillade lui répondit. Après plusieurs tentatives faites pour ramener les insurgés par les voies de la conciliation, le Dauphin, ayant vu le colonel d'Esclignac frappé d'un coup de feu à ses côtés, donna au chef de bataillon l'ordre de faire une charge pour déblayer le pont. Le commandement de cet officier n'avait pas été exécuté par ses hommes. Comme l'officier répétait son commandement, une violente agitation s'était manifestée dans les rangs des soldats, et la troupe tout entière, s'ébranlant au pas de course, allait passer à l'ennemi. Le Dauphin, se précipitant au devant des fuyards, s'était écrié :

« Arrêtez; si vous voulez m'abandonner, conservez au moins l'ordre et le calme qui conviennent à des soldats : à vos rangs ! »

Les hommes avaient obéi machinalement et s'étaient reformés à quelques pas en arrière. Une charge des lanciers avait déblayé le pont.

Le Dauphin, s'adressant à l'infanterie, s'écria alors : « Si vous êtes décidés à déserter le poste de l'honneur, voilà votre chemin. » La troupe était partie.

Le prince était accablé sous le poids du souvenir de cette scène, où son courage n'avait pu dominer les dispositions hostiles des soldats, lorsqu'il arriva à Trianon. Le récit de cet événement plongea le Roi et son entourage dans le plus profond découragement. En même temps, on vint annoncer que les insurgés marchaient sur Versailles; la retraite sur Rambouillet fut alors résolue. La royauté faisait un pas de plus vers l'exil.

Lorsqu'on vint apprendre aux ministres que les troupes allaient se replier sur Rambouillet, ils étaient occupés à rédiger une proclamation pour annoncer à la France que Charles X allait combattre la révolution par tous les moyens dont il disposait. Cette circulaire n'était pas achevée, lorsque les ministres apprirent que les troupes s'éloignaient encore du théâtre de la lutte ; le dernier plan défensif fut alors déchiré et ses morceaux éparpillés aux quatre vents du ciel.

Ce fut à Trianon que le Roi se sépara de ses ministres. Chacun d'eux songea alors à sa sûreté personnelle. En un quart d'heure la retraite fut organisée. Les troupes, à l'exception du 15ᵉ léger, qui retourna vers Paris, suivirent la famille royale. Charles X marchait à cheval à la tête des gardes du corps. La duchesse de Berry et ses enfants suivaient dans une voiture de la cour ; ils arrivèrent à Rambouillet vers dix heures du soir. Le voyage fut triste et silencieux. Les troupes restées sous les ordres du Dauphin passèrent la nuit à Trappes, où il fut difficile de leur procurer des vivres. Lorsqu'on eut atteint Rambouillet, l'infanterie de la garde prit position derrière les étangs du Péray. On fit parquer les quarante-deux pièces d'artillerie au hameau de la Rue-Verte, en arrière du Péray. La défense du château de Rambouillet fut confiée aux gardes du corps, à la gendarmerie d'élite, aux gardes à pied, au 7ᵉ suisse et au 2ᵉ régiment des grenadiers à cheval. On pouvait encore espérer que l'armée royale allait prendre à Rambouillet une éclatante revanche de la guerre de rues qu'on lui avait faite pendant trois jours. Fort d'un premier succès, Charles X aurait pu se diriger vers la Vendée ou vers la Bretagne dont les populations se seraient levées pour défendre le dernier des frères de Louis XVI.

Un échec éprouvé à Rambouillet par l'armée révolutionnaire pouvait changer la face de la situation ; l'effet qu'il eût produit à Paris, surtout sur les chambres, eût peut-être été décisif. Mais rien ne réussit au malheur!

XIV

1ᵉʳ AOUT. — MADAME LA DUCHESSE D'ANGOULÊME ARRIVE A RAMBOUILLET. — LE ROI NOMME LE DUC D'ORLÉANS LIEUTENANT GÉNÉRAL DU ROYAUME.
2 AOUT. — ABDICATION DU ROI ET DU DAUPHIN EN FAVEUR DU DUC DE BORDEAUX. — LE DUC D'ORLÉANS REFUSE DE RECEVOIR LE DUC DE BORDEAUX. — DÉMARCHE DE M. DE CHATEAUBRIAND AU PALAIS-ROYAL.
3 AOUT. — DES BANDES ARMÉES SONT ENVOYÉES A RAMBOUILLET POUR OBTENIR LE DÉPART DE LA FAMILLE ROYALE. — LE ROI REFUSE DE LAISSER TIRER SUR LES INSURGÉS ET SE DÉCIDE A QUITTER LA FRANCE.
OUVERTURE DE LA SESSION LÉGISLATIVE. — PROPOSITION BÉRARD. DISCOURS DE M. DE CHATEAUBRIAND A LA CHAMBRE DES PAIRS.
7 AOUT. — LA PROPOSITION BÉRARD EST ADOPTÉE PAR LES DEUX CHAMBRES.
SÉANCE DU 9 AOUT 1830. — LOUIS-PHILIPPE ROI DES FRANÇAIS. — ITINÉRAIRE SUIVI PAR LA FAMILLE ROYALE DEPUIS RAMBOUILLET JUSQU'A CHERBOURG. — LE ROI S'EMBARQUE POUR L'ANGLETERRE.
COUP D'OEIL RÉTROSPECTIF SUR LES CAUSES QUI AMENÈRENT LA RÉVOLUTION DE JUILLET. — SITUATION DE LA FRANCE EN 1830.

Le 1ᵉʳ août, Madame la duchesse d'Angoulême rejoignit la famille royale à Rambouillet : la princesse était aux eaux de Vichy au moment de la publication des ordonnances du 25 juillet. Depuis la chute du ministère Villèle, Madame la Dauphine prévoyait la révolution ; aux douloureux souvenirs des années de sa jeunesse, se mêlaient souvent de tristes pressentiments pour l'avenir. La princesse, qui avait soutenu Louis XVIII dans les plaines de la Lithuanie et sous les ombrages d'Hartwell, était destinée par la Providence à guider les pas du dernier frère de Louis XVI dans les rudes sentiers de l'exil. Elle était à Dijon le 27 juillet, lorsqu'au grand théâtre elle fut insultée par les cris d'une partie des spectateurs; la fille de Louis XVI comprit tout d'abord qu'une révolution s'accomplissait à Paris. Elle partit en toute hâte. On ne savait rien encore; mais, à mesure que l'on avançait, on sentait que l'on se rapprochait d'un grand malheur. On lui annonça à Tonnerre qu'à cause des événements de Paris, dont la nouvelle avait consterné tout le monde, il n'y aurait pas de démonstrations de joie pour célébrer son passage.

« De la joie, puis-je en vouloir lorsque le sang français coule? » interrompit vivement la fille de Louis XVI. Puis elle ajouta : « Ah! que n'étais-je auprès du Roi! »

Dans la soirée, M. Charlet lui annonça que la révolution était consommée. A chaque pas, son voyage devenait plus douloureux. A Joigny, cependant, elle rencontra une consolation. M. le duc de Chartres se dirigeait vers Paris avec son régiment; le prince monta dans la voiture de la Dauphine et lui offrit ses services avec l'empressement le plus vif et qui paraissait le plus vrai. Après avoir passé l'après-midi du 31 juillet à Fontainebleau, tourné Paris et évité Versailles, la Dauphine rejoignit le Roi dont l'anxiété était aussi vive que la sienne. La vivacité de ces inquiétudes est facile à concevoir : les Bourbons voyaient la révolution de 1830 à travers leurs souvenirs de la révolution de 1793.

Les gardes du corps saluèrent la princesse par leurs acclamations; malgré la tristesse qui régnait dans leurs rangs, la présence de Madame la Dauphine, sur la liberté et même sur la vie de laquelle on avait eu de vives inquiétudes, leur fit éprouver un mouvement de joie. En descendant de voiture, elle se rendit chez le Roi :

« Mon père, lui dit-elle, je viens partager vos malheurs. »

A peine arrivée, la princesse demeura convaincue que tout était perdu sans retour. Elle écoutait et approuvait ceux qui proposaient de prendre des partis énergiques, et les invitait à voir le Roi pour tâcher de le faire revenir de l'opinion qu'on lui avait donnée que le dénoûment des trois journées était irrévocable. Mais les conseils énergiques ne pouvaient pas prévaloir; le roi Charles X craignait par-dessus tout d'allumer la guerre civile dans son royaume; il trouvait que trop de sang français avait coulé dans la lutte des journées précédentes.

C'est alors qu'un événement qui surprit tout le monde arriva. Le roi de France, ayant déjà la pensée d'abdiquer en faveur de son petit-fils, le duc de Bordeaux, se rencontra avec la révolution pour offrir la lieutenance générale du royaume à M. le duc d'Orléans. Tandis que la révolution se souvenait de M. le duc d'Orléans au Palais-Royal, Charles X se souvenait de M. le duc d'Orléans aux Tuileries [1].

L'acte d'abdication de Charles X et du duc d'Angoulême en faveur de M. le duc de Bordeaux, qui prenait le nom d'Henri V, fut rédigé dans la nuit du 1ᵉʳ août. Le Roi chargea le général de Latour-Foissac de porter cette pièce au duc

---

1. L'acte royal qui appelait le premier prince du sang à la tête des affaires du royaume était conçu en ces termes :

« Le Roi, voulant mettre fin aux troubles qui existent dans la capitale et dans une partie de la France, comptant d'ailleurs sur le sincère attachement de son cousin le duc d'Orléans, le nomme lieutenant général du royaume.

« Le Roi, ayant jugé convenable de retirer ses ordonnances du 25 juillet, approuve que les chambres se réunissent le 3 août, et il veut espérer qu'elles rétabliront la tranquillité en France.

« Le Roi attendra ici le retour de la personne chargée de porter à Paris cette déclaration.

« Si l'on cherchait à attenter à la vie du roi et de sa famille, il se défendrait jusqu'à la mort.

« Fait à Rambouillet, le 1ᵉʳ août 1830.

« CHARLES. »

d'Orléans. L'abdication du Roi étonna d'abord; il est évident pourtant que, les circonstances étant données, la royauté du duc de Bordeaux, avec le duc d'Orléans pour régent, eût été la solution la plus constitutionnelle et par conséquent la plus favorable aux intérêts de la France. Sans doute les obstacles étaient grands, les passions étaient ardentes, et dans le parti royaliste et dans le parti libéral; la révolution était menaçante dans la rue, le rôle d'un régent eût été difficile à remplir, et je conviens que la chose la plus facile était la royauté d'un d'Orléans. Mais l'autre parti était-il impossible? M. Guizot disait un jour que « le métier des gouvernements était de faire des choses difficiles. » Eh bien, l'opposition constitutionnelle de gauche devenait, après 1830, un gouvernement. C'eût été, ce semble, le cas pour elle d'affronter les difficultés de la tâche qui s'offrait à elle.

L'acte d'abdication du roi Charles X et du duc d'Angoulême fut notifié au duc d'Orléans sous la forme d'une lettre dont voici la teneur :

« Mon cousin,

« Je suis trop profondément pénétré des maux qui affligent et pourraient menacer mes peuples pour n'avoir pas cherché un moyen de les prévenir. J'ai donc pris la résolution d'abdiquer la couronne en faveur de mon petit-fils, le duc de Bordeaux.

« Le Dauphin, qui partage mes sentiments, renonce aussi à ses droits en faveur de son neveu.

« Vous aurez, en votre qualité de lieutenant général du royaume, à faire proclamer l'avénement de Henri V à la couronne. Vous prendrez d'ailleurs toutes les mesures qui vous concernent pour régler les formes du nouveau gouvernement pendant la minorité du nouveau roi. Ici, je me borne à faire connaître ces dispositions. C'est un moyen encore d'arrêter bien des maux.

« Vous communiquerez mes intentions au corps diplomatique et vous me ferez connaître le plus tôt possible la proclamation par laquelle mon petit-fils sera reconnu sous le nom de Henri V.

« Je charge le comte de Foissac-Latour de vous remettre cette lettre; il a ordre de s'entendre avec vous pour les arrangements à prendre en faveur des personnes qui m'ont accompagné ainsi que pour les arrangements convenables en ce qui me concerne et le reste de ma famille. Nous réglerons ensuite les autres mesures qui seront la conséquence d'un changement de règne.

« Je vous renouvelle, mon cousin, l'assurance des sentiments avec lesquels je suis votre affectionné cousin,

« Signé : Charles :

« Louis-Antoine. »

Cette lettre était datée de Rambouillet. La monarchie faisait toujours la même faute; elle s'éloignait en traitant. Mais la royauté, puissante tant qu'elle eut des troupes à Paris, à peine écoutée quand elle les eut rappelées à Saint-Cloud, ne fut pas même entendue quand elle parla de Rambouillet. Cependant Charles X avait, autant qu'il était en lui, donné le caractère d'un fait accompli à l'avénement de son petit-fils. Il l'avait fait reconnaître par les troupes qui étaient demeurées auprès de sa personne; il avait voulu que le mot d'ordre fût donné aux officiers de service par le jeune prince, et deux royalistes, investis de la confiance royale, avaient été chargés de notifier les actes de Rambouillet aux ambassadeurs des grandes puissances.

La voie des concessions semblait épuisée : le Roi avait changé son ministère, retiré les ordonnances au moment où la révolte venait de triompher, il abandonnait les puissants moyens de résistance qui restaient à Rambouillet. Cependant la révolution n'était pas encore satisfaite; la présence de la branche aînée gênait le mouvement parlementaire qui régnait à Paris. La famille royale était trop près pour qu'on pût emporter les suffrages de la chambre dans la question capitale qu'on allait lui soumettre. Les hommes d'action, qui n'avaient point su diriger leurs affaires, devinrent alors les instruments de leurs compétiteurs plus habiles.

La duchesse de Berry, sentant que chaque pas qui l'éloignait du centre des événements éloignait son fils du trône, demanda vainement à être autorisée à rentrer dans Paris avec lui. Charles X répondit qu'il ne consentirait jamais à ce que son petit-fils courût des chances aussi périlleuses et vînt s'exposer à la fureur des partis. La duchesse de Berry songea alors à rentrer seule dans Paris. Mais les instances de la Dauphine furent si vives et les ordres paternels du Roi si positifs, qu'après bien des efforts la princesse dut renoncer à son projet. La lutte fut longue et opiniâtre ; une calèche, attelée de six chevaux de poste, resta depuis midi jusqu'à sept heures dans la cour du palais, et l'on vit alors la princesse pleurer en contremandant l'ordre du départ. Il y avait dans ces larmes l'intelligence d'une situation politique. Dans la crise où l'on se trouvait, c'était tout d'être présent. Madame la duchesse de Berry, une fois à Paris, pouvait agir sur la population, neutraliser l'influence de M. le duc d'Orléans et embarrasser la chambre. Il semble que cette mère, rentrant à Paris forte des droits de son fils, aurait réussi. Elle n'avait pas besoin d'autorisation ; il fallait avant tout agir. La fortune est comme les hommes, elle donne tort à l'absence.

En envoyant au duc d'Orléans les abdications datées de Rambouillet, le Roi l'avait fait avertir qu'on lui conduirait bientôt le duc de Bordeaux pour qu'il avisât à le faire proclamer et reconnaître en sa nouvelle qualité. Pendant quelques heures, l'anxiété fut grande dans la famille royale. Mais bientôt un courrier vint en toute hâte du Palais-Royal avec la nouvelle du refus positif que faisait M. le duc d'Orléans de recevoir le jeune prince. On assura à Rambouillet que la proposition du Roi avait jeté le duc d'Orléans dans une grande perplexité ; la duchesse, répétait-on, l'en avait fait sortir en lui disant : « Ne recevez pas cet enfant ; s'il meurt de maladie, on dira que c'est vous qui l'avez tué. » Quand arriva le courrier du Palais-Royal, la Dauphine prit Henri V dans ses bras et s'écria, en le pressant sur son cœur : « Nous le garderons donc, ce cher enfant! » La sœur du Dauphin du Temple se souvenait de son frère : elle savait ce que font les révolutions des enfants rois qu'on leur confie.

A Paris, le duc d'Orléans courtisait la révolution, qui allait abdiquer sa souveraineté éphémère en faveur du fils de Philippe-Égalité. Il ordonnait la reprise de la cocarde et du drapeau tricolores, convoquait les chambres pour le 3 août, et complétait la formation d'un nouveau ministère en plaçant M. Guizot à l'intérieur, le maréchal Jourdan aux affaires étrangères, M. Bignon à l'instruction publique, M. Tupinier à la marine. Il confiait en même temps la préfecture de police à M. Girod de l'Ain, et la première ordonnance émanée du nouveau pouvoir annulait les condamnations encourues pour délits politiques et pour délits de presse : c'était l'amnistie de la révolution. Le lieutenant général du royaume ne songeait qu'à conquérir la popularité, cette souveraine inconstante qui insulte le lendemain son idole de la veille. Il chantait la *Marseillaise*, en oubliant que ce chant homicide, vociféré aux jours de la Terreur, rappelait des souvenirs de deuil et de sang. Le *Moniteur* du 6 août contenait une lettre que le duc d'Orléans adressait à M. Rouget de l'Isle, auteur de la *Marseillaise*, en lui accordant une pension. Ces flatteries révolutionnaires étaient autant d'actes de vasselage du futur roi envers la révolution qui allait lui céder le trône. Jusqu'à la fin de son règne, le duc d'Orléans eut contre lui l'exemple de sa propre élévation et le souvenir des moyens qu'il employa pour obtenir cette fausse popularité, qu'il croyait gagner en foulant aux pieds sa dignité personnelle.

Nous avons énuméré les nombreux négociateurs qui s'étaient succédé aux Tuileries, à Saint-Cloud et jusqu'à Rambouillet ; une dernière démarche devait être tentée au Palais-Royal par M. de Chateaubriand. M. de Chateaubriand ne connaissait pas la peur; mais c'était un homme d'idées et non un homme d'action, encore moins un chef de parti. Il agissait sur les intelligences par ses écrits, il s'entendait moins à manier les volontés et les intérêts. D'ailleurs, isolé de son ancien parti par sa longue opposition, il était plutôt admiré et exploité qu'accepté par le parti libéral, que le succès de l'insurrection rendait maître de la situation. Que pouvait-il donc faire au milieu du désarroi des forces régulières de la monarchie, qui ne laissait aucune force irrégulière pour soutenir sa cause? Il pouvait parler, il ne pouvait agir. Il parla dans les deux seuls endroits où il pût parler utilement : le Palais-Royal et la chambre des pairs. M. de Chateaubriand, mandé au Palais-Royal, s'efforça d'influencer la détermination qu'allait prendre le duc d'Orléans. Le grand écrivain, reçu d'abord par la duchesse d'Orléans, prit sur-le-champ une attitude haute et digne; car, c'est une justice que l'on doit lui rendre : dans les occasions décisives, il n'a jamais hésité et l'appel de l'honneur l'a toujours trouvé prêt à le suivre.

Il a raconté lui-même, dans ses *Mémoires d'Outre-Tombe*, l'entrevue qu'il eut, le 2 août, avec le duc et la duchesse d'Orléans. Voici le récit qu'il en donne :

« — Ah! monsieur de Chateaubriand, s'écria la duchesse en me faisant asseoir auprès d'elle, nous sommes bien malheureux! Si tous les partis voulaient se réunir, peut-être pourrait-on encore se sauver? Que pensez-vous de cela?

« — Charles X et le Dauphin ont abdiqué, repris-je; Henri V est maintenant le roi, Mgr le duc d'Orléans est lieutenant général du royaume : qu'il soit régent pendant toute la minorité de Henri V, et tout est fini!

« — Mais, monsieur de Chateaubriand, le peuple est très-agité; nous tomberons dans l'anarchie.

« — Madame, oserai-je vous demander quelle est l'intention du duc d'Orléans? Acceptera-t-il la couronne si on la lui offre?

« La duchesse d'Orléans repartit après un moment de silence :

« — Songez aux malheurs qui peuvent arriver; il faut que tous les honnêtes gens s'entendent pour nous sauver de la république. A Rome, monsieur de Chateaubriand, vous pourriez rendre de si grands services, à l'étranger, ou même ici, si vous ne vouliez plus quitter la France.

« — Madame n'ignore pas mon dévouement au jeune roi et à sa mère.

« — Monsieur de Chateaubriand, vous ne connaissez pas ma nièce : elle est si légère !... Pauvre Caroline !... Je vais envoyer chercher M. le duc d'Orléans, il vous persuadera mieux que moi.

« La princesse donna des ordres, et Louis-Philippe parut au bout d'un demi-quart d'heure. Il était mal vêtu et avait l'air extrêmement fatigué. Je me levai, et lui, en m'abordant :

« — Madame la duchesse d'Orléans a dû vous dire combien nous sommes malheureux.

« — Et, sur-le-champ, il fit une idylle sur le bonheur dont il jouissait à la campagne, sur la vie tranquille et selon ses goûts qu'il passait au milieu de ses enfants. Je saisis le moment d'une pause, entre deux strophes, pour prendre à mon tour la parole et pour répéter à peu près ce que j'avais dit à la duchesse.

« — Ah ! s'écria-t-il, c'est là mon désir ! Combien je serais satisfait d'être le tuteur et le soutien de cet enfant ! Je pense comme vous : prendre le duc de Bordeaux serait entièrement ce qu'il y aurait de mieux à faire ; je crains seulement que les événements ne soient plus forts que nous.

« — Plus forts que nous ! N'êtes-vous pas investi de tous les pouvoirs ? Allons rejoindre Henri V ; appelez auprès de vous, hors de Paris, les chambres et l'armée. Sur le seul bruit de votre départ, toute cette effervescence tombera, et l'on cherchera un abri sous votre pouvoir éclairé et protecteur.

« Pendant que je parlais, j'observais Philippe. Mon conseil le mettait mal à l'aise. Je lus sur son front le désir d'être roi.

« — La chose est plus difficile que vous ne le pensez, me dit-il sans me regarder ; cela ne va pas comme cela ! Vous ne savez pas dans quel péril nous sommes. Une bande furieuse peut se porter contre les chambres aux derniers excès, et nous n'avons encore rien pour nous défendre. »

Malgré la contrariété visible qui respirait dans la réponse du prince, M. de Chateaubriand insista de nouveau en modifiant son premier plan. Le duc d'Orléans ne pouvait-il pas déclarer que la chambre actuelle n'avait pas les pouvoirs nécessaires pour disposer de la forme du gouvernement ? que la France devait être consultée et appelée à élire une nouvelle assemblée avec des pouvoirs *ad hoc* pour décider une si grande question? Le duc d'Orléans se mettrait ainsi dans la position la plus populaire. Le parti républicain, qui faisait tout son danger, le porterait aux nues. Dans les deux mois qui s'écouleraient jusqu'à l'arrivée de la nouvelle législature, le prince organiserait la garde nationale. Tous ses amis et les amis du jeune roi travailleraient dans les provinces. Qu'on laissât alors venir les députés, qu'on laissât se plaider publiquement à la tribune la cause défendue par M. de Chateaubriand; cette cause, favorisée en secret par le duc d'Orléans, obtiendrait l'immense majorité des suffrages.

Les partisans du duc d'Orléans ont répété depuis qu'il n'y avait dans le plan proposé par M. de Chateaubriand qu'un beau roman, et qu'on ne pouvait, sans une grande dose de naïveté, proposer à un habile homme comme Louis-Philippe de faire tant d'efforts pour éviter la couronne. Le raisonnement eût été excellent avant le 24 février 1848; depuis, il a beaucoup perdu de sa valeur. Que la régence eût échoué, c'est une hypothèse; que le règne ait échoué, c'est un fait. Qu'en suivant la voie qu'on a adoptée, on soit arrivé à l'avortement complet du gouvernement parlementaire, c'est une certitude encore. Qu'après avoir porté laborieusement cette couronne qui lui meurtrit plus d'une fois le front, Louis-Philippe l'ait vue tomber en quelques heures, malgré son sens juste et son habileté consommée, c'est l'histoire. La combinaison qui a si tristement échoué a perdu, ce semble, le droit de traiter la combinaison de M. de Chateaubriand de chimère. Chimère vous-même, pourrait répondre cette combinaison au gouvernement qui tomba le 24 février 1848. Chimère pour chimère, j'aime mieux le plan que proposait Chateaubriand, que la prose de celui que le duc d'Orléans adopta. Il eût été beau de réussir en suivant ce plan généreux, il eût été beau encore d'échouer en le tentant.

Le duc d'Orléans sentait qu'une résolution énergique prise à Rambouillet pouvait changer la face des choses. Il résolut d'éviter une lutte dans laquelle les meilleures chances ne seraient pas toutes de son côté. L'intimidation avait réussi à Saint-Cloud et à Trianon, elle devait réussir une dernière fois à Rambouillet. Louis-Philippe décida qu'un dernier assaut de terreur serait donné à la famille royale, que le sort de Charles Ier et de Louis XVI ne terrifiait que trop. Des commissaires chargés d'obtenir le départ du roi avaient été envoyés une première fois à Rambouillet. Charles X, ayant abdiqué en faveur de son fils, croyait à un simple changement de règne; il refusa donc de recevoir les commissaires venus de Paris. Le duc d'Orléans les renvoya à Rambouillet, en leur donnant la mission expresse d'obtenir le départ de la famille royale. Ces trois commissaires étaient MM. Odilon Barrot, le général Maison, fait maréchal par Charles X après la campagne de Morée, et M. de Schonen. En même temps le duc d'Orléans décida qu'une troupe de gardes nationaux, renforcée d'une bande informe d'insurgés, marcherait sur Rambouillet. On rassembla ce qu'on put trouver de gardes nationaux; une partie de cette populace mêlée à toute les révolutions et dont regorgent les capitales se joignit à la garde nationale. Le général Pajol dirigeait cette cohue. C'était pitié que d'assister au départ de cette armée improvisée, pleine de ce courage qui court les rues en France, mais sans organisation, sans discipline, les uns entassés dans des charrettes, les autres à pied, ceux-ci dans des carrosses qu'ils avaient arrêtés dans les rues ou dans des fiacres qu'on avait réquisitionnés à cet effet, ceux-là à cheval : elle allait, cette étrange armée, présenter la bataille à douze mille hommes d'excellentes troupes, appuyés par une nombreuse cavalerie et une artillerie formidable. Le général Vincent, voyant arriver cette cohue d'un aspect si étrange, offrit de fondre sur elle, et de la contraindre à s'enfuir en déroute jusqu'à Paris. Le général Pajol a répété souvent depuis au général Vincent qu'à la moindre attaque « tous ces gens se seraient mis à la débandade, et se seraient enfuis comme une volée de moineaux effarouchés. »

Le général Vincent vit son offre refusée par le Roi, qui trouvait que trop de sang français avait déjà été versé. Le Roi suivait d'ailleurs, depuis l'origine des événements, un système de conduite qui prouvait que la main de la Providence était sur sa tête. Il fallait vouloir, il ne savait que se résigner. Il était urgent de prendre l'initiative, il se contentait de la subir. Les vertus politiques des rois étaient nécessaires dans la situation, et, comme on l'a déjà dit au sujet de Louis XVI, Dieu, voulant punir la France en couronnant les mérites du monarque, n'avait donné au petit-fils de Louis XIV que les vertus chrétiennes du martyr. Toutes les fautes déjà commises furent comblées par une dernière mesure. Le Roi avait renoncé à se faire un appui des pairs et des députés qui étaient d'abord accourus à Saint-Cloud, et à jeter ainsi des doutes sur la question de savoir où étaient les véritables chambres ; tout au contraire, il avait ordonné formellement et sous peine de désobéissance à ceux qui se trouvaient auprès de lui, de le quitter pour aller voter à Paris. C'était vouloir tout perdre que de jeter ainsi à Paris les derniers éléments d'action de la monarchie au milieu du triomphe de la révolution. Tout sourit au bonheur, et il n'est pas nécessaire d'avoir beaucoup étudié le cœur humain pour savoir que les hommes saluent volontiers l'aurore des pouvoirs nouveaux, qui ont l'avenir devant eux.

Avant l'arrivée des trois commissaires qui précédèrent de quelques heures l'émeute que Paris envoyait en poste à Rambouillet, cette ville offrait déjà un bien triste spectacle. Il y avait là cinquante pièces de canons attelées, et une armée qui pouvait changer en un instant la face des affaires. Mais l'inaction la plus étrange régnait autour du Roi et de là se répandait partout; l'impulsion ne venant pas du lieu d'où elle aurait dû partir, tout languissait et restait immobile. A chaque instant, les diligences et les malles-postes, pavoisées de drapeaux tricolores et portant des ordres à la province, traversaient le camp sans que personne y mît obstacle. Le Roi manquait d'argent; la pénurie était si grande, qu'il fallût vendre et engager l'argenterie de Charles X pour nourrir les troupes. Les princes très-chrétiens n'avaient pas coutume de thésauriser ; à la fin de chaque mois, ils versaient le surplus de leurs revenus dans les mains des pauvres.

Le *Moniteur* du 6 août rendit compte à sa manière de ce qui s'était passé à Rambouillet, pour obtenir le départ de Charles X et de la famille royale. Il insistait sur l'inconvénient qu'aurait pu avoir pour le nouveau pouvoir « la présence d'une force armée, qui ne relevait pas du gouvernement établi, et qui, placée aux portes de Paris, y entretenait une irritation dangereuse. » La feuille officielle ajoutait que « le lieutenant général du royaume avait reconnu la nécessité de devancer le mouvement que la prolongation du séjour du roi Charles X à Rambouillet ne pouvait manquer de produire dans les masses populaires, et de placer à la tête de ce mouvement des chefs qui, en le régularisant, préviendraient les excès qu'on aurait pu redouter. » Le *Moniteur* disait encore que « des sentiments personnels d'affection et de parenté dictaient cette mesure au duc d'Orléans autant que ses devoirs envers la patrie, et qu'elle lui était surtout commandée par le devoir d'arrêter l'effusion du sang, et d'empêcher les Français de s'entr'égorger de nouveau. Le lieutenant général du royaume se déterminait donc à prendre à temps une détermination subite et vigoureuse. Il ordonna au général la Fayette de faire marcher 6,000 hommes de garde nationale dans la direction de Rambouillet, espérant que cette démonstration suffirait pour déterminer Charles X à prendre le parti que tant de circonstances se réunissaient pour lui faire adopter : celui de s'éloigner et de dissoudre le rassemblement dont il était entouré. »

Il est évident que la présence de Charles X et de la famille royale à Rambouillet devenait gênante pour l'accomplissement des projets du lieutenant général du royaume. La feuille officielle du nouveau pouvoir ne parlait pas des moyens d'intimidation employés pour obtenir du Roi l'ordre du départ. Charles X voulut entretenir en particulier un des trois commissaires qu'on avait envoyés de Paris, pour lui arracher la promesse de son éloignement. Il croyait pouvoir compter sur le maréchal Maison, car récemment encore il l'avait élevé à la dignité du maréchalat à la suite de la campagne de Morée. Charles X lui demanda, sur sa parole d'honneur, s'il était vrai que quatre-vingt mille Parisiens marchassent sur Rambouillet?

M. le maréchal Maison répondit :

« Sire, je ne les ai pas comptés, mais ils sont beaucoup!

« — Enfin, reprit le Roi, croyez-vous qu'ils soient quatre-vingt mille ?

« — J'ai l'honneur de répondre à Votre Majesté que je ne les ai pas comptés ; mais il y en a beaucoup. Ils peuvent être quatre-vingt mille. »

Le maréchal Maison savait cependant que l'expédition de Rambouillet se composait à peine de six mille hommes, mal armés et incapables de tenir devant un régiment.

En sortant de cet entretien on assure qu'il dit :

« Nous l'emportons, le Roi consent à partir ; mais, si j'étais à sa place et à celle du maréchal Marmont, et que j'eusse à ma disposition ces douze mille hommes d'excellentes troupes et ces quarante-deux pièces de canon qui n'attendent qu'un signal, ce sont ces étourdis de Parisiens qui s'envoleraient. »

Dix-huit années plus tard, lorsqu'au 24 février 1848 la

souveraineté du peuple renversa le trône, qu'elle avait élevé au mois d'août 1830, le roi Louis-Philippe demanda, lui aussi, à un maréchal qu'il croyait dévoué à sa dynastie, si la répression de l'émeute était possible. Celui-ci répondit, à la manière du maréchal Maison, que pour dominer la révolution il faudrait casser bien des œufs ! Alors le vieux roi des Français, se ressouvenant de la scène qui s'était passée à Rambouillet le 3 août 1830, baissa tristement la tête, et frappé de cette leçon de la Providence qui l'abreuvait des amertumes qu'il avait prodiguées au roi de France, il répéta à voix basse : « Comme Charles X, comme Charles X ! » Louis-Philippe se flattait, en comparant sa chute à celle de la branche aînée de sa maison. Charles X tombait en roi, et la dignité de sa chute en amortit la profondeur devant l'histoire. Le départ du roi de France, quittant son royaume escorté de sa garde et des troupes fidèles qui lui remettaient leurs étendards sans tache, ne peut être rapprochée de la fuite du Roi des Français s'échappant de son palais dans une voiture de louage.

La dignité dans le malheur, n'est-ce pas là la récompense suprême que Dieu réserve à ceux qu'il éprouve, sans que leurs fautes aient seules mérité un juste châtiment ?

Une demi-heure avant l'entrevue du Roi avec le maréchal Maison, Charles X songeait encore à adopter un plan de vigueur ; il pensait à se réfugier en Vendée, et de là, il espérait tenir en échec le pouvoir révolutionnaire qui siégeait à Paris. Mais la conversation de Charles X avec M. Maison avait tout changé ; le Roi, voulant éviter une effusion de sang qu'il croyait inutile, consentait à prendre la route de Cherbourg, où il devait s'embarquer pour quitter son royaume. Les trois commissaires envoyés de Paris avaient reçu l'ordre de l'accompagner jusqu'au lieu de son embarquement.

Le nouveau lieutenant général du royaume avait convoqué les chambres pour le 3 août. Tandis que les commissaires négociaient à Rambouillet le départ de la famille royale, le duc d'Orléans, suivi d'une brillante escorte, allait présider à l'ouverture de la session législative. Les pairs et les députés avaient été convoqués ; deux cent quarante députés répondirent à l'appel du duc d'Orléans; soixante pairs assistèrent à la séance d'ouverture. Le canon des Invalides annonça l'arrivée du prince; une députation de pairs et de députés alla à sa rencontre. Il ne se plaça pas sur le trône, mais sur un tabouret placé à la droite du trône; puis il prononça un discours, dans lequel il se contenta de mentionner les abdications du Roi et du Dauphin, sans ajouter que cette double abdication plaçait la couronne sur la jeune tête du duc de Bordeaux.

Dans ce discours habilement rédigé, le duc d'Orléans présentait son avénement comme une réaction en faveur de l'ordre et de la liberté et comme une digue puissante, capable de contenir les flots de l'anarchie. Les royalistes murmurèrent en entendant le paragraphe qui ne parlait que de la double abdication de Rambouillet, sans allusion aux droits du duc de Bordeaux. En revanche, le duc d'Orléans prévenait les demandes de concessions qu'on allait lui adresser. Il proclamait l'utilité de la réorganisation de la garde nationale, l'opportunité de l'application du jury aux délits de presse, et promettait un changement radical dans la formation des administrations départementales et communales ; enfin il annonçait une modification dans le texte de la charte, modification qui atteindrait cet article 14, devenu le prétexte du conflit intervenu entre la prérogative royale et la prérogative parlementaire. La charte ne serait plus une concession du pouvoir, mais le trône une concession émanée de la souveraineté du peuple. Ainsi, le nouveau gouvernement constatait, dès ses premiers actes, la victoire absolue et définitive de la prérogative parlementaire sur la prérogative royale.

Lorsque la séance d'ouverture de la session législative fut levée, le duc d'Orléans, reconduit par deux grandes députations, retourna au Palais-Royal. Les cris de *vive la famille d'Orléans!* éclatèrent à plusieurs reprises sur son passage. Quelques cris des rares partisans de la démocratie se mêlèrent à ces acclamations d'enthousiasme. Le lendemain, 4 août, des jeunes gens se portèrent vers la chambre, et protestèrent contre les décisions d'une assemblée composée de députés élus sous une royauté renversée et selon une charte qui, en fait, était déjà abolie. Les députés de l'extrême gauche parvinrent à apaiser ce mécontentement, à calmer ces aspirations vers la république qui ne voyaient pas le jour dans un moment propice. On essaya cependant de persuader au peuple parisien qu'il avait remporté la victoire, et M. Casimir Delavigne se chargea de composer un chant patriotique pour célébrer le triomphe de la révolution. Ce chant médiocre, pâle imitation de *la Marseillaise*, fut appelé *la Parisienne*.

Les troupes des camps de Saint-Omer et de Lunéville marchaient sur Paris, le général Gérard leur ordonna de rebrousser chemin; partout les gardes nationales furent rapidement reformées, et la cocarde blanche fut remplacée par la cocarde tricolore.

Le duc d'Orléans choisit M. Casimir Périer pour présider l'assemblée; ce dernier, après avoir tenu tête à l'orage le plus longtemps possible, courbait la tête et le laissait passer.

C'est au bruit de l'effervescence populaire qui grondait encore au dehors que la charte fut remaniée. Dans les premières séances, les propositions les plus graves furent présentées, adoptées ou rejetées en quelques heures; de temps à autre, on voyait un des chefs du mouvement, MM. de la Fayette ou Benjamin Constant, sortir de la chambre pour aller haranguer l'émeute, dont les clameurs couvraient parfois la voix des orateurs, et qui menaçait de chasser à l'instant les députés nommés sous l'empire de la charte octroyée par le roi Louis XVIII. Les propositions qui se succédaient à la tribune étaient hardies, excessives; M. Pavée de Vandœuvre demanda dès le 4 août que la déchéance de la branche aînée de la maison de Bourbon fût proclamée ; cette proposition fut rejetée. Le 6 août, M. Eusèbe de Salverte réclama la mise en accusation des ministres signataires des ordonnances du 25 juillet.

Les menaces de l'émeute exigeaient que la charte reçût une modification immédiate. M. Bérard prit l'initiative de cette grave proposition. Portant la parole au nom de tout son parti, il représenta la révolution qui venait de s'accomplir comme une juste représaille d'une violation de la charte

« Le violateur du contrat ne peut à aucun titre en réclamer l'exécution, dit-il; Charles X et son fils prétendent en vain transmettre un pouvoir qu'ils ne possèdent plus : ce pouvoir s'est éteint dans le sang de plusieurs milliers de victimes.

« L'acte d'abdication dont vous avez eu connaissance est une nouvelle perfidie; l'apparence de légalité dont il est revêtu n'est qu'une déception : c'est un brandon de discorde qu'on voudrait lancer au milieu de nous.

« Les véritables ennemis de notre pays, ceux qui, par la flatterie, ont poussé le dernier gouvernement à sa ruine, s'agitent de toutes parts; ils revêtent toutes les couleurs, ils proclament toutes les opinions. Quelques autres affectent pour le fils oublié du vainqueur de l'Europe un hypocrite attachement, qui se changerait en haine, s'il pouvait être question d'en faire un chef de la France...

« L'inévitable instabilité des moyens actuels de gouverner encourage les fauteurs de désordre; hâtons-nous de le faire cesser.

« Une loi suprême, celle de la nécessité, a mis au peuple de Paris les armes à la main, afin de repousser l'oppression. Cette loi nous a fait adopter pour chef provisoire, et comme unique moyen de salut, un prince, ami sincère des institutions constitutionnelles; la même loi veut que nous adoptions sans délai un chef définitif de notre gouvernement.

« Mais, quelle que soit la confiance que ce chef nous inspire, les droits que nous sommes appelés à défendre exigent que nous établissions les conditions auxquelles il obtiendra le pouvoir. Odieusement trompés à plusieurs reprises, il nous est permis de stipuler des garanties sévères...

« Vainement on voudrait prétendre qu'en agissant ainsi nous outrepassons nos droits; je détruirais une pareille objection, si on avait à la faire, en rappelant la loi que j'ai déjà indiquée : celle de l'impérieuse, de l'invincible nécessité. Dans cet état de choses, prenant en considération la situation grave et pressante dans laquelle se trouve le pays, l'indispensable besoin qu'il éprouve de sortir d'une position précaire et les vœux universels émis par la France pour obtenir le complément de ses institutions, j'ai l'honneur de vous proposer les résolutions suivantes :

« La chambre des députés, prenant en considération, dans l'intérêt public, l'impérieuse nécessité qui résulte des événements des 26, 27, 28 et 29 juillet dernier et jours suivants, et de la situation générale de la France, déclare : 1° que le trône est vacant et qu'il est indispensablement besoin d'y pourvoir. La chambre des députés déclare : 2° que, selon le vœu et dans l'intérêt du peuple français, le préambule et les articles suivants de la charte constitutionnelle doivent être supprimés ou modifiés de la manière qui va être indiquée. »

Ainsi le parti vainqueur cherchait à établir que le peuple avait relevé un défi jeté par la royauté à la face du pays, et que, si la réponse du peuple à ce défi avait été une révolution, la France était dans le cas de légitime défense. Le peuple avait affirmé sa souveraineté sur la Royauté, il lui appartenait de choisir pour l'avenir le gouvernement qui lui conviendrait. Une loi suprême, celle de l'impérieuse nécessité, avait armé l'insurrection; c'était aussi la nécessité qui faisait placer le duc d'Orléans à la tête du gouvernement. On n'était plus au temps où le souverain octroyait la charte ; cette fois, la nation souveraine allait poser des conditions au candidat royal, qui devrait les accepter avec soumission ou renoncer au trône.

M. Bérard énuméra les modifications qui devaient être introduites dans le texte de la Charte; c'étaient autant de concessions de la prérogative royale vaincue à la prérogative parlementaire [1].

---

[1]. Voici les principales modifications que la proposition Bérard réclamait :
« 1° La suppression de l'article 6, qui déclarait la religion catholique

La proposition Bérard fut examinée séance tenante par une

religion de l'État; 2° un changement dans la rédaction de l'article 14 : les derniers mots de cet article, qui attribuaient la souveraineté des décisions gouvernementales au Roi seul, étaient remplacés par une phrase indiquant que les ministres seraient seuls responsables de la politique suivie par le cabinet ; 3° l'initiative des lois appartiendrait aux deux chambres aussi bien qu'au Roi ; l'âge d'admission des pairs avec voix délibérative serait abaissé à vingt-cinq ans. L'art. 31, qui interdisait aux princes du sang de prendre séance à la chambre des pairs sans ordre du Roi, serait abrogé ; les séances de la chambre des pairs deviendraient publiques, sauf la formation en comité secret sur la demande de cinq membres. On abaisserait à vingt-cinq ans l'âge requis pour la députation. La septennalité serait abolie ; la durée du mandat électoral serait de cinq années ; on réduirait à vingt-cinq ans l'âge requis pour être électeur. Quant aux cas d'élection et d'éligibilité, on laisserait à la loi le soin de déterminer leurs conditions. Les électeurs nommeraient les présidents des collèges électoraux.

« La chambre choisirait son président. L'article 63 de la charte, qui donnait à la couronne le pouvoir de créer des tribunaux ou commissions extraordinaires, sous le titre de cours prévôtales, serait également modifié. Enfin, la proposition Bérard déclarait que le trône était vacant et que le duc d'Orléans et ses descendants étaient appelés à l'occuper à perpétuité. »

M. Bérard proposait d'ajouter à l'énumération des concessions exigées, la réclamation des garanties suivantes, déjà contenues pour la plupart dans le programme de l'Hôtel de ville.

Le nouveau gouvernement devrait satisfaire successivement, par des lois préparées, et dans le plus court délai possible, les réclamations relatives :

1° A l'extension du jury aux délits correctionnels et notamment à ceux de la presse ;

2° A la responsabilité des ministres et des agents secondaires du pouvoir ;

3° A la réélection des députés promus à des fonctions publiques ;

4° Au vote annuel du contingent de l'armée ;

5° A l'organisation de la garde nationale avec intervention des gardes nationaux dans le choix de leurs officiers ;

6° A un code militaire assurant d'une manière légale l'état des officiers de ous grades ;

7° A l'administration départementale et municipale assurant aux citoyens une intervention dans la formation des conseils ;

8° A l'instruction publique et à la liberté de l'enseignement ;

9° A l'abolition du double vote et à la fixation des conditions électorales et d'éligibilité.

En outre, toutes les nominations et créations nouvelles de pairs faites sous le règne du Roi Charles X devraient être déclarées nulles et non avenues.

commission nommée à cet effet [1]. A huit heures du soir, M. Dupin, nommé rapporteur, vint exposer à la chambre les conclusions de la commission. La commission adoptait la proposition Bérard; elle approuvait également les modifications qu'on avait fait subir à la charte. C'est dans cette séance que M. Dupin prononça ces paroles remarquables :

« Cette proposition a pour objet d'asseoir et de fonder un établissement nouveau, quant à la personne appelée et surtout quant au mode de vocation. Ici, la loi constitutionnelle n'est pas un octroi du pouvoir qui croit se dessaisir, c'est tout le contraire : c'est une nation en pleine possession de ses droits qui dit, avec autant de dignité que d'indépendance, au noble prince auquel il s'agit de déférer la couronne : « A « ces conditions écrites dans la loi, voulez-vous régner sur nous? »

La discussion commença aussitôt après la lecture du rapport. La nouvelle constitution de la France fut improvisée en quelques heures, et les députés votèrent d'urgence une proposition qui contenait les destinées parlementaires d'un grand peuple.

Du côté droit de l'assemblée, on remarquait bien des vides. Quelques royalistes dévoués élevèrent encore la voix en faveur de la branche aînée de la maison de Bourbon. C'est en vain que M. de Conny, parlant au nom du droit méconnu, s'écria que « la force ne constituait aucun droit, » et rappela que la mobilité politique de la France susciterait contre elle les défiances de l'Europe; en effet, les révolutions sont des maladies contagieuses et, à un moment donné, les peuples atteints de cette affection se trouvent dans un isolement complet.

M. Hyde de Neuville, ancien ministre du roi Charles X sous le

---

1. Cette commission était composée de MM. Bérard, Aug. Périer, Humann, Benjamin Delessert, comte de Sade, général Sébastiani, Berlin de Vaux, comte de Bondy, de Tracy.

ministère Martignac, déclara qu'il ne reconnaissait pas à la chambre le droit de briser un trône et de faire un roi.

« Que chacun de vous consulte sa conscience ; la mienne seule est mon guide, dit-il. Je n'ai pas trahi la fortune de ceux que j'ai servis depuis mon enfance avec un zèle que rien n'a pu décourager; je ne trahirai pas leur malheur. C'est vous dire que, lors même que je me croirais la mission de briser un trône et de faire un roi, je laisserais à d'autres le soin de fixer, par d'aussi graves changements, les nouvelles destinées de la France; mais je ne me reconnais pas un tel droit : je ne puis donc que repousser la souveraineté dangereuse que votre commission m'appelle à exercer. »

A ces paroles, si graves et si dignes, M. Benjamin Constant répondit, en essayant de tourner la difficulté, que la branche d'Orléans descendait de Henri IV en ligne plus directe que la branche aînée,

« Du seul Roi dont le peuple ait gardé la mémoire. »

On entendit encore M. de Lézardière, qui avait appartenu à la défection, déclarer que la France était menacée d'interminables malheurs si le droit de détrôner le roi, de changer la forme du gouvernement établi, devenait le droit public des Français. Avec ce principe, on allait droit à une désorganisation sociale. Puis, M. Berryer, montant à la tribune, laissa tomber de ses lèvres frémissantes ce peu de paroles entrecoupées :

« Je comprends que je puis comme député, avec le pouvoir dont je suis investi par mes comcitoyens, délibérer sur les modifications proposées à la charte ; mais, interrogeant ma conscience, le besoin que j'ai d'affermir le repos de mon pays, je ne crois pas répondre aux intentions, aux volonté, aux droits qui m'ont été confiés en votant : 1° sur la déclaration que le trône est vacant en fait et en droit; 2° sur l'annulation des actes faits par l'autorité royale, conformément aux lois et sur lesquels une autre chambre que la nôtre est appelée à délibérer;

3° enfin sur la proposition d'élire un roi de France. Sous ces trois rapports je refuse de prendre part à la délibération. »

La chambre passa outre. Elle déclara le trône vacant en fait et en droit, elle modifia la charte et elle élut un nouveau roi.

Les passions étaient si violemment surexcitées contre Charles X, qu'un orateur, M. de Podenas, ne craignit pas d'affirmer que, « sans la violation de la charte, les députés n'auraient pas eu à gémir sur d'épouvantables massacres commandés au nom d'un roi qui, héritier de la férocité de Charles IX, n'avait pas eu comme lui le courage de se montrer au jour du danger. » Ceux qui voulaient légitimer l'usurpation du trône invoquaient les principes de la constitution de 1791, qui proclamait la souveraineté inaliénable et imprescriptible de la nation. C'était à elle qu'appartenait le droit de choisir le souverain auquel elle déléguerait une partie de son pouvoir. Ainsi la France rejetait une seconde fois le principe d'autorité. Elle proclamait avec orgueil que l'autorité s'exerce de bas en haut, et que le jugement de chaque citoyen était le critérium sur lequel les questions gouvernementales doivent venir s'élucider. L'histoire de la Révolution et de l'Empire avait été la première réponse de l'avenir à l'orgueil de nos pères en 1791; l'histoire des révolutions qui se sont succédé en France depuis 1830 est la seconde réponse de la Providence à notre confiance illimitée dans l'infaillibilité de notre jugement. La discussion durait depuis six heures, lorsque le moment du vote d'ensemble sur la proposition Bérard arriva. Sur 252 votants, 219 députés se prononcèrent en faveur de son adoption; 23 voix seulement votèrent dans un sens contraire; la majorité en faveur de la déclaration était donc de 186 voix.

La chambre des députés décida que le résultat de sa délibération serait communiqué à la chambre des pairs. Aussitôt

LE DUC D'ORLÉANS REÇOIT LA DÉCLARATION DES DÉPUTÉS.

après le dépouillement du scrutin, les députés, à l'exception des membres de la droite, se rendirent au Palais-Royal, afin de porter au duc d'Orléans le texte de la déclaration de la Chambre. M. Laffitte fut chargé de lui faire la lecture de la délibération de l'assemblée et des modifications apportées à la charte.

Après avoir entendu cette lecture, le duc d'Orléans répondit qu'il « regardait la déclaration qui lui était présentée comme l'expression de la volonté nationale et qu'elle lui paraissait conforme aux principes de toute sa vie. » Il ajouta avec un désintéressement qui ne trompa personne : « Rempli de souvenirs qui m'avaient toujours fait désirer de n'être jamais appelé à monter sur le trône, exempt d'ambition et habitué à la vie paisible que je menais dans ma famille, je ne puis vous cacher tous les sentiments qui agitent mon cœur ; mais il en est un qui les domine tous : c'est l'amour de mon pays. Je sens ce qu'il me prescrit, je le ferai. »

L'émotion des acteurs de cette scène était grande. Ils devaient être effrayés de l'immense responsabilité qui allait leur incomber devant l'histoire : en effet, ils rouvraient l'ère des révolutions qu'on aurait pu croire fermée ; ils replongeaient de nouveau la France dans la période des expédients politiques qui ruinent les nations.

Le peuple, qui avait envahi le Palais-Royal, demanda à voir l'idole qu'il allait couronner. Le duc d'Orléans se montra au balcon accompagné de M. de la Fayette qu'il serra dans ses bras ; au Palais-Royal comme à l'Hôtel de ville, cette accolade donnée par le duc d'Orléans au général de la Fayette paraissait aux masses le gage certain de l'alliance du nouveau pouvoir avec la révolution [1].

---

[1]. On a répété que M. de la Fayette, après avoir reçu les embrassements du duc d'Orléans, s'était écrié en le montrant au peuple :
« Voilà le prince qu'il nous fallait ; c'est la meilleure des républiques. »

La séance de la chambre des pairs avait été suspendue en attendant l'arrivée du message de la chambre des députés. La délibération s'ouvrit à neuf heures du soir. Le président fit la lecture de la déclaration de la chambre élective; puis M. de Chateaubriand demanda la parole. Il allait renouveler devant la chambre des pairs la démarche qu'il avait faite au Palais-Royal, en indiquant la royauté du duc de Bordeaux, avec la régence du duc d'Orléans, comme la solution la plus avantageuse pour le pays. La chambre des pairs n'aurait pas mieux demandé que d'entrer dans la voie qu'il indiquait; mais qu'était-ce que la pairie, depuis que la royauté, qui l'avait constituée sans la fonder, était tombée? Un roseau sans racines qui pliait sous le vent de la révolution. La révolution de Juillet était encore plus anti-aristocratique qu'antimonarchique, et la pairie, loin de pouvoir sauver l'hérédité royale, allait être contrainte de voter elle-même, par un suicide aussi étrange que nécessaire, la suppression de sa propre hérédité. C'était un pouvoir constitutionnel sans être une force sociale; elle était donc entraînée, comme un wagon armorié mais inerte, à la suite de la locomotive révolutionnaire.

M. de Chateaubriand examina d'abord qu'elle était la forme de gouvernement qui offrirait à la France des garanties suffisantes de durée, d'ordre et de repos :

« La république aurait contre elle les souvenirs de la république même, dit-il. On n'a pas oublié le temps où la mort, entre la liberté et l'égalité, marchait appuyée sur leurs bras. Dans l'état des mœurs de la France, dans ses rapports avec les États qui l'environnent, la république n'est pas possible en France. La première difficulté serait d'amener les Français à un vote unanime. Quel droit la population de Paris aurait-elle de contraindre la population de Marseille ou de telle autre ville de se constituer en république? En admettant une république unique, étant donnée la familiarité naturelle du caractère français, pouvait-on croire qu'un président, quelque grave, quelque respectable, quelque habile qu'il puisse être, soit un an à la tête de l'État sans être tenté de se retirer? Peu défendu par les lois et par les souvenirs, avili, insulté soir et matin par des rivaux secrets et par des agents de troubles, il n'inspirera pas la confiance si nécessaire au commerce; il n'aura ni la dignité convenable pour traiter avec les gouvernements étrangers, ni la puissance nécessaire au maintien de l'ordre intérieur. S'il use de mesures révolutionnaires, la république deviendra odieuse, l'Europe inquiète profitera de ces divisions, et l'on se trouvera de nouveau engagé dans des luttes effroyables.

« L'établissement d'une monarchie élective aurait pour résultat forcé la suppression de la liberté de la presse, pour le maintien de laquelle le peuple avait commencé la lutte. Une monarchie bâtarde d'une nuit sanglante aurait tout à redouter de l'indépendance des opinions. »

M. de Chateaubriand, avant d'examiner le troisième parti qu'on aurait pu prendre, exprimait une vive indignation contre les ministres signataires des ordonnances du 25 juillet et une admiration enthousiaste pour les habitants de Paris, « qui ne s'étaient pas soulevés contre la loi, mais pour la loi. » Son imagination l'emportait ici sur son raisonnement; il ne s'arrêtait pas à prévoir les conséquences incalculables que la victoire de la révolution, disposant d'un trône et faisant accepter du haut des barricades son autorité souveraine, entraînait avec elle. Le ministère Polignac qu'il détestait était tombé; il était satisfait de ce résultat qui concordait avec le triomphe de l'insurrection, et sans porter ses regards plus haut et plus loin, il ne songeait pas que ce triomphe de l'insurrection qui amenait la chute du ministère du 8 août brisait en même temps le trône du petit-fils de Louis XIV :

« Jamais défense ne fut plus héroïque que celle du peuple de Paris, s'écria M. de Chateaubriand. Il ne s'est point soulevé contre la loi, mais pour la loi. Tant qu'on a respecté le pacte social, le peuple est demeuré paisible; il a supporté, sans se plaindre, les insultes, les provocations, les menaces. Il devait son argent et son sang en échange de la charte : il a prodigué l'un et l'autre. Mais lorsque, après avoir menti jusqu'à la dernière heure, on a tout à coup sonné la servitude; quand la conspiration de la bêtise et de l'hypocrisie a soudainement éclaté, quand une terreur de château, organisée par des eunuques, a cru pouvoir remplacer la terreur de la république et de l'empire, alors ce peuple s'est armé de son intelligence et de son courage; il s'est trouvé que ces boutiquiers respiraient assez facilement l'odeur de la poudre et qu'il fallait plus de quatre soldats et un caporal pour les réduire. Un siècle n'aurait pas autant mûri les destinées d'un peuple que les trois derniers soleils qui viennent de briller sur la France. »

En relisant cette fausse appréciation des véritables mobiles de l'insurrection de Juillet, dont « les soleils » n'ont rien mûri en France, mais ont tout desséché, on est tenté de répéter ce mot d'une femme d'esprit et de raison, liée depuis de longues années avec l'illustre écrivain : « M. de Chateaubriand voit si juste et si loin, quand il ne se place pas devant lui ! »

Après avoir satisfait ses rancunes personnelles contre le ministère Polignac, M. de Chateaubriand termina son discours par un plaidoyer en faveur de la royauté du duc de Bordeaux. Son éloquence, placée cette fois sur le terrain du juste et du vrai, ne s'égara pas dans des métaphores d'un goût douteux, mais elle atteignit une grande élévation :

« Charles X et son fils sont déchus ou ont abdiqué, dit-il, comme il vous plaira de l'entendre, mais le trône n'est pas vacant. Après eux, venait un enfant; devait-on condamner son innocence?

« Quel sang crie aujourd'hui contre lui? Oseriez-vous dire que c'est celui de son père? Cet orphelin, élevé aux écoles de la patrie, dans l'amour du gouvernement constitutionnel et dans les idées de son siècle, aurait pu devenir un roi en rapport avec les besoins de l'avenir ! C'est au gardien de sa tutelle que l'on aurait fait juger la déclaration sur laquelle vous allez voter; arrivé à sa majorité, le jeune monarque aurait renouvelé le serment. Le roi présent, le roi actuel aurait été M. le duc d'Orléans, régent du royaume, prince qui a vécu près du trône et qui sait que la monarchie ne peut être aujourd'hui qu'une monarchie de consentement et de raison. Cette combinaison nouvelle m'eût semblé un grand moyen de conciliation et aurait peut-être sauvé à la France ces agitations, qui sont la conséquence des violents changements d'un État...

« Ce n'est ni par un dévouement sentimental, ni par un attendrissement de nourrice, transmis de maillot en maillot depuis le berceau de saint Louis jusqu'à celui du jeune Henri, que je plaide une cause où tout se tournerait contre moi si elle triomphait. Je ne vise ni au roman, ni à la chevalerie, ni au martyre ; je ne crois pas au droit divin de la royauté et je crois à la puissance des révolutions et des faits. Je n'invoque pas même la charte, je prends mes idées plus haut ; je les tire de la sphère philosophique, de l'époque où ma vie expire. Je propose le duc de Bordeaux tout simplement comme une nécessité d'un meilleur aloi que celle dont on argumente.

« Je sais qu'en éloignant cet enfant, on veut rétablir le principe de la souveraineté du peuple, maxime de l'ancienne école qui prouve que, sous le rapport politique, nos vieux démocrates n'ont pas fait plus de progrès que les vétérans de la royauté. Il n'y a de souveraineté absolue nulle part. La liberté ne découle pas du droit politique, comme on le supposait au dix-huitième siècle, elle vient du droit naturel ; ce qui fait qu'elle existe dans toutes les formes de gouvernement, et qu'une monarchie peut être libre et beaucoup plus libre qu'une république ; mais ce n'est ni le temps ni le lieu de faire un cours de politique.

« Je me contenterai de remarquer que, lorsqu'un peuple a disposé des trônes, il a aussi disposé de sa liberté ; je ferai observer que le principe de l'hérédité monarchique, absurde au premier abord, a été reconnu par l'usage préférable au principe de la monarchie élective. Les raisons en sont si évidentes, que je n'ai pas besoin de les développer. Vous choisissez un roi aujourd'hui ; qui vous empêchera d'en choisir un autre demain ? La loi, direz-vous ; la loi ? et c'est vous qui la faites !

« Il est encore une manière plus simple de trancher la question, c'est de dire : « Nous ne voulons plus de la branche aînée des Bour-« bons. » Et pourquoi n'en voulez-vous plus ? « Parce que nous sommes « victorieux ; nous avons triomphé dans une cause juste et sainte, nous « usons d'un double droit de conquête. »

« Très-bien ; vous proclamez la souveraineté de la force. Alors, gardez soigneusement cette force ; car, si dans quelques mois elle vous échappe, vous serez mal venus à vous plaindre. La monarchie n'est plus une religion, c'est une forme politique préférable, dans ce moment, à toute autre, parce qu'elle fait mieux entrer l'ordre dans la liberté...

« Inutile Cassandre, j'ai assez fatigué le trône et la pairie de mes avertissements dédaignés ; il ne me reste qu'à m'asseoir sur les débris d'un naufrage que j'ai tant de fois prédit. Je reconnais au malheur toutes les sortes de puissances, excepté celle de me délier de mes serments de fidélité. »

La péroraison du discours de M. de Chateaubriand était un dernier anathème lancé contre les royalistes, dont les imprudences avaient précipité la chute du trône. Il invoquait enfin un dernier et décisif argument en faveur de la royauté du duc de Bordeaux :

« Si j'avais la conviction intime qu'un enfant dût être laissé dans les rangs obscurs et heureux de la vie, pour assurer le repos de trente-trois millions d'hommes, j'aurais regardé comme un crime toute parole en contradiction avec les besoins des temps.

« Je n'ai pas cette conviction. Si j'avais le droit de disposer d'une couronne, je la mettrais volontiers aux pieds de M. le duc d'Orléans ; mais je ne vois de vacant qu'un tombeau à Saint-Denis, et non pas un trône.

« Quelles que soient les destinées qui attendent M. le lieutenant général du royaume, je ne serai jamais son ennemi s'il fait le bonheur de la patrie ; je ne demande à conserver que la liberté de ma conscience et le droit d'aller mourir partout où je trouverai indépendance et repos.

« Je vote contre le projet de déclaration. »

Il nous a semblé que ce discours, dernier plaidoyer prononcé en faveur de la monarchie qui s'acheminait pour la troisième fois vers l'exil, devait être conservé par l'histoire. C'est un honneur pour la mémoire de M. de Chateaubriand de l'avoir prononcé ; il se retira ensuite de la scène politique, voulant, comme il l'a dit lui-même, maintenir la rectitude des grandes lignes de sa vie. La chambre des pairs ordonna l'impression du discours de M. de Chateaubriand ; c'est tout ce qu'elle pouvait faire, séparée de la royauté qui lui communiquait seule la séve et la vie.

Après quelques débats relatifs à la destitution des pairs créés par le roi Charles X, la haute chambre vota sur l'ensemble de la déclaration des députés. Sur 114 pairs qui assistaient à cette séance, 89 votèrent en faveur de l'adoption; 10 voix seulement se prononcèrent dans un sens contraire; on trouva 14 billets blancs et 1 bulletin nul.

Une grande députation, conduite par le baron Pasquier, porta au lieutenant général du royaume la déclaration sanctionnée par la chambre des pairs.

La séance dans laquelle le duc d'Orléans devait recevoir la couronne et prêter serment à la charte constitutionnelle fut fixée au 9 août. Le Roi de France avait été sacré à Reims; le roi des Français ne voulait tenir sa couronne que de la volonté nationale et de son serment de respecter la charte improvisée le 7 août 1830. Le 9 août, la foule, toujours avide de spectacles, remplissait les abords de la chambre des députés; la garde nationale avait été seule convoquée pour faire le service. Les tribunes étaient remplies; on remarquait cependant l'absence des ambassadeurs et du corps diplomatique, dont les gouvernements ne se pressaient pas de donner leur sanction à l'avénement du roi des Français. Quatre-vingt-onze pairs assistaient à cette séance; les pairs nommés sous le règne de Charles X étaient absents; les bancs de l'extrême droite étaient également vides. A deux heures et demie, le duc d'Orléans entra dans la salle, précédé des grandes députations de la chambre et suivi de ses deux fils, le duc de Chartres et le duc de Nemours. Il se plaça sur un pliant en avant du trône. Le président de la chambre lut une dernière fois la déclaration du 7 août, qui fut ensuite remise au prince. Le duc d'Orléans déclara qu'il acceptait sans restriction ni réserve, les clauses et engagements qu'on lui soumettait et qu'il porterait le titre de roi des Français qui lui était conféré. Puis, le nouveau roi se leva et, la main étendue, il prononça la formule de serment que M. Dupont de l'Eure venait de lui remettre.

Après avoir signé la déclaration de la chambre des députés, l'acte d'adhésion de la chambre des pairs et la formule du serment qu'il venait de prêter, Louis-Philippe se plaça sur le trône du haut duquel il prononça quelques paroles. Il protesta du désir qu'il aurait eu de rester éloigné du trône. « Mais, dit-il, la France avait été attaquée dans ses libertés, l'ordre public était en péril; il fallait rétablir l'action des lois, et c'était aux chambres qu'il appartenait d'y pourvoir. »

La révolution était accomplie ; si les ordonnances de juillet peuvent être considérées comme un coup d'État, la déclaration simultanée de la chambre des députés et de la chambre des pairs doit être regardée comme un coup d'État bien autrement exorbitant.

Tandis qu'un nouveau gouvernement naissait à Paris, la famille royale de France s'acheminait vers l'exil. Le 4 août, le roi Charles X arriva à Maintenon ; c'est dans cette ville qu'il se sépara des vieux soldats de la garde. Un ordre du jour leur fut adressé au nom du Roi. Cet ordre du jour se terminait par les paroles suivantes, qui prouvent combien le Roi était loin de s'attendre à l'usurpation des droits de son petit-fils :

« Le Roi transmet, pour la dernière fois, ses ordres aux braves troupes de la garde et à celles de la ligne qui l'ont accompagné : c'est de se rendre à Paris, où elles feront leur soumission au lieutenant général du royaume, qui a pris toutes les mesures nécessaires pour assurer leur sûreté et leur bien-être à venir. »

A Maintenon, la scène des adieux fut touchante. Les soldats de la garde ne pouvaient retenir leurs larmes en se séparant du Roi et du jeune duc de Bordeaux, qui avait été si souvent le témoin et le compagnon de leurs jeux militaires.

La route de Rambouillet à Cherbourg, lieu désigné pour l'embarquement de la famille royale, s'acheva sans obstacles. Malgré la présence des commissaires, les augustes exilés reçurent en plus d'un endroit les marques d'un intérêt vif et touchant. A chaque ville, des hommes de cœur prouvaient par leurs larmes à la famille royale qu'elle laissait encore des regrets en France. L'aspect du duc de Bordeaux et de sa jeune sœur produisait une profonde impression. « Si jeunes, répétait autour d'eux le peuple, et déjà si à plaindre ! »

A Dreux, l'accueil de la population fut défavorable. Il y eut même une sorte d'émeute populaire pour arrêter l'artillerie de l'escorte : on était sur les terres du duc d'Orléans. Le 5 août, on coucha à Verneuil, et ce fut là qu'on lut les journaux du 3, qui contenaient le compte rendu de l'ouverture de la session et le discours du lieutenant général, qui parlait des deux abdications et ne mentionnait point la mission que le vieux Roi lui avait confiée de faire proclamer le duc de Bordeaux sous le nom d'Henri V. Il y eut un moment de douloureuse surprise dans la famille royale.

Ce fut dans la journée du 10 août, en passant à Argentan, que la famille royale apprit l'avénement du 9 août. Le 10, on coucha à Condé-sur-Noireau ; le 11, à Vire. Les populations commençaient à devenir mauvaises. La Normandie avait été récemment désolée par des incendies ; on sait que la malveillance les avait attribués au ministère. Il y a telle circonstance où, pour qu'une chose soit crue, c'est beaucoup qu'elle soit incroyable : alors l'absurde est une puissance.

Le 12 août, la famille royale trouva à Saint-Lô le comte de Bourbon-Busset et le prince de Léon, qui, se joignant à M. le comte d'Estourmel, préfet du département, venaient lui offrir un douloureux hommage ! Ce ne fut point le seul exemple d'honorable fidélité qui fut réservé aux princes, mais cependant ces exemples furent rares. Plus d'un château devint désert et se ferma sur le passage de ces grandes infortunes qui allaient prendre possession de leur exil. La peur est inhospitalière. Les courtisans des Tuileries ne se rencontrèrent point en grand nombre sur la route de Chérbourg.

Pendant tout ce voyage, le roi Charles X était morne et triste, Madame la Dauphine pensive et résignée. Cependant elle vint à se rappeler qu'elle avait fait ce même voyage de Cherbourg l'année précédente et dans d'autres circonstances, et on l'entendit s'écrier plusieurs fois : « Ah ! mon Dieu, quelle différence ! » Le 13 août, la famille royale arriva à Carentan ; le 14, à Valognes, où le roi Charles X désira s'arrêter. Ce fut dans cette ville qu'il se sépara de ses gardes du corps et du reste de son escorte; cette scène d'adieux avait un caractère de profonde douleur. Il y avait des pleurs dans tous les yeux. Charles X, d'une voix pleine de sanglots, remercia tour à tour chaque compagnie : « Je reçois vos étendards, leur dit-il, ils sont sans tache. J'espère qu'un jour mon petit-fils vous les rendra de même. Je vous remercie de votre fidélité et de votre dévouement, et je n'oublierai jamais les preuves d'attachement que vous m'avez données. »

Le vénérable monarque fit remettre ensuite à chaque garde en particulier l'ordre du jour suivant :

« Le Roi, en quittant le sol français, voudrait pouvoir donner à chacun de ses gardes du corps et à chacun de MM. les officiers et soldats qui l'ont accompagné jusqu'à son vaisseau une preuve de l'attachement de son souverain; mais les circonstances qui affligent le Roi ne lui laissent pas la possibilité de contenter le vœu de son cœur. Privée des moyens de reconnaître une fidélité si touchante, S. M. s'est fait remettre les contrôles de ses gardes du corps, de même que l'état de MM. les officiers généraux et autres qui l'ont suivie. Leurs noms, conservés par M. le duc de Bordeaux, demeureront inscrits dans les archives de la famille royale pour attester à jamais et les malheurs du Roi et les consolations qu'il a trouvées dans un dévouement si désintéressé.

« Valognes, le 15 août 1830.

« CHARLES. »

Le lendemain, 16 août, la famille royale arriva à Cherbourg, où elle s'embarqua à bord du *Great-Britain*, navire américain [1]. Une escorte de près de cinquante personnes la suivait. Deux bâtiments de guerre devaient escorter le *Great-Britain* jusqu'au lieu de sa destination. Le capitaine Dumont d'Urville, qui avait fait partie de l'expédition envoyée par Louis XVIII à la recherche des débris du naufrage de la Pérouse, avait reçu le commandement du convoi. Cet officier de marine distingué, qui avait parcouru tant de parages et fait tant de découvertes, ne comprit pas assez que, de tous les naufrages qu'il avait eus sous les yeux, celui qu'il contemplait à bord du *Great-Britain* était le plus imposant et le plus digne de sympathie et de pitié ; il eut le malheur insigne de ne pas témoigner assez de respect à cette royale infortune. A deux heures et demie, le *Great-Britain* sortit de la rade de Cherbourg. Longtemps on put voir du rivage une femme debout entre deux enfants sur le tillac : c'était Madame la duchesse de Berry qui, entre sa fille et son fils, saluait une dernière fois la France. Lorsque, en s'éloignant, le navire perdit de vue les côtes de France, la famille royale ne put retenir des sanglots et des larmes ; pour la troisième fois, l'exil commençait pour elle. Le *Great-Britain* faisait voile vers l'Angleterre. Ainsi, le régime monarchique de la Restauration se terminait comme le régime impérial, et le Roi Charles X demandait, comme l'empereur Napoléon, à devenir l'hôte de l'Angleterre [2].

1. Par un singulier hasard, le *Great-Britain* appartenait à M. Patterson, dont la fille avait épousé Jérôme Bonaparte. On sait que Napoléon 1er s'était toujours refusé à reconnaître ce mariage.
2. Le premier séjour des Bourbons en Angleterre fut Lullworth. Ce château, situé dans le Dorsetshire, leur avait été offert par la famille catholique et jacobite des Weld, qui avait conservé dans son cœur la religion des trônes tombés et ce culte de fidélité qui survit à la puissance. La devise de cette famille, inscrite partout dans son château, semblait présenter à ceux qui venaient d'y entrer, tout à la fois une consolation et une espérance. *Nil sine Numine,* « rien n'arrive sans la volonté de la Providence, » telle était cette devise, héritage des siècles, et qui semblait avoir été composée de la veille. Le roi Charles X prit à

La révolution était accomplie [1]. La promptitude des évé-

Lullworth le titre de duc de Milan ; la duchesse de Berry porta celui de comtesse de Rosny : c'était un souvenir de France. Ce fut à Lullworth que Charles X renouvela son abdication, en faisant ajouter aux actes de Rambouillet une protestation au sujet de l'avénement du prince lieutenant général du royaume, comme roi des Français. Cet acte fut notifié aux différents cabinets.

Peu de temps après, le roi d'Angleterre fit offrir aux Bourbons exilés le château d'Holy-Rood situé à l'une des extrémités de la ville d'Édimbourg, comme résidence. Toutes ces infortunes royales étaient à l'étroit à Lullworth, et d'ailleurs, elles craignaient d'abuser de la noble hospitalité de la famille Weld. Les Bourbons allèrent donc s'établir dans le château d'Holy-Rood, que Charles X avait déjà habité lors de la première Révolution.

1. Nous trouvons, dans les Papiers politiques de M. de Villèle, un rapide exposé des causes qui purent contribuer à amener la révolution de 1830. Les jugements de l'ancien président du conseil sont trop précieux pour que nous ne les conservions pas à l'histoire ici !

« On profita de notre éloignement, écrit M. de Villèle, pour persuader à Charles X qu'après avoir essayé sans succès les concessions, il ne lui restait plus que les coups d'État. Qu'on ne juge pas le Roi trop sévèrement ; les circonstances et les événements sont souvent supérieurs à nos forces, et ce n'est point la légitimité seule qui peut commettre des fautes. Voyez Bonaparte faisant prendre son armée par l'hiver à Moscou, la laissant détruire avec ses dernières ressources à Waterloo et allant se livrer à ses ennemis sans avoir trouvé la mort d'un soldat. Les princes nés pour le trône, entourés dès leur enfance de tous ceux qui les approchent, encadrés par les courtisans et l'étiquette dans une sphère d'obligations, de contrainte, de représentation et de gêne perpétuelle, ont droit à notre indulgence. En se plaçant à ce point de vue, on ne s'étonnera pas de voir Charles X, sollicité d'accorder une revue inopportune de la garde nationale, ne pas s'occuper des conséquences politiques de cette mesure, mais songer uniquement au jour dont il pouvait disposer ; de voir Louis XVIII plus occupé de dater la charte de la dix-neuvième année de son règne, que des combinaisons politiques qui déposaient dans cet acte le véritable germe d'une révolution.

« La loyauté de Charles X, sa constante opposition aux principes révolutionnaires, son attachement personnel à tous les hommes de cœur restés fidèles aux Bourbons pendant leur proscription, l'empire que cet attachement et la faiblesse du comte d'Artois à leur égard semblait leur assurer sur son esprit, avaient porté tous les hommes d'instinct et de principes révolutionnaires à une opposition prononcée contre ce malheureux prince. Ces sentiments furent rendus de la manière la plus simple et la plus caractéristique, lors de la dernière maladie du Roi Louis XVIII, par ces quelques mots qu'on répandit à cette époque : « Quand Louis XVIII mourra, Charles X paraîtra (jeu de mots). »

« Nous avons signalé le relâchement que l'avénement de Charles X au trône avait porté, par suite de sa trop grande bonté, dans les ressorts de l'autorité. On ignore les exigences et les compromissions qui, dans cette nouvelle situation,

nements de juillet peut paraître inexplicable à ceux qui ne

venaient chaque jour, augmenter les difficultés du ministère et commettre, comme à plaisir, la déclinante autorité du trône. Enfin, il faut attribuer la révolution à des causes plus anciennes, plus générales. On a vu les erreurs constituantes commises en 1814 dans l'octroi et dans les combinaisons politiques de la charte ; on n'a pas oublié que le noyau révolutionnaire du sénat et les restes de l'émigration avaient été appelés à composer la chambre haute. Bientôt, par une faute plus grande, les pairs furent dotés de l'hérédité doublée de transmissions facultatives aux collatéraux, laissées à la disposition du Roi, comme pour le livrer plus complétement aux prétentions exigeantes et à l'ingratitude qui suit les faveurs irrévocables. L'élection de la chambre basse fut confiée en partie par la charte, en partie par la faction, à laquelle la trahison ministérielle du 5 septembre permit de faire adopter la loi du 5 février 1817, aux électeurs à cent écus, c'est-à-dire à la classe la plus jalouse des supériorités en tous genres, sans en excepter celle des droits de la légitimité au trône. Louis XVIII, prince spirituel et plein de dignité personnelle, était livré au favoritisme ; mais il dominait les courtisans, soutenait les ministres que les circonstances lui donnaient comme s'ils eussent été de son choix, par intérêt pour lui-même et pour son autorité, et ne souffrait pas que d'autres qu'eux vinssent l'entretenir des affaires publiques dont il leur laissait la direction et la responsabilité. Il était, sous ce rapport, Roi constitutionnel dans toute la réalité du terme (par tempérament), régnait et ne gouvernait pas, non par faiblesse, mais par indifférence pour les affaires qu'il n'aimait pas, et dont il trouvait commode d'abandonner tout le poids et la responsabilité à ses ministres. Il les laissait gouverner à leurs risques et périls, bien décidé à les conserver tant qu'ils auraient les moyens de se soutenir dans l'opinion et de lui porter le concours des chambres, mais les abandonnant sans peine et sans résistance du moment où ils perdaient la majorité, et avec elle la possibilité de le servir. Il ne voulait pas commettre pour eux son autorité personnelle, car cette autorité était bien plus importante à ses yeux que le maintien d'un ministère dont il n'avait en rien influencé la direction, car il s'abstenait de toute observation, à moins de questions très-graves touchant à sa dignité personnelle. Dans les cas ordinaires, si les discussions se prolongeaient, il feignait de s'endormir, pour montrer le peu d'intérêt qu'il y prenait et indiquer la nécessité d'en finir d'une manière ou de l'autre.

« Charles X, au contraire, eût tenu conseil tous les jours, sans la nécessité d'exercice pour sa santé. La chasse était pour lui une hygiène et un goût. Dans son cabinet, ses promenades, ses audiences, il causait affaires avec presque tout le monde, même avec indiscrétion sur celles qu'il aurait dû traiter avec réserve et ne s'observait pas assez sous ce rapport avec les personnes les plus susceptibles d'en abuser. Il me racontait lui-même avoir fait part au duc d'Orléans des décisions du conseil qu'il importait fort de ne pas laisser pressentir avant le moment convenu pour leur exécution. A l'époque où il était encore incertain sur l'abandon ou le maintien de notre ministère, après les élections de 1827, il me communiquait les billets que le duc de Rivière lui écrivait du pavillon

considèrent que les effets sans remonter aux causes ; il n'en est

Marsan, pour le porter à nous sacrifier. Il résulta de cette facilité à se confier à tout le monde, du goût d'écouter et de conférer en particulier de ses affaires avec ceux qui l'approchaient, et ceux surtout qu'il faisait appeler en secret pour les consulter sur les choses les plus graves, que les courtisans, les faiseurs, les intrigants n'étaient ni ne pouvaient être contenus sous son règne, et qu'il est plus étonnant de lui avoir vu conserver la couronne pendant cinq ans, que de la lui voir perdre après un temps si court.

« Déjà, sous Louis XVIII, l'impunité des courtisans et des pairs royalistes, qui, guidés par leur ambition et leur animosité contre le ministère, avaient fait rejeter la loi des rentes, la défection du plus puissant des journaux royalistes à la suite du renvoi de Chateaubriand, la tolérance forcée par l'influence du favoritisme, les tentatives d'amortissement des journaux opposants faites par Sosthènes de la Rochefoucauld, qui consommèrent, dit-on, quatre millions de la liste civile, avaient fort affaibli l'autorité publique pendant la dernière année du règne de Louis XVIII.

« Avec l'avénement de Charles X, une action nouvelle vint renforcer l'opposition à la cour et dans la chambre des pairs. Tous les ambitieux, voulant flatter l'affection du Roi pour M. de Polignac, le représentaient comme l'homme indispensable. Le Roi l'aimait trop pour que cette proposition ne lui sourît pas. On ajoutait que tous les amis du nouveau Roi devaient remplir les premières fonctions, être placés soit au conseil d'État, soit dans les principales préfectures. Les exigences les plus aveugles se manifestaient. Un jour que je parlais à Charles X des dangers de la composition de la chambre des pairs, en l'avertissant qu'il faudrait songer à s'y faire une majorité royaliste, il m'apprit qu'il était lié d'honneur à ce que le maréchal Soult fût nommé le premier. Contraints par les précédents, les prétentions des courtisans et la faiblesse du nouveau Roi, nous nous estimions heureux d'éviter l'accomplissement d'actes dangereux et nuisibles. Au lieu de trouver dans le nouvel avènement et le sacre des occasions de compléter la chambre des pairs par une promotion prise dans les départements, ainsi que le duc de Richelieu l'avait voulu lui-même à l'époque de la naissance du duc de Bordeaux ; au lieu de voir tous les royalistes se réunir sous les auspices du nouveau Roi, et les organes de cette opinion dans la presse propager les mêmes doctrines, il fallut interdire toute nomination à la chambre haute, car la première aurait donné la mesure de la faiblesse du Roi. L'opposition de la chambre des pairs fut accrue de tous les partisans de MM. de Polignac, de Rivière, de Fitz-James ; dans la presse, M. Michaud, poussé par M. Berryer, grand promoteur du ministère Polignac, porta la *Quotidienne* et nombre de journaux royalistes des provinces dans l'opposition.

« La faiblesse de Charles X pour les ministres de notre sainte religion fut une nouvelle arme dont l'opposition s'empara et tira grand profit. Louis XVIII pratiquait peu, sous prétexte de ses infirmités, et probablement par ménagement pour l'indifférence religieuse de son temps. Il entendait d'ordinaire la messe

pas de même pour ceux qui, portant leurs regards plus haut et plus loin, étudient à leur origine les deux mouvements qui, après avoir longtemps marché en sens opposé, produisirent, en se rencontrant, le choc électrique qui renversa la royauté française. Une des causes latentes, et la plus importante peut-être de l'instabilité de la restauration, c'est qu'elle avait été accomplie à l'occasion d'une situation extérieure. Non que la branche aînée de la maison de Bourbon eût été imposée, comme on l'a dit, à la France par les étrangers; mais ce n'était pas le travail intérieur des idées et la conciliation des divers partis soumis à l'action bienfaisante du temps, qui avaient accompli à cette époque dans les faits une restauration longuement préparée dans les esprits. C'était une situation extérieure terrible qui, tout à coup, sans préparation aucune, avait obligé la France à se jeter dans les bras de Louis XVIII, comme dans un naufrage on se précipite sur un radeau construit à la hâte, sans considérer s'il a toutes les conditions de solidité et de durée nécessaires pour résister à l'action des eaux et du vent. Du jour au lendemain, la restauration fut impossible, puis inévitable; après le grand naufrage de l'empire, elle était la meilleure chance de paix pour la France : c'était la combinaison qui ménageait le plus sa dignité, qui sauvait le plus de débris de cet immense désastre,

---

dans ses appartements et usait fort tous les carêmes du prétexte de sa goutte pour s'exempter de suivre les sermons.

« Charles X était, au contraire, d'une exactitude et d'un recueillement édifiant ; il y ajoutait malheureusement, dans les cérémonies auxquelles il assistait avec empressement, soit au château, soit aux processions dans la capitale, une humilité toute chrétienne, mais fort remarquée et critiquée par les mécréants du temps. Les ecclésiastiques étaient accueillis par lui avec des démonstrations jugées trop respectueuses. On abusa de ces dispositions au point de mettre en circulation des écus où son effigie était affublée du petit collet. On ne peut se figurer jusqu'à quel point cela lui nuisait. C'était fort injuste, car ce prince était fort tolérant, et il ne s'est jamais informé si ses ministres allaient à la messe. » (Extrait des Papiers politiques de M. de Villèle, Documents inédits.)

et la plaçait dans les meilleures conditions vis-à-vis de l'Europe triomphante qui occupait encore son territoire. Mais, de la soudaineté de la situation qui rapprocha tout à coup la France de la maison de Bourbon et du caractère impérieux de cette situation, il résulta un grave inconvénient. Les partis anciens restèrent entiers avec leurs idées exclusives, tout en acceptant une combinaison rendue nécessaire par le besoin immense de paix qui dominait le présent. On ne transigea point, et l'on supposa que l'on s'entendait bien plus que l'on ne s'entendit.

Du côté d'un grand nombre de membres de l'ancienne société française, en voyant les Bourbons revenus inévitablement, pour ainsi dire, et par la force d'une situation extérieure dont l'ascendant dominait toutes les considérations, on n'entrevit point qu'il importait de marquer d'une manière claire et précise dans quelles conditions ils revenaient et de chercher, sous les débris accumulés par tant de révolutions, ces droits respectifs des principes monarchiques et des libertés nationales dont la définition nette et franche est la condition d'une bonne entente entre le gouvernement et la nation. On se plut à tout faire dériver de la royauté, la liberté comme la paix, et l'on regarda comme un octroi et une concession bénévole ce qui n'était au fond que la reconnaissance d'un droit préexistant et qui avait pu être violé en fait, mais jamais détruit en principe. Les princes, exilés à leur tour, ne rentrant point en France par l'effet d'une transaction intérieure, qui les aurait mis à portée d'apprécier l'état des esprits et des intérêts du pays, ne purent savoir quelles idées il fallait laisser sur la frontière de France et en quoi il fallait modifier l'esprit qui avait dominé leurs conseils pendant l'exil. La révolution, de son côté, voyant dans quelles conditions s'opérait la restauration, resta en arme dans les articles de la charte qui lui étaient favorables, à peu près comme les protestants se fortifiaient, chaque fois que la paix venait d'être signée, dans les places de sûreté qu'on leur accordait, parce qu'ils demeuraient convaincus que cette paix serait précaire et de courte durée. Il devait donc y avoir, une fois qu'on serait sorti des difficultés qui avaient un moment mis tout le monde d'accord, deux esprits en présence : l'ancien esprit royaliste, qui mettait tout dans la royauté, et l'ancien esprit révolutionnaire, qui mettait tout dans les assemblées et dans le peuple, sans qu'aucun des deux consentît à se dépouiller de ce qu'il avait de trop exclusif, et à reconnaître que, dans la lutte de 1789, on était allé trop loin de l'un et de l'autre côté.

La séparation de la France en deux moitiés et la constitution de ces deux partis, qui devenaient chacun plus exclusif par le spectacle de ce qu'il y avait d'exclusif dans le parti contraire, était le péril le plus grave que pût courir la royauté ; car, notre histoire est là pour le prouver, la place de roi de France a été une mauvaise place chaque fois que l'unité nationale a été suspendue. Ce titre de roi de France a quelque chose de trop large et de trop beau pour que la grande mission qu'il indique puisse être réduite aux proportions du pouvoir et du rôle de chef de parti. Or, tant qu'une transaction n'intervenait point entre les deux grandes opinions qui avaient plus particulièrement défendu en France l'ordre monarchique et la liberté nationale, la royauté était placée sous la fatalité d'une situation qui l'entraînait à jouer ce rôle. La liberté, en se constituant en parti contre elle, devait, par une réaction inévitable, amener l'ordre monarchique à se constituer en parti sans elle ; par une influence réciproque, les partisans d'un retour aux idées et à l'esprit politique de l'ancien régime devaient provoquer chez leurs adversaires une réaction vers les idées et l'esprit révolutionnaire, de sorte que, s'il ne se trouvait pas des hommes assez habiles pour arrêter ce double mouvement, il était indiqué qu'on arriverait d'un côté à un ministère de cour, expression de la volonté absolue du Roi, de l'autre à une révolution. On disait alors que la charte était la transaction entre les deux esprits, l'esprit ancien et l'esprit nouveau ; mais cette assertion manquait d'exactitude. La charte n'avait point fait transiger les deux partis opposés, elle les avait mis en présence : la prérogative absolue de la royauté, ou l'absolutisme royal, se retrouvait dans l'article 14 ; la prérogative absolue des assemblées, ou la révolution, se trouvait dans le droit de refus d'impôt. Ce n'était donc pas la paix que la charte avait consacrée, c'était la guerre qu'elle avait mise à l'état constitutionnel.

Le grand péril de la restauration, c'était donc qu'elle avait l'air d'être faite, et que, en réalité, elle n'était point faite à l'intérieur, parce que c'était une situation extérieure qui l'avait amenée. Tout le travail des esprits et des intérêts, qui précède ordinairement la reconstitution d'un pouvoir politique, était à opérer. Il est impossible de considérer, au point de vue où nous sommes placés aujourd'hui, l'histoire des quinze années de la restauration, ces luttes incessantes des partis sur l'étendue des prérogatives parlementaire et royale, sur la portée de l'article 14 et sur celle de l'article qui attribuait aux chambres le droit de voter, et par conséquent de refuser l'impôt, sans demeurer convaincu qu'on n'était d'accord sur rien en 1814 et qu'on s'était, des deux côtés, fait illusion sur une constitution qui donnait raison et, par conséquent, tort à tout le monde, raison et tort à la royauté, raison et tort à la révolution.

Cette persuasion que la charte avait tout fini et tout décidé fut fatale, en ce qu'elle empêcha qu'on fît des efforts pour s'entendre et pour opérer la conciliation entre les deux esprits qui se trouvaient en présence. La tâche à accomplir consistait à séparer l'esprit monarchique de toute tendance au privilége et au pouvoir absolu et à séparer l'esprit libéral de toute tendance à la révolution, afin qu'ils pussent se réunir et former l'esprit national, l'esprit français. Ce qui compliquait singulièrement cette tâche, c'est que les deux générations, qui s'étaient trouvées en conflit en 1789, étaient encore en présence. Ceux qui avaient de vingt à vingt-cinq ans, en 1789, avaient de quarante-cinq à cinquante ans en 1814, et par conséquent, dans les dernières années de la restauration, ils étaient encore dans l'âge de l'activité politique. Les rancunes et les défiances du passé venaient donc augmenter les difficultés et envenimer les querelles du présent. Si l'on ajoute à tant de périls que les deux princes qui régnèrent pendant les quinze années de la restauration, et surtout celui qui régna le dernier, avaient été les chefs de l'émigration armée, on comprendra toutes les appréhensions et toutes les terreurs accréditées par les habiles et par les perfides, réellement ressenties par les hommes sincères du parti adverse, surtout quand la force des choses eut amené les royalistes à se constituer à l'état de parti. La contre-révolution et la révolution, deux fantômes également redoutables, se provoquant mutuellement, poussaient les choses à l'extrême, et, au milieu des intérêts de la première révolution alarmés pour la liberté, des intérêts de l'empire alarmés pour l'égalité, des intérêts des anciennes classes nobiliaires alarmés pour la religion et la royauté, les passions s'échauffaient chaque jour, et la voix de la raison était chaque jour moins écoutée.

Malheureusement, la perception claire de cette situation manqua à ceux qui dirigèrent, dans les derniers temps, les conseils de la monarchie, et les terreurs redoublant dans les deux camps opposés, terreurs habilement exploitées par le parti qui poussait M. le duc d'Orléans au trône, la royauté se jeta, par les ordonnances de juillet, dans la contre-révolution pour échapper à la révolution qui lui paraissait imminente; et l'opposition libérale recula jusque dans la révolution par les journées des 27, 28 et 29 juillet, et surtout par celle du 9 août, pour échapper aux images de la contre-révolution qui se levaient devant elle.

La restauration se trouva donc détruite parce que la situation extérieure, qui avait déterminé son avénement, n'existait plus, et parce qu'elle n'avait pu résoudre le problème de la situation intérieure. La charte, comme ces canons chargés outre mesure, éclata; la liberté se sépara de nouveau de la royauté et essaya une nouvelle alliance avec la révolution. La France rentra dans la carrière des épreuves politiques, les Bourbons rentrèrent dans la carrière des exils, et les royalistes, qui n'avaient pas su séparer d'une manière assez claire le droit monarchique de l'absolutisme royal, et du privilége, les libéraux, qui n'avaient pas su séparer le droit national de la souveraineté populaire et des passions révolutionnaires, se trouvèrent jetés dans une situation nouvelle.

Bien des fautes furent commises au moment même de la crise, bien des précautions oubliées au milieu de tant de circonstances si graves et si difficiles. Une fatalité inexplicable semblait avoir paralysé tous les efforts et dominé tous les événements. Par trois fois, l'occasion de traiter avec avantage s'était offerte sans avoir été saisie. Le 29 juillet, on pouvait traiter à Paris, en n'ordonnant point aux troupes d'évacuer cette ville. Le 30, on pouvait traiter à Saint-Cloud, en y demeurant. Dans les premiers jours d'août, on pouvait traiter à Rambouillet après avoir dispersé la cohue populaire qui venait offrir à l'armée une revanche. Par malheur, on oublia tous les principes de la politique, et l'on recula en négociant.

Il y a cependant une circonstance atténuante aux fautes qu'ont pu commettre et qu'ont commises tous les partis et tous les hommes politiques de 1814 à 1830, je dirai même, dans une certaine mesure, de 1830 à 1848 : c'est leur profonde inexpérience à l'égard du gouvernement représentatif. Quelles étaient ses lois? Avec quels éléments pouvait-on le faire vivre dans notre pays? Dans quelle mesure? Quelles précautions y avait-il à prendre? Quels écueils y avait-il à éviter? C'est ce qu'on ignorait profondément dans le pouvoir, comme dans l'opposition, et on ne doutait de rien, précisément parce qu'on ignorait tout.

Pendant la première période, la droite crut à tort qu'elle pouvait suffire au gouvernement; pendant la seconde, les centres crurent à tort qu'on pouvait faire marcher le régime représentatif en France, en laissant la droite et même le principe traditionnel en dehors. C'était une double erreur.

Nous n'essayons pas de nier que de 1814 à 1830 le gouvernement royal commit des fautes; mais, à moins de changer les conditions dans lesquelles la restauration était placée, il n'était guère possible d'éviter la lutte suprême qui amena sa chute.

Chose remarquable, la première nation qui reconnut le nouveau pouvoir établi à Paris fut l'ennemie naturelle de la France, celle dont nous venions d'avoir à combattre la malveillance derrière les Pyrénées, en Grèce, en Orient, sur la Méditerranée; celle qui, partant, s'était toujours opposée à la gloire et à la grandeur de notre pays : ce fut l'Angleterre. Le dernier gouvernement qui reconnut le nouvel ordre de choses fut la Russie qui, dans toutes les questions, s'était montrée favorable aux intérêts français, parce qu'ils étaient en harmonie avec les siens; qui était prête, pour prix de notre alliance, à contribuer à nous faire restituer notre frontière d'Alsace et à nous faire assigner dans un nouveau partage de l'Europe la Belgique. L'ennemie naturelle de la France vit donc les événements de 1830 avec joie; l'alliée naturelle de la France les voyait avec regret, non sans doute par générosité, en ne considérant que l'intérêt français, mais parce qu'on voit diminuer avec peine la puissance d'un peuple qu'on regarde comme un allié naturel, par suite du détriment qu'on en éprouve dans sa propre puissance.

La révolution de Juillet changea complétement la position de la France vis-à-vis de l'Europe. La veille de cette révolution, nous dations de notre succès en Espagne, de notre intervention en Grèce, de l'avantage que nous avions obtenu dans les négociations diplomatiques relatives aux affaires d'Orient, de notre victoire d'Alger; le lendemain nous datâmes de Waterloo. En nous exprimant ainsi, nous ne cédons ni à une rancune passionnée contre ceux qui renversèrent la maison de Bourbon, ni à notre attachement raisonné pour le principe qui venait d'être détrôné; nous exposons un fait. Ce fait avait été prévu par le *Journal des Débats* au mois de février 1830. Il disait qu' «une révolution était impossible parce qu'une révolution replacerait la France vis-à-vis de l'Europe dans la situation où elle se trouva pendant les Cent-Jours.»

Certes nous n'avons pas la pensée de prétendre ici que les cabinets européens prirent à cœur la cause de la monarchie qui tombait, et qu'ils se séparèrent du nouvel ordre de choses, par attachement pour la branche aînée de la maison de Bourbon ou par respect pour ses droits. La politique de principes obtient peu de faveur dans notre siècle, et la diplomatie européenne est une arithmétique d'où l'affection est soigneusement bannie comme une erreur de calcul. La diplomatie européenne puisa la raison de sa politique extérieure dans deux ordres de considérations qui lui étaient entièrement personnels. Elle envisagea de prime abord les événements de Juillet au point de vue de l'influence qu'ils pouvaient exercer sur la situation de l'Europe et sur celle de la France. Il résulta de cet examen deux convictions qui dominèrent la conduite de tous les cabinets : c'est que les événements de 1830 étaient une menace et pouvaient devenir un danger pour l'Europe, mais qu'ils seraient une cause d'affaiblissement pour la

France. Cette seconde considération porta la plupart des chancelleries européennes à les accepter immédiatement.

La politique européenne avait donc deux buts à atteindre : d'abord empêcher la révolution de 1830 de passer de l'état moral d'une menace à l'état effectif d'un danger réel et immédiat pour l'Europe ; ensuite, s'en servir contre la France.

Les Cent-Jours allaient recommencer ; seulement c'étaient les Cent-Jours avec Napoléon de moins. L'Europe, qui n'avait plus à craindre le génie de ce gagneur de batailles, trouvait donc, sauf le danger moral, son profit dans cette reprise des Cent-Jours. Sa politique avait vue sur deux systèmes entre lesquels elle devait choisir selon l'événement. Le révolution de 1830 voudrait-elle se faire sa place en Europe ? On marcherait contre elle, et l'on profiterait du péril commun dont le principe révolutionnaire menaçait toutes les monarchies, pour reformer une coalition contre la France, avec l'espoir de retrouver cette carte fatale dont l'empereur Alexandre avait donné la copie à M. le duc de Richelieu. La révolution de 1830 se résignerait-elle à la position de surveillance et d'isolement qu'on lui réservait ? On mettrait son existence à profit dans toutes les questions qui viendraient à s'ouvrir, afin d'exclure et d'accabler l'intérêt français, en affectant de le confondre avec l'intérêt révolutionnaire. Tout dépendait du parti que la révolution de 1830 choisirait ; mais, dans tous les cas, l'Europe était décidée à se servir de la révolution de Juillet contre la France.

De 1815 à 1830, la fortune politique de la France avait toujours été en grandissant, et les adversaires du principe monarchique eux-mêmes ne peuvent nier l'heureuse influence que le gouvernement de la restauration avait exercée sur la position de la France, soit à l'intérieur soit au dehors. La restauration avait pris en main les affaires du pays, au moment où la réaction européenne, provoquée par les guerres incessantes de l'empire, avait amené les armées de l'Europe coalisée jusque dans les murs de Paris. La première préoccupation du gouvernement royal fut de préserver l'unité nationale menacée. A la place de la victoire qui avait quitté nos drapeaux, il mit un principe. Il parla avec autorité, au nom de la France monarchique, à l'Europe ameutée contre la France révolutionnaire. Il fit déchirer la carte, qui, rétrécissant nos frontières, nous ôtait l'Alsace et la Lorraine. L'Angleterre voulut lui imposer un traité de visite onéreux pour notre commerce, humiliant pour notre pavillon; il le repoussa. Bientôt il obtint l'évacuation du territoire national envahi. Nos finances étaient ruinées, il les rétablit, et avec sa domination et par ses soins s'ouvre l'ère d'une prospérité incontestable et incontestée. La population était décimée, et manquait au mousquet comme à la charrue; en ménageant au pays plusieurs années d'une paix féconde, il ramène le sang et la vie dans les veines du corps social épuisé. Notre armée était détruite et dissoute par tant de victoires suivies de si éclatantes catastrophes; il nous rend une armée. Nous avions cessé d'être assis dans le conseil des cabinets, en faveur de qui la victoire avait prononcé en 1815; au congrès d'Aix-la-Chapelle, il fait rendre à la France la place qui lui appartient. On osait dire que la France n'avait plus en elle la puissance de la guerre; il détruit cette supposition offensante, par la campagne d'Espagne, et réussit là où Napoléon avait échoué. Les Pyrénées, abaissées par la main de Louis XIV, se relevaient au signal d'une révolution; il les abaisse de nouveau. L'Angleterre s'oppose formellement à cette intervention; il déclare que, là où l'intérêt français est en jeu, aucune considération ne l'arrêtera, et il intervient malgré l'Angleterre.

A partir de cette époque, il fait peser l'influence de la France dans tous les événements européens. La question d'Orient s'ouvre par la question de Grèce ; il réclame pour le pavillon français sa part de gloire dans la bataille de Navarin, et fait attribuer à une armée uniquement française la gloire de la campagne de Morée. Le dey d'Alger insulte notre consul ; il conquiert Alger, ce nid de pirates contre lequel tant de puissance et de génie avaient échoué, et, interrogé par l'Angleterre sur la décision qu'il prendra relativement à l'Algérie, il répond qu'il consultera avant tout et malgré tout les intérêts de la France. Enfin, il exerce une action puissante dans la question d'Orient. Au bout de quinze ans, la France, que la restauration a reçue pauvre, est riche ; de dépeuplée qu'elle était, elle est devenue populeuse ; de désarmée, féconde en soldats ; d'envahie et d'annihilée, libre et puissante, jusqu'à intervenir en Espagne et à prendre Alger malgré l'Angleterre ; de vaincue et d'humiliée par l'Europe, qui l'avait placée pour ainsi dire en surveillance sous les Fourches-Caudines des traités de 1815, elle devenait l'arbitre de l'Europe dans la question d'Orient ; d'isolée et sans alliance, elle était devenue le point de mire de toutes les négociations diplomatiques, et en 1829 la Russie lui faisait entrevoir qu'elle l'aiderait à recouvrer sa frontière perdue en échange de l'utile amitié dont elle connaissait le prix.

Ce présent, qui semblait renfermer un si bel avenir, a été brusquement brisé par la révolution de 1830. La résistance à l'exécution des ordonnances de Juillet nécessitait-elle cette révolution dont les conséquences devaient être si fatales à la prospérité de la France ? Nous ne croyons pas céder au mirage d'une opinion préconçue en affirmant que non, car nous trouvons dans le livre testamentaire d'un publiciste de gauche, M. Charles Dunoyer, les lignes suivantes :

« C'est sans motifs justifiables que l'ancienne royauté a été détruite une troisième fois, en 1830. Le très-légitime désir d'assurer le succès de la résistance opposée à bon droit, par la nation, aux ordonnances de Juillet, n'impliquait pas la moindre nécessité d'aller jusque-là, et les choses ne furent poussées à cette extrémité, il faut avoir la sincérité de le reconnaître, que par l'ascendant, devenu irrésistible, des mêmes ambitions exaltées qui, déjà, quinze années auparavant, avaient fait la révolution du 20 mars[1]. »

Nous ajouterons ici une réflexion : c'est que ceux qui imposèrent cette révolution, que l'opposition constitutionnelle de 1830 se borna à accepter et à soutenir une fois qu'elle eut été accomplie, firent quelque chose de très-grave, non-seulement contre l'autorité royale, mais contre le gouvernement constitutionnel, le respect de la liberté légale, de la charte et des lois, ébranlées jusque dans leur fondement. L'inviolabilité royale ne fut pas seule à périr; l'inviolabilité de la charte remaniée en quelques jours sous le coup des menaces de la rue, l'inviolabilité de la chambre des pairs, privée de son autorité, succombèrent également.

On apprit ce jour-là, et on ne l'oublia plus, qu'une insurrection victorieuse à Paris pouvait, du haut des barricades, tout changer à son gré, et la France perdit en même temps « la famille incontestée, » comme l'avait appelée Benjamin Constant, et la charte, qui serait devenue incontestable si elle était sortie intacte de cette redoutable épreuve. Le présent fut sauf; mais l'avenir appartint aux aventures et aux révolutions.

1. Voir le *Second Empire et une Nouvelle Restauration*, par M. Charles Dunoyer, t. II, p. 142.

FIN.

NOTE À CONSULTER

SUR LA BELGIQUE ET LES PROVINCES RHÉNANES [1]

(Cette note fait suite au Mémoire lu et approuvé par le Conseil du Roi au mois de septembre 1829. V. p. 315.)

Les provinces belges jusqu'à la Meuse ont une étendue de sept cent soixante-un milles carrés allemands, une population de trois millions sept cent mille âmes ; chaque habitant y rapporte à l'État 26 francs. C'est un des pays les plus riches et les plus peuplés. Les mœurs et le langage y sont français. Les provinces entre la frontière belge et le Rhin ont une étendue de cinq cents milles carrés, une population de deux millions d'âmes ; chaque habitant y rapporte à l'État 20 francs. Elles sont riches et florissantes, mais moins que la Belgique ; les mœurs, les souvenirs, le langage, tout y est allemand. Si les provinces belges étaient réunies à la France, elles augmenteraient notre force défensive, elles mettraient à couvert notre capitale en rendant la monarchie plus compacte ; elles en fortifieraient à la fois toutes les parties, elles ajouteraient aussi beaucoup à notre force maritime en nous donnant un port sur la mer du Nord. Ce port rendrait la sûreté à nos côtes, qui actuellement sont très-exposées depuis Cherbourg jusqu'à la Hollande, faute d'avoir un abri à nos vaisseaux.

Les provinces du Rhin augmenteraient plutôt notre force agressive, elles porteraient nos armées au cœur de l'Allemagne ; Mayence serait entre nos mains un vaste camp retranché d'où nous pourrions envahir à notre gré telle partie de l'Allemagne où nous voudrions porter nos armes. Mais pendant ce temps notre capitale resterait découverte, et l'on prendrait Paris pendant que nous marcherions sur Berlin.

Les provinces belges, en nous donnant une frontière plus forte, nous permettraient de diminuer le nombre de nos troupes, ce qui nous procurerait une grande économie.

Les provinces rhénanes, isolées du reste de la monarchie, se trouveraient situées entre les armées prussiennes et les armées belges. Nous devrions donc y entretenir un nombre de troupes considérable, et cependant nous ne pourrions pas diminuer la force de celles que nous tenons en Flandre.

Il en est de même pour l'administration. L'acquisition des provinces belges n'étendrait que peu la ligne de nos frontières ; celle des provinces rhénanes les prolongerait comparativement beaucoup plus envers l'Allemagne d'un côté et la Belgique de l'autre : aussi seraient-elles plus difficiles à garder et plus dispendieuses à administrer.

L'acquisition de la Belgique, en tournant nos forces vers la mer et contre l'Angleterre, rassurerait l'Europe contre elles, plutôt qu'elle ne l'effrayerait. Quand nous nous montrons à l'Europe comme puissance continentale et envahissante, les souvenirs encore si récents de nos dernières guerres se réveillent ;

---

[1] Dans cette note, les raisons que la France aurait de préférer l'acquisition de la Belgique à celle des provinces rhénanes sont développées.

tout le monde s'inquiète, et on est encore prêt à se réunir contre nous. Quand, au contraire, nous nous présentons comme puissance maritime, comme la seule puissance qui puisse un jour se mettre à la tête d'une grande ligue européenne pour affranchir les mers, alors toutes les puissances voient en nous une force amie et conservatrice. Elles se sont toutes liguées avec l'Angleterre pour briser le joug que nous faisions peser sur le continent; elles se ligueront un jour toutes avec nous, pour briser le joug que les Anglais font peser sur les mers. C'est une perspective que nous devons de temps en temps leur faire entrevoir, et qui, si nous savons la ménager, nous reportera invinciblement, sans qu'on le remarque, sans qu'on nous jalouse, à la tête de l'Europe.

L'acquisition des provinces rhénanes produirait un tout autre effet : elle nous donnerait une position toute menaçante et agressive envers l'Allemagne. L'Allemagne sentirait sa liberté et son indépendance menacées, et nous réunirions de nouveau contre nous, et la Prusse, et l'Autriche, et toutes les puissances secondaires qui, pendant près de deux siècles, avant les jours sanglants de la Révolution, s'étaient accoutumées à voir dans la France une puissance protectrice, gardienne de leur indépendance et de leur liberté : ce sentiment commence à renaître chez la plupart d'entre elles, et nous ne saurions trop le ménager. Si donc nous demandons la Belgique, nous pouvons avoir favorables à nos vœux la Russie, la Prusse et toute l'Allemagne. Si nous demandons les provinces rhénanes, nous rencontrons une opposition invincible dans la Prusse, dans l'Allemagne entière, dans l'Autriche et dans la Russie elle-même, qui ne se trouve plus intéressée à soutenir nos prétentions ; car ce n'est que contre l'Angleterre que la Russie désire nous renforcer. On ne parle pas de l'idée d'appuyer l'acquisition des provinces rhénanes sur la voix de l'Angleterre. Si elle nous l'accordait jamais, c'est qu'elle aurait acquis une conviction bien profonde que cette acquisition n'aurait d'effet que de nous mettre en hostilité permanente avec le reste de l'Europe.

Enfin, si nous demandons la Belgique, la Russie et la Prusse y voient l'indice d'une résolution ferme et arrêtée de faire la guerre à l'Angleterre, dans le cas où cette demande entraînerait la guerre ; ces puissances nous accordent alors la confiance qui a toujours été accordée à ceux en qui l'on croit reconnaître de la volonté et de l'énergie, et elles ne craignent pas de se compromettre en se liant avec nous. Si nous demandons les provinces rhénanes, comme chacun en Europe a la conviction que c'est la Belgique que nous désirons et qui nous convient véritablement, on ne verra dans cette demande que la preuve d'une timidité extrême envers l'Angleterre et de notre crainte de nous engager avec elle dans une guerre. Une fois que l'on nous croira dominés par ce sentiment, qui oserait contracter avec nous une alliance dont on nous considérerait comme toujours au moment de nous retirer, après avoir compromis ceux qui y seraient entrés ?

Il est donc plus avantageux d'avoir la Belgique, il y a plus de chance pour l'obtenir. C'est une de ces circonstances où il est à la fois plus honorable et plus sûr de demander beaucoup, que de demander peu.

FIN DE LA NOTE A CONSULTER.

TABLE DES MATIÈRES

LIVRE VINGTIÈME
MINISTÈRE MARTIGNAC.

I. — Premiers actes du ministère. — Efforts tentés pour trouver une autre combinaison ministérielle. — Accueil fait par la presse au nouveau ministère. — Ouverture de la session, discours du Roi. — Adresse de la chambre des pairs en réponse au discours royal. 1

II. — Vérification des pouvoirs. — Élection du président et des vice-présidents de la chambre. — M. Royer-Collard est choisi par le Roi pour présider la session. Le *Journal des Débats* demande la mise en accusation de M. de Villèle. — Démission de MM. de Chabrol et Frayssinous. — Ils sont remplacés par MM. Hyde de Neuville et Feutrier. — M. de Chateaubriand est nommé ambassadeur à Rome. — L'adresse au Roi. — Elle désigne le ministère Villèle sous le nom de *système déplorable*. — Discussion de l'adresse. — L'adresse est adoptée. — Réponse du Roi à la députation chargée de lui présenter cette adresse. 19

III. — Propositions présentées aux chambres par MM. Bacot de Romans, Benjamin Constant, de Conny. — Réunion du salon de Mars. Arrêt de la cour royale sur les troubles de novembre 1827. Élections de Paris. — Questions de Portugal et de Russie. . 48

IV. — Discussion de la loi sur la révision des listes électorales. — Adoption de la loi. — Loi sur les quatre millions de rentes. Question du soi-disant déficit trouvé dans les finances à la fin du ministère Villèle. Débat entre MM. de Villèle et Roy. — La loi sur les quatre millions de rentes est votée. . . . 65

V. — Loi sur la presse. — Exposé de la loi. Discours de M. de Martignac. La loi est adoptée. Discours de M. de Chateaubriand à la chambre des pairs à l'occasion de la loi de presse. Cette loi est adoptée. — Projet sur l'interprétation des lois. — Résultat des délibérations de la commission chargée d'examiner l'état des petits séminaires. Ordonnances du 16 juin. Effets produits par ces ordonnances. 95

VI. — M. Labbey de Pompières propose à la chambre la mise en accusation du ministère Villèle. — Une commission est chargée d'examiner l'opportunité de cette mesure. — Rapport de M. Girod (de l'Ain). — L'examen de la proposition est renvoyé après la discussion du budget. 133

VII. — Pétitions relatives : 1° à l'expulsion des jésuites ; 2° au rétablissement de la garde nationale. — Lois de finances : comptes de 1826, crédits de 1827, budget de 1829. 149

VIII. — Expédition de Morée. — Cette expédition excite le mécontentement de l'Angleterre. — Conséquences de l'expédition pour la France. — Guerre entre la Russie et la Turquie. — La France devenue en 1828 l'arbitre de la question d'Orient. — Voyages du Roi et de la duchesse de Berry. — Ordonnance du 3 novembre relative au conseil d'État. — Mémoire présenté au Roi par les ministres. 181

IX. — Retraite de M. de la Ferronays. — Il est remplacé par M. Portalis. — Ouverture de la session de 1829. — Discours du Roi. — Voyage de M. de Polignac à Paris. — Discussion de l'adresse à la chambre des députés. 207

X. — Préliminaires de la session. — La proposition de mise en accusation des anciens ministres est renouvelée. — Pétition relative aux missions de France. — L'émancipation des catholiques d'Irlande est adoptée par les deux chambres d'Angleterre. — Mort du pape Léon XII. 219

XI. — Présentation d'un projet de loi sur l'organisation municipale et départementale. — Exposé des motifs de M. de Martignac. — Économie de la loi. — Rapports de MM. Dupin et Sébastiani. — Discussion générale. — L'amendement relatif à la suppression des conseils d'arrondissement est adopté. — Retrait des deux projets de loi sur l'organisation municipale et départementale. 225

XII. — M. Portalis remplace définitivement M. de la Ferronays aux affaires étrangères. — Suite de la session. — Discussion sur la dotation de la chambre des pairs. — Règlement du budget de 1827. — Violent débat au sujet d'une réparation faite au ministère de la justice sous l'administration de M. de Peyronnet. — Discussion du budget de 1830. — M. de Martignac s'écrie : *Nous allons à l'anarchie !* — Crédits extraordinaires pour 1829. — Explications sur la question d'Alger. — Clôture de la session de 1829. 257

XIII. — Les lois de finances sont portées à la haute chambre. — Discours prophétique du marquis de Villefranche. — M. de Martignac lui répond. — Second discours de M. de Villefranche. — Réplique de M. Pasquier. — Clôture de la session de 1829. — Résumé des causes de la chute du ministère Martignac. — Négociations avec les hommes d'extrême droite. — La formation du ministère Polignac est arrêtée. 291

XIV. — Situation extérieure de la France en 1829. — L'Autriche, l'Angleterre et la Russie recherchent l'alliance française. — La politique de la restauration devait choisir l'alliance de la Russie. — La France devenue l'arbitre de l'Europe dans la question d'Orient. — Un mémoire lu et approuvé au conseil du Roi indique qu'à la fin de la restauration l'Europe était disposée à remanier les traités de 1815 en faveur de la France. — Question d'Alger. — Mission de M. de la Bretonnière. — Nouvelles complications. 303

LIVRE VINGT ET UNIÈME

MINISTÈRE POLIGNAC.

I. — Difficultés et dangers de la formation du ministère d'extrême droite. — Fureurs de la presse à la nouvelle de son avénement. — Projet d'association pour le refus de l'impôt. — Mémoire présenté au conseil par le baron d'Haussez. — Retraite de M. de la Bourdonnaye. 321

II. — M. de Polignac président du conseil. — Démarche tentée auprès de M. de Villèle pour l'engager à rentrer aux affaires. — Mouvement ministériel. — M. de Guernon Ranville arrive à l'instruction publique. — La presse à la fin de 1829. — Fondation du *National*. — Situation des finances de la France au mois de décembre 1829. 354

III. — Position du ministère au mois de janvier 1830. — Élections de MM. Berryer et Guizot. — Arrivée de M. de Peyronnet à Paris. — La presse libérale et la presse royaliste à l'approche de la session. — L'expédition d'Alger est résolue dans le conseil. — La France présente le prince Léopold de Saxe-Cobourg comme candidat au trône de Grèce. 368

IV. — Ouverture de la session de 1830. — Le discours royal contient une menace adressée à la majorité de la chambre. — Discussion de l'adresse à la chambre des pairs. — Discours de M. de Chateaubriand en faveur de la liberté de la presse. — L'amiral Verhuel attaque l'expédition préparée contre Alger. — La chambre des députés se constitue. — M. Royer-Collard est désigné par le Roi pour présider la session. — M. Gautier est choisi pour rédiger l'adresse au Roi. 390

V. — Rédaction de l'adresse. — Discussion générale. — M. Delaborde attaque l'expédition d'Alger. — Réplique du baron d'Haussez. — Suite de la discussion de l'adresse. — Amendement de M. de Lorgeril. — Débuts parlementaires de MM. Guizot et Berryer. — L'amendement Lorgeril est rejeté. — L'adresse du refus de concours est adoptée par 221 voix. 406

VI. — Le conseil des ministres, en apprenant l'adoption de l'adresse, songe à la dissolution de la chambre. — Réponse de Charles X à la députation chargée de lui présenter l'adresse. — Prorogation de la chambre. — Banquets offerts aux 221 députés qui avaient voté l'adresse. — Entrevue de M. de Villèle avec le Roi. — Démarche tentée, au nom des centres, par MM. Humann et de Mar-Hallac, auprès de M. de Villèle. — La dissolution de la chambre est arrêtée. — MM. de Chabrol et de Courvoisier sont opposés au recours à l'article 14... 430

VII. — Rapport confidentiel présenté au Roi par le président du conseil. — Situation des finances de la France au mois de mars 1830. — Ferdinand VII change l'ordre de succession établi en Espagne. — Préparatifs de l'expédition d'Alger. — Mauvais vouloir de l'Angleterre. — Ordonnance de dissolution de la chambre des députés................ 451

VIII. — Retraite de MM. de Courvoisier et de Chabrol. — MM. de Peyronnet, de Chantelauze et Capelle entrent au ministère. — Incendies en Normandie. — Les Bourbons de Naples à Paris. — Fête de la translation des reliques de saint Vincent de Paul. — Mort de George IV, roi d'Angleterre. — Le prince de Saxe-Cobourg refuse définitivement la couronne de Grèce. 482

IX. — Expédition d'Alger. — Embarquement à Toulon. — Débarquement sur la côte d'Afrique. — Bataille de Staouëli. — Combat défensif de Sidi-Kalef. — L'armée française devant Alger. — Reddition du fort de l'Empereur. — Prise d'Alger. — La France garde Alger malgré l'Angleterre. — Expédition de Blidah, Bone et Tripoli. — La nouvelle des événements de juillet arrive à Alger............... 502

X. — Situation du gouvernement royal au moment des élections. — Divisions des royalistes. — Influence des comités libéraux. — Proclamation adressée par Charles X aux électeurs. — Les premiers résultats des élections sont défavorables au gouvernement. — La question du recours à l'article 14 est agitée dans le conseil. — Les résultats généraux des élections sont hostiles au gouvernement. — Le recours à l'article 14 de la charte est résolu dans le conseil des ministres. 543

XI. — Journée du 26 juillet. — Effet produit par la publication des ordonnances. — Protestation des journalistes. — Réunion de quelques députés chez M. Delaborde. — Insignifiance des mesures adoptées par le commandant de la place de Paris. — *Journée du 27 juillet*. — Premiers rassemblements au Palais-Royal. — Lutte aux bureaux du *National* et du *Temps*. — Premières dispositions prises par le duc de Raguse. — Réunion des députés chez M. Casimir Périer. — La mise en état de siége de Paris est résolue........... 592

XII. — 28 juillet. — Les ordonnances furent seulement le prétexte de l'insurrection. — Le conseil des ministres s'établit en

permanence aux Tuileries. — Dispositions adoptées par le
maréchal Marmont. — Réunion de députés chez M. Audry
de Puyraveau. — Députation envoyée auprès du duc de
Raguse. — Marche et efforts infructueux de la troupe. —
Réunions de députés chez MM. Bérard, Audry de Puyraveau,
Laffitte. — Mission du colonel Komierowski à Saint-Cloud. —
Retraite des troupes sur les Tuileries.
29 juillet. — Proclamation du duc de Raguse. — Démarche
de MM. de Sémonville et d'Argout. — Récit de MM. de Sémonville et d'Haussez. — Évacuation du Louvre et des Tuileries. — Inexplicable retraite des troupes sur Saint-Cloud.
— Mission du général de Coëtlosquet. — Dernière réunion
du conseil des ministres. — Formation d'un nouveau ministère. — Pillage des Tuileries, de l'archevêché et du monastère du Mont-Valérien. — Héroïque défense des Suisses
à la caserne Babylone. — Nomination d'une commission
municipale. 616

XIII. — Journée du 30 juillet. — Absence inexplicable du duc de Mortemart. — Le nom du duc d'Orléans est prononcé. — Attitude de ce prince pendant les trois journées. — Une commission est envoyée au duc d'Orléans pour le décider à venir
à Paris. — Le duc de Mortemart arrive à la chambre des
pairs. — M. de Sussy est chargé de communiquer les décrets
du Roi à la chambre des députés. — Ces décrets ne sont
pas reçus. — Le duc d'Orléans est nommé par les députés
lieutenant général du royaume. — M. de Sussy à l'Hôtel
de ville. — Inquiétudes du Roi à Saint-Cloud. — Ordre du
jour du duc de Raguse.
Journée du 31 juillet. — Départ du Roi pour Trianon. — Le
duc d'Orléans arrive à Paris. — M. de Mortemart est mandé
au Palais-Royal. — Le duc d'Orléans accepte les fonctions
de lieutenant général du royaume. — Proclamation de la
commission municipale et de la chambre des députés. —
Le duc d'Orléans à l'Hôtel de ville. — Le Dauphin va
rejoindre le Roi à Trianon. — Départ de la famille royale
pour Rambouillet. 671

XIV. — 1er août. — Madame la duchesse d'Angoulême arrive à Rambouillet. — Le Roi nomme le duc d'Orléans lieutenant
général du Royaume.
2 août. — Abdication du Roi et du Dauphin en faveur du duc
de Bordeaux. — Le duc d'Orléans refuse de recevoir le duc
de Bordeaux. — Démarche de M. de Chateaubriand au Palais-Royal.
3 août. — Des bandes armées sont envoyées à Rambouillet
pour obtenir le départ de la famille royale. — Le Roi refuse
de laisser tirer sur les insurgés et se décide à quitter la
France.

Ouverture de la session législative. — Proposition Bérard. — Discours de M. de Chateaubriand à la chambre des pairs.

7 août. — La proposition Bérard est adoptée par les deux chambres.

Séance du 9 août 1830. — Louis-Philippe roi des Français. — Itinéraire suivi par la famille royale depuis Rambouillet jusqu'à Cherbourg. — Le Roi s'embarque pour l'Angleterre.

Coup d'œil rétrospectif sur les causes qui amenèrent la révolution de Juillet. — Situation de la France en 1830... 698

Note à consulter sur la Belgique et les provinces rhénanes.. 747

FIN DE LA TABLE DU HUITIÈME ET DERNIER VOLUME.

Paris. — Imp. Viéville et Capiomont, rue des Poitevins, 6.

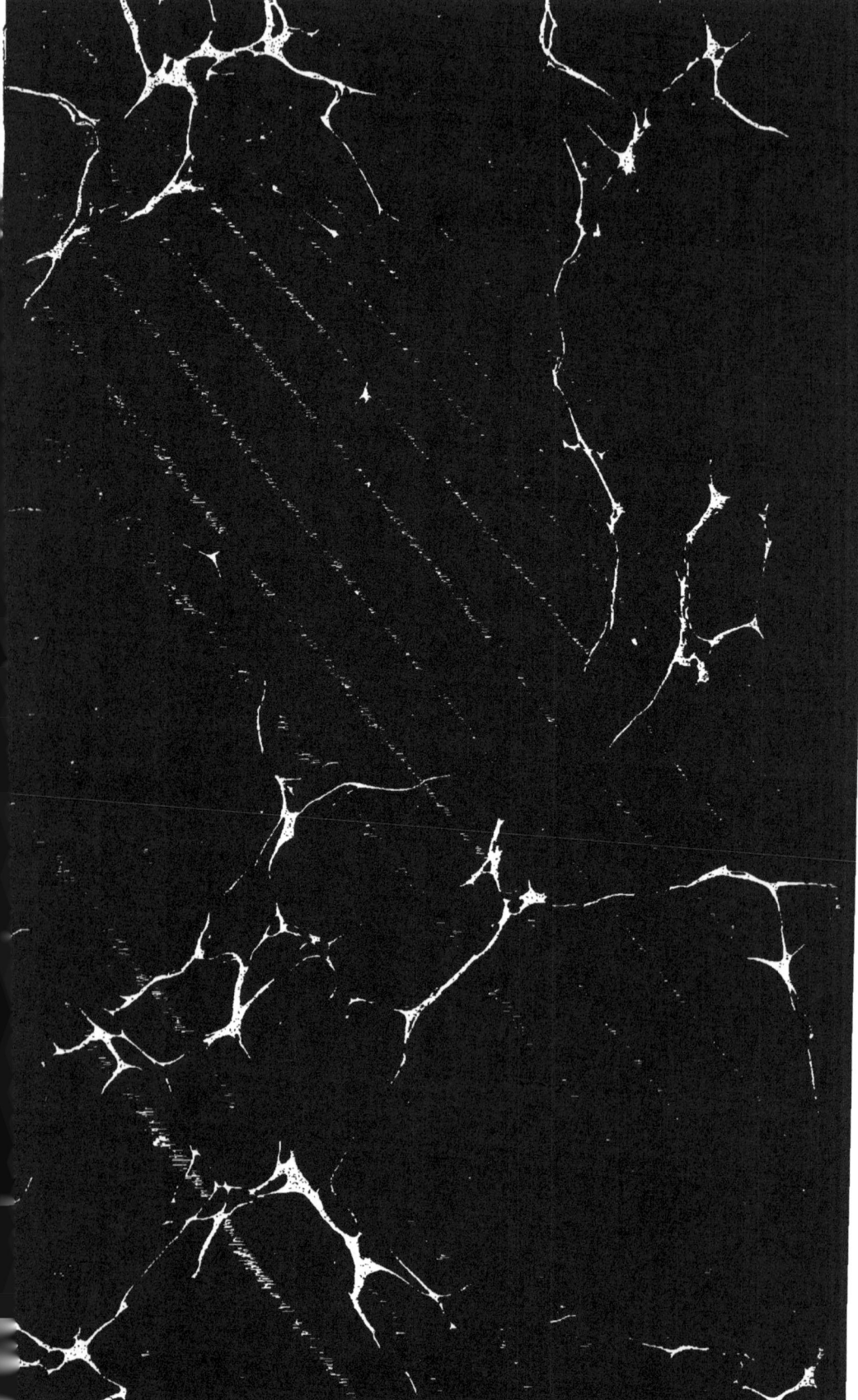

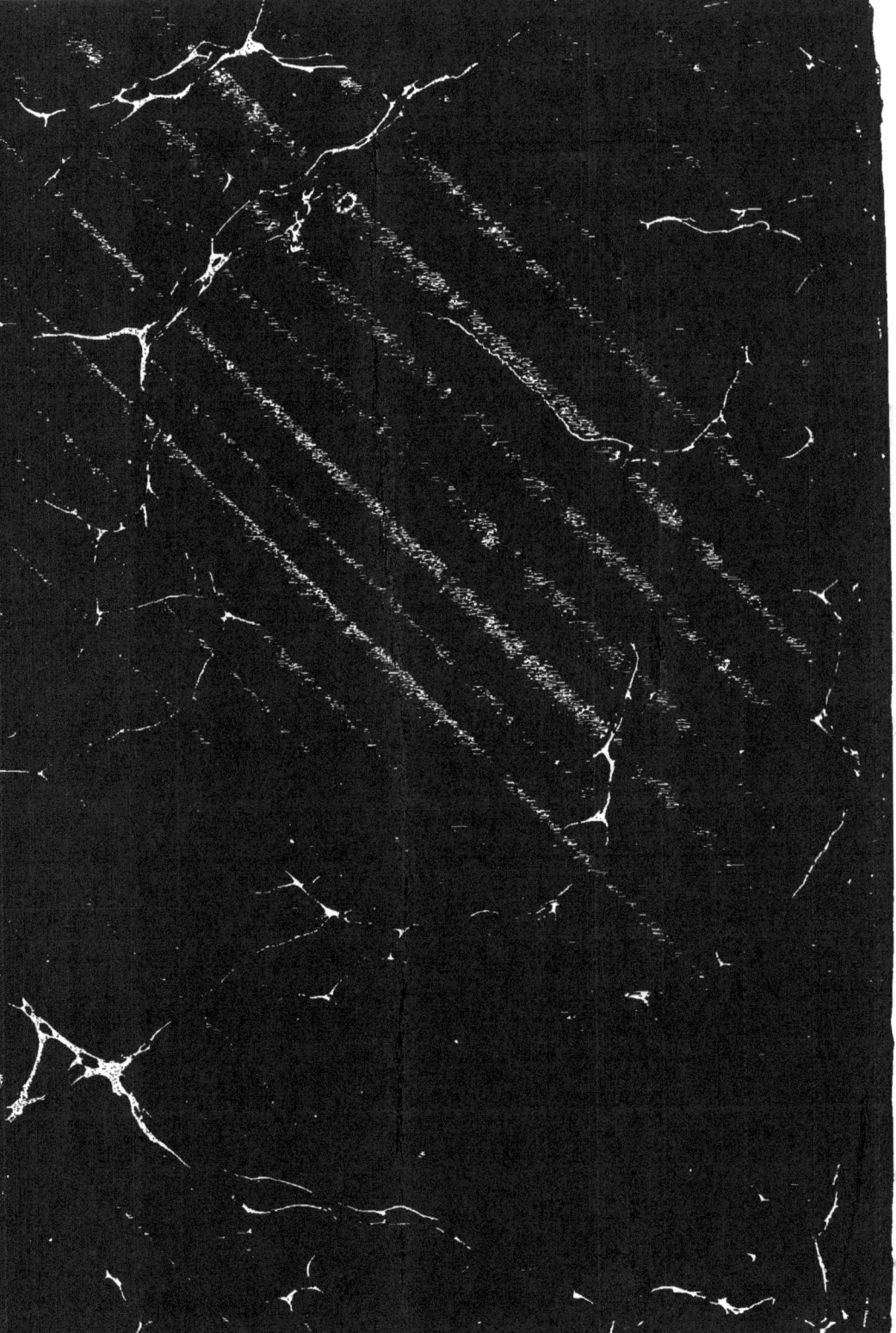

www.ingramcontent.com/pod-product-compliance
Lightning Source LLC
Chambersburg PA
CBHW060859300426
44112CB00011B/1266